U0941720

普通高校“十三五”规划教材·营销学系列

市场营销学

（第二版）

MARKETING

(Second Edition)

陈钦兰　苏朝晖　胡劲 等 ◎ 编著

清华大学出版社

北　京

内容简介

本书不仅吸收了国外营销学理论的前沿成果，而且特别注意从中国传统文化和商道中汲取养分，并把中国企业在实践中的经验、做法有机融合到各章节，在目前国内同类教材中是颇具特色的。首先，该书内容系统，结构完整。既有基本概念和原理的阐释，也有营销战略、策略的呈现；既有经典内容的述说，也有最新理论、最新动态的介绍。其次，本书在本土化方面做了许多有益探索。如对中国传统经营思想的梳理，对团购、微信营销等颇具中国特色的营销实践的介绍，对大量中国营销案例的引进，均体现了面向本土、聚焦中国营销现象的思路。最后，本书在介绍基础营销知识的同时，特别强调实践，强调学生实践能力的提升。在每章背后不仅附有案例，还有实训应用、学习拓展，相信这都有助于读者举一反三，将教材中的原理、技术运用到具体的营销实践中。

本书适用于各专业市场营销学课程的本专科生、MBA/EMBA/MTA/MPA 和在联培训等学生以及市场营销的老师和企业相关人士。

本书封面贴有清华大学出版社防伪标签，无标签者不得销售。
版权所有，侵权必究。侵权举报电话：010-62782989　13701121933

图书在版编目（CIP）数据

市场营销学/陈钦兰等编著. —2 版. —北京：清华大学出版社，2017（2020.8重印）
（普通高校“十三五”规划教材. 营销学系列）
ISBN 978-7-302-45008-5

Ⅰ. ①市…　Ⅱ. ①陈…　Ⅲ. ①市场营销学-高等学校-教材　Ⅳ. ①F713.50

中国版本图书馆 CIP 数据核字（2016）第 216085 号

责任编辑： 刘志彬
封面设计： 汉风唐韵
责任校对： 宋玉莲
责任印制： 沈　露

出版发行： 清华大学出版社
网　　址： http://www.tup.com.cn, http://www.wqbook.com
地　　址： 北京清华大学学研大厦 A 座　　**邮　　编：** 100084
社 总 机： 010-62770175　　**邮　　购：** 010-62786544
投稿与读者服务： 010-62776969，c-service@tup.tsinghua.edu.cn
质量反馈： 010-62772015，zhiliang@tup.tsinghua.edu.cn
课件下载： http://www.tup.com.con，010-62770175 转 4506
印 装 者： 三河市铭诚印务有限公司
经　　销： 全国新华书店
开　　本： 185mm×260mm　　**印　　张：** 30　　**字　　数：** 692 千字
版　　次： 2012 年 9 月第 1 版　2017 年 1 月第 2 版　　**印　　次：** 2020 年 8 月第 4 次印刷
定　　价： 69.00 元

产品编号： 071295-02

序言（第二版）

市场营销作为一门学科创立于美国。虽然在20世纪70年代我国个别高校开设了与市场营销相关的课程，但这些课程大规模的引进到我国则是改革开放之后。伴随着市场经济的发展，市场营销的理念、知识、技术被大量地运用到我国企业的营销实践中。现在，越来越多的企业意识到了市场营销在创造和传递顾客价值方面的重要作用，市场营销在企业中的地位显著上升。与此相伴随，社会对市场营销的人才需求也不断增长。迄今，我国绝大部分高校都开设了市场营销专业或课程，市场营销学不仅是营销和管理类专业必修课，在非管理类专业中该课程也颇受欢迎。撰写高质量的教材，尤其是结合中国的营销实践来组织营销知识体系，是培养高水平营销人才的基石。

华侨大学陈钦兰教授组织编写的《市场营销学》一书，不仅吸收了国外营销学理论的前沿成果，而且特别注重从中国传统文化和商道中汲取养分，并把中国企业在实践中的经验、做法有机融合到各章节，在目前国内同类教材中是颇具特色的。首先，该书内容系统，结构完整。既有基本概念和原理的阐释，也有营销战略、策略的呈现；既有经典内容的述说，也有最新理论、最新动态的介绍。其次，本书在本土化方面做了许多有益探索。如对中国传统经营思想的梳理，对团购、微信营销等颇具中国特色的营销实践的介绍，对大量中国营销案例的引进，均体现了面向本土、聚焦中国营销现象的思路。最后，本书在介绍基础营销知识的同时，特别强调实践，强调学生实践能力的提升。在每章背后不仅附有案例，还有实训应用、学习拓展，相信这都有助于读者举一反三，将本书中的原理、技术运用到具体的营销实践中。

本书是陈钦兰教授及撰写团队长期从事市场营销教学与研究成果的结晶，已经获得了学员和社会的良好反馈，相信未来一定会得到越来越多读者的欢迎。是为序！

符国群

北京大学光华管理学院教授、博士生导师

《营销科学学报》主编

中国高等院校市场学研究会会长

2016年3月于北京大学

序（第一版）

市场营销与研制开发一样，是现代企业首尾两头的高端活动，不能因循守旧，必须锐意创新。适应消费者需求固然重要，创造消费者需求则更为重要。需求要靠供给来满足，但需求更要靠供给来创造。

市场营销学是一门历史悠久的应用学科，以市场营销活动及其规律性为研究对象。它还是一门交叉学科，与管理学、预测学、心理学都有密切联系，尤其在信息技术高度发达的21世纪，市场营销技术花样翻新得越来越快。

市场营销专业在我国高校工商管理学院居有重要的地位，市场营销学是该专业本科生的必修课之一。关于市场营销学的教科书，尽管在国内外已出版过多种，华侨大学工商管理学院陈钦兰、苏朝晖、胡劲等编著的《市场营销学》，是在他们长期从事教学研究工作的基础上写成的，具有一定的特色，如适应培养国际化和本土化创新型人才的需要，重视我国古今商道及其运用，具有较多新的案例分析与实训应用等。

本书内容较为全面，在教学过程中可根据教学的需要与可能，选择相关部分作为重点，加以必要的倾斜。

本书除供本科教学外，还可以作为企业管理人员尤其是市场营销人员的参考用书。

是为序。

乌家培

（著名经济学家、原国家信息中心副主任

中国信息经济学会理事长，研究员、教授、博士生导师）

2012年3月于华园

前言（第二版）

随着互联网技术的广泛运用和发展，市场营销学也出现了新变革、新思想和新方法。市场营销学是一门以哲学、数学、经济学、统计学、管理学、传播学、行为科学、信息科学和现代科学技术等为基础，研究以满足消费者需求为中心的企业市场营销活动谋划、策略、方法及规律的科学，市场营销学是一门技术+谋术+战术+艺术的综合性应用科学。西方市场营销学始于20世纪初，在美国诞生，从经济学的母体发展而来，而现代市场营销学是一门属于管理学范畴的应用科学。而中国早在两千多年前就有相关的市场营销学理论和实践应用案例，增加中国古今营销思想是我国市场营销学科发展的要求。市场营销学是与我们的生活紧密相关的一门应用科学，它的研究范畴上到供应领域，下到消费领域的整个供应链中的各个环节。在运用上，几乎所有的社会经济领域均可应用。因此，学习市场营销的原理、概念、思维、技术、方法、战略、策略和技巧，对人们从事工作、生活和学习有重要的指导和运用价值。

现代国内外市场环境的激烈变化，目前的市场竞争状况和学生就业环境压力迫使市场营销学需要在原理、概念、战略、策略、方法和技巧及市场营销知识的运用和把握等方面做出必要的调整，以满足学生和社会人士适应于现代社会的知识化、本土化、国际化和创新型人才培养的需要。目前的市场营销学及相类似的同类书籍，偏重于阐述西方的市场营销学的内容，而缺少中国或东方的市场营销元素，在运用层面上缺少本土化，忽略了中国市场营销的理论和思想。本书《市场营销学》（第二版）能更好地让市场营销学融入我国的社会和实践中，使市场营销学的原理和方法得到更广泛的运用，对我国高等学校的市场营销学教学取得更好的教学效果有很好的作用。

本书第二版综合国内外市场营销学的精髓原理，以市场营销学的理论基础与实践运用为主线，结合古代和现代的市场营销元素，对国内外市场营销学的原理进行梳理，全面并系统地阐述市场营销学的基本原理，使市场营销的理念、原理、方法、战略、策略和技巧能让您有更好地理解与把握。本书以模块为篇章而形成体系，分为市场营销基础、市场营销技术、市场营销战略、市场营销策略、市场营销管理和拓展五个模块，共十八章。市场营销基础模块有市场营销学导论（市场营销学的相关定义、发展、关系），市场营销哲学思想的演变（市场营销观念、营销哲学思想的演变、中国古今营销思想及运用），营销思维和营销伦理三章的内容；市场营销技术模块有市场调研与预测、市场营销环境分析、市场分析（消费者市场分析和组织市场分析）三章的内容；市场营销战略模块有STP战略组合、竞争和合作战略、品牌战略三章的内容；市场营销策略模块有产品策略、定价策略、渠道策略、促销策略四章的内容；市场营销管理和拓展模块有市场营销运作保障、国际市场营销、服务营销、客户关系管理、市场营销新领域五章的内容，且每一章均包括有原理要点、导读分享、思考题、案例分析、学习拓展和实训应用，另配有教学 PPT 以及习题和参考答案。

本书第二版和其他市场营销学书与众不同之处在于增加了许多营销新领域和新内容，主要有:（1）增加了市场营销学与数学、信息科学、统计学等自然相关学科的关系的内容，市场营销学也是一门含有一定技术的学科，改变了长期以来人们头脑中市场营销学没有技术含量的观念;（2）市场营销哲学思想演变有中国与西方的市场营销哲学思想，梳理了西方的市场营销哲学思想从企业到顾客到品牌到网络思想的演变，即从市场营销哲学思想的 P 到 C 到 R 到 B 到 N 的演变;（3）增加了我国古今实践中的各种商道、商帮及其运用，特别是增加了《孙子兵法》、儒、道、墨等营销理论、中国古代商人代表及经商思想、中国近现代商帮营销思想等内容;（4）引进营销思维和营销伦理理论，补充互联网思维和数据思维，从思维层面来决策市场营销，从营销伦理角度来分析、解决现今中国社会存在的大量营销伦理及安全问题;（5）补充合作战略、品牌战略、物流和供应链等内容;（6）增加最新发展的营销方式，如“互联网+”、智能营销、计量营销、数据营销、数字营销、新媒体营销、微营销及博客营销、团购营销、会议营销等。这些营销新领域和新内容,极大地丰富了市场营销学的理论和拓展了市场营销学的运用平台。

本书最大的亮点，是本书有相当多的本土知名企业合作案例，尽量运用我们生活周边的典型案例来分析解释市场营销学的原理及企业的运用方法等。此外，本书的每章均配有相关原理的实训应用，旨在让读者和学习者能通过感性的模拟环境，了解掌握市场营销学的知识理论和精髓。本书还加入直观的图表说明，深入浅出，通俗易懂，努力拓宽读者和学习者的思维方式和营销范围，做到国内外理念与中国市场营销思想相结合，理论与实战相结合，使读者和学习者对市场营销学原理和方法有更好地理解、把握和运用。本书思路新、立意新、角度新、内容新，适合作为高等学校工商管理类、管理科学与工程类、公共管理类、农业经济管理类、经济学类和相关学科的本科、专科、MBA/EMBA/MTA/MPA、在职培训等的教材；也适合企业界人士和社会人士作为了解市场营销知识和提高自身素质和能力的指导读物。本书对培养创新型和实战型管理专业人才有重要的帮助和指导作用，对企业界人士和社会人士认识市场营销，了解市场营销的原理、运用市场营销学的理论与方法有重要的参考价值。

本书的编著以团队形式出现，主要由华侨大学工商管理学院市场营销系、汕头大学商学院、泉州师院陈守仁工商信息学院和福建工程学院管理学院等的同仁教师团队承担。华侨大学工商管理学院市场营销系，是 2001 年成立的福建省首家市场营销系，目前有招收企业管理专业市场营销管理方向的博士研究生、硕士研究生和本科生。市场营销系拥有雄厚的专业师资，本科教学水平和效果居福建省首位和国内领先地位。现有专业教师 16 人（教授 6 人，副教授 2 人）；海外经历博士及访学教师 9 人。专业教学独具特色。课程构成呈系列化、层次化和特色化，有多种多样的教学方式和方法，毕业环节则推行导师制和双成果制（论文+设计）。注重营销人才的素质、知识、能力的培养，已培养了具有营销理论、技术及相关能力的人才 1 000 多人，境外生 300 多人，留学生 30 多人。出版系列教材 7 部，多门课程获省精品课程、省和校优秀课程。拥有校外大学生实践基地 19 个，已先后与国内外知名企业联合举办过 20 多次的营销策划大赛。多位教师和学生们曾在（新加坡）国际市场营销大赛中国区选拔赛、全国高校市场营销大赛等国家级、省级总决赛中几十次获得金、银、铜奖和优秀组织奖。请关注：http://ggxy.hqu.edu.cn/s/62/t/1075/p/1/c/2387/d/2425/list.htm

本书的编著团队情况如下。

陈钦兰（第一~三章、第五章、第十八章第 5 节及其他节部分、统稿和校对），博士，华侨大学工商管理学院市场营销系主任、教授、硕士研究生导师，华侨大学营销管理（和行为）研究中心主任，美国普渡大学（Purdue University）旅游管理和 Krannert 管理学院的杰出访问学者。发表论文 60 多篇，国际 SSCI 期刊 1 篇，全文转载 2 篇，获奖 11 篇，主持或参加课题 31 项，出版专著 1 部，曾参编教材《国际市场营销学》。

苏朝晖（第十六、十七章），硕士，华侨大学工商管理学院市场营销系教授，已出版《服务营销管理》《客户关系的建立与维护》《经营客户》等专著。

胡劲（第四、十章，第十八章第 1、4 节部分，部分统稿），在职博士，原华侨大学工商管理学院讲师、系副主任，现任源子影业副总经理兼市场总监。

田广（第十八章第 2 节），博士，汕头大学商学院外国专家、教授，原美国莫代尔大学终身教授，原美国库克大学商学系主任、国际教务主任、教授。主编《计量营销学》《计量营销学问答与案例分析》，英语版《工商人类学概论》主笔。

陈春琴（第十三章，第十八章第 4 节部分），硕士，华侨大学工商管理学院市场营销系副教授，主要研究领域是服务营销、客户关系管理等研究。

周飞（第二版第十五章修订），博士，华侨大学工商管理学院市场营销系副教授、系副主任、硕士生导师，主要研究创新管理与企业战略、社会媒体营销、领导力与员工创新、农业旅游管理等。

陈慧冰（第一版第十五章第 1、3 节，第十八章第 2 节），硕士，华侨大学工商管理学院市场营销系讲师，主要研究市场营销理论、国际市场营销等。

王智生（第二版第十二章修订），博士，华侨大学工商管理学院市场营销系讲师、营销协会指导老师，主要研究网络创新、管理科学与工程等。

田建春（第一版第十二章），博士，华侨大学工商管理学院市场营销系教授，主要研究渠道管理、零售学等。

柯映红（第六章），硕士，泉州师院工商信息学院副教授，主要研究区域经济发展和城市营销。

洪秀华（第七、八章），硕士，福建工程学院管理学院副教授，主要研究区域品牌建设、自有品牌等。

贾微微（第二版第十一章修订），韩国博士，华侨大学工商管理学院市场营销系讲师，主要研究市场营销理论、网络品牌和消费者行为等。

李光明（第一版第十一章），博士，原华侨大学工商管理学院市场营销系讲师，现河海大学商学院市场营销系副主任，硕士生导师。

李晓龙（第九章），博士，华侨大学工商管理学院市场营销系讲师。主要研究消费者行为、品牌设计、整合营销沟通等。

陈小燕（第二版第十四章修订，第十八章第 3 节），法国博士，华侨大学工商管理学院市场营销系讲师、硕士研究生导师，主要研究市场营销理论、网络营销和移动营销等。

陈乘风（第一版第十四章），硕士，华侨大学经济与金融学院讲师，主要研究 FDI、企业出口营销等。

本书《市场营销学》（第一版）2012 年 9 月出版，四个月后决定第二次印刷，曾得到我国市场营销界教授、专家、学者的肯定和支持，特别要感谢北京大学符国群教授（为本书第二版写序言）、及吴健安教授、郭国庆教授、黄敏学教授、侯淑霞教授、吕振奎教授、庄贵军教授、钟育赣教授、陶勇教授、吴金林教授、彭雷清教授、贺爱忠教授、曾明华教授、江历明教授、许安心教授等国内众多专家、老师和企业界的支持。感谢华侨大学副校长曾路教授，工商管理学院乌家培名誉院长、孙锐院长、陈金龙副院长、郭东强教授、吕庆华教授、殷勤教授、杨树青教授和学校教务处、工商管理学院、经济与金融学院、旅游学院等的领导及各学院老师们的大力支持。感谢厦门太古可口可乐饮料有限公司、泰康人寿保险股份有限公司、厦门航空有限公司、中国国旅（福建）国际旅行社有限公司、特步集团、宁夏日盛实业有限公司、子燕动漫科技有限公司、建发国际旅行社（泉州分社）、达派（中国）有限公司、欢乐迪 KTV 中国连锁企业、姚家铺子、福建众诚传媒发展有限公司、新思源教育咨询有限公司、宝峰时尚国际控股有限公司；第二版较第一版补充的案例单位和企业有华侨大学、福建中旅集团公司、福建省出国留学人员服务中心、书香酒店投资管理集团有限公司、上海宇邦厨具有限公司、鲜屋酒店有限公司、温思帝寝具科技有限公司、厦门安福迪信息科技有限公司、福建金百利包装集团、福州南国风旅行社等为本教材提供案例素材的支持。感谢华侨大学研究生龚红梅、楚云洁在案例收集整理及文字处理等方面做了大量的工作。

特别说明：本书案例主要由公开资料、企业提供资料或调研合作而写成，只用于教学目的，不表示、无意暗示或者说明对企业的经营管理行为进行评判或是否有效。因作者水平有限，请批评指正！

相信本书一定可以给您带来更多的知识、信息和收获！

华侨大学工商管理学院市场营销系

陈钦兰

2016 年 3 月 28 日于历史文化名城泉州

目　录

第一模块　市场营销基础

第二模块　市场营销技术

第三模块　市场营销战略

第四模块 市场营销策略

第五模块 市场营销管理和拓展

第一模块

市场营销基础

第一章

导　论

原理要点

- 广义和狭义的市场含义
- 广义和狭义的市场营销含义
- 市场营销学的原理简介

西奥多·李维特（Theodore Levitt）指出，市场营销的真正推动力是市场本身。他还说："这个市场不是自治的，它只反应在市场上发生行为的主体的成果：即在市场上'购买'的主体和'销售'的主体。他们给已定的终端配置物质、技术、人才、情绪、智慧和金钱。"

美国著名的市场营销学家菲利普·科特勒说，它已发展成为"市场营销学是一门建立在经济科学、行为科学、现代管理理论基础之上的应用科学"。[①]

百年品牌是如何打造出来的？

这是一个不同凡响的故事，它讲述了一个标志性品牌的成长历程，以及培育这一品牌的公司发展。1886年，它在美国佐治亚州亚特兰大市诞生，自此便与工作与社会发展相互交融，激发创新灵感。这些依次展开的历史时刻精彩纷呈，成就了这个全球品牌的百年传奇。现在，它每天为全球的人们带来怡神畅快的美妙感受。它是谁？是Coca-Cola。

1886年5月8日美国的Dr.　John S.　Pemberton，调制出了Coca-Cola，并在各药店出售。合伙人Flank M.　Lobinson命名了Coca-Cola这一著名品牌标识。Coca-Cola被作为一种美味怡神饮料刊发了首支报纸广告。1887年，公司首次使用优惠券推广可口可乐。 Pemberton在美国专利局注册了"可口可乐糖浆及浓缩液"商标，取得了专利权。1888年Asa Griggs Candler 看到了可口的市场前景，购买了其股份，掌握了其全部生产销售权。

Asa Griggs Candler是最早将年历用于广告宣传的人。De-Lec-Ta-Lave漱口水的广告

---

① 韩庆祥，肖开宁. 实用整合营销. 北京：中国社会出版社，1999：2.

也是由他发售的。1892年后，他只专注于可口可乐。开始把制造饮品的原液销售给其他药店，同时也开始在火车站、城镇广场的告示牌上做广告。

1892年，可口可乐广告预算为11 000美元；1901年达到100 000美元；2010年已达29亿美元，到2014年估计达到45亿美元，而其销售收入458.62亿美元。

为什么可口可乐能成长为百年品牌，与市场营销有关吗？什么是市场营销？请读……

资料来源：根据厦门太古可口可乐公司提供资料改编，http://www.coca-cola.com.cn；http://www.coca-colacompany.com/

第一节　市场营销学概述

市场营销学是一门很特殊的学科，它既有系统的理论知识，还有大量的实践营销活动。只有理论而没有实践的市场营销是空中楼阁，只有实践而没有系统理论指导的市场营销将不能掌握市场营销知识的精髓。市场营销学是一门研究市场营销活动及其规律的应用性学科。因此，准确理解市场营销的含义，活学活用市场营销的理论知识，对社会、单位、企业、个人和环境的发展有重要的意义。

一、市场及其相关概念

（一）交换和交易

1. 交换（exchange）的含义

【问题】 渔夫、猎人、陶工、农夫生产产品自己使用（自产自销），或一个人从另一个人手中夺取物品（强制取得），或一个人向别人乞讨食物（乞讨），问哪一个是交换或交易？ 农民用自己生产的粮食从别人那里换取布匹等生活用品，有没有发生交换？

交换就是通过提供某种东西作为回报，从某人那里取得所要的另一种东西的行为。交换可以是东西、物品或服务等。交换没有直接的买卖关系。

交换要发生，须符合五个条件：（1）至少要有两方；（2）每一方都有被对方认为有价值的东西；（3）每一方都能沟通信息和传送货物；（4）每一方都可以自由接受或拒绝对方的产品；（5）每一方都认为与另一方进行交易是适当的或称心如意的。

交换常被看作是一个过程而不是一个事物。

2. 交易（trade）的含义

【问题】 如有一名顾客正在一个电器店里与销售人员就一台计算机讨价还价，最后双方以3 500元达成协议，买卖成交。此为交换还是交易？

交易就是买卖双方以都同意的条件、协议交换两个有价值物品的行为。如果双方正在进行谈判，并趋于达成协议，这意味着他们正在进行交换。一旦达成协议，则发生了交易行为。

一次交易的可量度的内容有：（1）至少有两个有价值的事物；（2）买卖双方都同意的条件；（3）协议的时间。上面问题的答案是交易。

（二）市场的概念

“市场”一词，英文为：Market。马克思曾说：市场是商品发展到一定历史阶段的产物。列宁曾说：“哪里有社会分工和商品生产，哪里就有市场。”

市场最早是指买主和卖主聚集在一起进行交换商品的场所。经济学家则将市场这一术语表述为卖主和买主的集合。而在营销管理者看来，卖主构成行业，买主则构成市场。在现代市场经济条件下，每个人均从事某项生产，并趋向专业化，最后接受报偿，以此来购买所需之物。每一个国家的经济和整个世界经济都是由各种市场组成的复杂体系，而这些市场之间则由交换过程来联结。

图 1-1[①]显示，社会最早处于自给自足的状态，渔夫、猎人、陶工、农夫等生产的产品只是为了自己的生活需要；而后他们各自向其他行业的人交换自己所需要的商品，形成非集中交换的市场；随着中间商的出现，各行业的产品集中到中间商手中，而生产各种产品的人也向中间商购买产品，并最终形成了现代市场。

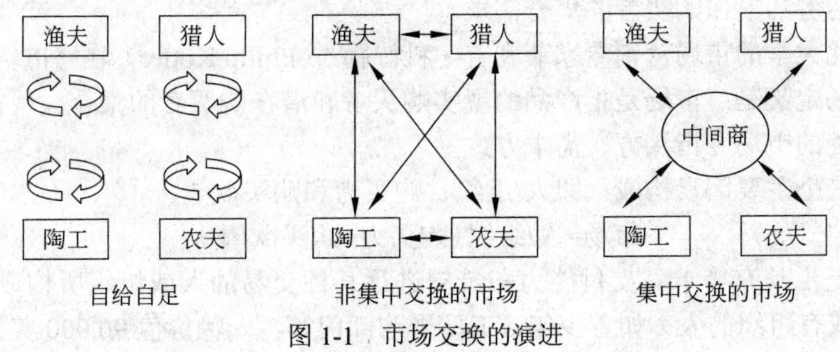

图 1-1　市场交换的演进

> 【问题】　下列哪些是你所理解的市场？哪些不是？
> 集市　庙会　店铺　货栈　证券交易所　百货商店　百货公司　超级市场　连锁商店　网上商店　食堂　儿童市场　女性市场　国际市场　消费者市场　人才市场

市场的概念有狭义与广义之分。

1. 狭义的市场概念

市场，大家首先会想到我国北方的“赶集”、南方的“赶墟”，这就是最简单、最易理解的市场。目前市场已发展演变为各种形式，有庙会、店铺、货栈、物资交流会、交易所、百货商店、百货公司、超级市场（super market）和连锁商店（chain store）等。市场是指商品交换的场所，即商品买卖的场所，它强调商品与场所在生产观念下的含义。

2. 广义的市场概念

广义的市场从不同的角度和观念来分析，可包含以下的含义。

---

① Philip Kotler, Gary Armstrong. Principles of Marketing, 5th Edition, Englewood Cliffs: Prentice-Hall International, 1991:9.

（1）从生产者角度——狭义的市场概念。

（2）从消费者角度，市场就是以顾客为中心，是商品的顾客或购买集团。此概念强调产品的销路，使市场由场所转变为以人为中心。如儿童市场、 消费者市场、人才市场等。

（3）从营销者角度，市场是指商品现实购买者和潜在购买者的集合体。此概念强调潜在交易，常运用于刺激和唤醒顾客，开发新市场和分析市场供求之间的关系。

（4）从经济学者角度，市场是指抽象的商品交易的行为和活动。此概念常运用于抽象的经济名词之中，如市场管理、市场调查和市场调节等。

（5）从管理者角度，市场是指在一定的时间、地点、条件下，商品生产者与商品消费者进行商品交换所产生的各种经济关系和经济活动的现象和规律。它不仅包括商品交换的固定场所，而且还包括一定范围内商品或劳务交换中供求之间的各种经济关系和经济活动，即生产者、经营者、消费者之间相互的商品或劳务交换关系的总和。

3．现代市场概念

美国市场营销协会（AMA，http://www.ama.org）于 1960 年的市场定义：市场是指一种货物或劳务的潜在购买者的集合需求。

美国西北大学的市场营销专家菲利普·科特勒[①]（Philip Kotler）在《市场营销原理》一书中的市场定义是：市场是指产品的现实购买者和潜在购买者的集合。现在有许多学者引用。此处的市场专指买方、需求方。

市场有三个主要因素构成：即人/组织、购买力和购买欲望。

市场=人/组织+购买力+购买欲望

市场就是由具有需求、支付能力和希望进行某种交易的人或组织所构成[②]。市场是人（单独的或有组织的人）如青少年、工厂采购部门等。一辆价值 90 000 美元的有声望的罗斯牌轿车并不是每个人都买得起的。显然，对于那些只有一定购买能力的人来说，交易的价格限制了这种轿车的销售。此外，组织也是市场的重要组成部分，组织的购买力也相当强大，如政府市场、非营利组织市场等。

人/组织是市场的基础，只有人/组织能让市场形成并发展。购买力是市场的一个重要因素，如仅有消费者的购买力，市场只有卖方而没有买方市场将无法形成。购买欲望，是市场持续发展的一个要素，当购买欲望转化为购买需求时，市场才会真正发展。

二、市场营销和市场营销学的定义

（一）市场营销的定义

市场营销的含义不是固定不变的，它随着企业市场营销实践的发展而发展。市场营

---

① Philip Kotler, Gary Armstrong. Principles of Marketing（5th Edition）, Prentice Hall, Inc. 1991：8.

② [美]里查德·黑斯(Richard T. Hise)，彼得·吉利特(Peter L. Gillett)，约翰·瑞恩斯(John K. Ryans). 韩佩璋,胡士廉译. 市场营销原理与决策(*Basic Marketing Concepts and Decisions*). 北京:机械工业出版社,1983:2，22(1979 by Winthrop Publishers,Inc.).

销是什么呢？是不是人们通常理解的“推销”、“卖”和“销售”？它的含义和范围有哪些？

1．英文“Marketing”的含义

市场营销是由英文“Marketing”翻译而来的。“Marketing”在英语中有两层含义。

（1）指一整套经济活动，即由企业等组织所进行的营销活动。常译成：“商务管理”、“行销”、“市场营销”、“市场经营”等。

（2）指一门学科。常译成：“市场学”、“行销学”、“销售学”、“市场营销（学）”、“市场经营学”等。

2．市场营销的定义

（1）狭义的市场营销定义

狭义的市场营销定义：一个企业为将其产品以盈利的方式出售给它的顾客所采取的所有方法①。这与上述的“推销”、“卖”和“销售”的方法和技巧是相同的，这也是人们把市场营销等同于“推销”、“卖”和“销售”的原因。

这种传统的市场营销认为，与企业的生产相比，市场营销在企业中无关紧要。市场营销的内容大多局限于销售、有形分销和广告宣传上；运用的范围仅限于几种消费量大的产品。

第二次世界大战后，由于产品大量过剩，市场营销出现新发展。“今天，赢得顾客要比建造一座工厂更耗时也更艰难，因为建造一座工厂无须同任何人竞争，而赢得一个市场却要与行业中所有的厂商竞争。”①

（2）广义的市场营销定义

① 美国市场营销协会的市场营销定义：从 1940 年对市场营销进行了首次定义后，已先后多次定义市场营销。这里选择其中三次市场营销定义，从中能发现市场营销定义的新变化。

1985 年美国市场营销协会（AMA）把市场营销定义为：市场营销是关于构思、货物和服务的设计、定价、促销和分销的规划与实施过程，目的是创造能实现个人和组织目标的交换。在交换双方中，如果一方比另一方更主动、更积极地寻求交换，则前者称为市场营销者，后者称为潜在顾客。

2004 年 8 月，AMA 又公布了市场营销的定义：市场营销既是一种组织职能，又是为了组织自身及利益相关者的利益而创造、沟通、传递客户价值，管理客户关系的一系列过程。

2013 年 7 月，AMA 审核通过了市场营销的最新定义：市场营销是为向顾客、客户、合作伙伴和社会提供具有创造、沟通、传递和交换价值的产品的系列活动、职能及过程的总和。

② 日本市场营销协会（JMA，http://www.jma-jp.org）的市场营销定义：1990 年，日本市场营销协会根据变化了的市场营销环境和不断发展的市场营销实践，对市场营销的含义进行了进一步阐释和发展，指出：“市场营销是包括教育机构、医疗机构、行政管

---

① [法]雅克·朗德维，德尼·林顿. 张欣伟，郭春林，译.市场营销学(第 5 版).北京:经济科学出版社,2000: 2.

理机构等在内的各种组织，基于与顾客、委托人、业务伙伴、个人、当地居民、雇员及有关各方达成的相互理解，通过对社会、文化、自然环境等领域的细致观察，而对组织内外部的调研、产品、价格、促销、分销、顾客关系、环境适应等进行整合、集成和协调的各种活动。”这一阐释得到了国际营销学界的普遍认同。

③ 英国市场营销学会（CIM，http://www.cim.co.uk）的市场营销定义：市场营销是有效地判断、预测和满足消费者需求，同时要为公司盈利的一个管理过程①。

④ 菲利普·科特勒给予市场营销学的定义②：市场营销是指以满足人类各种需要和欲望为目的，通过市场变潜在交换为现实交换的一系列活动和过程。

【例】美国的 Henry Ford 公司，在生产“T”型摩托车（Model “T” Motor Car）时，注意运用市场营销的策略，采用低价生产、低价出售，结果获取大量利润。

在这样的背景下，市场营销是首要的，企业的主要资产是顾客，其内容涵盖了从产品构思到售后服务，运用范围扩展到银行、工业品、报刊、教会、政党及非营利组织等③。

目前，中国的市场无论是厂商、中间商，还是银行、保险、旅游、媒体、政府、学校及慈善机构等，均需要做市场营销，没有市场营销就没有生存能力，企业或单位就无法发展。市场营销已经扩展到人们生活的各个领域。

菲利普·科特勒认为，市场营销涉及十个概念：商品（goods）、服务（service）、体验（experiences）、事件（events）、人物（persons）、地点（places）、财产权（properties）、组织（organizations）、信息（information）和观念（ideas）。

⑤ 市场营销新定义。从以上的各机构和学者的观点来看，市场营销的概念得到扩展，市场营销的研究中心不仅限于顾客或客户，还包括非营利组织及利益相关者。营销活动和过程也不仅限于产品和服务的营销，已经扩展到其它的各种领域。总结以上的观点，得到市场营销新定义如下。

市场营销是为顾客、客户、委托人、合作者、非营利组织及各种利益相关者和社会，提供、创造、沟通、传递和交换的供给品（包括产品、服务、信息、观念、体验及其他）的决策、策略与方法的系列活动、职能和过程。

【问题讨论】 “酒香不怕巷子深”的观念是否有必要更新？该种观念对企业的生存有何影响？

（二）市场营销学的定义

随着市场的迅速发展、市场的需求量增加，企业为了刺激需求，于是开始研究产品的包装、商标以及广告等。市场营销学应运而生，它是一门新兴的学科，是商品经济发展到一定历史阶段的产物，即由于商品市场的高度发展，为了打开产品的销路而研究市

① [英]弗朗西斯·布拉星顿（Frances Brassington），史蒂芬·佩提特(Stephen Pettitt). 裴大鹰等译.市场营销学（第2版,上册)(Principles of Marketing, 2th Edition).桂林:广西师范大学出版社,2001:5.

② Philip Kotler, Marketing Management, 11th Edition, New Jersey: Pearson Education, Inc., 2003：5; 郭国庆.市场营销学通论(第三版).北京:中国人民大学出版社,2007:18.

③ [法]雅克·朗德维，德尼·林顿. 张欣伟，郭春林译.市场营销学(第5版).北京:经济科学出版社,2000:2.

场的产物。

市场营销学主要研究组织（特别是企业）的市场营销管理活动，即研究组织如何通过整体市场营销活动适应并满足买方的需求，以实现经营目标。因此，这里的市场是指某种产品的现实购买者与潜在购买者需求的总和[①]。

市场营销学主要是研究市场的规律以及与之相适应的生产和经营的策略与方法，也就是研究市场营销活动的科学管理与决策问题。

市场营销学是一门以哲学、数学、经济学、统计学、管理学、传播学、行为科学、信息科学和现代科学技术等为基础，研究以满足消费者需求为中心的企业市场营销活动谋划、策略、方法及规律的科学，市场营销学是一门技术+谋术+战术+艺术的综合性应用学科。

第二节 市场营销学的发展

一、市场营销学的产生

彼得·F. 德鲁克（Peter F. Drucker）认为，市场营销作为企业的自觉实践最早起源于 17 世纪的日本，而不是西方。他指出：最早的市场营销实践者是日本。17 世纪中叶，日本三井家族的一位成员在东京开设了世界上第一家百货商店，该店先于美国的西尔斯·罗巴克公司 250 年。该商店制定了一些经营原则，其基本内容是公司充当顾客的采购人员；为顾客设计和生产适合需要的产品；无条件退货还款原则；为顾客提供丰富多样的产品，而不是仅一种工艺、一种产品或一种购买方式等。

在西方国家，直到 19 世纪中期，市场营销才在美国国际收割机公司出现。第一个把市场营销当作企业的中心职能，并把满足顾客需求当作管理的专门任务的是美国国际收割机公司的赛勒斯·H. 麦考密克（Cyrus H. McCormick）。在历史书籍中只提到他是收割机的发明者，而事实上，他还创造性地提出了现代市场营销的一些基本手段和理念——市场调研与市场分析、市场定位的概念、定价政策、向顾客提供零部件和各种相关服务的服务营销、分期付款等。

又过了 50 年，市场营销才在美国成为一门专门的学科。市场营销成为美国学术界的研究领域，进而登上企业经营管理的舞台。1902 年，密歇根大学开设了《美国工业分销和管理》课程，内容涉及对各种产品的分类、分等、品牌、批发和零售等方面。1904 年，克鲁希（W. E. Kreusi）在宾夕法尼亚大学讲授了一门名为“产品市场营销”的课程，这是“市场营销”这个名词首次作为大学课程的名称。1910 年，拉尔夫·斯达·巴特勒（Ralph Starr Butler）在威斯康星大学讲授了一门名为“市场营销方法”的课程。巴特勒提出的市场营销方法构想是：“在对整个销售领域进行考察时，我有一种想法和发现，即人员推销和广告往往与推销观念的最终表现有关。我在宝洁公司的那段经历也使我坚信这一点，一个试图销售其产品而寻找市场的制造商，在派遣推销员或在出版物上

---

① Gary Armstrong & Philip Kotler. Marketing: An Introduction, 7th Edition. New Jeesey: Pearson Education, Inc., 2005.10.

做广告来体现其推销观念之前，必须考虑并解决一系列问题的方法可以概括为市场营销方法。”

在市场营销思想发展进程中，美国的大学教师起了十分重要的作用。尽管当时尚不存在“市场营销”（而是更多地采用“分销”）这个术语。正是这些早期的市场营销教师最先洞察到市场营销的未来发展趋势，坚信随着社会经济的不断发展，市场营销必将有着远大的发展前途，并为市场营销思想的发展做出了历史性的贡献。1900—1910 年间开设工业分销课程的教师和大学见表 1-1。

表 1-1　1902－1910 年美国开设工业分销课程的大学和教师

年份	大　学	教　师
1902	密歇根州立大学	爱德华 · D. 琼斯（Edward D. Jones）
1902	加州州立大学	西蒙 · 李特曼（Simon Littman）
1902	伊利诺伊州立大学	乔治 · M. 费斯克（George M. Fisk）
1904	宾州大学	W. E. 克鲁希（W. E. Kreusi）
1904	宾州大学	H. S. 帕森（H. S. Parson）
1905	俄亥俄州立大学	詹姆斯 · E. 海杰蒂（James E. Hagerty）
1909	哈佛大学	保罗 · T. 切林顿（Paul T. Cherington）
1910	威斯康星大学	拉尔夫 · 斯达 · 巴特勒（Ralph Starr Butler）

资料来源：郭国庆，汪晓凡. 市场营销通论（第 4 版）. 北京：中国人民大学出版社，2009：4.

二、市场营销学的发展阶段

市场营销学是 20 世纪初在美国产生的。它是从西方经济学中独立出来的一门新兴学科，主要是依据市场来进行经营管理，因而是一门实用性很强的学科。市场营销学至今已有一百多年的历史。这期间，市场营销学大体经历了以下四个发展阶段。

（一）市场营销学萌芽时期（1900—1920 年）

1. 原因

为了刺激美国市场需求的增长，开始重视商品的推销、包装、广告、商标等方面的技术。

2. 代表事件

（1）美国成立了许多销售学校，举行各种推销会议。

（2）1902 年，在美国密歇根州立大学（Michigan State University）、加利福尼亚州立大学（California State University）、伊利诺伊州立大学（Illinois State University）经济系正式开设市场营销学课程。

（3）1911 年，在美国的柯的斯（Curtis）出版公司，成立第一个市场调查研究机构——“商情调查研究室”，由查尔斯 · C. 配林领导。1916 年和 1917 年，美国橡胶公司和史威夫特(Swift)也先后成立了市场营销调研部。

（4）1912 年，哈佛大学 J. E. 赫杰特齐教授（J.E. Hegertg）写了以“市场营销学”命名的教科书。1915 年，A. W. Shaw 出版了《论分配问题》(*Some Problems in Market*

Distribution)。

（5）1915 年 6 月，在芝加哥，美国国家广告教师协会（National Association of Teachers of Advertising，NATA）成立，它是从世界广告俱乐部协会的年会上产生的。

3. 主要研究内容和重点

此阶段的主要研究内容和重点是“分配学”、“广告学”及推销的技巧与方法。

4. 特点

（1）着重研究推销方法的实用性，主要是产品分销和广告；未形成完整的市场营销学科体系。

（2）研究仅限于大学讲坛，没有运用于企业争夺市场的业务活动，未能引起社会公众的广泛重视。

20 世纪初，商业系统中一个快速发展、大有作为的组成部分——分销体系受到越来越多的学术关注。通常，经济学家们没有研究过这一课题，因为传统经济理论的注意力集中于作为经济价值创造者的产品（还有土地、劳动力以及资本），而几乎不强调分销所提供的服务。当市场范围完全限于国内时，这种观点是可以理解的。然而， 20 世纪美国外来移民涌向城市中心，产品以及技术、交通、物流的进步等使得市场状态发生了引人注目的变化，促进了分销体系的迅速发展和改进。因此，确实需要一些经济学家着手研究，进而解释新的市场中这些并没有融入当时主流思想的要素。

在这种形势下，美国高校承担大学商科教学的教师们开始注意到交换领域的定价、分销和广告问题的研究，分别开设了一些新课程以考查市场营销系统的不同方面，譬如密歇根大学开设的“产业分销”，纽约大学开设的“商业制度”等。

在这一时期的后半段，经济学刊物对刚刚出现不久的市场营销学也给予了很多帮助，使其开始创立出概念上与众不同的方法，促进了该领域知识的发展。比如产品研究法、机构研究法和职能研究法就是在这一时期发展起来的，学者们也开始运用这些方法进行市场营销研究。同时，学术界陆续提出一些本学科的新概念，初始的学科体系逐渐形成。

（二）市场营销学繁荣发展时期（1921—1946 年）

1. 原因

第一次世界大战后，美国又进入经济大生产时期。但在 1929—1933 年，出现世界经济大危机以及第二次世界大战，美国出现产品过剩、供大于求的买方市场状况，为了把已生产的产品销售出去，从而进行市场的研究，帮企业打开市场，解决产品销售的问题。

2. 主要事件

（1）出版了许多市场营销学原理的书。如：1923 年，P. W. 依贝的《市场学原理》；1929 年，F. E.科拉克的《市场学原理》；1941 年，P . D. 昆巴斯与 H . W. 方济二人合著的《市场学原理》《广告学》《销售技术》等。

（2）1931 年，在纽约成立了美国市场营销学会（American Marketing Society，AMS），主要是由市场营销和市场营销研究的从业人员组成。1933 年，美国全国营销教师协会（National Association of Marketing Teachers，NAMT）成立。1936 年，美国全国营销教师协会（NAMT）和美国市场营销学会（AMS）联合出版了《市场营销》（*Journal of*

Marketing）期刊。1937 年，美国全国营销教师协会（NAMT） 和美国市场营销学会（AMS）合并成立美国市场营销协会（American Marketing Association，AMA）。1938 年，美国统计局请求美国市场营销学会在所有的各国政府机构中统一市场营销的定义。1940 年，美国市场营销学会已有 817 名会员和 11 家分会。

3. 主要研究内容和重点

（1）理论与实际相结合，提出了"创造需求"的概念。

（2）仍限于研究流通领域的商品销售技巧、方法、渠道等，但已重视市场调查研究、分析、预测和刺激消费者的需求等方面。

4. 特点

（1）市场营销学研究走出大学讲坛，得到企业界的重视。

（2）在更广、更深的基础上研究产品推销术和广告术。

（3）研究范围没有超越流通领域。

在这一时期，市场营销学是一个产生不久、尚未成形的研究领域。然而，到了这一时期的尽头，即 1947 年时，市场营销学已经成为了一个欣欣向荣、有影响的学术领域。

市场营销系统的一个关键特征是它内嵌于日复一日的社会生活之中，并随着外部环境的变化而不断发展和变化。这一时期是个特殊时期，美国社会在此期间面对种种机会及挑战，譬如经历了快速发展和繁荣的 20 世纪 20 年代，大萧条的 30 年代，大动荡的第二次世界大战以及战后时期的 40 年代。这些机会和挑战都要求进一步明晰市场营销学术范围，使其成为一个规范的研究领域。为实现这一目的，学术界开始对各专门学科和各种研究方法的成果加以整理，融合提炼，博采众长，形成了较为系统的市场营销理论。本学科的独立性、系统性和完整性日趋明显。不过，与其后的研究相比，这一时期市场营销学者们的研究更多地侧重于对市场营销实践的描述而较少考虑解决管理方面的问题。

（三）市场营销学系统化时期（1947—1980 年）

1. 原因

第二次世界大战后，经济复兴，于是商品大量生产，为了调整供过于求的市场局面，适应激烈竞争的形势，需要系统的理论来指导。

2. 主要标志事件

（1）1947 年，E . A. 迭迪与 D. A. 雷博赞合著《市场学——体系的形成》一书，此书用新的体系，研究了价格、产品及管理各部门的有机联系，从经济与社会角度来分析其发生、发展与变化的规律。

（2）1948 年，菲利普与旦坎合著《市场学原理与方法》一书。

（3）1949 年，哈巴德大学出版了由 M . P. 马克内与 H. L. 汉森二人合著的《关于市场经营的几个问题》一书，此书主要侧重于典型案例分析教学。

（4）1950 年，纽约大学的阿格纽、考纳与多尔穆斯三人合著的《市场学概论》出版，此书侧重于对消费者的心理及购买行为研究以及如何把产品销售出去。

3. 主要研究内容和重点

此时，市场营销学理论已由原来仅研究推销与销售技巧和方法，扩展到能够联系社会、政治、经济等各因素。提出须确定目标市场、进行市场经营组合（4P）、利用市场经营手段（如广告策略、价格策略、渠道策略和广告与推销策略等），还提出市场经营管理环境等理论，基本上形成一门有完整体系的学科。

4. 特点

此阶段在高工资、高福利、高消费和缩短劳动时间的政策下，消费者的需求和欲望发生变化，因而须分析和判断消费者的需求变化，认真做好售前、售中、售后服务。它突破了流通领域的研究，被西方资产阶级经济学家称为“市场营销革命”（marketing revolution）。

尽管前有先驱，后有来者，1947—1980 年的 30 多年还是在市场营销思想的发展史上标出了一个分水岭。这是因为，这一时期是一个伟大变革的阶段，在这个时期，发展和革新普遍受欢迎，营销思想的领域在这个期间极大程度地扩大了，行为科学和数学几乎同时出现于市场营销学主流，对市场营销思想的发展起到了相当明显的促进作用。这一时期，市场营销学的主要特征有以下五点。

（1）致力于从管理角度观察这一领域，更加强调市场营销管理，表现为这一时期提出了许多具有重要意义的概念，如营销观念（John McKitterick，1957）、4P 理论（E. Jerome McCarthy，1960）、品牌形象（Burleigh Gardner and Sidney Levy，1955）、营销管理（Philip Kotler，1967）以及营销近视（Theodore Levitt，1960）等。

（2）广泛吸收其他学科（包括自然科学和社会科学）的概念、原理，使理论体系更加充实，并注重市场营销决策研究和定量研究。

（3）市场营销理论的阐述更加准确，强调市场营销活动必须适应消费者需求的变化，强调目标市场营销、市场营销信息和市场营销系统的重要作用。

（4）市场营销学从原来的总论性研究转变为区别不同研究对象的具体性研究，分化出许多子学科，譬如服务市场营销、国际市场营销及非营利组织营销等。

（5）这一时期末，市场营销学开始强调企业市场营销活动所关联的社会责任、社会义务和商业道德，强调借助市场营销学原理和方法来推进社会福利的增加和社会事业的发展。

（四）市场营销学创新时期（1980 年至今）

1. 原因

由于电子计算机和网络技术、信息技术、空间技术、原子能技术、新材料技术、新工艺技术等的运用，产品生产的科学化、自动化、社会化进程加快了，市场营销活动、技术、战略、策略和方法也变得更加复杂多样。

2. 主要标志事件

市场营销学理论不仅运用了定性研究的理论与方法，而且大量采用定量分析和数学模型来研究，并不断有创新的营销理论出现，如绿色营销、品牌营销、网络营销、城市营销等。

3. 主要研究内容和重点

市场营销学引进了经济学、社会学、心理学、管理学、信息论、系统论、预测论等科学内容，研究消费者的观点和行为、市场营销的整体规划与战略、市场营销的系统工程、国际市场营销和社会市场营销等新的现代化理论。

4. 特点

（1）进一步确立 20 世纪 50 年代至 60 年代形成的以消费者为中心的产品开发和市场开发观念，并广泛应用于企业实践。

（2）强调国家和社会对企业市场营销活动的监督、控制和协调中所起的作用。

（3）营销更注重以市场为起点，上延到供应、生产领域，下延到消费领域。

1980 年以来，营销内外部环境发生了巨大的变化，例如，和平与发展成为世界主题，经济全球化的趋势愈加明显，知识经济的迅速发展等。这些变化促进了市场营销学的分支学科——国际市场营销学的理论化、系统化，使市场营销学理论在国际范围内迅速扩散，广为采纳，并促进了市场营销学的分化和重构。

20 世纪 90 年代以来，科学和文明的发展给营销领域带来了更为复杂的概念和方法，市场营销学术界也日益重视高新技术、文化等方面对市场营销的影响和渗透。专门化研究的发展，使得数据库营销、网络营销、关系营销、绿色营销、文化营销和体验营销等新的营销理论不断涌现和发展，极大地丰富了市场营销学的理论内容。总之，探索市场营销在新经济、新技术革命条件下的走向，成为这一时期市场营销教学与研究的热点问题[①]。

三、市场营销学在中国的发展阶段

（一）引入阶段

20 世纪 20—40 年代，西方的市场营销学被引入中国。我国现存最早的教材是 1933 年由丁馨伯编译的《市场学》，由复旦大学出版。一些从欧美留学归来的学者在中国的一些大学的商学院开始开设市场学课程。而当时西方的一些企业产品也开始进入中国从事营销活动，曾兴起一轮明星广告热潮。如 1927 年，美国可口可乐公司进入中国销售产品，在老上海做广告。当时由于国内环境，市场营销学在中国没有得到很好的发展。1949 年新中国成立后到 1977 年间，我国实行计划经济体制，加之国际关系的复杂变化，我国学术界和企业界几乎无人了解和传播市场营销学，而对国外的市场营销学理论了解运用得更少。

（二）再次认识阶段

1978—1983 年，西方的市场营销学再次被引进中国。此时，随着中国的对外开放，中国经济和政策发生了重大变化，人们开始关注和重视市场经济和商品流通。广州、北京和上海等地的学者首先接触西方的市场营销学的系统理论并将其带入中国。1979 年春

① 郭国庆.市场营销学通论(第 4 版). 北京：中国人民大学出版社, 2009: 5-6.

节过后，何永祺率先为中山大学商业经济专业的高年级学生开设市场营销学课程。1979年春天，国家经委在肇庆开设了厂长、经理培训班，暨南大学的教授开始讲市场学，厂长、经理听了以后兴致勃勃，认为“学这个东西（市场营销学）真有用”。1979 年秋天，暨南大学正式开设市场营销课程。营销教育和研究的先行者之一、云南财经大学吴健安教授认为：国内市场上的商业竞争与对外贸易迅猛发展，迫切要求用现代市场营销理论指导生产与经营[①]。1979 年，梅汝和教授开始在上海财经学院招收市场学方向的研究生，这是新中国自己培养的第一代市场学的硕士研究生。当时许多国内学者到国外访问、考察和学习，并邀请国外专家学者来华讲学，通过引进国外的市场营销学教材，而后编写了第一批市场营销学教材等方式，在高等院校相继开设了市场营销课程，系统介绍西方的市场营销理论和方法。

然而，此阶段中国的市场营销学，仅是高校学者关注和重视的西方市场营销学理论，中国绝大多数人士和企业界对其还十分陌生。

（三）传播阶段

1984—2000 年，市场营销学在中国迅速发展和传播，以中国高等院校市场学研究会（China Marketing Association of University，CMAU）成立为标志。1984 年 1 月，为加强国内市场营销的学术交流和教学理论与方法的研究，加快市场营销学在中国的发展与传播，全国高等财经院校、综合性大学市场学教学研究会在湖南长沙成立（1987 年改名为中国高等院校市场学研究会，http://www.marketingspace.org/）。该研究会主要是通过组织全国高校和社会各界有志于市场学教学和研究的专业人员，从事市场学领域的学术研究，推动中国营销学的进步。1991 年 3 月，中国市场学会（China Marketing Association，CMA）经国家民政部批准在北京成立。它是国内从事市场流通、市场营销、信用管理、法学等理论与实务研究的著名专家学者、企业及经济管理部门的高层主管，根据自愿的原则联合组织的全国性社会团体。该学会主要业务范围包括：理论研究、学术交流、业务培训、书刊编辑、国际合作、咨询服务六个方面。创办有《市场营销导刊》和中国市场营销网（CMA 网址：http://www.ecm.com.cn）。在这个时期，许多省、市（区）也逐步成立了市场营销学会或协会，特别是吸收了中国许多的企业参与其中。各市场营销学会或协会还举办各种形式的培训和讲座，定期或不定期出版市场营销会刊。如广东营销学会出版了《营销管理》，福建省营销协会出版了《营销通讯》等。

20 世纪 80 年代末至 90 年代初，国内各大学已普遍开设了市场营销学课程，专业教师超过 4 000 人。不少学校增设了市场营销专业，有 50 多家大学招收了市场营销方向的研究生。1992 年前后，部分高校开始培养市场营销方向的博士生。与此同时，国内学者编著出版了市场营销教材、专著 300 多种，发行销售超过一千万册。国内最早编写的是几本《市场学辞典》和篇幅达 210 万字的《现代市场营销大全》。

中国市场营销学者开始全方位、大规模地登上国际舞台，与国际学术界、企业界的合作进一步加强。例如，中国人民大学在市场营销学方面，1999 年即已与 46 所国际著

---

① 小叶. 寻找中国营销元点. 策划师频道.[2008-7-23]. http://edu.21cn.com/cehua/g_85_58099-1.htm.

名学术机构建立了密切的学术交流关系，在国际学术刊物上发表论文42篇，参加国际学术会议 210 人次[①]。其他高校和研究机构，请进来、派出去的交流活动也有增无减。20世纪最后几年，市场营销学著作向多样化和系列化方向发展。理论性较强的专著如郭国庆等的《市场营销理论》、刘凤军的《品牌运营论》先后于1999年和2000年出版，均有相当的理论深度；除市场营销学、国际市场营销学外，服务营销、绿色营销、整合营销、关系营销、互联网市场营销，以及超市、旅游、体育、粮食、药品、图书、邮政、航运、银行、保险、农机、房地产等专业性较强的市场营销著作出版也很多。系列教材及著作（由院校或出版社组编出版的）不完全统计有十余种。篇幅百万字以上的编著、译著，也有十多种。

（四）本土化阶段

2000年至今，市场营销学在中国进入本土化的理论与实践结合的应用阶段。进入21世纪以来，中国市场营销学进入一个全新的阶段。汤正如认为：市场营销学在中国传播应用进入成熟期或改进、提高、创新期[②]。2001 年随着中国加入世界贸易组织（WTO），标志着中国的对外开放进入了一个新的历史时期，也标志着西方市场营销学在中国的传播、发展和应用进入了一个崭新的阶段。在这个阶段，中国出现了一批颇有价值的本土化的市场营销研究成果，也加强了与国际间的市场营销沟通交流与合作，举办了一系列市场营销国际学术会议。2001年年底，中国市场学会决定，接受全国经济类核心刊物——《中国流通经济》为学会会刊。据估计，21世纪初以来，正式出版的市场营销学教材（包括译著）累计约有700种，开课院校超过千所，任课教师不下于6 000人，学习过市场营销学的人数当以千万计。

2001 年 12 月，中国市场学会成功地召开了第三次会员代表大会，出席会议的代表有400余人，换届选举后，中国国际贸易促进会会长俞晓松当选为会长。会上还宣布，中国市场学会与复旦大学共建“中国市场营销研究中心”，目标是“成为中国市场营销学术的研究中心和营销理论知识库，成为中国市场营销学者分享知识的平台”。提升中国营销学术研究水准，传播专业营销知识，为营销理论和实践的发展服务，是“中心”的重要任务。在大会组织的“市场与营销高层论坛”的专题演讲中，TCL、一汽大众、武钢、小天鹅等著名企业的代表，总结交流了各自的营销经验，彰显了我国企业的营销创新精神。

中国营销传播网2001年3月2日有一篇题为《营销的回顾与中国营销学的现状》的文章指出：“由于缺乏对西方营销理论应用于中国实践的充分探索，缺乏中国营销理论创新的尝试，营销学依然没有实现和中国国情的有效整合，实践中的营销更多的是广告、促销，甚至不顾道德的束缚，操纵消费者的欲望，背离了时代的特征。”人类进入新经济时代，新经济建设在信息技术基础之上，追求的是差异化、个性化、网络化和速度化。2000年7月22日，乔远生在中国营销传播网《探测：21世纪市场营销变革》文中指出：“21 世纪对营销管理人员的要求已经不是停留在工业时代销售产品的层次，而是放在知

① 吴健安.市场营销学在中国的传播.广西商业高等专科学校学报，2002，9（3）：33-39.

② 汤正如.改革开放30 年市场营销学在中国传播应用的发展变化，市场营销导刊，2008，（6）：3-10.

识经济背景下将其视作知识产品的创造者，将产品和知识配合为一体一同出售给消费者。”菲利普·科特勒预言，未来市场“电话销售和计算机采购将逐步取代或补充推销员”。

2016 年中国政府制定实施创新驱动发展战略纲要和意见，出台推动大众创业、万众创新的政策措施，增强经济发展新动力，落实“互联网+”行动计划，促进制造业升级，深入推进“中国制造+互联网”[①]。中国企业正在调整国际市场营销的战略、策略，一方面从“中国制造”走向“中国创造”；另一方面根据国家制定的“互利共赢”、“合作共赢”方针到海外直接投资建厂。根据市场营销环境的变化，及时调整了市场营销的战略与策略，在技术进步和产品升级换代，在自主创新和新产品开发、节能减排和环境保护、品牌建设和树立企业形象、市场开发和满足社会新的需求等市场营销的诸多方面，取得了许多新的进展。

四、市场营销地位的演变

无论是在中国，还是在外国如美国、欧洲等市场，市场营销在企业中的地位不断扩大。市场营销在企业中的地位是从无到有、从小到大、从局部到中心、从核心到整合的演变。市场营销也由原来集中在消费品领域，逐渐转到工业品领域，现在已经扩散到不同行业的各种各样产品和服务等领域。市场营销已从过去的企业生产、融资和组织职能的从属地位转变成为企业的核心，具有整合职能，成为决定企业生存、繁荣和发展的关键要素（见图 1-2）。

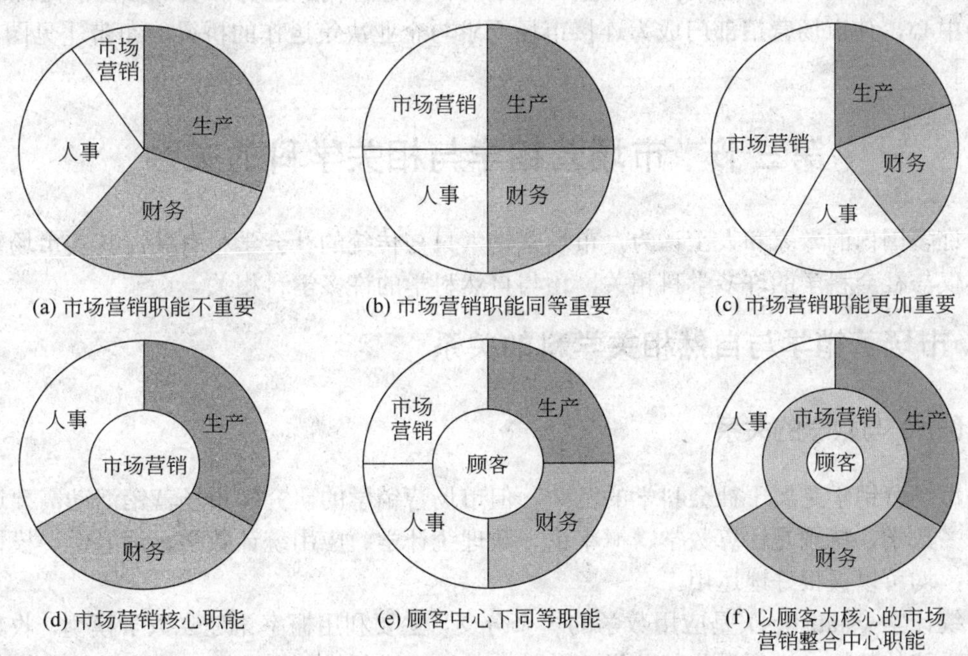

图 1-2　市场营销职能在企业中的地位演变

① 许允兵. 2016 年国务院总理李克强政府工作报告（全文）. 中国网. [2016-03-06]. http://www.china.com.cn/education/2016-03/06/content_37950443.htm.

【问题】 市场营销应该成为企业的核心，是企业最重要的职能部门吗？

市场营销和其他部门（财务、生产、人力资源）在企业中的地位演变如图 1-2（a）~（f）[①]所示。在市场营销被企业认识的早期阶段，市场营销职能与其他部门相比显得不重要，地位较低下［见图 1-2（a）］。如在中国改革开放初期，许多企业没有设置营销部或只设一个小职能部门（如公共关系部）来代替。在市场营销随后的阶段，企业高层管理人员意识到市场营销职能应与其他部门同等重要，处于平等的地位［见图 1-2（b）］。随着市场营销在企业生存发展中的作用日益增大，市场营销与其他部门相比对企业影响更大，企业高层管理人员意识到市场营销职能要比其他部门的职能更重要[见图 1-2(c)]。越来越多的企业看到了市场营销的中心作用，没有市场企业就无法生存，市场营销受到企业高层管理人员的高度重视，许多企业把市场营销作为企业的中心职能，并置于中心位置，而把其他职能部门当作企业市场营销的辅助职能［见图 1-2（d）］。随着企业的进一步发展，许多企业高层管理人员发现，市场营销的中心职能会激起了其他职能部门的不满，他们不甘心当市场营销部门的配角，他们发现顾客才是企业服务的中心，市场营销仅有和其他部门一样共同为顾客服务的职能［见图 1-2（e）］，企业的所有职能性业务部门必须协同配合为顾客服务，使顾客需要得到满足。在现代的激烈竞争的企业营销活动中，越来越多的企业高层管理人员终于达成共识：市场营销部门与其他职能部门的地位应不同，必须让市场营销部门来整合企业的各职能部门、业务和资源，以满足顾客需求为中心，使市场营销部门成为连接市场需求与企业决策运作的桥梁、纽带［见图 1-2（f）］。

第三节 市场营销学与相关学科的关系

许多国内的专家和人士认为，市场营销学只与传统的社会学科有关。其实市场营销学不仅与社会科学的许多学科相关，还与自然科学的许多学科相关。

一、市场营销学与自然相关学科的关系

（一）与数学的关系

市场营销学是属于社会科学的范畴，但市场营销学的研究和市场营销活动需要运用到许多数学，特别是计算数学、概率论、数理统计学、应用统计数学、运筹学、模糊数学等，均可以被很好地运用。

统计学（statistics）是应用数学的一个分支，主要利用概率论建立数学模型，收集所观察系统的数据，进行量化的分析、总结，并进而进行推断和预测，为相关决策提供依据和参考。它被广泛地应用在各门学科之中，主要用于研究社会经济问题。市场营销学

① [美]菲利普•科特勒. 梅清豪译.营销管理（第 11 版）.上海：上海人民出版社，2003：29；郭国庆.市场营销学通论(第四版).北京：中国人民大学出版社, 2009: 17.

的基础是市场调查和预测，市场调查和预测的研究方法目前主要采用统计学的方法，特别是数理统计学、应用统计数学、经济统计学、社会统计学、人口统计学、环境与生态统计学等被大量运用到市场营销学的研究中。

（二）与信息科学的关系

市场营销活动离不开信息科学的支持，特别是现代的市场营销活动，已经脱离了空间和地域的限制，信息科学的信息论、控制论、系统论，使全球的市场营销活动紧密相连。市场营销学的基础是信息，只有根据现实中正确的信息做出的决策，才能达到想要的目标和效果。

（三）与其他学科的关系

市场营销学不同于其他的社会学科的关键点是市场营销中的核心——产品和服务，它常常与各种技术学科相关，如生物技术、材料科学技术、机械电子、通信技术、计算机科学技术等，这些技术性的产品和服务，直接影响市场营销的战略和策略决策，也影响市场营销活动的运作，对促进市场营销学的进步和发展有重要的作用。

二、市场营销学与社会相关学科的关系

（一）与心理学的关系

市场营销学与心理学的关系十分密切。市场营销的成功离不开对消费者购买行为和心理的把握，也离不开营销者判断市场情况和消费者的决策心理的博弈和运用。特别是消费者的认知心理、社会心理、人格心理、生理心理、感觉心理、消费心理等直接影响消费者的购买需求，而管理心理、艺术心理、发展心理等将影响营销者的决策。

（二）与管理学的关系

市场营销学与管理学的关系是一种包含的关系。市场营销学是管理学的一个重要分支，市场营销学的理论与方法部分是来源于管理学，但也影响管理学的发展。“管理学”是个一级综合学科（群），介于自然科学和社会科学之间[①]。

（三）与经济学的关系

市场营销学主要是从经济学和管理学的娘胎中脱离出来的，因此，经济学中的许多领域，如世界经济学、国民经济学、消费经济学、区域经济学、管理经济学、数量经济学、会计学、技术经济学、生态经济学、城市经济学（房地产经济学）、资源经济学、环境经济学、物流经济学、交通运输经济学、商业经济学、建筑经济学、价格学等，都或多或少地，或紧密或松散地与市场营销学有关系，特别是价格学、消费经济学、资源经

① 《中华人民共和国学科分类与代码（国家标准 GBT 13745—2009）》，由中华人民共和国国家质量监督检验检疫总局、国家标准化管理委员会于 2009 年 5 月 6 日发布，2009 年 11 月 1 日实施。

济学、环境经济学、物流经济学、交通运输经济学、商业经济学等是构成市场营销学的核心内容的一部分。市场营销学与经济学的关系十分密切。

（四）与社会学的关系

市场营销学是社会科学的一个分支学科，社会学中的许多分析方法，如社会调查方法、社会统计学等都大量运用于市场营销学中；人口学是市场营销学的基础，有人口就有市场，就有研究市场营销学的必要；实验社会学、数理社会学和应用社会学对市场营销学的研究有重要的借鉴作用。

（五）与其他学科的关系

市场营销学还与其他许多学科相关，主要有：伦理学、美学、宗教学、语言学、文学、新闻学与传播学、艺术学等，这些学科从不同的角度和侧面来影响市场营销的战略、策略、内容、方法和技巧。例如，市场营销学中的广告，不仅涉及新闻学与传播学、艺术学、美学，而且还要关注消费者的宗教、语言、文学等，这样才能得到好的广告效果。

第四节 市场营销学的研究对象与方法

一、市场营销学的性质与研究对象

（一）市场营销学的性质

市场营销学是一门以经济科学、行为科学、管理理论和现代科学技术为基础，研究以满足消费者需求为中心的企业市场营销活动谋划、策略、方法及规律的综合性应用学科。

市场营销学于 20 世纪初从经济学的母体中脱胎而出，但是现代市场营销学已经不再是经济科学，而是一门属于管理学范畴的应用学科。

（二）市场营销学的研究对象

市场营销学的研究对象是以满足顾客需求为中心的企业市场营销组合、谋划、决策与实施过程及其规律。具体来讲，市场营销学要研究作为卖主的企业如何在动态的市场上有效地管理其与买主的交换过程和交换关系及相关市场营销活动过程。

1986 年 7 月和 1987 年 7 月分别在杭州莫干山和哈尔滨召开了中国高等院校市场学研究会年会。研究会学术讨论涉及学科与学会发展的基本问题，多数同志认为：学科名称译作市场营销学较好，学科性质属于微观应用学科，研究对象是“企业市场营销组合决策与实施过程及其规律性”，建立包括企业家参加的中国市场营销学会十分必要。

（三）市场营销学的研究内容

市场营销学是一门应用学科，涉及许多概念、原理和方法，具有理论性、实践性和逻辑性等特点，既要掌握学术性的原理和概念，又要懂得如何灵活运用，还要充分理解市场营销学理论体系的整体性以及各个概念、原理、方法之间的内在联系。因而，学习市场营销学，应具备一定的哲学、数学、经济学、统计学、管理学、传播学、行为科学和信息科学等方面的基础知识。同时，学习市场营销学应着重于加强理解和应用，融会贯通市场营销学的基本原理、知识和概念。

本市场营销学以模块为篇章而形成体系，共有五个模块十八章，主要内容（见图 1-3）有：市场营销基础、市场营销技术、市场营销战略、市场营销策略、市场营销管理和拓展等。市场营销基础模块有市场营销学导论（市场营销学的相关定义、发展、关系），市场营销哲学思想的演变（市场营销观念、营销哲学思想的演变、中国古今营销思想及运用），营销思维和营销伦理三章的内容；市场营销技术模块有市场调研与预测、市场营销环境分析、市场分析（消费者市场分析和组织市场分析）三章的内容；市场营销战略模块有 STP 战略组合、竞争和合作战略、品牌战略三章的内容；市场营销策略模块有产品策略、价格策略、渠道策略、促销策略四章的内容；市场营销管理和拓展模块有市场营销运作保障、国际市场营销、服务营销、客户关系管理、市场营销新领域五章的内容，且每一章均包括有原理要点、案例分析、实训应用和学习拓展。

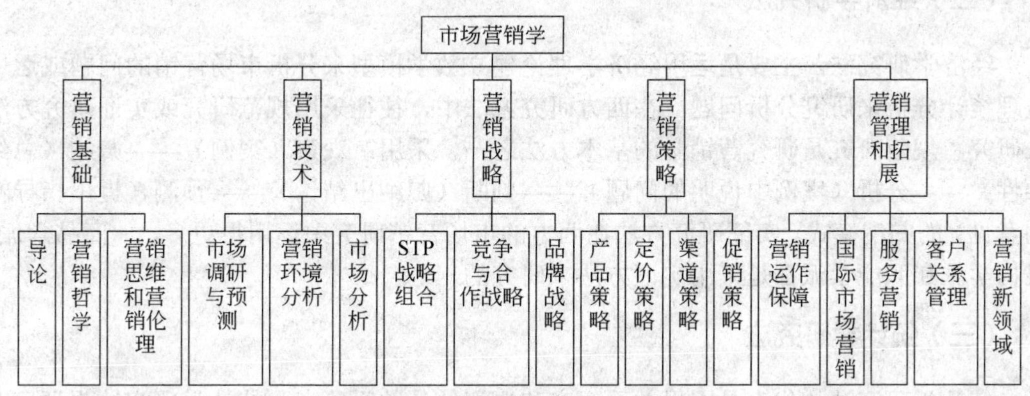

图 1-3 市场营销学基本内容的框架

二、市场营销学的研究方法

国内市场营销学与国外相比差距正在缩小，但研究水平还有待提高。在研究方法上，严格规范的学术论文所占的比重越来越大，实证或定量论证的论文越来越多，但创新概念型研究论文比重较少，理论严谨性和科学性正在加强，在研究中运用实验方式获取定量数据，设计模型、运用模型来阐明或论证变量之间的关系的论文正大量增加。

市场营销学的研究方法较多种多样，主要有：哲学研究法、经济学研究法、统计学研究法、管理学研究法、社会学研究法及其他研究方法（见图 1-4）。

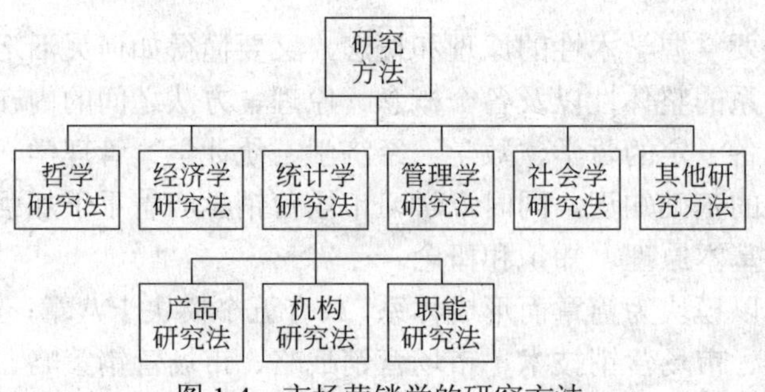

图 1-4　市场营销学的研究方法

（一）哲学研究法

哲学研究法是市场营销学研究方法中的观念研究法。观念本属于世界观范畴，它在对象、内容和形式等方面与方法论有区别，但二者又是辩证的关系[①]。市场营销学研究方法中的观念研究法，如生产观念、产品观念、推销或销售观念、市场营销观念和社会市场营销观念等。

（二）经济学研究法

经济学研究法，主要是运用经济学理论建立数学模型来分析市场营销的问题或运用数理统计分析来研究分析问题。在西方研究方法中，往往采用规范研究或实证研究方法来研究。规范研究是研究营销学的基本方法之一，采用：观察（案例）——归纳（总结共性）——分析（案例中说明的问题）——判断（归纳出结论）——预测（提出指导性的意见）的归纳模式。实证研究方法在西方的市场营销研究中运用得更多，如商品学派、机构学派和职能学派都是采用实证方法来研究的。

（三）统计学研究法

统计学研究法的代表是因果关系研究和概率统计关系研究。统计学研究法强调可观察性，并可采用数理统计方法进行分析，如在营销行为中能观察到的细分市场、竞争者行为、消费者的购买行为等。具体的营销研究方法有以下三种。

1. 产品研究法

它是以产品为中心的研究方法。以产品为主体，对某类产品诸如农产品、工业品、矿产品、消费品及劳务等分别进行研究。主要研究这些产品的设计、包装、厂牌、商标、定价、分销 、广告及各类产品的市场开拓。这种研究方法可详细地分析研究各类产品市场营销中遇到的具体问题，但需耗费巨量人力、物力和财力，而且重复性很大。

2. 机构研究法

它是一种以人为中心的研究方法。这种方法以研究市场营销制度为出发点，研究渠道制度中各个环节及各种类型的市场营销机构，诸如代理商、批发商、零售商等的市场营销问题。

---

① 邸承奎.市场营销学研究方法发展的几个特点,当代经济研究,1998 年增刊:8-9.

3. 职能研究法

它是从市场营销的各种职能，诸如交换功能（购买与销售）、供给功能（运输与储存）、便利功能（资金融通、风险承担、市场信息等）以及企业执行各种功能中必定或可能遇到的问题，来研究和认识市场营销问题。

（四）管理学研究

它是一种从管理决策的角度来分析、研究市场营销问题的方法，综合了产品研究法、机构研究法和功能研究法。从管理决策的观点看，企业营销受两大因素的影响：一是企业不可控的因素，诸如人口、经济、政治、法律、物质、自然、社会文化等因素；二是企业可控因素，即产品、价格、分销及促销。企业营销管理的任务在于全面分析外部不可控制因素的作用，针对目标市场需求特点，结合企业目标和资源，制定出最佳的营销组合策略，实现企业的盈利目标。运用多元数理分析方法求解消费者的效用值，市场调查中的统计分析、价格制定、营销的计划、执行和控制都借鉴了管理学中的量化研究方法[①]。

（五）社会学研究法

实证分析法，是社会科学研究方法之一，着眼于当前社会或学科现实，通过事例和经验等从理论上推理说明。实证分析要运用一系列的分析工具，诸如个量分析与总量分析、均衡分析与非均衡分析、静态分析与动态分析、定性分析与定量分析、逻辑演绎与经验归纳、经济模型以及理性人的假定等[②]。主要是研究企业营销活动对社会利益的影响。市场营销活动，一方面，促进了社会经济繁荣，提高了社会及广大居民的福利；另一方面，造成了某些负面效应，诸如污染社会及自然环境，破坏社会生态平衡。因此，有必要通过社会研究方法，寻求使市场营销的负面效应减少到最低限度的途径。

（六）其他研究方法

其他研究方法较为具体多样，包括心理学行为科学方法、工商人类学方法、传播学方法、美学方法、宏观与微观分析相结合方法等。

思 考 题

1. 市场营销学中的基本概念有哪些？
2. 试比较分析市场、市场营销、市场营销学有何不同。
3. 市场营销学经历了哪些发展阶段？
4. 市场营销学在中国传播经历了哪些发展阶段？
5. 市场营销学与哪些学科有关系？

---

① 王洪清. 营销学理论背后的方法论范式之演进. 江汉论坛, 2007,(5):24-26.

② 实证分析法.http://baike.baidu.com/view/2117749.htm.

泰康人寿的营销经

泰康人寿保险股份有限公司系1996年8月22日经中国人民银行总行批准成立的全国性、股份制人寿保险公司，公司总部设在北京。2000年11月，泰康人寿全面完成经国务院同意、保监会批准的外资募股工作。

泰康人寿始终奉行"专业化、规范化、国际化"的发展战略，坚持"稳健经营、开拓创新"的经营理念，伴随着中国经济改革及开放程度的深化而不断前进。泰康人寿的全体员工，始终致力于为日益成长的工薪白领人群提供专业化、高品质的人寿保险服务，倡导青春、健康、时尚、幸福美满的工薪白领人群的现代生活观、现代消费观和家庭价值观。

泰康人寿品牌的影响力。2011年7月18日，泰康人寿保险股份有限公司董事长陈东升荣获"2010中国保险业年度人物"称号，曾荣获"亚洲品牌十大最具影响力人物奖"和"亚洲品牌创新人物奖"两项殊荣。泰康人寿历经20年的发展，成功迈入中国大型保险金融服务集团行列，并连续多年保持盈利。截至2015年，泰康人寿总资产超过8 300亿元。经过19年稳健、创新发展，已成长为一家以人寿保险为核心，拥有企业年金、资产管理、养老社区和健康保险等全产业链的全国性大型保险公司，连续11年荣登"中国企业500强"，充分体现了行业、客户、舆论和市场对公司优秀业绩的认可，体现了泰康品牌影响力的深入人心。泰康人寿率先在保险业内申请信用评级，2001年即获得业内最高信用等级"AAA-"级，成立至今没有一笔呆坏账，并在国内成功首发保险业次级债券，具备充足的偿付能力。

引进营销信息技术系统。2001年，泰康人寿在国内率先引进国外大型先进寿险软件包，启用新型计算机软件系统：Life/Asia系统，并且成功地将该软件进行中文化和本地化开发，投入实际应用。个险、团险、银行保险新系统以及SAP财务系统在全国各个分公司和上百家支公司全面上线，大集中的业务处理模式得以全面确立和加强，为业务快速发展、控制风险、降低成本提供了有力的支持。业内领先的行销支持系统MSS，完善了对重点业务开发的"风险监控数据库模型"，为外勤人员提供了全天24小时的个人营销工作室，提升了个人寿险营销的服务水平。面向全系统的"领先e步——OA办公自动化系统"顺利搭建，大大提高了工作效率，加强了内部沟通。

创新产品理念。泰康人寿创造性地提出："买车 买房 买保险——现代生活新三件"。泰康积极践行供给侧改革，创新提供高品质的医养产品和服务，持续投入现代医养服务业的基础设施建设中。泰康作为中国保险业首家养老社区试点企业，养老社区建设起步早、起点高，其对标国际标准，结合中国国情，进行大胆创新突破，秉承"一个社区，一家医院"理念，全力打造"医养融合"养老模式。2015年6月26日，泰康首家医养社区——北京燕园正式开业，年底首家康复医院——燕园康复医院落成，医养融合进入运营实践阶段。目前，泰康已在北京、上海、广州、三亚、苏州、成都、武汉、杭州完成"八城"养老社区布局，总建筑面积达128万平方米，可容纳1.3万户居民入住，成为拥有全国最多连锁医养社区的企业。

促销发力打造产品形象。从 2004 年春节起，泰康人寿率先在首都机场全部 36 座廊桥发布 1 000 多块广告。廊桥广告连续投放三年，累计受众过亿人次，加深了公众对泰康人寿及其所倡导的现代“新生活”的理解。2006 年，“真情爱家，国泰民康”的广告赢得了公众的共鸣。2007 年泰康人寿再次率先发布机场最新广告形式：悬挂式看板广告，广告直面人流视觉冲击力强，公众反响强烈，“一张保单保全家”的口号深入人心。2008 年 3 月，泰康人寿在中央电视台黄金时段发布了持续全年的“幸福时光”新版广告，激发了大众对幸福的思考和渴望。广告语“一张保单，一辈子的幸福”表达了让人们过上有保障而无忧虑的幸福生活的美好愿望，包含着与客户相伴终生的责任与承诺，为整个保险业塑造了良好的行业形象。2011 年 7 月 18 日泰康人寿宣布签约中国首位网球大满贯冠军李娜担任其全球形象代言人，这是泰康人寿首次启用形象代言人。泰康人寿市场定位是融入 21 世纪大众生活，为日益崛起的工薪白领人群提供高品质的寿险服务，在公益活动中体现企业的社会价值，回馈社会，融入中国大众生活。

服务客户管理体系变革。泰康人寿的管理架构转变为矩阵式管理，条块结合。这一组织管理体系的变革，为泰康人寿的业务发展注入了新的活力。“服务是寿险的生命”，“以诚信、规范、优质的服务赢得客户的信赖”，“把客户的利益放在第一位”是泰康人寿的承诺。开业以来，泰康人寿坚持把客户的利益放在第一位，使客户和公司真正成为利益共同体。泰康人寿服务社会、企业和千万家庭，以实际行动践行保险承诺。泰康人寿专业的服务品质和热诚的服务精神，及时、合理、高效的理赔服务，赢得了公司广大客户的信任。2002 年，体现泰康人寿全新服务理念的“泰康新生活广场”在全国各家分公司全面推出，形成了四位一体、现实与虚拟相结合的互动式综合服务体系。客户可通过泰康人寿的“新生活广场门店”、“新生活广场电话—95522”、“新生活广场网络”以及“朝气蓬勃、健康向上的员工队伍”，享受到更具个性化、亲和化、综合化、全天候的金融服务。2004 年 5 月，95522 电话服务中心在北京正式投入运营，2006 年 9 月实现所有呼入业务的集中。 2005 年 8 月，泰康人寿又开通了电话服务中心 24 小时人工服务，将泰康人寿的客户服务品质提升到一个新的水平，为广大客户提供更优质、更便捷的服务。2004 年 6 月，建立“新生活俱乐部”，为客户提供更具差异化、个性化的附加值服务。2006 年新生活贵宾俱乐部实现升级，整合了泰康人寿各种附加值服务品种，搭建了一个规范、有序地为客户提供附加值服务的平台。2016 年 2 月 14 日，泰康人寿成为开展个人税收优惠型健康保险业务的八家保险公司之一。

泰康人寿在保险业内率先推出 100%电话回访制度，保护客户合法权益。对已经回访成功的新契约客户进行再次回访，以此加强对营销员专业品质的训练，保护客户的合法权益，使“诚信服务”始终成为公司品牌核心价值的重要组成部分。

资料来源：根据泰康人寿公司泉州分公司提供资料改编，http://www.taikang.com/

问题：

（1）泰康人寿公司取得这样骄人业绩的营销要素有哪些？

（2）从本案例中得到哪些营销知识和体会？

【实训目标】

结合实际内容，深刻了解市场和市场营销的基本概念和认识。

【实训内容和要求】

第 1 场景：同学们分成 3~5 人组成一个小组，模拟市场上不同的市场形态，让同学们在市场中以不同的营销角色和场景出现，使同学们正确理解市场的概念和基本内容，如超市中的某一场景等。

第 2 场景：请同学们对所模拟市场或市场营销活动的形态相互进行辨别，最终形成市场和市场营销的基本内容的认识。

【实训效果评估】

根据同学们模拟市场和市场营销的情况，观察、了解、检查同学们对市场及市场营销理论的认识程度、掌握程度、理解程度及在现实生活中应用程度，并对其进行打分评价。评价标准如下。

实训内容	认识程度（5 分）	理解程度（5 分）	掌握程度（5 分）	应用程度（5 分）	总分
市场					
市场营销					

[1] 美国市场营销协会（AMA， http://www.ama.org）
[2] 日本市场营销协会（JMA，http://www.jma-jp.org）
[3] 英国市场营销学会（CIM，http://www.cim.co.uk）
[4] 中国高等院校市场学研究会（CAMU, http://www.marketingspace.org）
[5] 中国市场学会（CMA）及中国市场营销网（www.ecm.com.cn）
[6] Philip Kotler，Gary Armstrong. Principles of Marketing，5th Edition，Englewood Cliffs：Prentice-Hall International， 1991.
[7] Philip Kotier. Marketing Management，11th Edition，New Jersey：Pearson Education，Inc.，2003.
[8] Gary Armstrong & Philip Kotler. Marketing：An Introduction， 7th Edition， New Jeesey： Pearson Education， Inc. ， 2005.
[9] [美]菲利普·科特勒. 梅清豪译. 营销管理（第 11 版）. 上海：上海人民出版社，2003.
[10] [美]里查德·黑斯（Richard T. Hise）， 彼得·吉利特（Peter L. Gillett）， 约翰·瑞恩斯（John K. Ryans）. 韩佩璋，胡士廉译. 市场营销原理与决策（*Basic Marketing Concepts and Decisions*）.

北京：机械工业出版社，1983.（1979 by Winthrop Publishers，Inc. ）

[11] [法]雅克·朗德维，德尼·林顿. 张欣伟，郭春林译. 市场营销学（第 5 版）. 北京：经济科学出版社，2000：2.

[12] [英]弗朗西斯·布拉星顿（Frances Brassington），史蒂芬·佩提特（Stephen Pettitt）. 裴大鹰等译. 市场营销学（第 2 版，上册）（*Principles of Marketing*，2th Edition）. 桂林：广西师范大学出版社，2001.

[13] [美]科特勒等. 水平营销（全新修订版）. 北京：中信出版社，2008.

[14] 吴健安. 市场营销学在中国的传播. 广西商业高等专科学校学报，2002，9（3）.

[15] 郭国庆等. 市场营销通论，北京：中国人民大学出版社，1999.

[16] 郭国庆. 市场营销学通论（第 3 版）. 北京：中国人民大学出版社，2007.

[17] 郭国庆. 市场营销学通论（第 4 版）. 北京：中国人民大学出版社，2009.

[18] 韩庆祥，肖开宁. 实用整合营销. 北京：中国社会出版社，1999.

[19] 《中华人民共和国学科分类与代码（国家标准 GBT 13745—2009）》，由中华人民共和国国家质量监督检验检疫总局、国家标准化管理委员会于 2009 年 5 月 6 日发布，2009 年 11 月 1 日实施。

[20] 王洪清. 营销学理论背后的方法论范式之演进. 江汉论坛，2007，（5）.

[21] 中国网. http://www.china.com.cn/education/2016.

第二章

市场营销哲学思想的演变

原理要点

- 五种市场营销观念
- 市场营销哲学思想从企业—顾客—品牌—网络的演变
- 中国古今营销思想及商帮发展

管理大师彼得·杜拉克（Peter Drucker）曾经指出："创新来自于放弃，它不在于你开始实施什么新措施，而在于你放弃的是什么。"

"所有同事都是在为购买我们商品的顾客工作。事实上，顾客能够解雇我们公司的每一个人。他们只需到其他地方去花钱，就可做到这一点。衡量我们成功与否的重要的标准就是看我们让顾客——'我们的老板'满意的程度。让我们都来采取盛情服务的方式，每天都让我们的顾客百分之百地满意而归。"

——山姆·沃尔顿沃尔玛创始人

全球商业零售帝国

1962 年，阿肯色州成立了一家很小的零售公司，它天天平价，却成就了一个全球商业帝国。它是谁？它是如何造就这样的神奇的呢？

它就是由美国零售业的传奇人物山姆·沃尔顿先生打造的沃尔玛公司。经过 50 多年的发展，沃尔玛公司已经成为美国最大的私人雇主和世界上最大的连锁零售商，多次荣登《财富》杂志世界 500 强榜首及当选最具价值品牌。

沃尔玛致力通过实体零售店、在线电子商店以及移动设备移动端等不同平台不同方式来帮助世界各地的人们随时随地能够节省开支，并生活得更好。沃尔玛在全球 27 个国家拥有超过 70 个品牌下的约 11 000 家分店以及遍布 11 个国家的电子商务网站，每周都有超过 2. 5 亿名顾客和会员来光顾，2015 财政年度（2014 年 2 月 1 日—2015 年 1 月 31 日）的净销售金额达到近 4 857 亿美元，全球员工总数约 220 万名。一直以来，沃尔玛坚持创新思维和服务领导力，一直在零售业界担任领军者的角色；更重要的是，沃尔玛始终履行“为顾客省钱，从而让他们生活得更好”的这一企业重要使命。这也是沃尔玛公司市场营销哲学思想的具体体现。

资料来源：http://www.wal-martchina.com/walmart/index.htm

第一节 市场营销观念的演变

一、市场营销观念的演变框架

市场营销观念从 20 世纪初开始形成，到目前已经历了五个演变时期（见图 2-1）。不同的市场营销观念是在不同的条件下产生并实施的，其关注点和内容随着市场的变化而不同。

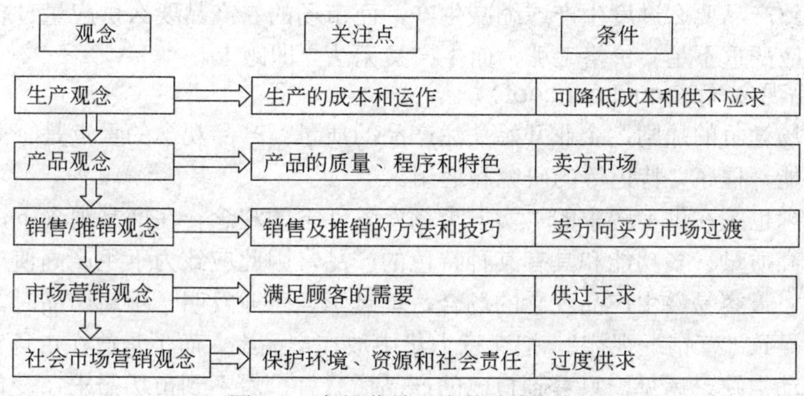

图 2-1 市场营销观念的演变框架

二、经典的市场营销观念

市场营销学在其发展过程中，其观念也不断发展变化。

（一）市场营销观念的演变

1．生产观念（production concept）

生产观念是最原始的市场营销观念，人们的经营行为只考虑自己的生产，“我生产什么，就卖什么产品。”这是生产观念的有力写照。生产观念的座右铭是：有人卖就有人买。此种观念一般存在于以下三种情况。

（1）产品供不应求的情况。当生产水平较低，生产的商品无法满足市场的需求时，人们只注重生产，此时没有必要研究市场。

（2）降低成本的情况。企业为了使生产的成本大幅度下降，此时的重点和注意力集中于生产。

（3）产品处于垄断控制的情况。当某一种产品处于垄断控制时，企业不会考虑其他因素，而只会考虑有利于自身的各种因素，在产品设计、生产、定价等方面完全由企业说了算，企业不需要营销，企业能生产什么产品就卖什么产品。

生产观念认为，消费者偏爱那些随处买得到且价格低廉的产品，企业应致力于改进生产和提高分销效率，关注降低生产成本以扩展市场。显然，生产观念是一种重生产、轻营销的商业哲学[①]。

生产观念是在卖方市场情况条件下产生和运用的。20世纪初以前，国内外的市场环境均是生产观念主导的。企业在生产产品时根本不需要考虑市场的需求情况。我国在计划经济及以前的社会体制下，因生产力水平较低，产品短缺，产品不愁没有销路，企业自然只关注产品的生产和自身的利益。

生产观念会导致“营销近视症”。“营销近视症”就是指企业只注重近期的产品生产和产品质量的好坏，而忽视了市场的需要和企业的长远利益。“营销近视症”的企业根本不考虑市场需求的变化，只关注企业短期内的生产和效益，或注重自身产品质量，最终导致企业经营失败。如目前国内的许多农村小企业，只关注生产农产品，忽视市场的需要，常常导致产品要么过度生产或缩减生产，而市场的农产品要么供应量过多，价格下降；要么供应严重不足，价格上涨，而生产又无法立即跟上。

2．产品观念（product concept）

随着市场竞争的加剧，企业开始关注产品的质量。产品观念的重点是企业重视产品的质量、功能、程序、特色等的研究和运用。

产品观念也是在供不应求的“卖方市场”条件下的观念。在产品观念下，企业认为消费者喜欢高质量、多功能和具有某种特色的产品，因此应致力于生产高值产品，并不断加以改进。最容易滋生产品观念的场合，莫过于当企业发明一项新产品时。此时，企业同样容易导致“营销近视症”，把注意力集中放在产品上，而不是放在市场需求上，在市场营销活动中缺乏远见，只看到自己的产品质量好，看不到市场需求在变化，致使企业经营陷入困境。

手机生产商一味地进行手机功能的更新和外观、颜色、造型等方面的变化，从而忽视了市场营销的管理，导致山寨手机大量出现，竞争达到炽热化的程度。

【案例】

宁夏日盛公司的生产者市场

始建于1994年的宁夏日盛实业有限公司是中盐内蒙古盐化集团控股企业，是宁夏回族自治区确定的三十家非公有制重点企业之一，公司注册资金9 118万元，资产总额3亿元，年创产值3亿多，年缴各类税费2 000多万，是国内ADC发泡剂生产规模最大的专业生产厂家。各种产品质量均达到国标一等品标准，对外努力开拓产品销售市场，国内市场占有率达到35%以上。目前国内市场关于ADC发泡剂的生产销售一直处于供不应求的状态，宁夏日盛集团处于有利的生产者市场地位。

资料来源：根据宁夏日盛实业有限公司提供资料改编，http://www.nxrisheng.com.

---

① 郭国庆.市场营销学通论(第4版).北京：中国人民大学出版社，2009: 19.

3．销售或推销观念（selling concept）

由于市场所迫，企业的产品过剩，企业开始想方设法把产品卖出去。此时，企业注重产品的销售及推销的方法和技巧。推销观念（或称作销售观念）是许多企业所采用的另一种观念。推销观念认为，消费者具有购买惰性或抗衡心理，通常不会足量购买企业的产品和服务，企业必须积极推销和进行大力地促销活动，以刺激消费者大量购买本企业产品。推销观念一般产生于由“卖方市场”向“买方市场”的过渡阶段中。

在现代市场经济条件下，推销观念被大量用于推销那些“非渴求物品”，“非渴求物品”就是消费者一般不会想到要去购买的商品，如保险、百科全书等。许多企业在产品过剩时，常常奉行推销观念。企业善于采用各种推销方法和技巧来寻找潜在顾客，并对他们采用高压式的推销，促进并说服顾客的购买。销售及推销的方法和技巧往往通过人员推销、各种方式的广告、销售促进和公共关系等来达到目的。推销要达到效果，还与市场调研、顾客需求分析、产品开发、定价和分销等有关系。由于科技的进步和发展，企业采用科学管理和规模化生产，产品供过于求严重，卖主之间竞争更加激烈。许多企业认为要在日益激烈的市场竞争中求得生存和发展，就必须重视推销工作。

【例】 脑白金公司由于当时资金不足，随便请了老头老太太花了5万元拍成了第一个送礼广告。“今年过节不收礼，收礼只收脑白金”一句土得掉渣的大白话，广告播放后，竟传遍了大江南北，销量立即急速上涨。公司发现脑白金作为礼品的市场机会后，立即调整推销战略，从功效宣传为主转入礼品宣传为主，使脑白金由保健品转变成礼品。

4．市场营销观念（marketing concept）

市场竞争激烈，产品供过于求，企业又开始注重以满足顾客的需要为中心的市场营销活动。

市场营销观念是作为对上述诸观念的挑战而出现的一种新型的企业经营哲学。虽然它的思想由来已久，但它的核心思想是直到20世纪50年代中才基本定型的。

市场营销观念认为，实现企业各项目标的关键，在于正确确定目标市场的需要和欲望，并且比竞争者更有效地、更有利地传送目标市场所期望的产品或服务，以满足目标市场的需要和欲望。从本质上说，市场营销观念是一种以顾客需要和欲望为导向的哲学，是消费者主权论在企业营销管理中的体现。

西奥多·莱维特（Theodore Levitt）曾对推销观念和营销观念作过深刻的比较，指出：推销观念注重卖方需要，营销观念则注重买方需要；推销观念以卖主需要为出发点，考虑如何把产品变成现金，而营销观念则考虑如何通过制造、传送产品以及与最终消费产品有关的所有事物，来满足顾客的需要。

营销观念下奉行“顾客是上帝”、“你就是主人”（联合航空公司）、“发现欲望，并满足他们”、“热爱顾客而非产品”等。

【讨论】

真正接受市场营销观念的企业多吗？（多或少）

下列哪些公司已接受了营销观念？哪些公司没有真正接受营销观念？为什么这么说？

麦当劳、KFC、可口可乐、百事可乐、吉列刀片公司、沃尔玛、小米
联想、海尔、中石油、蒙牛、通用汽车公司（GM）、伊利、诺基亚、柯达照相公司

上面讨论中第一行的企业基本上是采用营销观念，而第二行的企业却未有较成熟的营销观念，它们或者只设了营销总监、营销经理、品牌经理、推销队伍等，它们在国内外市场中面临的许多关键性的问题还未解决。

5．社会市场营销观念（societal marketing concept）

社会市场营销观念要求企业要关注环境保护、环境污染、资源短缺、通货膨胀、社会福利和社会责任等问题。

社会市场营销观念是对营销观念的重要修改和补充。它产生于20世纪70年代西方资本主义国家出现能源短缺、通货膨胀、失业增加、环境污染严重、消费者保护运动盛行的新形势下，促使人们将市场营销原理运用于具有重大的推广意义的社会目标方面。社会市场营销观念是在1971年由杰拉尔德·扎特曼（Gerald Zaltman）和菲利普·科特勒提出的，他们认为可以将营销原理运用于环境保护、计划生育、改善营养、使用安全带等方面。

社会市场营销观念认为，组织的任务是确定目标市场的需要、欲望和利益，并以保护或者提高消费者和社会福利的方式，比竞争者更有效、更有利地向目标市场提供所期待的需求[①]、需要、欲望和利益的物品或服务。

市场营销观念回避了消费者需要、消费者利益和长期社会福利之间隐含着的冲突。社会市场营销观念要求市场营销者在制定市场营销政策时，要统筹兼顾三方面的利益，即企业利润、消费者需要的满足和社会利益。

【例】 沃尔玛中国致力于成为地道的中国企业公民，其企业社会责任计划重点体现在环境可持续发展、回馈社区、关爱儿童、支持教育及救助灾区五个方面。自沃尔玛进入中国以来，已在全国范围内累计向各种慈善公益事业捐献超过9 700万元人民币的资金和物品，沃尔玛全国员工在社会公益事业方面投入累积超过21万多个小时[②]。

在此观念下，出现了生态营销（eco-marketing）、绿色营销（green marketing）等。

生态营销强调企业在营销时应把企业的利益与市场需求、生态环境资源等相结合，使企业的产品和营销活动符合生态平衡和生态系统的需要。生态营销是一种注重长远利益的营销模式，对人类生存和社会发展有重要意义。

【案例链接】

网购的质量隐忧来自哪儿

国家质检总局产品质量监督司副司长孙会川日前表示，“质检总局对电商平台产品质量的一次抽查中发现，羽绒服成分含量不实情况严重，一些问题产品甚至检不出羽绒成

---

① [美]菲利普·科特勒. 梅汝和等译.营销管理——分析、计划和控制.上海：上海人民出版社，1996：37.

② 沃尔玛全球概况.http://www.wal-martchina.com/walmart/index.htm.

分。”目前套用的是线下产品的监管法规，其中一些规定并不完全适合电子商务这种新型商业业态上的质量违法行为。抽查涉及多家主流电商平台，这些平台上产品的平均合格率仅为73.9%，皮鞋、服装等7类产品的不合格率超过了30%。线上与线下的产品质量,差异为何会如此之大?

信息不对称消费者难辨质量。1994年,互联网进入中国。1999年，阿里巴巴涉足电子商务。2004年,京东亦进入该领域。电子商务行业发展时间比较短，规范性不够，难免存在一些问题,给质量违法行为留下钻空子的空间。主要的原因是“信息不对称”造成的，消费者掌握的信息越少，“被骗”的可能性就越大。

缺依据监管部门难执法。消费者网购时可能无法预知质量的优劣，执法者在掌握质量违法行为后，却可能陷入执法难的困境。我国目前还没有专门的电子商务法，对线上的质量违法行为进行执法时，缺少相应的法律依据，监管力度受到很大的影响。目前网上商品标识不全、虚标情况严重。

电商平台索“证”难有效。作为网络交易的场所，电商平台企业也须为网购产品的质量问题负责。许多电商企业建立自己的质量管理体系，但更多的是索“证”：对质量的把关只看入驻商家或商品有无营业执照、产品合格报告等。如阿里巴巴和京东已逐渐建立起内部抽检制度。但整个电商行业的质量管理水平的提高，还有很长的路要走。

资料来源：改编自陈海波. 网购的质量隐忧来自哪儿. 光明日报. 2015-01-07，http://www.chinadaily.com.cn/hqcj/zgjj/2015-01-07/content_12997510.html

绿色营销是指企业在市场营销中要重视保护地球生态环境，防治污染以保护生态，充分利用并回收再生资源以造福后代。1987年联合国环境与发展委员会发表了《我们共同的未来》的宣言，促使“绿色营销”观念的萌芽；1992年联合国环境与发展大会通过的《21世纪议程》中强调：“要不断改变现行政策，实行生态与经济的协调发展”，为“绿色市场营销”理论奠定基础。绿色营销的实质，就是强调企业在进行市场营销活动时，要努力把经济效益与环境效益结合起来，尽量保持人与环境的和谐，不断改善人类的生存环境。

（二）新旧两种不同营销思想的比较

市场营销学在20世纪50年代前后，出现了两种营销思想。

20世纪50年代前，主要表现为一种销售或推销（selling/promotion）的观念，它的思维是由里到外的导向（inside-out perspective）。

20世纪50年代后，是一种市场营销的观念，它的思维是从外到里的导向（outside-in perspective）。由于营销观念的根本性变化，由原来的产品导向转为顾客导向，人们说这是一场“市场营销革命（marketing revolution）”。

1. 两种营销思想的比较

（1）以产品为中心的营销思想。在以产品为中心的营销思想指导下，企业按照自己的愿望生产、设计产品，而后用多种销售手段，把产品推销出去，顾客喜欢怎样的产品则不太注意。它把产品销售放在第一位，顾客要求放在第二位。也就是说，要顾客来适应销售的产品，而非使产品去适应顾客的需要。它的重点是卖者的产品，侧重于利用各种手段来把产品转化为现金。

（2）以顾客为中心的营销思想。企业在以顾客为中心的营销思想的指导下，企业需要制定各种经营方针、政策和计划，来满足顾客的需要、欲望与价值，并把这作为自己的生存条件；营销活动通常以市场调查为手段，以研究顾客的消费行为，分析自己的竞争对手的优劣条件为内容；通过整体经营组合的方法来争取和赢得顾客购买和重复购买；将顾客是否对企业产品信得过、愿意买、有好评，作为判断企业经营好坏的标准。

新旧两种不同营销思想的比较见图 2-2。

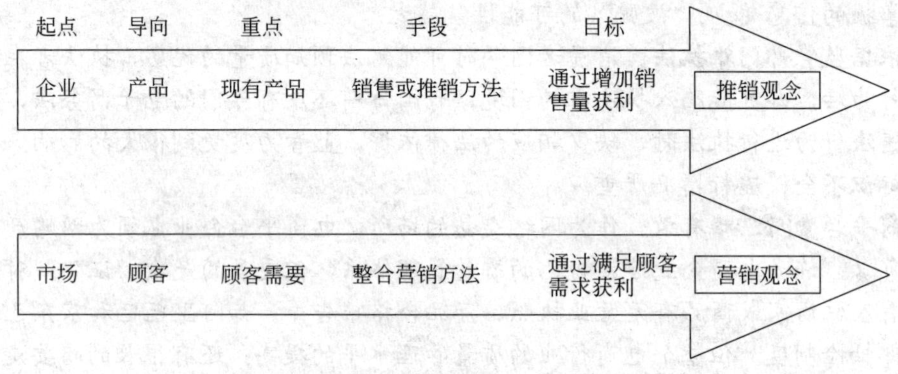

图 2-2 新旧两种不同营销思想的比较

2. 以顾客为中心的营销思想的好处

从产品角度看，能生产适销对路的产品或改进的原产品；在指导思想上，能创名牌、讲信誉，把质量放在第一位；在生产方式上，能采用多品种、少批量的生产方式；在经营方法上，能注意产品的花样与式样的更新，并进行市场调查研究、收集资料等工作。

（三）顾客价值和顾客满意

1. 客户观念的含义

所谓客户观念，是指企业注重收集每一个客户以往的交易信息、人口统计信息、心理活动信息、媒体习惯信息以及购买偏好信息等，根据这些信息确认的不同客户终生价值，分别为每一个客户提供各自不同的产品或服务，传播不同的信息，通过提高客户忠诚度，增加每一个客户的购买量，从而确保企业的利润增长。如现在的许多商家，均收集存有顾客的购买和消费等的个人信息。如中国台湾丽婴房公司的婴童用品，当顾客一旦购买其婴童用品，随着顾客的成长，顾客将享受客户终生价值服务。

2. 顾客价值

顾客价值（customer value）就是顾客在购买某种产品或服务时所能感知体验到的产品或服务所带来的最大价值。它是决定顾客购买产品或服务的关键。彼得·德鲁克曾观察认为，企业的首要任务是“创造顾客”。顾客面对多种多样的企业或产品或品牌，如何决策对企业而言十分重要。顾客是利益价值最大化的追求者和实践者。顾客在购买产品或服务时需要考虑自身的知识、收入和所花费的成本等的关系。价值越高、成本越低，顾客的购买欲望将更强，产品更有吸引力。

顾客感知价值（customer delivered value），也称顾客让渡价值，也就是顾客能够感受、感触、认知和评估所供给的产品、服务或体验等所传递出来的价值期望或实际得到的最大价值。顾客感知价值受顾客自身的需要、目标、兴趣、经历等的影响，带有明显的功利性、导向性和评价性。

顾客感知价值是指顾客预期评估一个供应品和认知感受的总价值与顾客总成本之间的差额[①]（见图 2-3）。

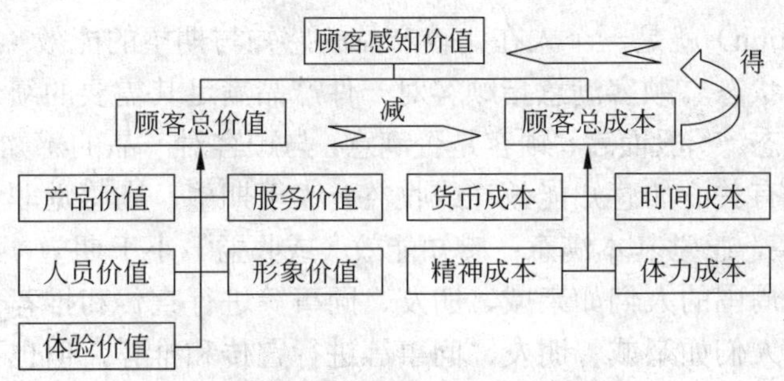

图 2-3 顾客感知价值的影响要素

顾客感知价值=顾客总价值-顾客总成本

顾客总价值（total customer value）是指顾客期望从所供给的产品或服务中获得的一组利益总和，它包括产品价值（product value）、服务价值（services value）、人员价值（personnel value）、形象价值（image value）和体验价值（experience value）等。

顾客总成本（total customer cost）是指顾客为取得某一产品或服务在评估、获得、使用和存储等方面所耗费的系列成本总和，包括货币成本（monetary cost）、时间成本（time cost ）、精神成本（energy cost）和体力成本（psychic cost）等。

由于不同的供给品的感知价值不同，如何评价二种产品的价值，哪一个更优一些呢？可采用如下公式计算[②]

$$价值=\frac{收益}{成本}=\frac{功能收益+情感收益}{货币成本+时间成本+精力成本+体力成本}$$

假定有二种产品的价值分别为 V_1 和 V_2，比率 V_1/V_2 如果大于 1，顾客应选择 V_1；比率 V_1/V_2 如果小于 1，顾客应选择 V_2；比率 V_1/V_2 如果等于 1，则两种产品的价值无差异。

【案例设计】

麦当劳或肯德基，哪个价值高？

一对年轻的中国夫妇想带孩子到麦当劳或 KFC 用餐，顾客在决策时，要考虑哪些价值？请为这一对年轻的中国夫妇做决策，并说明理由。

顾客首先要考虑到某家麦当劳或 KFC 餐厅所能得到的服务。如麦当劳或 KFC 产品的特性和差异，麦当劳和 KFC 的汉堡包哪个较少放酱汁，是否适合小孩？这家餐厅会组

---

① Philip Kotler. 营销管理(第 10 版) (*Marketing Management*), 10th Edition. 北京:清华大学出版社, 2001：34. (by Prentice-Hall International, 2000)

② Philip Kotler. 营销管理(第 10 版)(*Marketing Management*), 10th Edition, by Prentice-Hall International, 2000. 北京:清华大学出版社, 2001：11；甘碧群.市场营销学（第 3 版）.武汉：武汉大学出版社，2002：9.

织小朋友做游戏吗？会赠送小礼品吗？是否可以让大人和孩子都高兴吗？在服务、人员和形象价值等方面，二者有差异吗……其次要考虑去某家麦当劳或KFC所花费的成本，主要包括：从家住地到此餐厅要花多少路途时间？是否会容易发生堵车？吃一餐三个人要花费多少钱？是否会增加等待时间造成精神负担？是否会消耗更多的体力……

3. 顾客满意（customer satisfaction）

满意（satisfaction）就是一个人在比较产品的感知与期望的能效（或收益）所产生的愉悦或失望的感觉状态[①]。顾客满意指顾客对一件产品满足其需要的绩效与期望进行比较时所形成的感觉状态。一般而言，顾客是否满意，与顾客对产品的感知与期望的能效（或收益）的比较结果有关：如感知能效（或收益）大于期望，则感觉非常满意；感知能效（或收益）等于期望，感觉基本满意；感知能效（或收益）小于期望，感觉不满意。若感觉非常满意则会向周围的人们如亲戚、朋友、同事等进行宣传和推荐；若基本满意，顾客则不会向周围的人们如亲戚、朋友、同事等进行宣传和推荐，但也不会说产品许多的不足之处；当顾客感觉不满意时，则会劝阻其他人去购买此产品。

顾客感受的绩效＜期望的差异 ➡ 不满意
顾客感受的绩效=期望的差异 ➡ 基本满意
顾客感受的绩效＞期望的差异 ➡ 高度满意

【案例】

超越顾客的期望

在沃尔玛，我们每天都会收到许多顾客的来信，表扬我们的员工所提供的优质服务。在这些来信中，有些顾客为我们的员工对他们的一个微笑、或记着他们的名字、或帮助他们完成了一次购物而表示谢意；还有一些为我们的员工在某些突发事件中所表现出的英勇行为而感动——例如，塞拉冒着生命危险冲到汽车前勇救一个小男孩；菲力斯为一位在商场内突发心脏病的顾客采取了CPR急救措施；卓艾斯为让一位年轻妈妈相信我们的一套餐具是摔不破的，而将一个盘子扔到了地上；安妮特为让一位顾客能为自己的儿子买到称心的生日礼物而放弃了为自己儿子所买的电动骑兵玩具。许多年过去了，山姆·沃尔顿所倡导的“盛情”服务依然激励着所有沃尔玛人为之不懈努力。

他说：“让我们成为最友善的员工——向每一位光临我们商场的顾客奉献我们的微笑和帮助。为顾客提供更好的服务——超越顾客的期望。我们没有理由不这样做。我们的员工是如此的出色、细心周到，他们可以做到，他们可以比世界上任何一家零售公司做得更好。超越顾客的期望。如果你做到了，你的顾客将会一次又一次地光临你的商场。”

作为沃尔玛的员工，我们深知仅仅是感谢顾客光临我们的商场是远远不够的——我们期望竭尽全力、以各种细致入微的服务去表达我们的谢意！我们相信这将是吸引我们的顾客一次又一次光临我们的商场的关键之所在。

资料来源：http://www.wal-martchina.com/walmart/rule/exceeding.htm.

---

① Philip Kotler. 营销管理(第10版)(*Marketing Management*), 10th Edition, by Prentice Hall Inc.,2000. 北京:清华大学出版社, 2001：36.

这种情况在中国特别明显。如要买一台计算机，顾客除了上网去查相关资料以外，还经常询问家中已买过用过计算机的亲戚、朋友和同事等，要买哪一个品牌的计算机，买什么型号好用等信息，直接决定了顾客的购买行为。

第二节 市场营销哲学思想演变

营销哲学是指企业在开展市场营销管理的过程中，在处理企业、顾客、社会三者利益方面所持的态度、思想和观念[①]。营销哲学是指导企业、组织进行营销管理活动的思想与行为的准则，它是一种市场营销的观念，也是一种市场营销的态度和看法。市场营销哲学思想演变经历了从营销组合的P→P 演变、营销组合的P→C→R 演变，进而到营销组合的P→C→B→N 的演变过程。

【案例链接】

老醋的新“尝法”

去福建省泉州市永春吃“醋”，参观“醋坛子”和制醋工艺，再顺便拐到安溪采采茶，听听娇俏的采茶姑娘向你介绍制茶流程，再到德化买些心仪的瓷器……只要一个周末，你就可以来一场别样的短途游。泉州活力四射的民营经济，为工业旅游的兴起孕育了肥沃的土壤。越来越多的泉州企业恋上了“工业+旅游”这种组合产生的奇妙反应，鲤城的源和 1916 创意产业园、德化的“陶瓷博物馆”、晋江的“时间博物馆”、惠安的多处石雕石材展示中心，都是其中的典型。2016 年中国·永春首届“醋文化旅游节”暨“醋文化创意园”开园仪式启动，永春老醋迈上了创意文化和旅游的发展线路。

永春老醋始于北宋年间，其古法酿造工艺传承已有千年之久，它与江西老陈醋、镇江香醋和保宁醋并称中国四大名醋。永春老醋公司创建于 1953 年，2015 年，永春老醋公司投资 500 万元，在原有工业旅游的基础上，开发文创旅游，包括休闲品尝区、醋文化展示区、老醋生产车间和室外景观。这是永春老醋公司在文创产业方面的第一个项目，园区又名“桃醯源”，“醯”与桃溪的“溪”字同音，也是醋最早的叫法，意为开启桃溪老醋文化溯源之旅。据介绍，永春老醋选用糯米、红曲、芝麻、白糖等为原料，采用独特的家传秘方酿制，具有“味正、香浓、色佳”的独特风味。永春老醋还有以下养生功效：消除疲劳；调节血液酸碱平衡；帮助消化，有利于食物中营养成分的吸收；抗衰老，抗癌等。

资料来源：叶舒雯. 老醋有了新“尝法”. 泉州晚报，2011 年 9 月 25 日；林铭珊 陈小阳. 永春“醋文化创意园”开园字号. 泉州网-泉州晚报, 2016-01-27.

问题：试问永春老醋为何要和旅游、文化联姻呢？

---

① 郭国庆. 市场营销学通论(第 4 版)[M]. 北京：中国人民大学出版社，2000 年第 1 版，2009：19.

一、营销组合的 P→P 演变

营销组合（marketing mix）：1953 年，Neil Borden[①]首次提出市场营销组合的概念，是指市场需求在某种程度上受到"营销变量（营销要素）"的影响，为了达到既定的市场营销目标，企业需要对这些要素进行有效的组合。Borden 最早把营销组合要素归为 12 个：产品设计（product planning）、定价（pricing）、品牌（branding）、分销渠道（channels of distribution）、人员销售（personal selling）、广告（advertising）、促销（promotions）、包装（packaging）、展示（display）、服务（servicing）、实物触感（physical handling）及实际调查和分析（fact finding and analysis）。

菲利普·科特勒认为，营销组合是企业在目标市场上用来达成企业的营销目标所运用的一系列营销工具的组合[②]。

营销组合的 P→P 演变是指市场营销哲学思想的演变中，由最早开始的 4P 到 6P、7P 和 10P 的演变过程。

（一）4P 营销组合——McCarthy

营销组合是指营销管理者控制满足目标市场的各种因素的组合（McCarthy，Chai Lee GOI）。4P 营销组合是市场营销组合的基本框架，也是迄今为止影响最大的市场营销组合要素，它是站在企业的角度而提出的营销组合观念，对企业来说是可以控制的变量。1964 年，美国密歇根州大学市场营销学教授麦卡锡（E. Jerome McCarthy[③]）在《基础营销》（*Basic Marketing*）一书总结了 Borden 的营销组合要素提出了的 4P 组合，将市场营销组合要素概括为 4 类：产品（product）、价格（price）、渠道（place）和促销（promotion）。由于这四个名词的英文字头都是 P，所以称为 4P 营销组合。科特勒对 4P 营销组合进行了详细分类（见图 2-4）。

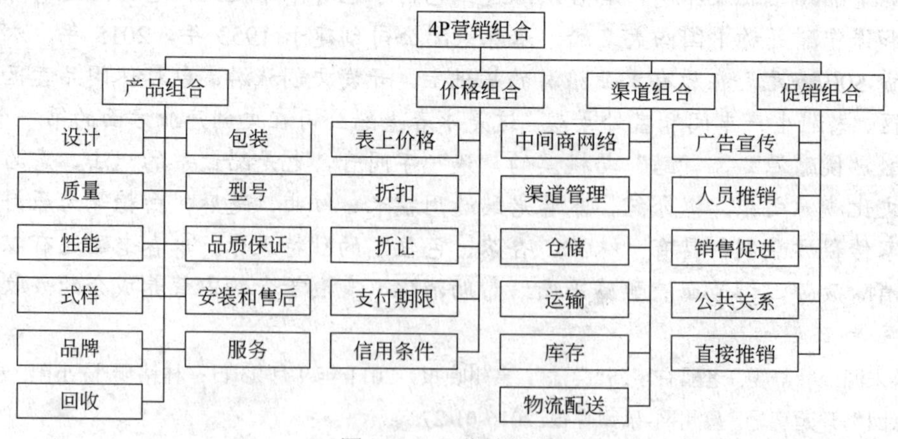

图 2-4 4P 营销组合

① Borden, N.H. The Concept of the Marketing Mix, in Schwartz, G., Science in Marketing, John Wiley & Sons, New York, 1965: 386-397；Chai Lee GOI. Marketing Mix: A Review of "P". Journal of Internet Banking and Commerce, 2005,10(2).

② [美]菲利普·科特勒（Philip Kotler）. Marketing Management（营销管理）（第 10 版），2000，1997，1994，1991，1988 by Prentice Hall Inc.,北京：清华大学出版社,2001：15-16.

③ McCarthy, E.J. Basic Marketing, Richard D. Irwin, Homewood, IL, 1964.

（1）产品组合（product mix）是指提供给目标市场的产品和服务的组合。它包括产品和服务的设计（design）、质量（quality）、性能（features）、式样（variety）、品牌（brand）、包装（packaging）、型号（size）、品质保证（warranties）、服务（services）、回收（returns）。

企业采用产品组合应注意：要根据市场的需要来生产产品的项目、种类、数量；要确定和选择产品的目标市场；确定产品的标志和评定标准与档次；分析产品的寿命周期，并进行产品的开发与组合。

（2）价格组合（price mix）是顾客购买产品时的价格及其他条件的组合。主要有：价目表上的价格（list price）、折扣（discount）、折让（allowance）、支付期限（payment period）、信用条件（credit terms）等。

企业采用价格组合应注意：供求与价格的关系及其规律；分析价格的特点、性质；掌握一些的制定价格的技巧；分析与价格有关的环境因素，如竞争、季节等。

（3）渠道组合（place mix）是企业根据产品的特征与顾客需求的方便需要，把产品传送到目标市场或目标顾客手中的各种销售形式的组合，如通过零售商、中间商、批发商、联营经销等渠道形式来进行的营销活动。主要包括有：中间商网络布点（coverage）、渠道管理（channels）、仓储（locations）、运输（transport）、库存 （inventory）和物流配送（assortments）等。

企业采用渠道组合须注意：渠道的中间环节的利益；顾客对中间环节的意见等。

（4）促销组合（promotion mix）指企业说明顾客购买产品和服务所运用的各种促销工具、手段和活动的组合。主要有：广告宣传、人员推销、销售促进、公共关系以及直接推销形式等[①]。

企业采用促销组合须注意：应根据产品的特性来选择促销组合；应根据信息可达到的顾客的路径来规划；可以组合方式可多样化。

4P 组合是营销各种组合中最为基础的一种，4P 组合具有以下三个明显特点。

①4P 组合因素是企业的可控因素，企业可以调节、控制和运用 4P 组合。如企业可以根据目标市场需要，自主决定生产什么产品、制定什么价格、选择什么销售渠道、采用什么促销方式等。②4P 组合因素具有可变的动态性。4P 组合因素会随着企业内部条件、市场外部环境变化而变化。企业会根据市场需要情况做出相应的反应。③4P 组合因素具有整体性。它们不是简单地相加或拼凑集合，相反它们会相互作用、互相影响。因此，企业应根据所要达到的营销目标统一调配 4P 组合因素，使其发挥整体效应作用。

1967 年，菲利普·科特勒（Philip Kotler）在其畅销书《营销管理：分析、规划与控制》（第一版）中进一步确认了以 4Ps 为核心的营销组合方法。

（二）6P 营销组合——“大市场营销”——Philip Kotler

“大市场营销”（megamarketing）由菲利普·科特勒于 1986 年提出的市场营销专业

---

① Philip Kotler and Gary Armstrong. Principles of Marketing（13th Edition）. New Jersey: Pearson Education, Inc., 2010:36. 郭国庆.市场营销学通论(第 4 版). 北京：中国人民大学出版社,2000 年第 1 版,2009: 26; [美]菲利普·科特勒（Philip Kotler）. Marketing Management（营销管理）（第 10 版），2000, 1997, 1994, 1991, 1988 by Prentice Hall Inc. 北京：清华大学出版社,2001：15.

术语，它指企业外部环境（政府、媒体、施加压力的集团等）的处理应和企业的营销变量一样成为必须的市场营销活动。当市场具有高度进入壁垒时被称作障碍市场或被保护市场。在营销4P策略（产品、价格、渠道和促销）上，还要加上2P，即权力（power）与公共关系（public relations），即成为6P。科特勒称这种营销战略思维叫“大市场营销”[①]。

（1）权力。大市场营销者为了进入某一市场并开展经营活动，必须能经常地得到具有影响力的企业高级职员、立法部门和政府部门的支持。如，一个美国一家制药公司欲把一种新药打入中国，就必须获得中国卫生部的批准。因此，大市场营销是企业注重政治关系的技能和策略的表现。

（2）公共关系。如果权力是一种“推”的策略，那公共关系则是一种“拉”的策略。企业通过公共关系活动和舆论宣传，加强并维护企业与各利益相关者的关系，对企业的长期发展和维持市场占有率十分重要。

“大市场营销”组合增加了企业运用政治权力和公共关系的力量，打破国际或国内市场上的贸易壁垒。科特勒认为除了给顾客和中间商（如代理商、分销商和经纪人）提供服务和满足外，同样应关注包括政府、工会和可以阻碍企业进入某市场以获利的其他利益集团的要求和满足。企业需要在一定的市场上掌握满足各方利益的营销运作艺术。这些第三方如政府、工会和其他利益集团，或单独或共同地阻碍企业进入某一市场而获利。这些集团扮演“守门员”的角色，它们对企业的成长很重要。

“大市场营销”扩大了进入和运作某一特定市场所需要的技术和资源的观点，除了要吸引到更多消费者外，“大市场营销者”还可运用引诱和制裁等手段从相关利益集团那里获得更多所期望的反应。“大市场营销”是为了进入或运作一个特定的市场从而获得各方合作的经济、心理、政治和公共关系的战略性协同的活动。

【案例讨论】

可口可乐的配方

100 多年来，生产可口可乐的配方一直严加保密。后来印度政府命令可口可乐公司公开其配方，否则必须停止在印度的经营活动。据说一种名为7-X的秘密成分使可口可乐风味独特。印度工业部长告知印度国会，可口可乐在印度的分公司必须将其60%的股权转让给印度人，并在1978年4月前交出其生产技术，否则就关门停止。

虽然可口可乐在印度的销量占其全球销量不足1%，但是一个拥有 8 亿人口的潜在市场是巨大的。印度拒绝让可口可乐公司进口所必需的原料，这种可口可乐——曾经多得像在几乎每一个拥有 5 万人以上的印度城镇均有销售的瓶装饮用水一样——只得打道回府。

资料来源：Indian goverment rejects coke’s bid to sell soft drinks，The Wall Street Journal，March 16, 1990：B5；及 Coke adds fizz to lndia．Fortune， January 110， 1994：14-15.

问题：可口可乐公司遇到这种情况的原因是什么？如何决策？结果怎样？

---

① Philip Kotler. Megamarketing. Harvard Business Review (March-April 1986) :117-124.

（三）7P 营销组合——Booms 和 Bitner

服务性产品与消费性产品有很大的差异性。因此，消费性产品的 4P 营销组合运用在服务性产品营销上面，并不完全适合。消费性产品营销与服务性产品营销在本质上有许多差异，服务性产品的主要特点有以下四个。

（1）服务在购买前你看不见、尝不到、摸不着。顾客很难在购买前去评估服务产品的好坏。例如， 在你购买“新马泰 10 日游”的旅游产品之前，你无法了解并真正体会这 10 天的旅游行程中，你会得到怎样的旅游产品和服务。

（2）服务的生产、供应与消费同时进行。例如，你到银行办理存款业务，银行服务的生产、供应与消费同时进行，存款业务服务结束，服务的生产与供应也相应停止。

（3）服务质量的易变性。要保证在不同的时间、地点、环境下，服务质量完全相同很困难。例如， 在同一连锁体系的两家餐厅，因为经营者如经理及服务员的不同，所提供的服务质量可能就不同。

（4）服务无法存储。服务没有仓储、运输等各个环节，因此，其销售的机会成本大。例如，航空公司的机位或酒店的床位，如果当天卖不掉，就是当天的损失，无法存储到明天去卖。

1981 年，Booms 和 Bitner① 将服务营销组合定为 7 个要素，即产品（product）、渠道（place）、价格（price）、促销（promotion），人员（people）、有形展示（physical evidence）、过程（process），简称 7P’s。在制定营销战略时，服务营销人员需要考虑这些组合要素之间的关系。

这 7 项要素可以说是许多服务营销方案的核心，忽略了任何一个要素都会导致整体方案的成败。现将这 7 个要素，即服务市场营销组合中 7 大营销要素简要分析如下。

（1）产品。对于服务产品所必须考虑的是提供服务的范围、服务质量和服务水准，同时还要注意的事项有品牌、保证以及售后服务等。在不同的服务产品中，这些要素的组合变化相当大，例如，一家供应数样小菜的小餐厅和一家供应各色大餐的五星级大饭店的要素组合就存在着明显差异。

（2）定价。价格方面要考虑的因素包括：价格水平、折扣、折让和佣金、付款方式和信用。价格是区别一种服务和另一种服务的识别方式，顾客可从一种服务的价格感受到其价值的高低。价格和质量之间的相互关系，也是服务定价的重要考虑因素。

（3）分销。提供服务者的所在地以及地缘的可达性在服务营销上都是重要因素。地缘的可达性不仅是指实物上的，还包括传导和接触的其他方式，所以分销渠道的形式以及其涵盖的地区都与服务可达性有密切关联。

（4）促销。促销包括广告、人员推销、销售促进或其他宣传方式的各种市场沟通方式，以及一些间接的沟通方式，如公共关系等。

以上四项是传统的营销组合要素。但是服务营销人员则有必要增添更多的要素，如人员、有形展示和过程。

---

① Booms, B.H. and Bitner, M.J. Marketing strategies and organization structures for service firms, in Donnelly, J.H. and George, W.R. (Eds), Marketing of Services, American Marketing Association, Chicago, IL, 1981：47-51.

（5）人员。就是包括服务消费者、员工和其他消费者的企业所有直接或间接的人员。在服务企业担任生产或操作性角色的人，在顾客看来其实就是服务产品的一部分，其贡献也和其他销售人员相同。大多数服务企业的特点是操作人员可能担任服务表现和服务销售的双重工作。因此，市场营销管理必须和作业管理者协调合作。企业工作人员的任务极为重要，尤其是那些经营“高度接触”的服务业务的企业员工。所以，市场营销管理者还必须重视雇佣人员的筛选、训练、激励和控制。

此外，对某些服务业务而言，顾客和顾客之间的关系也应引起重视。因为，一位顾客对一项服务产品质量的认知，很可能是受到其他顾客的影响。在这种情况下，管理者应面对的问题是对顾客与顾客之间相互影响方面的质量控制。

（6）有形展示。是由服务传递的相关环境及帮助服务沟通和执行的有形物所构成。

有形展示会影响消费者和客户对一家服务企业的评价。有形展示包括的要素有：实体环境（装潢、颜色、陈设、声音等）以及提供服务时所需要的装备实物（比如汽车租赁公司所需要的汽车），还有其他的实体性线索，如航空公司所使用的标志或干洗店在洗好衣物上加上的“包装”等。

（7）过程。指服务消费活动的机械流程及传递和操作流程系统。

人的行为对服务企业而言十分重要，而过程（即服务的递送过程）也同样重要。表情愉悦、专注和对人关切的工作人员，可以减轻顾客必须排队等待服务的不耐烦的感觉，或者平息顾客在技术上出问题时的怨言或不满。整个体系的运作和程序方法的采用、服务供应中机械化程度、员工裁断权的适用范围、顾客参与服务操作过程的程度、咨询与服务的流动、定约与待候制度等，都是市场营销管理者特别注意的事情。

（四）10P 营销组合 —— Philip Kotler

在 4P 组合和 6P 组合的基础上，菲利普·科特勒（Philip Kotler）提出战略营销计划过程中的 10P 组合，即 Product（产品）、Price（价格）、Place（渠道）、Promotion（促销）、Power（权力）、Public relations（公共关系）、Probing（探查）、Partitioning（分割）、Prioritizing（优先）和 Positioning（市场定位）。见图 2-5。

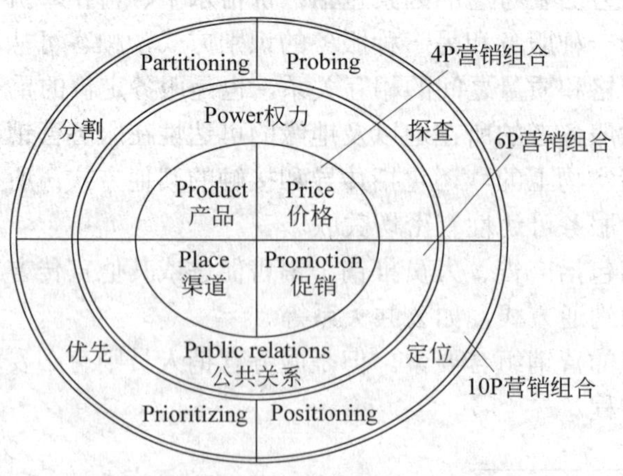

图 2-5 4P—6P—10P 营销组合

7P——Probing （探查）—— Marketing Research（市场调查）

Probing（探查或研究）原是一个医学术语，是指医生对病人进行深入细致的探测检查。在市场营销学上， Probin 是指市场营销调研，就是在市场营销观念的指导下，通过市场调查研究的方法，系统地收集市场营销的信息和情报，发现市场机会而进行的营销活动。如找出市场由哪些人组成，并对市场进行细分等。市场营销要做的第一件事就是市场调查研究。

8P——Partitioning（分割）——Segmentation（划分/细分）

Partitioning（分割）就是市场细分（market segmentation），其含义就是根据不同的消费者的需要、产品的特性和销售对象，按照一定的标准和运用一定的方法，把整体市场划分为若干个具有明显的差异特征的消费者群的过程。分割市场的目的是能找到企业的目标市场和消费者群体，使企业更有针对性的做出决策。

9P——Prioritizing（优先） ——（targeting）（选定目标）

Prioritizing（优先）就是对目标市场进行优先考虑和选择。即在市场细分的基础上，企业找出与自己相匹配和要进入的市场，优先决策满足该部分消费者的需要。由于企业的人、财、物、资源有限，而消费者需求又多种多样，因此，企业面对众多的细分市场就要有所选择，以优先满足目标消费者的需要。

10P——-Positioning（市场定位）

Positioning 即市场定位，就是指企业在细分市场和确定目标市场后，根据竞争者在市场上所处的位置，及消费者对产品的印象和定位，找出并塑造出本企业的产品个性或形象，从而使消费者在众多产品中更容易或更快选择企业的产品。

此外，有的学者认为，在 10P 的基础上还应加上一个“P”——People （人），而形成 11P。人是企业的一个极其重要的组成部分，它不仅包括企业的管理者、员工，也包括客户和最终的顾客。这些人均是营销的主体、客体和营销对象，人是营销的一个最重要的要素。

二、营销组合的 P→C→R 演变

以上的 P 营销组合基本上是从供应和企业角度出发，较少考虑到营销的对象——顾客，P 营销组合的各个要素是企业更容易看到且更容易控制的因素和变量。而营销的客体——顾客或消费者，对企业而言，往往有的看得见，但要全面了解却很难，这是企业无法控制的要素。为此，有的学者从顾客角度，提出营销的要素组合。最著名的有 4C 营销组合和 4R 营销组合。

（一）4C 营销组合 —— Robert Lauterborn

西方发达国家在经历了 20 世纪 70 年代初期的“黄金阶段”之后，随后进入石油危机和“滞胀阶段”，经济发展受到影响。而在亚洲和拉丁美洲却出现了一些新兴工业化国家、地区，形成了新兴市场。在 20 世纪八九十年代，企业更加关注消费者对产品或服务的质量的反映。在这种情况下，美国著名学者劳特朋（Robert Lauterborn）教授在 1990 年率先提出 4C 组合理论，即消费者（consumer）、成本（cost）、便利（convenience）、沟通（communication）。4C 组合理论是从顾客角度来考虑的营销思想。

1C——Consumer wants and needs（消费者的欲望与需求）。指企业必须重视顾客的欲望与需求，把顾客的需要放在第一位，强调创造顾客比开发产品更重要，满足消费者的需求和欲望比产品功能更重要。企业要提供符合顾客需要的产品和服务。

2C——Cost to satisfy those wants and needs（满足消费者欲望与需求的成本）。指消费者获得满足的成本或是消费者满足自己的需要和欲望肯付出的全部成本。包括：企业的生产成本和销售成本，即企业生产适合消费者需要的产品成本，以及把产品送达顾客手中的成本；消费者购物成本，不仅指购物的货币支出，还有耗费时间、体力和精力以及承担的风险等。企业的生产成本和销售成本决定了产品的价格成本，对顾客是否购买有重要的影响。

【案例链接】

三米微笑原则

沃尔玛服务顾客的秘诀之一就是"三米微笑原则"。它是由沃尔玛百货有限公司的创始人山姆·沃尔顿先生传下来的。每当他巡店时，都会鼓励员工与他一起向顾客作出保证："……我希望你们能够保证，每当你在三米以内遇到一位顾客时，你会看着他的眼睛与他打招呼，同时询问你能为他做些什么。"

这就是我们所说的"三米微笑原则"，它是山姆先生从孩提时就得到了印证的原则。他总是雄心勃勃并喜欢竞争。还在他刚进入大学时，他就下定决心要当上校学生会主席。

他曾说过，"我很早就懂得要成为一名校园领袖的秘诀之一就是：要首先向对面走来的路人打招呼……我总是直视前方并朝每一位向我走来的人打招呼。"

"如果我认识他们，我会叫他们的名字；但如果我不认识，我仍然会与他们说话。不久，我就成了学校里认识同学最多的人了。他们认识了我并视我为他们的朋友。我积极参与竞选每一个社团的领导职位。"

山姆先生不仅被当时学校里的所有社团选为领袖，他还将其一贯奉行的做人原则带进了零售领域。你每天都可以从世界各地的沃尔玛员工身上看到这一哲学。

资料来源：http://www. wal-martchina.com/walmart/rule/10.htm

3C——Convenience to buy（方便购买）。指购买的方便性，也就是在企业产品的生产和销售过程环节中，在产品的设计和销售渠道的设计、布局、布点和网点建设等方面强调为顾客提供便利，让顾客在方便的时间、地点或以方便的方式能购买到商品。如现在的小区购物场所，或通过各种邮购、电话订购、代购代送、网络订购等购买方式，使消费者的购买变得很便利。企业要注重产品的生产和销售过程各环节的把握，深入了解不同的消费者的购买方式和偏好；在售前为消费者提供充分的关于产品的性能、质量、价格、使用方法和效果的准确信息；在售货地点上提供各种方便的服务，如自由选购、停车方便、免费送货、导购咨询等；在售后服务上，方便顾客退换货品，提供及时快捷地上门维修服务，重视顾客对产品使用情况的信息反馈，了解并及时处理顾客投诉和意见，全方位地方便顾客。

4C——Communication（沟通）。指与顾客的沟通交流。企业可以通过同顾客对购买和销售的产品进行多方沟通交流，特别要注重与顾客的情感、思想交流，使顾客对企业、产品或服务有更好的理解和认同，对促进顾客的持续购买有很大作用。

从 4P 组合到 4C 组合，它们之间有关系吗？

4C 营销观从其出现的那一天起就普遍受到企业的关注，此后的整个 20 世纪 90 年代后期，许多企业运用 4C 营销理论创造了一个又一个奇迹。但是 4C 营销理论过于强调顾客的地位，而顾客需求的多变性与个性化发展，导致企业不断调整产品结构、工艺流程，不断采购和增加设备，其中的许多设备专属性强，从而使专项成本不断上升，利润空间大幅缩小。另外，企业的宗旨是"生产能卖的东西"，在市场制度尚不健全的国家或地区，就极易产生假、冒、伪、劣的恶性竞争以及"造势大于造实"的推销型企业，从而严重损害消费者的利益。当然这并不是由 4C 营销理论本身所引发的[①]。

（二）4R 营销组合 —— Don E Schultz

美国的唐·E·舒尔茨 Don E Schultz 提出了关于 4R 策略的营销新理论，阐述了一个全新的营销四要素：关联（relevance），反应（react），关系（relation），回报（return）。

Relevance（与顾客建立关联）是指在竞争性市场中，企业通过某些有效的方式在业务、需求等方面与顾客建立关联，形成一种互助、互求、互需的关系，把顾客与企业联系在一起。顾客是具有动态性的，顾客忠诚度也是变化的，要提高顾客的忠诚度，赢得长期而稳定的市场，避免其忠诚度转移到其他的企业，必须要与他们建立起牢固的关联，这样才可以大大减少顾客流失的可能性。

React（反应）是指企业市场的反应，在相互影响的市场中，对经营者来说最现实的问题不在于如何制订、控制和实施计划，而在于如何站在顾客的角度及时地倾听顾客的希望、渴望和需求，并及时答复和迅速做出反应，满足顾客的需求。对于企业来说应该建立快速反应机制，了解顾客与竞争对手的一举一动，从而迅速做出反应。

Relation（关系）则要求通过不断改进企业与消费者的关系，实现顾客稳定化。同时企业要注意尽量对每一位不同的顾客的不同关系加以辨别，这其中包括从一次性顾客到终生顾客之间的每一种顾客类型，在进行企业市场营销时十分清楚不同的关系才不至于分散营销力量。与顾客建立起良好的关系，从而获得顾客的满意和忠诚感，才能保持顾客，把满意的顾客进一步变成亲密的顾客。

Return（回报）对企业来说，是指市场营销为企业带来短期或长期的收入和利润的能力。一方面，追求回报是市场营销发展的动力；另一方面，回报是维持市场关系的必要条件。企业要满足客户需求，为客户提供价值，同时也要获取利润，因此，市场营销目标必须注重产出，注重企业在营销活动中的回报，一切市场营销活动都必须以为顾客及股东创造价值为目的。

---

① 吴金明.新经济时代的"4V"营销组合. 中国工业经济,2001,(6):70-75.

2001 年，舒尔茨又提出了：关系（relationship）、节省（retrenchment）、关联（relevancy）、报酬（rewards），“侧重于用更有效的方式在企业和客户之间建立起有别于传统的新型关系”。

此外，21 世纪伊始，艾略特·艾登伯格[①]，在《4R 营销》提出了另一个 4R：关联（relativity）、反应（reaction）、关系（relation）、回报（retribution）。

（三）其他营销新理论

随着全球市场营销的快速发展，营销理论也在不断创新和变化。目前，主要营销组合理论有：7C、4V、4S 等。

1．7C 营销组合

作为对 4C 营销组合的补充，李振华等提出了 7C 营销组合策略，即在 4C 基础上增加以下 3 个 C：信用（credit）、创新（change）、核心能力（core competence）（李振华，王浣尘，2002）。C 营销组合则是以顾客为导向的，而且在 7C 组合已经具有战略因素创新和核心能力[②]。

2．4V 营销组合

20 世纪 90 年代以来，随着科技的进步、信息技术的发展及新技术革命的到来，高科技产业迅速兴起，也使营销的技术和观念有了很大的发展。特别是全球营销和市场全球化，使买卖关系出现了重大的变化。在这种情况下，产生了许多新的营销观念和理论，其中之一就是形成独具风格的 4V 营销理论。4V 是指差异化（variation）、功能化（versatility）、附加价值（value）、共鸣（vibration）的营销组合理论[③]。

差异化（variation）就是指顾客是具有个性化和差异的，营销差异化一般分为产品差异化、市场差异化和形象差异化三个方面。如购买汽车，有的顾客是作为交通工具而购买，有的顾客则是为了显示身份、地位、声望而购买。

功能化（versatility）就是指产品功能的弹性化和多功能性，也就是一个产品有多个功能和用途。产品的功能向“单功能——多功能——全功能”的方向发展。如手表不是只可看时间，也可以是闹钟、保健、或视频功能等。

附加价值（value）指产品的价值包括基本价值与附加价值两个组成部分，前者是由生产和销售某产品所付出物化劳动和活劳动的消耗所决定。后者则由技术附加、营销或服务附加和企业文化与品牌附加三部分所构成。而高技术附加价值、品牌（含“名品”、“名人”、“名企”）或企业文化附加价值与营销附加价值均有重要作用。如同样是电视，海尔品牌的电视要比其他品牌的电视贵。

共鸣（vibration）是企业持续占领市场并保持竞争力的价值创新给消费者或顾客所带来的“价值最大化”，以及由此所带来的企业的“利润极大化”，强调的是将企业的创新能力与消费者所珍视的价值联系起来，通过为消费者提供价值创新使其获得最大程

---

① [美]艾略特·艾登伯格. 文武，穆蕊，蒋洁译. 4R 营销(第 2 版). 北京：企业管理出版社,2006.

② 魏光兴.营销组合理论的最新进展综述及简评. 现代管理科学, 2004,(9): 35-37；李振华，王浣尘. B to C 型网络营销的营销组合策略研究. 科学学与科学技术管理，2002，(4)：66-69.

③ 吴金明.新经济时代的“4V”营销组合. 中国工业经济,2001,(6)：70-75.

度的满足。消费者追求“效用最大化”者，企业经营活动中“追求价值最大化”，最终实现消费者的“效用价值最大化”，使消费者成为企业的终身顾客，从而使企业与消费者之间产生了共鸣。

3．4S营销组合

网络营销的 4S 组合（E．Constantinides，2002）包括范围（scope）、网站（site）、协同（synergy）和系统（system）[①]。4S 营销组合确定实施网络营销的主要战略问题，以确保建立一个灵活的、创造价值的、能够成为潜在成功的网络营销战略。范围就是企业内部条件和外部环境构成的网络营销战略；网站是企业和顾客的交互界面，是网络营销中最基本的交流工具和场所；协同指为了实现网络营销目标而实施的必要的流程整合，包括前方整合、后方整合和第三方整合；系统包括网络营销中的技术问题和网站的服务问题。

4S 营销组合涉及战略、运作、组织三个层次。4S 营销组合具有可操作性强和实施网络营销战略管理和整合性好的特点。4S 营销组合较好地结合了网络营销组合的战略性和可操作性，是营销组合电子化的一种较为成熟的理论。

4．蓝海战略

蓝海战略（Blue Ocean Strategy）是由欧洲工商管理学院教授 W.钱·金（W. Chan Kim）和勒妮·莫博涅（Renée Mauborgne）于 2005 年 2 月在二人合著的《蓝海战略》一书中提出的，是基于对跨度达 100 多年、涉及 30 多个产业的 150 个战略行动的研究而提出来的。根据 Kim 和 Mauborgne 发表在《哈佛商业评论》（2004 年 10 月）上的文章，在拥挤的市场上做激烈竞争，无法保证企业高水平的绩效。 真正的机会是： 开拓蓝色海疆，创造没有竞争的市场空间。

W. 钱·金和勒妮·莫博涅认为，市场可分为“红海”和“蓝海”。“红海”代表已知的市场空间，局限在现有行业之内做残酷竞争，从竞争者手中抢夺顾客的战略，被称之为红海战略或血腥战略（bloody or red ocean strategy）。“蓝海”代表未知的市场空间，企业如要赢得明天，是不能靠与对手竞争的，而是要开创“蓝海”——蕴含庞大需求的新市场空间，以走上增长之路。换句话说，所谓的“蓝海战略”就是企业从关注并超越竞争对手（摆脱“红海”），转为向买方提供价值飞跃，从而开启巨大潜在需求，重建市场和产业边界（开创“蓝海”）。一个典型的蓝海战略例子是太阳马戏团，在传统马戏团受制于“动物保护”、“马戏明星供方砍价”和“家庭娱乐竞争买方砍价”而萎缩的马戏业中，从传统马戏的儿童观众转向成年人和商界人士，以马戏的形式来表达戏剧的情节，吸引人们以高于传统马戏数倍的门票来享受这项前所未见的娱乐[②]。

5．长尾理论

长尾（The Long Tail）理论是 2004 年美国人克里斯·安德森(Chris Anderson)在给连线杂志的文章中首次使用的词汇，用以描述某种经济模式，如 Amazon.com 或 Netflix。“长尾”实际上是统计学中幂律（Power Laws）和帕累托分布（Pareto distributions）特征的一个口语化表达。长尾术语也普遍使用于统计学中，如对财富分布或应用的统计。

① E．Constantinides． The 4S web—Marketing mix mode1． Electronic commerce research and applications，2002，(1). 魏光兴.营销组合理论的最新进展综述及简评. 现代管理科学, 2004,(9):35-37.

② 蓝海战略.http://baike.baidu.com/view/87144.htm.

长尾理论的基本原理是：由于成本和效率的因素，当商品储存流通展示的场地和渠道足够宽广，商品生产成本急剧下降以至于个人都可以进行生产，并且商品的销售成本急剧降低时，几乎任何以前看似需求极低的产品，只要有卖，都会有人买。这些需求和销量不高的产品所占据的共同市场份额，可以和主流产品的市场份额相比，甚至更大；即众多小市场汇聚成可与主流大市场相匹敌的市场能量。

长尾市场也称之为“利基市场”。“利基”一词是英文“Niche”的音译，意译为“壁龛”，有拾遗补阙或见缝插针的意思。菲利普·科特勒在《营销管理》中给利基下的定义为：利基是更窄地确定某些群体，这是一个小市场并且它的需要没有被服务好，或者说“有获取利益的基础”。通过对市场的细分，企业集中力量于某个特定的目标市场，或严格针对一个细分市场，或重点经营一个产品和服务，以创造出产品和服务的优势。

Google adwords、Amazon、Itune 都是长尾理论的优秀案例。Google 是一个最典型的“长尾”公司，其成长历程就是把广告商和出版商的“长尾”商业化的过程。以占据了 Google 半壁江山的 AdSense 为例，它面向的客户是数以百万计的中小型网站和个人——对于普通的媒体和广告商而言，这个群体的价值微小得简直不值一提，但是 Google 通过为其提供个性化定制的广告服务，将这些数量众多的群体汇集起来，形成了非常可观的经济利润。目前，Google 的市值已超过 1 200 亿美元，被认为是“最有价值的媒体公司”，远远超过了那些传统的老牌传媒[①]。

三、营销组合的 P→C→R→B→N 演变

市场营销哲学思想随着时代的变化而变化着。市场营销哲学思想的演变从以企业为中心，而后转向以顾客为中心，而现在发展到以品牌为中心的一个过程。营销组合的 P C R B N 演变就是营销组合的企业→顾客→品牌→网络的演变（见图 2-6）。

市场营销是企业通过一系列手段，包括制订销售计划、产品研制与生产、产品定价、确定销售渠道、开展促销活动、提供服务和相互沟通等来满足现在消费者和潜在消费者需求而完成销售行为的过程[②]。市场营销也从传统的营销理念转向现代的营销理念。

传统的 4P 营销组合——企业。企业把重心和目标盯着自身，是通过产品（product）、价格（price）、渠道（place）、促销（promotion），这四个可控制变量来实现企业的营销活动，达到企业生存、发展的目的。然而，随着市场全球化和市场、产品竞争加剧，只关注自身的 4P 已无法实现市场的扩张和企业的长久发展。企业的关注点开始由企业自身转向产品的顾客。

4C 营销组合——顾客。4C 营销组合，是企业在激烈的竞争中，才改变了观念。4C 营销组合是以消费者为中心，以满足消费者的需要和欲求（consumer’s needs and wants）为重点，为消费者提供满意的产品和服务；在制定产品的价格时从消费者能够支付的成本（cost）考虑；布置销售网点时要考虑消费者购买的方便性（convenience）；并能与消

① 长尾理论.http://baike.baidu.com/view/327983.htm.
② 韩庆祥，肖开宁. 实用整合营销. 北京：中国社会出版社，1999：2-4.

费者做好信息、反馈等的沟通（communication）。4C 营销组合，是从原来以卖方为中心转向了以买方为中心的营销组合。

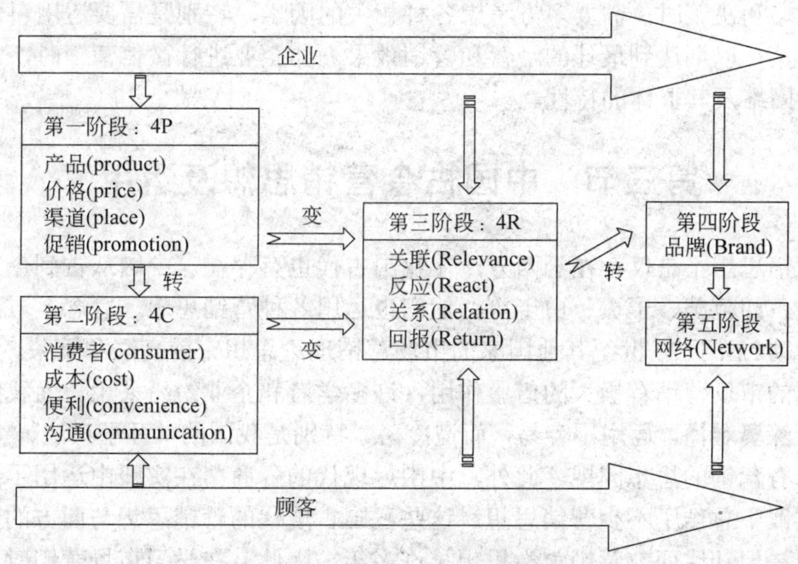

图 2-6　营销组合的 P C R B N 演变

4R 营销组合（初级）——企业和顾客。4R 营销组合，已跳出了单纯的 4P 营销组合和 4C 营销组合的框架，它把两者有机地结合了起来。企业需要与顾客建立关联（relevance），企业提供的产品和服务对顾客而言是其要购买的对象，是产品和服务把企业和顾客关联到一起。企业需要与顾客市场建立相互反应（react）的通道和机制，顾客对企业生产的产品有何反应，直接影响顾客持续购买，企业也需要对顾客的意见、投诉、异议等进行快速反应。企业与顾客之间不仅仅存在买卖关系（relation），也存在着情感关系、互利互惠的利益关系等；此外，产品供应链中各利益相关者之间也存在着各种关系，这些关系均会影响企业的生存和发展。企业与顾客不是单纯的一方收入另一方支出的关系，企业与顾客之间能相互回报（return），企业把产品卖给顾客后，其营销行为并未结束，企业可以通过各种活动回报给顾客，使顾客成为企业的忠诚客户。如业主购买了某一小区的房产，该房地产商则拿出一部分经费，组织小区业主进行各种活动。比如中骏集团为小区的业主开展节假日的抽奖活动、风筝赛等，回报业主，让业主与开发商有更好的理解，拉近二者之间的距离。

品牌整合（中级）——企业和顾客。品牌（brand）不仅是企业所关心的事，也是消费者十分关注和重视的东西。品牌的根在企业，而品牌的枝却伸向顾客。品牌是由于顾客的认知、认可、忠诚而形成的，没有顾客的支撑就没有品牌的存在。品牌也是企业的资产，企业或企业的产品一旦是品牌产品，随着产品的营销和企业的成长，品牌也不断成长。品牌是最有力的竞争武器和要素。没有品牌的产品和企业很难持久。目前世界 100 强企业中，所有的企业都有著名品牌的支撑，而消费者对这些品牌也非常认可及忠诚。品牌是未来企业的追求，也是消费者的认识产品、购买产品的需要。

网络组合（高级）——企业+顾客+网络。网络（network）是指以企业或顾客或它们之间关系为中心而形成的网络，可以指企业生产、销售的供应链网络，或顾客的人际网络，或运用计算机的互联网网络，或是互联网+其他的网络。由于网络组合的复杂性，企业在制定战略和决策时，需要多方考虑各种相关的因素，特别是需要运用科学的方法和数据进行决策，以期达到最佳的经营和营销效果。如企业进行微信营销时，常需要关注顾客的人际网络及其群体的特性。

第三节　中国古今营销思想及运用

市场营销思想不是仅存在于西方，在我国古代也有存在。中国从古到今也出现了许多商业奇人，如范蠡、子贡、白圭等，他们也运用各种营销思想、观念、方法和技巧来进行市场活动。由于20世纪其他国家的市场营销理论思想空前高涨和繁荣，并且形成体系，对各国的市场营销有极大的借鉴作用，许多学者和企业纷纷采用。而我国古代的营销思想由于深奥难懂，运用不容易，而遭冷落。特别是我国的《孙子兵法》、儒、道、墨等思想中均有营销的思想闪现。此外，中国近现代的各商帮在实践中运用了大量的营销理论，从实践中总结了不少营销思想。这些我国古现代的营销思想与西方的营销思想体系极为相似，但却比西方营销哲学思想早许多年。因此，在学习市场营销时，我们不应放弃我国古现代的营销思想。

一、《孙子兵法》与市场营销

《孙于兵法》是我国春秋末年军事家孙武撰写的，距今天已有两千多年的历史。它是世界上最早最杰出的一部兵书。它的问世，标志着独立的军事理论著作从此诞生。因而在世界军事科学发展史上是一件具有划时代意义的大事。它比色诺芬的号称古希腊第一部军事理论专著《远征记》，比罗马军事理论家弗龙廷的《谋略例说》、韦格蒂乌斯的《军事简述》，不仅成书时间要早，学术性强，而且有其独特新颖的思想体系。它几乎涉及军事学中理论科学的各个门类、各个分支学科。它在军事学术上的理论意义，不仅跨出了奴隶制时代，也跨出了封建时代。直到今天，它仍然对军事有着宝贵的借鉴作用和某种程度的指导意义。《孙子兵法》不仅是中国军事科学中的一件瑰宝，也是世界军事思想史上的一枚旷世奇珍。虽然《孙子兵法》是中国古代的军事思想，但对现代的商业和市场营销运作有重要的价值。

市场营销是指企业在市场上进行各种营销活动的总和。市场营销的思想和体系主要包括市场营销战略、市场营销环境、市场营销策略、市场营销方法、市场营销关系等内容。而《孙子兵法》[①]在这些方面却能和市场营销的各种思想相对应。

（1）战略谋划思想。《孙子兵法》中的“存亡之道、以全争胜、未战庙算、先胜后战、杂于利害、非利不动、非危不战、防愠制怒、秘密决事”等主要从全局战略角度，对战争要事进行决策。其原理对企业的战略和决策提供了方法依据。孙子说，“不战而屈人之兵，

---

① 王文举，徐思光，魏农建，赵永斌．高学义．孙子兵法与市场营销研究．北京：中国商业出版社，1993：71-377．代汉林．《孙子兵法》通解与运用．乌鲁木齐：新疆人民出版社，2002：3-4，25，31-32，57，88，110，135-136，141，159，165，223，264，279，322，329，362，390，400，415，431，437.

善之善者也。”在战略决策过程中，百战百胜，还不算最高明的，不经交战而能使敌人屈服，才算是高明中的高明。

（2）战略决策思想。“夫未战而庙算胜者，得算多也。”开战之前就预计能够取胜的，是因为筹划周密、胜利条件充分。在企业的经营活动中，企业应对各种情况和条件作周密地分析和研究，进行战略布局，精心策划，这样取胜的机会大。企业制定出合适的正确的战略目标以及具体的实施方案是极其重要的。“庙算”的内容有哪些呢？孙武提出五事。所谓五事，一是道，二是天，三是地，四是将，五是法。“道”指一个国家的政治、路线、方针、政策是否顺民心，得民意。得道多助，失道寡助。对于企业而言，企业的发展方向、战略目标是否符合社会的发展就是企业的“道”。“天”指天时，主要包括昼夜、寒暑季节更换等；亦指气候及相关的各种环境对企业会产生什么影响。“地”指地利，主要包括战地远近、险易、广狭，是否利于攻守进退；指企业在市场营销中的地域优势，特别是在渠道运作方面的影响。“将”指将帅五德，主要包括智谋才能、赏罚有信、爱护士卒、勇敢果断、军纪严明；将帅是企业高层管理者，他们的战略决策才能、个人品德、能力、对下属的爱护、管理的水平等直接影响企业的战略决策及营销方案的实施。“法”是指法令制度，主要包括军队编制、要求，职责区分，后勤供给等方面的法令制度；“法”是企业的规章制度，企业有科学的规章制度，才能保证企业的战略决策的正确性和具体方案实施的可行性。

（3）市场营销环境思想。道义所照、天时所至（宏观外部、气候环境）、地利所显（自然地理环境）、法制所保（法律环境），是企业或兵家分析、判断、预测胜负的一个重要的环境条件。

（4）市场营销策略思想。计利以听，乃为之势，以佐其外。势者，因利而制权也。采纳有利的方案，创造一种态势，来辅助对外的行动。所谓造势，就是凭借创造和控制对自己有利的优势的行动[①]。造势是企业在市场营销活动中经常采用的策略，如广告造势等。此外，还有“兵者诡道（灵活多变的谋划取得）、先发制人、后发制人”等各种策略，这些策略在营销活动过程中均可采用。

（5）市场营销方法思想。有市场调查和预测的方法，如“知己知彼，百战不殆”等，就是要了解对手也要了解自己，这样才能百战百胜。其实质就是市场运作方要全面收集信息，了解对手和自己的优劣，才能在竞争中取胜。

（6）市场营销关系思想。有“不知不交（不了解的不交往）、衢地合交（与相邻之地结成联盟）”等，显示了关系是市场营销中的重要要素。

二、儒、道、墨等谋略营销思想

早在中国的原始社会，已经出现了简单的物物交换。在周朝已存在“市”、“肆”，为往来做买卖的人聚集之处。到春秋战国时期，中国的商业已得到了很好的发展。城市里，商品交换有固定的场所，叫作“市”。市的四周有“市门”，设官管理。市内列肆成行，对商品进行归类。战国时的市上，有金铺、珠宝玉器铺、粮食铺、绸布铺、皮货铺、盐铺、

① 孙晓玲. 孙子兵法. 武汉：武汉出版社,1994：1-2.

药铺、鞋铺，上自卖良剑的，下至卖兔、羊等各种物品都有。在某些行业中间商人（牙人）开始出现[①]。后期的司马迁把这些商业的状况和商人编入《史记·货殖列传》和《史记·平准书》等书中。在春秋战国时期出现诸子并起、百家争鸣的状况，不同的学派有不同的商业观点。一般言之除了道家有人对商业持有否定态度外，儒家、墨家、法家对商业的客观作用都是持肯定的态度，他们代表着不同阶层的利益，并从不同角度来理解并认识商业问题[②]。

（一）司马迁和《货殖列传》

司马迁（前145—前90年），字子长，生于龙门（今陕西韩城），是《史记》的作者。他不仅是伟大的史学家，也是杰出的货殖学家。他在《史记·货殖列传》和《史记·平准书》等篇中，提出了有特色的货殖思想，是在历史著作中专章谈经济问题的第一人。他有记述了汉初到汉武帝时的国家财政、经济状况与制度、政策沿革的《平准书》，及春秋以来直至西汉的《货殖列传》。“司马迁对一些著名的大商人、大工商业者创作的中国古代史学家重视记述经济问题的优良传统起到了首创作用。”货殖一词在上古也称“殖货”。朱熹注：“货殖，货财生殖也。”货殖是关于货财的取得和增殖。货财的含义就是各种自然状态和加工过的有用物品和交换得来的物品，如谷帛等物，也可以指换取各种物品的货币。货殖可以理解为经营货物，用以增加财富的经商活动。在《史记·货殖列传》中涉及一般商业、手工业、农副业、畜牧业、矿冶业等[③]。

司马迁的商业思想，主要有四点。（1）顺应自然规律的思想。“天道自然观”，“夫春生夏长，秋收冬藏，此天道之大经也”。司马迁认为，人要顺应自然规律、四季的变化、物质的生长。在商业活动中也要顺应这样的市场供求规律。（2）农工商并重和商业经济自由的思想。太史公曰：“农工商交易之路通，而龟贝金钱刀布之币兴焉，所从来久远。”他认为，农工商在社会中是一样重要的，政府不要干预太多，让市场自然调节。（3）物流管理思想。“置均输以通货物矣”，建立起运输制度来使货物流通。（4）供求与价格管理机制。“大农之诸官尽笼天下之货物，贵即卖之，贱则买之。”大农所属各官掌握天下所有的货物，贵的时候就卖出，贱的时候就买进。这样，富商大贾就无法牟取暴利，就能返回去务农，而各种物资的价格就不会飞涨不稳了。因此抑制了天下的物价，这就叫“平准”[④]。

（二）儒家思想与营销

儒家思想主要有孔子和孟子的思想，孟子进一步发扬了孔子的思想。儒家思想与营销相关的思想[⑤]主要有七点。（1）产品质量保证思想。子贡曰：“《诗》云‘如切如磋，

---

① 吴慧.中国古代商业. 天津：天津教育出版社,1991：1-15.

② 李埏.《史记·货殖列传》研究. 昆明：云南大学出版社 2002：374.

③ 吕庆华. 货殖思想论略.北京：中国言实出版社,2008：1.

④ 齐豫生,夏于全.史记[(卷三十)·平准书第八].长春：北方妇女儿童出版社,2002: 188-192；李埏.《史记·货殖列传》研究. 昆明：云南大学出版社 2002：173.

⑤ 齐豫生,夏于全.中国古典名著.长春:北方妇女儿童出版社,2006.3，13，15-17；张燕婴译注. 论语·先进第十一. 中华书局,2006：9-10，22.

如琢如磨。’其斯之谓与？”子贡说：“《诗经 卫风》上说：‘就像制造器物一样，切割、磋治、雕琢、打磨’，即做事和生产产品一样要反复修治、精益求精，是吧？”孔子非常赞成这种观点。在儒家思想中，生产的产品要保证产品质量，在制作过程中要反复加工、精益求精，控制产品的质量很重要。（2）以人为本的经营思想。人在营销中是重要的因素。在儒家思想中“以人为本”的思想是精髓。鲁哀公曾向孔子问政，孔子[①]（《礼记·中庸》）答曰：“为政在人，取人以身，修身以道，修道以仁。仁者人也，亲亲为大。”孔子认为要做好管理，关键的决定要素是人，充分发挥人的作用就是必须把人放在第一位。管理和营销面对的都是人，因此，如何充分发挥人的主观能动性，决定了企业的生存与发展。孟子[②]《孟子·公孙丑上》进一步发挥了孔子的思想，提出“尊重贤人，任用贤人，使杰出的人在岗位上，天下的士人都会高兴，都愿意来做管理者”的思想。孟子（《孟子·尽心下》）说：“所谓仁，意思就是人。人和仁结合起来，就是所说的道。”他指出：“民为贵，社稷次之，君为轻。”在儒家思想看来，在世间万物中，人是最宝贵的。要以“民”为中心，要“保民”、“爱民”、“养民”、“教民”等。（3）诚信伦理思想。诚信经营是营销的最基本道德底线，诚信也是人不可缺少的东西。在中国儒家思想中，诚信是最基本的道德。子曰：“人而无信，不知其可也。”孔子说，一个人如果不讲信用，不知道他怎么在社会上生活。孔子在许多地方强调诚信的重要性。（4）沟通和公共关系思想。在中国儒家思想中，非常注重人与人之间的关系，这也是到目前为止，中国人在从事各种商业活动中，人际关系已经成为一种商业资源。在沟通了解方面，子曰：“不患人之不己知，患不知人也。”孔子说：“不怕别人不了解自己，就怕自己不了解别人。”孔子曰：“君子有九思：视思明，听思聪，色思温，貌思恭，言思忠，事思敬，疑思问，忿思难，见得思义。”孔子说：“君子有九点要想到：看的时候要明察；听的时候要听明白；脸色要温和；态度要恭敬；说话要忠实；做事要谨慎；有疑问要请教别人；生气时要避免有后患；得到利益要考虑是否符合道义。”在孔子以及之后的儒家思想里面，特别强调要从人际关系的角度去考虑问题。如：我不愿意其他人这样对待我，我也就不这样去对待其他人。维护良好的企业关系，包括与社会的关系、与政府的关系、与消费者的关系、与其他企业的关系等，会对企业本身的经营形成很好的影响，事半功倍。（5）市场调查和预测思想。孔子的经商思想中，重要的有市场调查、预测和决策思想。子曰：“视其所以，观其所由，察其所安。人焉廋哉？”孔子说：了解一个人的所作所为，观察一个人的做事经历，考察这个人的习惯、习性和态度，一个人怎么能隐藏住自己呢？孔子提出了调查人（消费者）的行为喜好和动机的方法，也就是市场营销中的观察调查法。子曰：“凡事预则立，不预则废。”说明预先谋划的重要性。（6）战略决策思想。如子曰：“人无远虑，必有近忧。”孔子说：“一个人如果没有长远的考虑，便会有眼前的忧患。”（7）市场管理思想。孟子[③]说：“关市讥而不征”，提出关卡和市场（对商人）只稽查不征税。古时候做买卖，是拿自己所有的东西交换所没有的东西，也需要有关部门管理这种事。这是世界上最早提出市场管理的思想。

---

① 陈戍国.礼记.长沙：岳麓书社：2004：419.
② 鲁国尧.《孟子》注评. 南京：凤凰出版社：2006：53，257-258.
③ 鲁国尧.《孟子》注评. 南京：凤凰出版社：2006：27，53，73.

（三）道家思想与营销

道家思想主要以老子和庄子的思想为代表，在他们的思想中，有许多与商业经营有关。这些思想影响到商业的经营活动和市场营销管理。道家思想以《老子》（《道德经》）一书为代表作。道家营销思想有：（1）依照事物规律和方法而行的思想。老子认为：执古之道，以御今之有，能知古始，是谓道纪。把握亘古已存的道，能够认识宇宙的初始，能驾驭当今存在的事物。道：其字面的含义，一指法则，规律。二指宇宙万物的本原、个体。三指一定的人生观、世界观、政治主张或思想体系。四指方法。老子理解“道”：指反映事物运行机理的客观规律和世间大道理，包括现代人所说的定理、定律、公理等理念[①]。老子特别强调顺其自然。“人法地，地法天，天法道，道法自然。”以自然的心态去从事营销的活动，最重要的是要按规律（道）办事。（2）强调“人”的因素的作用。老子[②]说：“故道大、天大、地大，人亦大。域中有四大，而人居其一焉。”他说，道大、天大、地大、人也大。宇宙中有四大，而人居其中之一。老子认识到，“人”是与道、天、地一样是宇宙中的主要力量。这与儒家的以人为本有许多相似之处。在营销管理中，人的要素不可缺少，这与西方学者强调人的作用有相似的作用。（3）营销谋略思想。有“以弱胜强”、“双赢”思想、营销过程和关系思想、沟通思想和战略决策思想等。如老子认为“音声相和”，老子认为音与声互相对立而和谐，对具有相反相成规律的事物应谋求和谐双赢。在营销中，企业与客户是两个看似相对立的主体，但他们就像音声相和一样，每次的营销活动要达到双赢或多赢的目的。“营销是一门科学也是一门艺术。”老子的思想强调“无为”，“为无为，事无事，味无味。”老子主张“退”，是一种以退为进的思想。虽然老子的思想有点消极，但这种“无为而为”，常常可以创新出更加和谐的企业和顾客的关系。（4）营销方法思想。主要有：无为处世方法、调查研究方法和投入产出法等。“故常无，欲以观其妙；常有，欲以观其微”，人们若通过对某事物的现状的大量观察、试验或研究，可以发现并掌握其现在的特征、特点、特性及其规律。老子说：“治人事天莫若啬。”所谓啬，即不浪费，不浪费财物，不浪费精神。老子认为要按规律（道）办事，要用最小的力量而取得最大的收益。（5）社会责任伦理思想。老子指出：“孔德之容，唯道是从。”认为：人生要循“道”的标准，使素质品德得到提高。

庄子的思想与老子类似，也是讲究自然和平衡。“福就是祸，祸就是福，”所以认为，“幸福时不要得意忘形，陷入祸患时也不用忧愁。”福祸是相互关联和相互转换的关系。庄子还认为，一个人追求权、钱、名要有限度，不可贪欲无限。“以无为击有为，如弱水推石，石虽不动根基已消；以有为击无为，如巨石入海，虽浪花与水声共舞，石却消失于瞬间。”[③]无为不是什么也不做，而是以无为的心做有为的事——不在乎胜负的人才能胜利。

（四）墨家思想与营销

墨翟（前480—前420年），又称墨子，是古代伟大的思想家。墨子的思想体系由“十

---

① 胡耀林注译.老子 则我者贵.郑州：河南人民出版社,2006：1.

② 乔峰.跟老子学推销.北京：中国纺织出版社,2007：14.

③ 严春友. 庄子一日一讲.哈尔滨：哈尔滨出版社，2006：3,7.

论”或曰十大政治主张组成，包括政治、经济、哲学、伦理、宗教、文化等内容，是一个社会政治、经济改革的纲领性文献，它也是一个实践的纲领，有很强的针对性、实践性、批判性和革命性[①]。“兴天下之利，除天下之害”是墨子思想的核心。墨子思想体系主要有：(1)“利中取大、宫中取小”的决策思想；(2)调查研究思想。墨子的“得下之情则治，不得下之情则不治”(《尚同下》)，说明他非常重视调查研究和信息的收集，他把得下之情视作从政成功的充分必要条件，主张通过他人帮助自己收集信息。(3)尚同战略思想。包括两个方面：一是战略思想意识上的统一，即通过“上之所是，必皆是之；上之所非，必皆非之”(《尚同上》)，从而达到“一同天下之义”,“一同其国之义”的自下而上的思想的统一；二是为了保障思想意识统一而实行的自上而下的统一组织领导。(4)重视人的积极因素及人际关系和沟通协调思想。墨子充分认识到人才的重要作用，主张以“贤良之士，厚乎德行，辩乎言谈，博乎道术者”(《尚贤上》)标准来选择人才。大力提倡“兼相爱，交相利”，用以协调人与人、组织与组织之间的关系。无论是长幼贵贱要“周爱人”，利人才能利己，利人也是为了利己。(5)重视环境影响的思想等。墨子的“求天志”就是以天为法则，运作行事要视天而定。认为外界环境对于人的道德品性的形成有着决定作用，具有“所染”的作用。

三、中国古代商人代表及其经商思想

春秋后期至战国时期，自由商人经营规模不断增大，人数不断增多，财力更巨，已非春秋前期的郑国商人所能望其项背。据《史记·货殖列传》记载的自由商人（货殖家）的著名代表，春秋末年有范蠡和子贡，战国时有白圭；汉兴以后有7人。现简单介绍范蠡、子贡和白圭的经商思想[②]。

(1)范蠡的经商思想。范蠡，又称陶朱公，原为越大夫，后去官而经商。他是《史记·货殖列传》[③]记载的自由商人的第一人。公元前473年，他运用“计然”之策来经商致富，通过自己的实践，形成了一套经商理论。范蠡的经商理论的主要内容有：①知天时的环境预测理论，即按照天时和农业生产规律来预测并决定自己的经商对策。春秋战国时期兴盛的“农业丰歉循环理论”[④]认为：天时变化是有规律的，可以了解和掌握年岁的丰歉和水旱等变化，由此可预测出各种商品供求变化的趋势。②供求变化对策理论，范蠡认为：“旱则资舟，水则资车”在旱年应准备作舟船的生意，这时舟船需求少，价格低，可买进货；反之，在大水年则应准备作车子的生意。③产品质量管理理论（“务完物”），在经营商品时要注意产品完好，不要把质量不好的产品卖给别人。④存货理论，在商品的经营过程中，货物要贮藏完好，容易腐烂的货物和食品不要长期贮存，不要囤积居奇。⑤价格定律，可以根据产品的市场供应是偏多还是不足来判断产品价格的会上涨或下降。⑥决策时机理论（“贵出如粪土，贱取如珠玉”）、资金周转理论（“财币欲其行如流水”、“无息币”）、人才选聘理论（“故善治生者，能择人而任时”）。⑦多业经营的理念。范蠡

① 彭双,涂春燕.墨子管理思想研究.成都：电子科技大学出版社,2006：3，7-10，23-25.
② 吴慧.中国古代商业. 天津：天津教育出版社,1991：96-100.
③ 吕庆华. 货殖思想论略.北京：中国言实出版社,2008：1-4,31，239-279.
④ 叶世昌.古代中国经济思想史.上海：复旦大学出版社,2003：33-36.

在经营中，既经商，又养鱼、饲养牲畜，并且向别人传授如何致富的技术。⑧社会及公益营销思想，“十九年之中三致千金，再分散与贫交疏昆弟。此所谓富好行其德也”。⑨计然战略决策思想。范蠡去官后经商认为，计然之策在实践中能让国家富强起来，他想把计然之策运用到家族商业经营中。实践证明，计然经商理论符合商业经营的营销原理，在其家族商业经营中取得成功。计然经商理论与现代营销理论有许多相似之处，对我国现代营销理论的发展与实践运用有许多借鉴作用。

（2）子贡的经商思想。子贡，复姓端木，名赐（前 520—？），孔子的著名弟子，“儒商第一人”，是士人经商的典型代表。子贡在未出仕前，本身就是卫国的大商人，来孔门时，已以经商致官了。子贡的经商思想有：预测市场行情（“赐不受命，而货殖焉，亿则屡中”）；掌握买卖时机，产品质量、供求与价格有关系，沟通和公共关系策略等。司马迁曾说子贡“好废举，与时转货赀”，就是贱买，贵卖，掌握时机，从中转易取赢[①]。孔子能扬名天下，也是得力于子贡的沟通和公共关系策略的运用。

范蠡与子贡被后世并称为“陶朱事业，端木生涯”[②]。

（3）白圭的经商思想。白圭（前 466—前 397 年），名丹，字圭，战国时期洛邑（今河南洛阳）人，是范蠡以后魏文侯时善于经商的代表人物，在司马迁的《史记·货殖列传》中被称为“治生祖（商业祖师爷）”、“人间财神”[③]。他在经商中总结了一套经商理论[④]，主要有：“取予”的价格理论（“人弃我取，人取我与”），预测环境对供求的影响理论，经营时机决策理论（“乐观时变”、“趋时若猛兽鸷鸟之发”），“仁术”营销谋略和方法理论（“智、勇、仁、强”），勤俭节约和吃苦耐劳的创业精神，薄利多销和保证产品生产供应的经营原则等。

总之，范蠡、子贡、白圭不仅能赚钱，而且都能很好地处理经商牟利与商业道德的关系，关注社会、回馈社会的思想及他们的经商理论不仅在后来的商业实践中得到运用，而且也让世人看到，中国古代商业理论的高度。这些经商理论，对当今世界的市场营销界是一笔重要的财富，这些市场营销理论比西方国家早了整整两千三百多年的历史。到今天，仍然有许多经营者在运用它们。

四、中国近现代商帮营销思想

（一）晋商与营销

晋商通常意义上指明清 500 年间的山西商人，晋商经营盐业、票号等商业，尤其以票号最为出名。晋商留下了丰富的建筑遗产，有著名的乔家大院、常家庄园、曹家三多堂等。晋商作为中国明清三大商帮之首，其有五百年的商业历程，足迹遍布天下。晋商的代表家族有乔家、常家、曹家、赵家等。晋商营销思想有如下几方面：薄利多销的竞

---

① 张燕婴译注. 论语·先进第十一. 中华书局,2006：124，161.

② 吴慧.中国古代商业史（第一册）. 北京：中国商业出版社，1983：198-203.

③ 吕庆华. 货殖思想论略.北京：中国言实出版社,2008：160-162，243，278-279.

④ 齐豫生,夏于全.史记（卷一百二十九·货殖列传第六十九）.呼和浩特:内蒙古大学出版社,2001：2945-2974；王双,王文治.货殖列传与经商艺术.南宁:广西人民出版社,1991：157-177.

争战略思想（核心）、市场调研和预测思想（“跑街”）、品牌经营思想（如大盛魁小号“三玉川”）、满足目标顾客的需要和服务思想（如在茶叶贸易中，晋商按华北人、哈萨克人、维吾尔族人、蒙古人、俄罗斯人、西欧人的不同要求分别加工、包装，以满足其不同需要）、诚信营销伦理思想（梁启超称“晋商笃守信用”）、供应、生产、运输、销售和配送产业链经营思想（如晋商为了经营“恰克图”国际市场上的茶叶生意，有的商家找地方生产茶叶，自己供应、自己运输、包装和配送到国内外市场上销售）[①]等。

（二）徽商与营销

徽商，即徽州商人，旧徽州府籍的商人或商人集团的总称，而非所有安徽籍商人。徽商又称“新安商人”，俗称“徽帮”。徽商萌生于东晋，成长于唐宋，盛于明。徽州，今安徽省黄山市、绩溪县及江西婺源县。徽商是中国十大商帮之一，鼎盛时期徽商曾经占有全国总资产的4/7，亦儒亦商，辛勤力耕，赢得了“徽骆驼”的美称。徽商的活动范围遍及城乡，东抵淮南，西达滇、黔、关、陇，北至幽燕、辽东，南到闽、粤。徽商的足迹还远至日本、暹罗、东南亚各国以及葡萄牙等地。清朝后期，随着封建经济的瓦解，徽商逐渐衰亡[②]。徽商雄踞华夏商界达300年之久，以至“钻天洞庭遍地徽”和“无徽不成镇”之说的存在[③]。徽商的代表人物是胡雪岩。徽商营销思想有以下方面：诚信思想、重视人的德能因素、注重合作及客户关系、品牌宣传促销、注重产品质量等。如末代徽商的后裔姚家铺子掌柜姚泽成先生祖上世代业茶，秉持“用品质做事业”的理念，以“振兴祁红”“重扬徽茶威名”为己任，并以专业的技术、前瞻的市场研究，严格的品质监管，争创黄山名茶著名品牌。

（三）闽商与营销

“闽商”为福建商人的简称，主要指闽南（泉州、厦门、漳州等）一带从事商业的人们。他们在经济领域具有一些共同的思想、语言、行为，为人们所熟知概括而成。此外，海内外祖籍福建的商人，也都以“闽商”自称。历史上很早就有闽商的提法，它作为中国十大商帮之首，与晋商、徽商、粤商齐名。福建是个具有悠久经商传统的地方。远在四千多年前，昙石山文化已显现海洋文明的特征。唐宋元时期，闽商就开始闯荡全球，泉州成为“海上丝绸之路”的重要发源地，曾被誉为与亚历山大港齐名的“东方第一大港”，与阿拉伯、锡兰、东南亚等各国的商贸活动十分繁荣。闽商也是中国经商大军中的一支重要力量。近代，厦门、福州位居五口通商之列，马尾船政文化辉煌一时。有人说：世界上凡有人群的地方，就有华人；凡有华人的地方，就有闽商。闽商的经商思想有：因时、地、势而为思想，诚信商业精神，“敢赢善拼”精神，恋祖爱乡、回馈桑梓，集聚抱团、豪爽义气等。

---

① 曹培红. 不怕不卖钱：晋商的薄利营销.法人,2007,(1)：76-77；吕彦儒，王华丽. 晋商营销思想研究.经济问题,2007,(12)：123-125；马伟. 晋商成功之道（连载五）. 文史月刊，2007,(2)：56-60；宁淑惠. 基于明清时期晋商的营销策略研究.生产力研究，2009,(16)：127-129.

② 季宇.徽商. 深圳:海天出版社, 1998; http://baike.baidu.com/view/51099.htm.

③ 王承清，崔立中，季坤.徽商营销心理学思想研究.安徽广播电视大学学报，2007,(3)：49-52.

现代闽商已成为全国经济的生力军。目前在省外投资的闽籍企业人数已超过 400 万，从 1995 年开始，福建商人先后在 20 多个省份成立了百余家商会组织。闽籍企业家创办了一大批企业，形成一个个产业群，如晋江鞋业、南安建材、安溪茶叶、德化瓷器等；另还涉及房地产、石油化工、煤炭、工程机械、建材、轻工、医院、旅游等十大行业、30 多个子行业①。“泉州模式”培育出了“安踏”、“安尔乐”、“七匹狼”等近百家“中国驰名商标”和“中国名牌产品”。现代闽商在全国的房地产、物业管理、机械建造等 20 多个行业十分活跃，是中国经济不容忽视的重要商业力量。

（四）粤商与营销

粤商也是历史上的中国一大商帮之一。广义上的粤商包括广州帮、潮州帮、客家帮，狭义的粤商指广州帮（包括东莞、江门、佛山等地区的广府民系）的商人。粤商文化历史渊源深远，商业氛围浓厚。粤商由于特殊的地理位置，毗邻东南亚、中国香港、中国台湾，国外的先进技术和设备最早由广东进入，然后辐射全国。从汇聚融合到合作发展，从灵活善变到创新创造，从精明务实到战略思考，从“只干不说”到广泛对话等，粤商在一步步地发展。霍英东、陈瑞球、方润华、李兆基、李嘉诚、庄世平、林百欣、黄光裕等②是粤商的代表人物。

（五）浙商与营销

浙商，一般指浙江籍的商人、实业家的集合。从古至今，浙江商人都是中国经济发展的主要力量之一。唐代以后，中国的经济重心南移，江浙一带成为中国经济较为发达的地区之一，商品经济较为发达，也萌生了中国早期的资本主义。清朝末年及民国初年，浙江商人成为中国民族工商业的中坚力量之一，为中国工商业的近代化起了很大的推动作用。民国时期，江浙财阀是国民政府的经济基础。中国改革开放之后，浙江商人活跃于国内外商界，目前为中国国内除闽商之外最活跃的商帮之一，为各地的发展尤其是欠发达地区注入了活力。在私营经济发达的浙江省，“浙江模式”、“浙江经验”、“浙江现象”，越来越多的媒体对浙江所取得的成就和经验给予报道，越来越多的人对浙江的发展给予关注。著名浙商各地商帮有：湖州商帮、宁波商帮、龙游商帮、温州商人、义乌商人。浙商精神就是：勤奋务实的创业精神、勇于开拓的开放精神、敢于自我纠正的包容精神、捕捉市场优势的思变精神和恪守承诺的诚信精神③。

（六）苏商与营销

明清时期苏商的主体是洞庭商人，因此苏商的名气并不及洞庭商帮的大。以县以下的一两个乡而命名为中国古代商帮的只有一个，那就是苏州属县吴县下辖的东山人和西山人组成的洞庭商帮。苏州在明清时期已是江南重要的商业中心。苏商与徽商、晋商、

---

① 改编自中国经济网：谢充灵. 福建:400 万闽商在省外投资 1.5 万亿元. 福州晚报，2011-12-21. http://www.ce.cn/macro/ more/ 201112/21/t20111221_22938399.shtml.

② 粤商.http://baike.baidu.com/view/747876.html?tp=0_11.

③ 天下浙商网 http://www.zjsr.com；浙商.http://baike.baidu.com/view/676576.html?tp=0_11.

秦商、闽商、鲁商、宁绍商帮、龙游商帮、潮汕商帮、江右商帮一道，在历史上被合称为“明清十大商帮”。绵延百年的苏商精神集中体现了爱国尚德、尊商惠民、开放包容和务实创新的精神。“致富思源、富而思进”，苏州商会和企业家们对这句话有深刻的理解[①]。

思 考 题

1. 市场营销观念有哪些？各种观念有何不同？

2. 市场营销哲学思想从企业—顾客—品牌—网络的演变中主要包含哪些思想？

2. 请思考中国古代有哪些营销思想？著名商人和商帮各有哪些营销思想？

海内外的闽商

“闽商”被誉为：华商第一族，因“开放、拓展”的精神闻名。闽商精神，随着歌曲“爱拼才会赢“而几乎家喻户晓。“善观时变、顺势而为；敢冒风险、爱拼会赢；合群团结、豪爽义气；恋祖爱乡、回馈桑梓”是闽商的精神写照。

福建是个具有悠久经商传统的地方。远在四千多年前，昙石山文化已显现海洋文明的特征；唐宋元时期，泉州成为“海上丝绸之路”重要发源地。可以说，海洋、商贸、开放、移民等因子，早已融入福建人的血液，成为福建文化特有的禀赋。 闽商闯荡全球最早可追溯至唐宋时期。闽人崇商盛于元代。唐宋时期，迁徙的闽人为了谋生从家乡带着丝绸、药物、糖、纸、手工艺品等特产搭上商船从泉州出发，顺着“海上丝绸之路”漂洋过海，将这些商品销往各地区甚至世界各国。至元代，闽人已经有了固定的商业意识，一些商人因经商需求开始定居异国他邦，拓展商贸往来。闽商在中国商界活跃了几百年，通过丝绸之路，他们创造了东渡日本、北达欧亚、西至南北美洲、南抵东南亚各国的辉煌历史。

而真正具有现代意义的闽商则崛起于19世纪后半期。明中叶以后，商业资本十分活跃。全国各地有许多商人和商业资本集团。以明代社会经济大发展为背景，以本地发达的手工业为依托，闽商开始大规模地进行海内外贸易活动。万历年间李光缙说：“（泉州）安平市贾行遍郡国，北贾燕，南贾粤，西贾巴蜀，或冲风突浪，争利于海岛渔夷之墟。”明清时期，闽商帮位列全国十大商帮第四位。

作为全国第二大侨乡，福建拥有海外华侨华人1 512万人。福建省侨办主任杨辉概括福建海外华人华侨人群有五个特点：（1）人数众多、分布广泛。福建省1 512万华侨华人分布在世界176个国家和地区，以亚洲、北美洲和欧洲为主，东南亚地区占78%，有1 200万人。其中前五位的国家是马来西亚、印尼、菲律宾、新加坡，然后就是美国。

---

① 苏商.http://baike.baidu.com/view/747965.html?tp=0_11.

福建省内海外华侨华人按地市分布，位居前三位分别为：泉州 900 万，占 60%左右，福州 259 万约占 17%，漳州是 97 万，约占 6%。此外，祖籍福建的港澳同胞有 124 万，归侨侨眷及中国港澳出国人员的眷属有 653 万，改革开放以后出国定居的新华侨华人有 110 万。（2）福建闽籍海外侨胞实力雄厚、人才辈出。闽籍侨胞中有许多“四有人士”，就是政治上有地位，经济上有实力，学术有造诣，社会上有影响的人士，尤其在东南亚国家他们的地位和作用是举足轻重。近几年福布斯富豪榜显示，世界华商 500 强当中闽商大概占十分之一。仅福建福清一县，2004 年就从日本汇回 30 亿元人民币，这还不包括地下的。闽商在美国一直稳步发展，现在仅当地就有 30 多万福建人在从事餐饮、贸易和实体企业，5 家闽商企业已经跻身华人在美企业前 10 名。长乐基本上主控了纽约的餐饮。美国花旗银行（Citibank）已经在福州增设了网点，主要就是看上了闽商的外汇业务。在纽约，福州话的使用甚至超过普通话。（3）福建乡亲恋祖爱乡，乐善好施。闽籍侨胞恋祖爱乡，是爱国爱乡、海纳百川、乐善好施、敢拼会赢的福建精神的典型代表。据不完全统计改革开放以来侨胞在福建省捐赠额达到了 242 亿人民币，近几年福建省侨胞每年公益商业都在 7~10 个亿之间，2010 年达到 12.93 亿元，2013 年将近 10 亿元。（4）社团众多，影响广泛。统计显示目前海外闽籍社团有 1 900 多个，分布在 47 个国家和地区，其中由侨务部门掌握的重点社团有 404 个，社团活动已由传统的联谊、互助转向商贸、科技、教育和文化等领域，影响力越来越大，闽籍乡亲成为驻外使领馆在西方主要国家的重要依托力量。（5）新侨崛起，后劲凸显。改革开放以后，福建省留学人员已有 100 多万，纷纷在商界、科技界有所建树，融入当地的社会能力比较高，有活力，事业上发展比较快，一大批已经崭露头角，融入西方的主流社会。

近年来，福建民间资本在国内的投资扩张速度加快。据不完全统计，目前在省外投资兴业的福建人超过 400 万。有人这样形容闽商在北京的影响：在北京，十块瓷砖中有九块是闽清人卖出的。闽商中的“泉州军团”已有 80 多万人外出经商办企业，在外企业年销售总额已达 3 000 亿元，相当于在外再造了一个泉州市场。莆田在外经商办厂的已达 50 多万人，分布在全国各大中城市。“莆仙军团”几乎垄断了整个中国的木材市场。

历史的巨轮驶至今日，地处腹地，以“红顶商人”为代表，以“贾而好儒”为精神特质，以“官商紧密”为特点的晋、徽商帮已然湮没；地处沿海，以“民本”为生发力量，以外向型为特征的闽籍商帮正不断穿越历史的跌宕起伏、狂风巨浪，渐行渐近，有了今日的辉煌阵势。

资料来源：龙敏. 福建海外华侨华人达 1 512 万人 呈五方面特点. 中国新闻网，2014-05-28. http://www.chinanews.com/zgqj/2014/05-28/6219672.shtml；闽商.http://baike.baidu.com/view/123943.htm

问题：

（1）试运用市场营销哲学思想,分析闽商历经几百年而到现在还非常活跃的主要原因。

（2）与其他商帮相比，闽商具有哪些商业优势和精神？

【实训目标】

结合实际内容，深刻了解西方市场营销思想的五种市场营销观念在现实生活中的表现。

【实训内容和要求】

同学们分成2~3人组成一个小组，模拟五种市场营销观念在现实生活中的市场场景，请同学们分别扮演不同市场营销观念中的营销者和顾客，选择一个主题进行场景再现。要求对五种市场营销观念有较好的理解和认识。

【实训效果评估】

根据同学们模拟扮演五种市场营销观念的情况，观察、了解、检查同学们对五种市场营销观念的认识程度、掌握程度、理解程度及在现实生活中应用程度，并对其进行打分评价。评价标准如下。

实训内容	认识程度（5分）	理解程度（5分）	掌握程度（5分）	应用程度（5分）	总分
生产观念					
产品观念					
推销观念					
市场营销观念					
社会市场营销观念					

[1] Borden， N. H. The Concept of the Marketing Mix， in Schwartz， G. ， Science in Marketing，John Wiley & Sons， New York，1965.

[2] Chai Lee GOI. Marketing Mix： A Review of “P”. Journal of Internet Banking and Commerce，2005，10（2）.

[3] McCarthy， E. J. Basic Marketing， Richard D. Irwin， Homewood， IL.，1964 .

[4] Philip Kotler and Gary Armstrong， Principles of Marketing（13th Edition），New Jersey：Pearson Education， Inc. ，2010 .

[5] Philip Kotler. Megamarketing. Harvard Business Review，March-April，1986.

[6] Booms，B. H. and Bitner，M. J. Marketing strategies and organization structures for service firms，in Donnelly，J. H. and George，W. R.（Eds）， Marketing of Services， American Marketing Association，

Chicago， IL.，1981.

[7] E. ConstantinideS. The 4S web—Marketing mix mode1. Electronic commerce research and applications，2002,（1）.

[8] [美]菲利普•科特勒. 梅汝和等译. 营销管理——分析、计划和控制. 上海：上海人民出版社，1996.

[9] Philip Kotler. 营销管理（第 10 版）（*Marketing Management*）， 10th Edition， 北京：清华大学出版社， 2001.

[10] [美]艾略特·艾登伯格. 文武,穆蕊, 蒋洁译. 4R 营销(第 2 版). 北京:企业管理出版社,2006.

[11] 郭国庆. 市场营销学通论（第 4 版）. 北京： 中国人民大学出版社，2009.

[12] 甘碧群. 市场营销学（第 3 版）. 武汉：武汉大学出版社，2002.

[13] 吴金明. 新经济时代的“4V”营销组合. 中国工业经济，2001,（6）.

[14] 魏光兴. 营销组合理论的最新进展综述及简评. 现代管理科学， 2004,（9）.

[15] 李振华，王浣尘. B to C 型网络营销的营销组合策略研究. 科学学与科学技术管理，2002,（4）.

[16] 韩庆祥，肖开宁. 实用整合营销. 北京：中国社会出版社，1999.

[17] 王文举. 徐思光,魏农建,赵永斌. 高学义. 孙子兵法与市场营销研究. 北京：中国商业出版社，1993.

[18] 代汉林. 《孙子兵法》通解与运用. 乌鲁木齐：新疆人民出版社，2002.

[19] 孙晓玲. 孙子兵法. 武汉：武汉出版社，1994.

[20] 吴慧. 中国古代商业. 天津：天津教育出版社，1991.

[21] 吴慧. 中国古代商业史（第 1 册）. 北京：中国商业出版社，1983.

[22] 李埏. 《史记·货殖列传》研究. 昆明：云南大学出版社，2002.

[23] 吕庆华. 货殖思想论略. 北京：中国言实出版社，2008.

[24] 齐豫生，夏于全. 史记[（卷三十）·平准书第八]. 长春：北方妇女儿童出版社，2002.

[25] 齐豫生，夏于全. 中国古典名著. 长春：北方妇女儿童出版社，2006.

[26] 齐豫生，夏于全. 史记（卷一百二十九·货殖列传第六十九）. 呼和浩特：内蒙古大学出版社，2001.

[27] 李埏. 《史记·货殖列传》研究. 昆明：云南大学出版社，2002.

[28] 张燕婴译注. 论语·先进第十一. 北京：中华书局，2006.

[29] 陈戍国. 礼记. 长沙：岳麓书社，2004.

[30] 鲁国尧. 《孟子》注评. 南京：凤凰出版社，2006.

[31] 胡耀林注译. 老子 则我者贵. 郑州：河南人民出版社，2006.

[32] 乔峰. 跟老子学推销. 北京：中国纺织出版社，2007.

[33] 严春友编著. 庄子一日一讲. 哈尔滨：哈尔滨出版社，2006.

[34] 彭双，涂春燕. 墨子管理思想研究. 成都：电子科技大学出版社，2006.

[35] 王双，王文治. 货殖列传与经商艺术. 南宁：广西人民出版社，1991.

[36] 曹培红. 不怕不卖钱：晋商的薄利营销. 法人，2007,（1）.

[37] 吕彦儒，王华丽. 晋商营销思想研究. 经济问题，2007,（12）.

[38] 马伟. 晋商成功之道（连载五）. 文史月刊，2007,（2）.

[39] 宁淑惠. 基于明清时期晋商的营销策略研究. 生产力研究，2009,（16）.

[40] 王承清，崔立中，季坤. 徽商营销心理学思想研究. 安徽广播电视大学学报，2007,（3）.

[41] 沃尔玛全球概况. http://www.wal-martchina.com/walmart/index.htm.

[42] 蓝海战略.http://baike.baidu.com/view/87144.htm.

[43] 长尾理论.http://baike.baidu.com/view/327983.htm.

[44] 季宇. 徽商. 深圳:海天出版社，1998; http://baike.baidu.com/view/51099.htm.

[45] 粤商.http://baike.baidu.com/view/747876.html？tp=0_11.

[46] 天下浙商网 http://www.zjsr.com.

[47] 浙商.http://baike.baidu.com/view/676576.html？tp=0_11.

[48] 苏商.http://baike.baidu.com/view/747965.html？tp=0_11.

[49] 闽商. http://baike.baidu.com/view/123943.htm .

[50] 谢充灵. 福建:400 万闽商在省外投资 1.5 万亿元. 福州晚报, 2011-12-21. http://www.ce.cn/ macro/more/201112/21/t20111221_22938399.shtml.

[51] 龙敏. 福建海外华侨华人达 1 512 万人 呈五方面特点. 中国新闻网, 2014-05-28. http://www.chinanews.com/zgqj/2014/05-28/6219672.shtml.

第三章

营销思维和营销伦理

原理要点

- 思维、营销思维及方法
- 互联网思维和数据思维
- 中外营销伦理思想
- 营销伦理缺陷

你是真正的营销高手吗？——如何让和尚买你的木梳

甲乙丙三人想要将木梳卖给和尚。甲历尽艰辛极力推广自己卖的梳子有多好，游说和尚来买梳子，根本就没效果，还惨遭和尚的责骂。乙去了一座名山考察，他发现由于山高风大，进香者的头发都被吹乱了，他找到寺院的住持说：“蓬头垢面是对佛的不敬。应该在该山上每座庙的香案前放几把木梳，供善男信女梳理鬓发。此举措足以体现贵寺院的周全。”住持采纳了他的建议。那山有十座庙，于是他卖掉了 10 把梳子。丙到一个颇具盛名、香火极旺的深山宝刹，朝圣者、进香的施主络绎不绝。他对住持说：“凡来贵寺进香、参观者，多有一颗虔诚之心，贵寺应有所回馈，以做纪念，保佑其平安吉祥，鼓励其多做善事。我有一批木梳，而您的书法又超群，刻上‘积善梳’三个字并题上您的大名，便可做赠品。这样一来不仅表示了贵寺的善意还可将贵寺及方丈您的盛名远扬，广泛传播呢！”住持大喜，立即买下 1 000 把木梳。得到积善梳的施主与香客也很高兴，一传十、十传百，朝圣者更多，香火更旺，对木梳的需求量也更大了。把木梳卖给和尚，听起来真的有些匪夷所思。你是真正的营销高手吗？

问题：在没有市场、没有需求的情况下，为什么会产生不同的营销结果？

第一节　营销思维

俗话说：“思路决定出路，脑袋决定位置。”只有正确了解市场营销的本质，找到营销的问题所在，才能有正确的营销决策，才能从更高层次解决营销问题，达到企业营销的目标和效果。如今，不仅在美国， 而且在其他许多国家“选择比品牌更重要”的口号在业界日趋流行。

【营销链接】

你知道什么是“交互式商务”吗？

Ralph Lauren 一直对数字化技术领域深感兴趣，不但推出智能版会发光能充电的 Ricky 包，还研发拥有 PoloTech 技术的男性智能衬衫。如今，Ralph Lauren 与 Oak Labs 联手合作推出交互式可触摸镜子试衣室，提高消费者的购物体验。

“交互式商务”是零售行业最新的热门术语，而 Ralph Lauren 于今日在其第五大道旗舰店推出 Oak 交互式试衣室，正好反映出该集团进军此领域的决心。Oak 试衣室是由科技初创公司 Oak Labs 所创建的交互式可触摸镜子，其为线下零售提供先进的技术，消费者能轻触镜子请求不同尺码的相应单品或从助理处寻求协助。

Oak Labs 联合创始人兼首席执行官 Healey Cypher 表示，“全渠道”已经是过时的，他更倾向于用“交互式商务”这个词去描述这种方式，Oak 就是利用技术提高店内消费者的购物体验。他解释道：“交互式商务是消费者和品牌之间的一次真实非凡的体验，而不是将它看成是‘手机销售’‘电子商务销售’或‘实体店销售’。”

资料来源：Ralph Lauren 进军商务领域 推出智能触屏试衣间. 中国服装网.[2015-11-19]. http://news.efu.com.cn/newsview-1140378-1.html.

一、思维概述

（一）思维的含义

思维（thinking）是与它同时发生的情感的和物理的活动的产物。而当思维出现时，又改变了这些活动[①]。思维就是对各种信息、资料、素材进行整理、排列、组合的过程。

广义思维是，它包括人的感觉、知觉、表象，以及概念、判断、推理等一切观念形态和精神现象的总和[②]。

从狭义意义上讲，在多数情况下，思维的概念则指人的高级神经活动或高级的认识活动，即人的理性认识。列宁说：“从生动的直观到抽象的思维，并从抽象的思维到实践，这就是认识真理、认识客观存在的辩证的途径。”在这里，列宁说的“思维”就是指人的理性认识，指主体把握客体的高级的认识活动和形式。

马克思[③]指出；“思维过程本身是在一定的条件中生长起来的，它本身是一个自然过程。”恩格斯[④]也指出，思维“在不同的时代具有非常不同的形式，并因而具有非常不同的内容。因此，关于思维的科学和其他任何科学一样，是一种历史的科学，关于人的思维的历史发展的科学。”

---

① [英]怀特海(Alfred North Whitehead).刘放桐译.思维方式(*Modes of Thought*)，北京：商务印书馆，2010: 52（Cambridge at the University Press,1956）.

② 文寿山.思维方式纵横谈.上海：上海交通大学出版社,1997: 6,25-38.

③ 马克思恩格斯全集，第 4 卷，第 369 页.

④ 马克思恩格斯全集，第 3 卷，第 465 页.

（二）思维方式

思维方式是具有高度概括性的哲学范畴。思维方式是主体反映客体相对稳定的形式，是某一文化类型的集中表现，是一个民族、一个人的心理的深层结构。

思维形式是人类思维活动的特点之一，是能够进行抽象、概括和推导的理性思维，能够透过事物的表面现象抓住事物的内在本质，通过大量的随机性、偶然性现象把握事物的必然性、规律性。要完成人类思维这一活动仅凭借直观的感性认识是不能达到的，必须借助于理论思维或逻辑思维，必须运用一定的思维形式。思维形式是相对思维内容而言的。一切思维形式都是表达思维内容的，是表达思维内容的手段和工具。思维形式主要通过概念、判断、推理等的内在联系以及进而展开的逻辑规则，充分表述其思维内容①。

思维方法是移入、内化于人们头脑中的事物的客观规律，是由客观规律转化而来的主体思维活动的规则、手段和工具。也就是说，思维方法是被人们认识了的规律，并依据这些规律，经过主体的主观制作、构建而形成的思维的规则、程序、步骤和手段等。所以，思维方法不能违背而且必须符合客观规律，这是其客观方面，但思维方法却不是纯客观的东西，又有其主观的因素和特征。思维有逻辑起点、中介和终点，这是思维过程的一般程序，是思维过程的一般逻辑。

（三）思维的分类

思维方式有逻辑思维和非逻辑思维。余华东（1995）②认为，充足理由律是逻辑思维的一个基本规律， 并且是区分逻辑思维和非逻辑思维的根本标准。德国近代哲学家莱布尼兹提出的充足理由原则是就推理而言的，也就是对逻辑思维而言的。只要我们仔细地考察一下我们的任一具体的思维过程，就会发现如果我们的思维活动是建立在理由充足的基础上， 我们就会把它称为逻辑思维；反之，如果我们的思维活动是建立在理由不充足或很不充足的基础上的， 那么我们就不会称之为逻辑思维，而会说它不是逻辑思维，或说它是非逻辑思维。思维过程是一个十分复杂的心理活动过程（陈志云③）。

非逻辑思维包括形象思维和想象、灵感、直觉思维。形象思维就是在头脑中把不具有直观性的东西描述或表达成具体或生动的事物，从而让别人容易理解的思维。所谓形象是指引起注意并激发人的思想感情的具体形态和生活图景。依据反映事物水平的不同， 形象可分为视觉形象、实践形象和观念形象。视觉形象又称为再现形象，是指通过视觉感知而在人脑中再现的形象。实践形象是指通过实践活动创建的物质形态反映在人脑中的形象。观念形象是以概念形式反映事物本质的形象（彭健伯④）。形象思维，亦称艺术思维，指以各种形象物象、景象、图像、表象、心象、意象、想象等为手段进行思考的一种思维形态（贺善侃⑤）。形象思维有相似律、典型律、整合律的基本规律（卢

---

① 文寿山. 思维方式纵横谈.上海：上海交通大学出版社,1997：6,25-38.
② 余华东. 逻辑思维和非逻辑思维的划界. 北京政法职业学院学报, 1995,(01)：39-42.
③ 陈志云, 孙延洲. 关于逻辑思维能力的定量分析初探. 数学通信, 2002,(13)：1-2.
④ 彭健伯. 论形象思维方法与开发形象思维能力(上). 发明与革新. 2000,(01)：14-15.
⑤ 贺善侃. 形象思维・抽象思维・科学认识. 复旦学报(社会科学版), 1998,(4)：87-90.

明森[①])。

非逻辑思维主要有想象、灵感与直觉。想象是在人的头脑中对所感知的形象即表象进行加工而创造出新形象的心理过程。灵感是指在某一瞬间，由于一种突然刺激，使之对某事突然觉悟的感觉。直觉（intuition）是在一定经验的基础上依据事物最突出的特征而迅捷和直接地对结果做出判断的一种心理现象。恩格斯明确指出，古代科学的总体认识具有“天才的直觉”特征，许多发现都是古代人凭直觉悟出的，他们不会证明，也证明不了，然而却是近似科学的[②]。

二、营销思维

（一）营销思维的含义

营销思维（marketing thinking）就是从事营销的管理者或营销人员运用一定的方法思维决策营销项目、营销活动和营销执行的思想变化过程。

在企业的经营中，营销思维越来越重要，许多企业或公司已经或正在转变销售思维为营销思维。如何在部门或公司中注入更多的营销思维，是大师科特勒在 20 世纪 70 年代就提出的问题。科特勒[③]（Philip Kotler）认为，销售思维与营销思维的主要区别有：①销售思维关注销售量代替利润，短期利益代替长期利益，个体顾客代替营销细分市场群，重销售业务而轻营销规划和战略；②营销思维则关注利润规划，关注企业长期的发展趋向、威胁和机会，特别是新产品、市场和营销战略的长期性，关注顾客的类型和细分差异及良好的营销分析、规划和控制系统。

1. 营销思维的阶段

（1）刺激需求思维阶段：营销管理者不仅要了解消费者的需要和购买影响因素，还要熟悉渠道、竞争和产品等特性，以利于做出刺激市场的低需求，转变不规则需求，而当需求太旺时适时地降低需求的决策。

（2）需求管理思维阶段：为了实现公司的战略目标，公司的某些部门可能必须降低销售增长、市场份额、或盈利能力，以满足公司的战略目标要有持续的“收成”或最佳的销售结果。因此，营销和销售管理者需要更好的管理消费者的需求比简单地刺激需求更重要。

（3）系统管理思维阶段：营销管理者不仅要关注技术、采购、生产、服务、或财务方面的降低成本而达到的需求水平，而且还应关注营销的拓展战略和可盈利的计划，使市场营销运作形成系统。这些系统计划要求在营销组合（销售人员、广告、产品质量、服务）、企业运作 （生产、财务、营销）和有利润优势的外部系统（顾客、分销商、供应商）之间达成平衡。

营销思维被认为不容易引入一个组织。它往往被误解，而一旦理解了又容易忘记因它紧随而来的成功。营销思维具有缓慢学习而迅速忘记的规律特性。

---

① 卢明森. 论形象思维的基本规律. 北京联合大学学报，1998,12(S1)：60-68.

② 刘彦生.西方创新思维方式论.天津：天津大学出版社,2007：212.

③ Philip Kotler. From sales obsession to marketing effectiveness. Harvard Business Review, November-December 1977：67-75.

2．把营销思维引入企业部门的方法

（1）增加营销研究、解决问题和营销规划的员工。

（2）有一个协调营销规划各种要素的系统，包括广告、顾客服务和其他功能。

（3）营销总监不应该管或负责现场销售，而是具有研究新产品、市场和营销战略，在不同的营销活动能评估盈利能力和成本效益；能够控制和引导顾客的感知、偏爱和购买习惯；能监管营销计划的实施。

（二）营销思维的种类

1．封闭式思维和开放式思维

封闭式思维：是企业仅就自身的条件、资源，较少考虑外部环境和条件，从而做出营销决策的思维方式。表现出思维的固性。

开放式思维：企业在制订营销战略和计划时，能吸收各种信息，充分考虑各种因素和条件的思维方式。表现出思维的动态性。

【经典案例】

超级营销思维——卖鱼钩

一部门经理要考察2 个新上任的业务代表，就分别问他们俩当天都做了哪些工作，有什么收获。第一个业务代表说自己按照领导的要求接待了大量客户，取得了某一产品数目不错的订单；当问及第二个业务代表时，该业务代表回答自己只接待了一个客户，仅成交了一笔交易， 经理有些奇怪地追问他什么业务为什么只成交一笔时，年轻的业务代表告诉经理：有一个人来买鱼钩， 我告诉他鱼钩最好与鱼线、鱼竿一起购买，又问他去哪里钓鱼，接着又向他推荐了去湖边的皮划艇和装载器物用的机动车等价值几十万元的配套用具，而他最初来这里只是为他老婆买发卡的。

资料来源：张庆虎. 超级营销思维引发的启示. 中国牧业通信， 2005，（04）：63-64

问题：这是一种怎样的营销新模式？有几个营销机会点？

2．单一思维方式和多样思维方式

单一思维方式：是局限在两极的对立中思考问题，是一种简单的、表面化的、绝对的是非思维模式，是一种单因单果，不存在或缺少弹性的思维模式。

多样思维方式：是多层次、多方位、多变量的对立统一，是一因多果、一果多因、多因多果、多样统一的思维方式[①]。

【经典案例】

创新营销思维——神经营销发现“购买按钮”

当面对金钱时，人的行为几乎没有道理可讲。西班牙庞佩乌·法布拉大学企业管理

① 李太莲.市场营销思维方式的变革.探求,1997,41(6): 41-42.

学院的经济学教授巴勃罗·佩罗龙说："人要比点钞机器复杂得多。我们很难给人的爱恨情仇总结出数学公式。任何经济理论在人的不理智面前都变得站不住脚了。神经经济学旨在对人的行为总结出某种模式，使我们能更精确地了解人是如何做决策的，以及在一些经济选择行为的背后隐藏着怎样的生物原理。"进而他指出："传统的广告宣传已经过时，现在到了神经市场营销学指导产品、服务、政策宣传和思维控制的时代。"美国媒体采购集团 PHD Media 广告公司通过消费者对声音广告、视频广告和声音——视频广告反应的脑区活动扫描，得出声音——视频冲击最强。

资料来源：马庆国，舒良超，王小毅.创新营销思维——神经营销发现"购买按钮". 企业管理. 2007,（4）：10-13.

3. 静态思维和动态思维

静态思维：就是思维固定在某种模式、条件中而不发生变化的思维方式。

动态思维：就是思维随着市场和环境而变化，能够不断调整思维的目标和过程，以优化企业营销的战略和决策。

【经典分享】　思维决定您的命运

一般人思维：1×1 = 1 元

老板思维：　1×1 = 10×10 = 100 角 = 10 元

互联网家思维：1×1 = 10×10 = 100×100 = 10000 分 = 100 元

您现在还在用传统的思维吗？

请学习用分享经济学+倍增学原理+大数据+移动"互联网+"的思维吧。

4. "靶心"思维和"太阳"思维

"靶心"思维：即是集中思维，就是围绕一个目标和事物（"靶心"）进行全方位、各角度的绕圈子的思考和决策的过程（见图 3-1）。

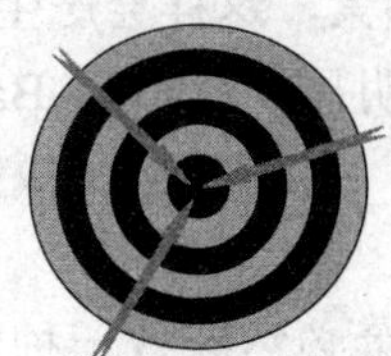

(a)"靶心"思维

(b)"太阳"思维

图 3-1　"靶心"思维和"太阳"思维

"太阳"思维：即是发散思维，就是在宽松、自由的社会条件下，人们大胆、自主地对整体环境以及接触到的事物用不同方法，从不同视角思索、追究、论证，做出各自概括性的抽象解释或者判断、结论①。这样的思维不受任何限制，有极大的联想空间和跨度。从事营销的人员特别需要此种思维。

① 刘彦生.西方创新思维方式论.天津：天津大学出版社,2007:22.

【经典案例】

足智多谋——让你来你不来

一日本老人从老板位置上退休后在家休养。偶尔一天下午，夹杂着刺耳声音的吵闹打破了以往的宁静生活，烦恼的老人开窗看到院后的空场地上一群顽皮的孩子在把易拉罐当作足球踢，一连几日好不心烦。老人想出了一招，这天他把正要准备踢的几个大孩子叫住了表示他愿意为他们出“赞助费”5 日元/人，并鼓励他们使劲为自己踢，越激烈越好。孩子们更高兴了，他们越踢越疯狂，然而刚过了 2 天，老头叫住了大家说由于养老保险发放不及时你们只能领到 3 日元/人，孩子们有些不高兴，不过他们还能继续卖力地踢，但积极性已不如原来高了。老人又隔日把“赞助费”减少至 2 日元/人、1 日元/人，当老人把“赞助费”减少至 0.5 日元/人时，孩子们都气呼呼地表示从此再也不为老人表演了。

5. 男性思维和女性思维

性别文化无时无刻不影响男性和女性的生活。男性和女性在关心的事情上、在对事务的处理方式上、在购买产品的决策及实施购买的过程等各种情况中，均表现出思维的极大差异性。

科学家认为，男性多半是“左半球的人”，女性多半是“右半球的人”。大脑左半球是管抽象思维活动的， 大脑右半球是管形象性和运动性活动的。男性选择倾向于抽象思维类职业，女性则倾向于形象思维类职业。有人把职业抽象划分为高技术类、高情感类，认为男性更适合前者，女性更适合后者，这不无道理[①]。女性天生的直觉、理解力、柔性、协调性决定其在工作中具有男性无法比拟的优势与特长（赵芸英，2007）[②]。男性和女性在思维方式上有差异。男性用理智的思维来判断事物，而女性则趋向于用感情和直觉来判断和处理事物。印度大诗人泰戈尔（Tagore）说：完全按照逻辑思维方式进行的思维，就好像一把两面都是利刃而没有把柄的钢刀，会割伤使用者的手[③]。男性的逻辑营销思维能力最好加入一些非逻辑营销思维能力的因素，这样会产生很好的搭档效果。

男性思维和女性思维在人们的决策中表现明显。Martha Barletta[④]从性别文化对男性和女性购买决策过程的路径进行研究。她发现：男性的购买决策过程的路径模型是直线型的（见图 3-2）。

男性较趋线性思维，线性思维就是一种决策必然导致一种结果，思维不转弯，是一种直线思维[⑤]。比如，很多人头脑中存在的直线思维，“促销一定导致销量上升”、“给的钱越多，业务员的激情就越高”、“营销就是只能考核结果”。从一定的程度上说，简单的因果关系就是直线思维。可是现实往往不是直线的，而是曲线的。比如说，在某

---

① 陈钦兰.服务业性别优势密码——旅游业女性营销能力透视. 北京：社会科学文献出版社. 2015: 106.

② 赵芸英. 女性创业的优势及适宜的行业. 农家科技，2007,(9): 40.

③ 转引自托·门罗.走向科学的美学.中国文艺联合出版公司,1984: 37.

④ Barletta M. Marketing to Women: How to Understand, Reach, and Increase Your Share of the World's Largest Market Segment. Chicago: Dearborn Trade Publishing, 2003, 13-14: 26-27.
陈钦兰，郑向敏. 女性营销研究发展述评. 商业时代. 2008，422（19）: 22-25.

⑤ 谈营销思维.互联网.http://www.3158.cn/news/20101130/22/7-590327418_1.shtml.

些条件不变的情况下，促销一定能导致销量上升。在一定的条件下，营销就是只能考核结果。条件是直线思维的前提。只有在一定的条件下，你才可以做出直线思维。

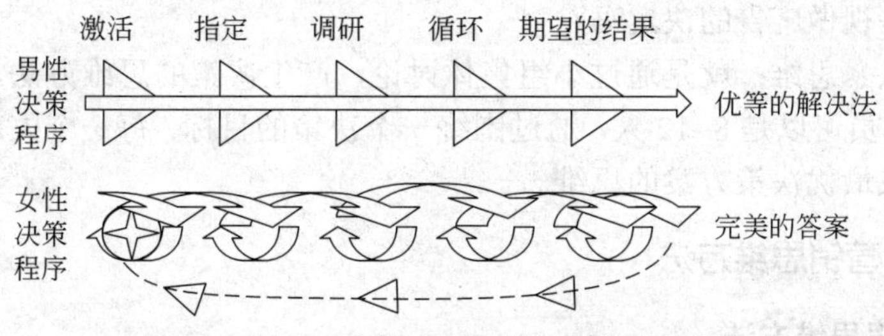

图 3-2 男性和女性购买决策过程的路径模型

女性较趋向非线性思维，非线性思维要求注重各种条件和关系，从多个角度来思考问题，注重目标和角度之间的相互平衡。在想象能力、直觉能力与灵感能力方面，女性比男性更强更好。对同一件事，同一个人，女性常常不需逻辑推理，就能准确看透，而男性却望尘莫及，并不是女性有什么特异功能，因为这是她们先天赋有的特性[①]，也就是女性具有先天的想象能力、直觉能力与灵感能力。

Martha Barletta 发现：女性购买决策过程的路径模型是螺旋的（见图 3-2）。从事情的开始到完成，女性和男性在找寻、搜索和研究等方面表现不同。男性和女性在思维范围上不同，例如，面对营销要素的性别文化和反应，在营销购买决策过程的路径范围也不同。男性和女性在营销购买决策过程的路径上有四个主要的不同点：①女性决策程序的起点不同——问周围的人；②女性追求不同的结果——完美的答案；③女性寻求较多的信息且研究较多的选择——螺旋之路径；④成功销售的女性影响力并未结束其购买行为——循环阶段。女性购买决策过程的螺旋路径模型很好地反映了女性购买决策过程的特点，它与男性的有很大的不同。

三、营销思维方法

（一）常规营销思维方法

（1）质疑思维：就是对既有的知识在新的条件下再审查、再检验、再游移、再发展的思维方式[②]。著名哲学家笛卡儿（Descartes，1569—1650）是质疑思维的先驱。他认为，同一个对象可以有许多种不同意见，都为有学问的人们所支持，却断言真实的意见不能多于一种，所以他把一切只不过是或然的东西都一律认为大约是虚假的，都要怀疑（刘彦生）。在用正确的思维方法，质疑现在已经存在的知识、观念等。如质疑我们在营销中的许多知识：一家企业的产品能满足消费者的需要就能成功吗？

（2）直觉灵感思维：就是人们根据自己的观察和经验，凭自身对某事物的信息的判断，凭借自身的直觉和预感，而做出思考决策的过程。

---

① 慧敏，晓红. 女性十大优势. 人才开发, 1994,(06): 31.
② 刘彦生.西方创新思维方式论.天津：天津大学出版社，2007: 77, 85.
马庆国,舒良超,王小毅. 创新营销思维——神经营销发现“购买按钮”. 企业管理, 2007, (4) : 10-13.

目前中国许多企业的老总们越来越觉得直觉灵感思维的决策不可用。假如你是一家规模较大企业的CEO或总经理，你敢不调研市场，不详细考虑可能出现的结果，拍拍脑袋就做出进军央视做广告的决定吗？

（3）互动风暴思维：就是通过小组集体讨论，产生决策的思维方法，又称头脑风暴思维法。小组成员可以是8~12人，通过围绕一个决策的目标，每一个人对此提出自己的看法，最终形成最优决策方案的思维。

（二）创新营销思维方法

1. 纵向流程思维方法

纵向流程思维方法就是企业关注产品产业链上下游、合作伙伴及与行政、企事业单位等的关系的融合的决策思维方法。纵向流程思维关注了企业之间的关联性和紧密性，尤其是当前企业引进信息管理和供应链竞争后更应关注创新营销思维方法。企业在制定战略决策时，应以客户为中心，注重产品在业务、运作、服务、管理和控制等方面的流程思维。

【思维训练】

戴尔公司非常注重与产品供应链各合作伙伴的关系，这使戴尔模式成为企业的竞争力，其他各家企业均无法模仿。你现在就是一家企业的总经理，你目前最应关注的是：产品、市场、消费者，还是其他的什么？

2. 横向整合思维方法

横向整合思维方法：就是企业把内外部的人力、物力、财力和资源放在一起，进行全盘思考、整合决策的思维方法。有两个层面的横向整合思维方法。

（1）企业内部层面整合思维。主要是整合企业内部各部门的力量和资源，尽企业全部之力的思维决策方法。企业内部各部门是一盘棋，必须通力合作，才能达到最佳的效果和实现企业最终的目标。

（2）企业外部层面整合思维。主要是整合企业外部的环境力量，包括国内外的市场环境的条件、政策、汇率、政府机构、媒体机构、银行、税务、海关、以及非营利组织等的关系和合作的思维整合。

3. 网络立体思维方法

网络立体思维方法就是以客户为中心，以信息网络为基础，以营销网络为业务，以人际网络为纽带，注重上下左右、前后内外的网络立体思维决策方法。网络立体思维方法不仅需要考虑企业事物的一点、一线、一面，而且要考虑一块、一群、一网，也就是综合所有的内外部资源和条件来进行全面的思维。如服务业营销要注重：完善营销体系，充分发挥网点营销、全员营销、专职营销、项目营销、一体化营销和网络营销的作用，使他们各得其所，形成合力，提高服务营销的广度、深度、力度和协调度①。

4. 水平营销思维方法

水平营销是一种创造性的思考，科特勒称之为“跳出盒子的思考”，它不同于纵向营

---

① 程帅军. 浅议邮政突破营销的思维方法. 邮政研究，2007,23(04): 36-37.

销的逻辑思维，本质上是一种基于直觉的创造。这种思维的基本步骤是，首先选择一个焦点，然后进行横向置换以产生刺激，最后建立一种联结[①]。

四、互联网思维和数据思维

随着互联网技术的普及和推广，互联网思维和数据思维已经成为目前企业在移动互联时代所必需的思维方式。（互联网营销和数据营销详见第十八章）

（一）互联网思维

互联网思维，就是基于互联网、“互联网+”、移动互联网、大数据、云计算等科技发展的基础上，对供应、产品、企业、市场、用户等整个价值链及商业生态进行思考、谋略的运作方式和方法。北京大学赵占波教授的互联网思维的核心观点[②]包含两个：一是有效掌控终端消费者；二是重新调整渠道利益分配模式。

（二）数据思维

大数据时代的到来带给人们思维方式的深刻转变。数据思维就是面对已存在或拥有的数据，企业或个人运用一定的方法，通过分析各种数据，找出各种数据及显在或潜在的相关关系，为自己做出正确而精准的决策的思考过程。大数据思维的最关键的变化是人们从自然和一般思维转向智能和智慧思维的转变。大数据思维有五种类型转变是：从样本思维转向总体思维、从定性思维转向定量思维、从横断及因果思维转向相关思维、从模糊思维转向精准思维、从自然思维转向智能思维。

数据思维[③]的最核心部分是利用数据解决问题，利用数据解决问题的最核心是要深度了解需求，了解真正要解决什么样的问题，解决问题背后的真实目的是什么。在解决问题的过程中我们使用数据的方法，通常可以叫量化的方法。即解决问题的过程要可衡量、可评估的，有非常明确的定义，即“PIMA”；需要有明确的目的（P-Purpose）；在达到目的的过程中需要有清晰的定义（I-Idea）；在解决问题的过程中所使用的手段是可量化的（M-Measurement）；对问题、解决问题的全过程可评估（A-Assessment）。所以不管是财务、人事，还是生产或销售的每一个环节都是可量化的，可以通过数据解决问题的。

【思考】　同乘一趟火车就可推断互为同事?

A 从上海乘动车去广州，B 也坐这趟车过去，AB 二人同天晚上又入住了同一家酒店，请问 AB 是否是同事？利用简单地几组数据，如把乘坐火车的数据和住酒店的数据关联到一起之后，这种关联关系就被发现出来了。目前很多公安部门都在试用类似的方法侦破重大案件。

---

① [美]科特勒等. 水平营销(全新修订版) . 北京：中信出版社, 2008; 水平营销.http://baike.baidu.com/view/377788.htm.

② 赵占波. 移动互联营销——从 4P 时代到 4D 时代. 北京：机械工业出版社, 2015：2-3.

③ 吴明辉.忘掉你的大数据，数据思维才最重要！湛庐文化庐容汇，2015. [2015-10-18] . http://mp.weixin.qq.com/s?__biz=MzAwNTA4OTc3OQ==&mid=400064462&idx=1&sn=b806134c7bf0ebb0dc2eef9c24179847&scene=1&srcid=1018bNd5Raf1FbNcjBqWzaxK#wechat_redirect

第二节 营销伦理

网上流行一则微博：请停下你飞奔的脚步，等一等你的道德，等一等你的良知！不要让列车脱轨，不要让桥梁坍塌，不要让道路成陷阱，不要让民房成危房。

【案例导读】

这50个名牌居然是假洋牌，你被忽悠了多久？

据央视财经报道：诺贝尔瓷砖、马可波罗瓷砖、梵高瓷砖都国产的，美国加州牛肉面大王在美国没店，吉野家和日本吉野家不是一家，法国合生元、美国施恩奶粉、法国卡姿兰都地道广东货，卡尔丹顿纯正深圳货，乔丹运动鞋跟Jordan没关系。——是这样吗？

JackJones、ONLY、VEROMODA、SELECTED都是丹麦厂商BESTSELLER的品牌，实际由几个天津人控制，在欧洲根本没得卖。各种花花公子、梦特娇、老人头、华伦天奴；花花公子跟花花公子杂志没有半毛钱关系！鳄鱼恤、卡迪乐鳄鱼都是山寨，在中国，鳄鱼是大老板最爱品牌。鲨鱼也有N多山寨品牌，见过有个牌子叫DABAISHA（大白鲨的拼音）。G-STARRAW，地道国货；美国骆驼只卖香烟，皮具和鞋子都是山寨；乔丹体育大家都听过吧？跟NBA和NIKE都没有关系，地道民族品牌！马克华菲是真正的国货，七匹狼的全资子公司；奶粉：施恩、法国合生元、雅士利、澳优，100%国产品牌；联想投资入股的品牌"纽瑞滋"被爆是"假洋品牌"。在进口红酒市场，"拉斐"和"卡斯特"是被傍得最多的品牌。但据业内人士估算，中国一年消耗拉菲数量高达200万瓶，几乎都是假货。"华伦天奴"则是中国某投机者注册的商标，与Valentino真是半点关系都没有。还有……

资料来源：这50个名牌居然是假洋牌，你被忽悠了多久？投资界.［2014-11-23］. http://news.pedaily.cn/201411/20141123374141.shtml

问题：假洋品牌为何能逍遥中国市场？政府需要在哪些方面进行规范？

一、中外营销伦理思想

（一）营销伦理的相关概念

1. 伦理（ethics）

"伦"即人伦，指人与人之间的关系，"理"即道理和规则。"伦理"就是处理人与人之间关系的行为规范。

营销伦理（marketing ethics）就是处理营销过程中利益各方相互关系的准则（王方华[①]）。

企业伦理是指任何商业团体或生产机构以合法手段从事盈利时，所应遵守的伦理规

---

① 王方华,周祖城．营销伦理.上海：上海交通大学出版社，2005：3.

则（成中英[①]）。

2. **道德的概念**

从伦理学上说，“道”指处世做人的根本原则，即人之为人所应当遵循的行为准则。“德”指人们内心的情感和信念，指人们坚持行为准则的道所形成的品质或境界（王方华）。

道德是一种社会调整人们之间以及个人和社会之间的关系的行为规范的总和。

道德是社会意识形态之一，是一种社会绝大多数成员承认、接受和遵守的评价各种社会行为对与错、美与丑、善与恶、真诚与虚伪、公正与偏私、正义与非正义的准则的总和（牛琦彬[②]）。

道德是评价某决定和行为是否正确的价值判断，即评价人们行为善与恶、美与丑、正义与非正义、光荣与耻辱的标准。营销道德用来判断企业营销行为正确与否，企业营销活动是否符合消费者及社会的利益，能否给广大消费者带来最大的幸福（甘碧群[③]）。

3. **营销道德的概念**

市场营销活动是企业的社会行为，社会要评价每一种具体的市场营销行为其是否正确，需要有一定的评价标准。这些评价标准的总和就是市场营销道德（牛琦彬）。

营销道德是调整企业与所有利益相关者之间的关系的行为规范的总和，是客观经济规律及法制以外制约企业行为的另一要素（甘碧群）。

营销道德是指为调整企业与所有利益相关者之间关系的行为规范的总和，它是客观经济规律及法制以外制约企业行为的另一要素。任何市场营销活动，都应遵从伦理道德（刘又礼[④]）。

市场营销道德一般可分为两类：过程相关道德问题和产品相关道德问题。所谓过程相关道德问题是指不道德地运用市场营销战略和技巧;所谓产品相关道德问题是指营销某种产品在道德上是否适宜。市场营销道德是用来判断企业营销行为正确与否，企业营销活动是否符合消费者及社会的利益，能否为广大消费者带来最大价值的标准。

营销道德的问题表现在商业活动中的贿赂、逃税、金融欺骗、侵犯职工权利、环境污染及营销过程中种种违背道德的行为。

营销道德两层含义：一是指营销活动中的应该遵守的伦理规范。此含义与营销伦理相同。就是指我们应当遵守的伦理规则，如诚信等。二是指营销活动中实际奉行的伦理规范的状况，如企业具有良好的营销道德（王方华）。

道德营销是指合乎道德的营销活动，企业在从事营销活动时，要求其营销决策、产品设计和生产、以及其他营销各环节，均要符合道德，且必须承担社会及环境的责任等。

【问题】 试问营销道德与道德营销是否相同？

---

① 成中英.文化、伦理与管理.贵阳：贵州人民出版社,1991: 244.
② 牛琦彬.营销道德问题初探.中国流通经济，1997,(06): 31-33.
③ 甘碧群.国际市场营销学.北京：高等教育出版社,2004: 449.
④ 刘又礼.关于企业市场营销道德的研究. 经济师, 2003,(02): 162.

（二）中外营销伦理思想流派

1. 中国传统营销伦理思想

中国古代儒家伦理思想源远流长，对中国乃至世界经济和社会产生了非常深刻的影响，其核心伦理观主要体现在仁、义、礼、智、信上，也是古人修身养性的最高标准，古人用它来衡量一个人的品性、德行，是整个社会正统的伦理标准[①]。儒家道德强调：（守）信、和（气生财）、义（反见利忘义）、廉（清）[②]。儒家道德最典型的提法是："义以生利。"中国古代的义利论是关于道德规范和物质利益的关系及人们如何对待两者的理论。它起源于春秋之时，萌芽于孔子之前。孔子继承儒家的义利论提出："君子喻于义，小人喻于利。"墨子义利论主张："兼相爱，交相利"为义。即"义，利也"。孟子义利论主张：只讲仁义，鼓吹"何必曰利"。荀子的义利论是主张欲望论。司马迁的义利论是把各种人的活动都归结为对利的追求："天下熙熙，皆为利来；天下攘攘，皆为利往。"西汉董仲舒认为每个人都需要用义来养心，利来养体。盐铁会议上的义利论，贤良、文学主张"以礼义防民"。朱熹的义利论是批评苏洵把义、利看作两物，把义看作"苦物"，是"不知义"。王夫之的义利论强调义、利之分（叶世昌[③]）。张建智[④]在《"易经"与经营之道》一书中提出："义利归位，天下之事，利害常相伴，只见利而无义，终无利。只有义无利，不能活用也。" 他还提出："人性弱点，重'小我'忘'大我'，重'私利'忘'公益'，重'安逸'忘'辛勤'，你经营事业之花必凋谢。"

2. 西方传统伦理思想

（1）功利论（utilitarianism theories）

【问题】 为了能办好事情，他不断地去相关领导处走动，甚至请客、送礼。请问他功利吗？

它作为一种有重大影响的伦理学理论，起源于18世纪中叶，在英国形成于19世纪初叶。这一学说最有影响的代表人物是休谟（David Hume）、英国的杰米里·边沁（Jeremy Bentham）和约翰·密尔（John Stuart Mill）。迄今为止，功利论已经形成了多种流派，尽管这些流派存在分歧和差异，但其有共同点，都是以功利或行为所产生的效果为尺度来衡量什么是善，什么是最大的善的问题，并以此判断行为的道德性。休谟在《道德原理研究》（1751）一书中提出："公众的功利是公正的唯一本源，而且对此德性所带来的利益的考虑乃是其优点的唯一基础。"边沁（Jeremy Bentham）在《道德与立法原理导论》（1789）一书中提出功利原则："功利是指一外物有利于当事者求福避祸的那种特性，由于这种特性，该外物就趋于产生福泽、利益、快乐、善或幸福，或者防止给利益攸关的当事者带来祸患、痛苦、恶或不幸。"密尔在《功利主义》（1863）中认为，功利原则具有或可能具有任何其他道德系统所有的外界和内心的裁决。西季威克（Henry Sidgwick）在《伦理学方法》（1874）中认为，人们所持目的中的每一区别都有方法上的区别与之相

① 周玉泉.基于中国传统儒家思想的现代市场营销伦理探讨.生产力研究,2010,(04):219-221.

② 张岱年.儒家伦理与企业道德.探索与争鸣，1995,(08):15-16.

③ 叶世昌.古代中国经济思想史.上海：复旦大学出版社，2003:25，38，50，74，98，159，391，418.

④ 张建智.《易经》与经营之道. 上海：上海三联书店，1997:28,181.

应，如利己主义（egoism）、直觉主义（intuitionism）、功利主义（utilitarianism）。斯马特（J. J. C. Smart）在《一种功利主义伦理学体系概述》（1961）一书中提出："行动功利主义（act utilitarianism）的标准是依据行动自身所产生的好或坏的效果来判断行动的正确或错误；准则功利主义（rule utilitarianism）依据在相同的境遇里，每个人的行动所应遵守准则的好或坏的效果来判断行动的正确或错误。"从以上观点看出，所谓功利论是指判断某行为是否有道德，主要看其行为所引起的后果如何。当某行为能够为最大多数人带来最大幸福便是道德的。反之，便是不道德的。

功利（或效用）是指事物的内在价值或内在的善，而不是外在价值或道德上的善。内在的善是指健康、快乐这类非道德意义上的内在价值。外在的善则是一种手段的善。

某事物是否具有外在的善，是需要通过它能否有获取"内在的善"的能力来证明，如获得更多的财富是善的，如果它会使人们的生活更加幸福、快乐的话，按边沁和密尔的观点，功利完全等同于幸福或快乐。并且认为，幸福和快乐是可以衡量和比较的。边沁认为："分别总计所有快乐和痛苦的全部价值，然后加以比较，如果余额在快乐的方面，则表明行为总体上表现为善的倾向。反之，则表现为恶的倾向。"现代许多功利主义者，倾向于把"内在的善"扩大到知识、友谊、爱情、美等方面，而不只理解为幸福和快乐。功利论强调行为的功利后果，并以此判断行为的善恶。一种行为只有善恶相抵后，其善优于其他行动方案时的功利时，该行为才是符合道德的。功利主义就是人们考虑行动好的结果来决策，选择对人们更有利的结果，如健康、幸福、利益等。功利论对行为后果的看法，主要有两种典型代表：一种是利己功利主义，它是以人性自私为出发点，但它并不意味着在道德生活中应为自身利益去损害他人和集体的利益。因为他们深知，自身利益有赖于集体或社会利益的增进，一味追求自身利益而不顾他人和集体的利益，最终会损害自己的利益。一种是以密尔为代表的普遍功利主义，他抛弃了利己主义原则。普遍功利主义认为，行为道德与否取决于行为是否普遍地给大多数人带来最大幸福；并认为，为了整体的最大利益，必要时个体应不惜牺牲个人利益。当代功利论者，大多倾向于采用普遍功利主义原则来确定行为的道德性。

（2）道义论（deontological theories）

主要表现为显要义务论（prime facia duty framework）。英国罗斯（W. D. Ross）在 1930 年出版的《"对"与"善"》一书中，系统地提出了"显要义务"和"显要责任"的观念。显要义务是指在一定时间一定环境中人们自认为合适的行为。罗斯提出的显要义务有诚实、感恩、公正、行善、自我完善、不作恶。

道义论或义务论认为，某行为是否符合道德不是由行为的结果，而是由行为本身的内在特性所决定的。也就是说，判断某一行为是否具有道德性，只需要根据本身的特征就可以确定，而不一定要根据行为的"善"、"恶"后果，即符合义务原则的要求时，便是道德的。例如，企业之间签订经济合同，它们必须有履行合同的义务，否则经营活动会瘫痪。又如负债要有偿还义务，这些都是人们必须遵守的义务。道义论还强调行为的动机或行为的善恶意愿的道德价值。例如，有三个企业都进行同一工程（"希望工程"）的投资，甲企业是为树立企业的良好形象以便今后打开其经营之路；乙企业是为了捞取政治资本；丙企业是为了履行企业的社会责任。很显然，丙企业投资行为是来自尽义务的动机，因而更具道德性。

义务论从人们在生活中应承担责任与义务的角度出发，根据一些普遍接受的道德义务规则判断行为的正确性，是有现实意义的。事实上，诚实信用，公平公正，不偷窃，不作恶，知恩图报等，已经被大多数人视为一种基本的道德义务并付诸行动，而且这些义务准则已经被较广泛地应用于各个国家法律、公司政策及贸易公司习惯等方面。法国居友（Jean-Marie Guyau）在《无义务无制裁的道德概论》（1885）中认为有五种道德制裁，分别是自然制裁、道德制裁、法律制裁、内在制裁（良心）、宗教与形而上学的制裁。

（3）德性论（virtual ethics）

亚里士多德（Aristotle）在《尼各马科伦理学》（*Nicomachean Ethics*）（约前 330）中提出：一个主题中的德性定义是一种决定我们的情感和行动的品质，这种品质处于一种相对于我们的中道中，而这种中道参照理性加以确定。有理智德性（经验和时间）和伦理德性（习惯、情感、潜能、品质）。他总结：德性是品质，德性是中道。斯密（Adam Smith）在《道德情操论》（*The Theory of Moral Sentiments*）（1759）中指出，德性论是有审慎的德性（对自己），仁慈和正义的德性（对他人），有自制性。

（4）相对主义论（relativism）

相对主义论指事物对与错或某行为恶与善的判断标准，因不同社会而异。这是由于不同国家的文化差异而引起的。在某一国家适用的道德及道德标准不一定适用于其他国家。不同国家文化的差异使其伦理教育与伦理原则很不相同。休谟在《道德原理研究》（1751）中提出："一切道德善恶之分及其决定和结论：'最终的裁判很可能依赖于某种内在感官或感觉，那是自然在整个人类中普遍地造成的'，它根本取决于人心内在的自然的'道德感'（sense of morals）。"

黑格尔（Georg Wilhelm Friedrich Hegel）在《法哲学原理》（1821）中提出：道德由"故意和责任"、"意图和福利"、"善和良心"等环节构成。例如，有些非洲国家实行一夫多妻制，大多数国家则严格实行一夫一妻制，前者是其法律允许的，并已为社会所承认的，便认为是道德的。但对大多数国家而言，只有一夫一妻制是合法和道德的，前者则是不道德的。

又如在商业经营活动中，某些国家对贿赂行为深恶痛绝，法律上是禁止的。有些国家则允许贿赂，认为这是开拓商务不可缺少的方法。可见，对同一行为道德性的判断，于不同国家是具有区别的，说明了道德的相对性。当然，在不同国度，也不排斥存在共同的道德观，如都需关心社会福利，要保护儿童，严惩枪杀掠夺等既是法律的要求，也是道德的反映。

道德相对主义往往由文化相对主义作支撑。道德观的广泛不同来源于各国文化之间的差异。文化包括语言、法律、宗教、政治、技术、教育、社会组织、一般价值及道德标准。每个国家具有不同的文化。因此，对经营活动行为的可接受及不可接受具有不同的观点。

（5）相称理论（The Proportionality Framework）

克鲁泡特金（Peter Alekseevich Kropotkin）在《互助论》（1902）中认为：人有两种

本能是“互助”和“互争”。尼布尔（Reinhlod Niebuhr）在《道德的人与不道德的社会》（1932）中认为：人的本性使人生来就具有一种使人与其同伴相处的天然联系，甚至在人与他人相冲突时，人的自然的本能冲动会促使人去考虑他人的需要。他还认为：个人道德与社会道德有冲突，如从个人角度看，最高的道德理想是无私（selflessness）；从社会角度看，最高的道德理想是公正（justice）。加勒特（T．Garet）于1966年提出：一项行为或一项决定是否道德，应从目的、手段和后果三个方面综合考察。目的是指行为背后的动机与意图；手段是指实现目的的过程及所运用的方式、方法；后果是指行为引起的后果，包括行为人意欲达到的后果或虽非其所希望但预见可能产生的后果。假如预见行为将引起副作用，则必须有足够或相称的理由来放任这类副作用的发生，否则，行为是不道德的。

无论是作为目的或是作为手段，如对他人造成“大恶”，都是不道德的。允许或放任一种“大恶”给他人造成重大损害，且提不出“相称理由”，是不道德的；希望、允许或放任一种对他人的“小恶”或小害发生，且提不出与之相称的理由，也是不道德的。这里“大恶”指造成某一机构或个人某些重要能力的丧失；“小恶“指造成他人物质利益方面的损失；“相称理由”指行为人所意欲的善的效果超过可能非意欲的恶的后果。

（6）社会公正理论（social justice framework）

柏拉图（Plato）在《理想国》（约前374）提出了城邦正义和个人正义。亚里士多德在《尼各马科伦理学》（约前330）中提出分配正义、矫正正义和交换正义。斯密在《道德情操论》（1759）中指出，对感情和行为的评判有两种：公正旁观说——对他人感情和行为的评判；良心说——对自己感情和行为的评判。哈佛大学伦理哲学家罗尔斯（Rawls）于1971年提出社会公正理论，有两条基本的公正原则，即“自由原则”和“差异原则”。自由原则指在不影响他人行使同样权利的前提下，让社会每一成员尽可能多地享受自由。不仅要求社会保障机会均等、舆论自由、财产权、选举权、人身权等基本权利，而且要在保持社会和谐、稳定的条件下，最大限度地让人们自己决定自身的命运。差异原则指社会、经济的不平等应如此安排，一方面这种安排应适用于社会每一个成员；另一方面应使社会、经济制度等方面的安排，最大限度地有利于弱者阶层，避免其境遇的日益恶化。

上述理论[①]都只能为营销道德判断提供基本的思考线索，并不能成为解决营销道德冲突的万能钥匙。道德冲突在某种意义上反映的是利益冲突，而营销领域利益冲突的解决，很大程度上取决于企业树立什么样的营销思想。

（三）营销伦理的理论发展

根据美国教授理查·T. 戴乔治（Richard T．Degerge）的研究，北美企业伦理研究的发展经历了五个阶段[②]。

---

① 唐凯麟.西方伦理学名著提要.南昌：江西人民出版社，2000：30，58，64，73，175，177，188，198，226，265，285，301，318，365，465，477，609.

② 甘碧群.国际市场营销学.北京:高等教育出版社,2004:451.

1．第一阶段：20 世纪 60 年代以前——问题研究时期

20 世纪 50 年代以前，对企业伦理的研究主要集中于两方面问题：一是职工收入能否保证其基本生活、教育、娱乐及退休的需要；二是企业是否乱提价，提价后是否会威胁企业职工的生存条件。20 世纪 50 年代后，学术界开始将环境责任作为企业道德问题来研究。20 世纪 60 年代以前，主要是宗教人士对企业道德问题进行谴责和研究，他们提出的道德观念不仅涉及企业，还包括政府、政治、家庭、个人生活及生活各方面的道德。

2．第二阶段：20 世纪 60 年代——案例和模型研究时期

美国对企业营销道德的真正研究始于 20 世纪 60 年代。第二次世界大战后，美国在恢复战后经济基础上，实现经济的飞跃发展，同时却出现了一系列违背道德的营销行为。如社会腐败、社会生态失衡、环境污染等，引起了保护消费者利益运动。当时宗教界人士率先呼吁人们重视对企业道德的研究。他们著书立说，分析了企业违背道德的案例，提出了企业应当承担的社会责任，强调了企业之间竞争要以道德为本，还初步设计了企业伦理决策模型。

3．第三阶段： 20 世纪 70 年代——扩展到社会责任和政治领域时期

随着市场经济的发展，非道德行为从经济领域扩展到政治领域，从企业经营活动发展到非法的政治捐款。尤其 20 世纪 70 年代末出现了严重的贿赂、欺骗性广告、价格共谋、产品安全问题。参加研究企业道德的学者从宗教学者扩展到哲学学者、经济学者及企业管理者。他们主要研究了企业的社会责任、道德在经营决策中的作用以及影响企业营销道德决策因素等问题。

4．第四阶段：20 世纪 80 年代——全面发展时期

这是对企业道德进行研究的全面发展时期。主要表现在几个方面。①研究企业道德的国家和地区范围扩大了。从美国扩展到西欧、日本、澳大利亚等经济发达国家。②在哲学社会科学系、神学院及商学院中企业道德已成为一门必修课。企业伦理研究机构及有关刊物在美国、加拿大及西欧等国家普遍创立。③对企业伦理的研究更加深入，如对企业社会责任的含义认识扩大了，从原来偏狭的追逐利润，扩大为经济责任、法律责任、道德责任、环保责任及社区责任等。还研究了经济活动同道德活动的关系，突破了将经济活动同道德割裂开来的传统观念，而将经济活动同道德活动结合起来，把道德视为维系企业各种关系和活动的必要因素。并开始运用功利论及道义论来评价企业同政府、消费者、营销中介人等外部关系及企业关系中的道德问题。④许多大公司如，General Electric、The Chase Marhattan Corporation、General Motors、Atlantic Richfield 等公司建立起道德委员会及社会政策委员会，制定出企业应遵循的道德标准。

5．第五阶段：20 世纪 90 年代后——创新发展时期

在此阶段，对企业道德的研究又有新的发展，主要表现在几个方面。①对企业道德的研究，从发达国家延伸及扩展到发展中国家，如东欧、南美及亚洲等众多国家。②企业道德的研究内容扩大了。从原来只对某地区、某国家企业伦理的研究，扩展到对不同地区、不同国家企业伦理的比较研究，如美国企业伦理比较、东西欧企业伦理比较。还从国内企业伦理研究扩大到对国际市场营销道德、跨国营销道德研究，从中揭示了各国

文化的差异性、道德观念的区别及各国营销道德的矛盾。③在研究企业伦理的方法上，采用了跨学科的研究方法，即综合地应用社会学、经济学、法学、管理学、心理学、信息沟通学等学科中的新方法，使企业伦理学成为综合的边缘学科。

二、营销伦理的现实思考

（一）营销伦理缺陷的表现

1. 营销伦理缺陷的现象

（1）过分功利的营销观念。营销者在从事营销活动时，只考虑短期的盈利性、便利性、个体性、竞争性等对自身有益的营销活动，而对是否损害消费者、合作者、社会环境等问题一概不管。

（2）不公平、不公正的营销行为。营销者在从事营销活动时，主动或被动地运用不对称信息，隐瞒事实真相，欺骗消费者或利益相关者，或说谎，或夸大其词，或在产品或设施设备上做手脚，或合谋，或故意制造缺货，或操纵消费者等，使营销出现不公平、不公正的行为。

（3）不安全的人、财、物、事。营销者在从事营销活动时，不把人、财、物安全放在首位，故意生产不安全的食品、不安装装备生产、运作、流通和配送等的安全设施设备、不重视消费者的人身安全和财物安全等。产品不健康与不安全事件时有发生。某些企业为牟取暴利，置消费者的生命安全于不顾，生产销售有潜在危险性的商品，包括危险的玩具、含过量防腐剂和色素等添加剂的食品、劣质化妆品等。你敢买外观很漂亮的水果吗？

（4）不和谐的营销关系。营销者在从事营销活动时，对消费者、员工、供应商、中间商及其他利益相关者等不信任，无法产生真诚的营销合作关系，常常出现双方或多方的利益冲突。诚信缺失是目前营销中的最大问题，已经对整个社会产生了极其不良的影响。

（5）奢侈营销和浪费严重。营销者在从事营销活动时，为了追求更好的边际利润，常常大量运作活动，刺激消费者的奢侈需求，出现大量的奢侈购买和重复购买，浪费大量的社会资源及人力、物力和财力等。过分的广告和其他促销造成资源浪费，最终加重了消费者的负担。如中央电视某些台“标王”企业投入巨额广告费，不仅未产生企业效益，而且“标王”企业很快就倒闭了。

（6）缺乏社会责任。营销者在从事营销活动时，根本不考虑营销企业或自身对社会所承担的环境保护、就业、人类安全和生产、社会救济等方面的社会责任，往往就营销本身来从事营销活动。

【案例链接】

免费的公共 WiFi 你敢用吗？

2016 年央视 3·15 晚会曝光，公共免费的 WiFi 存在很大安全隐患，用户信息可能被瞬间盗走。

在3·15晚会现场，进行了这样一个实验：大家加入一个免费的公共WiFi，然后惊人地发现，观众手机连上现场无线网络信号，打开消费类软件，订单和消费记录统统被提取，包括用户的电话号码、家庭住址、身份证号码、银行卡号、甚至哪天几时都能显示出来。

那么，消费者使用手机软件的时候，怎样避免个人信息被泄漏呢？中国互联网协会秘书长卢卫提醒用户，首先大家不必过度惊慌，我们常用的金融支付类和社交即时通信类软件，都在转账、支付、还款等关键环节对账号、密码采取了严格的安全措施，防止信息泄露。但消费者还是应该养成良好的网络使用习惯，比如设置复杂度较高的登录密码，在官网或正规的应用商店下载软件。同时，我们软件开发商对涉及用户个人信息的数据，进行加密存储和传输，切实承担起保护用户信息安全的责任。

资料来源：张炎良，徐子论. 央视3.15晚会：公共免费wifi用户信息可被瞬间盗取. 中国日报网转自中国青年网, [2016-03-16].http://www.chinadaily.com.cn/micro-reading/china/2016-03-16/ content_14608858.html

问题：

（1）免费公共WiFi用户信息被瞬间盗取是否反映了营销伦理缺失？

（2）信息安全的营销伦理缺失表现在哪里？

（3）如何从根本上治理这种不安全营销伦理缺失？

（二）典型的营销伦理缺陷

1. 营销环境伦理缺陷

常听人们说："我被潜规则了。"这个潜规则是什么？它就是我们无法改变的环境。市场营销环境的政治、法律、经济、社会和文化环境对营销环境伦理缺陷有重要的相关性。营销环境伦理缺陷决定了我们无法按正常渠道进行决策、从事产品生产、销售产品等。劳拉·哈特曼（Laura P. Hartman）说："我们需要建立没有欺骗、自愿同意、没有胁迫、没有违反协定的环境。"劳拉对两人之间的交易，引入了营销环境中的伦理问题的框架（见图3-3）。公平、公正和安全的营销环境是我们所追求的良好环境。目前，营销环境伦理缺陷主要表现在：贿赂、破坏和污染环境、扰乱市场秩序等。

市场交易是伦理规制的首要标准
康德提倡的尊重自主权
功利主义的互利
伦理判断是有条件的，因为：
需要了解和许可
不一定会带来收益
不同价值观会产生冲突
认同是"自愿的"吗？
透明的运作过程
在焦虑和压力情况下的采购代表操纵价格、垄断、价格欺诈等
针对性和脆弱敏感的消费者

是不是"知情"？
信息缺乏
欺骗
信息复杂
人们真正受益吗？
冲动购买，"富裕病"消费
缺陷和不安全的产品
人为创新的需要
竞争价值
公平性
市场外部失灵

资料来源：[美]哈特曼（Laura P. Hartman）等著.企业伦理学（中国版）.北京；机械工业出版社，2011:174

图3-3 营销环境中的伦理问题框架

贿赂是营销人员目前面临的最普遍而又最无奈的问题。贿赂是腐败的温床。在一些

国家对贿赂有法律禁止的规定和抵制措施，特别在发达国家一旦发现贿赂存在，便被严惩，如美国的安然公司（Enron Corporation）最早有案可查的行贿交易发生在 1987 年，审计师 Woytek 与 Beard 发现公司的银行记录显示数百万美元的款项由安然的户头划入两个名叫 Louis Borget 和 Thomas Mastroeni 的个人户头中。随着公司行贿以及在拉丁美洲、非洲以及菲律宾等地遭受政治压力的谣言甚嚣尘上，安然公司的全球形象日益受损。最终，安然公司因贿赂和证券欺诈等而倒闭[①]。而在一些国家，特别是发展中国家，贿赂则呈现公开化或半公开化，没有贿赂几乎所有的营销活动均无法展开。贿赂的主要形式有：现金支付、便利支付、佣金或抽成、政治性捐赠以及其他各种形式的贿赂，如证券赠送、免费旅游等。

破坏环境不仅表现在使环境恶化和环境污染的问题上，还大量表现在营销环境的不公平竞争、公正执法等市场秩序环境上。环境污染就是企业在从事营销活动时根本不考虑环境问题，有的甚至恶意破坏环境，以达到其盈利的目的。如为了获利，大量砍伐树木，造成环境恶化，沙漠化严重。有的企业对污水和工业垃圾不处理就直接放入我们的水中和土壤中，严重污染了我们的水源，使大量土地无法耕种。某些国家的企业甚至把未处理工业垃圾运输到别国的土地，对别国的环境进行恶意破坏。工业生产的废弃物品污染环境问题日趋显著。

人们对绿色意识有所提高。绿色产品或有机食品开始进入人们的生活中。但绿色产品本身是否真正是生态环保产品是一个问题。绿色产品在原材料供应、生产、制作、销售、包装、配送等方面的任何一个环节无法做到绿色产品标准，均会对人们的身心造成危害。绿色产品和有机食品价格偏高，真正普及绿色产品或有机食品还有待时日。

【问题】 超市中贴有绿色产品或有机食品的品牌标签的农产品，就是绿色产品或有机食品吗？

不正当竞争是扰乱市场秩序的最有力手段。企业在营销中采用不正当竞争手法主要有：请客、送礼、回扣、贿赂、搭售、窃取商业情报、蓄意贬低竞争对手的广告宣传等。43%的营销人员把宴请、娱乐、送礼视作惯例；42%的营销人员认为是增进感情的需要[②]。

目前国内的营销公平竞争、公正执法等环境正在改善。营销管理者正尽力做到让企业从事公平竞争、并进行公正执法，使企业不只是依据人际关系而进行营销活动。希望没有人际关系的脉络、不请客送礼，营销活动也可以进行下去。如中国的许多企业的请客送礼营销活动，破坏了公平的营销竞争环境。商业环境的恶化，侵蚀着整个社会的肌肤，使社会环境丑恶化。

2. 营销决策伦理缺陷

营销决策关系到营销活动的 5W2H（What、When、Where、Why、Which、How、How much）。营销决策设计和营销决策的活动对客户有重要的伦理责任。营销决策伦理缺陷主要表现在：人为淘汰、营销欺诈、营销中的歧视行为、反社会公德营销行为等。

① 安然有限公司.[2011-8-8]. http://baike.baidu.com/view/337995.htm#5.

② 甘碧群.企业营销道德状况及其影响因素初探.商业经济与管理，1999,(3):5-7.

（1）人为淘汰。人为淘汰是指营销者无视产品本来的生命周期性，全部或部分使用具有不能长期耐用的原材料，或通过改变产品式样和功能等方式，人为地结束产品寿命的市场营销行为。例如，目前的手机商不断全部或部分升级手机式样、功能，或采用不耐用材料和部件等，使手机的寿命缩短至一两年甚至几个月。

（2）营销欺诈。营销欺诈是通过各种营销欺骗、讹诈行为来获利。营销欺诈是商业社会较容易出现的问题，已泛滥到我国营销各行各业和各营销活动和行为中。欺诈行为主要表现有：隐瞒信息，引诱消费者购买或让客户执行营销活动行为；设置陷阱，让消费者或客户自投罗网；威胁利诱让消费者或客户被动执行营销活动而获利。

（3）营销中的歧视行为。营销中一个重要伦理问题是种族、性别、宗教、残疾及消费者类别等歧视。尽管许多国家禁止企业或营销者在从事营销活动中不可有歧视行为，但在现实中，仍时常有歧视行为的存在。如在营销人员的雇用、解雇、晋升中常带有种族、性别、宗教、残疾等歧视。包括美国等发达国家在内，歧视问题处处存在。如女性营销管理人员的工资比男性低。中东国家拒绝同国外的女性营销人员谈判，企业也不派女性参加贸易谈判，或不在当地雇用妇女等。一些企业的产品仅销售给某类型的消费者，而拒绝其他消费者的购买。例如，一些高档俱乐部，拒绝普通的消费者购买和消费。

（4）反社会公德营销行为。反社会公德营销行为是指企业为了自身的利益需要，在营销活动产品、方式和做法上，直接或间接地给社会公众的利益和公德带来的危害。如香烟公司鼓励人们尽量多吸香烟。而东北一地方政府为了促进当地的旅游业竟然为日本开拓军团建墓碑，引起国人的极大愤慨。

3. 营销产品伦理缺陷

营销产品伦理缺陷主要是指所营销产品在产品的生产、供应、质量、包装和品牌等方面存在着企业不应该存在的产品缺陷。产品伦理缺陷表现在：为了降低成本而偷工减料，生产和销售假冒伪劣产品，如销售劣质的“一日鞋”、使消费者致命的假酒和假药、毁坏消费者面容的化妆品、使农民颗粒不收的假种子、冒充名牌商标销售的假烟、假酒和冒充名牌矿泉水销售的自来水，或在食品中采用不该使用的添加剂或有毒物质来生产制作食品，如彭大剂，毒豆芽等。产品包装信息不真实，在产品分量，构成成分，生产日期及产品有效期方面虚假；无售后服务或者虽承诺了售后服务但不兑现，过分强调商品的“豪华包装”、“大包装”、“欺诈包装”等。

而一些发达国家的企业考虑到某些产品会伤害国内消费者而禁止在国内销售，但却将这些产品销到国外。如把有毒农药销售到经济落后国家；出口易于致癌的产品（如香烟）到不发达国家；以及其他不道德的销售行为。

例如，有些产品本身无害，但销售到文盲多及卫生条件差的国家或地区而出现使用中的道德问题。雀巢公司生产的产品包括婴儿奶粉，如果应用得当，则很安全，且营养价值高，但当该产品引进入非洲国家时，由于当地文盲率高，父母们不理解产品包装上的说明，而不能正确地使用产品。加之，用不卫生的水去冲拌奶粉，结果不仅未发挥奶粉的营养价值，还造成不卫生和不安全，严重地影响婴儿的身体健康，出现了产品的道德问题。雀巢公司应当正确地使用促销手段帮助当地居民了解及掌握奶粉的使用方法。

4．营销定价伦理缺陷

营销定价伦理缺陷指企业运用特殊的条件和行业位置来制定产品价格，侵害消费者或客户的利益的伦理问题。定价中常出现的伦理问题有以下两个方面。

（1）自主性定价伦理缺陷。企业不顾市场上的成本、消费者的需求及政策情况，采用掠夺性价格、垄断价格等定价形式，来满足企业追逐高利润的需要。这是目前我国市场上较为突出的违法与违反道德的价格行为。掠夺性价格主要是产品销售价格远高于产品成本，有的高达十几倍或上百倍以上。如生产成本仅为 280 元的所谓玉石床垫在市场上卖出 12 000 元的价格；2015 年 10 月 4 日，游客在青岛市点菜，38 元一份的"海捕大虾"结账时变成 38 元一只，一盘虾要价 1 500 余元[①]等。垄断价格是有些垄断行业的企业因为缺少竞争而随意制定非常高的价格或不断提升价格以牟取暴利；或在行业内实行行业价格联盟或共谋价格，以阻止市场价格下降或波动，要求同行业的所有企业按此协议价销售产品。如目前的石油价格、水电价格、银行收费等。掠夺性价格、垄断价格等定价形式，极大损害广大消费者的根本利益，存在严重的伦理问题。

（2）竞争性定价伦理缺陷。指企业面对激烈的竞争环境，消费者的信息不对称和竞争对手的冲击，做出违背伦理的营销产品定价决策。主要表现为价格歧视、价格欺骗及价格倾销。

价格歧视是指商家面对不同的消费者、在不同的时间、地点或场景下对同一种产品使用不同的价格。要辨认清楚歧视价格的界限是十分重要的。例如，同一产品同时采用高档价格和低档价格来进行销售。歧视价格直接侵害消费者的利益，出现不公平的道德问题。

价格欺诈是指营销者不根据产品成本及市场行情来定价，而是隐瞒产品真实成本，或采用不实的定价方法欺骗消费者购买产品，或以虚假方式招徕顾客，如以虚假的清仓价、甩卖价、最低价、折扣价的名义来诱骗顾客购买，或者是在产品方面以假充真，以次充好，以次品充正品，或冒充著名商标、著名品牌或产品，或虚假降价等，从而出现的大量价格伦理问题。此外，在国际营销中不道德定价的另一表现形式是：当企业在国外销售产品时，由于运输成本、税收、关税及其他销售费用增加而提高价格，但产品的销售价格的提高远超过费用的增幅，这时便出现价格伦理问题。

产品倾销是指企业在国外销售某产品时以低于当地的生产产品的价格大量销售产品而获取暴利的伦理问题。产品倾销的不道德是由于它威胁着竞争的公平性，威胁同行业其他公司及其职工的利益。如日本某个钢铁公司通过伪造文件及采取付佣金的方式在美国倾销钢铁，并企图掩盖其倾销行为，这完全违背了美国的有关法律，是不道德的行为。

5．营销渠道伦理缺陷

营销渠道伦理缺陷就是指在产品供应、生产、经销、配送、消费、售后等环节上，企业存在的伦理问题。主要的营销渠道伦理缺陷有以下四个方面。

（1）不履行合同的合作伦理。产品的供应商、生产商、经销商、配送商或消费者之间，在履行合同时，主观故意或被迫不履行而造成合同的另一方出现损失的伦理问题。

---

① 乌梦达，李劲峰，翟永冠，刘硕. 天价虾、天价鱼、天价菜 三地负责人回应宰客现象. 新华网，2016-03-11. http://haikou.newshainan.com/china/20160311/1292354.htm.

如不按约定时间及时供货或供货不足；或在供货时临时提出条件或要求；或中间商不按期付款给生产者，或生产者和中间商相互推诿售后服务的责任等。

（2）不公正的合作关系。强势企业运用自己在资金或渠道等方面的优势，迫使弱势企业接受不公平的条件来进行营销活动。如在“终端为王”的今天，许多商场、超市等终端企业对供应商的产品进入商场、超市要求收取高额的进场费、货架费、展示费等，增加供应商额外的经营成本，而这些成本最终通过制定产品高价转移给由消费者埋单。

（3）渠道成员不诚信。除了在供应链各环节的渠道成员间会出现不诚信的状况外，特别是销售终端的渠道成员，上对供应各环节不诚信，下对消费者不诚信，如对消费者进行销售时的空头承诺、信息误导、产品以次充好、商品调包、欺诈性定价、推诿售后服务、窜货、采用不符合国家标准的包装销售产品等，或故意泄露或倒卖顾客的私人信息，导致消费者对商家的不信任，严重影响了市场秩序的公平公正性和社会和谐。

（4）地方保护及行政干预。一些地方政府为了保护当地企业，人为制定一些地方经营规则，设置门槛或直接拒绝外地企业的产品进入本地市场销售，或对外地企业产品收取高额税收，形成产品的地方保护主义。

6．促销伦理缺陷

促销伦理缺陷指在促销的过程中使用不伦理的促销手段、方式方法进行营销活动。促销伦理缺陷表现在：强制推销、虚假及不健康的广告、欺诈促销、引诱推广、过度公关等。

（1）欺诈和强制推销。欺诈推销主要是企业通过虚假宣传、定价、包装等来欺骗消费者。如有的商家打出“特价”、“减价”、“最低价”的宣传幌子，或在货架上标出很低的价格，等到顾客购买时却发现，许多商品的价格并非很低，甚至比其他商店还高。有的商家夸大产品的特性和功能，把所要推销的产品说成非常好，而消费者在使用后才发现产品没有所说的那么好。有的商家采用特别设计的产品外观或包装，让消费者误以为产品的分量很足，或让消费者误认为是名牌产品，而消费者购买后才发现产品的分量不足或不是名牌产品，诱导消费者购买。强制推销是人员推销的典型伦理问题。推销人员往往采取不正当手段，如送礼品、贿赂、发布假信息、宴请、娱乐等方式；或在上门推销时强买强卖，或不断骚扰消费者让其购买产品，或进入办公场所逐门推销；或找托儿制造产品热销现象等。

（2）虚假及不健康的广告。企业与媒体合谋，故意设计或播出虚假广告、欺骗性广告或不健康的广告，夸大产品的性能、功效，误导消费者购买广告的产品；或制作低俗不健康甚至黄色的广告，毒害消费者和未成年人；或采用不道德的广告方式，如电视黄金时段的密集重复广告，电子邮箱和手机短信广告等。

（3）引诱推广。企业或商家进行欺诈性促销，滥用有奖销售或其他营业推广手段引诱招徕顾客。如有的企业为了推销其积压滞销的产品，不惜以重金刺激消费者购买，如购两盒保健品可抽奖赠送一部 8 万元汽车。但是当消费者真的中奖去兑奖时，商家却说需要有驾驶证才可以兑奖，要不只可选择 2 万元现金；而当消费者在无奈之下选择 2 万元现金时，商家又说只能拿 2 万元现金消费券。

（4）过度公关。企业为了销售产品，对目标客户采取紧密跟随、密集联系或通过各种不健康手段，如陪吃、陪玩、陪旅游、陪聊等形式，以达到最终盈利的目的。

【问题】　婴儿产品公司怎么知道小夫妻生孩子了？

许多小夫妻在医院刚生完孩子回家，家里就接到婴儿奶粉公司或婴儿用品公司推销产品的信息或电话。谁泄露了小夫妻的家庭信息？

7．市场调研营销伦理缺陷

企业可以通过市场调研获得大量的客户或被调查者的个人信息。而企业如何保护这些个人信息是一个营销伦理问题。市场调研经常侵犯他人隐私，存在着弄虚作假等营销伦理现象；而产品售后服务也存在营销伦理问题。由于相当数量的企业缺乏必要的用户隐私保护政策和措施，客户提供的个人身份、联系方式、健康状况、信用和财产状况等信息很容易被窃取或侵犯，甚至个别企业故意把这些个人信息对外扩散[①]或倒卖。

思　考　题

1．概念解释。

思维　营销思维　思维方式　营销伦理　功利论　道义论　相对主义论

2．营销思维有哪些类别和方式？

3．营销伦理的理论发展有哪几个阶段？

4．营销伦理理论流派有哪些？

5．营销伦理缺陷主要表现在哪里？

6．试举例说明营销伦理是衡量一个国家社会和企业能否文明从事商业活动的标杆。

欧睿宇邦——“O2O互联网思维的领航者”

上海宇邦厨具有限公司是国内一家具有多年行业经验的资深厨具公司。它拥有一支集设计、生产、加工、安装于一体、以先进的设备为框架、以雄厚的技术力量和精湛的加工工艺为动力的专业团队，目前已经成为上海最具有竞争力的厨具生产商之一。公司创建于2000年，经过十余年的不懈努力与坚持，公司已为千万户家庭提供厨房解决方案，服务范围已覆盖上海、无锡、南京、苏州、宁波、杭州、厦门、福州、温州、扬州、福州、长沙、重庆、昆明、西安、成都、大连等城市。创新的理念、先进的技术、完善的管理模式、优质的板材、顶级的五金配件、最实惠的价位以及最贴心的服务，造就了高性价比的家居产品。欧睿宇邦的理念就是为优质生活造，卖的不仅仅是橱柜，更是一份对美好生活的向往！

① 周玉泉.基于中国传统儒家思想的现代市场营销伦理探讨.生产力研究,2010,(04):219-221.

互联网背景。在建材家居企业中，欧睿宇邦缔造者吴世峰董事长从思维上开拓了业界最早的互联网模式。2000 年，欧睿宇邦创立；2003 年开始触网；2006 年将 O2O 的模式引入和应用到橱柜行业。历经 16 年的成长和积淀，欧睿宇邦赢得了业界的一致高度评价——“O2O 互联网领航者”。吴世峰表示，“互联网+”思维对橱柜行业来说，既是一种机遇，也更是一种挑战。

O2O 模式（线上营销+线下服务）。家装家居作为传统行业，在互联网时代，主要面临的问题就是如何将线上和线下进行完美融合，线上累积用户、线下实现销售的价值传递。欧睿宇邦结合消费者的现代消费习惯，通过互联网多渠道的展现，曝光展现产品、品牌的基本特征，引导用户线下到店体验，并提供专业的咨询及测量等前期服务赢得消费者认可。实现客户——网络平台——门店的 O2O 闭环运作。

多渠道推广。欧睿宇邦采用大网联动小网、多渠道多方式的推广模式。欧睿宇邦的网络平台战略合作伙伴有：众所周知的付费竞价的百度、360、腾讯，百度搜索引擎优化（SEO），区域热点平台、全国大型家装平台（如齐家网、城市团购网），还有淘宝、京东等大型电商平台等。尽管多渠道营销推广除了在人力资源和营销费用上大大增加了投入，但是也把公司营销扩散得更加全面，更加到位。

欧睿宇邦的互联网思维让企业走在国家战略“互联网+”的最前端。

资料来源：改编自上海宇邦厨具有限公司提供的资料，http://www.yippee.cn/.

问题：

（1）欧睿宇邦的互联网思维对企业的发展有何重要意义？

（2）互联网思维会作用于企业的哪些方面？

【实训目标】

结合实际内容，深刻了解营销伦理的基本概念和认识。

【实训内容和要求】

第 1 场景：同学们分成 3~5 人组成一个小组，模拟市场上不同的营销伦理市场表现形态，让同学们在市场表现形态中以不同的营销伦理角色和场景出现，使同学们正确理解营销伦理的概念和基本内容，如超市中的某一场景等。

第 2 场景：请同学们对所模拟市场或市场营销伦理活动的形态相互进行辨别，最终形成营销伦理缺陷与危害的基本认识。

【实训效果评估】

根据同学们模拟营销伦理的各种情况，观察、了解、检查同学们对营销伦理缺陷与危害的认识程度、掌握程度、理解程度及在现实生活中应用程度，并对其进行打分评价。评价标准如下。

实训内容	认识程度（5分）	理解程度（5分）	掌握程度（5分）	应用程度（5分）	总分
伦理缺陷					
伦理危害					

[1] Philip Kotler. From Sales Obsession to Marketing Effectiveness. Harvard Business Review，November-December 1977.

[2] Barletta M. Marketing to Women：How to Understand，Reach，and Increase Your Share of the World's Largest Market Segment. Chicago：Dearborn Trade Publishing，2003.

[3] [英]怀特海（Alfred North Whitehead）.刘放桐译. 思维方式（Modes of Thought）.北京：商务印书馆，2010（Cambridge at the University Press，1956）.

[4] [美]哈特曼（Laura P. Hartman）等. 企业伦理学（中国版）. 北京：机械工业出版社，2011.

[5] 马克思恩格斯全集，第3、4卷.

[6] 托·门罗. 走向科学的美学. 中国文艺联合出版公司，1984.

[7] 文寿山. 思维方式纵横谈. 上海：上海交通大学出版社，1997.

[8] 余华东. 逻辑思维和非逻辑思维的划界. 北京政法职业学院学报，1995,（01）.

[9] 陈钦兰，郑向敏. 女性营销研究发展述评. 商业时代. 2008，422（19）.

[10] 陈志云，孙延洲. 关于逻辑思维能力的定量分析初探. 数学通信，2002,（13）.

[11] 彭健伯. 论形象思维方法与开发形象思维能力（上）. 发明与革新，2000,（01）.

[12] 贺善侃. 形象思维·抽象思维·科学认识. 复旦学报（社会科学版），1998,（4）.

[13] 卢明森. 论形象思维的基本规律. 北京联合大学学报，1998，12（S1）.

[14] 刘彦生. 西方创新思维方式论. 天津：天津大学出版社，2007.

[15] 李太莲. 市场营销思维方式的变革. 探求，1997，41（6）.

[16] 赵芸英. 女性创业的优势及适宜的行业. 农家科技，2007,（9）.

[17] 慧敏，晓红. 女性十大优势. 人才开发，1994,（06）.

[18] 程帅军. 浅议邮政突破营销的思维方法. 邮政研究，2007，23（04）.

[19] 王方华，周祖城. 营销伦理. 上海：上海交通大学出版社，2005.

[20] 成中英. 文化、伦理与管理. 贵阳：贵州人民出版社，1991.

[21] 牛琦彬. 营销道德问题初探. 中国流通经济，1997,（06）.

[22] 甘碧群. 国际市场营销学. 北京：高等教育出版社，2004.

[23] 甘碧群. 企业营销道德状况及其影响因素初探. 商业经济与管理，1999,（3）.

[24] 刘又礼. 关于企业市场营销道德的研究. 经济师，2003.

[25] 周玉泉. 基于中国传统儒家思想的现代市场营销伦理探讨. 生产力研究，2010,（04）.

[26] 张岱年. 儒家伦理与企业道德. 探索与争鸣，1995,（08）.

[27] 叶世昌. 古代中国经济思想史. 上海：复旦大学出版社，2003.

[28] 张建智. 《易经》与经营之道. 上海：上海三联书店，1997.

[29] 唐凯麟. 西方伦理学名著提要. 南昌：江西人民出版社，2000.
[30] 谈营销思维. 互联网. http://www.3158.cn/news/20101130/22/7-590327418_1.shtml.
[31] 安然有限公司. [2011-8-8]. http://baike.baidu.com/view/337995.htm#5.
[32] 马庆国，舒良超，王小毅. 创新营销思维——神经营销发现“购买按钮”. 企业管理, 2007,(4): 10-13.
[33] 赵占波. 移动互联营销——从 4P 时代到 4D 时代. 北京：机械工业出版社, 2015：2-3.

第二模块

市场营销技术

第四章

市场调研与预测

原理要点

- 市场调研的内容和类型
- 市场调研的核心步骤和方法
- 市场调研的统计方法
- 市场预测的内容、步骤和方法

宝洁润妍洗发水为何退市？

润妍是宝洁旗下唯一针对中国市场原创的洗发水品牌，也是宝洁利用中国本土植物资源的唯一的系列产品。曾几何时，润妍被宝洁寄予厚望，认为它是宝洁全新的增长点；曾几何时，无数业内、外人士对它的广告与形象赞不绝口；曾几何时我们以为又到了黑发飘飘的春天……此时中国洗发水市场“黑”系列已有：联合利华的黑芝麻系列产品、重庆“新奥妮皂角洗发浸膏”、伊卡璐、“黛丝”产品宝洁却能从中看出“金子”。究竟如何做？

宝洁在润妍上市前做了大量的市场调查工作。“蛔虫”调查——零距离贴身观察消费者。一个称为“贴身计划”的商业摸底市场调查静悄悄地铺开。包括时任“润妍”品牌经理黄长青在内的十几个人分头到北京、大连、杭州、上海、广州等地选择符合条件的目标消费者，和他们 48 小时一起生活，进行“蛔虫”式调查。从被访者早上穿着睡衣睡眼蒙眬地走到洗手间，开始洗脸梳头，到晚上洗发卸妆，女士们生活起居、饮食、化妆、洗护发习惯尽收眼底。黄长青甚至会细心揣摩被访者的性格和内心世界。在调查中，宝洁发现消费者认为滋润又具有生命力的黑发最美。宝洁公司专门做过相关的调查试验，发现使用不含润发露的洗发水，头发的断裂指数为 1，含润发露的洗发水的指数为 0.3，而使用洗发水后再独立使用专门的润发露，断裂指数就降低到 0.1。中国市场调查表明，即使在北京、上海等大城市也只有 14%左右的消费者会在使用洗发水后单独使用专门的润发产品，全国平均还不到 10%。

使用测试——根据消费者意见改进产品。根据消费者的普遍需求，宝洁的日本技术中心随即研制出了冲洗型和免洗型两款“润妍”润发产品。产品研制出来后并没有马上投放市场，而是继续请消费者使用测试，并根据消费者的要求，再进行产品改进。最终推向市场的“润妍”是加入了独特的水润草药精华、特别适合东方人发质和发色的倍黑中草药润发露。

包装调查——设立模拟货架进行商店试销。宝洁公司专门设立了模拟货架，将自己的产品与不同品牌特别是竞争品牌的洗发水和润发露放在一起，反复请消费者观看，然后调查消费者究竟记住和喜欢什么包装，忘记和讨厌什么包装，并据此做进一步的调查与改进。强调专门为东方人设计，在包装中加入了能呈现独特的水润中草药精华的图案，包装中也展现了东西方文化的融合。

广告调查——让消费者选择他们最喜欢的创意。

电视广告——宝洁公司先请专业的广告公司拍摄一组长达 6 分钟的系列广告，再组织消费者来观看，请消费者选择他们认为最好的 3 组画面，最后，概括绝大多数消费者的意思，将神秘女性、头发芭蕾等画面进行再组合，成为“润妍”的宣传广告。广告创意采用一个具有东方风韵的黑发少女来演绎东方黑发的魅力，以此来呼应“润妍”产品现代东方美的定位。

网络调查——及时反馈消费者心理。利用计算机技术，加强润妍 logo 的视觉冲击力，通过 flash 技术使飘扬的绿叶（润妍的标志）在画面上闪动，增加润妍品牌与消费者的互动。润妍是一个适合东方人用的品牌，又有中草药倍黑成分，所以主页设计上只用了黑、白、灰、绿这几种颜色，但以黑、灰为主，有东方的味道。网站上建立紧扣“东方美”、“自然”和“护理秀发”等主题的内页，加深润妍品牌联想度。

区域试销——谨慎迈出第一步。“润妍”的第一款新产品是在杭州面市，在这个商家必争之地开始进行区域范围内的试销调查。选择具有鲜明的现代气息，受历史文化熏陶的杭州女性来进行试销调查。

委托调查——全方位收集信息。上市后，宝洁还委托第三方专业调查公司做市场占有率调查，透过问卷调查、消费者座谈会、消费者一对一访问或者经常到商店里看消费者的购物习惯，全方位搜集顾客及经销商的反馈。市场调查开展了三年之后，意指“滋润”与“美丽”的“润妍”正式诞生，它主要针对 18~35 岁女性，定位为“东方女性的黑发美”。润妍的上市给整个洗发水行业以极大的震撼，其品牌诉求、公关宣传等市场推广方式无不代表着当时乃至今天中国洗发水市场的极高水平。然而，由于润妍市场业绩平平，到 2002 年年底，市场上已经看不到润妍的踪迹了。

问题：宝洁润妍洗发水为什么要退市？润妍的市场调查有没有问题？

资料来源：林红菱等．市场调查与预测．北京：机械工业出版社，2009：23.

第一节　市场调研

一、市场调研的意义和内容

美国市场营销协会（AMA）对市场营销调研（Marketing Research）的定义是：市场

营销调研是一种通过信息将消费者、顾客和公众与营销者联系起来的职能。这些信息用于识别和确定市场营销机会与问题，产生、提炼和评估营销活动，监督营销绩效，改进人们对营销过程的理解[①]。营销调研明确了解决这些问题所需要的信息，设计了收集信息的方法，管理并实施信息收集过程，分析结果，最后要探讨所得出的结论及该结论具有的市场意义。

市场调研的核心内容集中在以下四个主要方面。

（一）宏观经济、行业与技术调查

经济环境主要是指一定时期社会生产的规模、动态、生产、流通、分配和消费的总体状况，具体内容包含：宏观经济运行态势、产业结构及其调整，市场总需求与总供给，货币流通，物价总水平，行业特征与趋势发展，本企业所需的设备、原材料的生产和科技状况及其发展趋势。通过对这些因素的调查分析，可以判断出一国或一个地区的市场规模、发展潜力、需求结构与特点等信息，有助于企业了解一个国家或一个地区的市场结构、市场容量及其发展趋势，掌握同行业的科技动态，便于确定本企业的发展方向，便于正确地进行产品决策，确定发展新产品的策略和具体方向。

（二）用户需求和消费者行为调查

对用户需求的调查，就是要了解用户和熟悉用户，对用户的类型和特点进行调查，把握用户需求的变化规律；调查影响用户需求的各种因素，对用户的现实需求和潜在需求进行定性和定量分析，千方百计地满足用户的需求；调查分析消费者的购买行为和决策类型，深入关注顾客体验和口碑传播，便于在战略、策略方面进行有针对性的营销方案设计，进一步进行营销创新。

（三）产品、销售与品牌调查

企业特别重视产品和销售调查，主要有：产品概念和市场反应调查、市场试销效果调查、包装研究设计和换装效果调查、竞争性产品研究、产品销量和潜力调查、企业的各种产品所处产品生命周期阶段调查、企业各种产品的价格在市场上竞争能力调查、企业的促销效果调查等。近 20 年来兴起的“顾客革命”和“品牌革命”的发展，进一步拓展了这个领域的调查内容。这个方面的调查，普遍得到企业的高度重视，结果非常有利于企业建立各种有针对性的数量模型和行为模型，使企业的决策建立在科学的基础上。

（四）竞争对手的调查

这个方面的调查主要解决的问题有：全国或一个地区有哪些同类型企业？企业实力大小如何？谁是最主要的竞争者？谁是潜在的竞争者？主要竞争者的产品市场分布如何？市场占有率多大？它对本企业的产品销售有何影响？主要竞争者采取了哪些市场营销组合策略？这些营销组合策略发生作用后对企业的生产经营产生何等程度的影响？了

---

① 景奉杰等. 市场营销调研（第 2 版）. 北京：高等教育出版社，2010:12.

解对手的战略和策略，便于制定有针对性的竞争战略，也便于制定难以跟踪和复制的营销策略。

目前，国际上大型企业分配给营销研究的预算通常占公司销售额度的 1%~2%，这些经费的 50%~80%直接用于研究部门的研究和调研开支，其余经费用于购买外部营销调研公司的服务。表 4-1，菲利普·特科勒列出了 435 家公司的调研活动①。

表 4-1 435 家公司的调研活动

调查类型		占公司百分比（%）	调查类型		占公司百分比（%）
A	业务/经济与公司研究			3 渠道覆盖研究	31
	1 行业/市场特征与趋势	92		4 出口与国际市场研究	32
	2 购并/多元化研究	50	E	促销	
	3 市场占有率分析	85		1 动机研究	56
	4 内部员工研究（士气、沟通等）	72		2 媒体研究	70
B	定价			3 文稿研究	68
	1 成本分析	57		4 广告效果	
	2 利润分析	55		（1）上市前	67
	3 价格弹性	56		（2）上市中	66
	4 需求分析			5 竞争广告研究	43
	（1）市场潜量	78		6 公众形象研究	65
	（2）销售潜量	75		7 销售员报酬研究	34
	（3）销售预测	71		8 销售员定额研究	28
	5 竞争性定价分析	71		9 销售员地区分布研究	32
C	产品			10 赠券、折价券、优惠促销等	47
	1 观念开发和测试	78	F	购买行为	
	2 品牌名称产生和测试	55		1 品牌偏好	78
	3 市场试销	55		2 品牌态度	76
	4 现行产品测试	63		3 产品满意度	87
	5 包装设计研究	48		4 采购行为	80
	6 竞争性产品研究	54		5 采购意图	79
D	分销			6 品牌知晓度	80
	1 工厂/仓库地址研究	25		7 市场细分研究	84
	2 渠道行为研究	39			

讨论专题

表 4-2 我国市场调研的错误认识和做法

委托调查的企业对市场调查的错误认识和做法
从我国目前市场调查业的情况分析，可以发现，目前国内委托调查的企业对市场调查仍存在不少的错误认识和做法。

① [美]菲利普·特科勒. 营销管理. 上海: 上海人民出版社，1999:107.

续表

错误的认识包括： （1）调查可有可无； （2）调查数据不可靠，且经常被作假； （3）调查很简单，完全可以自己操作； （4）借助专业的市场调查可以帮企业解决所有问题，获得所有需要的信息； （5）好的调研机构一定是规模大、拥有很多研究模型和专利技术的公司
错误的做法包括： （1）急于求成，计划不足； （2）不注意调研的时效性； （3）忽视自身平时的调查和调研细节； （4）调查结果运用不当：盲信定量调查、误用定性调查，或把调查当作花瓶等； （5）过分压低调查费用； （6）过度依赖二手资料； （7）缺乏评估与监督系统； （8）把调查机构当谍报机构； （9）选择调研公司重规模而非实用 资料来源：　林红菱等．　市场调查与预测．北京：机械工业出版社，2009：10.
问题讨论： 1. 学生亲身经历的调研活动中，出现过上面哪些错误？ 2. 国内调研活动有哪些经验教训？ 3. 寻找近十年的优秀的调研活动并进行公开点评

二、市场调研的类型

1. 探测性调查

探测性调查是指当市场情况不十分明了时，为了发现问题，找出问题的症结，明确进一步深入调查的具体内容和重点而进行的非正式的调查。探测性调查一般不如正式调查严密、详细，一般不制订详细的调查方案，尽量节省时间，以求迅速发现问题。它主要利用现成的历史资料、业务资料和核算资料，或政府公布的统计数据、长远规划和学术机构的研究报告等现有的第二手资料进行研究，或邀请熟悉业务活动的专家、学者和专业人员，对市场有关问题做初步的研究。

探测性调查目的在于发现想法和洞察问题，常常用于调查方案设计的事前阶段，为正式调查做必要的准备和尝试。探测性调查可以采用小样本观察，多轮次调查，不一定强调样本的代表性，数据的分析主要是定性的，调查的结果一般只是试探性的、暂时的，以帮助调查者认识和理解所面对的问题，为进一步的正式调查研究开路。探测性调查可以灵活采用各种调查方法，如包括观察法、访问法、问卷调查等。

2. 描述性调查

描述性调查是指对需要调查的客观现象的有关方面进行事实资料的收集、整理和分析的正式调查。它要解决的问题是说明“是什么”。它主要描述调查现象的各种数量表现和有关情况，为市场研究提供基本资料。例如，消费者需求描述调查，主要是收集有关消费者收入、支出、商品需求量、需求倾向等方面的基本情况。

描述性调查与探测性调查相比，要求应有详细的调查方案，要进行实地调查；掌握第一手原始资料和二手资料，并对资料做评估，尽量将问题的来龙去脉、相关因素描述清楚；要求系统地收集、记录、整理有关数据和有关情况，为进一步的市场研究提供市场信息。

描述性调查具有6个要素（亦即5W1H），即为何调查（Why）；向谁调查（Who）；从调查对象中获取什么信息（What）；获取调查对象何时的信息（When）；在何地获取调查对象的信息（Where）和以什么方式、方法获取信息（How）。

描述性调查的目的是描述总体的特征和问题，假设调查者事先已对问题有较多相关的知识，并能够事先拟订正规化和结构化的调查方案，一般是采用大样本概率抽样调查的方法，调查结果是结论性的、正式的。

描述性调查应该给出调查的抽样方法、误差控制方法和基本置信度。

3. 因果关系调查

因果关系调查又称相关性调查，是指为了探测有关现象或市场变量之间的因果关系而进行的市场调查。它所回答的问题是“为什么”，其目的是找出事物变化的原因和现象间的相互关系，找出影响事物变化的关键因素。因果关系调查是建立在描述性调查的基础上的。

因果关系调查可从一定的因果式问题出发，探求其影响因素和原因，也可先摸清影响事物变化的各种原因，然后综合、推断事物变化的结果。通常把表示原因的变量称为自变量，把表示结果的变量称为因变量。在自变量中，有的是企业可以控制的内生变量，如企业的人财物等；有的是企业不可控制的外生变量，如反映市场环境的各种变量。

因果性调查的目的是找出市场变量之间的因果关系，既可运用描述性调查资料进行因果关系分析，也可收集各种变量的现成资料，并运用一定的方法进行综合分析、推理判断，在诸多的联系中揭示市场现象之间的因果关系。

因果性调查一般能够建立数学模型，比如回归方程、结构方程模型（SEM）等。

4. 预测性调查

预测性调查是指为了预测市场供求变化趋势或企业生产经营前景而进行的具有推断性的调查。它所回答的问题是“未来市场前景如何”，其目的是掌握未来市场的发展趋势，为经营管理决策和市场营销决策提供依据。预测性调查可以充分利用描述性调查和因果性调查的现成资料，但预测性调查要求收集的信息要符合预测市场发展趋势的要求，既要有市场的现实信息，更要有市场未来发展变化的信息，如新情况、新问题、新动态、新原因等方面的信息。

上述四种类型的调查设计并不是绝对相互独立进行的。有些调查项目需要涉及一种以上研究类型的方案设计。如何将不同类型的方案结合在一起完全取决于调查问题的性质。市场调查类型的选择和设计的一般原则有如下四点内容。

（1）如果对调查问题的情况几乎一无所知，那么调查研究就要从探测性调查开始。例如，要对调查问题做更准确的界定，确定备选的行动路线，制定调查问题或理论假设，或要将关键的变量分类成自变量或因变量等均应采用探测性调查。

（2）在整个研究方案设计的框架中，探测性调查是最初的步骤。在大多数情况下，还应继续进行描述性调查或因果关系调查。但有时探测性调查也可以跟随在描述性调查或因果关系调查之后进行。例如，当描述性调查或因果关系调查的结果让管理决策者很难理解时，利用探测性调查可以提供更深入的认识，从而可以帮助其理解调查的结果。

（3）并不是每一个方案设计都要从探测性调查开始。是否采用探测性调查取决于调查问题定义的准确程度，以及调研者对处理问题途径的把握程度。例如，每年都要进行的消费者满意度调查就不再需要由探测性调查开始。

（4）预测性调查是以描述性调查和因果关系调查为基础的，是描述性调查或因果关系调查的进一步深化和拓展。

三、市场调研的核心步骤

市场调研是一种科学的工作方法，必须尊重科学、尊重客观规律。为了使市场调查取得良好的预期效果，必须制订周密的调查计划，按步骤做好必要的准备工作，认真实施。市场调研一般分为调查准备、调查设计、调查实施、调查资料处理四个阶段（见图 4-1）。

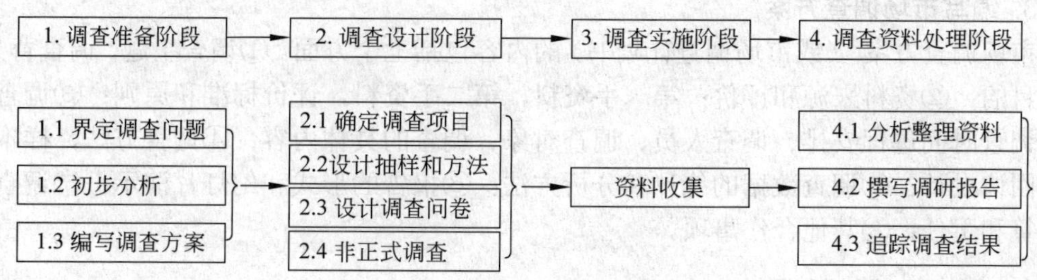

图 4-1　市场调研的基本流程

（一）调研准备阶段

调研准备阶段所要做的工作：界定市场调查问题，初步分析，编写市场调查方案。

1. 界定市场调查问题

界定市场调查问题主要是明确调查主题和调查范围。调查主题是市场调查所要说明或解决的具体问题，直接决定着调查方案的内容。正确地提出问题是正确认识问题并解决问题的前提。调查的主题必须具体、明确，不能过于笼统。调研范围的区分，直接影响到调查收集资料的范围。调查主题可以有很多，组织者必须根据一定的目的，确定每一次市场调查的主题。调查范围一般可以从地区上确定市场的区域范围，从商品使用上确定调查的群体范围。如果范围界限不清，调查中就可能出现资料信息收集不全或信息杂乱，或资料庞杂，收集资料范围过大等问题。

确定调查范围后，还要研究本次调查的直接目的，或者提出这次调查要解决的主要问题。一般可以采用设问方式来进行。例如，①这次为什么要做调查？②想要调查什么情况？③了解情况后有什么用途？如果能准确回答上述问题，那么，这次调查就有了进行活动的必要依据，就能期望获得良好效果。

在常规商业调查中，界定市场调查问题是经过调查合同来明确，是一个标准的经济合同，具有法律意义。该法律合同对整个市场营销调研的基本框架和要点做了明确的规定，明确了双方的权利和义务，以及专业争议问题的沟通和处理模式。

2. 初步分析

在调查准备阶段中，还必须围绕选定的主题进行一些初步的探索性调查。初步调查的主要目的不是直接回答调查主题所要解决的问题，而是回答调查主题的内容寻找方向，为设计调查方案提供可靠的客观依据。初步调查的作用：①确定市场调查的起点和重点：起点过高或过低，会造成调查脱离实际或简单重复；重点不突出，就难以设计出高质量的调查方案，就不可能取得具有较大价值的调查结果。②研究调查的指标、方法和实施的具体步骤。这些都是设计调查方案的重要内容。

这个阶段应该重视文案调查法。该方法又称二手资料调查法或桌面调查法，是指利用市场调查机构内部和外部现有的各种信息，对调查内容进行分析研究的一种调查方法。文案调查法所收集的资料以文献性信息为主，通常是已经加工过的次级资料，又称二手资料，例如，年鉴、报纸、期刊、杂志、报表等。收集资料之后，合理评价资料的针对性、适用性、时效性、参考性，充分利用二手资料。

3. 编写市场调查方案

市场调查方案（或市场调查计划书）的内容包括七个方面。①调查主题、调查背景、调查目的；②资料来源和评价：第一手资料，第二手资料，评价标准和原则；③调查地点、调查时间进程安排、调查人员、调查对象、调查的具体内容；④调查方法、样本设计、回访设计；⑤调查数据的统计和分析方法；⑥报告的形式和幻灯片演示；⑦调查费用预算和责任；⑧其他合作事项。

（二）调查设计阶段

调查设计阶段所要做的工作：确定调查项目、设计调查方法、设计调查问卷、非正式调查（预调查）。

1. 确定调查项目

调查项目是指对调查单位的哪些方面进行调查，这是调查问题的进一步细化和分解。调查项目的确定取决于调查的目的和任务，以及调查对象的特点与数据资料收集的可能性。调查项目包括调查对象基本特征项目，调查主题的主体项目，调查问题的相关项目。如对消费者的需求调查，既要有消费者的基本项目（年龄、性别、职业、文化程度、家庭人口等），又要有消费者需求量、购买动机、购买行为等需求调查的主体项目，还应有消费者收入、消费结构、储蓄、就业、产品价格等引起需求变动的相关项目。进一步还可以延伸到消费者的态度、体验、品牌偏好等消费者心理的测量和调查。

2. 设计调查方法

设计调查方法主要指选择适当的组织调查方式、采集资料的方法。

从样本角度，目前组织调查的方式有普查、重点调查、典型调查和抽样调查。抽样调查包括随机抽样和非随机抽样，调查方式的选择取决于调查的目的、内容以及时间、地点、费用等条件下市场的客观实际情况。

从调研方法角度，采集资料的方法有询问法、观察法、实验法、网络调查。采集资料的方法主要考虑调查资料收集的难易程度、调查对象的特点、数据取得的源头、数据的质量要求等。

这个阶段，要设计出具体的抽样方法，合理估算出样本数量，明确抽样控制方法。

3. 设计调查问卷

调查项目确定以后，就可以设计调查问卷或者调查表——收集市场调查资料的工具。

调查问卷既可作为书面调查的记载工具，也可作为口头询问的提纲。调查问卷设计应以调查项目为依据，力求科学、完整、系统和适用，能够确保调查数据和资料有效收集，提高调查质量。

问卷设计要考虑被调查者配合的方法、被调查者的能力和态度，要注意对其隐私的保护。问卷界面要友好，简洁美观，具备人性化版面设计。问卷的选项设计和量表设计要经过实践检验（预调查），便于区分和编码，具有良好的统计功能。

问卷的规模要根据调查目标来设计，也要考虑调查对象的具体情况，结合赠品和调查现场的具体情况，通盘考虑访员的行为和应答模式，还要考虑督导的管理方法，以及决定必要的回访比例和回访方式。

4. 非正式调查（预调查）

非正式调查是指对初步设计出来的问卷在小范围内进行试验性调查，以便弄清问卷在初稿中存在的问题，了解被调查者是否对所有问题都乐意回答或能够回答，哪些是多余的，还有哪些不完善或遗漏的地方。如果发现问题，应立即修改，使问卷更加完善。

试验性调查的目的并不是获得完整的问卷，而是要求回答者对问卷各方面提出意见，以利于修改。同时，预调查要注意观察和收集目标对象的意见和态度、填写的时间和疑问、访问人员的行为礼仪等。初步调研的数据可以检验调查问题的准确性，预设统计方法的可行性，抽样方法的合理性。预调查是正式调查成功的重要前提和基础。经过一轮或者多轮的预调查和问卷修改，即可印制成正式问卷。

（三）调查实施阶段

这个阶段主要是开始全面广泛地收集与调查活动有关的信息资料。在实际调查中，要根据各种不同调查方法的要求，采用多种形式，由调查人员分头开展调查活动。

调查可以采用一次性调查，也可以采用一个设计周期内的连续性调查；在调查队伍的组建和培训方面，认真培训和模拟调查人员，可以推动调查的顺利进行；在具体执行调查时，合理安排访问人员和督导人员的工作计量和监督模式，避免诚信问题导致的数据失真和误差。调查正式结束后，可以考虑采取一定比例的抽样复核，审核调查的真实性和准确度。

（四）调查资料处理阶段

调查资料处理阶段，调查人员将分头收集到的市场信息资料进行汇总、归纳、整理和审核，对信息资料进行分类编号和编码，然后对资料进行初步加工。比如，进行统计汇总，计算出各种比例，并制成各式统计图表，然后撰写调查报告，将调查结果形成书面形式。报告完成后，市场调查人员还要追踪市场调查结果，检查落实情况，了解调查报告中所提的建议在执行中有什么问题。

调查资料处理阶段由三个步骤组成。

1. 收集分析资料

收集整理调查资料一般由专人进行，对资料编号保存，问卷需要审核和编码，录入计算机形成数据库，然后制成相应的图表，以供统计分析使用。

2. 撰写调研报告

运用调查得到的大量市场信息，分析问题，观察市场，然后撰写调查报告。调查报告一般有两种类型：一种是专业性报告，读者对象是市场研究人员。内容要求详尽，并介绍调查的全过程，说明采用何种调查方式、方法，对信息资料怎样进行取舍，怎样得到调查结果等；另一种是一般性调查报告，读者对象是经济管理部门、职能部门的管理人员、企业的领导者。这种报告要求重点突出，介绍情况客观、准确、简明扼要，避免使用调查的专门性术语。这两类报告均可以附有必要的图表，以便直观地说明市场情况。

通常，为了配合汇报，要制作汇报专用的演示幻灯片。幻灯片设计要考虑汇报的对象，汇报场合的条件，汇报的重点，合理剪切调研报告，抓住重点，配合解说。汇报人员应该脱稿汇报，注重汇报现场的沟通和阐释。

3. 追踪调查结果

完成调查报告，并不是调查活动的终结，还要对调查结果进行追踪，即再次通过市场活动实践，检验报告所反映的问题是否准确，所提建议是否可行、效果如何，并总结市场调查的经验教训，以提高市场调查的能力和水平。很多时候，追踪调查结果，能发现市场的新变化和新趋势，能够引导出新一轮调研的启动。

市场调查的四个阶段和若干步骤是必需的，但其中几个具体步骤并不是简单、机械地排列，有时步骤有详有简，甚至有交叉、有反复。

市场调查是一种科学的工作方法，必须尊重科学、尊重客观规律。为了使市场调查取得良好的预期效果，必须制订周密的调查计划，按步骤做好必要的准备工作，认真实施。市场调查一般分为调查准备、调查设计、调查实施、调查资料处理四个阶段。为了保证市场调查活动正常进行并取得良好效果，维持正常的社会经济秩序，保证市场经济健康发展，一方面要靠健全的法律来制约；另一方面还要靠基本的道德和职业守则来规范。

四、市场调研的基本方法

市场调查的基本方法可分为如下三类。

（一）访问法

该方法是由调查者先拟订出调查提纲，然后采用提问的方式请被调查者回答，来收集信息和资料。根据访问法使用的技术差异，访问法在具体实施中主要有四种类型。

1. 面谈访问法

采用这种方法时，可以和一个被调查者面谈，也可以和几个被调查者集体面谈，可以一次面谈，也可以多次面谈。这种方法能直接与被调查者面对面而听取意见并观察其反应，可以挖掘出重要信息。面谈调查的灵活性较大，可以一般地谈，也可以深入详细地谈，并能互相启发，得到的资料也比较真实。但是，这种方式调查的成本高，调查结果受调查人员的政治、业务水平影响较大，优秀的访问员难以培训和寻找。

2. 电话访问法

电话访问法是由调查人员根据抽样的要求，在样本要求下，用电话向被调查者提出问题，听取意见。这种方式的调查收集资料快，成本低，并能以统一格式进行询问，所得资料便于统一处理。但是这种方法有一定的局限性，首先要有被访问者的基本了解，才能够根据调查要求抽取对象；其次只能对有电话的用户进行询问，不易取得与被调查者的合作，不能询问较为复杂的问题，调查不甚深入；最后，被调查对象合作意愿较低。

自 2000 年以来，在设计和运行客户数据库的条件下，电话辅助调查技术（CATI）有了长足的发展。CATI 访问作为一种借助计算机和电话等终端设备进行调查的方式，运作程序与一般的电话访问和网上调查必然存在较大的差距。具体而言，它一般包括以下四个主要步骤：进入系统、样本抽取、电话访谈、实时统计和汇总。CATI 访问是近年来高速发展的通信技术及计算机信息处理技术应用于传统的电话访问所得到的产物，问世以来得到越来越广泛的应用。国内越来越多的专业商业调查机构、政府机构和院校已在积极地大量使用这种技术。CATI 访问法的关键是：数据特征充分成熟的数据库和快速便捷的计算机—电话终端系统。

3. 邮寄访问法

这种方法又称通信调查。就是将预先设计好的询问表格邮寄给被调查对象，请他们按表格要求填写后寄回。这种方式调查范围较广，被调查者有充裕的时间来考虑怎样回答问题，不受调查人的影响，收集意见、情况较为真实。但问卷的回收率较低，时间往往拖延较长，被调查者有可能误解问卷的含义，影响调查结果。在实践中，精选调查对象、设立提醒机制、完善回访，能提高邮寄调查的回应率。

在实践中，条件许可的情况下，也可以采用留置问卷的方式。就是由调查人员将问卷当面交给被调查人，并说明回答要求，留给被调查者自行填写，然后由调查人员定期收回或者由受访者邮寄返回。这种方式调查的优缺点介于面谈调查和邮寄调查之间。

4. 网络访问法

网络访问法是指在互联网上针对特定营销环境进行简单调查设计、收集资料和初步分析的活动。由于互联网作为信息沟通渠道的开放性、自由性、平等性、广泛性和直接性，使得网络访问法有别于传统的市场调查方法。

网络访问法的优点在于三点。①分发速度快、分发及处理成本较低、转交时间更短、灵活性更强等，而且不存在处理问卷纸张的问题。如果要调查时间性很强的问题，电子邮件问卷的分发及回复速度就是其最主要的优势。②可以构造按钮、选框和数据输入域，可以利用图表、图像、动画及与其他网页的链接，可以做到在线辅导。③可以自动执行跳问或者答案有效性检查。

在宽带和 3G 移动网络时代，网络访问技术方法不断出现激动人心的发展。但是，谨慎鉴别受访对象、合理设计抽样、控制恶意灌水等方面，依然要高度重视和仔细应对。实践中，邮箱推送和鉴别，手机号码确认和答卷回访，定时锁定 IP 等方法和技巧，在网络访问法的运用中都有很理想的效果。访问法的四种技术效果的比较见表 4-3。

表 4-3　访问法的四种技术效果比较

	面谈访问法	电话访问法	邮寄访问法	网络访问法
效率	高	很高	低	最高
空间限制	大	小	小	小
时间限制	小	大	小	小
成本	高	中等偏低	最低	低
问卷复杂程度	高	低	低	低
应答率	高	低	最低	低
曲解可能性	低	中等	高	高
应答者匿名性	低	中等	高	高
访问员影响程度	高	中等	无	无
回访难易程度	难	易	易	较难

上面介绍的常见四种访问技术，各有优缺点，需要根据调查目标来灵活运用。在访问法中，根据调查目标、调查对象的特点、调查时间和经费情况，可以采用问卷调查法来做配合。一般来说，问卷调查法在网络市场调查中运用的最为普遍。

问卷调查法，就是通过设计调查问卷，让被调查者填写调查表的方式获得所调查对象的信息。在调查中将调查的资料设计成问卷后，让接受调查对象将自己的意见或答案，填入问卷中。当然，访问法不仅仅依赖问卷工具，更开放的问题或者更有针对性的问题，能够引导和发现新的重要信息或趋势。

（二）观察法

观察法是社会调查和市场调查研究的最基本的方法。它是由调查人员根据调查研究的对象，既可以利用眼睛、耳朵等感官以直接观察的方式对其进行考察并收集资料，也可以安装仪器进行收录和拍摄被调查者的行为和语言。

观察的方式有：到顾客购买现场观察、到产品使用单位的使用现场观察、摄像头监控和录像法。这种方式能客观地获得准确性较高的第一手资料，但调查面较窄，花费时间较长，对调查员的要求也较高，必须对其统一进行观察方法的培训。在强调隐私的现代氛围中，摄影设备的使用场合应该有明确提示，并且要保护观察对象的个人权利。例如，市场调查人员到被访问者的销售场所去观察商品的品牌及包装情况。观察法可以观察到消费者的真实行为特征，但是只能观察到外部现象，无法观察到调查对象的一些动机、意向及态度等内在因素。

（三）实验法

由调查人员根据调查的要求，对调查的对象控制在特定的环境条件下，用实验产品进行小规模销售或实验使用的方式，对其进行实验和观察以获得相应的信息。

实验产品的测量要点可以是产品的价格、品质、包装等。实验法强调在可控制的条件下，观察市场现象。例如，某种产品在大批量生产之前，先生产一小批，向市场投放，进行销售试验，观察和收集用户有关方面的反应来获得情报资料。也就是在特定地区、特定时间，向市场投放一部分产品进行试销，也称“实验市场”。

实验的目的：一是观察和分析本企业生产的产品质量、品种、规格、外观是否受欢迎；二是了解产品的价格是否被用户所接受。目前常采用的产品展销会、新产品试销门市部等都属于实验调查法。实验法很多时候用于新产品开发、价格制定、促销效果测量、广告效果研究等方面，有重要的作用。

五、市场调查的统计方法

在对数据进行统计分析之前，研究人员必须对数据有一个总体印象。数据基本分析的目的是揭示所收集数据的基本特征和结构。数据基本分析可以描述数据的集中趋势和离散趋势。

1. 集中趋势

集中趋势是指一组数据向某一中心值靠拢的程度，它反映了一组数据中心点的位置所在。集中趋势的测量就是寻找数据水平的代表值或中心值，常用的指标有众数（Mode）、中位数（Median）和均值（Mean）。

2. 离散趋势

离散趋势是指一组数据远离其中心值的程度，反映一组数据分布的分散程度，常用的指标有极差（Range）、方差（Variance）和标准差（Standard Deviation）。

3. 频数分析

对于一组数据，考察不同的数值出现的频数，或者数据落入指定区域内的频数，可以了解数据的分布状况。通过频数分析，研究人员在得到描述性统计结果的同时，还能了解变量取值的分布情况。对于频数分析的理解，可以以这个例子进行理解。例如，在某个问卷数据分析中，应首先对本次调查的受访者的状况进行分析和总结（如年龄、职业、性别等）。通过这些分析，能在一定程度上反映出样本是否具有总体代表性，抽样是否存在系统偏差等，并以此证明以后相关问题分析的代表性和可信性。这些分析都可以通过频数分析来实现。

4. 数据的分布

在统计分析中，通常要假设样本的分布属于正态分布，因此需要用偏度和峰度两个指标来检查样本是否符合正态分布。偏度衡量的是样本分布的偏斜方向和程度；而峰度衡量的是样本分布曲线的尖峰程度。一般情况下，如果样本的偏度接近于 0，而峰度接近于 3，就可以判断总体的分布接近于正态分布。

5. 绘制统计图

频数分析的第二个基本任务是绘制统计图。统计图是一种最为直接的数据刻画方式，可以非常直观地显示变量的取值状况。统计图中主要包括以下三种类型。

（1）条形图。条形图是用宽度相同的条形的高度或长短来表示频数分布变化的图形，适用于定序和定类变量的分析。条形图的纵坐标可以是频数，也可以是百分比。条形图包括单式条形图和复式条形图两种。

（2）饼形图。饼形图是用圆形及圆内扇形的面积来表示频数百分比变化的图形，便于研究事物内在结构组成等问题。饼图中圆内的扇形面积可以表示频数，也可以表示百分比。

（3）直方图。直方图是用矩形的面积来表示频数分布变化的图形。适用于定距变量的分析。可以在直方图上附加正态分布曲线，便于与正态分布比较。

6. 列联表分析

在市场研究中，大多数情况下需要研究多个变量间的相互关系。当变量取值属于定性数据，可以使用列联表，通过卡方分析多个变量间的相互关系。例如，以下几个问题。

忠诚顾客中有多少是男性？

产品的使用量（用频繁使用者、普通使用者、少量使用者和非使用者来划分）与家庭类型是否有关？

对新产品的满意程度与年龄和教育水平有关吗？

是否使用该产品与收入（高、中、低）有关吗？

回答这些问题，可以采用列联表进行分析。频数分析每次只描述一个变量的情况，而列联表可同时描述两个或两个以上变量的情况。列联表可以看作是将几个频数分布表合并到一张表中，有助于了解一个变量与另一个变量的关系，比如品牌忠诚与性别的关系。列联表体现了两个或多个定性变量在不同取值情况下的联合数据分布情况，卡方分析则是在列联表的基础上，测定定性变量相关关系及其强弱程度的方法。表 4-4 是两个变量交叉列联表的典型形式，显示的是 1 000 个车主对固特异轮胎的品牌认知情况。

表 4-4 品牌认知和性别的列联表

品牌认知	性　别		合计（人）
	男（人）	女（人）	
知道	500	150	650
不知道	100	250	350
合计	600	400	1 000

从表 4-4 中可以看出，男性知道此品牌轮胎的比例要比女性多很多，据此可以初步判断轮胎的品牌认知与性别有关。为了使变量间的关系变得更加清楚，还可以把表 4-4 中的频数换成百分比。通常沿着自变量的方向来计算百分比，与因变量进行交叉。在表 4-5 中，把性别看作自变量，品牌认知作为因变量。可以看出，有 83.3%的男性知道这个品牌，而女性则只有 37.5%，这说明男性与女性具有品牌认知上的差异。

表 4-5 性别对品牌认知的影响

品牌认知	性别	
	男（%）	女（%）
知道	83. 3	37. 5
不知道	16. 7	62. 5
合计	100	100

在交叉列联表分析中，通过观察频数和百分比，可以大致了解数据的分布情况及变量之间的初步关系，如果要判断变量之间具体的相关关系及其强弱程度，就需要采用卡方分析。

卡方分析（Chi-Square）是用来研究两个定类变量间是否独立即是否存在某种关联性的最常用的方法。简单地说，卡方分析的方法是这样的：假设两个变量是相互独立，互不关联的。这在统计上称为原假设；对于调查中得到的两个变量的数据，用一个表格的形式来表示它们的分布（频数和百分数），这里的频数叫观测频数。如果原假设成立，在这个前提下，可以计算出上面列联表中每个格子里的频数应该是多少，这叫期望频数；比较观测频数与期望频数的差，如果两者的差越大，表明实际情况与原假设相去甚远；差越小，表明实际情况与原假设越相近。这种差值用一个卡方统计量来表示；对卡方值进行检验，如果卡方检验的结果不显著，则不能拒绝原假设，即两变量是相互独立、互不关联的，如果卡方检验的结果显著，则拒绝原假设，即两变量间存在某种关联。

要注意的是，卡方检验受样本量的影响很大，同样两个变量，不同的样本量，可能得出不同的结论。解决这个问题的办法是对卡方值进行修正，最常用的是列联系数（Contingency Coefficient）。对较大样本，当卡方检验的结果显著，并且列联系数也显著时（列联系数至少超过 0.16），才可拒绝原假设；当卡方检验的结果显著，列联系数不显著时，不能轻易下结论。

另外，对变量取值的不同分类会引起卡方值的改变，有可能得到不同的结论。所以在分类时不能随意，要有理论或统计上的依据。特别是对定距或定序变量，要先将变量的取值分组归类，才能使用卡方分析，而且由于分组的方法不同，也会得出不同的结论；同时，对于定距或定序变量用卡方分析，就不是充分利用它们的数量信息。这都是在使用卡方分析时要注意的问题。

在 PASW/SPSS 中，可以很方便地进行列联表分析，计算出卡方统计量和列联系数。

7. 其他常用统计方法

表 4-6 是常用的统计方法的简单介绍。合格的调研团队会根据调查要求，灵活运用。应该注意的是，各种方法的运用，必须在整个调查方案设计时就全盘考虑，特别是在设计问卷的时候，就要根据统计方法来预先配合设计问卷的问项。

表 4-6　常用统计方法

统计方法	基本含义（原理）	基本目标（作用）
主成分分析 Principal Component Analysis，PCA	该法将原来变量重新组合成一组新的互相无关的几个综合变量，同时根据实际需要从中可以取出几个较少的综合变量，尽可能多地反映原来变量的信息的统计方法，也是数学上处理降维的一种方法	减少指标变量的个数
因子分析 Factor Analysis	把若干个变量看成由某些公共的因素所制约，并把这些公共因素分解出来的分析方法	寻找潜在的影响因子
聚类分析 Cluster Analysis	将物理或抽象对象的集合分组成为由类似的对象组成的多个类的分析过程。聚类分析的目标就是在相似的基础上收集数据来分类	将若干个对象按其属性相似的程度进行分类

续表

统计方法	基本含义（原理）	基本目标（作用）
判别分析 Discriminant Analysis	是在分类确定的条件下，根据某一研究对象的各种特征值判别其类型归属问题的一种多变量统计分析方法	根据已知分类建立判别方程，然后对样本个体进行分类
典型相关分析 Canonical Correlation Analysis	就是利用综合变量对之间的相关关系来反映两组指标之间的整体相关性的多元统计分析方法	分析两组变量之间的线性相关分析
时间序列分析 Time Series Analysis	动态数据处理的统计方法。该方法基于随机过程理论和数理统计学方法，研究随机数据序列所遵从的统计规律，以用于解决实际问题	分析事物随时间变化的趋势
对应分析 Correspondence Analysis	一种多元相依变量统计分析技术，通过分析由定性变量构成的交互汇总表来揭示变量间的联系。可以揭示同一变量的各个类别之间的差异，以及不同变量各个类别之间的对应关系	分析二维列表变量中行因素和列因素的对应关系
结合分析 Conjoint Analysis	又称为交互分析，在欧美国家的市场调研中被广泛应用。结合分析的基本假设是，产品或研究对象是由一系列的属性构成的，消费者的购买决策过程是基于对这些属性的权衡与考虑做出的理性选择	估测消费者对产品或者服务的相对重要性和属性水平效用大小的评价
信度分析 Reliability Analysis	指采用同样的方法对同一对象重复测量时所得结果的一致性程度。信度指标多以相关系数表示，有稳定系数（跨时间的一致性），等值系数（跨形式的一致性）和内在一致性系数（跨项目的一致性）	测量的一致性评价
效度分析 Validity Analysis	测量的效度是指测量结果的有效性程度，也就是已测到的质和量与主试者欲测的质和量相符合的程度，有的也称效度为正确性	测量的有效性

第二节 市 场 预 测

一、市场预测的含义

预测，就是根据过去和现在的实际资料，运用科学的理论和方法，分析研究对象在今后的可能发展趋势，并做出估计和评价，以调节自己的行动方向，减少对未来事件的不确定性。

市场预测是预测的重要组成部分，它是在调查研究的基础上，运用统计、定性分析等科学的预测方法，对影响市场供求变化的各因素进行分析研究，进而对商品生产、流通、销售的未来发展趋势进行科学推测与判断，掌握市场供求变化规律，为市场营销提供可靠决策依据的过程。预测对象的未来情况是不确定的，存在着多种可能性，市场预测把未来市场发生的不确定性极小化，并做出关于这一市场发展的设想。

市场预测的类型多样，按时间跨度可以分为短期预测、中期预测和长期预测；按性质可以分为定量预测和定性预测；按地域可以分为国际市场预测和国内市场预测；按范围可以分为宏观预测和微观预测。

市场预测依据各种科学的数据模型及统计方法，对营销因素进行严格的分析和研究，因而具有科学性；但由于市场预测是对大量随机因素和不确定市场表现进行的预计和测算，因而又具有风险性。

二、市场预测的内容

市场预测探讨的是市场未来的发展状况。由于市场状况的发展变化会受到多方面因素的影响，并且是这些因素共同作用的结果，所以，市场预测的内容是相当广泛的，一般来讲，主要可以归结为六个方面。

1．市场供给和需求的发展变化

这就是预测未来的市场上有多少可供给或者需求的具体数量。

市场供给是指一定时期可以投放市场以供出售的商品。市场供给预测，是指对投放市场商品总量及其构成、各种商品市场可供量以及变化趋势的预测。市场供给预测主要包括生产能力预测以及商品竞争力预测。在了解清楚有关产品的产量、成本、利润和产值等情况的历史资料后，进行生产能力预测，即对资金筹措、能源与原材料供应、生产设备、生产技术等进行预测。商品竞争力预测是针对已有产品而言的，包括对已有产品的数量、质量、式样等因素的预测，从而对其综合实力进行评价，预测其适应市场需求的程度以及发展趋势。

市场需求的发展变化是市场预测的最主要内容。对于各级经济领导部门是预测它们所管辖范围内总体需求的变化趋势或需求量；对于生产企业是预测本企业产品的销售变化趋势或销售量。由于影响市场需求变化的许多因素本身也是在不断发展变化的，因此，为了准确预测市场需求的变化，也要对一些影响因素的变化加以预测。

2．产品生命周期发展阶段的变化与更新换代

产品生命周期可分为自然生命周期和经济生命周期。产品的自然生命周期实际上就是它的使用周期，考虑的是实体的耐用度；产品的经济生命周期是指产品的需求量和利润随时间变化的趋势，考虑的是产品的销售量和获利能力。

预测产品的生命周期，有利于做出正确的经营决策和经营计划，促进新产品的研制和开发，推动产品的更新换代，并促进产品的销售以减少产品积压。

3．价格变动及其影响

预测价格变动对国民经济有重大影响，有助于国家进行合理的价格决策。对企业来说，价格变动会影响产品成本、销售量和经济收益，也是企业进行市场竞争的一种方法。因此，预测价格变动及其影响对企业进行市场决策同样是重要的。

4．竞争发展趋势

预测竞争发展趋势必须同时考虑两方面的情况：一是本企业的竞争能力，包括产品的质量、价格、外观，也包括产品售前售后服务、推销措施所能收到的竞争效果、企业及产品在用户中的信誉等，同时也要考虑上述各种因素改进的变化情况；二是竞争企业的竞争能力，包括竞争企业数量与产量的变化，主要指产品质量、价格、外观以及产品服务、竞争策略的变化。另外，国家或有关部门组织的产品评比活动会对竞争的发展趋势起举足轻重的影响，在评比中获奖或名列前茅的产品无疑会在竞争中处于优势地位。

5．消费者心理变化趋势预测

消费者的心理变化趋势一般包括消费者需求倾向与购买行为的变化。从某种程度上讲，消费者是由一个希望满足他们需求或欲望而驱动的潜在群体构成。随着社会经济的不断发展，人们生活水平不断提高，买方市场确立并不断完善，消费者的消费观念、价值取向、行为方式等也发生了重大变化。消费者心理是产生或影响消费者行为的内在原因，而时代的飞速发展，又使得消费者理念发生显著的变化，从而影响消费者行为以及消费者的市场需求。

企业经营的目的在于生产某种迎合消费者需求的产品或服务，满足他们的欲望，以获得最大利润。然而，企业通常习惯性地根据自己的主观意愿去判断消费者的心理变化和消费需求，由此导致市场决策的错误。运用科学的统计分析方法进行消费者心理变化预测，能够帮助企业掌握消费者心理变化的一般规律和发展趋势，为企业决策提供可靠的信息。

6．意外突发事件的影响预测

意外事件是指有关经济领导部门或企业在制定市场决策、计划过程中不可考虑到或难以想到的事件。这些事件的发生会打乱正常的经济秩序，使市场的发展脱离原来所预测的轨道。要想应付意外事件的影响，就必须对它们的影响进行预测。比如品牌形象危机、产品安全危机、疾病的流行、灾害的发生、雨季或者冷热、网络潮流或者社会潮流的走向等的预测，能严重影响企业的生产运营和营销决策。

三、市场预测的要求

市场预测的根本要求就是预测的准确性。预测越接近实际，准确程度就越高，预测的效果就越好。然而，由于各种主客观原因，预测不可能百分之百正确。但是，为了提高预测的准确程度，应尽量减少预测的误差。为此，必须做到以下六点要求。

（1）确保原始资料的可靠性、完整性、时效性。

（2）正确确定预测项目的数目和预测时间，设定预测精度。

（3）选择适当的预测方法、数学模型或者行为模型。

（4）符合预测法则。根据近期影响大、远期影响小的法则，越是接近预测期，对预测值的影响就越大。

（5）估计可能发生的误差，提出误差度和控制方法。任何预测都会产生一定误差，通过计算标准误差，来调整预测结果，尽可能把误差减少到最低程度。

（6）进行预测期实际值的比较。通过对照、反馈修正预测结果，并对预测期发生的偶然因素对预测值带来的影响进行跟踪，纠正预测误差，并且调整下一轮的预测数据。

四、市场预测步骤

1．确定预测目标

确定预测的目标要求、时效要求、精度要求、应用要求。预测目标包括确定预测对象、预测范围和内容、预测方法的选择等一系列工作内容的安排。

2．收集、整理资料

资料是预测的基础，必须做好资料的收集工作。收集什么资料，是由预测的目标所决定的。对所收集到的资料要进行认真的审核，对不完整和不适用的资料要进行必要的推算和调整，以保证资料的准确性、系统性、完整性和可比性。对经过审核和整理的资料还要进行初步分析，观察资料结构的性质，作为选择适当预测方法的依据。

3．选择预测方法

市场预测的方法有很多种，各种方法都有自己的适应范围和局限性。要取得较为正确的预测值，必须正确选择预测方法。其选择的原则，主要考虑：预测的目的、预测时间的长短、占有历史统计资料的多少及完整程度、产品寿命周期和行业发展周期。

4．提出预测模型

预测模型是对预测对象发展规律的近似模拟。因此，在资料的收集和处理阶段，应收集到足够的可供建立模型的资料，并采用一定的方法加以处理，尽量使它们能够反映出预测对象未来发展的规律性，然后利用选定的预测技术确定或建立可用于预测的模型。如用数学模型法，则需确定模型的形式并求出模型的参数；如用趋势外推法，则要确定反映发展趋势的公式；如用概率分析法，则要确定预测对象发展的各种可能结果的概率分布；如用类推法，则要找到可以应用于本预测的历史的或他人的经验规律等。

5．评价和修正预测结果

如果预测结果的误差是在可接受的范围之内，则通过对预测误差的进一步分析，来修正预测结果。预测误差是预测值与实际值之间的偏差。预测误差是客观存在的，因为预测值只是一个近似值，是在实际发生以前进行的，预测值与实际值之间有一定偏差。所以它只能近似地反映未来，不可能做到百分之百的精确。但是预测误差过大，就会直接影响到预测的精确度，失去预测的意义，所以要分析预测的误差。

6．编写预测报告

通过上述各项工作后，预测者将不同的预测方案利弊得失进行比较，择优选定可靠而肯定的预测值，并写出预测结果报告。报告要把历史和现状结合起来进行比较，既要进行定性分析，又要进行定量分析，尽可能利用统计图表和统计方法来描述，做到数据真实准确，论证充分可靠，建议切实可行。

五、市场预测方法

市场预测的分类方法一般可以分为定性预测和定量预测两大类。定性预测法也称为直观判断法，是市场预测中经常使用的方法。定性预测主要依靠预测人员所掌握的信息、经验和综合判断能力，预测市场未来的状况和发展趋势。这类预测方法简单易行，特别适用于那些难以获取全面的资料进行统计分析的问题。因此，定性预测方法在市场预测中得到广泛的应用。定性预测方法又包括：德尔菲专家法，集中意见法等。定量预测是利用比较完备的历史资料，运用数学模型和计量方法，来预测未来的市场需求。定量预测基本上分为两类，一类是时间序列法；另一类是回归模型法。

1．德尔菲专家法

德尔菲（Delphi）专家法，又称专家意见法，是由美国兰德公司在 20 世纪 40 年代末创造的一种预测方法。它是充分发挥专家们的知识、经验和判断能力，并按规定的工作程序来进行的。其主要特色在于：整个预测过程是背靠背进行的，即任何专家之间都不发生直接联系，一切活动都由工作人员与专家单独打交道来进行，从而使预测具有很强的独立性和较高的准确性。

2．集中意见法

集中意见法是将有关业务、销售、计划等相关人员集中起来，交换意见，共同讨论市场变化趋势，提出预测方案的一种方法。许多企业，为了避免依靠某一个人的经验进行预测而产生偏差，就集合有关人员共同研究进行预测。如对销售量的预测，可组织企业的业务人员、企划人员、销售人员共同分析研究市场情况，提供销售量的预测方案；对进货批量和进货次数的预测，可组织仓储人员、业务人员等进行分析研究，提出预测方案；对资金的来源、运用和资金周转的测算，可组织财务人员、业务人员共同研究，提出预测方案。它的优点是，在市场的各种因素变化迅速时，能够考虑到各种定量因素的作用，从而使预测结果更接近现实。

此方法在选择人员时要慎重。一般选择具有丰富经验、对市场经营情况相当熟悉并有一定专长的人员，如经济分析人员、会计人员、统计人员和有关部门的主要业务干部。要选择有独立见解的人，不要选没有主见的人或者不熟悉调研领域的人。

3．时间序列法

所谓时间序列法就是将过去的历史资料和数据，按时间顺序排列起来形成一组数字序列的方法。例如，按年度排列年产量，按季度或月份排列企业产品销售量等。

时间序列分析法的特点是，假定影响未来市场需求和销售量的各种因素与过去的影响因素大体相似，且产品的需求形态有一定的规律。因此，只要将时间序列的倾向性进行统计分析，加以延伸，便可以推测出市场需求的变化趋势，从而做出预测。这种方法简单易行，应用较为普遍。但经济事件的未来状态不可能是过去的简单重复，因此，这种方法适用于短期预测或中期预测。如果时间序列的数据随时间的变化波动很大或市场环境变化很大，国家的经济政策有重大变化，经济增长发生转折，一般不宜采用这种方法。

经常使用的时间序列分析法有简单平均法、加权平均法、指数平滑法、移动平均法和季节指数调整法等。

4．回归模型法

回归模型法，或称为计量经济模型法，是建立在大量实际数据的基础上，寻求随机性后面的统计规律性的一种方法。客观事物或经济活动中的许多因素是相互联系、相互制约的，也就是说，它们的变化在客观上存在着一定的关系。通过对所占有的大量实际数据进行分析，可以发现数据变化的规律性，找出其变量之间的关系，这种关系叫回归关系。有关回归关系的算法和理论，称为回归分析法。

回归分析研究的内容是：从一组数据出发，确定变量间的定量关系；对这些关系式的可信程度进行统计检验；从影响着某一个量的许多变量中，判断哪些变量的影响是显著的，哪些是不显著的；利用所得的关系式对设计、生产和市场需求进行预测。

回归分析法，根据其自变因素的多少可划分为一元线性回归法、二元线性回归法、多元线性回归法、非线性回归法等。一般来说，该种方法要求数据最好达到大样本，也就是三十个以上，个别情况下，对样本数量有较高的要求。

5．市场试销法

市场试销法又称为销售实验法，指通过试销手段向某一特定的地区或对象实验市场投放新产品或改进的老产品，在新的分销途径中取得销售情况的资料，用其进行销售的预测。这是市场预测行之有效的方法之一。因为市场试销要求顾客和用户直接付款进行购买，所以能够真实地反映出市场需求情况，其结果比较准确。

采用市场试销法，首先要拟订试销方案，选择试销的特定时间及特定实验市场，实验的范围可以由窄变宽，逐步扩大。这种预测方法的应用范围很广，如企业试制了一种新产品或老产品改变了款式、价格、包装等。需要了解各地区的可能需求情况，均可采用此法。尤其是对一些低值易耗品，如灯泡、日光灯管、洗衣粉、肥皂、钻头、油石、鞋油、牙膏、烟酒、糖茶等商品的短期预测，可以获得比较理想的答案。但是采用这种方法要花费较多的费用和时间。

思 考 题

1. 市场调研的内容和类型有哪些？
2. 市场调研的核心步骤和方法有哪些？
3. 市场调研的统计方法有哪些？
4. 市场预测的内容和步骤有哪些？

淑女屋的市场调研与IPO受挫

2011 年 11 月 2 日，中国证监会发行审核委员会召开会议，审核深圳市淑女屋时装股份有限公司首次公开发行股票申请（IPO）。在此之前，淑女屋招股说明书已经在证监会网站上公开披露。淑女屋主要从事流行时尚服装、家用纺织品的设计、生产和销售，主要产品为女装、童装和床上用品。招股说明书中原文披露：根据深圳市服装行业协会、深圳市贸工局、北京金必德经济管理研究院等机构在全国范围内联合做出的《深圳市女装产业区域品牌规划调查研究报告》，在消费者最喜爱的女装品牌中，“淑女屋”品牌仅次于几个国外知名女装品牌，甚至超过 LV、迪奥等，在国内品牌中排名第一（见图 4-2）。以上排名数据经招股书披露出来以后，业界一片哗然。作为一个地方性行业组织做出的全国范围内的“消费者最喜爱女装品牌”的结论是否具有权威性，同时这样的数据出现在招股书中本身是否妥当也引发了经济评论人士的争议。

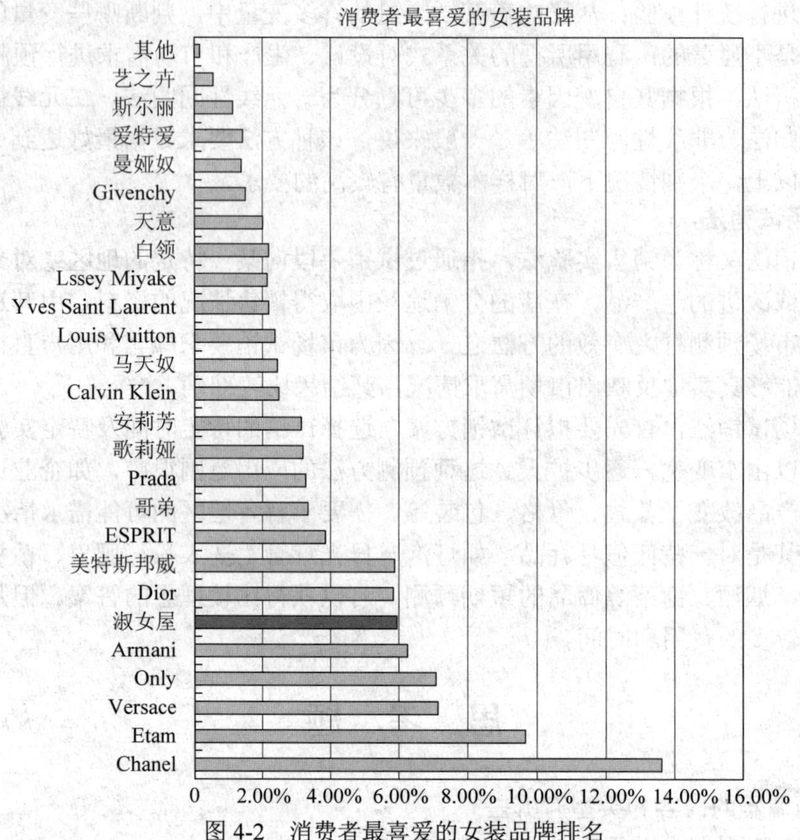

图 4-2 消费者最喜爱的女装品牌排名

某网友从统计专业角度分析认为：这个图表不能表达真实情况，首先没有对接受调查的消费者消费水平进行界定，其次没有对被调查人数进行统计，最后没有对消费者的年龄进行说明。因此图表不能反映消费者的真实喜好，此图表有失偏颇。也有人提出疑问：作为细分市场的女装品牌淑女屋，在细分市场是有一定位置的，但是不考虑消费对象，不考虑竞争对手，也不考虑产品领域，简单做调查，证明自己的市场地位，这个调查是一个有说服力的调查吗？更直接的质疑在于榜单本身，分析人士指出，将CHANEL、淑女屋、美特斯邦威等一起放进榜单并不合理。“Dior、LV 的主流产品并不是服装，这就好比让乔丹去参与游泳评选的道理一样。”一位业内人士对此评价道。

很多人也在争论：深圳市服装行业协会、深圳市贸工局、北京金必德经济管理研究院等机构有能力做出有信服力的全国调查吗？是不是要说明抽样方法？样本选择？消费对象的划分？没有如此的技术说明，由地方行业协会牵头做调查，其权威性当然令人怀疑。

内部人士认为，淑女屋只是提供了当地的一个机构给出的报告，就是说它的信息披露有问题，这个问题不会影响到实质条件，但可能有一点儿不谨慎，这个应该不是影响结果的实质问题。

招股书中披露淑女屋高居消费者最喜爱女装品牌中国内品牌的第一位，受欢迎程度甚至超过国际品牌迪奥、LV，此外，其核心设计人员多为“80后”以及多元化经营模式引发网友质疑。这份奇特的招股说明书在证监会网站上披露之后便恶评如潮。

“惊闻淑女屋发布报告说淑女屋品牌为全国女装第一，一直以来认为此品牌的三个老板是活在童话里，今天我明白我错了，她们是活在神话里。”一名消费者对此调侃道。

2011年11月17日的发审委公开报告评价：

发审委认为，公司本次募投项目的市场前景和盈利能力存在不确定性，上述情形与《首次公开发行股票并上市管理办法》（证监会令第32号）第四十一条的规定不符。

资料来源：深圳市淑女屋时装股份有限公司《首次公开发行股票招股说明书（申报稿）第96页》，中国证监会. http://www.csrc.gov.cn.

问题：

（1）淑女屋的市场调研有哪些技术性错误？

（2）深圳市服装行业协会、深圳市贸工局、北京金必德经济管理研究院等机构有能力做出有信服力的全国调查吗？如何做？

（3）淑女屋的调研结果是否影响专业人士对其销售潜力和市场能力的认同？

（4）发审委的否决理由和淑女屋的营销能力有关联吗？

（5）你如何评价淑女屋IPO报告中的这份调研结果？你对市场调研有哪些基本感受？

【实训目标】

了解市场调查的基本方法和运用。

【实训内容和要求】

场景1：同学们分成3~4人组成一个小组，去商场调查某种商品（如牙膏、洗衣粉、沐浴液、洗发水、快餐面等）的品牌、种类、款式、容量、价格。2~3个小组做相同的内容。

调查小组在商场扫描时，注意与商场经理沟通，以学术研究的要求赢得谅解和支持。

调研结果做成报告和幻灯片，公开汇报。

场景2：同学们分成3~4人组成一个小组，设计问卷调查大学生的牙膏消费行为，并且完成统计和汇报。鼓励2~3个小组做相同的内容。

重点调查学生的支出水平、品牌选择、接受价位、容量偏好、功能偏好、香型偏好、信息来源、购买频率。

调研结果做成报告和幻灯片，公开汇报。

【实训效果评估】

评估分数标准：

全组成员协作努力，集中智慧，共同完成——10分；

严格遵守方案计划，规范操作，诚实客观——10 分；

能努力实现所学方法，提高实践能力——10 分；

能按要求及进度处理调查事件，能科学处理突发情况——10 分；

计划方案、问卷、调查报告、二手资料汇总和评价、数据库，完整翔实客观——10 分；

实现接近实战的商业价值，效果良好——5 分（附加分）

[1] [美] 小吉尔伯特・A. 丘吉尔，唐·拉柯布奇. 营销调研：方法论基础（第 9 版）. 王桂林，赵春艳译. 北京：北京大学出版社，2010.

[2] [美]小吉尔伯特・A. 丘吉尔，汤姆·J. 布朗. 景奉杰，杨艳，王毅等译. 营销调研基础（第 6 版）. 北京：北京大学出版社，2011.

[3] [美]阿尔文・C. 伯恩斯，罗纳德・F. 布什. 梅清豪，王承，曹丽译. 营销调研：网络调研的应用（第 4 版）. 北京：北京大学出版社，2011.

[4] 涂平. 营销研究方法与应用. 北京：北京大学出版社，2008 .

[5] 邱林等. 营销科学研究. 北京：高等教育出版社，2008.

[6] 欧阳卓飞. 市场营销调研. 北京：清华大学出版社，2006.

[7] 张灿鹏，郭砚常. 市场调查与分析预测. 北京：清华大学出版社，2008.

[8] 简明，黄登源. 市场研究定量分析方法与应用. 北京：中国人民大学出版社，2008.

[9] 简明，金勇进，蒋妍. 市场调查方法与技术. 北京：中国人民大学出版社，2009.

[10] 林红菱，黄嘉涛等. 市场调查与预测. 北京：机械工业出版社，2009 .

[11] 郭国庆等. 营销决策模型. 北京：首都经济贸易大学出版社，2011 .

[12] 景奉杰等. 市场营销调研（第 2 版）. 北京：高等教育出版社，2010 .

[13] 翁智刚. 营销工程.北京：机械工业出版社，2010.

[14] 吴明隆. 问卷统计分析实务——SPSS 操作与应用. 重庆：重庆大学出版社，2010.

[15] 陈文沛等. 市场营销调研研究与应用——基于 SPSS. 北京：电子工业出版社，2013.

[16] 蔡继荣. 市场分析与软件应用. 北京：机械工业出版社，2011.

[17] 问卷调查专业网站（问卷星） http://www.sojump.com/.

[18] 中华人民共和国统计网www.stats.gov.cn/.

[19] 各省市统计信息http://www.stats.gov.cn/tjlj/.

[20] 中国知识管理网http://www.chinakm.com/.

[21] 中华企管网http://www.wiseman.com.cn/.

[22] 企业资源管理研究中心http://www.amteam.org/.

[23] 上海证券交易所http://www.sse.com.cn/.

[24] 世界银行http://www.worldbank.com/.

[25] 世界货币基金组织http://www.imf.com/.

[26] 中国经济信息网http://www.cei.gov.cn/.

第五章

市场营销环境分析

原理要点

- 市场营销环境机会分析方法
- 微观和中国市场营销环境
- 国际宏观市场营销环境

人民币加入 SDR 货币篮子及我国国际环境

2015 年 12 月 1 日，IMF 正式宣布批准人民币加入 SDR 货币篮子，并于 2016 年 10 月 1 日开始实施，可预期海外机构主体将逐步配置更多的人民币资产。IMF 数据显示，截至 2014 年，已经有 38 个国家在其官方储备中持有人民币资产，但只占其外汇资产的 1.1%。随着国际社会持有人民币信心的提升，未来人民币资产将会越来越受欢迎。海外机构增加对人民币资产的配置将是一个逐步的过程，与国内金融市场的开放程度等因素有关。

人民币国际化进程的提速是人民币稳定的重要保证。人民币目前是全球第二大贸易融资货币，第五大支付货币，第六大外汇交易货币。截至 2015 年 5 月底，我国央行已经与 32 个国家的央行签署了双边本币互换协议，总规模高达 3.1 万亿人民币。从 2016 年起，我国政府倡导的 "一带一路" 倡议将逐步进入实施期，一系列重大建设项目将会分期公布，并开始实施。考虑到汇率风险，及融资便利性等因素，人民币将会成为"一带一路"项目投资的主要融资货币。

资料来源：胡玉玮.人民财评：人民币汇率不具有长期贬值的基础.央广网，2015-12-19. http://finance.cnr.cn/gundong/20151219/t20151219_520852284.shtml.

问题：从长远来看，人民币入 SDR 货币篮子，会给我国经济和企业带来哪些市场机会，会造成哪些环境威胁？

第一节　市场营销环境概述和分析方法

大家是否注意到，许多在中国经营的外国企业近年来经常出现各种各样的产品问题。而当出现产品问题后，企业的处理态度也不积极，很漠视消费者。这些企业在其他发达国家却较少出现产品问题，即使产品出现问题也会尽快解决。这是为什么呢？市场营销环境会对企业的经营决策产生影响吗？下面就市场营销环境的相关内容进行阐述。

一、市场营销环境概念和分类

（一）市场营销环境及相关概念

1. 环境概念。环境主要是指人类的生存环境，它不仅包括自然因素，还包括社会因素和经济因素。根据 1989 年 12 月 26 日公布的《中华人民共和国环境保护法》的第二条指出："本法所称环境，是指影响人类生存和发展的各种天然的和经过人工改造的自然因素的总体，包括大气、水、海洋、土地、矿藏、森林、草原、野生生物、自然遗迹、人文遗迹、自然保护区、风景名胜区、城市和乡村等。"

2. 市场营销环境（marketing environment）。美国著名市场学家菲利普·科特勒（Philip Kotler）所下的营销环境的定义："市场营销环境是由营销以外的那些能够影响与目标顾客建立和维持成功关系的营销管理能力的参与者和各种力量组成。"[①]也就是说，市场营销环境是指与营销有潜在关系的所有外部力量和机构所构成的体系。

企业离不开市场营销环境而独立存在，企业和市场营销环境各要素互相影响且互相作用。企业只有很好地了解市场营销环境，针对此环境下做好最佳决策，才能使企业得到好的生存和发展。

（二）市场营销环境分类

市场营销环境从不同的视角有不同的划分方法（见图 5-1）。

（1）从大类上划分环境有：一般环境、策略环境、科技环境、国际环境及市场总和环境。

（2）从层次上划分环境有：组织环境、市场环境、大环境及超环境。

（3）从对象上划分为：任务环境、竞争环境、大众环境及总体环境。

（4）从范畴上划分有的划分为：毗邻环境、社会环境、经济环境及公共利益环境。

（5）美国著名市场学家麦卡锡从整体角度划分环境为：公司目标资源环境、竞争环境、组织与技术环境、文化与社会环境。

（6）菲利普·科特勒则从纵观角度把市场营销环境概括为：微观环境和宏观环境。

---

① [美]菲利普·科特勒(Philip Kotler)，加里·阿斯特朗(Gary Armstrong)等. 何志毅等译. 市场营销原理(亚洲版)（*Principles of Marketing: An Asian Perspective*）.北京：机械工业出版社，2006:71.

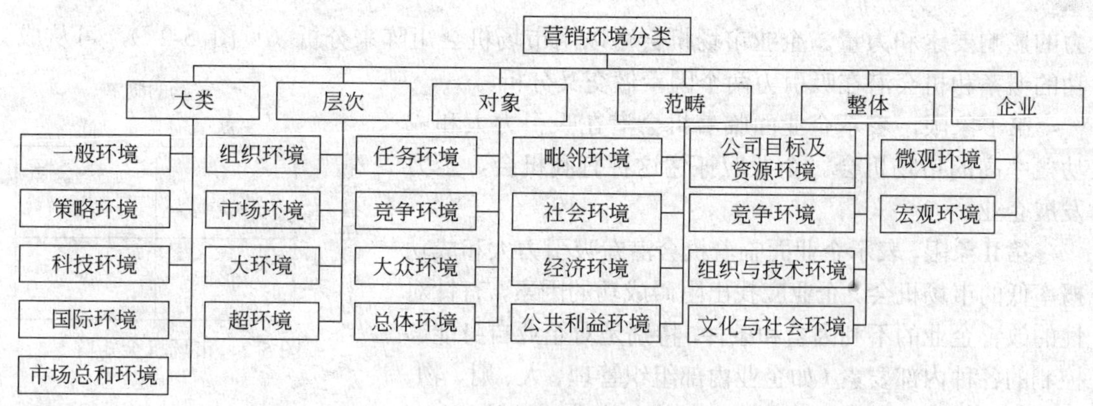

图 5-1 市场营销环境分类

（三）市场营销环境特点

（1）差异性。市场营销环境的差异性不仅表现在不同企业受不同环境的影响，而且同样一种环境因素的变化对不同企业的影响也不相同。如同样是金融危机，对某些企业来说是机会，但对另一些企业来说可能是致命的威胁。

（2）多变性。构成企业营销环境的因素是多方面的，每一个都随着社会经济的发展而不断变化。

（3）相关性。市场营销环境不是由某一个单一的因素决定的，它要受到一系列相关因素的影响。

（4）复杂性。企业面临的市场营销环境具有复杂性，表现为各环境因素之间经常存在着矛盾关系。如随着作为消费者的居民的生活水平不断提高，需要更多以电作动力的厨房用具及其他用品。近几年人们开始对网购商品感兴趣，并对家用空调机表现出一定的热情。

（5）动态性。市场营销环境会随着市场中的各种要素的变化而不断发生变化。如人民币汇率不断上升，使许多温州企业的经营成本不断上升，最后导致企业资金链断裂，出现企业老板“跑路”出逃。

二、市场机会与环境威胁分析方法

影响市场营销的环境因素，主要有三类：①有利的营销因素——机会；②不利营销因素——威胁；③无影响或影响很小的营销因素——中性因素。企业在决策时，应分析清楚当时的营销环境对企业的生存的影响及其影响的程度，要抓住有利的机会，并降低或减少威胁因素给企业带来的损失。

（一）市场机会矩阵分析法

市场机会概念

市场机会是指有可能对企业的市场营销管理及活动产生有利的、有优势的或有吸引力的影响要素和力量。企业市场机会可以用市场机会矩阵来分析（见图 5-2①），可从成功的概率和机会潜在吸引力两个因素做交叉分析。

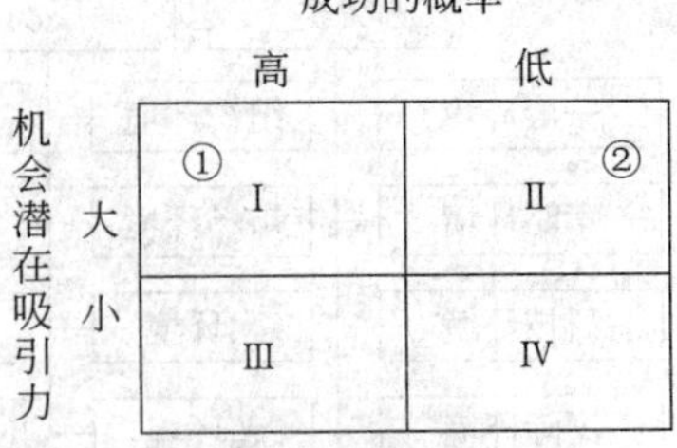

图 5-2 市场机会矩阵

第Ⅰ象限，表示企业面临着机会潜在吸引力大和成功概率高的市场机会。企业应抓住这种有利机会，全力发展企业。

第Ⅱ象限，表示企业面临着机会潜在吸引力大和成功概率低的市场机会。企业应找出阻碍成功的因素，有针对性的改善企业的不利因素和条件，特别是对企业自身能够控制的各种内部要素（如企业内部组织管理、人、财、物、产品、技术等）进行优化整合，以增加企业成功的可能性。

第Ⅲ象限，表示企业面临着机会潜在吸引力小和成功概率高的市场机会。企业应正确评估此种市场机会，并抓住机会，促进企业成功。

第Ⅳ象限，表示企业面临着机会潜在吸引力小和成功概率低的市场机会。企业此时可作为观察者，先暂时不行动，待到此种市场机会有希望转化为第Ⅰ、Ⅱ象限的机会时，再根据自身条件做出正确的分析决策。

（二）环境威胁矩阵分析法

环境威胁是指对企业的发展形成挑战或威胁的一种或多种的不利因素、恶劣气氛、劣势条件或发展趋势所形成的环境力量。

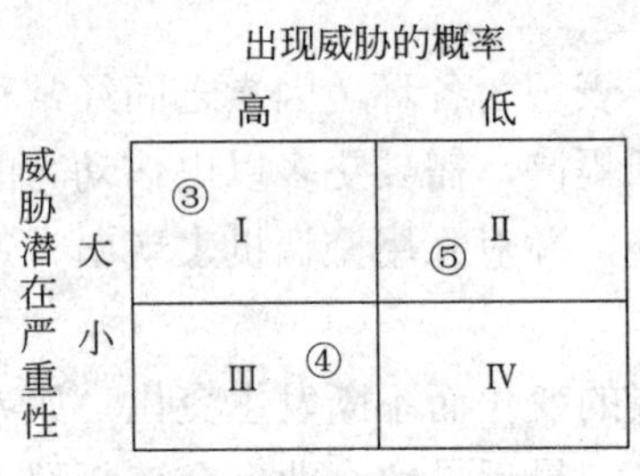

图 5-3 环境威胁矩阵

企业环境威胁可以用环境威胁矩阵来分析（见图 5-3），可从出现威胁的概率和威胁潜在严重性两个因素做交叉分析。

第Ⅰ象限，表示企业面临着威胁潜在严重性大和出现威胁的概率高的环境威胁，企业应密切关注此类环境威胁，通过调查分析或请专家诊断，尽快找出企业的环境威胁的核心和问题，制定相应的策略以使企业能生存或持续发展。

第Ⅱ象限，表示企业面临着威胁潜在严重性大和出现威胁的概率低的环境威胁，企业应重视此类环境威胁，最好是预先制订好可能出现威胁的应对方案，以便威胁一旦出现，及时处理，降低威胁的严重性。

第Ⅲ象限，表示企业面临着威胁潜在严重性小和出现威胁的概率高的环境威胁，企业可制订出常规环境威胁的应对方案，使威胁潜在严重性达到最小。

第Ⅳ象限，表示企业面临着威胁潜在严重性小和出现威胁的概率低的环境威胁，企业一般不用花费许多时间和精力来应对此类环境威胁，只是关注此类威胁不要转化成其他第Ⅰ、Ⅱ、Ⅲ象限环境威胁。

---

① 郭国庆.市场营销学通论（第 4 版）.北京：中国人民大学出版社，2009:58；吴健安.市场营销学（第 3 版）. 北京：高等教育出版社，2007：100-101；顾国祥，王方华.市场学（第 1 版）. 上海：复旦大学出版社，1995：69-73.

【案例训练】 人民币加入SDR篮子对中国经济的影响

2015年11月30日，在美国首都华盛顿，国际货币基金组织总裁拉加德在新闻发布会上讲话。国际货币基金组织（IMF）执董会11月30日批准人民币加入特别提款权（Special Drawing Right，SDR）货币篮子，新的货币篮子将于2016年10月1日正式生效。人民币加入SDR篮子对中国经济和企业出口经营将产生影响。请根据图5-2、图5-3中的数字①②③④⑤，把下面市场机会和环境威胁用数字表示出来。

__人民币国际地位持续提升　__生产经营成本提高　__增加竞争压力

__人民币成为真正的全球性储备资产　__合作风险增大

资料来源：鲍丹丹. IMF宣布批准人民币加入SDR货币篮子. 新华网/网易财经，2015-12-01. http://money.163.com/15/1201/07/B9NUME1J00253B0H.html.

（三）市场机会与环境威胁矩阵组合和对策

1．市场机会与威胁矩阵组合业务类型

企业可以用市场机会与环境威胁矩阵来分析，可得出四种不同的业务类型（见图5-4）。

（1）理想业务，即机会大和威胁低的业务。

（2）冒险业务，即机会大和威胁高的业务。

（3）成熟业务，即机会小和威胁低的业务。

（4）困难业务，即机会小和威胁高的业务。

机会大小 \ 威胁的程度	低	高
大	(1) 理想型	(2) 冒险型
小	(3) 成熟型	(4) 困难型

图5-4　市场机会和环境威胁矩阵组合

2．市场机会与环境威胁的企业对策

（1）企业面对市场机会的对策

必须调查、分析、正确评估和评价市场机会的程度和成功的可能性，以做出最佳的市场决策，包括投入的人力、物力、财力和资源情况。

（2）企业面对环境威胁的对策

企业对环境威胁可选用三种对策。

① 反攻策略——理想业务和成熟业务。企业如果面对环境威胁低的业务，可以采用反攻策略，使企业在市场上有主动权，控制或限制环境威胁因素的发展。

② 减轻策略——冒险业务。企业如果面对环境威胁高而市场机会大的业务，可以通过改变营销策略和采取一定的降低环境威胁的措施，来减轻环境威胁对企业的业务所造成的影响。

③ 转移策略——困难业务。企业如果面对环境威胁高而市场机会小的业务，可以通过转移到生产成本低的区域、或转移到市场机会大的市场、或转移到更能盈利的产品行业，以摆脱企业的困难，让企业生存发展。

三、产品—市场发展机会矩阵分析法

（一）产品—市场发展矩阵基本分析框架

面对复杂多样的营销环境，企业要寻找环境中的市场机会，不断拓展新业务，可从

产品和市场两个变量所组成的矩阵来进行战略思考。将产品分为现有产品（current product）和新产品（new product），市场相应地分为现有市场（current market）和新市场（new market），从而组成一个矩阵（见表 5-1①）。企业可以从矩阵的四个象限的满足程度来寻找并发现市场环境机会，并采用相应的战略。

表 5-1 产品—市场发展矩阵组合

产品 市场	现有产品	新 产 品
现有市场	Ⅰ市场渗透战略	Ⅲ产品开发战略
新市场	Ⅱ市场开发战略	Ⅳ多角化经营战略

第Ⅰ象限——市场渗透战略。由现有产品和现有市场所组成的矩阵构成。企业为原有产品在原有市场中尽力保持原有顾客并力争新顾客的战略。企业希望产品像水渗透进海绵中一样，自动渗透到原有市场中的顾客。原产品、原市场→顾客+新顾客。企业面对现有市场环境，评估现有市场的需求，如发现现有产品可以满足现有市场的需要，则可采取市场渗透战略去拓展业务。如福建省泉州市政府在超市中采取平价商品价格销售大米、鸡蛋等，使平价商品迅速渗透到许多消费者的手中，增加市民的满意度。

第Ⅱ象限——市场开发战略。由现有产品和新市场所组成的矩阵构成。是以原产品/改进原产品来争取新的消费者群，发现原有产品的新用途来开拓新的市场的一种战略。原产品/改进原产品→新市场。企业在分析市场环境时，如了解到现有产品对新的顾客群或新的区域市场有吸引力，企业可致力于运用现有的产品去拓展新市场。如福建达派集团的箱包产品，以现有的产品去拓展欧洲、美洲和中国内地市场。

第Ⅲ象限——产品开发战略。由新产品和现有市场所组成的矩阵构成。企业以产品的更新换代来维持原有目标市场的需求的一种战略。新产品→原市场。企业在分析现有市场环境时，发现现有市场有相关的产品的新需求，企业经过调查研究、分析、评价可行后，则可开发新产品来满足现有市场和顾客的需要。如苹果公司不断创新产品 iPod、iPad 和 iPhone 来持续满足现有市场和顾客的需要。

第Ⅳ象限——多角化经营战略。由新产品和新市场所组成的矩阵构成。企业在分析市场机会时，如发现在某个新市场上有新需求未被满足，企业则可运用多角化经营战略，通过开发新产品来满足新市场的需要。

（二）多角化经营战略

实施多角化经营战略的企业，为了占领目标市场不是采取单一的市场战略，而是运用多向发展的新产品和多个目标市场相结合的整合战略。多角化经营战略的出现，标志着市场的进一步扩大和市场竞争环境的复杂化。

1. 多角化经营战略体系

多角化经营战略包含纵向综合化策略、横向多角化策略、多向性多角化策略和复合

① [美]菲利普·科特勒（Philip Kotler），加里·阿斯特朗（Gary Armstrong）,[新]洪瑞云（Swee Hoon Ang），梁绍明（Siew Meng Leong），陈振忠（Chin Tiong Tan），谢贵枝（David K. Tse）. 何志毅等译. 市场营销原理(亚洲版)（*Principles of Marketing：An Asian Perspective*）.北京：机械工业出版社, 2006：31.

性多角化策略四种类型。这四种策略类型，和企业在原有产品基础上发展新产品的三种形式（即同心性发展、一体化发展和集团性发展）密切结合起来，形成一个完整的企业市场多角化经营战略体系（见表 5-2）。

表 5-2　多角化经营战略体系

新产品 / 新市场	同心性产品发展策略	一体化产品发展策略	集团化产品发展策略
老顾客		纵向综合化策略	
同行业顾客	横向多角化策略		
新顾客	多向性多角化策略		复合性多角化策略

2．多角化经营战略

三种企业发展新产品的形式，分别向新顾客、老顾客和同行业的顾客服务，意味着该企业市场的扩大，并构成四种多角化的经营策略。

（1）纵向多角化经营策略：指企业运用一体化发展策略发展新产品为老顾客服务。优点：能利用原有的销售市场来扩大销售量。缺点：因生产与原来产品不相同的产品，会引起产品设计、设备调整等一系列问题。同时原目标市场中的老顾客是否同时愿意购买新产品难以估计，往往使销售量缺乏稳定性。因此，企业在采用此策略时，须事先做好预测。

（2）横向多角化经营策略：企业运用同心性发展和一体化发展策略发展新产品，为同行业顾客服务。企业利用同心性发展策略发展新产品，为同行业顾客服务，可以利用企业原有的基础；而运用一体化发展策略发展新产品为同行业顾客服务，则同样存在纵向综合化发展新产品的缺点。

（3）多向性多角化策略：指企业运用同心性发展或一体化发展策略发展新产品，打入新市场。如企业在技术和供应等方面确有基础，运用这一策略，可以发挥潜力，开拓新市场。如能配合差异性市场策略选择好目标市场，风险较小。

（4）复合性多角化经营策略：指企业生产或提供与原产品完全不同的产品服务，以开拓新市场。优点：可以增加应变能力。缺点：新产品将带来投资增多、市场竞争能力差以及在生产中技术设施、设备改装等一些新问题。

3．发展新产品战略

企业在原有的产品基础上发展新产品，分别向不同顾客提供产品和服务，其发展新产品的策略形式有以下三种。

（1）同心性产品发展策略（又称同心性产品多样化策略）：指企业利用原有的条件生产与原产品功能用途等不相同的新产品。如福建省福耀玻璃工业集团股份有限公司，原生产汽车安全玻璃，后利用原有的条件生产工业技术玻璃。

（2）一体化产品发展策略：指企业根据市场的需要，在产品的生产、供应和销售中形成产品的一体化发展，以增强企业的竞争实力。对一体化发展策略，按产品流动方向，可有向后发展、平行发展、向前发展三种（见图 5-5）。

① 向后发展：即指企业通过购并原材料或半成品的供应商，或发展原来属于供应商生产的产品，形成供应生产一体化的新产品发展策略。如“欢乐迪氧吧 KTV”，成立于

2003 年 8 月，是畅享（中国）投资旗下的一家集健康、时尚、休闲为一体的大型全国连锁企业，是大众式 KTV 消费的倡导者和践行者。欢乐迪各直营店以人性化的高品质服务精神，适应各阶层消费。公司向后发展，后成立并开发自己供氧环境科技公司和科技专利技术产品——“长康”牌医用制氧、家用分体式制氧机、移动式制氧机和医用、家用集中供氧机，经湖南质量技术监督局和药监部门检测，各项技术指标符合国家标准，产品广泛用于 KTV、酒吧、网吧等场所。

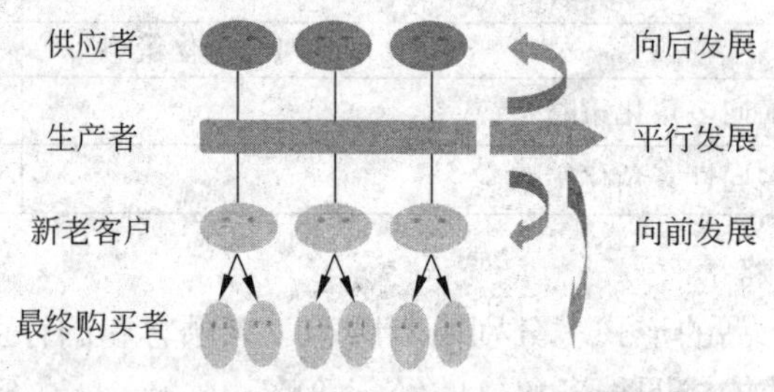

图 5-5　一体化发展策略

② 向前发展：指企业通过购并中间商或其他分销系统，进入产品的中间商领域，形成生产分销一体化的新产品发展策略。如福建省格林服装公司原做境外公司的童装贴牌生产，后利用已有的设施设备生产在国内市场销售的自主品牌“嗒嘀嗒 dadida”。被评为中国知名箱包十佳品牌、中国箱包十二强、中国驰名商标、亚洲 500 强最具价值品牌的达派（中国）箱包有限公司原是箱包生产制造商，现已向品牌终端拓展，在各大商场、超市试点专卖店体系，是一种向前发展策略。

③ 平行发展：指企业通过购并或联合经营相同或相似产品的一种新产品发展策略。如 2016 年 3 月 14 日，全球最大的应用数据与分析平台 App Annie 正式宣布收购应用市场数据公司 AppScotch，以扩大自身技术能力，进一步巩固 App Annie 在应用数据与分析市场的领先地位[①]。

（3）集团化产品发展策略：指企业同时生产与原产品完全不同的新产品。如获得“中国箱包强势品牌”、“中国箱包十二强”、“福建省国际知名名牌”等几十项荣誉的福建省泉州子燕轻工有限公司，主要生产产品有：购物袋、冰袋、旅行袋、学生包、腰包、公文包及各类文具笔盒、各式男女拖鞋、童鞋、EVA 鞋及童装系列等，获国家认证产品专利二十几项，二十多年来为迪士尼、芭比娃娃、蜘蛛侠、 哆啦 A 梦等世界知名动漫品牌做加工生产，后成立了福建省子燕动漫科技有限公司，研发、生产、制作动漫及其衍生产品，大型科幻动画片《燕尾侠》第一季 26 集已于 2010 年年底拍摄完成，并在央视播放。取得很好的文化创意产业效果。

【案例展示】

华为启动多元化战略

2014 年 10 月华为发布针对年轻新潮人群的“畅玩”品牌，同步推出可穿戴设备畅玩

---

① App Annie 收购市场数据公司 AppScotch. it168 网站.2016-03-15. http://mobile.it168.com/a2016/0315/2530/000002530564.shtml.

手环、智能手机畅玩 4G 的移动版和联通版，并携手创维旗下的互联网电视品牌酷开，推出国内首款无遥控、无接口的智能电视酷开荣耀 A55。这表明华为全面启动多元化战略。

华为试水可穿戴设备和智能电视两大领域，具有通信设备商擅长硬件的鲜明烙印，比如其互联网电视全面采用无线传输，强调任何设备随时随地都可与该机互动，10 秒开机并且可以像 iPad 一样无须关机。业内人士认为，华为此举进一步反映出中国手机厂商加速布局移动互联网，给业绩衰退的三星带来进一步压力，“客厅”大战显露手机厂商携手电视厂商的新趋势。

资料来源：华为启动多元化战略. 深圳特区报. 2014-10-15. http://www.tetimes.com/content/2014-10/15/content_10517469.htm.

问题：华为为何要启动多元化战略？对相关市场有何影响？

第二节　市场营销微观环境

从供应企业到产品的最后销售，形成了一个链式系统：供应商、生产商、中间商、销售部门、消费者或购买者。这个“链条”上的每一个环节都是影响企业营销活动的重要的、直接的因素。微观环境是指影响企业为顾客服务的能力的各种要素构成，包括：企业（companies）、供应者（suppliers）、营销中介（marketing intermediaries）、顾客（customers）、竞争者（competitors）和公众（publics）[①]。

一、微观市场营销环境要素

（一）企业

企业是指从事生产、流通、服务等经济活动，以生产或服务满足社会需要，实行自主经营、独立核算、依法设立的一种营利性的社会经济组织。企业由高层管理部、财务部、市场调研部、人力资源开发部、采购部、生产运作部和审计部等部门所构成。

（二）营销渠道企业

（1）供应商，即向企业供应原材料、部件、能源、劳动力和资金等资源的企业和组织。

（2）商人中间商，即从事商品购销活动，并对所经营的商品拥有所有权的中间商，如批发商、零售商等。

（3）代理中间商，即协助买卖成交，推销产品，但对所经营的产品没有所有权的中间商，如经纪人、制造商代表等。

（4）辅助商，即辅助执行中间商的某些职能，为商品交换和物流提供便利，但不直接经营商品的企业或机构，如运输公司、仓储公司、银行、保险公司、广告公司、市场营销研究公司、市场营销咨询公司等。

---

① [美]加里·阿斯特朗（Gary Armstrong），菲利普·科特勒（Philip Kotler）. 何志毅改编. 市场营销导论（第 7 版）(*Marketing: An Introduction*)（7th Edition）. 北京：中国人民大学出版社, 2006：50.

（三）市场

1．从产品角度划分的市场

美国的里查德·黑斯[①]认为，市场的最基本的划分为消费品市场和工业品市场（见图 5-6）。

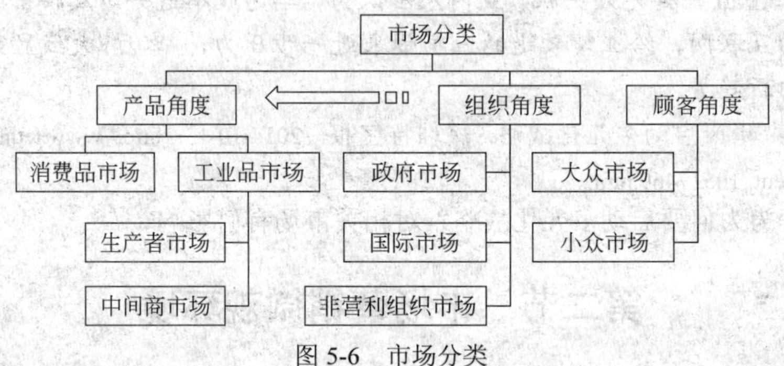

图 5-6　市场分类

（1）消费品市场：即消费者个人和家庭成员为了个人和家庭消费而购买的产品和服务所构成的市场。如日用品所构成的市场。

（2）工业品市场：购买产品和服务主要是为了企业的经营、或为了再销售、或为了进一步加工生产产品和服务。工业品市场主要由生产者市场和中间商市场所构成。

① 生产者市场：即购买商品和服务为了进一步生产产品和服务，以供销售或非营利的贸易，由组织和企业所构成的市场。主要有制造厂和加工厂、公用事业、建筑业、运输业和非营利组织等。

② 中间商市场：即为了转卖、取得利润而购买、出租产品和服务的批发商和零售商所构成的市场。如超市、百货公司等。

2．从组织角度划分的市场

（1）政府市场：即为了履行行政职责而购买、租赁产品和服务的政府机构所构成的市场。政府采购目前主要有：工程建设、土地出让、产权交易、医药购销以及资源开发和经销等方面，这是一个极其庞大的市场。

（2）国际市场：即由国外的消费者、生产者、中间商、政府机构等所构成的市场。

（3）非营利组织市场：即由那些不是为了盈利目的而从事非官方的市场营销活动的机构所构成的市场。如慈善机构、社团组织等形成的市场。

上述的政府市场、非营利组织市场、国际市场所购买的商品和服务也包括消费品和工业品，但它们的购买目的有的与消费品市场和工业品市场相似，但有的却不同。

3．从顾客角度划分的市场

在目前的环境下，从顾客角度可以把市场分为大众市场和小众市场。

（1）大众市场：就是顾客对某一种产品的需求数量巨大，企业必须细分市场，运用

---

① [美]里查德·黑斯(Richard T. Hise)，彼得·吉利特(Peter L. Gillett)，约翰·瑞恩斯(John K. Ryans). 韩佩璋,胡士廉译. 市场营销原理与决策(Basic Marketing Concepts and Decisions). 北京:机械工业出版社,1983:2，22. (1979 by Winthrop Publishers,Inc.)

众多的分销终端和大众传播途径来销售产品。如汽车、彩电、空调、洗衣机等市场。

（2）小众市场：就是顾客数量较少，有的只有一个或少数几个客户，或小部分顾客有需求，企业必须根据较小市场的顾客需要，制定B2B（企业对企业）或B2C（企业对顾客）的营销战略，采用个性化的服务来达到目标。如数码相机小众品牌有莱卡、哈苏、宾得和奥林巴斯等。

【案例】

稳定房价、规范中介是宏观调控的主体责任

新华社北京2016年3月15日上午，十二届全国人大四次会议在北京梅地亚中心举行记者会，住房和城乡建设部表示，对中国房地产市场的平稳健康发展应该充满信心。当前要看清房地产市场的主要特点和基本条件。从特点上看，房地产市场销售已企稳回升，但分化趋势严重，库存严重，库存主要集中在三四线城市。党中央、国务院还有各项宏观调控措施，各个地方、各个城市也承担起宏观调控的主体责任。

资料来源：李汶羲，韩洁，罗沙，荣启涵. 稳定房价 规范中介 鼓励棚改货币化——住房和城乡建设部相关负责人答记者问.新浪新闻中心. 2016-03-15. http://news.sina.com.cn/c/2016-03-15/doc-ifxqhfvp1087169.shtml.

（四）竞争者

竞争者是指那些与本企业提供的产品或服务相类似，并且所服务的目标顾客也相似的其他企业[①]。

市场竞争者的状况和经营战略及策略直接影响到企业的营销决策和策略。市场竞争对手的多少、规模大小、优势与劣势等，可能给企业带来机会，而更多的是威胁。企业在制定自己的竞争策略之前，应了解企业自身各方面的情况，同时要通过各种方法去获取竞争对手的信息，并对竞争对手的信息进行分析、处理、监视和预测，明确提出竞争的目标和方法，做出最佳的企业营销战略和策略决策。

竞争选择指的是在微观环境下，在一个特定目标市场上消费者对竞争的内容做出的选择。主要有三个层面的选择[②]。

（1）竞争对象的选择。是指消费者在支付完衣、食、住、行等必要的生活开支后所剩余的可自由支配收入的各种选择中所做出的选择。如有的人把剩余的钱拿去旅游，或购买大件电器产品，或捐钱给慈善机构，或改善生活。选择购买其中的一样，就无法选择另一样。这其实是消费者可自由支配收入的选择之间的竞争。

（2）竞争产品的选择。也是替代产品的选择，是指消费者对能满足同一种需要或愿望的产品所做出的选择。如消费者要选择购买彩电，要么选择液晶彩电，要么选择等离子彩电，要么选择背投彩电等。

---

① 郭国庆.市场营销学通论（第4版）.北京：中国人民大学出版社, 2009:134.

② [美]迈克尔・R. 索罗门，戈雷格・W. 马歇尔，爱诺拉・W. 斯图尔特. 何伟祥,熊荣生等译. 市场营销学原理（第4版）. 北京：经济科学出版社，2005：53-55.

（3）竞争品牌的选择。是指消费者对能满足相同需要或愿望的不同品牌的产品或服务所做出的选择。如消费者在购买休闲运动鞋时，可以在国内外的许多品牌如 Adidas、Nike、李宁、安踏、特步等中任意选择购买某一品牌。

（五）公众

公众是指对企业实现其市场营销目标构成实际或潜在影响的任何团体，包括以下七个方面。

（1）金融公众，即影响企业取得资金能力的任何集团，如银行、投资公司等。

（2）媒体公众，即报纸、杂志、广播、电视等具有广泛影响的大众媒体。

（3）政府公众，即负责管理企业业务经营活动的有关政府机构。

（4）市民行动公众，即各种保护消费者权益组织、环境保护组织、少数民族组织等。

（5）地方公众，即企业附近的居民群众、地方官员等。

（6）一般公众，指一般的普通群众。

（7）企业内部公众，指企业内部的董事会、管理人员、职工等。

二、中国市场营销环境

改革开放以来，中国市场营销环境发生了根本性的变化。中国目前的市场环境正处于转型期，中国由原来的以进口为主，到进出口并行，到现在以出口为主的阶段，中国也由原来的加工大国，向生产、制造大国转变，现已涌现出许多民族企业知名品牌，这些企业现正向世界市场迈进。

（一）中国市场营销环境基本状况

（1）地大。中国位于亚洲东部、太平洋西岸，有约 960 万平方公里的土地，土地面积在世界排名第三。与中国相邻的国家有 20 个，分别是朝鲜、俄罗斯、哈萨克斯坦、吉尔吉斯斯坦、塔吉克斯坦、阿富汗、巴基斯坦、缅甸、老挝、越南、印度、尼泊尔、锡金、不丹、马来西亚、文莱、印度尼西亚、菲律宾、韩国、日本。中国所濒临的海洋，从南到北，依次为渤海、黄海、东海、南海。中国的大陆海岸线长 18 000 多公里，沿海有许多优良港湾，便于船舶避风和停靠。中国是一个多地震的国家，中国台湾省是中国地震最频繁的省份。中国共有 34 个省级行政单位，23 个省，5 个自治区，4 个直辖市和 2 个特别行政区。

（2）人多。2015 年年末，中国大陆总人口 13. 7 亿人。根据《全国人口普查条例》和《国务院办公厅关于开展 2015 年全国 1%人口抽样调查的通知》，2015 年年末全国内地总人口 13.73 亿人。①中国是世界人口最多的国家。在世界上，平均每 5 个人中就有 1 个中国人。如果全中国人手拉手站成一列，能环绕地球赤道 40 多圈。中国人口分布不均匀，东部多，特别是沿海各省的平原地区，每平方公里达 500~600 人；西部少，每平方

① 中华人民共和国国家统计局.2015 年全国 1%人口抽样调查主要数据公报.官网. 2016-04-20. http://www.stats.gov.cn/tjsj/zxfb/201604/t20160420_1346151.html.

公里在 50 人以下。西藏是中国人口数量最少的省（区）。分布在世界各地的华侨和华人大约有 3 000 万人，侨胞原籍以广东、福建两省最多。中国华侨、华人主要分布在东南亚。中国政府把控制人口数量增长，提高人口素质作为一项基本国策。目前，中国的国家人口发展战略目标已经确定，就是：到 2020 年，人口总量控制在 14.5 亿人，人口素质大幅度提高。到 21 世纪中叶，人口峰值控制在 15 亿人左右，人均收入达到中等发达国家水平。与此同时，我们还将努力地提高人口的素质，改善人口的结构，引导人口的合理分布和有序流动，优先开发人力资源，促进中国从人口大国向人口强国的转变①。

（3）物博。中国许多自然资源不仅数量大，而且种类多，但因中国人口特别多，人均占有的资源量很少。中国水能资源蕴藏量达 6. 8 亿千瓦，居世界第一位。中国有大片的草原，林地多，畜牧业较发达。中国矿产资源丰富，主要有煤、铁、石油等，稀有金属、稀土金属及一些有色金属矿的蕴藏量居世界首位。中国植物种类非常丰富，单乔木就有 2 000 多种，还有世界上的特有树种，如著名的"活化石"水杉和银杏。中国海域辽阔，近海渔场很多，东海素有"天然鱼仓"之称。舟山渔场是中国第一大渔场。中国著名的水稻专家袁隆平主持培育和推广的杂交水稻，为中国增产粮食超过 1 300 多亿公斤，也为全世界粮食的增长做出很大的贡献。

（4）多民族文化。中国是一个统一的多民族国家，共有 56 个民族。在中国各民族中，汉族人口最多，约占总人口的 92%。少数民族人口最多的是壮族，约有 1 600 万人。中国多民族分布状况是：汉族的分布遍及全国，主要集中在东部和中部。少数民族主要分布在西南、西北、东北等边疆地区。各民族均有自己的文化习俗，这也是一种市场资源。

（5）复杂的地形地貌。中国的地势西高东低，是个多山的国家，山区面积约占全国总面积的 2/3，平原面积仅占 1/10 多一点。喜马拉雅山位于中国西藏同印度、尼泊尔等国的边境上，主脉平均海拔超过 6 000 米，是世界上最雄伟的山脉。喜马拉雅山的主峰珠穆朗玛峰耸立在中国与尼泊尔边境上，海拔 8 848 米，是世界第一高峰。中国有四大高原（青藏高原、内蒙古高原、黄土高原、云贵高原）、四大盆地（塔里木盆地、准噶尔盆地、柴达木盆地、四川盆地）、三大平原（东北平原、华北平原、长江中下游平原）。中国有长江、黄河、京杭大运河等河流。长江全长 6 300 公里，它的长度、流量位居中国第一、世界第三。黄河发源于青藏高原，长度 5 500 公里，是中国第二长河，也是中华民族的母亲河。京杭大运河是世界上开挖最早、最长的人工运河，全长 1 800 公里。青海湖是中国面积最大、水容量最多的湖泊。中国有五大淡水湖：江西的鄱阳湖、湖南的洞庭湖、江苏与浙江之间的太湖、江苏的洪泽湖、安徽的巢湖。其中，面积最大的淡水湖是鄱阳湖。位于中国新疆的塔里木盆地北缘的塔里木河，是中国最大的内流河。雅鲁藏布江大峡谷是世界最大的峡谷。不同的地形地貌直接或间接地影响着市场经济的发展和繁荣。

（6）气候多样。中国气候有热带季风气候、亚热带季风气候、温带季风气候、温带大陆性气候、高原山地气候。中国是世界上著名的季风气候区。大多数地方冬季寒冷降水少，夏季炎热降水多。从地理上看，秦岭—淮河一线是中国南方与北方的界线，但人们习惯将长江一线作为中国南方与北方的分界线，这是一条温度分界线。气候多样性使

① 中国当前的人口形势及发展战略的总体思路.中国网.http://news.runsky.com/2010-07/05/content_3632004.htm.

中国的生产作物和产品呈现多样化。

（二）转型时期的中国市场营销环境特点

（1）市场人口基数大。中国是一个人口大国，人口基数巨大。2015 年年末全国内地总人口 13.7 亿人。我国人口占世界的比重，从改革开放初期的 22%已经下降至 2010 年的 19%[①]。市场是基于人口的消费而形成的，因此，中国国内市场巨大。企业只要能满足国内消费者的某种需要就可长期生存。企业要关注中国国内人口的变化趋势和特点，如老龄化人口日益增长、出生率下降、需求多样化和复杂化等。

（2）稳健发展的经济及收入是保障。改革开放 30 多年来，中国已经是世界第二大经济体[②]。国家统计局发布了《2015 年国民经济和社会发展统计公报》[③]称，2015 年党中央、国务院团结带领全国各族人民，按照“五位一体”总体布局和“四个全面”战略布局的总要求，经济社会发展迈上新台阶。初步核算，全年国内生产总值 676 708 亿元，比上年增长 6.9%。全年人均国内生产总值 49 351 元，比上年增长 6.3%。全年国民总收入 673 021 亿元。全年居民消费价格比上年上涨 1.4%，其中食品价格上涨 2.3%。固定资产投资价格下降 1.8%。工业生产者出厂价格下降 5.2%。工业生产者购进价格下降 6.1%。农产品生产者价格上涨 1.7%。全年社会消费品零售总额 300 931 亿元，比上年增长 10.7%，扣除价格因素，实际增长 10.6%。全年全国居民人均可支配收入 21 966 元，比上年增长 8.9%，扣除价格因素，实际增长 7.4%；全国居民人均可支配收入中位数 19 281 元，增长 9.7%。

（3）法律滞后，导致市场机会与风险并存。由于中国的市场巨大，涉及的行业、产业、产品众多，在没有经验的基础上，中国市场管理秩序有些混乱，出现了假冒侵权现象，商业信誉和伦理严重缺失。这样的环境，使许多民营企业能找到不同的市场机会，对市场的整体发展有补益的作用。但企业风险加大，大企业甚至国际知名企业也有出现违规生产和经营。

（4）新技术、新需求促进新行业、新产业、新产品的不断涌现。随着生物技术、纳米技术和信息技术呈现群体性的技术突破，能源技术、环境技术、空间技术、海洋技术领域得到重视，新技术革命正对市场营销产生深远的影响。如上海世界博览会的许多场馆采用大量的环境节能技术。而新需求又促进大量的新产品的诞生。

（5）文化创意产业方兴未艾。中国是一个有五千年历史文明的国家，中华文化积淀厚重，加之民族众多，各地特色文化丰富多彩。如在福建省泉州市有许多特色的文化和习俗：音乐“活化石”南音、提线木偶、高甲戏、黎园戏、拍胸舞等，还有惠安女服饰、浔浦女头饰……

---

① 李晓宏.中国占世界人口比重降至 19% 老龄化趋势加快. 人民日报，2011-07-12.http://politics.people.com.cn/GB/1026/15130048.html.

② 钟啸.中国正式成为全球第二经济体. 新浪财经转自南方日报 .2011-02-15. http://finance.sina.com.cn/g/20110215/11189376423.shtml.

③ 中华人民共和国国家统计局.授权发布：中华人民共和国 2015 年国民经济和社会发展统计公报. 新华网. 2016-03-01. http://news.xinhuanet.com/2016-03/01/c_128763405.htm.

第三节 国际宏观市场营销环境

【案例链接】

阿凡达的中国营销传奇

2009年全球影坛因为一部《阿凡达》而备受瞩目，有报道称其购票队伍堪比春运。《阿凡达》内地上映13天，票房轻松破5亿美元；在刚结束的第67届金球奖上，收获最佳剧情、导演两项大奖；《黑暗骑士》7个月赚10亿美元，《泰坦尼克》3个月，《阿凡达》仅用了17天，该片总票房已达16亿美元。卡梅隆是一位善于创作奇迹的导演，《终结者》《泰坦尼克》和他名字连在一起的作品全部声名赫赫。卡梅隆更是一位营销专家。“世界票房神话《泰坦尼克》卡梅隆14年磨一剑”，如此耸动的话题一经放出，立刻引起铺天盖地的讨论。推迟上映、提前售票、场场爆满、一票难求……吊足了观众胃口。竞口相传的3D和IMAX效果、精彩的画面、逆市飞扬的票价、全球各地票房数字……

一个传播发源点，让信息迅速扩散，像病毒一样，无孔不入，这就是病毒营销精髓。这是新品上市引爆关注的最有效手段。卡梅隆说，“立体电影的时代已经到来。”这话极具煽动性和诱惑力。“新电影、新世界”，在IMAX影院前，《阿凡达》海报上赫然写着这六个字。有人说3DMAX的使用，就是为了将观众拉回电影院，《阿凡达》是这种技术完美的使用者，虽然不是鼻祖，但绝对可以称为教父。索尼、松下、IMAX公司，微软、Adobe等知名公司的加盟，《阿凡达》集合了几乎全部的先进技术：三维建模、数字高清、高速摄影、虚拟摄像、图像渲染以及合成等。时长160分钟的《阿凡达》，每帧画面平均耗费四万个人工小时，60%内容靠CG合成，40%靠演员演绎。后期制作的时间和成本占据了整部影片的70%以上。诱惑人心的高科技悬念，如不亲眼看见无法想象它的美丽和壮观，观影人如潮。

资料来源：http://video.sina.com.cn/ent/m/f/2009-08-21/000650498.shtml.

问题：《阿凡达》电影营销具备了哪些成功因素？为什么阿凡达能成为营销经典？

菲利普·科特勒指出，宏观环境是指影响企业微观环境中的人口统计学、经济、自然、技术、政治和法律、文化等各要素的强大社会力量①。

目前国际市场宏观环境与中国市场营销环境紧密相连，任何国际市场宏观环境各要素的变化都会对中国市场营销环境产生影响。由于中国生产的产品已远销到世界各地，国际市场宏观环境各要素的变化对企业的影响日益加深，对中国企业的生存发展会产生重要的作用。如国际金融危机使中国一大批企业出现出口困难，而欧美的债务危机也让许多涉外中国企业正遭受煎熬。因此，了解国际市场营销宏观环境各要素的情况和变化对中国的企业和营销者而言已显得十分重要。英国的弗朗西斯·布拉星顿提出了国际市场营销宏观环境要素有社会文化环境、经济和竞争环境、政治法律环境和技术革新环

---

① [美]加里·阿姆斯特朗（Gary Armstrong），菲利普·科特勒（Philip Kotler）. 何志毅改编. 市场营销导论（第7版）(*Marketing: An Introduction*)（7th Edition）. 北京：中国人民大学出版社, 2006：50.

境四个环境要素[①]，结合菲利普·科特勒的环境要素，本书的国际市场营销宏观环境要素见图 5-7。

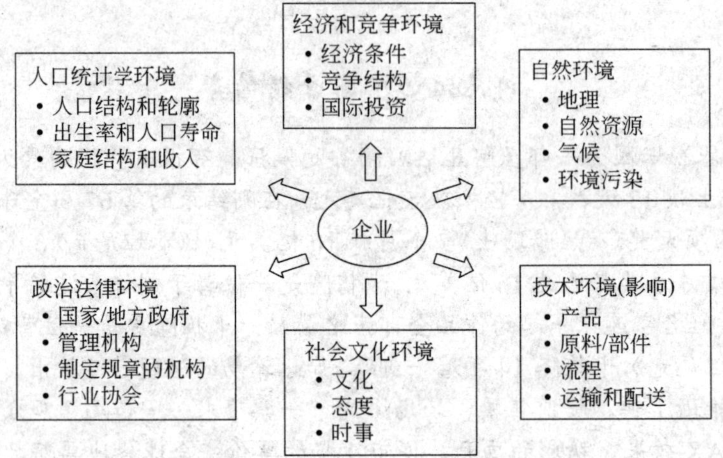

图 5-7　国际市场营销宏观环境要素

一、人口统计学环境

人口统计学（demographics）是研究人口的数量、密度、地点、年龄、身高、性别、种族、职业和其他统计特征的科学[②]。如人口统计学的出生率、人口寿命、家庭结构和家庭收入等因素会影响市场营销的需求量的变化。

有人的地方就有市场，因此，人口环境因素是企业首要考虑的因素。目前，世界人口第 70 亿个人已出生，世界人口的变化趋势对企业及其市场发展会产生重大的影响。人口环境因素决定着产品的未来需求及需求量，也决定着企业的生存和发展的空间及规模。随着人口规模的不断壮大，影响市场的主要人口环境因素有以下三个方面。

（1）世界人口结构和轮廓。世界人口迅速增长是一大趋势。据世界人口网报告，截至 2016 年 3 月 4 日，这个美丽的星球上一起生活着：72 亿 6 231 万人，到 2025 年将增加到 81 亿人，预计到 2050 年将达到 96 亿人。基于目前中印两国的生育制度和生育速度，根据印度的《世界人口展望》，印度人口数量将于 2028 年超过中国，两国人口都将为 14.5 亿人左右[③]。世界人口增长，消费市场必然扩大，人口对消费品的需求量必然上升。全球人口结构面临变化，原来全球人口结构是老人和孩子少，中青年多。而在接下来的 10 年里，全球人口又将面临很大变化。随着人口出生率下降，儿童数量日益减少，老龄化人口增加。全球人口结构和市场需求结构发生变化，使产品供给结构也随之发生变化。全球人口结构的变化及收入对全球市场产生重要影响。

---

① [英]弗朗西斯·布拉星顿（Frances Brassington），史蒂芬·佩提特(Stephen Pettitt). 裘大鹰等译.市场营销学（第 2 版,上册)(Principles of Marketing, 2th Edition).桂林：广西师范大学出版社,2001：52-53.

② [美]菲利普·科特勒（Philip Kotler），加里·阿斯特朗（Gary Armstrong）,[新]洪瑞云（Swee Hoon Ang），梁绍明（Siew Meng Leong），陈振忠（Chin Tiong Tan），谢贵枝（David K. Tse）. 何志毅等译. 市场营销原理(亚洲版)（*Principles of Marketing：An Asian Perspective*）.北京：机械工业出版社, 2006：74.

③ 印度人口数量将于 2028 年超过中国.世界人口网. 2016-03-15. http://www.renkou.org.cn/countries/yindu/2016/4931.html.

（2）人口出生率下降和人口寿命延长。发达国家的人口出生率下降，儿童数量日益减少，而老龄化人口国家日益增多。日本等国人口的绝对数量已经开始下降。中国在实行计划生育基本国策下，经过三十多年的努力，人口出生率已呈下降趋势。2015 年国家全面放开"两孩"政策，新生儿出生峰值可能在 2017 年到来。对未来有关儿童食品、儿童用品、儿童服装、儿童玩具等行业的发展前景乐观，需求量将有上升的趋势，企业应提前做好相关的准备。人口寿命延长，使许多发达国家已先后进入老龄化人口国家，老龄化人口已达到并超过总人口的 10%以上。企业应关注老年人所需要的产品，如老年人的医疗用品和保健用品、助听器、眼镜、旅游、娱乐等产品的市场需求量会相应增加。目前全球已有 50 多个国家进入老龄化社会，包括中国。许多发达国家为弥补劳动力不足、社会负担加重等问题，正努力采取一系列措施来解决问题，包括吸收新移民政策。

（3）家庭结构变小和人均收入增加。随着世界家庭规模日趋小型化，晚婚晚育人口增加，也使人均收入增加。家庭结构变小和人均收入增加，对促进家庭消费、提升消费水平和消费档次，增加购买的数量和质量有影响作用。

二、经济和竞争环境

全球经济环境错综复杂，常常"牵一发而动全球"，全球经济危机就是例证。世界经济论坛 2016 年年会在瑞士达沃斯-克洛斯特斯举行①。与会专家称，在全球化的世界中，人们无法避免系统性风险和自然风险，但在构建全球和各机构抵御风险的能力方面，却可以做得更好，这包括增强风险意识和对风险的预备、化解和应对能力。

（1）全球经济风险。全球经济主要的风险有以下几个方面。①宏观经济失衡的风险。全球金融危机源自于全球经济中较长期的结构薄弱性。②非法经济的风险。越来越多的脆弱国家、越来越猖獗的不正当贸易、有组织的犯罪和腐败构成了非法经济的风险。③经济增长面临资源限制的风险。世界在水资源、食品和能源等最基本资源方面受到了极大限制，人口数量及消费的增加和气候变化加剧了这一挑战。除上述三类主要风险外，据《2011 年全球风险报告》指出了五类需要关注的风险有：①网络安全。即控制信息的新领域，从黑客和大范围服务故障，一直到鲜为人知的国家网络战的可能性；②人口挑战：在资源有限的脆弱国家，人口增长可能会导致"人口集束炸弹"、暴力行为增多和国家崩溃；③资源安全。在商品、水资源和能源方面受到的限制会极大地抑制增长，并产生出冲突热点地区；④全球化退缩。随着经济不平等的加剧，反对全球化的风潮可能会破坏经济和政治一体化；⑤大规模杀伤性武器：在脆弱的世界中，这一风险格外令人担忧。第 46 届达沃斯世界经济论坛认为，世界经济可能的三个危机：欧洲难民危机、市场危机、原材料价格降为最低与经济增速放慢。

（2）全球经济增长形势影响。由于世界经济复苏面临重压，全球经济增长存在不确定因素，世界经济增长速度预计将比上年放缓，威胁经济复苏的风险仍然存在，特别是欧元区主权债务危机和新兴市场国家的各种泡沫风险等，因此，世界经济形势不容乐观。

---

① Stéphane Benoit-Godet，龚蕾翻译. 2016 年达沃斯世界经济论坛重点回顾.和讯网转自瑞士时报.2016-01-24. http://www.cs.com.cn/hw/03/201101/t20110131_2765349.html；http://www.letemps.ch/economie/2016/01/23/qu-faut-retenir-wef-2016.

如欧元区主权债务危机，直接影响了我国许多出口欧盟企业的订单和出口模式。

（3）国际目标市场的购买力。涉外企业还要考虑国际目标市场的购买力的情况。消费者或组织的购买力是构成市场和影响市场规模、容量大小的一个重要因素，而消费者收入、价格水平、储蓄、信贷等经济因素直接或间接地影响整个社会的购买力水平。

（4）全球竞争加剧。随着各种国际风险的增加，企业竞争环境日益恶化，竞争新手段不断涌现，加剧了各企业的国内外竞争成本。拥有强大的竞争能力是企业生存发展的需要。

三、全球自然环境

自然环境（或物质环境）是决定企业生存发展的关键要素。全球的自然环境差异性大，自然灾害不断发生，这对企业的产品生产或运输等产生影响。主要的影响要素有以下四个方面。

（1）地理环境。由于世界各国地理环境差异性大，所拥有的各自自然环境和条件各不相同，生产的产品特性不同。这使得国际市场的产品贸易有极大的发展空间，国际市场运作也带有更多的复杂性、全球性和本土性特点。

（2）自然资源。自然资源日益短缺表现为：土壤的沙化与退化；淡水越来越短缺；矿产资源加速耗竭；生物资源越来越少；物种灭绝的速度加快；清洁能源紧张等。自然资源日益短缺，越来越多地影响人们的物质生产和营销环境的变化。

（3）环境污染。环境污染十分严重，表现为：大量的水污染、空气污染、噪声污染等；垃圾数量增长惊人、垃圾处理管理复杂。环境污染已严重影响人们的生活及其购买观念、购买行为和消费习惯。

（4）气候。气候变化异常，全球变暖。由于人类的活动过度增加，许多人为因素导致全球气温上升，大量的冰山融化了，造成海平面上升，对沿海地带的人们的生活和工作产生影响。企业应根据气候来设计和营销产品。如西门子公司针对寒带和温带的区域，产生出不同转速的洗衣机，来满足不同市场的需要。

面对全球自然环境的持续恶化，各国政府及人们已认识到自然环境对人类生存发展的重要性。从 20 世纪 70 年代以来，世界各国政府采取各种措施来促进环境保护运动的开展，如限制气体排放、减少汽车使用量、增加绿化等，在世界范围内取得了一定的成果。特别是，倡导人与自然的和谐，提倡生产和消费绿色产品，促进绿色营销的发展。

四、技术环境

技术环境就是随着新技术的发展给人类社会或某些行业、企业造成新的市场机会，或对某个行业或企业造成技术环境威胁，使某些旧行业受到冲击、被取代甚至被迫退出市场的环境。

【营销链接】

谷歌围棋人工智能 AlphaGo 战胜了人类顶尖棋手

北京时间 2016 年 3 月 15 日下午消息，谷歌围棋人工智能 AlphaGo 与韩国棋手李世石进行最后一轮较量，AlphaGo 获得本场比赛胜利，最终人机大战总比分定格在 1:4。首场人机大战结束后，AlphaGo 之父、DeepMind 联合创始人德米斯·哈萨比斯表示，人工智能的下一步目标是让计算机自己学棋。也就是说，下个版本的 AlphaGo 将从零开始，不接受人类的灌输的特定知识，做到真正的自主学习。

尽管 AlphaGo 目前只是个下围棋的系统，但哈萨比斯认为，一些基本原理也适用于解决现实世界问题。谷歌母公司 Alphabet 董事长埃里克·施密特说："我并不认为，有什么领域是这一技术不适用的。"他列举了谷歌传统的搜索和广告业务、无人驾驶汽车，以及医疗健康部门 Verily。"对我而言，这一技术将会被用在 Alphabet 的每家公司中。"AlphaGo 战胜了人类顶尖棋手，这不禁让人们感到失望与担心。而施密特在赛前向大众解释以消除疑虑："无论最终结果是什么，赢家都是人类。"

资料来源：边策. AlphaGo 最终局战胜李世石 人机大战总比分 1:4. 新浪科技. 2016-03-15. http://tech.sina.com.cn/it/2016-03-15/doc-ifxqhmvc2486669.shtml.

三十多年的新技术革命，已经给全球市场带来翻天覆地的变化。特别是微型计算机和信息技术、人工智能、核技术、新生物技术、新材料技术、空间技术、新能源技术和新海洋技术等，在淘汰旧技术和行业的同时，也产生了许多新产品、新行业和新职业，如人工智能、物流及配送、网络维护、电子商务、新技术培训、新工具维修、计算机教育、信息处理、自动化控制、光导通信、遗传工程、海洋技术等。新技术是一种"创造性的毁灭力量"，已给汽车制造及维护业、饮食业、旅游业、航空公司、旅馆业、日托业等行业创造了新的市场机会。

五、政治和法律环境

政治和法律环境主要是由法律、政府机构和社会上对各种组织和个人施加影响和制约的压力集团所构成，包括政府的政策和法规，以及各种政治团体对企业活动所采取的态度和行动等①。

【营销链接】

习大大影响世界的 7 天

2015 年 9 月 22 日—28 日，短短 7 天，世界刮起"中国风"。对中美两国以及世界来说，这是非同寻常、意义深远的 7 天，这 7 天碰撞交流出的火花和共识，将会深刻地影响和改变着世界。中美在政治、经贸、人文、气候变化、科技、执法、防务、航空、基础设施建设等领域达成 49 项重要共识。当专机离开美国、启程回京的那一刻，一切才刚刚开始。

资料来源：陈广江. 习大大影响世界的 7 天. 中国网观点中国转自光明网. 2015-09-30. http://opinion.china.com.cn/opinion_83_138383.html.

---

① ［美］菲利普·科特勒，梅清豪译. 营销管理（第 11 版），上海：上海人民出版社，2003：190；梅清豪，林新法，陈洁光等. 市场营销学原理.北京:电子工业出版社,2001:88.

一个国家政治稳定是大多数企业顺利进行营销活动的基本前提。如近年来中东地区的政局动荡、战事频繁，导致各中东国家生产石油的价格波动严重，对许多国家的经济及汽车等能源行业产生全球性的影响。此外，政府对国际市场开放及外国投资的政策和态度，也直接影响到企业的生存和发展。

法律环境是由一个国家人们的法律意识形态及其与之相适应的法律规范、制度、组织机构、设施所构成。法律的制定、执行对规范人们的生产、生活和商务等活动产生重要的影响，也是调整社会中的人的各种法律和社会关系的工具。尽管中国已颁布了许多经济类法规，如《经济合同法》《企业法》《商标法》《广告法》《消费者权益保护法》《环境保护法》等，但随着网络购物、团购等新业务的大量出现，我国在一些新领域暂时还没有法律规章来约束商家及相关业务的发展，出现了许多法律真空地带。法律规定也影响人们的道德发展走向，制定全面和完善的法律规定，建立良好的环境，对促进我国的经济和社会发展非常重要。

中国消费者协会于 1985 年 1 月在北京成立。它不仅宣传了国家的经济（及消费）的方针政策，引导政府和个体消费导向，而且协助政府主管部门研究和制定保护消费者权益的立法，调查消费者对商品和服务的意见与要求。“12315”还接受消费者对商品和服务的质量、价格、卫生、安全、规格、计量、说明、包装、商标、广告等方面的投诉，帮助消费者维护自身的权益。

【营销链接】

12315 为消费者挽回经济损失 18.6 亿元

国家工商总局首次发布的《全国工商系统消费者权益保护报告》显示，2015 年，工商依托 12315 平台受理消费者诉求 777.8 万件，为消费者挽回经济损失 18.6 亿元。工商总局立案查处涉嫌垄断行为案件 12 件，涉及电信、供水、医药、燃气、供电、保险、广播电视、盐业等社会关注的热点行业和公用领域。其中，经工商总局授权，内蒙古自治区工商局对中国移动内蒙古有限公司和中国联通内蒙古有限公司搭售、手机上网套餐流量月末清零等垄断行为进行调查处理，当事人主动整改承诺，取消了流量套餐月末清零行为，维护了消费者利益。

资料来源：蔺丽爽. 12315 为消费者挽回经济损失 18.6 亿元. 北京青年报. 2016-03-16. http://www.ce.cn/cysc/newmain/yc/jsxw/201603/16/t20160316_9519785.shtml.

此外，世界各国不同的法律体系影响国际市场的商务活动和纠纷的处理，对国际市场的运作有重要的作用。

六、社会文化环境

【案例链接】

零售外资：中国的水土不服

2014 年 5 月 29 日，华润万家在官网发布了《关于华润创业有限公司与 TESCO 成立合资公司之公告函》，宣布其母公司华润创业有限公司与乐购TESCO签署的合资协议已获中国相关政府机构批准，双方将成立合资公司，其中，华创持股80%，乐购持股20%。至此时，历时9个月后，堪称至今中国零售业最大的并购案终于有了结果。从品牌知名度、美誉度以及世界范围内的影响来看都不亚于华润万家的乐购TESCO，将在华隐退。其在华苦苦经营了10年的乐购品牌，将彻底从消费者的视野中消失。

不光是乐购TESCO，包括沃尔玛、家乐福在内的零售外资巨头在华业绩也是十分惨淡，零售外资不服中国的水土而连续关店早已不是新闻了，退一步来讲，即使是本土零售企业在中国外围经济下滑的大背景下，日子过得也是艰难万分。面对快速变化的中国零售市场，乐购TESCO不是第一家选择撤离中国市场的外资零售企业，也绝不会是最后一家。

资料来源：改编自孙文涛.乐购“且行且远” 外资零售企业的中国之殇. 搜铺资讯网. 2014-07-08. http://www.soupu.com/news/592342.

社会文化环境，主要是由一个国家人们对事物的一种较稳定的态度和看法、信仰和价值观念、行为和道德规范、生活方式、文化传统、人口规模与地理分布以及社会结构、社会风俗和习惯等所构成。社会文化环境能够影响人们的各种欲望和商业行为，如企业和顾客的欲望和购买行为。

社会文化环境是影响企业和顾客的市场营销决策行为的最复杂、最深刻、最重要的变量。社会文化是人类在长期的社会发展历史中所形成的，它由特定的语言、教育状况、价值观念、行为方式、道德规范、审美观念、宗教信仰及风俗习惯等构成，影响着人们的消费观念、消费倾向、需求欲望及特点、购买行为和生活方式，对人们的情感模式、思维模式和行为模式起决定的作用，对企业和顾客的营销决策行为产生直接影响。

思　考　题

1. 企业市场营销环境有哪些特点？分析市场环境有何重要意义？
2. 企业微观市场由哪些方面构成？各有什么特点？
3. 企业宏观市场由哪些方面构成？各有什么特点？
4. 市场环境分析的方法有哪些？请试用其中某一种方法剖析一个现实例子。
5. 企业应如何评价市场机会？

子燕公司的华丽转身

子燕轻工有限公司创建于1988年，其根基牢固，实力雄厚，现有员工2 000余人，厂房建筑面积13万平方米，拥有先进的生产车间和生产设备，形成专业化的生产系统。主要产品包括：购物袋、冰袋、旅行袋、学生包、腰包、公文包及各类文具笔盒、各式男女拖鞋、童鞋、EVA鞋及童装系列等，产品具有质优、美观、大方、时尚、新颖等特点，畅销东南亚、欧美、非洲等国际市场，在省内外、海内外均享有较高的知名度和美誉度。获国家认证产品专利二十几项，还获得“中国箱包强势品牌”“中国箱包十二强”“福建省国际知名名牌”等几十项荣誉，二十多年来为迪士尼、芭比娃娃、蜘蛛侠、哆啦A梦等世界知名动漫品牌从事加工生产，现积累了丰富的动漫衍生产品的研发与生产经验。

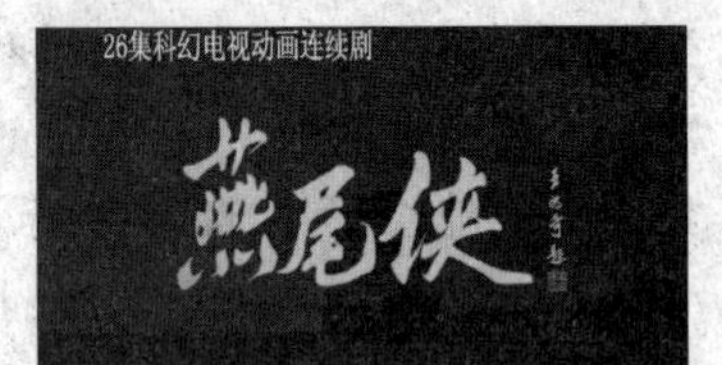

福建省子燕动漫科技有限公司成立于 2008 年，是一家从事动漫策划、制作、发行、版权经营（拥有自主知识产权与卡通形象版权）、衍生产品开发与销售的综合性高科技企业。拥有“燕尾侠”与“KOKO CAT”自主动漫品牌。公司与上海美术电影制片厂联合摄制的 26 集大型科幻系列动画片《燕尾侠》，于 2011 年暑假在中央电视台少儿频道首播。子燕动漫第一次投资拍摄动画片，就取得了可喜的成绩：《燕尾侠》不仅成为国家广电总局推荐的 2011 年第一批优秀国产动画片，也是泉州第一部获得国家级认可的自有知识产权动画片。《燕尾侠》与《可可乐乐》系列动画片的问世，不仅是子燕动漫打造自主动漫品牌的关键点，更是其母公司——泉州子燕轻工有限公司进行产业升级和二次创业、实现文化增值的转折点。

在国家大力推动文化创意产业发展的政策下，公司决定进军动漫行业，走创品牌之路，实现从“中国制造”到“中国创造”质的飞跃。为此，公司制定了宏伟的战略目标，成立了动漫衍生产品研发中心，组建了五个工作室，涵盖服装、鞋帽、文具、箱包、新媒体等领域。福建省子燕动漫科技有限公司将文化创意与传统产业的转型升级结合在一起，得到了各级政府的关注和支持。事实证明，动漫与产业嫁接的方法是可行的。目前，福建省子燕动漫科技有限公司有《燕尾侠》《燕尾侠之重装出击》《可可乐乐之童趣乐园》及《可可乐乐之夺星乐园》四部动画片已经成功在海内外发行，可可乐乐第三季《可可乐乐之奇幻乐园》制作完毕，第四季《可可乐乐之安吉乐翻》正在制作当中。

资料来源：根据子燕轻工有限公司和福建省子燕动漫科技有限公司提供资料改写，http://fjsqzzyq.cn.china.cn/.

问题：

（1）子燕公司为何要转变产品的发展方向？

（2）子燕公司运用了哪种发展战略？

（3）子燕公司的这种发展和创新，将会出现怎样的公司发展前景和困难？

【实训目标】

结合实际内容，深刻了解和认识市场营销环境对市场营销活动的影响。

【实训内容和要求】

场景：同学们分成 5~6 人组成一个小组，到市场或超市中察看营业员和顾客之间的不同因素的影响情况。

【实训效果评估】

同学们根据所观察到的营销环境要素的影响情况进行课堂汇报。老师或同学们对报告小组关于市场营销环境理论的认识程度、掌握程度、理解程度及在现实生活中应用的程度进行打分评价。评价标准如下，每项各 5 分，加总为总成绩。

实训内容	认识程度	理解程度	掌握程度	应用程度	总分
环境要素					
环境影响					
影响程度					

[1] [美]菲利普・科特勒（Philip Kotler）， 加里・阿斯特朗（Gary Armstrong）等. 何志毅等译. 市场营销原理（亚洲版）（*Principles of Marketing: An Asian Perspective*）. 北京：机械工业出版社，2006.

[2] [美]菲利普・科特勒（Philip Kotler），加里・阿斯特朗（Gary Armstrong），[新]洪瑞云（Swee Hoon Ang），梁绍明（Siew Meng Leong），陈振忠（Chin Tiong Tan），谢贵枝（David K. Tse）.何志毅等译. 市场营销原理（亚洲版）（*Principles of Marketing：An Asian Perspective*）. 北京：机械工业出版社，2006.

[3] [美]菲利普・科特勒，梅清豪译. 营销管理（第 11 版）， 上海：上海人民出版社，2003.

[4] [美]加里・阿斯特朗（Gary Armstrong），菲利普・科特勒（Philip Kotler）. 何志毅改编. 市场营销导论（第 7 版）（*Marketing: An Introduction*）（7th Edition）. 北京：中国人民大学出版社，2006.

[5] [英]弗朗西斯・布拉星顿（Frances Brassington），史蒂芬・佩提特（Stephen Pettitt）. 裴大鹰等译. 市场营销学（第 2 版，上册）（*Principles of Marketing*，2th Edition）. 桂林：广西师范大学出版社，2001.

[6] [美]里查德・黑斯（Richard T. Hise），彼得・吉利特（Peter L. Gillett），约翰・瑞恩斯（John K. Ryans）. 韩佩璋，胡士廉译. 市场营销原理与决策（*Basic Marketing Concepts and Decisions*）.北京：机械工业出版社，1983.（1979 by Winthrop Publishers，Inc. ）

[7] [美]迈克尔・R. 索罗门，戈雷格・W. 马歇尔，爱诺拉・W. 斯图尔特. 何伟祥,熊荣生等译. 市场营销学原理（第 4 版）. 北京：经济科学出版社，2005.

[8] 梅清豪， 林新法， 陈洁光. 市场营销学原理. 北京：电子工业出版社，2001.

[9] 郭国庆. 市场营销学通论（第 4 版）. 北京： 中国人民大学出版社，2009.

[10] 吴健安. 市场营销学（第 3 版）. 北京：高等教育出版社，2007.

[11] 顾国祥，王方华. 市场学（第 1 版）. 上海：复旦大学出版社，1995.

[12] 福建新华都购物广场股份有限公司收购资产公告. 中国证券报. 2009-06-27. http://news. 163.

com/09/0627/15/5CQUQSHK000120GR. html.

[13] 中国当前的人口形势及发展战略的总体思路. 中国网. http://news. runsky. com/2010-07/05/content_3632004. htm.

[14] 李晓宏. 中国占世界人口比重降至 19% 老龄化趋势加快. 人民日报，2011-07-12. http://politics. people. com. cn/GB/1026/15130048. html.

[15] 央行副行长：中国实际已是世界第二大经济体. 新浪财经. 2010-07-30. http://finance. sina. com. cn/roll/20100730/16148396001. shtml.

[16] 刘宇鑫. 国家统计局：2010 年全国城镇居民人均可支配收入增 7.8%. 人民网，中国网络电视台. 2011-03-01 http://news. cntv. cn/20110301/106562. shtml.

[17] 联合国报告预计下周一全球人口将达到 70 亿人. 2011-10-27. http://news. qq. com/a/20111027/000131. htm.

[18] 联合国：统计显示，全球人口增势放缓. 天健网综合. 2010-07-05. http://news. runsky. com/2010-07/05/content_3631999. htm.

[19] 李雪艳. 2011 年世界经济形势不容乐观. 中国保险报. 2011-01-31. http://www. cs. com. cn/hw/03/201101/t20110131_2765349. html.

[20] App Annie 收购市场数据公司 AppScotch.it168 网站.2016-03-15. http://mobile.it168.com/a2016/0315/2530/000002530564.shtml.

第六章

市场分析

原理要点

- 消费者市场特点
- 消费者购买行为分析
- 组织市场行为分析

对市场购买者行为的分析是营销管理的核心内容，也是一切营销活动得以顺利开展的逻辑起点。市场购买者千千万万，购买者行为复杂多变，千差万别，为了保证购买者的基本利益和购买者需求的满足，必须认真研究市场购买者的行为。根据购买者的任务、目的和特点划分，市场可划分为消费者市场、中间商市场、产业市场、政府采购市场与非营利组织市场，后四类市场又统称为组织市场。同样是购买商品的行为，消费者市场与组织市场在购买动机、购买特点、购买方式和购买决策过程上都存在着一定的差异。

打开“购买者黑箱”(Black box)

为了了解顾客所追求的净价值，就需要对顾客的行为进行分析，即打开“购买者黑箱”。所谓“购买者黑箱”，即市场营销学中的“刺激—反应”模式（S-R 公式）。为研究消费者购买行为，专家们建立了这一模式来说明外界营销环境刺激与消费者反应之间的关系。“购买者黑箱”由两部分组成：其一为购买者特征，它会影响购买者对外界刺激的反应；其二是购买者的决策过程，它影响购买者的最终决定。

27 岁的宁檬发现自己与 22 岁的强仔已经存在“代沟”。作为一名普通白领，宁檬刚刚结婚，正在为第一套房子还贷，准备攒钱买车，喜欢在商场打折时购物；而收入只有她一半的强仔，却非 ESPRIT 和 JACK&JONES 等品牌不买，脚上是 800 元以上的 NIKE 鞋，换了五六部手机。

强仔花在网络上和电视上的时间一样多，他不拒绝广告，爱看偶像剧和大片，排斥一切文艺片和历史剧、政治剧。他和父母同住，但经济上独立，每逢假期便安排出游计划。虽有好几张银行卡，但属“月光一族”；尽管老是缺钱，但他并没有太强的储蓄意识。

宁檬的困惑是：“我也许比强仔更有经济实力，但广告商更青睐我还是他？”他的答案是：“商家的希望也许只能寄托在强仔这样的人身上了。”

资料来源：打开“购买者黑箱”是营销关键. 威龙商务网. 2012-07-27. http://news.vlongbiz.com/trade/2012-07-27/1343357860d2013608.html.

问题：

（1）针对强仔这一代人的消费观念和行为，您认为如何才能打开他们的“黑箱”？

（2）如何迎合、满足购买者的需求？

第一节 消费者市场分析

一、消费者市场概念

消费者市场又称最终产品市场，是指个人或家庭为了生活消费而购买、租用产品或服务的市场[①]。现代市场营销的口号是“消费者至上”、“消费者是上帝”。因此，一切企业，无论是生产企业还是商业、服务企业，也无论是否直接为消费者服务，都必须研究消费者市场。因为只有消费者市场才是商品的最终归宿，即最终市场。其他市场，如产业市场、中间商市场等，虽然购买数量很大，常常超过消费者市场，但其最终服务对象还是消费者市场，仍然要以最终消费者的需要和偏好为转移。即使从来不与消费者直接交易的企业，如制造厂商、批发商等，也必须研究消费者市场。在这个意义上，可以说消费者市场是一切市场的基础，是最终起决定作用的市场。例如，纺织厂生产的产品，一般不直接卖给消费者，而以服装厂或中间商为主要市场，但也必须认真研究最终消费者的需要，以消费者的需要为依据来制订营销方案。因此全面动态地了解消费者需求，掌握消费者市场的特征及其发展趋势是企业生存与发展的重要前提。

二、消费者市场特点

消费者需求由于受多种主观和客观因素的影响而呈现出多样性。但从总体上看，各种需求之间又呈现某些共性、某些一般特性即消费者市场需求的特点。这些特点主要表现在如下几个方面。

（一）需求的分散性

从交易的规模和方式看，消费品市场购买者众多，市场分散，购买频率较高，但每次购数量较少，绝大部分产品和服务都通过中间商购买。因此面向消费者市场的企业应特别注意分销渠道的选择、设计及管理。

---

① 郭国庆. 市场营销学概论.北京：高等教育出版社，2008.

（二）需求的差异性

消费者市场的购买者是受众多不同因素影响的个人或家庭，因此消费需求呈现较大的差异性、多样性。随着消费购买力的不断提高，人们会更加注重个性选择、个性消费，需求差异有不断扩大的趋势。企业要在市场细分的基础上慎重选择目标市场，并准确地为自己的产品定位，有效地满足目标顾客的消费需求。

（三）需求的多变性

随着时代变迁，科技进步，经济收入的提高，消费者的需求会经历一种由低到高，由粗到精的发展过程。特别是由于科学技术的迅猛发展，新产品层出不穷，产品生命周期日益缩短，连同市场竞争的加剧，导致消费者需求愈加多样化。因此，企业营销人员必须注意研究消费者市场需求，并预测其变化趋势，从而提高企业的应变能力和竞争能力。

（四）需求的相关性

消费者的不同需求具有相互关联、补充、替代的关系。这些关系包括三种情况：第一，彼此独立，不能互补或替代的需求，如衣服和彩电，这两类商品彼此独立；第二，彼此联系，相互补充的需求，如汽车与汽油是关联互补品，其需求具有同向性，即汽车的需求增加，汽油的需求也增加；第三，彼此可以替代的需求，如白酒和啤酒是替代品，其需求具有反向性，即白酒的需求增加，则对啤酒的需求可能就减少。

（五）需求的可诱导性

消费品市场的购买者购买商品时大多数是外行，即缺乏相应的产品知识和市场知识，其购买行为属于非专业性购买。而且受广告宣传等营销因素的影响，消费者的购买行为往往具有自发性、感情冲动性。也就是说消费者的购买行为具有较大程度的可诱导性和可调节性。因此，企业营销者不仅要适应和满足需求，而且可以通过人为地、有意识地给予外部诱因或改变环境状况来诱使和引导消费者的需求朝着企业预期的目标发生一定的转移和变化。

> **【问题讨论】** 电子商务通过网络将消费者带入一种全新的交易环境，你能描述网络购物者的消费行为有什么特征吗？

第二节　消费者购买行为分析

市场营销学研究消费者市场，核心是研究消费者的购买行为。消费者购买行为是指消费者为获取、使用、处置消费物品或服务所采取的各种行动，包括先于且决定这些行动的决策过程。①

一、消费者购买行为的影响因素

消费者的购买行为要受到许多因素的影响和制约，主要包括文化因素、社会因素、个人因素和心理因素。见图 6-1。

文化因素	社会因素	个人因素	心理因素
文化 亚文化 社会阶层	参照群体 家庭 社会角色与地位	年龄和生命周期阶段 职业与经济状况 个性及自我概念 生活方式	动机 知觉 学习 信念与态度

图 6-1 影响消费者购买行为的因素

（一）文化因素

1. 文化

文化是一个复合体，包括为某一社会或某一群体所共同拥有并代代相传的价值观、信念、道德、规范、习俗等。文化具有历史的继承性、阶段性、民族性、地区性、多样性、发展性等特征。每个人都是在一定的社会文化环境中成长的，通过家庭和其他主要机构的社会化过程学到和形成了基本的文化观念。这种文化观念对消费者的行为具有最广泛和最深远的影响。文化不仅影响人们对特定商品的购买，还作用于消费者信息收集和价值判断，即文化以多种方式作用于个人购买决策。虽然商家可以通过广告、促销等策略来影响这一阶段，但这种文化的力量是难以改变的，至少在短期内如此。②譬如西方文化强调自由、平等、独立、追求成就感与成功，讲究效率和实用主义，而东方文化强调的是仁爱、信义、集体精神、智慧、诚实、忠孝等。

2. 亚文化

每种文化都包含小的亚文化（subcultures），亚文化又称小文化、集体文化或副文化，是指某一文化群体所属的次级群体的成员共有的独特文化信念、价值观和生活习惯。

目前，国内外营销学者普遍接受的是按民族、宗教、种族、地理、性别、年龄等人口统计特点来划分亚文化的分类方法。以此分类方法划分出的亚文化群包括：民族亚文化群、宗教亚文化群、种族亚文化群、地理亚文化群、性别亚文化群、年龄亚文化群等。当一种亚文化大到有足够影响力时，公司通常要设计特别的营销计划来为之服务。

3. 社会阶层

社会阶层也称社会分层，是社会学家根据财富、职业、权力、知识、价值观和居住区域对人们进行的一种社会分类，是按层次排列、具有同质性和持久性的社会群体。社会阶层具有以下特点：①同一阶层的成员具有类似的价值观、兴趣和行为，在消费行为

---

① Engel J F，Blackwell R D，Minard P W. Consumer Behavior. New York: The Dryden Press,1995.4.

② 郭国庆. 市场营销学概论. 北京：高等教育出版社，2008.

上相互影响并趋于一致。②人们以自己所处的社会阶层来判断各自在社会中地位的高低。③一个人的社会阶层归属不仅仅由某一变量决定，而是受到职业、收入、教育、价值观和居住区域等多种因素的制约。④人们能够在一生中改变自己的社会阶层归属，既可以迈向高阶层，也可以跌至低阶层。这种改变的程度取决于社会阶层是否僵化。

消费者往往会把产品的品牌和服务与特定的社会阶层联系。诸如服装、家具、娱乐活动和汽车等领域，各社会阶层显示出不同的产品偏好和品牌偏好。在媒体的选择方面，各阶层也不同，上层消费者偏爱书籍杂志，下层消费者爱看电视。即使在同一媒体上，如电视，每一阶层的偏好也各自不同，上层消费者喜欢看新闻和戏剧，而下层消费者喜欢看肥皂剧和体育节目。此外，各阶层使用的语言也有差别，广告商们为迎合目标阶层消费者要求，而不得不制作和撰写更有针对性的文案和对话[①]。

（二）社会因素

消费者的购买行为同样也受到一系列社会因素的影响，如参照群体、家庭、社会角色与地位等。

1. 参照群体

参照群体（reference groups）是指个体形成消费决策时，对其看法和行为有直接或间接影响的个人或群体。通常参照群体包括成员群体和非成员群体。成员群体（membership groups）指个人是其成员的参照群体。成员群体的成员一般对群体影响持有肯定态度。根据成员群体的互动作用和接触频率可分为主要群体（primary groups）和次要群体（secondary groups）。主要群体指那些关系密切经常发生相互作用的非正式群体，如家庭成员、亲朋好友、邻居与同事，这类群体对消费者的影响最强。次要群体，指较为正式但日常接触较少的群体，如宗教组织、专业协会和同业组织等。这类群体对消费者的影响强度仅次于主要群体。

非成员群体指个人不是其成员的参照群体。非成员群体又包括热望群体和回避群体。热望群体（aspiration groups）是指一个人热切希望加入，并追求心理上认同的群体。例如，周杰伦代言的中国移动的动感地带品牌，外表冷酷的周杰伦一句广告语“我的地盘我做主”就打动了那些处于叛逆期，渴望自由的年轻人的心。回避群体（avoidance groups）是指消费者不愿意与之发生联系，想与之划清界限的非成员群体。为做到这点，消费者会通过避免选择某些产品和品牌，表明他们不是什么样的人。如可口可乐曾经聘请超女歌星李宇春来代言，销量却急剧下降。为什么出现这种情况？原来走中性路线的李宇春只受到一些女性的喜爱，而在可口可乐目标消费群体中占大多数的男性却不喜欢她，甚至规避她，就不愿意选择可口可乐，所以可口可乐选错了代言人。

参照群体对消费者购买决策的影响体现在三个方面：信息性影响、功利性影响、价值性影响。①信息性影响指个人将参照群体成员的行为、观念、意见作为指导行为的信息来源，从而在其消费行为上产生影响。信息性影响通过两种途径实现：个人从其他人

---

① [美]菲利普·科特勒，凯文·莱恩·凯勒. 王永贵等译. 营销管理（第13版）. 上海：格致出版社，上海人民出版社，2009.

那里获取信息，或是通过观察其他人的行为作为有用的参考。研究发现，大部分人进行购物选择时并不会使用太多的途径去了解产品，而是依赖于一些小范围的、相对固定的信息来源，如家人、朋友、广告等。信息性影响是形成消费者购买行为的基础。②功利性影响，反映为个人遵从参照群体期望进行消费选择，以获取群体赞赏和避免惩罚的行为；赞赏和惩罚可以是有形的，也可以是心理上和社会上的结果。功利性影响作为一种必需的群体规则和社会标准施加于人们的消费方式，使人们的一部分消费选择不是出于个人喜好，而是遵循所归属群体或所属阶层的消费习惯来进行选择，以回避不合时宜的社交表现。③价值性影响，指个人渴望通过与参照群体相联系或相一致，从而自觉遵循或内化参照群体所具有的信念、价值观，以提升自我形象。个人往往通过仿效相似的物品消费来体现自己所需的文化内涵[①]。

【问题】　参考群体可能影响下列哪些产品或品牌的购买？

A. 洗涤剂　　B. 洗发水　　C. 汽车　　D. 手机

受到参照群体影响极大的产品和品牌，营销人员就必须想办法去接触和影响有关相关群体中的意见领袖。意见领袖（opinion leader）是指在有关产品的非正式沟通过程上，会对一个特定的产品或产品种类提供意见或信息的人，例如，他会指出哪些品牌是最好的，或某个产品如何使用等。营销人员试图通过认识并掌握与意见领袖有关的一些人口统计与心理统计方面的特征，确定他们经常接触的媒体，直接将信息传达给这些意见领袖。

2. 家庭

家庭是社会上最重要的消费与购买单位，家庭成员对消费者的购买行为起着直接和潜意识的影响。对消费者购买行为的影响，在不同类型的家庭中是有区别的。从家庭权威中心点的角度来划分家庭类型，可分为四类。①丈夫决定型：家庭购买决策权掌握在丈夫手中。②妻子决定型：家庭最终决策权掌握在妻子手中。③各自做主型：每个家庭成员都有权相对独立地做出有关自己的决策。④共同决定型：大部分决策由家庭各成员共同协商做出。

从所购商品的因素来划分：对于不同的商品，家庭成员发挥的作用也不同。如家庭食品、日用杂品、儿童用品、装饰用品等，女性影响作用大；五金工具、家用电器、家具用具等，男性影响大；价格高昂、全家受益的大件耐用消费品，文娱、旅游方面的支出，往往共同协商。家庭中孩子可以在家庭购买特定类型产品的决定上产生某些影响，如对购买点心、糖果、玩具、文体用品等商品就有较大影响。在我国当今的城市家庭中，妻子与丈夫有平等的经济收入，她们既工作，又承担了更多的家务，家庭经济多为她们控制，家庭的大部分日用品及耐用消费品大多在她们的影响下购买，这在城市家庭中已成为很普遍的现象。企业了解家庭消费中每一成员的不同作用，可以有针对性地进行促销宣传，制定相应的推销策略，减少促销的盲目性。

---

① 于春玲，赵平，杜伟强. 参照群体类型与自我—品牌联系. 心理学报. 2009，(02).

3. 社会角色与地位

社会角色是指个人在群体、组织及社会中的地位和作用。一个人在不同的场合担任不同的角色，具有不同的社会地位，因而有着不同的需要，购买不同的商品。例如，李先生是一家计算机公司的销售经理，在父母眼里他是儿子，在妻子面前是丈夫，在女儿面前是父亲，在公司是销售经理。李先生的每一种角色都将在某种程度上影响他的购买行为。企业如能把自己的产品或品牌变成某种身份或地位的标志或象征，将会吸引特定目标市场的顾客。当然，人们以何种产品或品牌来表明身份和地位会因社会阶层和地理区域的不同而不同。

（三）个人因素

消费者购买决策也受其个人特性的影响，特别是受其年龄所处生命周期阶段、职业、经济状况、生活方式、个性以及自我观念的影响。

1. 年龄和生命周期阶段

消费者的年龄会对消费者行为产生明显的影响。不同的年龄有不同的需求和偏好，每个人的食、穿、住、行、娱各方面的需求都是随年龄的变化而变化的。每个人在一生当中都会经历一些“转变”与“转换”。营销人员应考虑到人生大事或重大变迁，如结婚、生子、患病、搬迁、离婚、职业生涯改变、孤寡等都会导致新的需求。这些都能提醒服务提供者，如银行、律师、婚介、职业介绍所、丧葬机构等应对他们提供协助。[①]现在不少产品和服务通常只吸引某个特定年龄段的人群。但是还需注意的是，现代社会信息扩散范围与影响力惊人，使得不同年龄段的人群在信息获取、心态和行为上趋同，年龄界限逐渐模糊难分。因此，营销人员不仅应注意消费者的生理年龄，更应关注其心理年龄。

与消费者年龄关系较为密切的是家庭生命周期。因为年龄、婚姻状况、子女状况的不同，可以划分为不同的家庭生命周期，在生命周期的不同阶段，消费者的行为呈现出不同的主流特性。①未婚期阶段。单身的青年人。消费支出以服装、娱乐为主，追逐时尚，是新产品促销的重要目标市场。②新婚期阶段。年轻没有子女的年轻夫妻。这是人生一个消费高峰期，购买产品种类多，是住房、家用电器、家具、服装等单价较高耐用消费品的主要购买者。在我国，购买上述消费品的经济来源，有很大一部分是父母多年的储蓄。③“满巢”Ⅰ阶段。年轻夫妻，家中有一个 6 周岁以下的孩子。在这个时期孩子的启蒙教育、营养开支较大，常常感到购买力不足，对新产品感兴趣并倾向于购买有广告的产品。④“满巢”Ⅱ阶段。年轻夫妻，有一个 6 岁以上的孩子，家庭经济状况较好，孩子的教育支出逐渐增多，倾向购买大规格包装的产品，有自己喜爱的品牌产品。⑤“满巢”Ⅲ阶段。中年夫妻，有经济未独立的子女。这是一个家庭经济状况最好的阶段。消费习惯稳定，可能购买富余的耐用消费品。⑥“空巢”Ⅰ阶段。未满 60 周岁的中年夫妻。子女经济独立，大部分已组成自己的新家庭；夫妻二人经济条件较好，是旅游产品、保健品的主要购买者。⑦“空巢”Ⅱ阶段。年龄在 60 岁以上的老年夫妻。消费支出主要在医疗保健方面，经济条件好的家庭外出旅游增多，因此这个阶段的家庭是旅行

---

① Frederick Herzberg. Work and the Nature of Man. Cleveland:William Collins,1966.

社的重点目标市场。⑧鳏寡期。单身独居的老人。消费支出主要是医疗保健品、健身器材。单身老人再婚问题、护理问题是值得我们社会关注的重点工作之一。

2. 职业与经济状况

不同职业的消费者扮演着不同的社会角色，承担并履行着不同的责任和义务，对商品的需求和兴趣也各不相同。普通工人与农民、公司职员与高校教师需求有许多方面的不同。因此，营销人员有必要对各种不同职业群体的需求进行深入的调查研究，以选择产销或提供专门适合某职业群体的产品及服务。

经济状况是人们购物的基础，它对人们的购买决策有着重大影响。所谓经济状况，包括个人可支配收入、储蓄和资产、债务、借款能力、对支出与储蓄的态度等。由于个人的经济状况对购买行为有极大的影响。因此生产经营那些对于收入反应较敏感的产品的企业，应该经常注意消费者个人收入、储蓄及存款利率的变化。像 Gucci、Prada、Burberry 这样的奢侈品制造商在经济衰退时是很脆弱的。如果经济指标显示衰退，营销人员就应当对产品进行重新设计、重新定位和重新定价，或者提高对不畅销品牌的关注，向目标顾客提高附加价值[①]。

3. 个性及自我概念

每个人的个性特征都会影响其购买行为。个性（personality）是一个人所特有的心理特征，它会导致一个人对其所处环境的相对一致和持续不断的反应。有关研究表明，个性与产品品牌的选择有着某种联系。假设品牌也有个性，消费者很有可能选择和自己个性相符的品牌。美国斯坦福大学的珍妮弗·阿克教授分析了一些著名品牌，发现它们当中很多都显示了某种很强的特质：李维斯（Levi's）是粗犷，金宝汤（Campbell Soup）是坦诚，美国有线电视新闻网（Cable News Network）是能力，这个发现意味着这些品牌吸引到的顾客是拥有同样特质的消费者。所以公司可以利用产品的特色、服务内容和形象来建立品牌个性。

自我概念（actual self-concept）是指人们由于自身特性而进行自我认知的一种方法。自我概念包括理想自我概念和现实自我概念。理想自我概念是指个人期望的自己的形象，现实自我概念是指个人实际如何看待自己，人们总是不断努力，试图实现理想的自我概念。理想自我概念和现实自我概念都是影响消费者选择过程的重要因素。但它们对公共消费品选择所产生的影响比对私人消费品的影响大。[②]另外，那些对理想自我比较敏感的消费者，很可能会选择一些符合潮流趋势的品牌。至于现实自我概念与理想自我概念中，哪一个更能影响消费者的购买行为，目前的研究仍有分歧。

4. 生活方式

生活方式（lifestyle）是一个人在生活中表现出来的活动、兴趣和看法的模式。不同生活方式群体对产品和品牌有不同的需求。目前被广泛认同和引用细分生活方式的方法是斯坦福国际研究所的 VALS（values and life style，VALS）分类方法。VALS 分类方法

---

① [美]菲利普·科特勒，凯文·莱恩·凯勒. 王永贵等译. 营销管理（第 13 版）. 上海：格致出版社，上海人民出版社，2009.

② Timothy R.Graeff, "Consumption Situations and the Effects of Brand Image on Consumers' Brand Evaluations," Psychology & Marketing 14,no.1(January 1997):49-70.

按照自我导向和个人资源两个标准，定义了 8 个类别的生活方式，将消费者细分为实现者、满足者、成就者、体验者、信念者、奋斗者、工作者、挣扎者，这种细分有助于企业选择目标顾客，进行营销沟通，明确产品定位策略。例如，计算机制造商或许会发现大多数购买者是成就导向型，则其品牌就可以针对以成就导向为生活形态的目标顾客来进行设计。此外营销人员还应关注最新的生活方式趋势。

【营销链接】

乐　活　族

乐活族又称乐活生活、洛哈思主义，追崇乐活生活方式的人又被称为乐活者，乐活者所推崇的是乐活着。乐活，是一个西方传来的新兴生活形态族群，由音译 LOHAS 而来，LOHAS 是英语 Lifestyles of Health and Sustainability 的缩写，意为以健康及自给自足的形态过生活，强调“健康、可持续的生活方式”。“健康、快乐，环保、可持续”是乐活的核心理念。他们关心生病的地球，也担心自己生病，他们吃健康的食品与有机蔬菜，穿天然材质棉麻衣物，利用二手家用品，骑自行车或步行，练瑜伽健身，听心灵音乐，注重个人成长。

资料来源：百度百科 http://baike. baidu. com.

（四）心理因素

消费者购买行为要受到动机、知觉、学习以及信念和态度等主要心理因素的影响。

1. 动机

动机是指人发动和维持其行动的一种内在动力，是一种升华到一定强度的需要，它能够及时引导人们去探求满足需要的目标。美国心理学家亚伯拉罕•马斯洛（Abraham H. Maslow）认为人是有欲望的动物，需要什么取决于已经有了什么，只有尚未满足的需要才影响人的行为，已满足的需要不再是一种动因。

马斯洛在 1954 年发表的《动机与人》一书中，提出人类“需求层次理论”（The hierarchy of needs theory），也称为马斯洛动机。这个理论认为人的需求可以分为五个层次：①生理需要，指为了满足生存而对必不可少的基本生活物质条件的需要，如衣、食、住、行等，它是人体最基本需要。②安全需要，指满足人身安全和健康的需要。我国由于生活水平的提高，对这方面的需求日益增多，如医疗保健品、人寿保险、防盗物品等。③社交需要，指参与社会交往，取得社会承认和归属感的需要。在这种需要的推动下，人们会设法增进与他人的感情交流和建立各种社会联系。④尊敬需要，指在社交活动中受人尊敬、取得一定社会地位、荣誉和权力的需要。人们购买高档名贵服装等高档消费品，获取高学历就是这种需求的表现。⑤自我实现需要，指发挥个人最大潜力，实现理想的需求。自我实现是需求的最高层次，自我实现的人是理想的人，建立人与人之间无条件的关怀和真诚关系，是自我实现的关键。满足自我实现需求的产品有书籍、教育、知识等。

马斯洛认为同一时期，一个人可能有几种需要，但每一时期总有一种需要占支配地位，对行为起决定作用。人们都是最先追求最迫切的需要，在满足了最迫切的需要之后，就会转向满足下一个次迫切的需要。例如，一个饥寒交迫的人（第一需要）不会对最近艺术界发生的新鲜事感兴趣（第五需要），也不会注意到别人是如何看待他的（第三或第四需要），甚至他都不会在意他呼吸的空气是否洁净（第二需要）；但是当他有了足够的水和食物的时候，次迫切的需要就会产生了。当一种需要获得满足以后，它就失去了对行为的刺激作用，而未满足的需要是购买者购买动机与行为的源泉。

马斯洛的需要层次论最初被应用于美国的企业管理中，管理者要经常地分析员工未得到满足的需要是什么，然后有针对性地进行激励。后来该理论也被用来分析多层次的消费需要并考虑如何提供相应的产品来予以满足。例如，对于满足低层次需要的购买者要提供经济实惠的商品，对于满足高层次需要的购买者应提供能显示其身份地位的高档消费品，还要注意需要层次随着经济发展而由低级向高级的发展变化[①]。

2. 知觉

知觉是人脑对直接作用于感觉器官的客观事物各个部分或属性的整体反应。在营销中，知觉比实际情况更重要，因为知觉影响消费者的行为。知觉不仅取决于刺激物的特征，而且依赖于刺激物同周围环境的关系以及个人所处的状况。例如，面对一个滔滔不绝地介绍其保险业务的保险推销员，陈先生可能感到这个推销员的行为过分或不够诚实，而李先生可能认为该推销员很聪明，其介绍有利于自己接受该项保险业务。

不同的人对同一刺激物会产生不同的知觉，是因为知觉会经历三种过程，即选择性注意、选择性曲解和选择性记忆。

（1）选择性注意。选择性注意是指人在同一时间内只能感知周围的少数对象，其他的对象则被忽略了。例如，据估计，平均每人每天要接触到 1 500 个以上的广告，但被感知的广告只有 75 个，而产生实际效果的只有 12 个。

有关的调研结果显示，人们会更倾向于注意那些与当前需要有关的刺激物。比如一个有购买计算机动机的人，会对计算机广告产生兴趣，而不会注意 DVD 的广告；人们会更倾向于注意那些他们期待的刺激物。在一家计算机商店内，你会更倾向于注意这家商店的计算机广告，而对于计算机商店内是否出售收音机则不感兴趣。这是因为你没有期望一家计算机商店会同时出售收音机；人们会更倾向于注意跟一般刺激物相比有较大差别的刺激物。比如人们会注意构思新奇的广告而忽视那些平淡的广告。

（2）选择性扭曲。选择性扭曲是指人们往往按照已有的想法有选择地将某些信息加以扭曲使之符合自己的意向，然后加以接受。由于存在选择性扭曲，消费者接受的信息不一定与信息的本来面貌相一致。例如，某一商品在消费者心目中已树起信誉，形成品牌偏好，即使一段时间该品牌的质量下降了，消费者也不愿意相信；而另一新的品牌即使实际质量已优于前者，消费者也不会轻易认可，总以为原先的那个名牌货更好些。

（3）选择性记忆。选择性记忆是指人们只记住那些与自己看法、信念相一致的信息。对于购买者来说，人们往往记住自己喜爱的品牌商品的优点而忘掉其他竞争品牌商品的优点。选择性记忆对强势品牌很有利。这也揭示了为什么许多营销人员不断地向目标顾客重复传递信息，就是为了确保他们的信息不会被遗漏。

---

① 吴健安．市场营销学（第 3 版）．北京：高等教育出版社，2007.

3. 学习

学习是指由于后天经验引起的个人知识结构和行为的改变。尽管大部分的学习都是具有偶然性的，但是人类行为（包括购买行为）大都来源于学习。当一个消费者上当受骗，从一家邮购公司买了不能退还的次品后，他或她就学习到今后再也不能在那家公司买东西了。人类学习是为了获得一种在将来做出适应性行为的潜能。

一个人的学习是通过驱动力（drive）、刺激物（spur）、诱因（cues）、反应（response）和强化（aggrandizement）相互作用而形成的。心理学家用“学习的模式”来表述，见图 6-2。

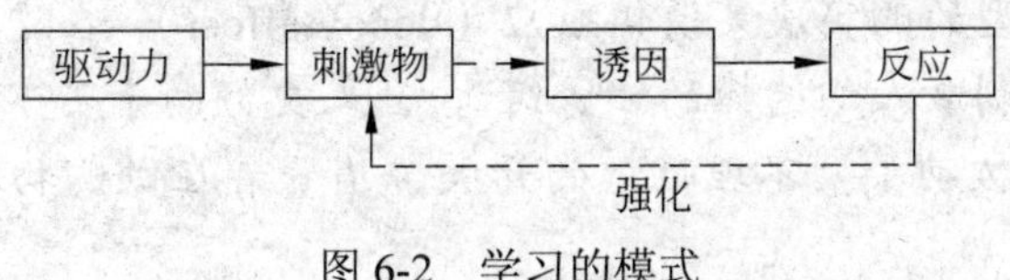

图 6-2　学习的模式

（1）驱动力。指存在于人体内驱使人们产生行动的内在刺激力，即内在需要。心理学家把驱使力分为原始驱使力和学习驱使力两种。原始驱使力指先天形成的内在刺激力，如饥、渴、逃避痛苦等。学习驱使力指后天形成的内在刺激力。如恐惧、贪婪等。如果内在驱动力不能得到满足，则消费者会处于紧张状态中。

（2）刺激物。指某种能满足自己内在驱使力的物品。比如人们感到饥饿时，饮料和食物就是刺激物。当驱使力发生作用并寻找相应刺激物时，就成为动机。

（3）诱因。指刺激物所具有的能吸引消费者购买的因素。所有营销因素均可成为诱因，如刺激物的品种、性能、质量、商标、包装、服务、价格、销售渠道、人员推销、展销、广告等。

（4）反应。指驱使力对具有一定诱因的刺激物所发生的反作用或反射行为，比如是否决定购买以及如何购买等。

（5）强化。指驱使力对具有一定诱因的刺激物发生反应后的效果。如果效果良好，则反应被增强，以后遇到同样的刺激物时就容易发生相同的反应；如果效果不尽如人意，则反应被削弱，以后即使遇到同样诱因的刺激物也不会发生反应。

4. 信念与态度

通过学习，人们获得了自己的信念与态度，而信念与态度又反过来影响人们的购买行为。信念是指一个人对某些事物所持有的描绘性思想。例如，当消费者对某品牌商品了解得较多时，就可能在其思想中建立起一些相关信念，比如，该品牌商品质量是可靠的、价格是合理的、服务也是满意的，购买这种品牌的商品是明智的等。营销人员应高度重视顾客对本企业或本品牌的信念，如果发现顾客的信念是错误的并阻碍了他的购买行为，就应该运用有效的促销手段去影响或修正这些信念。

态度是指一个人对某些事物长期持有的好与坏的认识评价、情感感受和行动倾向。态度在人们脑中形成一个架构：对某一事物喜欢或不喜欢，亲近或疏远。态度使人们对相似的事物产生相当一致的行为。因为态度可以节省精力和脑力，并且非常难以改变。一个企业最好使其产品与既有的态度一致，而不要试图去改变人们的态度。

【营销链接】

诱饵效应："第三个追求者"是这样让姑娘错选渣男的

在某个周末的晚上，你心血来潮想要订一本杂志。你发现订电子版要花400块，印刷版则要750块。电子版便宜，印刷版质感好。你一贯喜欢刊物在手中的质感，但350块又能吃好几顿好吃的了。你会怎么办？正当你还在纠结订哪种版本的时候，你在旁边看到了"订阅礼包"的选项——同时订阅印刷版和电子版，也只要750元！这个时候，你很可能如获至宝地直接就下单把礼包拿下，怀着这样的念头：这等于电子版白送啊！

这样的案例是典型的购买决策诱饵效应（decoy effect）：在这样的情境中，被嫌弃的纯印刷版只是用于刺激人们选择的"诱饵"，让人更倾向于买下礼包。天真的消费者就这样被狡猾的商家拨动了"不理性"的开关。消费者在做购物决策时会受到诱饵效应的影响。

我们的非理性行为恐怕更常体现在爱情中。在自诩高等动物的人类眼里，爱情当然不仅仅是为了繁衍，不能只用理性精打细算。"谁年轻时没爱上过几个人渣"的狗血故事，当然也就变得司空见惯。深谙"诱导效应"的你，在和情敌A的战斗中，聪明地让朋友加入扮演一个恰到好处的情敌B……然后你就等着哭吧。

资料来源：S.西尔维希耶. 诱饵效应："第三个追求者"是这样让姑娘错选渣男的. 微信关注号. 2015-09-05. http://www.360doc.com/content/15/0905/17/17132703_497064840.shtml.

二、消费者购买决策的参与者

（一）消费者购买决策的参与者

消费者的购买决策在许多情况下并不是由一个人单独做出的，而是有其他成员的参与和影响，是一种群体决策的过程。这不仅表现在一些共同使用的产品（如电冰箱、电视机、住房等），也表现在一些个人单独使用的产品（如服装、手表、化妆品等）的购买决策过程中，因为个人在选择和决定购买某种个人消费品时，常常会同他人商量或者听取他人的意见。因此了解哪些人参与了购买决策，他们各自在购买决策过程中扮演怎样的角色，对于企业的营销活动是很重要的。

一般来说，消费者购买决策的参与者大体可分成五种主要角色。

（1）发起者。首先想到或提议购买某种产品或劳务的人。

（2）影响者。其看法或意见对最终决策具有直接或间接影响的人。

（3）决定者。能够对买不买、买什么、买多少、何时买、何处买等问题做出全部或部分最后决定的人。

（4）购买者。实际采购的人。比如与卖方商谈交易条件，带上现金去商店选购等。

（5）使用者。直接消费或使用所购商品或劳务的人。

在影响消费者购买决策的群体中，家庭成员发挥最显著的作用。当消费者以个人为购买单位时，五种角色可能由消费者一人担任；但当以家庭为购买单位时，五种角色往往由家庭不同成员分别担任。例如，一个家庭要购买一台英语学习机，发起者可能是孩子，他认为有助于提高自己学习英语的效率。影响者可能是爷爷奶奶，他们表示赞成，并鼓励孩子父母要给孩子买。决定者可能是母亲，她认为孩子确实需要，根据家庭目前经济状况也有可能购买。购买者可能是父亲，他更熟悉电器产品知识，带上现金去各商场选购。使用者是孩子。可以看出，他们共同构成了购买行为。

认识购买决策的群体参与性，对于企业营销活动有十分重要的意义。一方面企业可根据各种不同角色在购买决策过程中的作用，有的放矢地按一定的程序分别进行营销宣传活动；另一方面也必须注意到一些商品在购买决策中的角色错位，如男士的内衣、剃须刀等生活用品有时会由妻子决策和采购；儿童玩具的选购过程中，家长的意愿占了主要的地位等。这样才能找到准确的营销对象，提高营销活动的效果。

（二）消费者购买行为的类型

一般来说，消费者在不同场合、不同目标或购买不同类型产品时有着不同的行为。阿萨尔（Assael）根据消费者购买参与程度（购买的谨慎程度以及花费时间和精力的多少）和产品品牌差异程度，区分了消费者购买行为的 4 种类型，见表 6-1。

表 6-1　消费者购买行为的类型

购买参与程度 / 品牌差异程度	高	低
大	复杂型购买行为	变换型购买行为
小	协调型购买行为	习惯型购买行为

1. 复杂型购买行为

当消费者选购价格昂贵、购买次数较少、冒风险的和高度自我表现的商品(如汽车、计算机之类）时，因为这类商品品牌差异较大，许多消费者往往对这些商品的性能缺乏了解，为慎重起见，他们往往需要广泛地收集有关信息，并经过认真学习才能产生对这一产品的信念，形成对品牌的态度，最后慎重地做出购买决策。

对于复杂的购买行为，营销者应制定策略帮助购买者掌握产品知识，运用印刷媒体、电波媒体和销售人员宣传本品牌的优点，发动商店营业员和购买者的亲友影响最终购买决定，简化购买过程。

2. 协调型购买行为

当消费者购买品牌差异性不大的商品时，他们一般不会花很多精力去收集不同品牌间的信息并进行比较，而把注意力更多地集中在品牌价格是否优惠，购买时间和地点是否便利，从产生购买动机到决定购买的时间较短。但同复杂型购买行为相比，消费者购买后最容易出现因产品缺陷或其他品牌更优而心里不舒服的现象。为追求心理平衡，消费者这时才注意寻求与自己已购品牌有利的信息，争取他人的支持，证明自己的眼光高人一筹，购买选择还是正确的。对于这类购买行为，营销者要提供完善的售后服务，通过各种途径经常提供有利于本企业和产品的信息，使顾客相信自己的购买决定是正确的。

3. 变换型购买行为

对一些产品品牌或品种间差异很大，可供选择的品牌或品种很多的产品，消费者通常不会花太多的时间选择品牌或品种，而且也不会专注于某一品牌或品种，而是经常变换品牌或品种。例如，饼干、糖果之类的商品，消费者购买时一般不做评价，待购买使用之后才可能有评价，下一次购买也许会重新选择一种品牌试用或品尝。这种购买行为并非是对产品不满意，而仅仅想换一种口味而已。

对于这种购买行为，当企业处于市场优势地位时，应注意以大量相关但款式不同的产品占据货架空间，避免脱销，支持高频率的提醒类广告来鼓励消费者形成习惯性购买行为。而当企业处于非市场优势地位时，则应以较低的价格、折扣、赠券、免费赠送样品和强调试用新品牌的广告来鼓励消费者改变原习惯性购买行为。

4. 习惯型购买行为

习惯型购买行为是指消费者购买食盐、洗衣粉等价格低廉、品牌差别很小的商品时，他们的介入程度很低，这类购买行为属于习惯型购买行为。消费者大多根据习惯或经验购买这类商品。对习惯性购买行为的主要营销策略是：利用价格优惠与销售促进吸引消费者试用；开展大量重复性广告加深消费者印象；增加购买参与程度和品牌差异。

三、消费者购买决策的过程

消费者在购买商品时，都会有一个决策过程，只是因所购买产品类型、购买者类型的不同而使购买决策过程有所区别。西方营销学者开发了一个购买决策过程“五阶段模型”。见图 6-3。

引起需要 → 收集信息 → 评估方案 → 购买决策 → 购后行为

图 6-3　消费者购买过程的五阶段模型

（一）引起需要

当消费者感觉到一种需要并准备购买某种商品以满足这种需要时，购买决策过程就开始了。消费者的需要一般由两种刺激引起：一是内部刺激，如饥饿感，上升到某一阶段就会成为一种驱使力；二是外部刺激，如看到邻居的新车或者看到电视关于车的广告，激发了购买车的欲望。

在引起需要阶段营销人员的主要任务如下所述。

（1）了解引起与本企业产品有关的现实需求和潜在需求的驱使力，即是什么原因引起消费者购买本企业产品。如了解消费者为什么购买蜂产品，就可以开发出多种蜂产品满足消费者需求，如蜂蜜、蜂王浆等产品。

（2）设计引起需求的诱因，促使消费者增强刺激，唤起和强化需要，引发购买行为。如“脑白金”一到节日前夕就加大广告播放的频率，让消费者牢牢记住“送礼就送脑白金”。

（二）收集信息

当消费者产生了购买动机之后，便会开始进行与购买动机相关联的活动。如果被唤起的需要很强烈，要购买的物品很容易买到，他/她便会实施购买活动，从而满足需要。但是当所需购买的物品不易买到，或者说需要不能马上得到满足时，消费者便会把这种需要存入记忆中，并注意收集与需要相关和密切联系的信息，以便进行决策。

营销人员在这一阶段的主要任务有三个。

（1）了解消费者信息来源。消费者的信息来源主要有经验来源、个人来源、公共来源和商业来源四个方面。经验来源是从直接使用产品中获得的信息；个人来源是指家庭成员、朋友、邻居和其他熟人提供的信息；公共来源是从电视、网络等大众传播媒体、社会组织中获取的信息；商业来源是指从企业营销中获取的信息，如从广告、推销员、展览会等获得的信息。

（2）了解不同信息来源对消费者购买行为的影响程度。一般来说，消费者经由商业来源获得的信息最多，其次是公共来源和个人来源，最后是经验来源。但是从消费者对信息的信任程度看，经验来源和个人来源最高，其次是公共来源，最后是商业来源。研究认为，商业来源的信息在影响消费者购买决定时一般只起到“广而告之”的作用，而个人信息来源起到判断或评价的作用。例如，内科医生通常从商业来源获得对新药的知识，但会通过向其他医生咨询来进行评价。

（3）设计信息传播策略。除利用商业来源传播信息外，还要设法利用和刺激公共来源、个人来源和经验来源，也可多种渠道同时使用，以加强信息的影响力①。

（三）评估方案

消费者在获取足够的信息之后，就会根据这些信息和一定的评价方法对同类产品的不同品牌加以评估并决定选择。消费者对产品评估主要涉及以下四个问题。

1. 产品属性

产品属性是指产品能够满足消费者需求的特征。它涉及产品功能、价格、质量、款式等。在价格稳定的情况下，消费者对提供产品属性多的产品感兴趣。由于使用者不同，对产品属性的要求也不同，如消费者对汽车轮胎的安全性要求低于航空公司对飞机轮胎安全性的要求。

2. 属性权重

属性权重是消费者对产品有关属性所赋予的不同重要性权数。如买电冰箱，如果消费者注重它的耗电量，他就会购买耗电量低的电冰箱。现在电冰箱厂家针对消费者这一购买特征纷纷在冰箱外观上标出每天耗电量的度数来吸引消费者购买。

3. 品牌信念

品牌信念是消费者对某种品牌产品的看法。它带有个人主观因素，受选择性注意、选择性扭曲、选择性记忆的影响，使消费者的品牌信念与产品的真实属性往往并不一致。

4. 效用要求

效用要求是消费者对某种品牌产品的各种属性的效用功能应当达到何种水准的要求。如果满足消费者的效用需求，消费者就愿意购买。

---

① 吴健安．市场营销学（第1版）．北京：高等教育出版社，2000.

在产品评估阶段营销的主要任务是：增加产品功能，改变消费者对产品属性的认识。比如同样是蔬菜，由于人们强调绿色环保，需要无污染的绿色蔬菜，提高身体健康质量，因此愿意付出高价购买绿色蔬菜；通过广告宣传努力消除消费者不符合实际的偏见，改变消费者心目中的品牌信念，重新进行心理定位。

（四）购买决策

消费者经过产品评估后会形成一种购买意向，但是不一定导致实际购买，从购买意向到实际购买还有一些干扰因素介入其中。

（1）他人态度。他人的态度会影响一个人对于某项目方案的偏好程度。他人态度的影响力取决于两个因素：①他人对购买者所喜好的品牌持否定态度的强度。否定态度越强烈，影响力越大。②购买者对遵从他人期望动机的强度。他人的否定态度越强烈且与购买者的关系越密切，购买者就越是会调整他或她的购买意图。反之亦然。[①]

（2）意外因素。消费者购买意向是以一些预期条件为基础形成的，如预期收入、预期价格、预期质量、预期服务等。如果这些预期条件受到一些意外因素的影响而发生变化，购买意向就可能改变。比如预期的奖金收入没有得到，原定商品价格突然提高，购买时销售人员态度恶劣等都有可能改变消费者的购买意向。

消费者购买决策的改变、延迟或取消除了受他人态度和意外因素的影响外，在很大程度上与感知风险有关。哈佛大学的鲍尔（Bauer）在1960年提出感知风险（perceived risk）的概念，他认为消费者任何的购买行为，都可能无法确知其预期的结果是否正确，而某些结果可能令消费者不愉快。所以，消费者购买决策中隐含着对结果的不确定性，而这种不确定性，就使消费者购买和消费产品的过程中可能感知许多风险。感知风险的大小取决于产品价格、质量、功能及购买者的自信心。

消费者一旦决定实现购买意向，就会在产品种类、产品属性、产品品牌、购买时间、购买地点、购买数量及付款方式等方面做出决策。营销人员在这一阶段的主要任务是必须了解可能引起消费者感知风险的因素，尽量消除或减少引起感知风险的因素，并且向消费者提供真实可靠的产品信息，以增强其购买的自信心。

【营销链接】

“双11”电商秒杀的秘密

据经济之声《天天315》2015年11月17日报道，“双11”网购节刚刚过去几天，在这场全国人都在“买买买”的网购盛宴中，您是否当了一回“剁手党”呢？购买的产品都收到了吗？每年在“双11”电商大促的时候，商家都会推出各种促销活动，比如“产品全部5折”，“付款前100名免单”等，以此来吸引消费者参加。

姚先生参加了天猫“双11”半价秒杀汽车活动，商家名字叫作微用汽车销售有限公司，10日下的订金，订的荣威550型号。活动的规则是，参加活动的人先支付订金，然

① [美]菲利普·科特勒，凯文·莱恩·凯勒．王永贵等译．营销管理（第13版）．上海：格致出版社，上海人民出版社，2009.

后在秒杀活动开始后，前30名支付尾款的可以享受半价提车。以姚先生购买的车为例，总共车价为10.4万元，如果半价的话，这辆车只需要5万多块钱就可以买下，这样的优惠力度，让姚先生为之心动。"半价秒杀汽车"的大促销活动开始后，尽管姚先生以最快的速度付款，还是没能排到前30名，错过了半价购买汽车的机会。在惋惜的同时，他查看了一下这次购车的交易记录，发现在这款汽车的成交记录中，最快的人只用了0秒就付完了尾款。查页面后，发现淘宝ID是空白的，没有信誉，空白的，相当于小号，更有买家在一天之内，购买了20多次。

发现这个问题后，姚先生打电话给这家"微用汽车专营店"，说这次活动有虚假交易的嫌疑，要求退款。然后客服的回复是，这次活动是属于定制产品，定制产品的订金和尾款都不能退款。姚先生觉得很气愤，本身这次销售流程就是有问题的，钱还不能退给自己，这很不合理。

资料来源："双11"电商秒杀存猫腻　"零秒"成交单引质疑. 央广网，2015-11-17，http://finance.cnr.cn/315/gz/20151117/t20151117_520525783.shtml.

问题：

（1）网络购物者做出购买行为的主要影响因素是什么？

（2）消费者在网络购物中如何最大限度地维护自身的合法权益？

（五）购后行为

产品在被购买之后，就进入买后阶段。这时，营销人员的工作并没有结束，他们必须监测消费者的购后满意度和购后产品的使用情况。

1. 购后使用和处置

消费者购买商品以后，如何使用和处置该产品应引起营销者的注意。如果消费者使用频率很高，说明该产品有较大的价值，消费者回头重新购买的周期就越短，有的消费者甚至为产品找到新用途，这些对企业都有利。如果消费者将产品闲置不用甚至丢弃，则说明消费者认为该产品无用或价值较低，或产生不满意。如果消费者把产品转卖他人或用于交换其他物品，将会影响企业产品的销量。

2. 购后评价

消费者的购后评价不仅仅取决于产品质量和性能发挥状况，心理因素也具有重大影响。说明消费者购后评价行为有两种基本理论：预期满意理论和认识差距理论。

（1）预期满意理论。这个理论认为，消费者购买产品以后的满意程度取决于购前期望得到实现的程度。可用函数式表示为：$S=f(E, P)$。其中，S表示消费者满意程度；E表示消费者对产品的期望；P表示产品可觉察性能。如果$P=E$，则消费者会感到满意；如果$P>E$，则消费者会很满意；如果$P<E$，则消费者会不满意，差距越大就越不满意。

（2）认识差距理论。消费者在购买和使用产品之后对商品的主观评价和商品的客观实际之间总会存在一定的差距，可分为正差距和负差距两种。正差距指消费者对产品的评价高于产品实际和生产者原先的预期，产生超常的满意感。负差距指消费者对产品的评价低于产品实际和生产者原先的预期，产生不满意感。

消费者对产品满意与否直接决定着以后的行为。如果感到满意，则反应大体相同，非常可能再次购买该产品，甚至带动他人购买该品牌。如果感到不满意，则会尽量减少或消除失调感。消费者消除失调感的方式各不相同，第一种方式是寻找能够表明该产品具有高价值的信息或避免能够表明该产品具有低价值的信息，证实自己原先的选择是正确的。第二种方式是讨回损失或补偿损失，比如要求企业退货、调换、维修、补偿在购买和消费过程造成的物质和精神损失等。第三种方式是可能向政府部门、法院、消费者组织和舆论界投诉。第四种方式是可能采取各种抵制活动，比如不再购买或带动他人拒买等。

所以在购后阶段，企业的营销任务是应当采取有效措施减少或消除消费者的购后失调感，及时处理消费者的意见，给消费者提供多种解除不满情绪的渠道；建立与消费者长期沟通机制，在有条件的情况下进行回访。事实证明，与消费者进行购后良好沟通可以减少消费者的不满意感，如果让消费者的不满发展到向有关部门投诉或抵制产品的程度，企业将遭受更大的损失。

研究和了解消费者市场的特征及其购买决策过程是企业市场营销成功的基石，是制定正确的目标市场策略的有效保证。

第三节　组织市场分析

企业的市场营销对象不仅包括广大消费者，也包括各类组织机构。这些组织机构构成了原材料、零部件、生产设备、办公设备和企业服务的庞大市场。为此，企业应当充分了解组织市场的特点和购买行为，为制定正确的营销决策提供依据。组织市场可分为四种类型，即产业市场、中间商市场、政府采购市场、非营利组织市场。

一、产业市场分析

产业市场又叫生产者市场，是指购买产品或服务用于制造其他产品或服务，然后销售或租赁给他人以获取利润的单位和个人所组成的市场[①]。产业市场与消费者市场相比，具有一些鲜明的特征。

（一）产业市场购买行为特征

1. 购买者比较少，但购买数量较大

在产业市场上，购买者属非最终消费者，其购买目的是进行再生产，生产出其他产品供中间商转售或直接销售给最终用户。因此，产业市场具有购买者较少，而单个购买者的购买数量却较大的特点。例如，美国固特异轮胎公司的命运取决于美国的少数几家汽车制造商，福特汽车公司、克莱斯勒汽车公司和通用汽车公司。因此，大宗产品的购买者对供应者来说非常重要，供应者应掌握重点用户的规模、购买量、购买规律及地理分布等。同他们保持直接的紧密的联系，以稳定购销关系。

---

① 吴健安．市场营销学（第3版）．北京：高等教育出版社，2007.

2. 供需双方关系密切

组织市场的购买者需要有源源不断的货源，供应商需要有长期稳定的销路，每一方对另一方都有重要的意义，因此供需双方互相保持密切的关系。供应商通常需要为单一企业客户量身定做产品。组织采购者也经常将购买其产品的厂商作为供应商，即买卖双方经常互换角色，互为买方和卖方。例如，造纸厂从化学公司大量购买造纸用的化学物品，化学公司也从造纸公司那里购买办公和绘图用的纸张。

3. 购买者地理分布相对集中

由于自然资源的分布和生产力布局等因素所决定，某些行业往往密布于一定地理位置上，从而使这些行业的生产资料购买者在地理位置上也相对集中。所以供应者在选择目标市场时，应注意其用户主要集中在什么地区，以便把产品打入用户较多的地区。

4. 产业市场的需求是派生需求

派生需求是指某产品或服务的需求源于对另一种产品或服务的需求。很显然，产业购买者对产业用品的需求，是从消费者对消费品的需求中派生出来的。例如，产业市场对木材的需求是由于消费者对家具、住房等需求中引申出来。从这个意义上来说，影响消费者市场的各种因素，同样也制约着产业市场的规模和发展。产业市场派生需求的特点，要求供应者不仅要了解产业市场的需求水平、竞争态势及用户的特点，也要了解消费者市场的需求态势及自身直接客户所服务对象的需求特点。此外，供应者也可以通过对最终消费者进行促销以带动自己产品的销售。

5. 产业市场需求缺乏价格弹性

在产业市场上，产业购买者对产业用品和服务的需求受价格变动的影响不大，系缺乏价格弹性的需求。这是因为：①生产资料是生产的必备要素，为保证生产过程的连续性，生产者必须按计划购买生产资料，在一般情况下，其需求量受价格波动因素影响较小。②假如生产资料价格在短时期内变动，用户不可能立刻对生产工艺、技术、产品结构进行调整以适应价格变化，这也使得需求缺乏弹性。③由于生产者市场需求是派生的，因此，只要最终消费者需求量不变，则生产该产品所需的生产资料价格即使上涨，也不会导致需求量迅速下降。同理，如果生产资料价格下降，而最终消费者对产品的需求并未上升。购买者对生产资料的需求量也不会增加。

6. 产业市场需求波动性较大

产业购买者对产业产品和服务的需求比消费产品和服务的需求更容易发生变化。消费者的需求增加一定百分比，企业为追加产出相应产品所必需的对工厂和设备的需求将上升更大的百分比。经济学家把这种现象称为“加速效应”。有时消费者需求仅上升 10%，就能使下一期产业购买者需求上升 200%之多。而当消费者需求下降 10%，可能会导致企业产品需求的彻底崩溃。

7. 产业市场的购买者多属专业人员

产业市场的购买者多为专业人员，负责实际采购人员一般都经过专业培训，对所采购产品的技术细节有充分了解。而且采购的产品重要性越大，参与购买决策的人员就越多，通常会由工程技术专家和高层管理人员共同组成采购小组，负责制定采购决策。因此，在产业市场上更强调人员推销的重要性，而且要求销售人员精通专业知识，具有较高的业务水平。

8. 直接采购、互购和租赁是主要的采购方式

产业购买者往往向生产者直接采购所需产业用品（特别是那些单价高、有高度技术性的设备），而不通过中间商采购。

租赁也是产业市场上的另一种重要交易方式。机器设备、车辆、飞机等产业用品单价高，通常用户需要融资才能购买，而且技术设备更新快，购买者采用租赁方式取得一定时期内设备的使用权，既可以缓和资金短缺压力，在不追加大量投资的情况下实现设备技术更新，也可以避免设备折旧的风险。而出租者通过出租设备取得收益，提高其利用率，降低其无形损耗，双方各有收益。

（二）产业市场购买类型

产业市场购买者的行为类型大体有三种类型。

1. 直接重购

直接重购指企业采购部门按常规继续向原有的供应商购买产品，是一种最简单的购买方式。现在直接重购大部分采用自动化再订购系统，减少采购时间，降低采购成本。直接重购要求供应商与企业保持良好的关系，提供优秀服务，保质、保量、准时供应产品，在有条件的情况下，及时向企业提供新产品，以保证供应商在企业采购中的市场份额。

2. 修正重购

修正重购是指企业采购部门由于某些原因适当修改采购产品规格、价格等其他交易条件的购买行为。它是一种较为复杂的购买行为，其目的是寻找价格低、服务好、交易条件优惠的产品。这对现有供应商造成威胁，给新供应商提供市场机会。

3. 全新采购

全新采购指企业第一次购买某种产业用品或服务，它是最复杂的购买类型。全新采购的成本或风险越大，参与购买决策的人越多，所需收集的信息越多，做出购买决策的时间就越长。因此，许多公司往往要派出由最有效的销售人员组成的特殊营销人员团队，尽可能多地去接触主要的采购参与者，并向他们提供有用的信息和协助。

（三）产业市场购买决策的参与者

企业用户通常是集体做出购买决策。除了专职的采购人员外，还有一些人员也参与购买决策过程。所有参与购买决策过程的人员构成购买中心，也称“采购中心”。企业的“采购中心”通常包括五种成员。

（1）使用者。使用者是具体使用欲购买产业用品或服务的人员。在很多情况下，由使用者首先提出购买建议并协助确定产品需求。

（2）影响者。影响者即在企业外部和内部直接或间接影响购买决策的人员。他们通常协助确定产品规格，并为评估方案提供情报信息，作为影响者，技术人员尤为重要。

（3）采购者。采购者是被企业正式授权具体执行采购任务的人。在较复杂的采购过程中，采购者有可能会包括高层管理人员。

（4）决定者。决定者是在企业中有批准购买产品权力的人。在标准品的例行采购中，采购者往往是决定者；而在较复杂的采购中，公司领导人往往是决定者。

（5）信息控制者。信息控制者是能阻止卖方销售人员与企业采购中心人员接触，或控制外界与采购有关的信息流企业的人，如采购代理人、接待员、电话员、秘书等。

应该指出的是，并不是所有的企业采购任何产品都必须有上述五种人员参加决策。一个企业的采购中心的规模和参加的人员，会因欲购产品种类的不同和企业自身规模的大小及企业组织结构不同而有所区别。

（四）产业市场购买的决策过程

产业购买者购买过程的阶段多少，还取决于产业购买者购买情况的复杂程度。在直接重购这种最简单的购买情况下，产业购买者的购买过程的阶段最少；在修正重构情况下，购买过程的阶段多一些；而在全新采购这种最复杂的情况下，购买过程的阶段最多，要经过八个阶段，见图 6-4。

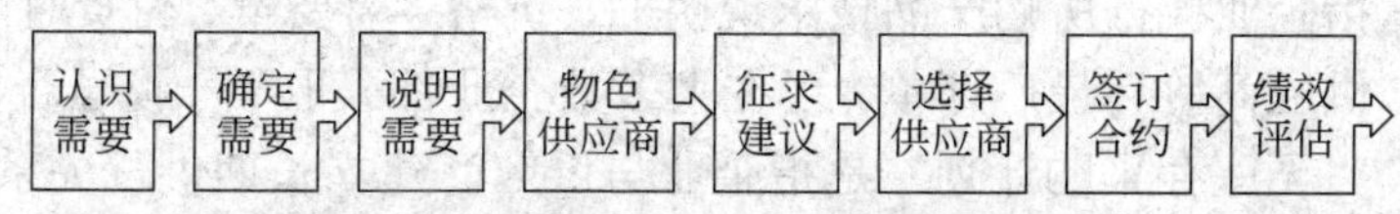

图 6-4　产业市场购买者采购决策过程

1. 认识需要

认识需要是指企业认识到需要购买某种产品来满足自己新的需要。它是产业购买决策过程的起点。认识需要是由内在刺激和外在刺激引起的。内在刺激是由于企业开发新产品，改进老产品等因素引起的；外在刺激是指企业采购人员通过广告、展销会、卖方推销员介绍、网上查询等途径获取更有价值产品而产生的需求。

2. 确定需要

确定需要是指企业确定所需品种的特征和数量。简单的采购由采购人员直接决定，而复杂的采购则须由企业内部的使用者和工程技术人员共同决定。

3. 说明需要

这一阶段是企业用户将购买目标具体化。由于产业用品在技术、性能、成分、使用方向等方面要求高，内容复杂，必须具体确定产品规格、成分、性能、使用方向等，并做出详细的技术说明，既作为采购商品的依据，也便于供应商进行投标和进行产品推销活动。

4. 物色供应商

物色供应商是指企业采购人员根据产品技术说明书通过各种途径寻找最佳供应商。他们可以通过查找交易指南，进行互联网搜索，请其他公司推荐，观看贸易广告和参加贸易展览会来挑选出最合适的供应商。其中最便捷有效的方法是网上查询。

5. 征求建议

征求建议即企业的采购经理邀请合格的供应商提出供应建议。如果采购复杂的、价值高的品种，采购经理会要求每个潜在的供应商都提交详细的书面建议，购买者在淘汰部分供应商以后，就请余下的供应商提出正式说明。

6. 选择供应商

选择供应商是指企业对供应商的建议书进行分析评价，确定企业的供应商。分析评价内容包括供应商产品质量、价格、及时交货能力、性能、产量、技术、服务和信息等属性，这些属性的权重随着购买类型的不同而有所改变。企业在这个阶段要极力争取业绩卓著的供应商成为自己价值链上的伙伴，精明的采购者一般都选择几位供应商，第一位是使其供应量占企业所需原料的60%，第二位是占30%，其他是10%，形成一个供应商自动竞争的环境。这种做法虽然能使企业节省成本费用，但却隐藏着很大风险，比如供货质量参差不齐，主要供应商因价格竞争过度而破产等。

20世纪90年代以来，越来越多的企业倾向于对供应商开展“反向营销”，企业像对待自己的客户一样对待供应商，不是供应商说服制造商来采购他们的产品，而是制造商主动向给供应商提供机会。企业不仅关注供应商现有的产品组合，更关注供应商的能力与发展潜力，双方形成合作伙伴、战略联盟。

7. 签订合约

签订合约是指企业根据所购产品技术说明书、价格、需要量、付货时间、退货条件、担保书等要求与供应商签订最后订单。现在大多数企业都采取“一揽子合同”，也叫“无库存采购计划”。“无库存采购计划”是指企业与供应商建立长期供货关系，采购经理能在任何需要产品的时候通知供应商按原条件供货，“无库存采购计划”使供应商成为制造商的原材料仓库，降低了流通成本，增加企业经济效益。

8. 绩效评估

绩效评估是指对各供应商的绩效进行评估。采购部门收集企业使用者对供应商产品的使用意见，检查和评估各个供应商履行合同的情况。这种绩效评估成为企业是否继续购买某个供应商产品的主要依据。

（五）影响产业市场购买行为的因素

美国的韦伯斯特（Frederic E. Webster，Jr）和温德（Wind）将影响生产者购买行为的各种因素划分为四大类：即环境因素、组织因素、人际因素和个人因素，见图6-5。

环境因素	组织因素	人际因素	个人因素	
需求水平 经济前景 货币成本 供给状况 技术革新速度 政治法律情况 市场竞争趋势	营销目标 采购政策 工作程序 组织结构 管理体制	职权 地位 感染力 说服力	年龄、教育 职位、性格 风险态度等	购买者

图6-5 影响产业购买者采购决策的重要因素

1. 环境因素

环境因素是企业不可控因素。现行的或预期的经济环境因素（市场需求水平、经济前景、利率等）对生产资料购买者的影响很大。如在经济萧条时期，生产者通常会缩减投资，并设法降低存货水平，但在经济形势稳定的情况下，若政府采取降低贷款利率政策，企业则会因资金成本的减少而考虑增加生产资料的购买量。同样，技术创新因素、政治法律因素、竞争因素也会对生产资料购买者的购买决策产生重要影响。

2. 组织因素

组织因素在生产者购买决策制定中具有特殊的重要地位。每一采购组织都有其具体的目标、采购政策、组织结构、制度和经营程序。这些因素对购买行为起约束作用。一些企业中常有自己的购买政策，如：尽可能在当地购买、购买金额超过一定范围要请示上一级部门、多方咨询对供应者供货条件进行比较等。所以，生产资料经营者必须掌握用户的组织运作情况，以制定相应的营销策略。

3. 人际因素

产业产品的购买决策一般由不同职位、身份的人所组成的“采购中心”所做出。而这些参与者由于其地位、职权、个人志趣和拥有的说服力不同，对购买决策会产生不同的影响。

4. 个人因素

个人因素指各个参与者的年龄、受教育程度、职务、个性以及对风险的态度等。这些个人因素会影响各个参与者对要采购的产业用品及其供应商的感觉和看法，从而影响购买决策和行动。

二、中间商市场分析

中间商市场也称转卖者市场，是指以营利为目的通过购买产品或服务用于转售或租赁业务的个人或单位所组成的市场。中间商市场的主体，包括各种批发商和零售商。

（一）中间商市场的特点

中间商市场除了具备产业市场的一些特征之外，又有自己独有的特征。

（1）中间商市场的需求也是派生的，受最终消费者购买的影响而使销路不定，不过，由于离最终消费者更近，这种派生需求反应较直接。

（2）中间商的职能主要是买进卖出，基本上不对产品再加工，故它对购买价格更敏感，购进价的变化往往直接影响到最终消费者的购买量。

（3）中间商只赚取销售利润，单位产品增值率低，故必须大量买进和大量销出。

（4）交货期对中间商特别重要，他们一旦提出订单，就要求尽快到货，以抓住市场机会，满足消费者购买，而对需求没有把握的订货则往往推迟到最后一刻，以避免库存过多的风险。

（5）中间商由于财务有限及不专销一家企业产品，故往往需要生产厂协助做产品广告，扩大影响。

（6）中间商一般不擅长技术，所以需要供货方提供退货服务、技术服务或返修商品服务[①]。

---

① 郑祖华. 市场营销学. 厦门：厦门大学出版社,2008.

（二）中间商购买过程的参与者

以连锁超市为例，参与购买过程的人员和组织主要有以下三个。

1．商品经理

商品经理是连锁超市公司总部的专职采购员，专门负责某类商品的采购工作，通过对商品的审查和甄别向公司采购委员会提出采购或拒购某种商品的建议。商品经理的偏好对决定新供应商的产品是否被购买起到直接的作用。

2．采购委员会

采购委员会是由公司总部的部门正副经理和商品经理组成，负责审查商品经理提出的新产品采购建议，做出是否购买的决定。采购委员每周召开一次审核会议，它对新产品购买决策起间接作用。

3．分店经理

分店经理是连锁店下属的各零售店的负责人，决定分店实际购买产品，是掌握最终采购权的人。如美国连锁超级市场分店经理掌握分店近 70%的产品采购权，是供应商推销员的主要公关对象。

（三）影响中间商购买行为的主要因素

中间商的购买行为除了受到环境因素、组织因素、人际因素和个人因素的影响，采购者个人的购买风格也具有不可忽视的影响作用。狄金森（Dickinson）把采购者的购买风格分为 7 类。

（1）忠实采购者。是指长期忠实地从某一供应商处进货的采购者。忠实的采购者会年复一年的忠于同一货源，不轻易更换供应者。这种采购者对供应商是最有利的，供应商应当分析能够使采购者保持“忠实”的原因，采取有效的措施使现有的忠实采购者保持忠实，将其他采购者转变为忠实的采购者。

（2）随机型采购者。是习惯于从事先选择若干符合采购要求、能满足自己长期利益的供应商中随机地确定供应对象并经常更换。对于这类采购者，供应商应在保证产品质量的前提下提供理想的交易条件，同时增进交流，帮助解决业务的和个人的有关困难，加强感情投资，使之成为忠实的采购者。

（3）最佳交易采购者。是指力图在一定时间和场合中实现最佳交易条件的采购者。这类采购者一旦发现产品或交易条件更佳的供应商就立刻转换购买，购买行为理智性强，不太受情感因素支配，关注的焦点是交易所带来的实际利益，供应商若单纯依靠感情投资来强化联系则难以奏效，最重要的是密切关注竞争者的动向和市场需求的变化，随时调整营销策略和交易条件，提供比竞争者更多的利益。

（4）创造性采购者。是指经常对交易条件提出一些创造性的想法并要求供应商接受的采购者。对于这类采购者，供应商要给予充分尊重，好的想法给予鼓励和配合，不成熟的想法也不能讥笑，在不损害自己根本利益的前提下，尽可能地接受他们的意见和想法。

（5）追求广告支持的采购者。是指把获得广告补贴作为每笔交易的一个组成部分，甚至是首要目标的采购者。对于这类采购者的要求，符合买卖双方的利益，在力所能及或合理的限度内，供应商可考虑给予满足。

（6）斤斤计较型采购者。是指每笔交易都反复地讨价还价，力图得到最大折扣的采购者。与这类采购者打交道是比较困难的，让步太多则无利可图，让步太少则丢了生意。供应商在谈判中要有耐心和忍让的态度，以大量的事实和数据说明自己已经做出了最大限度的让步，争取达成交易。

（7）琐碎型采购者。是指每次购买的总量不大，但品种繁多，重视不同品种的搭配，力图实现最佳产品组合的采购者。供应商与这类采购者打交道会增加许多工作量，如算账、开票、包装、送货等，供应商应当提供细致周到的服务，不能有丝毫厌烦之意。

三、政府采购市场分析

政府采购是组织购买者中比较特殊的一个市场，也是十分重要的一个市场。目前在世界各国政府采购的金额一般要占 GDP 的 10%以上，美国则高达 25%，无疑这是一个十分庞大的组织购买市场，必然会引起相关企业的特别关注。

（一）政府市场的购买方式

根据我国 2003 年 1 月 7 日颁布并实施《中华人民共和国政府采购法》的规定，政府采购基本上采用公开招标、邀请招标、竞争性谈判、单一来源采购、询价等方式。其中公开招标是政府采购的主要方式。

（1）公开招标。公开招标采购就是不限定投标企业，按照一般的招标程序所进行的采购方式。这种采购方式对所有的投标者是一视同仁的，主要看其是否能更加符合招标项目的规定要求。但由于整个招标、评标过程会耗费大量的费用，所以公开招标一般要求采购项目的价值比较大。

（2）邀请招标。邀请招标采购是指将投标企业限定在一定的范围内（一般必须三家以上），主动邀请他们进行投标。邀请招标的原因一方面是由于所采购货物、工程或报务具有一定的特殊性，只能向有限范围内的供应商进行采购；另一方面是由于进行公开招标所需要费用占采购项目总价值的比例过大，即招标成本过高。所以对于采购规模较小的政府采购项目一般会采用邀请招标的方式。

（3）竞争性谈判。竞争性谈判是指采购单位采用同多家供应商同时进行谈判，并从中确定最优供应商的采购方式。一般适用于在需求紧急情况之下，不可能有充裕的时间进行常规性的招标采购；或招标后没有合适的投标者；以及项目技术复杂、性质特殊无法明确招标规格等情况下，就可不采用招标方式而采用竞争性谈判的采购方式。

（4）单一来源采购。即定向采购，虽然所采购的项目金额已达到必须进行政府采购的标准，但由于供应来源因资源专利、合同追加或后续维修扩充等原因只能是唯一的，就适用于采取单一来源的采购方式。

（5）询价采购。主要是指采购单位向国内外的供应商（通常不少于三家）发出询价单，让其报价，然后进行比较选择，确定供应商的采购方式。询价采购一般适应于货物规格标准统一，现货货源充足且价格变化幅度较小的政府采购项目。对于某些急需采购项目，或招标谈判成本过高的项目也可采用询价采购的方式。

以上采购方式主要是指列入政府采购管理范围之内的采购项目的采购。在采购金额标准以下的采购项目，一般不受政府采购有关程序的约束，但也要求采用比价择优的方式。

（二）政府市场购买过程的参与者

各个国家和各级政府机构都有采购组织，一般分两大类。

1. 行政部门的购买组织

行政部门的购买组织，如国务院各部、委、局；省、直辖市、自治区所属各厅、局；市、县所属的各局、科等。行政部门采购经费由财政拨款，具体采购业务由各自的采购办负责。

2. 军事部门的购买组织

军事部门主要采购军事装备（武器）和一般军需（生活消费品），国防部主要采购军事装备，国防后勤部（局）主要采购一般军需品。各大军区、各兵种也有后勤部（局）负责采购军需品。

（三）影响政府购买行为的主要因素

影响政府购买行为因素除了环境因素、组织因素、人际因素和个人因素影响之外，还受以下因素的影响。

1. 受社会公众的监督

政府采购行为的监督者有：国家权力机关和政治协商会议、行政管理和预算办公室、传播媒体、公众和社会团体组织。

2. 受国内外政治形势影响

如果国家处于战争时期或感到安全受到威胁时，军费开支增大；如果国与国经贸往来增多，援助项目增加，就会扩大政府采购力度；在和平时期，基础建设投资和社会福利投资加大。

3. 受国内外经济形势影响

在经济繁荣期，政府投资加大，政府购买力增强，促进经济发展；在经济萧条时期，政府减少开支，政府购买力减少；政府为刺激经济增长，会增加政府投资，从事基础设施建设。

4. 受自然因素的影响

各种自然灾害会增加政府救灾资金和物品的投入。

四、非营利组织市场分析

（一）非营利组织的类型

（1）履行国家职能的非营利组织。指服务于国家和社会，以实现社会整体利益为目标的有关组织，包括各级政府和下属各部门、保卫国家安全的军队、保障社会公共安全的警察和消防队、管制和改造罪犯的监狱等。

（2）促进群体交流的非营利组织。指促进某群体内成员之间的交流、沟通思想和情感、宣传普及某种知识和观念、推动某项事业的发展、维护群体利益的各种组织，包括各种职业团体、业余团体、宗教组织、专业学会和行业协会等。

（3）提供社会服务的非营利组织。指为某些公众的特定需要提供服务的非营利组织，包括学校、红十字会、卫生保健组织、新闻机构、图书馆、博物馆、福利和慈善机构等。

（二）非营利组织的购买特点

（1）限定总额。非营利组织设立的目的是推进社会公益，而不是创造利润，其正常运转的活动经费主要来自政府拨款或社会捐助，其经费的预算与支出都会受到严格的控制。因此，非营利组织的采购必须量入为出，不能随意突破预算总额。

（2）价格低廉。非营利组织由于受到经费预算的限制，因此，其在采购时要仔细计算，争取选择商品价格低廉的供应商，以便用较少的钱办较多的事。

（3）保证质量。非营利组织采购商品不是为了转售，也不是使成本最小化，而是为了维持组织的正常运行和履行基本职能，所购商品的质量和性能必须有保证。

（4）受到控制。为了使有限的资金发挥更大效用，非营利组织的采购人员受到较大的制约，只能按照规定的条件进行购买，缺乏自主性。

（5）程序复杂。非营利组织的采购过程要经过许多部门的审核，参与者众多，程序相对复杂。

思　考　题

1. 消费者市场有哪些特点？
2. 影响消费者购买行为的主要因素有哪些？
3. 说明消费者购买决策过程是怎样的？每一阶段相应的营销任务是什么？
4. 相对消费者市场而言，产业市场有哪些特点？
5. 产业市场购买的决策过程主要有哪些阶段？
6. 影响中间商市场的购买因素有哪些？
7. 政府采购主要有哪些方式？

福建金百利包装集团的产业市场

福建金百利包装集团创办于1990年，主要从事为其他的产业生产销售彩印纸箱、彩印纸盒、纸罐、防伪彩箱、保鲜纸箱、各种出口纸箱以及吸塑等内外包装产品以及相关配套产品。公司是国家进出口商品检验检疫局出口纸箱指定生产厂、中国包装产品定点生产企业、全国包装先进企业、福建纸制品包装50强企业，产品荣获“中国包装科技成果奖”，2001年通过ISO9001国际质量体系认证，福建省著名商标。经过二十多年的奋斗，福建金百利包装集团已拥有资产上亿元，在全国几个主要城市设有多个大型包装生产基地，现拥有泉州金百利包装用品有限公司、成都金百利包装用品有限公司、济南金百利包装用品有限公司、汉川金百利包装用品有限公司、福建金百利纸品发展有限公司，现有厂区占地总面积约500亩，拥有高素质职工队伍3 000多人，年产值10亿元。

公司努力以高质量的产品赢得市场，努力打造“金百利”包装品牌，积极引进国内外的先进生产技术及生产设备，先拥有德国海德堡四色、五色彩色计算机印刷机，四色、五色、六色环保水性印刷机，德国进口预印生产设备，中国台湾进口全自动高速五层纸板生产线、进口自动模切机、进口自动裱胶机、自动纸罐生产设备、自动吸塑生产设备、进口自动粘箱机等国内外先进生产设备。金百利先后与达利集团、统一食品、娃哈哈、青岛啤酒、惠泉啤酒、加多宝凉茶、蒙牛、伊利、今麦郎、香飘飘、金龙鱼食用油、加多宝、盛洲等多家知名企业建立良好的包装物供应关系，如今，公司也在不断进军化纤、家具等领域，并与美的、海尔洽谈合作事宜，现有客户近千家。

资料来源：根据泉州金百利包装用品有限公司提供资料及官网资料改编，http://www.jinbaili.cn/.

问题：

（1）产业市场有何特点？

（2）产业市场与消费者市场在市场运作中有何异同？

【实训目标】

通过实训，加深学生对消费者消费行为特征和购买决策影响因素的认识，培养学生对消费者行为的分析能力和判断能力。

【实训内容和要求】

同学们按4~6人组成一个小组，选取当地某一高校的大学生作为调查对象，设计调查问卷，实地调查分析大学生在手机消费方面的行为特征和购买决策影响因素，并形成调查报告。

【实训效果评估】

根据同学们设计调查问卷、实地调查和调查报告的完成情况，了解和检查同学们对影响大学生手机消费行为特征和购买决策影响因素的认识程度和分析程度，并对其进行打分评价。评价标准如下。

实训内容	调查问卷的设计（5分）	实地调查情况（5分）	调查报告完成情况（5分）	阐述调查报告（5分）	总分

[1] [美]菲利普·科特勒，凯文·莱恩·凯勒. 王永贵等译. 营销管理（第 13 版）. 上海：格致出版社，上海人民出版社，2009.

[2] 吴健安. 市场营销学. 北京：高等教育出版社（第三版），2007.

[3] 郭国庆. 市场营销学概论. 北京：高等教育出版社，2008.

[4] 符国群. 消费者行为学. 北京：高等教育出版社，2004.

[5] 郑祖华. 市场营销学. 厦门：厦门大学出版社，2008.

[6] 于春玲，赵平，杜伟强. 参照群体类型与自我—品牌联系[J]. 心理学报. 2009,（02）.

[7] Engel J F，Blackwell R D，Minard P W.　Consumer Behavior. New York：The Dryden Press，1995. 4.

[8] Timothy R. Graeff，“Consumption Situations and the Effects of Brand Image on Consumers’ Brand Evaluations”，Psychology & Marketing 14，No. 1（January 1997）.

第三模块

市场营销战略

第七章

STP 战略组合

原理要点

- 市场细分的标准和方法
- 消费者市场的细分因素
- 目标市场选择和策略
- 市场定位

匹克的目标市场选择策略

匹克的集中性营销策略。自 1989 年，第一双匹克牌运动鞋上市，匹克的消费群定位在 18~30 岁的篮球运动员和篮球运动爱好者，辐射范围为 14~35 岁的运动爱好者。产品定位是以专业、舒适、耐磨的专业篮球装备为主导，引导休闲时尚鞋服潮流。发展专业篮球系列产品为战略主导，以体育公关营销为突破口，致力打造“篮球装备第一品牌”，以开创高、精、尖技术产品，占领市场制高点为拓展目标，迅速占领国内各专业篮球用品的中高端市场，形成自己忠实的消费群体。1991 年匹克赞助“八一”男篮开始，1998 年冠名赞助全国男篮甲 B 联赛，2002 年刘玉栋出任匹克品牌形象代言人，2003 年匹克成为 CBA 战略合作伙伴，向中国第一篮球品牌目标冲击。

匹克的差异性营销策略表现在两个方面：一是走专业化路线，坚持用体育运动员做品牌代言人，以专业品牌形象带动大众休闲市场。如鞋类有篮球鞋、网球鞋、综合训练鞋。匹克上市后准备将业务扩展到网球、足球和跑步三个产品领域。二是推进品牌国际化，赞助国际篮球赛事、用国际篮球明星代言。2004 年匹克成为乌兹别克斯坦、希腊等国家篮球队运动专用装备；2005 年启动“品牌国际化”战略，通过赞助斯坦科维奇杯洲际篮球冠军杯；2006 年 9 月，美国休斯敦火箭队球星肖恩·巴蒂尔激情加盟匹克，标志匹克在品牌国际化道路上迈出新的里程；2006 年 9 月匹克赞助澳大利亚国家篮球队，澳大利亚女子篮球队获得这届世界锦标赛冠军；2006 年 9 月身披匹克战袍的澳大利亚女篮勇夺世锦赛冠军；2007 年 10 月成为 NBA 在中国的官方市场推广合作伙伴；2007 年 12 月匹克成为塞浦路斯奥委会全球合作伙伴；2008 年美国梦八成员著名球星达拉斯小牛当家球星贾森-基德为匹克全球形象代言人，2008 年 12 月 23 日火箭队的罗恩·阿泰斯特（后解约）和迪肯贝·穆托姆博，洛杉矶湖人队萨沙·武贾西奇、桑尼·维姆斯和克利夫兰骑士的达内尔·杰克逊等球星脚踏匹克战靴征战 NBA，成为其全球品牌代言人。

资料来源：根据“专访匹克 CEO：拟整合全球资源深耕国内市场”以及匹克官网的资料改编。http://money. 163. com/09/0930/02/5KE5PEV800252603. html.

第二次世界大战以后，随着经济和社会生活越来越丰富，企业要想从激烈的竞争中脱颖而出，就要确定能够提供有效服务并获取最大利润的市场，而不是试图在整个市场上进行竞争，西方企业纷纷开始实行目标市场营销（target marketing）。目标市场营销，就是选择与本企业营销宗旨最吻合、销售潜力最大、获利最丰厚的那部分市场作为目标，然后采取相应的市场营销手段，打入或获得这个市场。目标市场营销是市场营销理论和实践的极有意义的进步，成为现代营销的核心战略。图 7-1 表示目标市场营销主要包含有三个步骤：市场细分（segmenting）——目标市场选择（targeting）——市场定位（positioning），所以又被称为 STP 战略。

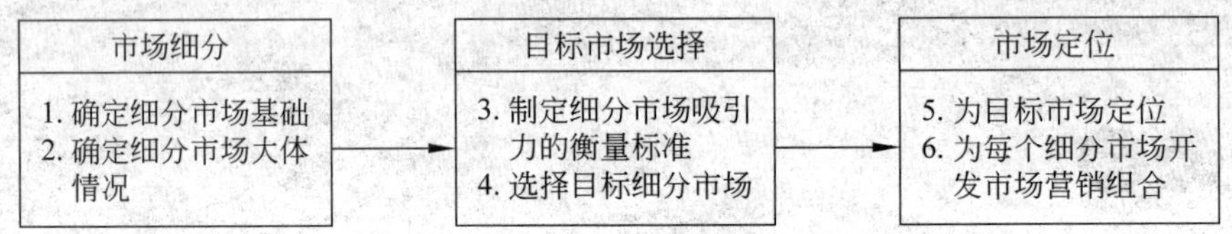

图 7-1 市场细分、目标市场选择和市场定位的步骤

第一节 市 场 细 分

一、市场细分的概念

（一）市场细分的概念和内涵

1956 年，美国市场营销学家温德尔·史密斯（Wendell R. Smith）总结一些企业的市场营销经验，在 20 世纪 50 年代提出了“市场细分”（market segmentation）概念。市场细分是根据消费者的消费需求和购买习惯的差异，将整体市场划分为由许多消费需求大致类同的消费者群体所组成的子市场群。这种按照一定标准将整个市场划分开来的活动又被叫作市场分割、市场区隔化[①]。而这一活动的结果即一个个被分隔的子市场可称为细分市场，每个细分市场内的消费者具有相对类同的消费需求。

市场细分是根据消费者在需求、购买行为和购买习惯等方面的明显差异性，把某一产品的市场整体划分为若干个买主群的过程。可以从下述几方面理解市场细分概念的内涵。

第一，市场细分的客观依据是现实及潜在顾客对某种产品需求的差异性。比如，由

① 高秀丽. 市场营销. 上海：上海财经大学出版社，2007：139.

于女性和男性对服装有不同的需求，可以将服装市场细分为女装市场和男装市场。

第二，市场细分不是对产品本身进行分类，而是对同种产品需求各有一定差异的买主进行分类，从而识别具有不同需要或欲望的买主群的活动。

第三，一个买主群就是一个细分市场，亦称为“子市场”或“亚市场”，是整体市场的一部分。每一个细分市场都是由具有类似需求倾向的买主构成的群体。

第四，市场细分是一种存大异、求小同的市场分类方法。消费者受各方面因素影响需求和购买行为有明显差异，但对某种特定产品而言，各种不同消费者组成了对其某个特性具有相同偏好的群体。

第五，市场细分的目的是确定目标市场，使企业更有针对性地制定营销战略，成功运用营销组合。

一般来说，经济越发达，市场的划分就越细，其主要原因是消费者的需求差异性加大。

（二）市场细分的层次

根据细分程度的不同，企业可以采取大众市场营销、细分市场营销、补缺市场营销和微市场营销（见图 7-2）。

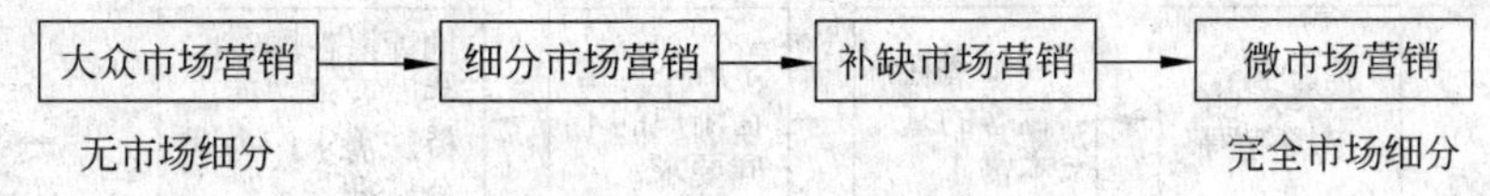

图 7-2　市场细分的层次

1. 大众市场营销

大众市场营销（mass marketing），即企业不对市场进行细分，以整个市场中的共性部分作为目标，对所有顾客采用同一种方法大批量生产、分销和促销同一种产品。大众营销战略的主要优势是，由于大量营销，品种少、批量大，可降低生产成本和经营成本，提高利润率。随着消费者需求日益多样化和分销渠道膨胀，商家发现已经很难用一种产品或营销方案去迎合多样的购买群体，他们纷纷从大众营销转移到细分市场营销。

2.细分市场营销

采用细分市场营销（segment marketing）的公司将整个市场划分为几个较大的细分市场，然后为其中的一个或几个子市场提供相应的产品和服务，制定相应的营销策略。这一层次的细分市场是由一个市场中有较大区别的购买者群体组成。虽然购买者需要、购买力、购买态度、购买习惯并非完全相同，但公司不会将产品或服务按每个顾客的要求来定做，而是试图将构成市场的某些大细分市场分离出来。属于同一细分市场的购买者，他们的需要被看作是十分相似的群体。比如，许多汽车公司就根据不同消费者的收入和年龄组合来细分市场。与大众市场营销相比，细分市场营销能够使企业更有效地展开营销活动。

3. 补缺市场营销

通常，细分市场是整个市场中较大的易识别群体，而补缺市场营销（niche marketing）则将细分市场划分为亚细分市场，关注那些需求没有得到满足的小市场。细分市场较大且通常吸引不少竞争者，而补缺市场却较小且吸引着少数竞争者。补缺市场营销人员可以充分地了解该市场消费者的需求，以至于他们愿意支付更高的价格。利用补缺市场营销，小公司能将有限的资源集中在大竞争者忽略的补缺市场上，进而获得丰厚利润和发展。

4.微市场营销

微市场营销（micromarketing）是指企业根据特定个人和特定地区的需求制定产品和营销策略，包括本地化营销和个性化营销。本地化营销（local marketing）是根据当地顾客群的需求来制订产品和营销计划。如书店往往依据其不同的聚居区地理位置，而有所侧重地供应各种不同类型的图书。个性化营销（individual marketing）是市场细分的极限层次，也可称为“定制营销”或“一对一营销”，即根据单个消费者的需求和偏好来调整产品和营销方案。随着科学技术的发展，特别是计算机、数据库、互联网等的涌现，使得企业可以考虑施行个性化营销。

二、市场细分的步骤

美国营销专家麦卡锡认为，企业的市场细分活动一般由下列七个互相联系的步骤组成（见图 7-3）①。

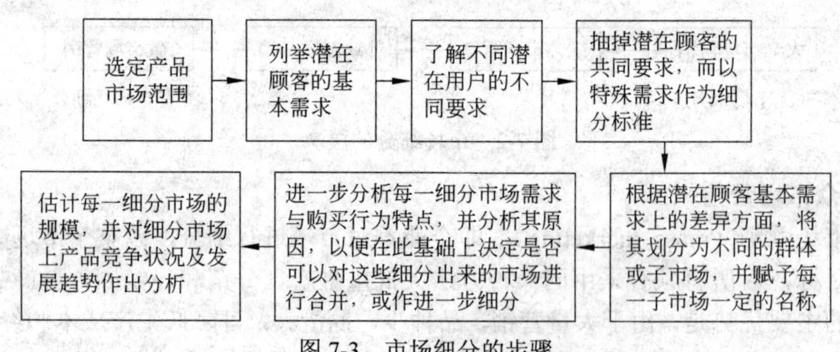

图 7-3 市场细分的步骤

三、细分消费者市场的标准

细分市场不能仅靠一种方式，营销人员要尝试各种不同的细分变量或变量组合，以便找到分析市场结构的最佳方法。我们主要讨论地理、人口、心理和行为变量（见表 7-1）。

（一）地理细分

地理细分是根据国家、地区、城市规模、气候、人口密度等方面的差异把市场细分为不同的地理单位。企业可选择在一个或几个地区经营。

地理标准之所以作为市场细分的依据，是因为处在不同地理环境下的消费者对于同一类产品往往有不同的需求与偏好，他们对企业采取的营销策略与措施会有不同的反应。例如，由于居住环境的差异，城市居民与农村消费者在室内装饰用品的需求上大相径庭。

① 高秀丽. 市场营销. 上海：上海财经大学出版社，2007：144.

表 7-1　细分消费者市场的主要标准

细分标准	主 要 变 量	典 型 分 类
地理	世界地区和国家	北美、西欧、中东、亚太、中国、加拿大
	国内地区	华东、华南、西南、西北、东北、华中
	城市规模	超大城市、特大城市、大城市、乡镇
	人口密度	城市、郊区、农村
	气候	北部气候、南部气候
人口	年龄	儿童、青年、中年、老年
	性别	男、女
	家庭人口	1~2 人，3~4 人，5 人以上
	家庭生命周期	单身、已婚、孤老、其他
	家庭月收入	1 000 元以下；1 001~2 500 元；2 501~4 000 元；4 001 元以上
	职业	专业技术人员、经理、官员、职员、学生、家庭主妇、失业者
	教育	小学以下、中学、大学本科、硕士、博士
	宗教	佛教、伊斯兰教、基督教、天主教、其他
	种族	亚洲人、拉美人、黑人、白人
	国籍	中国、美国、英国、印度、加拿大
心理	社会阶层	下层、中层、上层
	生活方式	朴素型、时髦型
	个性	冲动型、交际型、独裁型
行为	购买时机	常规购买、特殊购买
	追求利益	质量、服务、经济、便捷、速度
	使用者情况	不使用、以前使用、可能用、第一次用、经常用
	使用率	不使用、少量使用、中量使用、大量使用
	忠诚度	无、中等、强烈、绝对
	购买准备阶段	没听说过、听说过、了解、感兴趣、想买、打算买
	对产品的态度	热心、肯定、不关心、否定、敌视

地理标准易于识别，是进行市场细分时应考虑的重要因素，但处于同一地理位置的消费者需求仍会有很大差异。比如，在我国北京、上海这样的大城市，流动人口逾百万人，这些流动人口本身就构成一个很大的市场，很显然，这一市场有许多不同于常住人口市场的需求特点。所以，企业在选择目标市场时，不能简单地以某一地理特征区分市场，还需结合其他细分变量予以综合考虑。

（二）人口细分

人口细分指根据各种变量，如年龄、性别、家庭规模、家庭生命周期、收入、职业、教育程度、宗教 、种族、国籍等，把市场分割成群体。

人口变量是细分消费者群体最常用的基本要素，因为消费者需求、偏好、使用与人口变量密切相关，比如，只有收入水平很高的消费者才可能成为高档服装、名牌化妆品、高级珠宝的经常买主。另外，人口统计变量比较容易衡量，有关数据相对容易获取，由此企业经常以它作为市场细分的依据。

1．年龄及生命周期阶段

不同年龄的消费者有不同的需求特点。一些企业采用年龄和人生阶段进行市场细分，生产不同的产品并使用不同的营销策略，以适应不同年龄和人生阶段的消费群体。但企业必须注意到同一年龄层的人群间还存在需求差异，比如，同是70岁的老人，有的坐在轮椅上，有的还活跃在运动场上；40多岁的夫妻，有的已送孩子上大学，有的却刚开始组建新的家庭。因此，用年龄来预测一个人的生命周期、健康、工作或家庭状况和购买力等，并不都是正确的。

2．性别

由于生理上的差别，男性与女性在许多产品需求与偏好上有显著差别。服饰、化妆品和杂志这类产品一直使用性别作为细分标准。近年间，随着社会的变化，一些厂商也开始利用性别细分寻找新的市场机会。汽车行业过去一直是迎合男性要求设计汽车，现在，随着越来越多的女性参加工作和拥有自己的汽车，这些汽车制造商正研究市场机会，设计具有吸引女性消费者特点的汽车。

3．收入

高收入消费者与低收入消费者在产品选择、休闲时间的安排、社会交际与交往等方面都会有所不同。比如，同是外出旅游，在交通工具以及食宿地点的选择上，高收入者与低收入者会有很大的不同。正因为收入是引起需求差别的一个直接而重要的因素，在诸如服装、化妆品、旅游服务、汽车等领域根据收入细分市场相当普遍。

4．职业与教育

指按消费者职业的不同、所受教育的不同以及由此引起的需求差别细分市场。比如，农民购买自行车偏好载重自行车，而学生则是喜欢轻型的、样式美观的自行车；又如，由于消费者所受教育水平的差异所引起的审美观具有很大的差异，诸如不同消费者对居室装修用品的品种、颜色等会有不同的偏好。

除了上述方面，经常用于市场细分的人口变量还有家庭生命周期、国籍、种族、宗教等。实际上，大多数企业通常是采用两个或两个以上人口统计变量来细分市场。

（三）心理细分

心理细分是根据购买者所处的社会阶层、生活方式、个性特点等，把消费者分成不同的群体。处在同一人口因素群体中的人们可能会有不同的心理构成。

1．社会阶层

社会阶层直接影响到人们对汽车、衣服、家具、娱乐、读书习惯的偏好，处于同一阶层的成员具有类似的价值观、兴趣爱好和行为方式，不同阶层的成员则在上述方面存在较大的差异。很显然，识别不同社会阶层的消费者所具有不同的特点，对于很多产品的市场细分将提供重要的依据。

2．生活方式

生活方式是指一个人怎样生活，人们追求的生活方式各不相同。有的追求新潮时髦；有的追求恬静、简朴；有的追求刺激、冒险；有的追求稳定、安逸。营销人员经常用消费者的生活方式来细分市场。

3. 个性

个性会导致一个人对其所处环境做出相对一致和持续不断的反应。每个人的个性都有所不同。通常，个性会通过自信、自主、支配、顺从、保守、适应等性格特征表现出来。因此，个性可以按这些性格特征进行分类，从而为企业细分市场提供依据。个性市场细分已被成功地运用于化妆品、香烟、保险之类的产品上。

（四）行为细分

行为细分是指按照购买者对产品的了解程度、态度、使用情况及反应等将他们划分成不同的群体。许多营销人员认为，行为变量能够更直接地反映消费者的需求差异，是市场细分的最佳起点。按行为变量细分市场主要包括以下五点。

1. 购买时机

依据消费者打算购买、实际购买和使用产品的不同时机，将他们划分成不同的群体。例如，城市公共汽车运输企业可根据上班高峰时期和非高峰时期乘客的需求特点划分不同的细分市场并制定不同的营销策略。购买时机细分可以帮助企业确定产品的用途。如今，越来越多的企业都根据顾客的购买需求，在节日推出关于产品的特别广告。

2. 追求利益

消费者购买某种产品总是为了解决某类问题，满足某种需要。然而，产品提供的利益往往并不是单一的，而是多方面的。对消费者进行利益细分，就是要找出不同类型人群所看中的主要利益及能满足他们利益的主要产品功能。经过对购买手表的人群进行分析后发现，有的追求经济实惠、价格低廉，有的追求耐用可靠和使用维修的方便，还有的则偏向于使用可以显示出社会地位的。

3. 使用者情况

根据是否使用和使用程度细分市场，消费者通常可被分为经常购买者、首次购买者、潜在购买者、非购买者。大企业往往注重将潜在使用者变为实际使用者，较小的企业则注重于保持现有使用者，并设法吸引使用竞争产品的顾客转而使用本企业产品。

4. 使用率

市场可以被分为大量使用者、中度使用者和轻度使用者。大量使用者人数可能并不很多，但他们的消费量在全部消费量中占很大的比重。美国一家企业发现，美国啤酒的80%是被50%的顾客消费掉的，另外一半的顾客的消耗量只占消耗总量的12%。因此，啤酒企业宁愿吸引重度饮用啤酒者，而放弃轻度饮用啤酒者，并把重度饮用啤酒者作为目标市场。

5. 忠诚度

企业还可根据消费者对产品的忠诚程度细分市场。有些消费者经常变换品牌，另外一些消费者则在较长时期内专注于某一或少数几个品牌。分析产品的忠诚模式，有助于企业了解为什么有些消费者忠诚本企业产品，而另外一些消费者则忠诚于竞争企业的产品，进而改良自己的营销活动。

【案例导读】

维珍移动"服务于年轻人的专家"

维珍集团经营的天马行空，涵盖了生活的方方面面，但是所有产品和服务的目标客户群都锁定在了"不循规蹈矩的、反叛的年轻人"身上。它把握了现代人注重享受生活、体验生活、追求个性的心理，赢得了年轻客户的认同和信任，通过对他们的长期服务和研究，掌握了关于其职业、兴趣的信息，让他们成为维珍集团源源不断的财富源泉。

维珍移动采用横向、纵向市场并重的策略，在对市场、客户进行细分之后，将单一的移动通信产品或服务有机地捆绑打包，形成具有维珍品牌特色的增值服务产品，再通过在线和离线两个渠道进行销售。

从纵向市场看，维珍移动把其客户群分成四大类：体育爱好者、文艺爱好者、旅行者、家居者。再针对这些细分的市场把其服务分成三大类：标准服务、特别服务、其他服务。标准服务包括免费留言信箱、短消息、来电显示、来电等候、传真及数据、无线上网、MP3 下载播放、电话热线以及服务质量保证，这些服务都是标准化的。特别服务则是定制化的服务，通过短消息给兴趣群体传送即时新闻、体育比赛、文娱项目的售票信息、无线电广播、基于地理位置的信息、交通信息、手机购物等。其他服务则给客户和合作伙伴提供了开发交叉销售、升级销售的机会，例如，客户可购买手机保险、汽车路上修理应急服务、长达三个星期的语音留言保存以及国际漫游等。它的电信促销以非常趣味的方式开展，并将"一种新的生活方式"概念灌输给年轻人。如将预设的配置装在手机里，只要打个特定的号码，有关的商品就可以送到顾客手中。维珍移动还与其集团旗下深受年轻人欢迎的航空公司、旅游业务公司、音乐公司等相互合作，捆绑销售，为年轻的电信用户提供不同的优惠与配套服务。

资料来源：根据"英国维珍集团"百度百科改编，http://baike.baidu.com/view/2182155.htm.

四、细分产业市场的依据

许多用来细分消费者市场的标准，同样可用于细分产业市场，如根据地理、追求的利益和使用率等变量加以细分。不过，由于企业与消费者在购买动机与行为上存在差别，所以，除了运用前述消费者市场细分标准外，还可用一些新的标准来细分产业市场。表 7-2 中列出了企业在决定目标产业客户时应该考虑的问题。

表 7-2　细分产业市场的主要标准

主要变量	考 虑 问 题
客户情况	购买我们产品的哪些行业值得我们关注？ 我们应该针对什么规模的企业？ 我们应该关注哪些地区？
经营特点	我们应该关注顾客的哪些技术？ 我们应该关注大量使用者、一般使用者、较少使用者还是非使用者？ 我们应该关注需要大量服务的客户，还是不需要服务的客户？

续表

主要变量	考虑问题
购买方式	我们应该关注长期采购的企业，还是分散采购的企业？ 我们的目标企业由谁做主，生产人员、财务人员还是营销人员？ 我们应该关注与我们关系已经十分密切的企业，还是去寻找更为合适的企业？ 我们应该关注注重质量的企业，还是注重服务或价格的企业？
形势因素	我们应该关注要求快速交货和服务的企业吗？ 我们应该关注产品的某些应用还是全部应用？ 我们应该关注大批量订货还是小批量订货？
个性特点	我们是否应该重点关注价值观与我们相似的企业？ 我们应该关注有风险偏好的企业，还是风险回避的企业？ 我们是否应重点关注对供应商忠诚度很高的客户？

五、市场细分的方法

（一）单一变量因素法

根据影响消费者需求的某一个重要因素进行市场细分。例如，电饭锅市场可以按家庭人口数量，把整体市场分成三个部分，见表 7-3。

表 7-3 单一因素细分市场

子市场 I	子市场 II	子市场III
1～2 口人	3～4 口人	5 口人以上

（二）主导因素排列法

当一个细分市场的选择存在多因素时，从消费者的特征中寻找和确定主导因素，然后与其他因素有机结合，确定细分目标市场。

（三）多个变量因素组合法

根据影响消费者需求的两种或两种以上的因素进行市场细分。例如，根据消费者年龄、性别和收入，将服装市场分割成 18 个子市场（见图 7-4）。

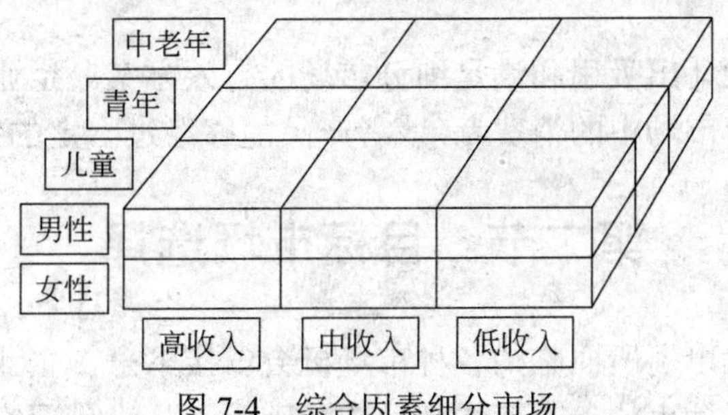

图 7-4 综合因素细分市场

（四）系列变量因素法

细分市场所涉及的因素多项，但各项因素之间先后有序。根据企业经营的特点并按照影响消费者需求的诸因素，由粗到细地进行市场细分。这种方法可使目标市场更加明确而具体，有利于企业更好地制定相应的市场营销策略（见图 7-5）。

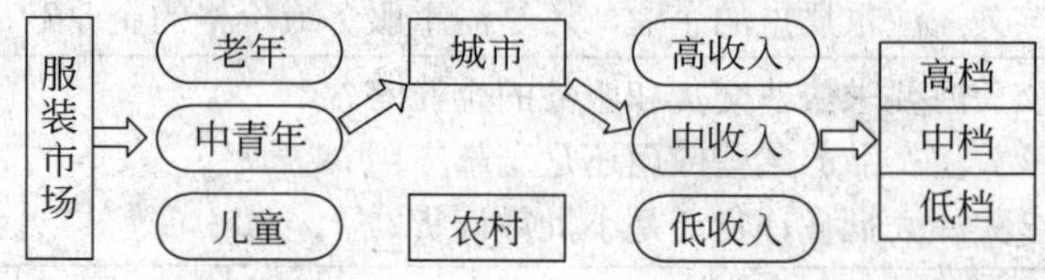

图 7-5　系列因素细分市场

六、有效市场细分的原则

企业可以按照多种方法对市场进行细分，但并非所有的细分都是有效的。成功有效的市场细分应遵循以下基本原则。

（一）可衡量性

可衡量性指细分出来的市场不仅范围明确，而且对其规模、购买力和基本情况都能大致做出判断。如果某些细分标准或购买者的需求和特点很难衡量，细分后的市场难以描述，那么市场细分就失去了意义。

（二）可获得性

可获得性指能有效地进入和满足细分市场。可获得主要有两方面的含义：一是足量性，它是指细分市场的大小和利润值得单独营销的程度，即划分出来的细分市场必须是值得采取单独营销方案的最小单位；二是细分后的市场是企业可以用现有的人力、物力、财力去获得的。

（三）可收益性

细分的市场不但要有一定的市场容量和发展潜力，而且要有一定程度的稳定性。细分市场应是值得专门制订营销计划去追求的最大同类顾客群体。

（四）可行动性

可行动性指能够设计出吸引和满足细分市场的有效方案。企业能够通过一定的广告媒体把产品信息传递给市场中的消费者，或者产品能够经过一定的销售渠道抵达该市场。

第二节　目标市场选择

市场细分为企业找出了所面临的各种市场机会。接下来，企业要弄清哪些细分市场值得企业进入，确定目标市场。在市场细分的基础上，从满足现实或潜在目标顾客的需求出发，并根据企业自身经营条件而选定的特定市场即为目标市场。目标市场选择，是指企业从潜在的几个目标市场中，根据一定的要求和标准，选择其中某个或某几个目标市场作为可行的经营目标的决策过程，主要包括细分市场评估和目标市场确定。

【案例导读】

永辉目标客户群体

定位于“平民超市，百姓永辉”的永辉超市把“天天实惠，始终如一”作为企业的经营宗旨。永辉超市坚持“大众化”路线，把家庭作为目标顾客；坚持薄利多销，做大流量；努力营造良好的购物环境，树立平价超市的社会形象。为顾客提供价廉物美的商品和便捷的购物服务；提供和销售与百姓日常生活息息相关的商品。由于价格低等的原因，永辉受到了一向“斤斤计较”的家庭主妇们的青睐。

资料来源：根据永辉集团官网的内容改编，http://www.yonghui.com.cn/.

一、评估细分市场

企业对不同的细分市场进行评估时，一般考虑以下三个因素：细分市场的规模和发展前景、细分市场的吸引力和企业目标和资源。

（一）细分市场的规模和发展前景

选定的目标市场必须具有一定规模和发展潜力，才能保证企业获得预期利润。因此，是否具备适度规模成为企业考核细分市场的首要问题，但“适度规模”是个相对的概念。大企业通常重视销量大的细分市场，忽视销量小的细分市场。反之，小企业则较多选择那些看起来不太具有吸引力的小市场。因为在这样的市场中，竞争者较少，企业也具备充分提供服务的能力。细分市场发展通常是一个预测指标，作为企业一般都想扩大销售额和增加利润，但竞争对手会迅速抢占正在发展的细分市场，使本企业利润减少。要估计细分市场的规模和发展前景，企业必须做好有关数据的收集分析工作。

（二）细分市场的吸引力

有的细分市场可能具备理想的规模和发展前景，但从盈利的角度来看未必有吸引力。迈克尔·波特认为有五种力量①，即同行业竞争者、潜在的新参加的竞争者、替代产品、购买者和供应商，决定一个细分市场的长期内在吸引力，企业应就这五种力量对长期盈利的影响做出评估。如果企业在其中某些方面受到很大威胁的话，该细分市场也是缺乏吸引力的。

（三）企业目标和资源

即使某个细分市场具有一定规模和发展特征，并且其组织结构也有吸引力，企业仍

① [美]迈克尔·波特．李明轩，邱如美译．国家竞争优势．北京：华夏出版社，2002: 466.

需将其本身的目标和资源与其所在细分市场的情况结合在一起考虑。某些细分市场虽然有较大吸引力，但不符合企业长远目标，因此不得不放弃。这是因为这些细分市场本身可能具有吸引力，但是它们不能推动企业完成自己的目标，甚至会分散企业的精力，使之无法完成主要目标。

即使这个细分市场符合企业的目标，企业也必须考虑本企业是否具备在该细分市场取胜所必需的技术和资源。无论哪个细分市场，要在其中取得成功，必须具备某些条件。如果企业在某个细分市场中或某些方面缺乏必要的能力，并且无法获得必要的能力，企业也要放弃这个细分市场。即使企业具备必要的能力，也还不够。如果企业确实能在该细分市场取得成功，它也需要发展其优势，以压倒竞争对手，如果企业无法在市场或细分市场创造某种形式的优势地位，它就不应贸然而入。

二、目标市场选择模式

通过对不同的细分市场进行评估，企业会发现一个或几个值得进入的细分市场。企业必须决定要进入哪几个细分市场，企业可考虑的目标市场模式，如图 7-6 所示，一共有五种模式供采用[①]。

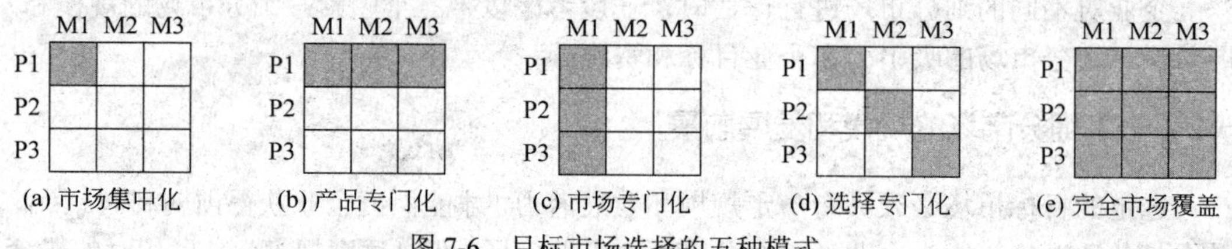

图 7-6　目标市场选择的五种模式

（一）市场集中化

见图 7-6（a）。企业选择一个细分市场，只生产一类产品，集中力量为之服务。市场集中化有两种情形，一是产品集中化，即生产一种规格或样式的产品；二是市场集中化，即专门为一个细分市场服务。

集中营销使企业深刻了解该细分市场的需求特点，采用针对的产品、价格、渠道和促销策略，从而获得强有力的市场地位和良好的声誉。但这一方式市场过于狭小，长此以往，企业很难获得大规模的发展。

（二）产品专门化

见图 7-6（b）。企业集中生产一种产品，并向所有顾客销售这种产品。例如，福耀玻璃就只生产玻璃，但销售对象却有卡车和轿车以及农用车等。珠海格力电器股份有限公司，是目前全球最大的集研发、生产、销售、服务于一体的国有控股专业化空调企业之一。格力电器至今已开发出包括家用空调、商用空调在内的 20 大类、400 个系列、7 000

① [美]菲利普·科特勒．陈乃新等译．市场营销管理．北京：科学技术文献出版社，1991：470.

多个品种规格的产品，能充分满足不同消费群体的各种需求；拥有技术专利 3 500 多项，自主研发的超低温数码多联机组、高效离心式冷水机组、1 赫兹变频空调、超高效定速压缩机等一系列“国际领先”产品，填补了行业空白。这一方式通常能使企业比较容易地在某一产品领域树立起很高的声誉，而且有很大的发展余地。

（三）市场专门化

见图 7-6（c）。企业专门服务于某一特定顾客群，尽力满足他们的各种需求。例如，企业专门为老年消费者提供各种档次的服装。企业专门为这个顾客群服务，能建立良好的声誉。但一旦这个顾客群的需求潜量和特点发生突然变化，企业要承担较大风险。

（四）选择专门化

见图 7-6（d）。企业选择几个细分市场，每一个对企业的目标和资源利用都有一定的吸引力。但各细分市场彼此之间很少或根本没有任何联系。这种策略能分散企业经营风险，即使其中某个细分市场失去了吸引力，企业还能在其他细分市场盈利。采用选择专门化这一模式的企业应具有相当规模的资源和较强的营销能力。

（五）完全市场覆盖

见图 7-6（e）。企业力图用各种产品满足各种顾客群体的需求，即以所有的细分市场作为目标市场。例如，某服装厂商为不同年龄层次的顾客提供各种档次的服装。一般只有实力强大的大企业才能采用完全市场覆盖策略。例如，IBM 企业在计算机市场、可口可乐企业在饮料市场开发众多的产品，满足各种消费需求。

【案例导读】

鸿星尔克的产品专业发展战略

鸿星尔克从“新技术、新材料、新设计”三个层面来构建“科技领跑”的发展战略，体现专业化的发展方向。

技术是运动鞋的心脏，它决定了鞋的价值。鸿星尔克自成立以来，投入了大量的人力、物力、财力，致力于专业运动鞋技术的研究开发，2004 年推出“高密度独立抓地系统”、“超强避震系统”、“包覆式稳定科技”、“内部空气循环系统”四大功能系统；2005 年推出了震惊业界 “GDS + 减震系统”，彰显了不凡的科技创新能力，得到了专家和体育爱好者的高度好评。

材料是运动鞋的脊梁，它决定了鞋的品质。2005 年 7 月，鸿星尔克率先在国内品牌中推广使用环保水性胶粘剂，一举成为国内制鞋业绿色环保的领头军。2006 年 1 月，中科院某研究所向鸿星尔克提供鞋制品专用抗菌材料和技术，为鸿星尔克运动鞋的抗菌性能和质量提供技术支持和保障，并负责对鸿星尔克运动鞋的抗菌功能全程进行监制和技术服务。

设计是运动鞋的灵魂，它最为直接地体现了鞋的个性和品位。鸿星尔克为了提高产品造型的设计水平，高薪聘请了众多的知名设计师，斥巨资组建鞋业研发技术中心，每年从设计中心诞生的新产品数量高达 1 000 多个种类。这些产品都是根据东方人的身体特点以及各项运动的不同特点，结合人机工程学的原理精心设计而成的，既能准确的跟随国际流行趋势，又能很好的吻合本土的审美观念。

资料来源：改编自“专业制胜，科技领跑”——解读鸿星尔克品牌突围之路，中国鞋网 www. cnxz. cn. http://www.cnxz.cn/news/top2007，53254. html.

三、选择细分市场

选择细分市场，这就是目标市场选择问题。目标市场是指企业决定进入的、具有共同需要或特征的购买者集合。如图 7-7 所示，企业可任选一种市场覆盖战略，即：无差异营销、差异性营销和集中性营销。

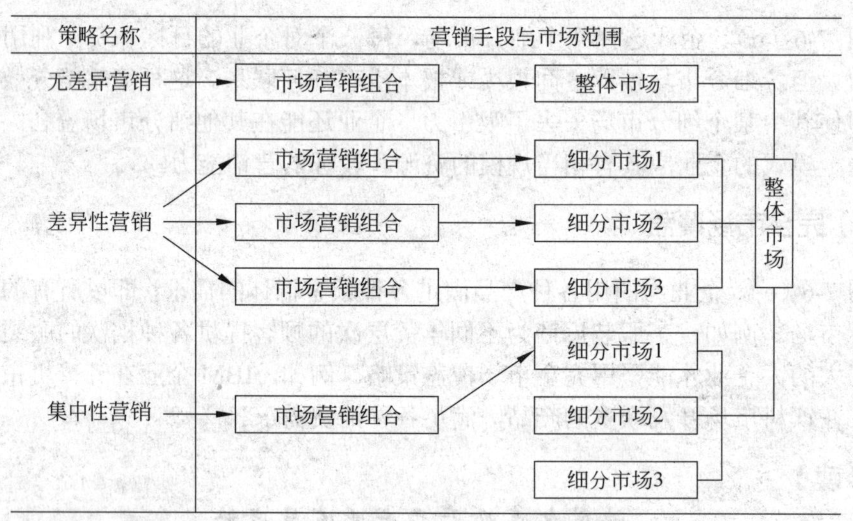

图 7-7 三种可替代的市场覆盖战略

（一）无差异营销

无差异营销指企业不考虑细分市场的差异性，对整个市场只提供一种产品。企业的产品针对的是消费者共同需求而不是不同需求[①]。

以一种产品、一种市场营销组合，试图在整个市场上吸引尽可能多消费者的策略。当企业断定各细分市场之间差异很少时可考虑采用这种市场营销策略。

这种目标市场策略在同质市场被广泛采用，因为这些市场的需求本身不存在实质性差别。或者即使买方需求存在差别，但企业认为它们有足够的相似之处，可以作为同质市场对待时，也可采用这种策略。无差异营销策略的优点就在于低成本。单一产品线可以产生相对的规模经济效益，存储和运输也相对方便，广告、物流等资源配置都集中在一种产品上，有利于强化品牌形象。

① [美]菲利普·科特勒，加里·阿姆斯特朗. 俞利军译. 市场营销. 北京：华夏出版社，2003：150-151.

1886 年，美国人班伯顿发明了可口可乐配方，并投入生产。100 多年来，不论是在北美还是全球，都奉行无差异化营销策略，保证了可口可乐的口感品质始终如一，使之成为一个全球的超级品牌。我国的解放卡车曾经也是典型的奉行无差异化营销策略，1956 年 7 月 13 日，第一辆解放卡车 CA10 型 4 吨载货汽车驶下总装线。由于当时是计划经济时代，生产不是由市场指导，一直按国家计划来进行，企业不能自主决定生产什么车型，所以从 CA10 系列到 CA15 系列，“老解放”生产了整整 30 年，总计生产了 1 281 502 辆。一直到 1986 年 7 月 15 日，第二代解放汽车 CA141 开始垂直换型生产。[①]因此对于那些广泛需要的，能够大量生产、大量销售的产品，以及具有垄断性、不易仿制的产品，均可采用这种策略。

（二）差异性营销

差异性营销是指企业决定以几个细分市场为目标，为每个目标市场分别设计产品及营销方案。[②]例如，通用汽车公司努力为每个“收入、目标和个性”不同的人生产一种汽车。这种策略的优点是，企业在产品设计或宣传推销上能有的放矢，分别满足不同地区消费者的需求，可增加产品的总销售量，同时可使企业在细分小市场上占有优势，从而提高企业的市场竞争力。

越来越多的企业采用差异性营销，它往往能带来比无差异营销更大的总销售额。但是，差异性营销也会增加企业的经营成本和销售费用，如增加产品的改良成本、制造成本、管理费用、储存费用等。因此，企业在决定是否使用差异性营销策略之前，必须衡量增加的成本与销售额之间的关系。

【案例导读】

中国移动为什么放弃“动感地带”？

2003 年 3 月，中国移动做出了一个令中国电信业界瞩目的举动，国内移动通信市场营销历史上首个客户细分品牌——“动感地带”横空出世，这是中国通信业内首个不以业务为区分，而以客户为导向，目标受众直指 15~25 岁的年轻时尚族群，以打造“年轻人的通信自治区”为己任，倾力营造“时尚、好玩、探索”的品牌魅力空间，在 2009 年左右，这个品牌的目标受众更是调整得再年轻了 3 岁，锁定 12~25 岁的年轻时尚族群，基本上涵盖了从中学到大学毕业 2、3 年左右的年轻族群。动感地带只花了 15 个月时间，就“感动”了 2 000 万名目标人群。据中国移动 2003 年年末的不完全统计，启用动感地带品牌比未启用动感地带品牌：短信流量增长超过 63%，点对点短信业务收入增长超过 30%，短信增值业务收入增长超过 45%。在 15 ~ 25 岁年轻人中的品牌认知度近 80 %，成为中国移动吸引年轻人群的一块金字招牌。

中国移动的品牌运营的过程，跟它一直所效法的韩国运营商 SK 电讯非常类似，韩国 SK 电讯从最早期的 4 大客户品牌到最终推出统一品牌“T”来整合管理移动互联网时代的更加多元的市场、业务及服务。①4 大客户品牌阶段：SK 电讯最初只有一个品牌，

---

① 解放牌汽车. 百度百科. http://baike.baidu.com/Link.

② [美]菲利普・科特勒，加里・阿姆斯特朗. 俞利军译. 市场营销. 北京：华夏出版社，2003：150-151.

即 SPEED 011。为了针对不同年龄的用户群体提供个性化服务，自 1999 年开始 SK 电讯在此基础上推出了 4 个细分的服务子品牌：针对 13~18 岁的青少年的 Ting、针对 20 多岁青年人的 TTL、针对 25~35 岁的高端用户 UTO 和针对已婚女性的 CARA；②4+2 品牌阶段：四大客户品牌+两大业务品牌：Nate（整合门户品牌）和 June（3G 业务）；③复杂多元阶段：随着韩国 3G 用户开始爆发式增长，4+2 的品牌结构越来越不能支撑层出不穷、亮点不断的数据业务和特色服务。于是在 2003—2006 年，SK 大量推出业务品牌和服务品牌；④一统天下阶段：2006 年 SK 电讯推出统一的商业主品牌“T”。中国移动为什么放弃“动感地带”？

中国移动之所以毅然决然地放弃已经具有很高品牌价值的三大客户品牌，跟它在 3G 时代所受到的巨大挑战有关：①移动互联网时代业务多元化的挑战。随着 3G 时代数据业务的多元化使得不同客户的不同特点作为品牌划分的依据已经不能适应形势；②3G 时代竞争对手一体化品牌架构的挑战。中国联通和中国电信都采用了统一商务品牌的策划，比如中国联通的“沃”和中国电信的“天翼”。中国移动三大客户品牌为基础的构架导致品牌传播上 3 对 1，传播资源分散，单个品牌影响力不足，已经不能对用户进行有效划分，针对各个客户品牌的营销投入效果也越来越不明显；③移动互联网时代用户习惯的挑战。大数据时代的营销从大众化营销向针对性营销转变，依托海量用户行为数据，通过几千种标签来精准锁定用户群，而非过去简单地通过职业、年龄来定义几种细分人群，这时候，品牌的重要性相对下降；④从移动在 3G 时代面临的挑战上看，为了应对 4G 时代运营商被管道化的风险，中国移动取消三大客户品牌是势在必行的，而中国移动新生的商业主品牌“and 和”利用移动独有的 6 个月 4G 空档期，借势“全国 4G 一盘棋”的推广，也获得了宽松的发展空间。

资料来源：改编自 钟伟山. 中国移动为什么放弃“动感地带”？驱动之家. 2014-08-12. http://news.mydrivers.com/1/316/316330.htm.

问题：

（1）中国移动为什么要放弃“动感地带”？

（2）中国移动的细分市场策略转变有何优劣势？

（三）集中性营销

集中性营销是指企业集中所有力量，以一个或少数几个性质相似的子市场作为目标市场，试图在较少的子市场里取得较大的市场占有率。[①]实行这种策略的企业，它们期望的不是在较大的市场上拥有较小的份额，而是在较小的市场上拥有较大的份额。由于生产和营销的集中，企业可以深入了解和获得某一特定细分市场，并取得有利地位。集中性营销策略适合经营对象集中，对局部市场有比较深入的了解，信息反馈快，且在生产和销售方面实行专业化的企业。但该策略风险较大，如果目标市场突然变化或出现强有力的竞争者，企业就可能陷入困境。

---

① 郭国庆. 市场营销学. 武汉：武汉大学出版社，2003：150.

在选择目标市场营销策略时，需考虑到多方面的因素，见表 7-4。

表 7-4 目标市场选择策略比较

无差异营销	集中性营销	差异性营销
单一产品	少数性质类同的产品	多样化产品
整体市场	少数细分市场	所有或多个细分市场
统一的市场营销	专业营销组合	差异、针对性营销组合
经济性好	经济性较好	经营成本高
风险大、难适应差异性需求	风险较大	风险小
相关性：无差异 ◄──►	集中 ◄──►	差异化

四、选择目标市场营销策略的因素

企业选择目标市场前，应考虑的因素主要有以下五个。

（一）企业的资源

如果企业在人力、物力、财力及信息方面资源不足，能力有限，无力把整个市场作为目标市场，可用市场集中模式，实行集中性营销。如果企业规模较大，技术力量和设备能力较强，资金雄厚，原材料供应条件好，则可采用差异性营销策略或无差异营销策略。实力雄厚的大企业，不仅可以采用差异化市场策略及无差异市场策略覆盖整个市场，也可根据需要采用其他各种模式。

（二）商品的同质性

商品的同质性是指这一类商品提供了类似的功效。对于同质性商品，虽然由于原材料和加工不同而使产品质量存在差别，但这些差别并不明显，只要价格适宜，消费者一般无特别的选择，无过分的要求，因而可以采用无差异营销策略。如果商品设计变化较多，如服装、食品等，价格有显著差别，消费者对产品的质量、价格、包装等，常常要反复评价比较，然后决定购买，这类产品就必须采用差异性营销策略。

（三）市场的同质性

市场的同质性是指所有购买者爱好相似，对市场营销刺激的反应也相同。在这种情况下企业可以采用无差异性市场策略，如果各消费者群体的需求、偏好相差甚远，则必须采用差异化市场策略、集中性市场策略或市场专门化，使不同消费者群体的需求得到更好的满足。

（四）商品所处的生命周期阶段

产品所处的寿命周期不同，采用的市场营销策略也是不同的。当企业把一种新的商品导入市场时，现实的做法是仅强调商品的特点，因此无差异营销最能奏效。当产品进入成熟期或衰退期，无差异营销策略就完全无效，须采用差异化营销策略，才能延长成熟期，开拓市场，维持和扩大销售量，或者采用集中性营销策略来实现上述目的。

（五）竞争对手的目标市场策略

企业生存于竞争的市场环境中，对市场营销策略的选用也要受到竞争者的制约。竞争者采用了差异化营销策略，如本企业采用无差异营销策略，就往往无法有效地参与竞争，很难占有有利的地位，除非企业本身有极强的实力和较大的市场占有率。如果竞争者采用的是无差异营销策略，则无论企业本身的实力大于或小于对方，采用差异化营销策略，特别是采用集中营销策略，都是有利可图、有优势可占的。

总之，选择适合于本企业的目标市场营销策略，是一项复杂的、随时间变化的、有高度艺术性的工作。企业本身的内部环境，如研究开发能力、技术力量、设备能力、产品的组合、资金是在逐步变化的；影响企业的外部环境因素也是千变万化的。企业要不断通过市场调查和预测，掌握和分析这些变化的趋势，与竞争者各项条件作对比，扬长避短，把握时机，采用恰当的、灵活的策略，去争取较大的利益。

第三节 市场定位

【案例导读】

麦当劳和肯德基的品牌差异定位

1987 年和 1988 年，洋快餐肯德基和麦当劳相继来到中国，由于两者在营销、定位各有特点，故而吸引了一大批忠实的消费者。它们在品牌定位上的差异策略表现如下。

店址选择不同。麦当劳一般选址在繁华的商业中心，如北京的王府井大街;肯德基则似乎更加灵活多样，商业区和非商业区、旅游区结合。

店内环境不同。去过肯德基的人都能感受到那种优雅、温馨的气氛，灯光明亮而不耀眼，墙上悬挂着一幅清新宜人的风景画，坐在餐桌前，一边听着悠扬的轻音乐，一边品尝可口的鸡腿，怡然自得，就好像待在家里一样的轻松。麦当劳店内的环境则展示了山姆大叔豪放、热烈的性格，音乐节奏欢快、奔放流畅，鲜明夺目的天花板一下子就可以抢去人们的视线；为营造更热闹的氛围，服务生常常扮演幼儿园阿姨的角色，与小朋友们载歌载舞。

目标市场定位不同。麦当劳的目标市场非常明确，知道小孩的钱最好赚，所以一进中国便瞄准了儿童；而肯德基除了小孩外，似乎更倾向于成人。

经营品种不尽相同。肯德基家乡鸡的神秘配方一直是它的一把锐利武器，制作工艺极为讲究。肯德基餐厅选用美国标准的 A 级鸡肉，均匀分割成 9 块，同含有 11 种香草和调料配制的秘方加工，再用特制的气压炸锅烹制，佐以鸡汁土豆糊、沙拉、面包等精美小吃及各种饮料。相比之下，麦当劳的品种就更为丰富，巨无霸、麦香鸡、麦香鱼、苹果派、菠萝派等，再配上传统的炸薯条和新式的奶品等，构成了麦当劳独特而又丰富多彩的风味结构。

形象与标志不同。众所周知，“麦当劳叔叔”亲切滑稽的形象很招孩子们喜爱，而肯德基的“山德士上校”更受到大人们的认同。此外，麦当劳金黄色的“M”拱门标志比肯德基的“KFC”更加夺人眼球，给人印象更为深刻。

资料来源：乔春洋.品牌差异定位，麦当劳和肯德基“各显神威”，2011-04-30. http://www.furnitureblog.cn/?uid-214469-action-viewspace-itemid-109054.

一、市场定位的含义

企业进行市场细分，选定目标市场后，如何进入目标市场，以怎样的姿态进入目标市场，这就是市场定位。市场定位是指企业针对潜在顾客的心理进行营销设计，创立产品品牌或企业在目标客户心目中的某种形象或某种个性特征，使其在客户心中留下深刻的印象，包括独特的位置，从而取得竞争优势。[①]简而言之，就是在客户心目中树立独特的形象。目标市场定位的实质在于对已经确定的目标市场，从产品特征出发进行更深层次的剖析，进而确定企业营销，最终要落实到的具体产品的生产和推销上。企业的任务就是创造产品的特色，使之在消费者心目中占据突出的地位，留下鲜明的印象。

二、市场定位的步骤

一些企业发现选择市场定位策略很容易，但在许多时候，两家或者更多的企业会有相同的定位，因此，必须想办法将自己与其他企业区别开。为获得竞争优势而进行的目标市场定位包括以下主要任务：识别可能的竞争优势，选择适当的竞争优势和传播选定的市场定位。[②]

（一）识别可能的竞争优势

消费者一般都选择那些给他们带来最大价值的产品和服务，赢得与保持顾客的关键是能够比竞争者提供更多价值。当企业把自己定位为向目标市场提供最大价值时，它就获得了竞争优势。确立竞争优势的方法通常是使自己营销的产品或服务差异化，以便为顾客提供更高价值。实际上，为了向消费者提供更多的价值，企业产品定位就是从差异化开始的。而与顾客接触的全过程都可以差异化，通常，可以从以下五个方面着手进行。

1. 产品差异化

实体产品的差异化可以体现在产品的诸多方面：形式差异、特色、性能质量、耐用性、可维修性和风格等，综合以上各个要素，企业应从顾客的要求出发，确定影响产品外观和性能的全部特征的组合，提供一种最强有力的设计使产品（服务）差异化和准确定位。

2. 服务差异化

竞争的激烈和技术的进步，使在实体产品上的建立和维持差异化越来越困难，于是，竞争的关键点逐渐向增值服务上转移。服务差异化日益重要，主要体现在订货方便、交

---

① [美]艾·里斯，杰克·特劳特．王恩冕，余少蔚译．定位——有史以来对美国营销影响最大的观念．北京：中国财政经济出版社，2002：2.

② [美]菲利普·科特勒，加里·阿姆斯特朗．俞利军译．市场营销．北京：华夏出版社，2003：155.

货及时和安全、安装、客户培训与咨询、维修养护等方面。例如，通用电气公司不仅仅向医院出售昂贵的X光设备并负责安装，还对设备的使用者进行认真培训，并提供长期服务支持。

3. 渠道差异化

通过设计分销渠道的覆盖面、建立分销专长和提高效率，企业可以取得渠道差异化优势。例如，戴尔计算机、雅芳化妆品，就是通过开发和管理高质量的直接营销渠道而获得差异化的。

4. 人员差异化

培养训练有素的人员，是一些企业，尤其是服务性行业中的企业取得强大竞争优势的关键。例如，迪士尼乐园的雇员都精神饱满、麦当劳的人员都彬彬有礼、IBM的员工给人以专家形象。

5. 形象差异化

形象是公众对企业及其产品的认识与看法。企业或品牌形象可以对目标顾客产生强大的吸引力和感染力，促其形成独特的感受。有效的形象差异化需要做到：建立一种产品的特点和价值方案；并通过一种与众不同的途径传递这一特点；借助可以利用的一切传播手段和品牌接触（如标志、文字、媒体、气氛、事件和员工行为等），传达触动顾客内心感受的信息。例如，耐克因其卓越的形象，在变幻莫测的青年市场始终保持了吸引力。

（二）选择合适的竞争优势

假定企业已很幸运地发现了若干个潜在的竞争优势，那么它必须选择其中几个竞争优势，据以建立起市场定位策略。企业必须决定选择多少种，以及哪几种优势。消费者根据自身的价值判断进行购买决策。确定价值方案就成为总体定位战略的核心内容。通常，企业可以从以下五种价值方案中选择一种进行总体定位：优质优价；优质平价；价廉物美；利益相同，价格较低；利益较低，价格更低。

总的来说，企业需要避免三种主要的市场定位错误。

1. 定位不足

即企业差异化设计与沟通不足，消费者对企业产品难以形成清晰的印象和独特的感受，认为它与其他产品相比没有什么独到之处，甚至不容易被消费者识别和记住。

2. 定位过高

即企业将自己的产品定位过于狭窄，消费者不能全面地认识自己的产品。例如，一家同时生产高、低价位产品的企业使消费者误以为只能提供高档产品。定位过分限制了消费者对企业及其产品的了解，同样不利于企业实现营销目标。

3. 定位模糊

指由于企业设计和宣传的差异化主题太多，或定位变换太频繁，致使消费者对产品的印象模糊不清。混乱的定位无法在消费者心目中确立产品鲜明、稳定的位置，必定失败。

（三）传播选定的市场定位

一旦选择好市场定位，企业就必须采取切实步骤把理想的市场定位传达给目标消费者。企业所有的市场营销组合必须支持这一市场定位战略，并通过一致的表现和沟通来保持它。当市场营销环境变化调整时，产品定位也应顺势演变。

例如,某著名家电企业决定进入手机市场。通过市场调查了解到消费者对手机产品最关注功能组合和外观设计，又了解到这一市场上已有 A、B、C、D 四家企业提供同类产品，它们所处的市场位置各不相同，见图 7-8。在这种情况下，该企业应如何为自己的手机产品定位呢？

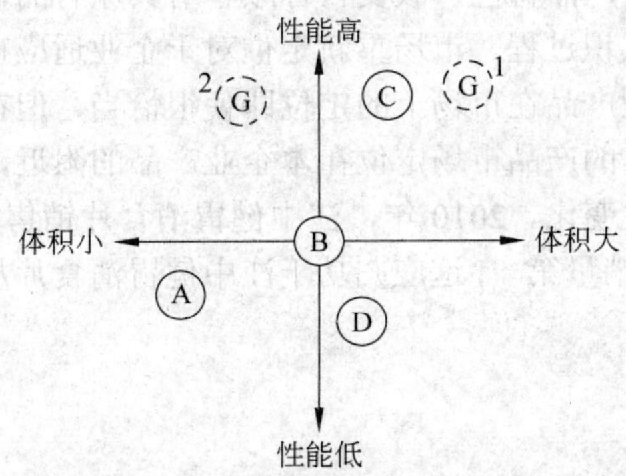

注：圆圈大小表示销售额的大小

资料来源：纪宝成．市场营销学教程（第 3 版），北京：中国人民大学出版社，2002：121.

图 7-8　市场定位示意图

企业可有以下两种选择方案。

方案 1　定在竞争者 C 附近，与它争夺顾客，一比高低。不过，如此定位需要考虑以下条件，高性能手机的市场需求足以吸收两家企业的产品；本企业能比 C 企业生产出更好的产品，如性能组合更全面，并具某种独特的功能（如采用了蓝牙技术）等；这一定位与本企业的资源、实力、特长、声望是相称的。

方案 2　定在左上角空白处。这是一个欢迎高性能，同时还要求外观足够小巧别致的细分市场，目前尚无企业提供产品。为此，要进入该象限的企业必须具备以下条件：企业具有生产较高性能手机的技术；在产品外观设计方面具有优势；通过宣传，能有效地使潜在购买者相信本企业手机的性能远比 A 企业的高而与 C 企业的不相上下；价格能为消费者接受，而预计的市场需求能保证达到企业利润目标。

三、市场定位的方法

企业开展市场定位的主要思维方式和常用的定位方法有以下四种（见图 7-9）。

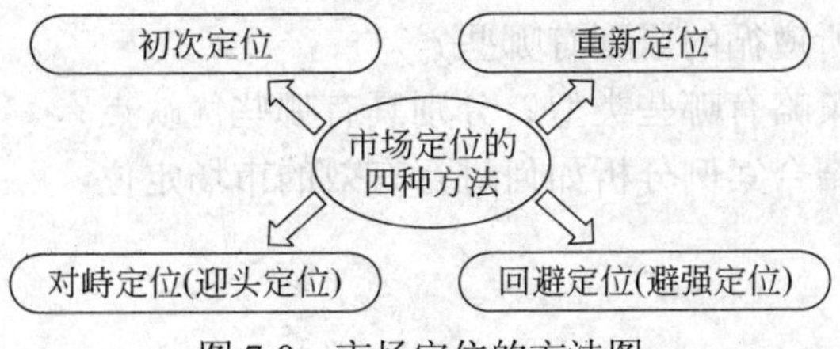

图 7-9　市场定位的方法图

（一）初次定位

新成立的企业初入市场、企业新产品投入市场或产品进入新市场时，企业必须从零开始，运用所有的市场营销组合，使产品特色确实符合所选择的目标市场。

（二）重新定位

重新定位指企业变动产品特色，改变目标顾客对其原有的印象，使目标顾客对其产品新形象有一个重新的认识过程。市场重新定位对于企业适应市场环境、调整市场营销战略是必不可少的。企业产品在市场上的定位即使很恰当，但在出现下列情况时也需考虑重新定位：竞争者推出的产品市场定位在本企业产品的附近，侵占了本企业品牌的竞争市场；消费者偏好发生变化。2010 年，江中健胃消食片销售突破 15 亿元，持续 6 年位居国内 OTC 药品单品销量第一，这应归功于江中健胃消食片从消化不良用药到日常助消化用药的定位变化。

（三）对峙定位

对峙定位也称迎头定位，指企业选择靠近现有竞争者或与现有竞争者重合的市场。这种定位有一定的风险性，但也能激励企业学习竞争者的长处，运用定点超越的理论和方法，充分发挥自己的优势。

（四）回避定位

回避定位也称避强定位，指企业回避与目标市场上的竞争者直接对抗，将其位置定在市场“空白点”，开发并销售目标市场上还没有的某种特色产品，开拓新的市场领域。其优点是能迅速立足于市场，在目标顾客心目中树立良好的形象。由于其风险较小，成功率高，很多中小企业乐意采用。

市场定位是一种竞争性定位，它反映市场竞争各方的关系，是为企业有效参与市场竞争服务的。

思 考 题

1. 什么是 STP 营销？
2. 按细分层次的不同，企业可以采取哪些营销方式？
3. 细分消费者市场的标准有哪些？
4. 市场有效细分所遵循的原则有哪些？
5. 目标市场营销策略有哪些类型？分别具有哪些优缺点？
6. 搜集案例，并结合案例分析如何进行有效的市场定位。

新思源教育的市场战略

新思源教育咨询有限公司（www. xsyedu. com）是由中国香港新世界教育发展有限公司作为主要投资方投资成立的，总部在广州，现在福建泉州设有一家分公司。新思源教育依托中国香港新世界教育的雄厚实力，现已与全国一些著名大、中、小学校建立起良好的合作关系，为促进其对外国际交流水平的发展，提供一个崭新且优越的合作平台。新思源教育秉承“安全、优质、高效、务实”的服务理念，真诚服务师生，真情回报社会，长期致力于美国、英国、加拿大、澳洲游学项目的市场开发和拓展，努力提高国际游学这一新兴项目的专业化服务和多渠道开展。

企业战略环境分析（SWOT 分析法）

优势：（1）专业经营游学项目，在广东、浙江等地均有过成功经验；（2）专职的游学师资力量，师资专业性强；（3）在广大消费者中有良好的口碑，在以往合作院校中有良好的形象；（4）与国外多家知名院校保持着良好的长久合作关系。

劣势：（1）同类竞争对手较多，部分竞争对手也有丰富的游学活动经验；（2）由于政治经济等方面的原因，成本费用增长快；（3）教师流动率较高，部分教师在各个培训机构及相关行业中流动；（4）由于行业局限性，营销手段较为传统，传播速度慢，知名度还有很大的上升空间。

机会：（1）华南地区尤其是广州周边地区经济发达，人均收入较高，可支配收入占总收入比重较大；（2）广州地区处于中国改革开放的最前沿，人民思想开放，易于接受新事物；（3）中国的教育制度无法满足消费者的全部需求，当代父母乐于鼓励孩子参加培训或团体活动，以增长见识，增强孩子的竞争力；（4）现代人对于了解国外文化、教育及风土人情兴趣增大，有亲身体验异域文化的需求。

威胁：（1）同类或类似活动于华南市场竞争激烈，可替代性强；（2）市场趋于饱和，甚至供大于求；（3）自身品牌价值不高；（4）受政治影响较大，相关部门严格监管。

STP 市场战略制定

1. 市场细分

（1）按消费者需求细分。①英语学习：针对学习任务比较紧，学习目的比较明确的消费者，将英语课程学习与参观交流结合，在游玩的过程中为消费者提供一个学习英语、练习英语的氛围，让消费者学习地道的英语，从而提高大家的英语交流水平，这个层面的消费者比较多。②留学准备：面对对留学有兴趣的消费者，针对性地组织去走访世界级的顶尖学校，让参与者和校方的代表面对面的深度交流，也可以和在校的学生了解及咨询该学校的相关信息，为未来的留学做好充分的准备，这个层面的消费者也是比较多。③参观游览：对于以旅游、观光、游玩为目的的消费者，通过畅游世界各地的名胜古迹，感受东西方的文化差异，体验世界文化的多元化及历史的文明，这个层面的消费者相对比较少。

（2）按年龄细分。①13 岁之前：主要是小学生以及刚进入初中的学生，此人群的独立能力较弱，比较依赖家长，而家长一般不会允许孩子离开自己太远，消费者会比较少。②13~17 岁：此人群主要是初中、高中的学生，学习相对比较紧张，具备基础英语的交流能力，家长重视孩子的学习，对于孩子的发展有帮助的夏令营都会鼓励孩子去参加，消费者会比较大。③18~22 岁：此人群以在校的大学生居多，独立能力比较强，正是一个重视自我增值的阶段，对游学的兴趣也比较大，消费者也是比较大。④23 岁之后：此人群是一般是进入职场的人士，具有可独自支配的资金，但相对的对学习的激情会稍弱一点，消费者相对较小。

（3）按家庭收入细分。①现代的家庭越来越关注孩子的教育，对于孩子教育的投资也越来越大。游学项目结合观光与学习，让孩子的学习效率不断地提高。②根据广州人的消费水平我们可以大致把市场分为低收入家庭、中等收入家庭和高收入家庭。根据分析游学项目的价格，在人均月收入在 1 万以上的中高收入的家庭会比较容易接受，即中等收入家庭和高收入家庭会是我们的主要客户群体，而低收入家庭则会很少。

2. 确定目标市场

针对参加游学的不同消费动机，确定目标市场范围，进行专业化选择。分别为不同的消费者提供能满足其需求的不同的产品。具体说来就是对细分市场进行评估，以确定目标市场和选择细分市场的进入方式。

（1）评估细分市场。评估细分市场的核心是确定细分市场的实际容量，评估时应考虑三个方面的因素：细分市场的规模，细分市场的内部结构吸引力和企业的资源条件。

（2）选择细分市场的进入方式。①集中进入方式：企业集中所有的力量在游学这一块目标市场上进行品牌经营，满足市场的需求，打造企业的品牌。分析游学夏令营的市场，新思源是以人均收入高的城市，作为中心市场，而在广东省就是以广州及周边作为首要的推广市场，现阶段开发广东市场就是集中力量在广州及周边占领市场。②专门化进入方式：新思源的游学项目设计各种各类的线路满足各种顾客消费群体。现阶段我们专门为广州的初、高中生和大学生这个富有潜力的消费群体选定六条线路，结合初、高中生和大学生的需求，在不同的季度、不同的阶段可调整线路，相应也会推出一系列的竞争策略方案和促销方案。

3. 市场定位

做全国最大最专业的游学机构。并由此提高学生独立自主的生活能力，提高学生的英语学习方法和英语听说能力，正确引导学生形成正确的世界观、人生观。

专业：已经与美国、英国、加拿大、澳大利亚、新西兰、德国、法国、荷兰、俄罗斯、瑞士、丹麦、瑞典、芬兰、挪威、日本、中国香港、韩国、新加坡等地多所院校和教育机构建立了良好的合作关系，与几百所海外知名院校达成战略合作协议。

4. 竞争策略

（1）竞争产品分析

① 行业外竞争对手：国际出游旅行社。国际游学夏令营结合“游”与“学”，以其独特的魅力吸引着大批顾客，这部分顾客偏重于“游”，即到外国去看风景。而新思源

的国际游学夏令营则偏重于“学”，接受异国文化熏陶，希望通过这种方式让更多想了解异国风情的人更好地提升自己。

② 行业内竞争对手：现阶段面对的主要对手有新航道国际夏令营、环球雅思夏令营、金色湖畔国际夏令营、英孚国际游学夏令营、新东方游学等。

综上分析，说明新思源教育国际游学夏令营很容易被行业外产品及行业内产品所替代，新思源教育想突围各竞争者的威胁，就该在差异化渠道上下工夫。

（2）差异化竞争策略——满足消费者需求

根据不同的消费群体及不同的游学目的，分为英语学习、留学准备和旅游观光三个不同的重点，制定相应的游学路线，为消费者量体裁衣、度身打造，以求使消费者得到最大的满足。依据目标市场集中化策略，游学活动的主要消费者也确定在初、高中与大学生这一社会阶层之中。

资料来源：根据新思源教育咨询有限公司提供的资料改编，http://www.xsyedu.com/.

问题：

（1）新思源教育制定了怎样的市场战略？

（2）新思源教育的目标市场有何特点？并谈谈你的营销建议？

【实训目标】

通过本单元实践训练，更好地理解 STP 理论，要求学生把所学的“市场细分”、“目标市场选择”、“市场定位”理论运用于市场定位的营销实践，联系有关项目或资料，对企业或产品的市场开发项目进行可行性分析，在实践运用中理解目标市场策略理论。

【实训内容和要求】

饮料市场可分为瓶装水、茶饮料、碳酸饮料、功能型饮料、果汁饮料、复合饮料、乳酸饮料、保健饮料等。假设你是某种新饮料的生产者，想进入饮料市场，请按下面的步骤进行操作。

1．分析各饮料子市场所使用的细分标准，每个子市场的最主要的竞争品牌。

2．加入新标准，是否能发现新的市场，如果可以发现新市场，评估新细分市场的市场吸收力；如果不能发现新市场，则评估原有细分市场的吸收力。

3．综合考虑影响目标市场选择的因素，以及三种目标市场覆盖方式，你会选择哪个细分市场标准进入该细分市场。

（1）你的目标消费者：年龄段、性别、收入、文化水平、职业、家庭规模、民族、社会阶层、生活方式等。

（2）你的目标消费者所处的地理位置：本地、国内、国外。

（3）你的目标消费者为什么买。

（4）你的目标消费者的购买频率：每天、每周、每月、随时、其他。

（5）你的目标消费者会买多少（按数量、按金额）。

（6）你的目标消费者怎么买。

（7）你的目标消费者了解饮料的信息来源（网络、广告、报纸、广播、电视、口碑、其他）。

（8）你的目标消费者有多少？即市场有多大。

4. 针对选择的目标市场，对新饮料进行定位，说明你的定位方式，描述你的定位。

根据以上四个步骤，形成一份报告书。

要求：按教学班级来确定数个小组，每个小组以 5~6 人为宜，选出一位小组长来协调小组的各项工作。以小组为单位进行研究，在充分讨论的基础上，形成课题报告。

【实训效果评估】

1. 报告书的准时完成评价，分值比重在评价总分中占 10%。
2. 报告书制作规范性评价，分值比重在评价总分中占 10%。
3. 报告书的内容评价，分值比重在评价总分中占 70%。
4. 小组成员的合作性评价，分值比重在评价总分中占 10%。

[1] [美]里斯，特劳特．谢伟山，苑爱冬译．定位——有史以来对美国营销影响最大的观念．北京：机械工业出版社，2011.

[2] [美]特劳特，里夫金．谢伟山，苑爱冬译．重新定位．北京：机械工业出版社，2012.

[3] 屈云波，张少辉．市场细分：市场取舍的方法与案例．北京：企业管理出版社，2010.

[4] 何佳讯．关系范式下市场细分的变革与关键变量．中国工业经济，2003（4）.

[5] 刘义，万迪昉，张鹏．基于购买行为的客户细分方法比较研究．管理科学，2003（2）.

[6] 马辉民，卢益清，尹汉斌．基于客户份额的客户细分方法．武汉理工大学学报·信息与管理工程版，2003（6）.

[7] 陈静宇．价值细分——价值驱动的细分模型．中国流通经济，2003（6）.

[8] 胡利等．楼尊译．营销战略与竞争定位（第 3 版）．北京：中国人民大学出版社，2007.

第八章

竞争与合作战略

原理要点

- 竞争者分析的一般方法
- 市场竞争战略类型分析
- 市场竞争战略模式分析
- 合作战略及分类

永辉生鲜品的竞争优势

永辉超市以独特的生鲜模式闻名，其生鲜销售占总销售比例在40%以上，而一般超市的生鲜销售占比约在10%~30%之间。在一般超市中生鲜并非重要品类，而永辉超市却将生鲜作为战略产品来经营。生鲜产品因具有需求面广，购买频率高等特点，是超市集聚客流的最佳武器。永辉凭借生鲜领先这一“撒手锏”，依托“直采为主的采购体系+自营为主的盈利模式”，以及强大的买手团队、标准化的门店管理、优化的信息系统等供应链环节，是维持差异化竞争、跨区域扩张的“发动机”。生鲜品类的供应链管理与其他品类相比难度较大，且不同生鲜产品的管理技术存在差异，永辉超市具有先发优势，并经过长期不断地资金投入和经验积累，同行模仿难度较大。

永辉还以股权合作的形式牵手中百集团和联华超市，合纵连横加快协同整合，联合采购降低采购成本，这将显著提升采购议价能力，同时有助于公司外延扩张，快速挺进合作者市场，实现与合作伙伴共赢。

资料来源：改编自 永辉超市调研简报:竞争优势持续显现 多业务拓展迎接发展. 东兴证券，2015-07-08. http://www.chinastock.com.cn/yhwz_about.do?methodCall=getDetailInfo&docId=4908810.

第一节 竞争者分析

企业的生命在于竞争，在商品经济条件下，任何企业在目标市场进行营销活动时，不可避免地会遇到竞争对手的挑战，同时也可能自身就是竞争行列的新加入者，或者是试图改变市场地位而展开竞争攻势的老企业。在优胜劣汰的竞争法则面前，市场中的每个企业都是平等的，如何参与竞争并使自己在市场竞争中具有优势，是企业能否获得营销成功的核心所在。知己知彼，才能取得竞争优势，在商战中获胜。其步骤见图 8-1。

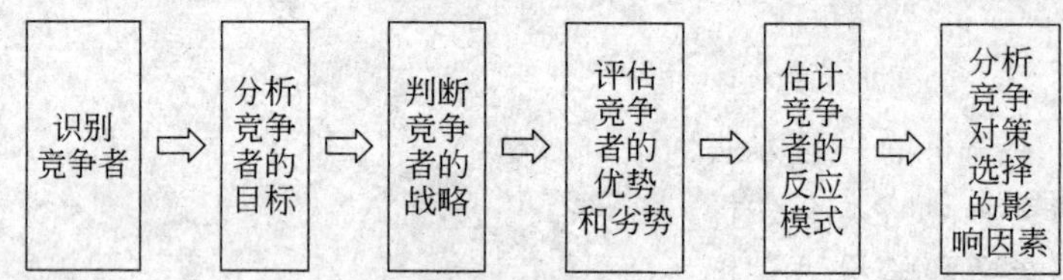

图 8-1 竞争者分析的基本步骤

一、识别竞争者

企业的现实竞争者和潜在竞争者的范围很广，识别竞争者并不是容易的事，通常可从市场和行业两个方面分析。

（一）从市场方面分析企业的竞争者

1. 品牌竞争者

企业把同一行业中以相似的价格向相同的顾客提供类似产品或服务的品牌或其他企业称为品牌竞争者。如家用空调市场中，格力空调、海尔空调、三菱空调等厂家之间的关系。品牌竞争者之间的产品相互替代性较高，因而竞争非常激烈，各企业均以培养顾客品牌忠诚度作为争夺顾客的重要手段。

2. 行业竞争者

企业把提供同种或同类产品，但规格、型号、款式不同的企业称为行业竞争者。所有同行业的企业之间存在彼此争夺市场的竞争关系。如家用空调与中央空调的厂家、生产高档汽车与生产中档汽车的厂家之间的关系。

3. 需要竞争者

提供不同种类的产品，但满足和实现消费者同种需要的企业称为需要竞争者。如航空公司、铁路客运、长途客运汽车公司都可以满足消费者外出旅行的需要，当火车票价上涨时，乘飞机、坐汽车的旅客就可能增加，相互之间争夺满足消费者的同一需要。

4. 愿望竞争者

提供不同产品，满足消费者的不同愿望，但目标消费者相同的企业称为愿望竞争者。如很多消费者收入水平提高后，可以把钱用于旅游，也可用于购买汽车，或购置房产，因而这些企业间存在相互争夺消费者购买力的竞争关系，消费支出结构的变化，对企业的竞争有很大影响。

（二）从行业的角度分析企业的竞争者

1．现有企业

现有企业指本行业内现有的与企业生产同样产品的其他厂家，这些厂家是企业的直接竞争者。

2．潜在加入者

当某一行业前景乐观、有利可图时，会引来新的竞争企业，使该行业增加新的生产能力，并要求重新瓜分市场份额和主要资源。另外，某些多元化经营的大型企业还经常利用其资源优势从一个行业侵入另一个行业。新企业的加入，将可能导致产品价格下降，利润减少。

3．替代品企业

与某一产品具有相同功能、能满足同一需求的不同性质的其他产品，属于替代品。随着科学技术的发展，替代品将越来越多，某一行业的所有企业都将面临与生产替代品的其他行业的企业进行竞争。

二、分析竞争者的目标

竞争者的最终目标当然是追逐利润，但是每个企业对长期利润和短期利润重视程度不同，对利润满意水平的看法不同。有的企业追求利润“最大化”目标，不达目的决不罢休。有的企业追求利润“满足”目标，达到预期水平就不会再付出更多努力。企业的战略目标多种多样，如获利能力、市场占有率、现金流量、成本降低、技术领先、服务领先等，每个企业都有不同的侧重点和目标组合。

了解竞争者的战略目标及其组合，可以判断他们对不同竞争者行为的反应；了解竞争者对目前盈利的可能性,可以判断不同竞争者在市场占有率的增长、资金流动、技术领先、服务领先和其他目标的重要权数；了解竞争者进入新的产品细分市场的目标，若发现竞争者开拓了一个新的细分市场，这对企业来说可能是一个发展机遇，若企业发现竞争者开始进入本公司经营的细分市场，这意味着企业将面临新的竞争与挑战。对于这些市场竞争动态，企业若了如指掌，就可以争取主动，有备无患。

三、判断竞争者的战略

竞争对手会采取什么样的竞争战略，可以通过迈克尔·波特的成本领先战略、差异化战略、集中化战略三种基本竞争战略来判断。企业通常采取上述竞争战略中的某一个类型。实力雄厚的企业既可能采用低成本战略，也可能采取差异化战略，不过企业最关心的是那些处在同一行业采用同一战略群体的企业。它们是最直接的竞争者。

战略群体是指在某特定行业内推行相同战略的一组企业。战略的差别表现在目标市场、产品档次、性能、技术水平、销售范围等方面。区分战略群体有助于认识以下三个问题。

1. 不同战略群体的进入与流动障碍不同

比如，某企业在产品质量、声誉和纵向一体化方面缺乏优势，则进入低价格、中等成本的战略群体较为容易，而进入高价格高质量、低成本的战略群体则较为困难。

2．同一战略群体内的竞争最为激烈

处于同一战略群体的企业在目标市场、产品类型、质量、功能、价格、分销渠道和促销战略等方面差别不大。任何一个企业都会受到其他企业的高度关注，并在必要时做出强烈反应。

3．不同战略群体之间存在现实或潜在的竞争

不同战略群体的顾客会交叉，每个战略群体都试图扩大自己的市场，涉足其他战略群体的领地，在企业实力相当和流动障碍小的情况下尤其如此。

四、评估竞争者的优势与劣势

在市场竞争中，企业需要分析竞争者的优势与劣势，才能有针对性地制定正确的市场竞争战略，以避其锋芒、攻其弱点、出其不意，利用竞争者的劣势来争取市场竞争的优势，从而来实行企业营销目标。竞争者的优势与劣势通常体现在以下八个方面。

1．产品

竞争者产品在市场上的地位；产品的适销性；以及产品系列的宽度与深度。

2．销售渠道

竞争者销售渠道的广度与深度；销售渠道的效率与实力；销售渠道的服务能力。

3．市场营销

竞争者市场营销组合的水平；市场调研与新产品开发的能力；销售队伍的培训与技能。

4．生产与经营

由规模经济、经验曲线、设备状况等因素所决定的生产规模与生产成本水平；设施与设备的技术先进性与灵活性；专利与专有技术；生产能力的扩展；质量控制与成本控制；区位优势；员工状况；原材料的来源与成本；纵向整合程度。

5．研发能力

竞争企业内部在产品、工艺、基础研究、仿制等方面所具有的研究与开发能力；研究与开发人员的创造性、可靠性、简化能力等方面的素质与技能。

6．资金实力

竞争企业的资金结构；筹资能力；现金流量；资信度；财务比率；财务管理能力。

7．组织

竞争企业组织成员价值观的一致性与目标的明确性；组织结构与企业策略的一致性；组织结构与信息传递的有效性；组织对环境因素变化的适应性与反应程度；组织成员的素质。

8．管理能力

竞争企业管理者的领导素质与激励能力；协调能力；管理者的专业知识；管理决策的灵活性、适应性、前瞻性。

五、估计竞争者的反应模式

估计竞争者在遇到攻击时可能采取什么行动和做出何种反应，有助于企业正确地选择攻击的对象、因素和力度，实现每一次竞争行动的预期目标。竞争者的反应可能受它

对各种假设的影响，也可能受到它的经营指导思想、企业文化和某些起主导作用的信念的影响，还可能受其心理状态的影响。下面仅从竞争者心理状态的角度，列举常见的一些反应类型。

1．从容不迫型竞争者

竞争者实力强大，底气十足，沉着应对。或可能是因为竞争者对市场竞争措施重视不够，未能及时捕捉到市场竞争变化的信息。或财力有限，顺其自然。

2．选择型竞争者

竞争者会根据带给自己的威胁大小而选择反击某个方面。例如，大多数竞争企业对降价这样的价格竞争措施总是反应敏锐，倾向于做出强烈的反应，力求在第一时间采取报复措施进行反击，而对改善服务、增加广告、改进产品、强化促销等非价格竞争措施则不大在意，认为不构成对自己的直接威胁。

3．强烈反应型竞争者

竞争企业对市场竞争因素的变化十分敏感，一旦受到竞争挑战就会迅速地做出强烈的市场反应，进行激烈的报复和反击，势必将挑战自己的竞争者置于死地而后快。这种报复措施往往是全面的、致命的、甚至是不计后果的，不达目的决不罢休。这些强烈反应型竞争者通常都是市场上的领先者，具有某些竞争优势。一般企业轻易不敢或不愿挑战其在市场上的权威，尽量避免与其作直接的正面交锋。

4．随机应变型竞争者

企业对市场竞争所做出的反应通常是随机的，往往不按规则出牌，使人觉得不可捉摸。例如，不规则形竞争者在某些时候可能会对市场竞争的变化做出反应，也可能不做出反应；他们既可能迅速做出反应，也可能反应迟缓；其反应既可能是剧烈的，也可能是柔和的。

六、分析竞争对策选择的影响因素

进攻谁，回避谁，可根据三种情况来定。

1．竞争者的强弱

攻击弱竞争者在提高市场占有率的每个百分点方面所耗费的资金和时间较少，但能力提高和利润增加也较少。攻击强竞争者可以提高自己的生产、管理和促销能力，更大幅度地扩大市场占有率和利润水平。

2．竞争者与本企业的相似程度

多数公司重视同近竞争者对抗并力图摧毁对方，但是竞争胜利可能招来更难对付的竞争者。美国的战略研究专家波特举了两个毫无意义的“胜利”的例子：（1）鲍希和隆巴公司曾积极同其他软镜头生产商对抗并且取得了很大的成功，而导致失败者纷纷把资产卖给露华浓、强生和谢林—普洛夫等较大的公司，使自己面对更强大的竞争者。（2）一家橡胶特种用品生产商把另一家橡胶特种用品生产商当作不共戴天的仇敌来攻击并抽走股份，给这家公司造成很大损失，结果几家大型轮胎公司的特种用品部门乘虚而入，很快打入了特种橡胶制品市场，倾销产品。

3．竞争者表现的好坏

根据竞争者表现的好坏，选择相互关系（攻击或结盟）。“好”竞争者的特点是：遵守行业规则；对行业增长潜力提出切合实际的设想；按照成本合理定价；喜爱健全的行业，把自己限制在行业的某一部分或某一细分市场中；推动他人降低成本，提高差异化；接受为它们的市场份额和利润规定的大致界限。“坏”竞争者的特点是，违反行业规则，企业靠花钱而不是靠努力去扩大市场份额；敢于冒大风险；生产能力过剩仍然继续投资；总之，它们打破了行业平衡。公司应支持好的竞争者，攻击坏的竞争者。

第二节　市场竞争战略类型

波特在其 1980 年出版的《竞争战略》一书中，提出三种基本竞争战略，即成本领先战略、差异化战略和集中化战略。[①]（见图 8-2）。

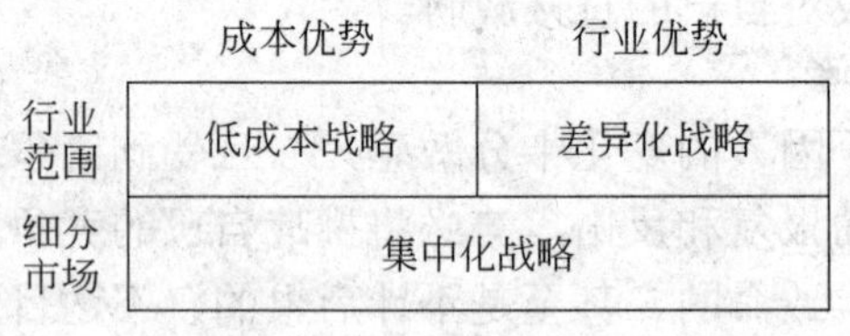

图 8-2　竞争战略关系

一、成本领先战略

（一）成本领先战略实施条件

成本领先战略又称低成本战略，即企业的全部成本低于竞争对手的成本，甚至在同行业中是最低成本[①]。这一战略要求企业在提供相同的产品或服务时，加强成本控制，在研发、生产、营销等领域把成本最小化，使成本明显低于行业平均水平或主要竞争对手，从而赢得更高的市场占有率或更高的利润，成为行业中的成本领先者。见图 8-3。

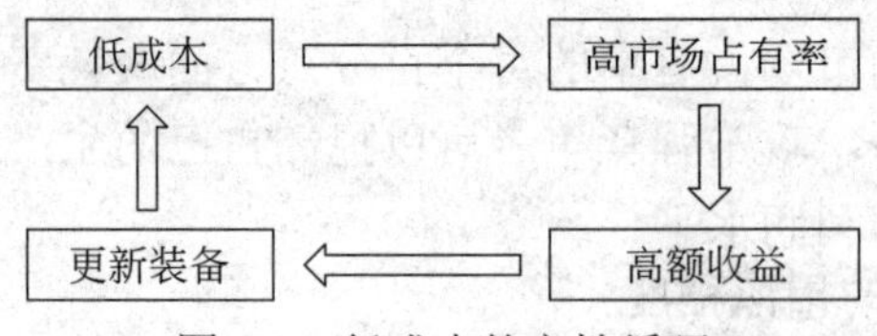

图 8-3　低成本的良性循环

实现成本领先战略需要一整套具体政策：经营单位要有高效率的设备、积极降低经验成本、紧缩成本开支和控制间接费用以及降低研究与开发、服务、销售力量、广告等方面的成本。要达到这些目的，必须在成本控制上进行大量的管理工作。为了与竞争对手相抗衡，企业在质量、服务及其他方面的管理也不容忽视，但降低产品成本则是贯穿整个战略的主线。

---

① 王平换．企业战略管理．重庆：重庆大学出版社，2002：242-243.

（二）成本领先战略的益处

（1）企业处于低成本地位上，可以抵挡住现有竞争对手的对抗。即在竞争对手在竞争中不能获得利润、只能保本的情况下，企业仍能获利。

（2）面对强有力的购买商要求降低产品价格的压力，处于低成本地位的企业进行交易时握有更大的主动权，可以抵御购买商讨价还价。

（3）当强有力的供应商抬高企业所需资源的价格时，处于低成本地位的企业可以有更多的灵活性来解决困境。

（4）企业已经建立起的巨大的生产规模和成本优势，使欲加入该行业的新进入者望而却步，形成进入障碍。

（5）在与代用品竞争时，低成本的企业往往比本行业中的其他企业处于更有利的地位。

（三）成本领先战略的风险

（1）生产技术的变化或新技术的出现可能使得过去的设备投资或产品学习经验变得无效，变成无效用的资源。

（2）行业中新加入者通过模仿，总结前人经验或购买更先进的生产设备，使得他们的成本更低，以更低的成本起点参与竞争，后来居上，这时，企业就会丧失成本领先地位。

（3）由于采用成本领先战略的企业其力量集中于如何降低产品成本，从而使它们丧失了预见产品的市场变化的能力。企业可能发现所生产的产品即使价格低廉，却不为顾客所欣赏和需要，这是成本领先战略的最危险之处。

（4）受通货膨胀的影响，投入生产的成本已升高，但企业如采用降低成本来达到产品价格优势，则不能与采用其他竞争战略的企业相竞争。

20 世纪 20 年代，福特公司曾经通过限制车型及种类、采用高度自动化设备、积极实行后向一体化以及严格推行低成本化措施等取得过所向无敌的成本领先地位。然而，当购置了一辆车的买主考虑再买第二辆车时，更偏爱具有风格的、车型有变化的、舒适的和封闭型的汽车而非敞篷型的 T 型车。通用汽车公司看到了这种趋势，对开发一套完整的车型进行资本投资准备。福特公司为把被淘汰车型的生产成本降至最低付出了巨额投资，这些投资成了一种顽固障碍，使福特公司的战略调整付出了极大代价。因此，经营单位在选择成本领先的竞争战略时，必须正确地估计市场需求状况及特征，努力使成本领先战略的风险降低到最低限度。

二、差异化战略

（一）差异化战略实施条件

差异化战略是企业使自己的产品或服务区别于竞争对手的产品或服务，创造出与众不同的东西。[①]一般说来，企业可在下列几个方面实行差异化战略：产品设计或商标形象的差异化、产品技术的差异化、顾客服务上的差异化、销售分配渠道上的差异化等。

企业实行差异化战略得投入一定的成本费用，一般来说，其产品成本会超过竞争对手的成本，但是，如果差异化价格与竞争对手的平均价格的差额大于这一成本差额，企业还是会比竞争对手获得更多的利润。应当强调的是，产品或服务差异化战略并不是讲企业可忽视成本因素，只不过这时主要战略目标不是低成本而已。

【案例导读】

永辉超市最便宜的生鲜

永辉超市成立于2001年，经历10多年的飞跃发展，如今，已列入中国企业家500强之一，是国家级“流通”及“农业产业化”双龙头企业，获“中国驰名商标”、“全国五一劳动奖状”等荣誉称号。生鲜经营是永辉最大的特色：永辉各门店的生鲜经营面积都占门店经营面积的40%以上，而且果、蔬、禽、肉、蛋、鱼等品种一应俱全；在集团总销售额中，生鲜农副产品的销售额占到总销售额的50%以上。

永辉超市有最便宜的生鲜，是因为永辉在上游供应链中有独到之处。永辉坚持所有生鲜商品自己直营，并在全国建立起20多个采购基地，以现款直接去农户家中采购。比如，永辉在采购海鲜商品时，会直接把采购船开到海中渔船的旁边，实现直接采购，这也是永辉在水产商品经营中罕有对手的原因。密集布点，频繁配货也是永辉谋求更低成本的方式之一。永辉甚至在2003年时自建了蔬菜、养殖基地和粮食加工厂。抛弃中间商和批量采购的做法让永辉得以提供比其他超市更便宜的生鲜产品。

资料来源：改编自 生鲜老大永辉超市的经营秘诀：陈列、直购、新鲜等. 赢商网. 2015-11-05. http://fj.winshang.com.

（二）差异化战略的益处

（1）建立起顾客对产品或服务的认识和信赖，降低顾客对产品或服务的价格发生变化时的敏感程度。这样，差异化战略可为企业在同行业竞争中形成一个隔离地带，避免竞争对手的侵害。

（2）顾客对商标的信赖和忠实形成了强有力的行业进入障碍。如果行业新的加入者参与竞争，它必须扭转顾客对原产品的信赖和克服原产品的独特性的影响，这就增加了新加入者进入该行业的难度。

（3）差异化战略产生的高边际收益增强了企业对付供应商讨价还价的能力。

（4）企业通过差异化战略，使得购买商缺乏与之可比较的产品选择，降低购买商对价格的敏感度。另外，通过产品差异化使购买商具有较高的转换成本，使其依赖于企业。这些都可削弱购买商的讨价还价能力。

（5）企业通过差异化战略建立起顾客对本产品的信赖，使得替代产品无法在性能上

① 王平换. 企业战略管理. 重庆：重庆大学出版社，2002：247.

与之竞争。

（三）差异化战略的竞争风险

（1）实行差异化战略的企业，其生产成本可能很高，因为它要增加设计和研究费用，选用高档原材料等。如果采取差异化战略的产品成本与追求成本领先战略的竞争者的产品成本差距过大，可能会使得购买者宁愿牺牲差异化产品的性能、质量、服务和形象，而去追求降低采购成本。

（2）购买者变得更加精明起来，他们降低了对产品或服务差异化的要求。

（3）随着企业所处行业的发展进入成熟期，差异产品的优点很可能为竞争对手所模仿，削弱产品的优势，而这时如果企业不能推出新的差异化，那么由于价格较高而处于劣势，产品差异化优势又不明显，企业就要处于非常困难的境地。

三、集中化战略

（一）集中化战略实施条件

集中化战略是集中服务一个特殊的市场补缺，而这个补缺可能是以地理、顾客的形态，或产品线的区隔作为定义。[①]集中化战略的目的是很好地服务于某一特定的目标，它的关键在于能够比竞争对手提供更为有效的服务。企业能够在特殊和独特的细分市场上通过集中化成本领先或者集中化差异化战略为顾客创造价值。瑞典的宜家家居就是采用集中化成本领先战略的典范，低成本贯穿在企业活动的每一个方面，同时提供了对顾客极具吸引力的服务，如独特的家具设计、店内的儿童游乐场、供顾客使用的轮椅、延长营业时间等。

集中化战略对于实力不很强大、资源有限的企业有着特别重要的意义。它使这些企业避开在广泛的整体市场上与强大竞争对手的冲突，而集中资源于自己最具优势或竞争对手最薄弱的部分，营造自己的竞争优势壁垒。从而在一个狭窄市场上获得竞争优势地位和成功。利用集中化成本领先战略所需的业务活动与行业范围内的成本领先战略所需的业务活动是一致的，利用集中化差异化战略所需的业务活动与行业范围内的差异化战略所需的业务活动也是一致的。

【案例导读】

联合利华集中化战略

20世纪90年代，联合利华在品牌最多的时候曾达到近2 000个品牌，分属于四个行业的十三个类别。1996年，尼尔·费茨杰拉德出任联合利华的CEO。尼尔·费茨杰拉德上任后即着手改变一切，关工厂、砍岗位、减员工，把过了时的老品牌一笔勾销。与此同时，他又通过280亿美元的收购买进大批新品牌，使联合利华的品牌队伍焕然一新。

[①] Charles W.L.Hill, Gareth R.Jones．黄营杉译．策略管理．中国台北：华泰文化事业公司，1998：248.

1998 年，联合利华以 80 亿美元出售其特殊化学业务部分，使业务更加集中。

1999 年，联合利华提出了新的全球战略，即“增长之路”，包括与消费者再联系、集中优势品牌、探寻新的销售模式、分销方式、建立世界级的供应链、业务结构简单明了、构筑良好的企业文化。集中战略主要体现在行业、产品类别和品牌三个方面。从全球角度看，它是采取了集中品牌战略，压缩品牌数量，将公司的品牌由 2 000 个压缩到 400 个，并保证一线品牌的增长率；从本土化战略看，联合利华力求在发展全球品牌的同时，保护和发展本土品牌。总体上，满足世界各地消费者的需求，使公司拥有的品牌处于动态最优状态。联合利华销售的 75%来自 2 000 个品牌中的 400 个，这 400 个品牌的年增长率约为 4.6%，有很高的利润，如果集中精力发展这 400 个品牌，必然对公司业务的增长有很大的益处。联合利华压缩品牌规模是根据 80/20 规律，即企业 80%的销售额通常是由 20%的商品创造的商品“黄金法则”，从 2 000 个品牌中选出 400 个品牌。在中国，联合利华实施企业集中化具体表现在：（1）企业集中化，1999 年，把 14 个独立的合资企业合并为 4 个由联合利华控股的公司，使经营成本下降了 20%，外籍管理人员减少了 3/4；实施厂址集中化，通过调整、合并，联合利华减少了 3 个生产地址，节约了 30%的运行费用。重组后，联合利华在全国的销售力量得以统一，洗衣粉的生产规模和能力也得到提高。（2）产品集中化，果断退出非主营业务，专攻家庭及个人护理用品，食品及饮料和冰激凌三大优势系列，取得了重大成功。（3）品牌集中化，虽然拥有 2 000 多个品牌，但在中国推广不到 20 个，都是一线品牌。

资料来源：改编自“联合利华公司”网络资料，http://wiki. mbalib. com/wiki/%E8%81%94%E5%90%88%E5%88%A9%E5%8D%8E.

（二）集中化战略的益处

（1）集中化战略便于集中使用整个企业的力量和资源，更好地服务于某一特定的目标。

（2）将目标集中于特定的部分市场，企业可以更好地调查研究与产品有关的技术、市场、顾客以及竞争对手等各方面的情况，做到“知彼”。

（3）战略目标集中明确，经济成果易于评价，战略管理过程也容易控制，从而带来管理上的简便。

根据中、小型企业在规模、资源等方面所固有的一些特点，以及集中化战略的特性，可以说集中化战略对中、小型企业来说可能是最适宜的战略。

（三）集中化战略的竞争风险

（1）由于企业全部力量和资源都投入了一种产品或服务或一个特定的市场，当顾客偏好发生变化，技术出现创新或有新的替代品出现时，发现这部分市场对产品或服务需求会下降，企业就会受到很大的冲击。

（2）在整个行业内竞争的企业可能认为由执行集中化战略的公司所服务的细分市场很有吸引力，竞争者打入了企业选定的部分市场，并且采取了优于企业的更集中化的战略。

(3）狭窄的竞争性细分市场中的顾客需求可能会与一般顾客的需求趋同，其优势被削弱或消除。

成本领先战略、差异化战略和集中化战略这三种战略是根据产品、市场的不同组合而形成（见表 8-1)。企业可根据自己生产经营的情况，选择所要采用的竞争战略。

表 8-1 竞争战略组合

	成本领先战略	差异化战略	集中化战略
产品差异化	低 （主要来自价格）	高 （主要来自特殊性）	由低到高 （价格或特殊性）
市场细分化	低 （大市场）	高 （众多细分市场）	低 （一个或一些细分市场）

第三节 市场竞争战略模式

竞争策略的核心问题是企业在市场上的相对地位，这种地位显示了企业是否具有竞争优势。一个地位选择得当的企业，即使在行业平均盈利水平不高的情况下，也能有较高的收益率。在一个不完全竞争的市场上，企业一般可分为四种不同的类型。①

市场领导者是指占有最大的市场份额，在价格变化、新产品开发、分销渠道建设和促销战略等方面对本行业其他公司起着领导作用的企业。

市场挑战者是指在行业中占据第二位次及以后位次，有能力对市场领导者和其他竞争者采取攻击行动，希望夺取市场领导者地位的企业。

市场追随者是指那些在产品、技术、价格、渠道和促销等大多数营销战略上模仿跟随市场领导者或市场挑战者的企业。

市场补缺者是指精心服务于市场的某些细小部分，而不与主要的企业竞争，只是通过专业化经营来占据有利的市场位置的企业。

一、市场领导者竞争战略

处于市场领导者地位的企业，往往在行业内有着比较大的市场占有率，在产品价格变动、新产品开发、市场覆盖率的变化、销售方式的选择等许多方面起着相对支配或者领先的作用。同时树大招风，领导者企业面临着众多其他企业的竞争威胁。因此，市场领导者企业必须保持着高度警惕，采取适当的竞争策略，以维护自己的竞争优势。

一般而言，市场领导者企业要维护竞争优势有以下三种竞争策略（见图 8-4)。

（一）扩大市场需求总量

当一种产品的市场需求总是在扩大，收益最大的往往是处于领导者地位的企业。所以促进产品总需求量不断增长，扩大整个市场容量，是领导者企业维护竞争优势的积极措施。

---

① 吴健安．市场营销学（第 3 版)．北京：高等教育出版社，2007：135,177,182,184.

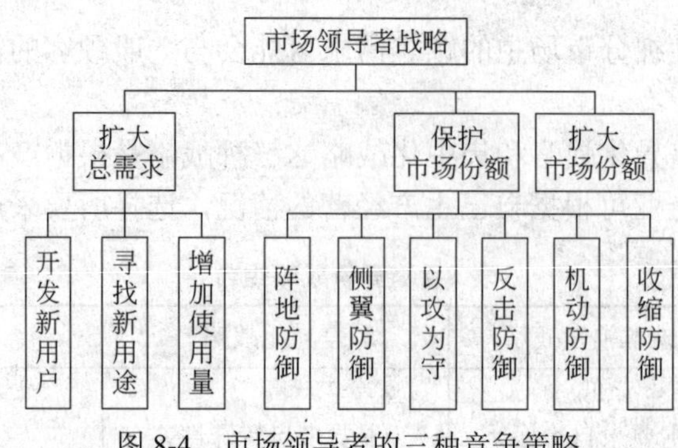

图 8-4　市场领导者的三种竞争策略

市场领导者企业可以通过三个途径达到扩大市场需求总量的目的。

1. 寻求新的消费对象

每类产品都有吸引新使用者的潜能。这些购买者可能因目前不知道此项产品，或因其价格不当或因其无法提供某种性能、型号而拒绝购买该产品。企业可以针对这些不同情况采取措施，解决潜在购买问题，将其转化为新的实际购买者。比如，企业可以从三种群体中寻找新使用者：当香水还只为一部分女性使用时，一个香水企业可以说服那些不使用香水的女性也使用香水（市场渗透策略），或说服男人开始使用香水（新市场策略），或销售香水至其他国家（地理扩张策略）。

2. 开辟产品新的用途

即发现并推广现有产品的新用途。如杜邦公司就是通过不断开发尼龙的新用途而实现市场扩张的。尼龙首先用于制作降落伞的合成纤维；然后作为制作女袜的主要原料；后来又作为制作服装的原料；再后来又成为汽车轮胎、沙发椅套、地毯的原料。这一切都归功于杜邦公司为发现产品新用途而不断进行研究与开发。事实上在更多情况下，不是企业发现产品的新用途，而是使用者自己将产品拿作他用。比如，凡士林当初只不过用作机器润滑剂，然而数年内使用者便发现此产品的数种用途，包括：用作护肤软膏、药膏和发蜡等。所以说企业的主要任务是借助定期调查与询问，及时了解到用户对本企业产品的使用方法有哪些，企业可从中得到许多启示。有关的研究证实，大部分产品新用途开发的构思来自使用者，而非来自企业的研究开发实验室。

3. 鼓励更多使用

即说服人们在每个使用场合使用较多的产品。在刺激高使用率方面，有一个非常具有创造性的例子，是法国米其林轮胎公司。该公司过去一直都在设法鼓励汽车拥有者每年驾驶更多的里程，以使轮胎更换次数增多。他们的一个构想就是，以三星系统来评价法国境内的旅馆，并且出版一本旅游指南，书中报道大多数最好的旅馆皆在法国南部。这样使得许多巴黎人都到法国南部去过周末。

（二）维护市场占有率

在市场领导者企业面临的竞争对手中，相对总会有一个或几个实力雄厚者。防止和抵御其他企业的强攻，维护自己现有的市场占有率，是领导者企业守住阵地的有效竞争策略。

市场领导者企业可以有两个途径达到维护市场占有率的目的。

1. 进攻措施

即在降低成本，提高销售效益、产品创新、服务水平等方面争取能始终处于行业领先地位，同时针对竞争对手的薄弱环节主动出击。

2. 防御措施

即根据竞争的实际情况，在企业现有阵地周围建立不同防线。如构筑重点在企业目前的市场和产品防线；构筑不仅能防御企业目前的阵地，而且还扩展到新的市场阵地，作为企业未来新的防御和进攻中心的防线等。

（三）扩大市场占有率

市场占有率与投资报酬率密切相关，一般说企业的市场占有率越高，其投资收益率相应就越大。许多企业把市场占有率作为自己的营销目标，领导者企业可以根据经济规模的优势，降低成本，扩大市场占有率。

市场领导者企业在采用扩大市场占有率的竞争策略时，必须注意三个问题：引起反垄断的可能性；为提高市场占有率所付出的成本；采用何种营销组合策略。

二、市场挑战者竞争战略

处于市场挑战者地位的企业，一般都具有相当的规模和实力，在竞争策略上有相当大的主动性，它们随时可以向市场领导者企业或其他企业发动进攻。然而，作为市场挑战者的企业，盲目的进攻是愚蠢甚至有害的，要使自己的挑战获得成功，必须明确企业营销目标和挑战对象，然后选择相当的进攻策略。

（一）确定挑战目标

明确企业的竞争对手和主攻方向，是市场挑战者企业成功与否的基础。一般有三种挑战目标可供市场挑战者企业选择。

（1）向处于领导者地位的企业挑战，意在夺取其市场份额和产品优势。

（2）向与自己实力相当的企业挑战，意在扩展自身市场份额以改变市场地位。

（3）进攻力量薄弱的小企业，意在夺取其市场份额或进行兼并，扩充自身实力。

（二）选择挑战竞争策略

市场挑战者企业发起挑战是一种主动的攻击行为，进攻方向及具体运用的营销策略是经过认真选择的。

1. 正面进攻

当市场挑战者企业实力明显高于对方企业时，可以采用正面或全面进攻的策略。比如，经营和竞争对手相同的产品，进行价格竞争，或者采用势均力敌的促销措施等。这是集中全力向对手主要市场阵地发动攻击的策略，进攻的是对手的强项而不是弱点，胜负取决于双方力量的对比。

2．迂回进攻

如果竞争对手的实力较强，正面的防御阵线非常严密，市场挑战者企业可以采用迂回进攻的策略。比如选择竞争对手忽视的细分市场进攻，或者选择竞争对手产品销售薄弱、服务较差的地区进攻。这是集中自己的优势力量攻击对手弱点的策略，成功的可能性更大。

3．游击进攻

如果挑战者企业暂时规模较小，力量较弱的话，可以采用游击进攻的策略，根据自己的力量针对竞争对手的不同侧面，进行小规模的、时断时续的攻势。比如进行有选择、有限度的降价、采用突然的强度促销措施、与中间商联合行动等，达到干扰对手的士气，争取消费者的目标。这是以小型的，间断性的攻击手段，逐渐削弱对手的实力，以占据长久立足点的策略。

三、市场追随者竞争战略

优胜劣汰的竞争法则是无情的，在市场竞争中，持续的正面竞争往往会造成两败俱伤，因此许多企业会避免与市场领导者企业正面发生冲突。同时，对于相当一部分中小企业而言，在产品创新上所需的大量人力、财力、物力以及相应的市场风险，它们无力承担。因此在实际营销活动中，许多企业采用追随策略，从事产品仿造或改良，在投资少、风险小的基础上，获取较高的利润，并保持企业相对有利的竞争地位。

一般而言，市场追随者企业有三种可供选择的跟随策略。

（一）紧密追随

市场追随者企业在进行营销活动的所有市场范围内，都尽可能仿效市场领导者企业，以借助先行者的优势打开市场，并跟着获得一定的份额。但是要注意，所谓的紧密追随并不等于直接侵犯市场领导者企业，那样的话会遭到被追随者凶狠的报复。如1999年，蒙牛刚成立，力量很弱少。在2000年时，蒙牛在内蒙古呼和浩特市的路牌广告“蒙牛乳业，创内蒙乳业第二品牌”就是很好地利用这种策略，因为当时伊利是内蒙乳业第一品牌。

（二）距离追随

市场追随者企业在营销策略的主要方面紧跟市场领导者企业。比如选择同样的目标市场、提供类似的产品、紧随其价格水平、模仿其分销渠道等。在企业营销策略的其他方面则发展自己的特色，争取和领导者企业保持一定的差异。

（三）选择追随

市场追随者企业根据自身的具体条件，部分地仿效市场领导者企业，择优追随。同时在其他方面自行其是，坚持独创。比如，主动地细分和集中市场、有效地研究和开发等，尽量在别的企业想不到或者做不到的地方去争取一席之地。这类跟随者中有些可能发展成为挑战者。

四、市场补缺者竞争战略

规模较小且大公司不感兴趣的细分市场称为补缺市场，市场补缺者指那些为规模较小的或大公司不感兴趣的细分市场提供专业化服务的公司。

（一）市场补缺者的特征

补缺市场不仅对于小企业有意义，而且对某些大企业中的较小业务部门也有意义，它们也常热衷于寻找一个或多个既安全又有利的补缺市场。理想的补缺市场具备以下特征。

（1）具有一定的规模和购买力，能够盈利。

（2）具备发展潜力。

（3）强大的公司对这一市场一般不感兴趣。

（4）本公司具备向这一市场提供优质产品和服务的资源和能力。

（5）本公司在顾客中建立了良好的声誉，能够抵御竞争者入侵。

（二）补缺市场的类型

1．自然补缺市场

为了追求规模经济效应，很多大企业一般采用少品种、大批量的生产方式，这自然为中小企业留下了很多大企业难以涉及的“夹缝地带”，这些“夹缝地带”即为自然补缺市场。

2．协作补缺市场

对于生产复杂产品的大企业来说，不可能每一道工序都达到规模经济性的要求。大企业为了谋求利润最大化或节约成本，避免“大而全”生产体制的弊端，而与外部企业进行协作，这种协作关系为中小企业提供了空间。

3．专利补缺市场

拥有专利发明的中小企业，可以运用知识产权来防止大企业染指自己的专利技术向自己的产品市场渗透，从而在法律制度的保护下形成有利于中小企业成长的专利补缺市场。

4．潜在补缺市场

现实中，常有一些只得到局部满足或根本未得到充分满足或正在孕育即将形成的社会需求，这就构成了潜在的市场需求空间。

5．替代补缺市场

指那些竞争对手尚未准备充分、尚未适应、竞争力较弱的市场。消费者的需求没有得到很好地满足。这正是取而代之的市场机会。

（三）市场补缺者竞争战略的选择

市场补缺者发展的关键是实现专业化，主要途径有以下 11 种。

1．最终用户专业化

公司可以专门为某一类型的最终用户提供服务。例如，航空食品公司专门为民航公司生产提供给飞机乘客的航空食品。

2．垂直专业化

公司可以专门为处于生产与分销循环周期的某些垂直层次提供服务。例如，铸件厂专门生产铸件，铝制品厂专门生产铝锭和铅制部件。

3．顾客规模专业化

公司可以专门为某一规模（大、中、小）的顾客群服务。市场补缺者专门为大公司不重视的小规模顾客群服务。

4．特殊顾客专业化

公司可以专门向一个或几个大客户销售产品。许多公司只向一家大公司提供其全部产品。

5．地理市场专业化

公司只在某一地点、地区或范围内经营业务。

6．产品或产品线专业化

公司只经营某一种产品或某一类产品线。比如，某公司专门生产不同花色品种的尼龙丝袜，某造纸厂专门生产水泥包装纸。

7．产品特色专业化

公司专门经营某一种类型的产品或者产品特色。例如，某书店专门经营“古旧”图书，某公司专门出租儿童玩具。

8．客户订单专业化

公司专门按客户订单生产特制产品。

9．质量——价格专业化

公司只在市场的底层或上层经营。例如，惠普公司在优质高价的微型计算机市场上经营。

10．服务专业化

公司向大众提供一种或数种其他公司所没有的服务。某家庭服务公司专门提供上门疏通管道服务。

11．销售渠道专业化

公司只为某类销售渠道提供服务。例如，某家软饮料决定只生产大容器包装的软饮料，并且只在加油站出售。

（四）市场补缺战略实施步骤

1．创造补缺机会

首先要敏锐捕捉消费者的需求信息。营销的关键在正确确定目标顾客的需要和欲望，并且比竞争对手更有效、更有利地传送目标顾客所期望的产品或服务，这些产品或服务是满足消费者的需要或解决他们所面临问题的工具。

其次要善于寻找和利用竞争对手的弱点。所谓弱点是指竞争者在满足该领域消费者需求时所采取的手段和方法与消费者最高满意度之间存在差异，正是这一差异构成我们的市场机会。如果企业有能力比竞争对手提供更好的令消费者满意的产品或服务，即能够有力地打击竞争者的弱点，那么，该市场就可以成为我们的目标市场，这正是“避实击虚”思想在市场竞争战略上的应用。

2．扩大补缺份额

市场补缺者开发出特定的专业化产品，一旦成功地切入某个补缺市场，就要开始致力于扩大市场份额。扩大补缺市场份额有两种思路：一是扩大销售区域，让更多的消费者知道这个产品存在的好处；二是让消费者成为你的忠诚顾客，不断地消费你的产品，或以老顾客带来新顾客。

3．保护补缺市场

当补缺市场开始赚钱时，一定会引起强大的竞争对手的注意，对手会来抢夺补缺市场的胜利果实，越来越多的大公司也会相应划小业务经营单位去服务这些补缺市场。市场补缺者必须及时采取相应对策，未雨绸缪，防患于未然，全力以赴保住在特定市场的领先地位。

【案例分析】

维珍：永远的“补缺者”

维珍集团 （Virgin Group，1970—）是英国多家使用维珍作为品牌名称的企业所组成的集团，由著名的英国商人理查德·布兰森爵士创办，是英国最大的私人企业，拥有 200 多家大小公司，集团业务范围包括旅游、航空、娱乐业、金融、铁路、唱片、婚纱、避孕套等。维珍产品在所处的每一个行业里都不是名列前茅的老大或老二，而是一只“跟在大企业屁股后面抢东西吃的小狗”。维珍是在金融服务业、航空业、铁路运输业、饮料业，消费者公认代表了质量高、价格廉，且时刻紧随时尚的消费趋势品牌。

布兰森曾经说过，如果有谁愿意的话，他可以这样度过一生：喝着维珍可乐长大，到维珍唱片大卖场买维珍电台上放过的唱片，去维珍院线看电影，通过 virgin. net 交上一个女朋友，和她坐维珍航空去度假，享受维珍假日无微不至的服务，然后由维珍新娘安排一场盛大的婚礼，幸福地消费大量 virgin 避孕套，直到最后拿着维珍养老保险进坟墓。当然，如果不幸福的话，维珍还提供了大量的伏特加以供选择。

资料来源：根据“维珍：永远的‘补缺者’”改编，http://www. virgin. com/；http://baike. baidu. com/view/2182155. htm#3.

问题：

（1）为什么维珍集团乐于做“补缺者”？

（2）补缺者市场和其他市场有何不同？

第四节 合 作 战 略

一、合作战略的概念

合作战略是指企业双方或多方为了自身的生存、发展和未来而进行的整体性、长远性、基本性的谋划，并在合作期间实现共赢的一种合作方式[①]。一个企业若是所有商业业

① 王平换．企业战略管理．重庆：重庆大学出版社，2002：207.

务都要自己做，并不见得是最有效的方法， 即使企业拥有完成某一特定任务的资源，同行中的另一家企业也许有时更合适完成该项任务，仅仅因为后者在同行中的相对位置为其提供了更好的定位。合作战略能有效地分担风险，更有利于企业在激烈竞争的环境中生存。以紧密的合作代替强个体对抗是时代发展的主流趋势。例如，20 世纪 90 年代中期，格兰仕与欧美日三大跨国公司合作结成战略联盟。格兰仕不花钱将其微波炉制造工厂全部搬到格兰仕工业区，按照协议优势互补、互惠互利，合作生产微波炉关键配件。战略联盟使双方在国际市场实现了双赢，这种双赢合作方式吸引了 200 多家跨国公司来与格兰仕结成战略联盟。

【案例导读】

一加手机 X 与苏宁的战略合作

2015 年 11 月 2 日，一加手机宣布与苏宁携手举办为期一周的线下品鉴活动，即日起用户可以到一加全国 35 家零售店或北京、上海、广州、深圳、天津等多地的苏宁门店内提前体验新品一加手机X。在 11 月 5 号一加手机 X 开启首销当天，用户不仅可在苏宁易购等线上平台购买，还可到苏宁的线下门店下单购买。

此次一加手机 X 携手苏宁，凭借苏宁线上线下的完整生态链系统和遍布全国的各大门店，不仅给想要购买一加手机 X 的用户提供了更多的便利，也给了许多想体验真机的用户零距离接触一加手机 X 的机会。

资料来源：改编自“一加手机 X 与苏宁达成战略合作 启动全国品鉴活动”，2015-11-02. http://www.pcpop.com/doc/1/1154/1154162.shtml.

二、合作战略的优点

合作战略是一种有目的、有计划、具有全球视野的合作思想与行为。

（1）合作战略可提高企业的知名度，为企业树立实力强大的外部形象，使企业更加有效地吸引消费者和顾客，增加产品销售量，扩大市场占有率。

（2）合作战略可以获得协同效应，即 1＋1＞2，实现组织间的信息、资源共享，充分利用现有的生产要素和资源，优化资源配置，节省成本费用，扩大经营规模，更好地获取规模经济效益。在“合作”内部，分工与协作有利于各企业间优势互补，可以形成更有效的专业化分工，发挥规模效益，使产品整体成本降低。从而使“合作”企业实现各自的“低成本”和“专业化”的发展战略。

（3）合作战略可以减少合作企业间不必要的浪费性竞争，维持稳定的竞争格局和态势，并且把着眼于短期的对抗性竞争转化为长期的合作式竞争，使企业在快速变化的市场环境中获取长远的竞争优势。

（4）合作战略可以降低和缓解合作企业的经营风险。现代市场竞争日趋复杂，市场瞬息万变，企业面临的经营风险不断增大。合作企业通过信息沟通、优势互补和风险分摊，提高了成功率，降低了风险损失。

（5）合作战略可以加快企业技术创新步伐。随着知识经济的发展，科技已成为决定竞争能力的关键变量之一。在技术资产贬值速度加快，技术创新的平均投入水平大幅上升的今天，技术创新面临着更高的技术和资金要求，这些已超出了单个企业的能力范围。因此通过联合各企业的技术资金优势，可以加快技术创新的步伐。

（6）合作战略可以有效地突破市场进入障碍。企业不仅可以利用合作伙伴的管理经验和营销渠道，快速进入当地市场，而且可以通过合资、特许经营等方式消除地方和他国政府的法规限制。

（7）在实行“合作博弈”的竞争战略时，培养竞争对手不但可以提高自己的核心能力，还是一种“占位策略”，遏制竞争对手的扩张意图。合作战略的龙头还可以利用品牌优势，形成领导价。

三、合作战略的分类

1. 共谋战略

共谋战略指的是同一行业的数个企业为了谋取高于正常经济利润的收益而采取共同协议产出和定价决策的行为。它的意义在于通过共同协议限定行业的产量，以使产品价格高于相互竞争状态时的价格，从而使共谋企业共同获得高于正常水平的收益。

2. 战略联盟

战略联盟的概念最早由美国 DEC 公司总裁简·霍普兰德和管理学家罗杰·奈格尔提出，他们认为，战略联盟指的是由两个或两个以上有着共同战略利益和对等经营实力的企业（或特定事业和职业部门），为达到共同拥有市场、共同使用资源等战略目标，通过各种协议、契约而结成的优势互补或优势相长、风险共担、生产要素水平式双向或多向流动的一种松散的合作模式[①]。例如，2001 年 8 月 29 日，索尼，爱立信两家移动电话公司将合并成为“索尼爱立信移动通信公司”，双方各控股 50%。在合并之前，虽然两家是非常强大的公司，但是在手机领域都不怎么理想。爱立信排名第三，但是运营不善，亏损严重。两家公司的合并就如同强强合作，产生了更强大的协同效应。再如福建省福州南国风旅行社与教育机构、培训机构、学校等进行跨界合作，创立福州新智方教育发展有限公司，并成立了福州亲子产业联盟，以拓展亲子游市场。

合作战略的方式多种多样，既包括从事类似活动的联合，也包括从事互补性活动的合作，既包括强强联合也包括强弱联合。合作形式可以是以合约的方式，也可以是组建新型组织的方式，或者是兼而有之。在范围、形式和时间跨度等方面是多种多样的。既有同上、下游跨国公司的合作，也有同价值链以外跨国公司的合作；既有在研究开发领域的合作，也有在生产和营销领域的合作；既有战略联盟、合资企业等高级形式，也有合作加工、合作营销等普通形式；既有长期合作，也有短期合作。

思 考 题

1. 如何识别竞争者才能收到最好的效果？
2. 市场领导者可采用的市场竞争战略有哪些？

---

① 王平换．企业战略管理．重庆：重庆大学出版社，2002：207.

3. 市场挑战者可采用哪些进攻战略？
4. 市场跟随者可分为哪些类型？
5. 理想的市场补缺者具备哪些特征？
6. 如何与企业进行跨界合作？

建发国旅的竞争和合作战略

建发国旅创立于 1994 年，为中国旅游知名品牌，2008 年度全国国际旅行社百强排名第二十五位，福建省十强国际旅行社第一名，福建省首批 5A 级旅行社第一名。建发国旅提供国内、出入境及中国台湾游等综合旅游服务，与国内外主要旅游度假地建立了完善的旅游服务网络，为来宾提供真诚服务。厦门建发旅游集团股份有限公司是中国百大企业集团——建发集团的控股企业，创建于 2003 年，集团主要从事饭店、旅行社、旅游交通、接待等旅游业的开发、经营和管理。公司拥有“悦华”高星级酒店管理品牌、“颐豪”商务酒店品牌和“建发国旅”旅游服务品牌。建发国际旅行社泉州分社为其下属公司。

轻慢旅行——产品竞争战略

解决客户痛点、优化产品组合——轻慢旅行。很多旅行社设计线路更多是从价格和内容上做文章，产品的设计理念是站在市场竞争的角度，没有充分考虑到客户核心的需求，建发国旅从自身客户资源进行分析，发现大部分客户群体对于线路安排的合理性需求大于价格需求，也就是说只要线路的安排能够符合他们的核心需求，价格只要在他们可以承受的浮动范围内是可以接受的，根据这样的分析，建发国旅推出不购物、不自费、慢旅行的轻慢旅行系列，获得市场中高端客户的认可。

小嶝岛度假村代理——成本战略

利用规模采购，降低成本——小嶝岛度假村代理营销。小嶝岛度假村作为临近泉州的一个休闲度假村，具有地理位置的优势，但是由于在价格定位上与周边度假型酒店相比较而言较高，因此在泉州市场存在销量问题。为解决价格影响的因素，泉州建发通过规模化采购，承诺给景区保底的销售额，获得区域的独家代理权，有效地降低了成本，再通过不同时期举行各项策划活动，在本地市场形成独家批发的态势。

根据地营销——差异化竞争战略

利用区域人脉关系，注重区域营销——根据地营销方案。中国是个讲究人情的社会，即使在当今依旧很多游客在出游的时候，是通过亲朋好友的介绍，而不是依靠自己去评判一家旅行社的好坏。因此在销售的时候业务人员不得不去面对这样的环境。根据地的营销主要是针对社区活动，尤其是针对社区的老年人出游，当业务人员成功进入到该区域的某个社区，建发国旅会要求业务人员随即对该区域的其他社区进行营销，只要在该区域内做到一定数量的社区，就可能形成良好的客户带动和口碑作用，其他社区就会主动与建发国旅形成业务关系，这就是所谓的根据地营销办法。

异业联盟营销模式——旅游+金融合作战略

为异业提供专属产品或策划营销方案，借助异业资源，达到共赢局面。异业联盟营销模式是建发国旅通过设计专有线路，提供给其他行业的合作伙伴，作为合作伙伴营销客户的手段。资源整合、各取所需——旅游+金融。旅游市场的竞争非常的激烈，导致的结果就是利润越来越低，但是旅行社手上是握有庞大的游客资源，如何利用第三方的合作来共同来促使这些资源的有效利用是建发国旅一直在思考的问题。建发国旅的客户资源相对而言属于中高端消费群体，这也是很多第三方所需要的资源，因此建发国旅近几年来与多家银行系统进行密切，建议游客办理银行相关的业务，银行则支付营销费用补贴给旅游者，通过资源整合的方式，使得旅行社、游客、银行三方都能够受益。

资料来源：改编自 建发国际旅行社泉州分社提供的合作案例资料，http://www.cndits.com/.

问题：

（1）建发国际旅行社运用了哪些竞争和合作战略？

（2）分析建发国际旅行社如何成功运用了这些竞争和合作战略？

（3）试分析如何把握运用竞争和合作战略的程度？

【实训目标】

通过本单元实践训练，学习分析某行业的竞争情况；识别市场中不同品牌的竞争地位；分析不同品牌采取的竞争策略。

【实训内容和要求】

内容：根据种类不同，饮料市场可分为瓶装水、茶饮料、碳酸饮料、功能型饮料、果汁饮料、复合饮料、乳酸饮料、保健饮料等。请选择其中一种类别，对所选择的饮料子市场的竞争者进行全面分析。

1. 收集各竞争品牌的产品及相关信息。
2. 分析各竞争品牌在市场中的地位。
3. 根据竞争地位描述各竞争品牌所采用的竞争战略及策略。

要求：按教学班级来确定数个小组，每个小组以5~6人为宜，选出一位小组长来协调小组的各项工作。以小组为单位进行研究，在充分讨论的基础上，形成课题报告。

【实训效果评估】

1．课题报告设计的准时完成评价，分值比重在评价总分中占10%。
2．课题报告制作规范性评价，分值比重在评价总分中占10%。
3．课题报告的内容评价，分值比重在评价总分中占70%。
4．小组成员的合作性评价，分值比重在评价总分中占10%。

[1] 王平换. 企业战略管理. 重庆：重庆大学出版社，2002. 9.

[2] 迈克尔·A. 希特等. 吕巍译. 战略管理概念与案例（第 8 版）. 北京：中国人民大学出版社，2009.

[3] 赵春明. 企业战略管理—理论与实践（第 2 版）. 北京：人民出版社，2009. 3.

[4] 陈继祥. 战略管理（第 2 版）. 上海：格致出版社，上海人民出版社，2008.

[5] 陈英梅，等. 企业战略管理. 北京：中国农业大学出版社，北京大学出版社，2009. 7.

[6] 金润圭. 企业战略与管理. 上海：立信会计出版社，2007. 8.

[7] 郭成，[英]John Brown. 企业战略管理. 郑州：郑州大学出版社，2003. 12.

第九章

品牌战略

原理要点

- 品牌管理概念和类别
- 品牌权益的界定和测量模型
- 品牌延展和品牌组合
- 品牌忠诚的界定与形成路径

在产品趋同、技术快速淘汰、全球化、高度竞争的时代，营销工作者们正在为设计与推行营销活动努力寻找新的概念基础以实现差异化。现实在不断地提醒我们传统营销不再有效。现在企业的高层管理者将许多大众广告视为一种赔钱的营销活动。在他们看来，尽管这种类型的销售促进能够短暂地刺激销售，但严重的利润亏损却是他们不能承受之重。在直邮营销活动方面，他们面对的是几乎不到 1%的反应率的事实。同时产品的生命周期也在迅速缩短，更有产品在上市短短数周内即告夭折[①]。面对这样的营销挑战，企业需要完成以下两项工作[②]。一项工作是更好地了解我们的顾客并更加贴近他们；另一项工作是品牌塑造。因此，品牌从没像今天这样重要。

宝洁：品牌管理的先驱

宝洁(P&G)连续多年被评为美国十大最受尊敬企业，被《财富》杂志评为最值得长期投资的企业。宝洁每年花费 30 多亿美元，在全球进行品牌营销，所营销的 300 多个品牌的产品畅销全世界 140 多个国家和地区，拥有 50 亿人消费者，美国 98%的家庭使用宝洁的产品，远胜过世界上任何一家企业。宝洁成功的原因除了 160 多年来一直恪守产品高质量原则之外，独特的品牌管理系统也是其获得成功的重要因素之一。

始创于 1837 年的宝洁公司，1931 年引入品牌管理系统，成为日后品牌管理的先驱。宝洁公司品牌管理系统的基本原则是：让品牌经理像管理不同的公司一样来管理不同的

---

① Paul Temporal, Advanced Brand Management. Singapore: Clementi Loop. John Wiley & Sons, 2010.

② Philip, Kotler. Kellogg on branding. New Jersey: Hoboken. John Wiley & Sons, 2005:ix.

品牌，此管理系统是品牌管理的鼻祖。这一管理理念目前已成为宝洁公司经营运作的基石之一。1930 年，理查德·杜普利（RichardD-EuprEe）出任宝洁公司总裁。

1931 年，麦凯瑞来到宝洁总部，发现当时市场部规模与麦凯瑞心目中所设想的特别的管理系统无法匹配。于是麦凯瑞和罗根副总裁谈起了他的一个人负责一个品牌的构想。罗根让麦凯瑞起草了一份文件。这份注明写于 1931 年 5 月 31 日的文件成了具有历史意义的文件。虽然杜普利严格要求任何公司内部文件不可长过一页纸，但麦凯瑞还是斗胆写了三页。文中详列了品牌经理、助理品牌经理和调查人员（指绝大部分时间都在商场里调查促销情况的市场部人员）的工作职责。麦凯瑞在文件里写道：品牌经理应能够把销售经理工作的大部分接过来，使销售经理能将主要精力放在销售产品的工作上。罗根副总裁阅批了同意的意见后，文件被递到杜普利手里。这次，杜普利没有随手批上压缩字数，相反，他仔细阅读了文件。杜普利赞同这种品牌管理的方法。从此，宝洁公司的市场营销的理念和市场运作方法开始发生了改变。美国的《时代》杂志总结道：麦凯瑞赢得了最后的胜利。他成功地说服了他的前辈们，使宝洁公司保持高速发展的策略其实非常简单：让自己和自己竞争。

曾任宝洁公司品牌经理、后来加盟于广告界的专业程度与营销界的宝洁齐名的奥美公司（Oglivy & Mather）的查尔斯·戴克（Charles L. Deckeer）在其所著《宝洁的观点品牌王国的 99 条成功准则》中，揭示了宝洁得以创造出 350 亿美金资产的成功营销、经营法则及范例。宝洁的品牌管理系统之所以成效卓著的基本信念是：消费者购买品牌而不是购买产品。由于品牌是宝洁的致胜核心，其企业组织也以品牌经理人为中心。当研发部门发明出一个新产品并准备上市时，品牌经理被授予营销的任务。品牌经理群由品牌经理领导，负责所有与品牌相关事务以及其福利，尤其是与消费者的关系。品牌经理就像轮子的中心，资料的汇集与人才招募构成一个类似轮辐的图案，其中包括产品开发、研制、包装设计、市场研究、业务拓展、电视广告制作、促销支援以及其他种种的部门。从 1931 年以来，宝洁公司的最高主管都是品牌管理出身，90%的管理阶层也都来自品牌管理。如今，宝洁的品牌管理系统已经被全世界很多公司企业承继和演绎，成为营销战略中的一种模式，其品牌管理系统更被哈佛大学列为教学课程。

资料来源：宝洁的品牌建设. 中国企业培训网. 2016-03-05. http://www.chinacpx.com/zixun/55484.html.

第一节 品牌管理概述

一、品牌概念

尽管都有过与品牌接触的经历，但是消费者们对品牌这一概念的理解却还很肤浅。当问及为什么购买可口可乐软饮料、拉尔夫·劳伦服装、梅塞德斯奔驰汽车这些品牌时，通常消费者们的回答反映出他们对品牌魅力的认识很少。例如，有些消费者会说：“可口可乐比百事可乐的口味好。”“拉尔夫· 伦的服装最适合我，此外她的服装做工精良。”“梅塞德斯奔驰汽车工艺精湛，留存久远。”不论这些理由是不是真实的，事实是很少有消费者能够在口味测验中稳定地区分出不同的软饮料品牌。

那么品牌是什么呢？品牌是将这个产品与特定品类相关联但同时又区别于这个品类的其他成员的定位[①]？品牌是企业向顾客做出的关于产品贡献的承诺？例如，Kevin Keller 认为品牌反映了产品的来源，从而成为顾客与产品生产者之间的一种纽带、契约和承诺，是生产者对产品品质的保证[②]；还是因为品牌是个体对一件产品、一项服务或一家企业的基本的感受[③]，所以品牌具有抽象的个人与情绪特征？或者品牌是相较于成本而言提供给顾客的价值？所有这些关于品牌的界定都是有助于描述特定品牌的一种方式，但都没有很好地回答品牌究竟是什么的问题。

从根本上说，品牌是一种概念[④]。概念是区分特定事物并赋予其含义的一组属性与联想。个体对产品和其他事物都会建构起概念，并且个体对事物都是以概念的方式加以体验的，但之所以将对产品建构的概念称之品牌是因为营销者对建构产品概念的属性与联想施加了影响。营销者希望通过这种影响个体能够对特定产品形成建构良好的、正面、独特的概念。如果最终个体脑海中形成了与其他同类产品不同的产品概念，则品牌出现了。因此“工厂生产的是产品，顾客购买的是品牌；产品可以被竞争者复制，品牌却是独一无二的；产品很快就将过时，成功的品牌却会永久闪耀。”[⑤]

根据美国市场营销学会的界定，品牌是指一个名称、术语、设计、标志或是其他标志一个卖者的产品或服务有别于其他卖者产品或服务的特征。这一界定反映出品牌并不等同于品牌名称。因为品牌名称就其本身而言并没有对产品做出有效的区分，它只是激活个体长期记忆中的品牌概念最常用的线索。真正区分产品的是品牌这种概念。蒂博特与卡本特由此强调品牌是与产品或服务有关的并被附着了心理意义的名称、标志或记号[⑥]。更进一步地说，这种特殊的心理意义、概念或品牌反映为消费者记忆中的思想或联想网络。当消费者进入一家超市并看到一瓶可口可乐，而这个品牌在他们的脑海中却不能唤起任何含义时，可口可乐就不能称作为一个品牌。当营销者通过产品设计、广告、分销以及其他触及买者的方式使品牌概念驻留在消费者个体的心里时，品牌才是真正意义上的品牌。

至此我们认为品牌是消费者个体脑海中区别特定产品的一组属性与联想或联想网络。当消费者个体接触一件产品时，伴随这件产品出现的线索帮助消费者个体将这件产品归类到特定的概念下。这一过程在心理学中被称之为知觉过程，即个体即刻运用线索建构与识别概念的过程。在知觉的帮助下，个体不必回忆特定产品的每一条产品特征、与这个产品有关的每一种想法、形象以及联想（这将使个体付出巨大的努力），个体只需将以往形成的概念从长期记忆中提取出来就能够对产品做出有意义的解释。也就是说，在知觉的帮助下个体能够对更为复杂的事实做出有意义的简化。个体形成的品牌概念可能是比较抽象的，例如，捷豹（Jaguar，英国汽车制造商）代表了英式豪华汽车，即精

---

① Al Ries and Laura Ries. The 22 immutable laws of branding. New York: Harperbusiness, 2002.
② Kevin Keller. Strategic Brand Management. Third Edition. New York: Upper Saddle River. Prentice Hall, 2007.
③ Marty, Neumeier. The Brand Gap: How to Bridge the Distance Between Business Strategy and Design. California: Berkeley. New Riders, 2005.
④ Bobby Calder. Kellogg on branding. New Jersey: Hoboken. John Wiley & Sons, 2005:28.
⑤ www.bizcommunity.com/Quote/196/11/866.html.
⑥ Tybout and Carpenter. Kellogg on marketing. New Jersey: Hoboken. John Wiley & Sons, 2010:114.

密、传统、典雅、地位、保守。我们的品牌概念也可能是相对具体的，即沃尔玛是一家价格低廉的商店，丰田以可靠与质量著称。

二、品牌类别

（一）功能性品牌

消费者个体购买功能性品牌主要是为了满足功能或物理需要。例如，洗衣服、缓解疼痛、搭载家人。消费者对这些品牌的许多联想都与产品的有形方面相关。在消费者个体心里，成功的功能性品牌与特定的产品类别紧密相连。这些品牌通常与这个产品类别的其他品牌拥有许多共同的联想。例如，汰渍几乎就是干净衣服的代名词。除了满足基本的需要以外，许多功能性品牌凭借出色的绩效或高经济性卓然于竞争对手。由于不同消费者的需要与支付能力都不尽相同，所以关注出色绩效与关注高经济性的功能性品牌都能在其产品类别中取得成功。有的消费者喜欢剃得最干净又感觉最舒适的剃须刀品牌，而有的消费者却喜欢能起到剃须作用的最便宜的剃须刀品牌。

（二）形象品牌

形象品牌是通过投射期望的形象来创造价值。这样的品牌尽管可能是建立在非凡的产品之上，但这些品牌却是因为购买者视它们为提供了一组独特的联想或形象而卓然于竞争对手。形象品牌通常创建于产品难以区分或质量难以评价的品类（咨询服务等）以及产品消费高度显现的品类（汽车、鞋、服装、酒精饮料等）。在这些情况下，附着在这个品牌上的形象是通过区别于其他品牌或作为一种“徽章”向他人标示着消费者的群体身份或成就来发挥作用的。不论是哪一种情况，定义品牌独特性与创建意义重大的标志的都是附着在品牌上的这组形象。如果对功能特征做出更为抽象地解读并把它们与消费者更为侧重于情绪的目标关联起来，一些在开始时是功能性的品牌就可能会进一步演进为形象品牌。在许多市场上，随着竞争削弱了产品的有形差异，形象品牌已经变得越来越重要。例如，像消费电子产品、家用电器、汽车这样的品类，可靠性、耐用性、价格甚至样式都已经变得惊人的相似。由于缺少差异，价格被迫降低。为此企业开始着眼于形象以及由这种品牌塑造方法提供的多种选择。形象品牌可以通过多种途径进行塑造。例如，可以通过增加能够唤起形象或能够与购买者建立起情绪联结的产品特征；或将品牌与特定类型的使用者相关联。

（三）体验性品牌

体验性品牌与形象品牌的侧重点不同。形象品牌侧重的是这个产品代表什么，而体验性品牌侧重的是在与品牌互动时消费者的感受。品牌体验是由消费者在消费的时候与这个品牌共同创造的。因此，品牌体验是独特的、高度个性化的。诚然，同一个个体在不同时点对这个品牌的体验可能是不同的。一个体验性的品牌可能包含有一个有形的产品，但这并不是必需的。此外，如果一件产品是一个体验性品牌的一个部分，所有权可能永远不会转移给消费者。相反，产品、环境以及服务一同被组合起来用以创建临时的、多种感觉的品牌接触。这些接触可能再次发生或者可能包括与顾客的拓展接触。因此，服务传递的地点与人的要素在创建强大的体验性品牌时是十分重要的。品牌塑造帮助我们的产品区别于竞争产品，进而能够在明确的目标市场上凭借卓越价值与相关性脱颖而出。创造性品牌塑造的力量是显而易见的。正如我们一再地被吸引到星巴克、不断地购买可口可乐饮料和苹果计算机、连续地乘坐新加坡航空公司的飞机一样。这些公司已经学会如何使它们的品牌活在顾客的心里。

尽管上文将品牌划分为三个类别，但需要说明的是特定品牌所处的的类别并不是一成不变的。因此将这三个类别视为一个品牌类别连续体（从关注产品到关注消费者）更有助于我们下文探讨品牌在类别间的演进问题。这个连续体的一端是功能性品牌。这类品牌创自于工厂并由消费者购买以在它们希望的任何时刻进行消费。连续体的另一端是体验性品牌。这类品牌在有消费者积极参与的情况下创自于消费的那一时刻。形象品牌则位于这个连续体的中间。这类品牌虽然创自于工厂，但它们的价值在很大程度上源自于消费者的展示。

下面我们以沃尔沃为例说明特定品牌在品牌类别连续体上的演进问题。沃尔沃最初是一个功能性的品牌，注重如轿车顶棚与侧板用强化钢筋之类的特征。这为驾驶者提供了高水平的碰撞保护。但随着时间的推移，沃尔沃演进为一个形象品牌，即成为有爱心的父母们的座驾。在沃尔沃推出的一则广告中，一名年轻的女子为了表明她怀孕了而向她的丈夫宣布她购买了一辆沃尔沃轿车。这种联想因此得到了强化。沃尔沃作为有爱心、受过良好教育、富裕的父母们的座驾的这一形象多年以来一直为沃尔沃公司创造着不菲的收益。但最终证明这一形象是有局限性的，即沃尔沃被消费者与一个代系（婴儿潮出生的一代人）以及一种生活方式（保守的生活方式）联系起来，这就排除了或不会吸引许多其他的轿车买者。为了与更广泛的目标消费者（特别是X代系的买者）重建联结，沃尔沃推出了一场以体验为主题的活动。沃尔沃声明向顾客提供的是拯救灵魂的轿车。当然如果没有对轿车的物理特征做出重要调整，这一声明就不会具有可信性。所以沃尔沃经典的箱型车系列变得柔和起来，沃尔沃甚至还推出了敞篷车（很难让人联想到安全的一种设计）。因此，不仅沃尔沃的品牌含义从功能性转变为体验性，而且沃尔沃轿车的物理特征也完成了演进。

还需强调的是，尽管普通大众可能将一个品牌视为归属于上述三个品牌类别中的一个类别，但是这种观点不一定是一成不变的。不论这个品牌与产品类别如何，与不经常使用这个品牌的顾客相比，频繁使用者可能投入更多的情绪并因此将这个品牌视为具有更多的形象或体验特征。

三、品牌建设的过程

事实上，品牌类别反映的是品牌概念的种类。如果我们从下面这个角度界定定位，即特定品牌在其目标顾客心中的期望含义[①]，那么定位则是品牌概念的核心内容。因此要想目标顾客的脑海里建构起特定类别的品牌概念，营销者是以定位为起点，然后设计各

① Tybout and Sternthal. Kellogg on marketing. New Jersey: Hoboken. John Wiley & Sons, 2010:73.

种接触顾客的营销活动（包括产品设计、定价、广告、分销渠道），在目标顾客的知觉过程的帮助下形成顾客心理的期望品牌概念。需要说明的是，期望在此处并不是指顾客本身的愿望或渴求，而是指营销者的意图。从这个角度而言，品牌概念体现了营销者的意志。

现实中普遍存在着一种错误的认识，即品牌建设就单单是做广告或设计一种标志。广告确实在品牌建设中承担着重要的作用，尤其是那些希望基于形象区别于竞争对手的品牌。但是，即使是形象品牌也必须依靠产品、价格、分销渠道支持广告与标志传递出的形象。广告只是与潜在买者交流品牌概念的方式。有些品牌如可口可乐，广告在塑造用于界定这个品牌的联想时起到了关键的作用。但对于其他品牌如京东商城，服务体验才是品牌建设的主要影响因素。另外，品牌的创立并不是营销活动的终点。企业必须不断地向这个品牌注入资金以使这个品牌具有意义与相关性。如果这方面的活动中断了，品牌也就失去了生命。

【案例导读】

PaperbackSwap 的品牌建设

PaperBackSwap（www.paperbackswap.com）是美国最大的并且是最好的图书俱乐部。这家公司的商业模式通常被称为免费增殖模式。这意味着核心功能是以免费的方式提供的。

PaperBackSwap 是以一个非常简单的理念为基础，即用你不再想要的去交换你真正想要的。当另一名会员向你索要一本书时，你将这本书邮寄给他并由此在他收到书时获得一个“信用”。这一信用对俱乐部图书馆的任何一本书都适用。当你要求其他会员将一本图书邮寄给你时，你向系统付出一个信用。这本书是免费的并且可以被你无限期地持有。PaperBackSwap 让这些使用者通过口碑或媒体提及的方式发现公司网站。管理者鼓励这种口碑活动的方式是为会员嵌入一些选项以方便他们在网上打印标牌、传单、书签。例如，有些会员将传单贴在工作场所的休息间里，这样其他人就会知道这一网站。会员还可以印制属于自己的 PaperBackSwap 名片并将这些名片发给其他人。

选择途径 1。将网站作为一种帮助环境的途径进行营销。寻找一些方式对该网站回收方面的特征加以利用。随着人们在自己生活的许多方面（如衣、食、住、行）强调回收，让一本书免于被丢弃就似乎顺理成章。通过相互交换图书，会员就可以享受到阅读新书的乐趣，但他们也知道这本平装书就不用丢到垃圾堆了。

选择途径 2。将 PaperBackSwap 用作提高文化水平的工具。公众中读书的人的数量正在稳步下降，特别在获取图书有限制的低收入地区。

选择途径 3。将网站定位为一种便宜的娱乐来源（将读书视为一种娱乐）。人们总是在试着寻找省钱但又能享受自己喜爱之物的方法。以很低的费用阅读他们喜欢的书籍，这样网站的使用者就可以鱼和熊掌兼得。但另一方面，（人们娱乐的）口味在改变，而且如果你的网站被视作娱乐之所，随着消费者转向下一个更有吸引力的娱乐种类，这个网站就会逐渐失去人们的青睐。

资料来源：Michael Solomon, Greg Marshall, and Elnora Stuart. 李晓龙 译. Marketing: Real People, Real Choice(7 edition). Prentice Hall,2011.

问题：如果你就是该网站的管理者，你将做出哪种选择？为什么？又为什么排除其他选择？

第二节　品 牌 权 益

一、品牌权益的界定

当品牌概念在目标市场得到普遍认可时，目标顾客愿意支付溢价获得特定的品牌。这时，与没有品牌的产品相比，品牌给产品带来了超越其使用价值的附加价值或附加利益，即品牌权益[①]。因此，品牌权益（brand equity）反映的是通用产品价值之上的品牌价值[②]。例如，与不带有标志的同样的短衫相比，顾客为带有拉尔夫•劳伦标志的高尔夫球短衫额外支付的价格就是顾客心中这个品牌的权益。

在进一步测量品牌权益的过程中，研究者们给出了品牌权益多种操作性定义。如品牌权益是顾客、渠道成员、母公司针对特定品牌展开的一组联想与行为，这使得该品牌比在不具有这个品牌名称时获取了更高的销售额或更大的利润[③]。这引导后来的研究者将品牌权益沿着两个方向进行解构，即从消费者角度将品牌权益界定为产品物理属性所不能解释的效用、忠诚和形象上的差异，以及从企业角度将品牌权益界定为有品牌的产品与没有品牌的产品相比获得的超额现金流[④]。当从顾客角度进一步解构品牌权益时，出现了品牌忠诚、品牌认知、知觉质量、品牌联想及其他专有资产（如专利、商标、渠道关系等）这五个维度[⑤]。这五个维度又被进一步解释为由企业以往在品牌方面的营销努力[⑥]或者顾客关系[⑦]实现的。还有的研究者从顾客的角度将品牌权益解构为认知、情感、行为意向、行为四个维度[⑧]。

从逻辑顺序上看，品牌之所以能够给企业和渠道成员带来超额的现金回报或卓越的市场绩效，其根本原因在于品牌对目标顾客存在价值。所以从这个角度上看，两种视角下的品牌权益最终应该归结为基于顾客的品牌权益[⑨]。在品牌价值链概念下，我们可以对市场绩效、顾客反应、品牌概念、营销活动进行系统的串联[⑩]。企业从以定位为核心的品牌概念开始设计与组织具体的营销活动，然后顾客脑海里形成或识别出期望的品牌概念，进而顾客出现态度或行为上的差异，接下来这些差异反映为市场绩效的差异，最后随着时间的推移卓越的市场绩效转变为股东价值。

---

① Farquhar, PH. Managing brand equity. Journal of Marketing Research, 1989, (1): 24-33.
② Soloman, Marshall, and Stuart. Marketing. 6 edition. 北京：清华大学出版社，2010，p.282.
③ Leuthesser, Lance. Defining, measuring, and managing brand equity. Working Paper. 1988: 88-104.
④ Shocker, Rajendra, and Robert. Challenges and Opportunities facing brand management. Journal of marketing research. 1994, (2):149-158.
⑤ Aaker, David. Managing brand equity. New York: The free press, 1991.
⑥ 范秀成. 品牌权益及其测评体系分析. 南开管理评论，2000，(1)：9-15.
⑦ 符国群. 关于商标资产研究的思考. 武汉大学学报，1999，(1)：70-73.
⑧ 于春玲，赵平. 品牌资产及其测量中的概念解析. 南开管理评论，2003，(1)：10-13.
⑨ Kevin Keller. Conceptualizing, measuring, and managing customer-based equity. Journal of Marketing, 1993, (1): 1-22.
⑩ Kevin Keller. Strategic Brand Management. Third Edition. New York: Upper Saddle River. Prentice Hall, 2007.

二、品牌权益的测量模型

（一）阿克模型

Aaker 将品牌权益划分为五个维度，即品牌认知度、品牌忠诚、品牌联想、品牌知觉质量以及其他专有资产①。在进一步细化这五个维度时，又得到 10 个具体的测量指标，即忠诚（溢价、满意/忠诚）、认知度（质量认知、领导性/普遍性）、联想（价值、品牌个性、企业组织联想）、知名度、市场情况（价格、市场份额）。对特定的品牌而言，品牌权益五个维度的权重并不相同。

（二）品牌权益的形象模型

Biel 将 Aaker 的权益要素构成概括为企业形象、顾客形象、产品/服务本身的形象②。品牌形象主要源于消费者对品牌相关性的联想，其中联想又有“硬”与“软”两种属性。其中“硬”属性是对品牌有形或功能属性的认知，而“软”属性反映品牌的情绪收益。以上三种形象都具有“软”、“硬”两种属性。这三个方面一同构成了品牌的总价值。

（三）基于顾客的品牌权益模型

Keller 构建的基于顾客的品牌权益模型从顾客的角度提出了品牌权益的概念并讨论了如何测量和管理品牌权益③。该模型假设品牌力量源自于顾客对品牌的知识、感受和体验，即品牌力量是随着时间的推移存在于顾客心中的所有品牌体验的总和。该模型重点关注的是强大品牌的构成要素以及如何建设强大的品牌。Keller 认为，建设一个强大的品牌要先后经过四个环节，即设计品牌标识、形成品牌含义、引导恰当的品牌反应、建立合适的顾客与品牌的关系。这四个环节又进一步分为显著性、绩效、形象、评价、感受与共鸣。

基于顾客的品牌权益模型是最具影响力的品牌权益模型，目前许多研究者仍然在对该模型进行实证与拓展。Netemeyer 的实证研究是近年来具有代表性的实证研究之一。他综合运用记忆理论、选择理论和价格理论对基于顾客的品牌权益模型的核心和关键方面进行测评，从而发现该模型有四个方面的内在一致性和有效性④。四个方面主要包括感知质量、感知价值的成本、独特性和顾客愿意为该品牌支付的超过价格的额外费用或愿意溢价支付。Netemeyer 主要关注的是测评和检验该模型的核心方面。

（四）品牌记忆网络模型

克里希南（Krishnan）在基于顾客的品牌权益模型的基础上，通过记忆网络模型界

---

① Aaker, David. Managing brand equity. New York: The free press, 1991.

② Aaker, David and Alexander, Biel. Brand Equity & Advertising. New Jersey: Psychology Press, 1993.

③ Kevin Keller. Conceptualizing, measuring, and managing customer-based equity. Journal of Marketing, 1993,(1):1-22.

④ Netemeyer, Baliji, and Chreis. Developing and Validating measures of facets of facets of customer-based brand equity. Journal of business research, 2004, (2):209-224.

定了在基于顾客的品牌资产下的各种品牌联想特性[①]。该模型指出，记忆是由相互连接的网络进行知识的组织所组成，组成网络模型的是节点，这些节点用来存储所有信息。由于大量研究证明网络是一个复杂结构，Krishnan 主要集中在品牌资产方面，因此他研究的焦点也在针对品牌名称反映和激发的一系列联想上。从品牌联想的数量、联想的阶（偏好度）、联想的独特性和联想的来源四个方面研究品牌联想。Krishnan 对这四个方面进行实证研究，通过测评高品牌资产和低品牌资产的区别，结果显示消费者联想的差别和品牌外部资产指标是一致的，从而能洞悉每个品牌的优势与劣势。

（五）品牌资产度量模型

该模型是由扬·罗毕凯公司提出的，它能有效利用量化公式对企业品牌资产进行衡量。该模型的前身是朗涛形象力模型（Landor Image Power）。该模型使用邮寄自填问卷，每 3 年进行一次消费者调查，覆盖了 19 个国家 450 个全球性品牌及 24 个国家的 8 000 多个区域性品牌。从品牌差异性、相关性、尊重和认知四个维度衡量。

第一个维度是差异度。 品牌意义的强度（差异性越小，品牌意义越弱），消费者的选择，品牌本性和潜在市场都是被差异性驱动的。差异化最重要，所有品牌开始于差异性。差异性定义品牌，并且使该品牌区别于其他品牌。差异性是品牌之所以产生和存在的原因。

第二个维度是相关度。 测量一个品牌对于消费者的个人适应性。单独而言，相关性对于品牌成功并不重要。但是，相关性和差异性结合形成的品牌强度，是品牌未来性能和潜能的一个重要指标。相关的差异性是所有品牌的主要竞争力，是品牌健康的第一指标。如果品牌不和消费者相关，对消费者没有个人适应性，那么这个品牌就不足以吸引和维护消费者。品牌资产度量模型表明，在相关性和市场渗透之间具有明显的关系，相关性驱动商品的代理销售规模。

第三个维度是尊重度。 消费者喜欢一个品牌的程度和把品牌放在重要的位置。在构建品牌的进程中，它排在差异性和相关性之后。尊重是消费者对于品牌构建活动的反映。尊重被两个因素驱动：知觉的质和量；不同国家的文化，知觉的质和量因素有什么样的不同。品牌资产度量模型追踪品牌获得尊重的方式，这些帮助我们考虑如何管理消费者知觉。通过该模型，我们能够鉴别影响品牌尊重的机会。

第四个维度是知识度。知识度是消费者对品牌及其身份的理解程度和知识广度。对品牌的认知度高，知晓的意味和内涵，显示出消费者和品牌的亲密关系。品牌知识来源于品牌构建活动。知识的形成在前面三个步骤的基础之上。 在实证研究的基础上，后来的研究者们对该模型进行了拓展。他们第一次将品牌资产度量模型用于品牌资产和股票持有者价值的关联研究上，通过该模型来测量品牌资产和股票持有者价值之间的关系，用三种不同指标验证研究被测量对象，计算总股票持有者每股的返利以及市场股票比率，并用知识和尊重对发展状况的影响；关联与差别对成长力量的影响，来说明状况和力量

---

① Krishnan. Characteristics of memory associations: A Consumer-Based Brand Equity Perspective. International Journal of Research in Marketing, 1996, (13):385-409.

的变化如何导致品牌价值的变化的。

（六）SFSB 模型

莱斯利（Leslie）提出的金融服务品牌模型对定量解决服务业品牌价值起到了积极作用。他们界定了如何将内部要素分配到金融服务品牌[①]。他们认为被整合和凝聚的成功品牌能够维持高效的竞争。通过对 6 个金融服务组织的 68 个受访者的相关调查，他们发现拥有多个成功品牌的组织其成功品牌所具有的特征有依附于品牌之上的整体性与一致性、集中卓越和个性化的消费服务、挑战规则的民族性、敏感的变化性、高度的品牌文化特质、品牌和组织之间的协调性。这些要素构成了金融服务成功品牌的价值。

第三节　品牌延展与品牌组合

一、品牌延展

既然品牌能够给企业带来超额的现金回报，那么企业能否借用特定的品牌为自己创造更多的回报呢？回答这一问题需要进一步探讨本节的品牌延展问题。

首先介绍三个基本概念，即品牌延展（Brand Extensions）、线延展（line extensions）、品类延展（category extensions）。

当营销者借用已经树立起来的品牌推出新产品时，这种活动就是品牌延展。当新产品与母品牌或旗舰品牌下的产品属于同一类别时，这种品牌延展活动即为线延展。当新产品与母品牌下的产品不属于同一类别时，这种品牌延展活动即为品类延展。

（一）品牌延展的原因

由于新产品能够满足被忽视的需要并对口味的改变与新竞争产品的出现做出应对，因此推出新产品是企业成长的主要原动力。但新产品的推出通常需要支付高额的费用与承担巨大的风险。高额的费用一方面表现为为新产品塑造新的品牌而支出的大笔现金；另一方面表现为为新产品塑造新的品牌而花费的大量时间。此外，绝大多数新产品的推出是失败的（通常引用的数据是 90%）并且新产品的上市时间往往不超过一年。品牌延展恰好能够在新产品的推出方面节约成本与控制风险。熟悉且令人信任的品牌对消费者而言就是质量的保证，这提高了消费者试用这一产品的可能性。如果零售商判断消费者会对此感兴趣，那么零售商对此产品进行备货的可能性也因此得到提高。此外，已树立起来的品牌通常能减少广告费用的投入（消费者已经知晓了品牌的多种特征与收益）。事实上，消费者关于这个品牌以及这个品牌所带来的收益的知识可能会自动地转移到在知觉上与母品牌相融的新产品上。

恰当的品牌延展还能使母品牌受益。随着消费者需要与竞争提供物的演进，品牌延展

---

① Leslie de Chernatony. Corporate Identity Modelling: A Review and Presentation of a New Multi – dimensional Model. Journal of Marketing Management, 2005, (21): 809-834.

能够保证母品牌的相关性，结果就会激励消费者与零售商继续对该品牌保持兴趣。最后品牌延展通过减少企业对单一产品的依赖性能够降低因消费者口味发生变化而产生的风险。

但需要强调的是借用以树立起来的品牌推出新产品不一定获得成功。许多品牌延展产品都因为没有获得充分的消费者认可而在推出的第一年里就退出了市场。因此我们需要进一步分析消费者怎样才能对品牌延展做出良好的反应。

（二）品牌延展的评价

总的来说，消费者对品牌延展的评价取决于他们对母品牌与品牌延展产品之间匹配度程度的知觉[①②③]。因此关键的问题就是影响匹配程度知觉的因素是什么？答案来自于我们对消费者关于一个品牌的联想与认识的理解。其中许多的联想与认识来自于这个品牌的核心差异点或收益。消费者通过评价这些联想在该延展产品的情景下是否符合情理来判断母品牌与延展产品之间的匹配程度。

尽管任何关于品牌的联想都可能对匹配程度的知觉产生影响，但所有联想的影响性并不都是一样的。母品牌的定位有助于我们识别出哪些联想最有可能影响匹配程度的知觉[④]。定位包括识别目标顾客、界定参考框架、选择差异点以及提供令人信服的理由。

1. 识别目标顾客。目标顾客有时是特定品牌强有力的联想。例如，哈雷摩托骑行者的形象就是哈雷这个品牌固有的组成部分。哈雷既可以进行线延展（例如，运动皮夹克）又可以进行品类延展（例如，临时性文身），因为将哈雷的目标顾客置于运动皮夹克与临时性文身这两种具体的情境中是符合情理的。

2.　界定参考框架。企业通常会努力地在自己的品牌与参考框架之间建立紧密的联系。这些联系可能是相对具体的（例如，与一个产品的品类或一个关键的竞争者的联系），也可能是抽象的联系（例如，与赋予权力或获得成就的联系）。当一个品牌与一个具体的产品类别紧密关联时，将这个品牌延展到具有不相似特征的类别的决策是较为冒险的。因此具有讽刺意味的是品牌在其品类中具有的实力却成为该品牌向其他品类延展的限制。

3. 选择差异点。一个品牌的差异点也许是这个品牌最强有力的联想，因此差异点通常对匹配程度的影响最大。消费者认可的母品牌适合的延展范围受差异点的表现方式影响，即是具体的差异点还是抽象的差异点，亦即抽象的差异点比具体的差异点更有利于母品牌的延展。

4. 提供令人信服的理由。声明具有抽象差异点的品牌通常会用一些令人信服的理由支持差异点。这些理由一般是一些具体的属性。这些相较抽象的差异点而言更为具体属性也会影响到匹配程度的知觉。

（三）品牌延展的风险

品牌延展通常的动因是出现了新的或不同的顾客需要。例如，为了解决消费者在口

---

① Aaker and Kevin. Consumer Evaluations of Brand Extensions. Journal of Marketing, 1990, (2):27-41.

② Park. Evaluation of Brand Extensions. Journal of Consumer Research, 1991, (1):185-193.

③ Barone, Miniard, and Romeo. The Influence of Positive Mood on Brand Extension Evaluations. Journal of Consumer Research, 2000, (2):386-400.

④ Braig and Tybout. Kellogg on branding. New Jersey: Hoboken. John Wiley & Sons, 2005: 93.

味、样式、包装大小等方面多样性的需要，我们可能进行线延展。这是因为在此种境况下消费者在我们自己的产品间（相同品牌下）进行转换总好过消费者转换到其他竞争品牌。但需要特别注意的是，尽管在同一个品牌下推出新的产品版本满足消费者的需要很吸引人，但产品版本太多可能会让消费者感到困惑，因为他们不知道哪个产品版本才适合他们。结果消费者可能放弃这个品牌转而选择产品版本少的品牌。

在产品研发与生产成本方面，线延展通常比品类延展支出的费用少。因此对营销者而言，线延展似乎是理想的选择。但线延展产品可能会削弱顾客对母品牌的联想并因此降低了母品牌对消费者的吸引力。线延展还被用来向零售商争取更多的货架空间，因为这样既可以减少竞争对手的货架牌面又可以增加自己品牌在货架上的视觉效果。但事实并不总与营销者的预想一样。关于货架空间的竞争是非常激烈的。零售商通常想为自己的品牌保留更多的货架排面，结果线延展的决策使得原有产品版本的货架排面变小，即尽管零售商答应给新产品版本提供排面，但提供的总排面并没有增加。如果线延产品没有成功（即退出市场），那么零售商很难再将线延展产品空出的排面归还给这个品牌。

在品类延展方面，其广告效率是无法与线延展情境下的广告效率相比的。营销者通常需要单独的广告以建立在新品类中的品类成员身份以及差异点的新的相关性。

二、品牌组合

塑造一个品牌是充满挑战的。我们不仅需要对恰当的定位做出决策，还需要优化品牌设计并不断地监控品牌含义。所有这些营销活动都非易事。而管理一组这样的品牌更是需要付出艰辛的努力。当我们管理一组品牌时，我们的挑战就不再是塑造一个单独的品牌而是一组有着不同优势与弱势的品牌。接下来我们着重探讨几种品牌组合策略。

（一）单一品牌组合策略

单一品牌组合策略这里是指企业所生产的所有产品都同时使用一个品牌的情形。这样在企业不同的产品之间形成了一种最强的品牌结构协同，使品牌资产在完整意义上得到最充分的共享。

优势。单一品牌组合策略的优势很明显，企业可以集中资源塑造一个品牌，让母品牌推动多个子产品，使每个产品品牌都能享有母品牌的优势。例如，海尔采用的就是单一品牌组合策略。海尔从 1984 年起开始实施自己的品牌战略，从产品名牌到企业名牌，发展到社会名牌，现在已经成功地树立了海尔的知名形象。海尔产品从 1984 年的单一冰箱发展到拥有白色家电、黑色家电、米色家电在内的 96 大门类 15 100 多个规格的产品群，并出口到世界 100 多个国家和地区，使用的全部是单一的海尔品牌。不仅如此，海尔也作为企业名称和域名来使用，做到了“三位一体”。而作为消费者，我们可将海尔的“真诚到永远”的理念拓展到它名下的任何商品。一个成功的海尔品牌，使得海尔的上万种商品成为名牌商品，单一品牌组合策略的优势尽显其中。

单一品牌组合策略的另一个优势是品牌宣传的成本低，这里成本不仅包括广告费用，同时还包括品牌管理的成本以及消费者认知的清晰程度。

单一品牌更能集中体现企业的意志，容易形成市场竞争的核心要素，避免消费者在认识上发生混淆，不需要在各品牌之间进行协调。

劣势。但是单一品牌组合策略也存在一些风险。

这种策略既有一荣俱荣的优势，但同时也有一损俱损的劣势。如果母品牌下的某一产品版本出现问题，那么这个问题产品就很可能会波及母品牌下的其他产品。

单一品牌缺少区分度，差异性差，往往不易区分不同的产品，这不利于企业开发不同类型的产品，因此子品牌出现了。采用子品牌的具体方法是以一个已经树立起来的品牌作为头牌，涵盖企业的系列产品，同时又给不同产品起一个富有魅力的名字作为子品牌，以突出产品的个性形象。

我们仍然以海尔为例，海尔虽然在所有的产品上都使用同一个头牌，但为了区分彼此的特点，仅就冰箱来说，就分为变频对开门的“领航系列”；变频冰箱“白马王子系列”和“彩晶系列”；计算机冰箱“数码王子系列”和“太空王子系列”；机械冰箱“超节能系列”和“金统帅系列”等。所以仅冰箱这种产品在海尔名下就有15种子品牌。在家电行业使用子品牌已经成为行业的通行做法，这样有效地划分了不同产品的功能和特点，使得每组商品的特点得到凸显，同时也弥补了单一品牌过于简单的缺点。

（二）多品牌组合策略

一个企业同时经营两个以上相互独立、彼此没有联系的品牌的情形就是多品牌战略。

优点：多品牌组合策略的优点也很明显，它可以根据功能或者价格的差异进行产品划分，这样有利于企业获得更多的市场份额，解决更多消费者的需要；各品牌之间看似竞争，但实际上很可能壮大了整体的竞争实力，增加了市场的总体占有率。而且多个品牌可以分散风险，某种商品出现问题了，可以避免殃及其他的商品。

缺点：宣传费用高，企业塑造一个知名品牌需要财力、人力等多方面的配合，如果想成功塑造多个品牌自然要有巨大的投入作为代价；多个品牌之间的自我竞争；品牌管理成本过高，也容易在消费者中产生混淆。

宝洁是采用这种品牌组合策略的代表。宝洁的原则是：如果某一个种类的市场还有空间，最好那些其他品牌也是宝洁的产品。因此宝洁的多品牌组合策略让它在各类中拥有极高的市场占有率。例如，在美国市场上，宝洁有8种洗衣粉品牌、6种肥皂品牌、4种洗发精品牌和3种牙膏品牌，每种品牌的特征描述都不一样。以洗发水为例，我们所熟悉的有“飘柔”，以柔顺为特长；“潘婷”以全面营养吸引公众；“海飞丝”则具有良好的去屑功能；“沙宣”强调的是亮泽。不同的消费者在洗发水的货架上可以自由选择，然而都没有脱离宝洁公司的产品。宝洁公司的策略是不仅在不同种的商品上使用不同的商标，即使是在相同的商品上，由于功能的不同也使用不同的商标。当然为此付出了高昂的市场成本和管理成本。然而我们不能不说，宝洁是成功的，近170年的辉煌历史，旗下约300个品牌，在品牌战略中创造了一个奇迹。

在多品牌组合战略中，也有些企业使用的并非功能划分，而是等级划分，也就是说不同的品牌用于相同的商品，但是品质、级别不尽相同。比如说欧莱雅就选择了一个以档次为标准的区分。兰蔻、碧欧泉是它的高端产品，而羽西、美宝莲则是它相对低端的产品。也许即使是热衷化妆的女士们也不一定清楚以上所提及的四个品牌竟然都归属于欧莱雅公司，它们都各自占领着自己的市场份额，拥有不同层次的消费人群。

第四节　品 牌 忠 诚

品牌与顾客忠诚被称之为市场营销的“撒手锏”。对企业的最高决策者而言，它们不仅是最令人向往的目标还是最具挑战性的目标。事实上，对忠诚进行有效的管理已经被视为企业最高决策者所要面对的最大挑战之一。鉴于品牌忠诚能够带来良好的效果，市场营销的重心从顾客获取转移到忠诚与保留也就不足为奇。来自于实地的证据表明忠诚与保留的很小变化（5%）就能够对获利能力产生巨大的影响（25%~100%）[①]。例如，当对来自于实地的数据进行分析时，即对卡夫旗下的两个品牌的召回进行分析，研究者发现强忠诚的品牌与弱忠诚的品牌在 5 个月的召回阶段之后的恢复效果方面存在巨大的差异[②]。强忠诚的品牌能够在再次导入的一个季度里达到危机发生前的销售水平的70%，而弱忠诚的品牌甚至无法达到危机发生前的销售水平的50%。

尽管营销者认识到了品牌忠诚的重要性并且企业高层也重视品牌忠诚这一问题，但经常有报道反映品牌忠诚正在下降[③]。因此关键的问题是从品牌喜欢到品牌忠诚的路径是怎样的？大量文献都在探讨这一问题。文献的来源范围涵盖了市场营销的多个领域，如顾客满意/不满意、顾客关系管理、消费者行为以及选择模型。在我们进一步讨论品牌忠诚的不同路径之前，我们首先加深对品牌忠诚本身的理解。

一、品牌忠诚的界定

品牌忠诚在营销学的文献中存在多种界定。有些研究者侧重于行为性的忠诚，他们将忠诚等价于重复购买行为与相似的外显指标如钱包份额、购买比例、购买次序[④]。但是单只行为性的忠诚并不能充分反映忠诚这一构念[⑤]。例如，消费者可能只是因为特定品牌恰好出现在商店才进行多次购买，而不是因为他对这个品牌有一种忠诚感或甚至是偏好感。事实上，单纯基于重复购买行为的忠诚被冠以“虚假的”忠诚之名[⑥]。相反，态度性的忠诚、心理依恋或消费者对品牌的承诺这些概念已被用作理解“真正的”忠诚来加以讨论[⑦]。

我们将采用信息加工的视角来理解品牌忠诚，因为这样不仅可以更为清晰地理解品牌忠诚的两个构成要素的关系，即承诺与重复购买行为，而且还能更深入地解释忠诚背后的机制以及品牌忠诚是如何产生多个有价值的结果的，如增强的获利能力、良好的口碑、高定价的资本、更容易从危机中恢复过来等。我们更认为忠诚的建立将在消费者处

① Reichheld. The loyalty effect: The relationship between loyalty and profits. European Business Journal, 2000, (3):134-139.

② Cleeren. Weathering product-harm crises. Journal of the Academy of Marketing Science, 2008, (4):262-270.

③ Kapferer. The roots of brand loyalty decline. Ivey Business Journal Online, 2005, March-April:1-6.

④ Kahn. Measuring variety seeking and reinforcement behaviors using panel data. Journal of Marketing Research, 1986, (4):89-100.

⑤ Kevin Keller. Strategic Brand Management. Third Edition. New York: Upper Saddle River. Prentice Hall, 2007.

⑥ Dick. Customer loyalty: Toward an integrated conceptual framework. Journal of the Academy of Marketing Science, 1994, (4):99-113.

⑦ Oliver. Satisfaction: A behavioral perspective on the consumer. New York: McGraw-Hill, 1997.

理品牌信息方面引起虽简单却影响深远的变化。忠诚的建立使得消费者开始进行防御性的信息处理[①]。这种重要的变化能产生重复购买行为并具备了导致良好结果(与忠诚有关)产生的潜力。

简单地说，相较于非忠诚的比对者而言，忠诚消费者对品牌相关信息进行的防御性处理使得他们表现出如下的特征：第一，对竞争品牌的注意力下降并对竞争品牌正面信息（如广告、转换诱因、公关等）的抵御性提高[②]，这降低了被竞争对手成功劝导的可能性；第二，对喜爱品牌的负面信息的抵御性增强，这使得喜爱品牌更容易从危机（对收入、获利能力、市场份额有潜在的破坏性影响）中恢复过来。换而言之，由忠诚引发的防御性处理可能抑制消费者顺从于转换诱因(竞争者的正面信息、喜爱品牌的负面信息)，结果重复购买行为产生了。这就是基于信息处理视角的品牌忠诚背后的机制，这可能也是伴随忠诚的市场结果（增加的市场份额、更高的获利能力、溢价以及应对危机的强韧性）出现的原因。

因此，品牌忠诚指消费者在购买决策中，多次表现出来对某个品牌有偏向性的（而非随意的）行为反应，是消费者对该品牌的信任、依赖、承诺与重复购买的行为过程，也是一种心理决策和评估过程。

二、品牌忠诚的形成路径

在以往的相关文献中影响品牌忠诚产生的主要因素有三类，即绩效、联结、激励。绩效这类因素是基于消费者对品牌的经历。正面且稳定的绩效促成了品牌信任的形成并进一步产生了基于经历的忠诚。第二类因素侧重于在品牌与消费者之间建立联结。通常这种联结是充满感情的并因此能够形成感情性的忠诚。第三种路径侧重于经济性的激励(如顾客忠诚项目)。这些激励可以形成提高顾客保留率的转换壁垒，而转换壁垒促成了经济性的或行为性的忠诚。

（一）第一种形成路径

消费者对品牌绩效（品牌收益、功效、价值以及服务失败期间进行的恢复努力）的持续经历促成了品牌信任的形成[③]，并且这种经历还体现在对品牌满意的水平上[④]。一方面，品牌满意通常反映出消费者过往品牌经历的均值或极值。另一方面，品牌信任则是基于品牌认识的强度。品牌信任代表着以过往经历为基础的消费者对品牌认识的确定或信心程度，即对品牌的良好经历越稳定，品牌信任的水平就越高。

由于有一些研究者认为高满意通常暗示着高忠诚[⑤]，所以品牌信任与品牌满意都单独地与品牌忠诚联系了起来。但是近期的研究表明，尽管忠诚的消费者是最经常满意的顾

① Ahluwalia. How prevalent is the negativity effect in consumer environments? Journal of Consumer Research, 2002, (4):270-279.

② Choi. The role of consumer inferences. Advances in consumer research, 2006, Vol.(33):252-253.

③ Yim. Strengthening customer loyalty. Journal of Marketing Research, 2008, (2): 741-756.

④ Verhoef. Understanding the effect of customer relationship management efforts on customer retention and customer share development. Journal of Marketing, 2003, (3):30-45.

⑤ Heilman. The evolution of brand preferences and choice behaviors of consumers new to a market. Journal of Marketing Research, 2000, (2):139-155.

客，但是满意并不总是转变成忠诚并且转换到其他品牌的消费者有超过60%的人报告说他们是满意的[①]。以往的相关文献告诉我们品牌绩效的高水平是品牌忠诚形成的必要条件而不是充分条件。当产品类别对消费者是新的，或者消费者对这个类别缺少经历，抑或者消费者知觉到了市场存在风险，此时消费者倾向于十分看重品牌在功能方面的绩效。在这些情况下，忠诚的消费者倾向于十分依赖品牌经历与知觉到的品牌绩效（满意与信任）。但当消费者的产品类别经历增加，市场变得成熟，或者市场的不确定性降低时，随着权重的继续下降，品牌绩效要素就可能只是大家都具备的筹码。这时其他用以在品牌绩效相似的情况下区分品牌的策略（如建立感情联结与设置转换成本）可能对消费者忠诚的水平更具决定作用。

（二）第二种路径

第二类影响品牌忠诚的因素是消费者与品牌的联结。消费者与品牌建立起联结可能是由于他们自己基于某一标识与或价值观重叠而认同这个品牌，或者是由于该品牌与其他相似的人有关，又或者由于该品牌与消费者的情景相关。需要强调的是尽管这些联结中的许多联结可能与消费者的自我标识有关，但这些联结也可能只是由消费者与该品牌发展起来的感情或情绪关联驱策的。因此消费者与品牌发展出不同水平的关系，即从随意的关系（点头之交）到有承诺的关系（如挚友、伴侣）。消费者与品牌紧密的关系能够产生高水平的顾客忠诚、更高支付溢价的意愿以及更良好的口碑[②]。富尼耶(Fournier)认为与依恋相关的情感是所有紧密关系（消费者与品牌）的核心，这意味着消费者与品牌紧密的联结可能是感情性的[③]。同样，一个产品类别的频繁使用者倾向于与品牌保持以感情为主的关联，而不经常使用者则倾向于保持以认知为主的关联。

（三）第三种路径

第三类影响品牌忠诚的因素是激励。此处将着重讨论为顾客提供激励以鼓励顾客进行重复购买的顾客忠诚项目。顾客忠诚项目是指当顾客重复购买特定品牌时允许顾客累计获得酬谢（如折价、赠品等）的项目。这种项目旨在长期地培育顾客忠诚。顾客忠诚项目能够提高消费者对品牌的知觉价值[④]并有助于顾客关系的建立与维系[⑤]。事实上，顾客忠诚项目能够补偿联结的缺失并能通过提高转换成本降低顾客的损失率。以往的研究表明竞争性的转换壁垒对企业是有益的并且能够促成更高的价格[⑥]，特别是寻求多样性的产品与服务。此外，提供免费的奖品也能够增加顾客的认同感与受重视感并因此加深了同顾客的关系。顾客忠诚项目还能够提供其他的心理收益，如提供纵情于无愧疚感奢华的机会[⑦]。

---

① Chandrashekaran. Satisfaction strength and customer loyalty. Journal of Marketing Research. 2007, (2):153-163.

② Godes. Firm-created word-of-mouth communication. Marketing Science, 2008, (3):33-45.

③ Fournier. Consumers and their brands. Journal of Consumer Research, 1998, (2):343-373.

④ Yi and Jeon. Effects of loyalty programs on value perception, program loyalty, and brand loyalty. Journal of Marketing Research, 2003, (3): 229-240.

⑤ Sirdeshmukh. Consumer trust, value, and loyalty. Journal of Marketing, 2002, (4): 15-37.

⑥ Kim. Reward programs and tacit collusion. Marketing Science, 2001, (3):99-120.

⑦ Kivetz and Simonson. The Idiosyncratic Fit Heuristic. Journal of Marketing Research, 2002, (2): 155-170.

激励这条路径或者顾客忠诚项目对企业很有吸引力，特别是那些拥有巨大市场份额的企业。顾客忠诚项目不仅在提高频繁使用者的忠诚方面是有效的，对不经常与中等程度的使用者来说也是有效的。另外，在成长的市场或具有拓展潜力的市场上，顾客忠诚项目塑造忠诚的效果是最好的。但当市场趋于饱和时，顾客忠诚项目就成为一种防御性的策略。此时顾客忠诚项目更适于那些具有巨大市场份额的品牌。在这种情况下，消费者与品牌的联结对于塑造"真正的"忠诚是一种更为有效的方法。同样从战略的角度来讲，相较于选择设置转换壁垒，小份额品牌与缝隙品牌选择建立消费者与品牌的联结更为合适。这是因为这种策略更难以被模仿并能形成更大的差异。这种策略还能培育企业的市场份额并给未来推行有效的顾客忠诚项目奠定基础。有趣的是，高注意力吸引且不同寻常的有形奖励实际上会降低品牌忠诚，因为这使得消费者的注意力集中在了奖励上而不是品牌上。

从战术的角度看，激励的类别在顾客忠诚项目的效果方面扮演着重要的角色。对于满意的顾客而言，直接的奖励（特别是延迟的）要比间接的奖励（即时的）在塑造忠诚方面更有效。此外，与无关的激励相比，与品牌主要的正面联想相一致的激励在塑造忠诚方面更有效。

对于大多数公司而言，忠诚是一个重要的目标。尽管我们经常看到忠诚用重复购买行为与钱包份额加以反映，但"真正的"忠诚往往伴随着对品牌的一种承诺。这种承诺或心理依恋可能是基于消费者对品牌的经历，或者基于消费者与品牌的联结，又或者基于消费者知觉到的价值。由忠诚或承诺诱发的防御性处理（对竞争品牌正面信息的注意力下降以及抵御力增强，同时对偏好品牌的负面信息的抵御力增强）使得消费者能够抵御转换诱因并呈现出重复购买行为。怎样才能建立起品牌忠诚呢？以往的相关文献提供了三种路径。上文给出了每一种路径最适于的情景状况。总的来说，绩效路径是关键的起点。因此，这条路径对塑造忠诚是必不可少的。在消费者初期接触品牌时，绩效对品牌忠诚（尤其是早期忠诚）似乎是最有影响力的。当市场高度不确定以及消费者对产品类别掌握的信息不多时，绩效对塑造品牌忠诚也具有重要的影响。事实上，绩效是忠诚的必要条件（尽管并不总是充分的）。在市场成长与饱和阶段，随着其他路径重要性的提高，绩效的作用开始下降。激励路径对于那些位于成长市场的企业以及拥有巨大市场份额的企业尤其适用。在饱和市场上，品牌之间的绩效接近，品牌之间又都采用顾客忠诚项目，因此差异化对塑造与维持品牌忠诚是非常重要的。此时，消费者与品牌的联结为差异化提供了一种方向。这一路径还适合那些拥有小份额的品牌。产品类别在选择塑造品牌忠诚的路径时也扮演着重要的角色。例如，与象征性或享乐性消费有关的产品类别特别适于建立消费者与品牌的联结。传统的单一品牌忠诚在一些产品类别（多样性寻求类别）中是较难实现的。对于这些产品类别，多品牌忠诚才是企业努力的方向。

品牌是现代市场一个随处可见的组成部分。它们之所以存在是因为它们为顾客提供了价值。品牌可以保证一定的质量水平并简化选择。从基本的功能需要到自我实现需要，品牌还可以帮助顾客实现许许多多的目标。品牌还能使创建它的公司受益。品牌还可以在产品差异的基础上加收更高的毛利并因此防止竞争对手模仿他们的产品。总而言之，品牌在公司与顾客之间起到了桥梁的作用。它们是公司创造的价值的标志。

品牌是靠塑造的。这一过程不仅耗时而且需要投入资金。在第一次面向市场时，许多品牌只是没有固有含义的名称。索尼、梅塞德斯-奔驰最初并没有什么含义。随着时间的推移，这些名称以及它们所象征的品牌开始在消费者的脑海里代表一组丰富的联想。这一观察结果折射出的核心观点就是强大的品牌并非与公司同在，而是与消费者同在。就个体层面而言，人们对一个品牌的想法、记忆以及感受就是品牌权益的精髓。

但是，那些认为价值只是来自于产品或价值是由工厂创造的组织通常忽视了品牌权益的建设与维护。通过本章的介绍，我们认为企业的成功既需要在工厂创造价值也需要在顾客心里创造价值。这一创造与维护品牌权益的过程在丰富消费者生活的同时也能为公司带来丰厚的回报。

思 考 题

1. 品牌形象与品牌个性的概念和区别是什么？
2. 品牌类别对营销者有哪些启示？
3. 如何评价苹果公司的 iPhone6s？
4. 华为公司的移动产品品牌组合策略是什么？
5. 品牌定位与品牌忠诚有哪些区别与联系？

可口可乐的品牌创新

可口可乐公司（英文名称：Coca-Cola，也称 Coke），是全球最大的饮料公司，拥有 500 多个汽水和不含气饮料品牌，每天为全球的人们提供怡神畅爽的饮品。以全球最具价值的品牌“可口可乐”为首，可口可乐公司拥有 20 个年销售额超过十亿美元的品牌，其中包括“健怡可口可乐”、“芬达”、“雪碧”、“零度可口可乐”、“酷乐仕维他命获得”、“POWERADE”、“美汁源”、“Simply”、“乔雅”、“Dasani”、“FUZE TEA”和“Del Valle”等。在全球，可口可乐是世界上最大的汽水、即饮咖啡、果汁和果汁饮料的供应商。通过全球庞大的饮料分销系统，200 多个国家的消费者每日享用 19 亿杯可口可乐系列产品。

厦门太古可口可乐饮料有限公司，成立于 1996 年 1 月 1 日，公司投资总额为 6 337.7 万美元，注册资本 5 273.7 万美元，并由太古饮料有限公司控股管理。公司主要生产、销售世界第一品牌——可口可乐系列饮料，其中碳酸饮料包括：“可口可乐”、“雪碧”、“芬达”、“健怡可口可乐”、“零度可口可乐”及“醒目”系列；非碳酸饮料包括：“原叶”茶系列、“美汁源”果粒橙系列、“酷儿”果汁系列、“水森活”纯净水、“冰露”矿物质水及“雀巢”茶系列。

可口可乐是由美国可口可乐公司出品的一种含有咖啡因的碳酸饮料。可口可乐早期在中国的译名叫作“蝌蚪啃蜡”，但因销路不佳，后改名为“可口可乐（译自蒋彝）”。可口可乐销售的果汁饮料超过 1 000 种，包括 Simply， Minute Maid， Fruitopia， Hi-C, Fuze and Odwalla 等。这一全球饮料大佬似乎并不满足在碳酸饮料的王者地位，“绿茶、牛奶果粒、果汁”、乳品饮料领域等不含汽的饮料如今已成为可口可乐捞金的新领域。2001 年，统一鲜橙多 PET 装饮料入市，随后各种果汁饮料品牌层出不穷，统一凭借“鲜橙多”连续多年占据低浓度果汁饮料市场第一位。2004 年，可口可乐的美汁源果粒橙产品首度在中国市场推出后，上市第一年便取得瞩目成绩， 2007 年开始跃居中国低浓度果汁市场占有率首位，成为中国果汁市场排名第一的品牌。

“天与地”是可口可乐公司在中国发展起来的一个品牌，是中外合作的结晶，包括茶和矿物质水两个产品系列。酷儿，可口可乐家族里又纯又真的小孩，就像它爱喝的果汁一样。1999 年，酷儿一诞生，健康、快乐就不断散播开来。2001 年年底，橙汁和苹果汁酷儿首度来到中国。“醒目”是可口可乐公司在中国发展起来的一个品牌，是中外合作的结晶。“醒目”果味汽水于 1997 年 8 月在北京、武汉、大连首先上市，到 2000 年已经覆盖到全国各主要市场，成为果味汽水的龙头品牌。

“健怡可口可乐 Coke Light” ——由可口可乐公司总部研发的全新产品，于 1995 年首先在德国推出。目前已在德国、英国、西班牙、智利、巴西、墨西哥以及中国香港等地上市。因 “健怡可口可乐 Koke Light” 非常接近可口可乐的原味及其具都市时尚感的形象和符合现代人享受和拓展生活空间的生活主张，并且又顺应了部分消费者需求低热量饮食的选择，因而上市之后广受各地消费者的喜爱，已成为全球第三大饮料品牌。

“雪碧”是 1961 年在美国推出的柠檬味型软饮料。 “Sprite” 原是“可口可乐”广告上小孩的名字 “Sprite 男孩” 在广告中展现灿烂的笑容，头戴“可口可乐”瓶盖型帽子，促销“可口可乐”。 后来，可口可乐公司把 “Sprite” 这个易记醒目的名字挪用到新推出的柠檬味型软饮料。

“芬达”绝对是第二次世界大战期间的惊喜。话说大战前，“可口可乐”在欧洲的生意并不理想，所以，“可口可乐”决定利用其他原料，制成一种果子味汽水，并取名“芬达”。想不到“芬达”汽水竟然赚到不少利润，为 “可口可乐”的战后市场打好根基。1960 年，可口可乐公司把“芬达”推广至全球。

“美汁源” 是 2004 年 4 月上市的一个品牌，是全球销量最大的果汁品牌之一。目前，该产品分销 100 多个国家。果粒橙，精选每一个产自佛罗里达的阳光香橙，通过全橙深度榨取技术，致力于保留香橙中的营养成分，更一并融入了饱满的阳光果肉，不添加糖、防腐剂和人造色素。

让可口可乐坚定信心的是中国巨大潜力的非碳酸饮料市场前景，中国已经成为全球第三大饮料市场。2013 年累计在全国 30 多个城市举办了 150 多场活动和 66 场健康知识共享会，超过 310 万人感受到运动的快乐。

资料来源：根据厦门太古可口可乐饮料有限公司提供资料改编. http://www.coca-cola.com.cn/.

问题：

（1）可口可乐为什么要进行品牌创新？

（2）可口可乐在中国市场是怎样实现品牌创新的？

【实训目标】

结合本章所学深刻理解品牌经理的职责、品牌管理部门的职能以及与其他部门的关系。

【实训内容和要求】

以宝洁公司与戴尔公司为目标公司提交品牌经理的职责与品牌管理部门的职能分析报告。

【实训效果评估】

根据同学们提供的分析报告评价学生对品牌与产品的区别、品牌延展的条件、品牌组合策略的选择以及品牌忠诚塑造的路径等关键品牌管理问题的理解与运用情况。

[1] [美]凯文·凯勒. 卢泰宏，吴水龙 译. 战略品牌管理（第 3 版）. 北京：中国人民大学出版社，2009.

[2] [美]里斯. 寿雯 译. 品牌的起源：品牌定位体系的巅峰之作. 山西：人民出版社，2010.

[3] [美]马丁·林斯特龙. 赵萌萌 译. 感官品牌. 天津：教育出版社，2011 .

[4] [美]科特勒·凯勒. 王永贵，于洪彦，何佳讯，陈荣 译. 营销管理（第 13 版）. 上海：格致出版社，2009.

[5] [美]阿克. 吕一林 译. 创建强势品牌. 北京：中国劳动社会保障出版社，2004.

[6] [美]阿克. 雷丽华 译. 品牌组合战略. 北京：中国劳动社会保障出版社，2004.

[7] [美]阿克. 奚卫华，董春海 译. 管理品牌资产. 北京：机械工业出版社，2006.

[8] Aaker，David. Managing brand equity. New York：The free press，1991.

[9] Aaker，David and Alexander，Biel. Brand Equity & Advertising. New Jersey：Psychology Press，1993.

[10] Aaker and Kevin. Consumer Evaluations of Brand Extensions. Journal of Marketing，1990,（2）.

[11] Al Ries and Laura Ries. The 22 immutable laws of branding. New York： Harperbusiness，2002.

[12] Barone，Miniard，and Romeo. The Influence of Positive Mood on Brand Extension Evaluations.Journal of Consumer Research，2000,（2）.

[13] Bobby Calder. Kellogg on branding. New Jersey：Hoboken. John Wiley & Sons，2005.

[14] Braig and Tybout. Kellogg on branding. New Jersey：Hoboken. John Wiley & Sons，2005.

[15] Chandrashekaran. Satisfaction strength and customer loyalty. Journal of Marketing Research. 2007,（2）.

[16] Choi. The role of consumer inferences. Advances in consumer research，2006，33：252-253.

[17] Cleeren. Weathering product-harm crises. Journal of the Academy of Marketing Science，2008,（4）.

[18] Dick. Customer loyalty：Toward an integrated conceptual framework. Journal of the Academy of Marketing Science，1994,（4）.

[19] Farquhar，PH. Managing brand equity. Journal of Marketing Research，1989,（1）.

[20] Fournier. Consumers and their brands. Journal of Consumer Research，1998,（2）.

[21] Godes. Firm-created word-of-mouth communication. Marketing Science，2008,（3）.

[22] Heilman. The evolution of brand preferences and choice behaviors of consumers new to a market. Journal of Marketing Research，2000,（2）.

[23] Kahn. Measuring variety seeking and reinforcement behaviors using panel data. Journal of Marketing Research，1986,（4）.

[24] Kapferer. The roots of brand loyalty decline. Ivey Business Journal Online，March-April，2005：1-6.

[25] Kevin Keller. Conceptualizing，measuring，and managing customer-based equity. Journal of Marketing，1993,（1）.

[26] Kim. Reward programs and tacit collusion. Marketing Science，2001,（3）.

[27] Kivetz and Simonson. The Idiosyncratic Fit Heuristic. Journal of Marketing Research，2002,（2）.

[28] Kevin Keller. Strategic Brand Management. Third Edition. New York：Upper Saddle River. Prentice Hall，2007.

[29] Krishnan. Characteristics of memory associations：A Consumer-Based Brand Equity Perspective. International Journal of Research in Marketing，1996,（13）.

[30] Leslie de Chernatony. Corporate Identity Modelling：A Review and Presentation of a New Multi – dimensional Model. Journal of Marketing Management，2005,（21）.

[31] Leuthesser， Lance. Defining， measuring，and managing brand equity. Working Paper. 1988.

[32] Marty，Neumeier. The Brand Gap：How to Bridge the Distance Between Business Strategy and Design. California： Berkeley. New Riders，2005.

[33] Netemeyer，Baliji，and Chreis. Developing and Validating measures of facets of facets of customer-based brand equity. Journal of business research，2004,（2）.

[34] Oliver. Satisfaction：A behavioral perspective on the consumer. New York：McGraw-Hill，1997.

[35] Park. Evaluation of Brand Extensions. Journal of Consumer Research，1991,（1）.

[36] Paul Temporal，Advanced Brand Management. Singapore：Clementi Loop. John Wiley & Sons，2010.

[37] Philip，Kotler. Kellogg on branding. New Jersey：Hoboken. John Wiley & Sons，2005，pix.

[38] Reichheld. The loyalty effect：The relationship between loyalty and profits. European Business Journal，2000,（3）.

[39] Sirdeshmukh. Consumer trust，value，and loyalty. Journal of Marketing，2002,（4）.

[40] Shocker，Rajendra，and Robert. Challenges and Opportunities facing brand management. Journal of marketing research. 1994,（2）.

[41] Soloman，Marshall，and Stuart. Marketing. 6 edition. 北京：清华大学出版社，2010.

[42] Tybout and Carpenter. Kellogg on marketing. New Jersey：Hoboken. John Wiley & Sons，2010.

[43] Tybout and Sternthal. Kellogg on marketing. New Jersey：Hoboken. John Wiley & Sons，2010.

[44] Verhoef. Understanding the effect of customer relationship management efforts on customer retention and customer share development. Journal of Marketing，2003,（3）.

[45] Yi and Jeon. Effects of loyalty programs on value perception，program loyalty，and brand loyalty. Journal

of Marketing Research，2003,（3）.

[46] Yim. Strengthening customer loyalty. Journal of Marketing Research，2008,（2）.

[47] 范秀成. 品牌权益及其测评体系分析. 南开管理评论，2000,（1）.

[48] 符国群. 关于商标资产研究的思考. 武汉大学学报，1999,（1）.

[49] 于春玲，赵平. 品牌资产及其测量中的概念解析. 南开管理评论，2003,（1）.

[50] http://www. bizcommunity. com/Quote/196/11/866. html.

第四模块

市场营销策略

第十章

产品策略

原理要点

- 产品整体概念和模型
- 产品组合的基本概念
- 产品生命周期的概念、特点和对策
- 新产品开发的程序和方法

鲜屋酒店：乐活（LOHAS）+个性+时尚

鲜屋酒店有限公司成立于2009年，总部位于杭州，目前在长三角区域拥有7家酒店，共有764间客房，是一家新兴充满活力的经济型酒店管理公司。鲜屋旗下有2个个性鲜明的酒店品牌，分别是商旅人士青睐的舒适便捷文艺浓郁的“鲜屋商旅酒店”（Fresh House Hotel）和充满活力简单时尚提供优质低价服务的“鲜屋城市酒店”（Fresh House Inn）。杭州主城区已有“鲜屋城市酒店西湖浣纱店”、“鲜屋城市酒店文一教工店”、“鲜屋商旅酒店沈半店”、“鲜屋商旅酒店宋城九溪店”、“鲜屋商旅酒店苏州竹辉路店”及“鲜屋商旅酒店黄龙万塘店”6家门店，“鲜屋城市酒店下沙店”目前正在筹建中。

鲜屋酒店倡导“快乐、低碳、分享”的“乐活”（LOHAS-Lifestyles of Health and Sustainability）理念；它秉承传统、突破创新，增添了友善、纪律、个性和热情，从而促使其产品和服务达到一种高超的水准。鲜屋酒店本着体验新鲜乐活产品的精神，张大治董事长运用浙江美术学院毕业的专长，在酒店环境的选择上尽量完美，在产品的设计上独具匠心、彰显个性，做到设计时尚、色彩丰富、处处传递着快乐分享的喜悦，真正做到“乐享乐活”（Enjoy LOHAS)。鲜屋酒店的员工们本着“用心服务、快乐积极、平等互信、道德规范、追求卓越、协作共赢”的企业价值观，努力为顾客打造出时尚、乐活的酒店核心产品，满足顾客外出的需要。

从客户、员工、加盟商、股东们的角度出发，鲜屋酒店现与多家OTA(Online Travel Agent，在线旅游服务商)如携程、艺龙等旅游网站合作，为年轻一族提供乐活、个性、时尚的酒店产品和服务。

资料来源：改编自鲜屋酒店有限公司提供资料。

问题：鲜屋酒店采用何种产品策略？

第一节 产品整体概念

一、产品的基本概念

（一）产品的含义

1．狭义、广义的产品含义。对于产品的含义，人们有各种不太相同的看法，最为一般的是从狭义、广义两个角度来予以阐述。狭义的产品是指生产者通过生产劳动而生产出来的一般用于满足消费者需要的有形实体。广义的产品不仅指基本的产品实体这一物质属性，还包括产品的价格、包装、服务、交货期、品牌商标、企业信誉、广告宣传等一系列有形或无形的特质。

2．传统的产品概念。传统来说，产品是能够提供给市场以引起人获取、使用或消费，从而满足人们某种欲望或需要的一切东西。这里的产品具有两种形态：一是实体产品（有形产品），呈现在市场上具有一定的物质形态，如面包、衣服、汽车、房屋、股票等；二是软体产品（无形产品），指各种劳务或销售服务，如运输、通信、保险等劳务以及产品的送货服务、维修服务等。

3．产品的新定义。菲利普·特科勒给产品的新定义为：是能够提供给市场以满足顾客欲望和需要的任何东西，包括有形的产品、服务、体验、事件、人物、场所、产权、组织、信息和想法①。

（二）产品整体概念的三个层次模型

从市场营销学的角度出发，产品的概念是一个整体概念，是由三个同心环的概念组成的集合体，也就是常说的三层次的产品整体概念。

（1）核心产品。也叫实质产品，是指产品能给购买者的基本利益和效用，即产品的使用价值，是构成产品最本质的核心部分。

（2）形式产品。指消费者需要的产品实体的具体外观，是核心产品的表现形式，是向市场提供的实体和劳务可以为顾客识别的面貌特征。形式产品有五个基本特征：质量水平、特征、式样、品牌名称、包装。

（3）附加产品。指消费者购买产品时所能得到的附加服务和附加利益的总和。

核心产品、形式产品、附加产品作为产品的三个层次是不可分割和紧密相联的，它们构成了产品的整体概念。其中，核心产品是基础，是本质，是中心；核心产品必须转变为形式产品才能得到实现；在提供形式产品的同时还要提供更广泛的服务和附加利益，

---

① [美]菲利普·特科勒，凯文·莱恩·凯勒. 王永贵等译. 营销管理（全球版，第 14 版）. 北京：中国人民大学出版社，2012：354.

形成附加产品。由此可见，产品的整体概念以核心产品为中心，也就是以顾客的需求为出发点。一个产品的价值大小，是由顾客决定的，而不是由企业决定的，离开产品整体概念，不以消费者为中心，就不可能真正贯彻营销观念。

（三）产品整体概念的五个层次模型

随着营销竞争的发展，顾客要求的增加，菲利普·特科勒发展出产品的五个层次模型，这五个层次都增加了顾客价值。因此，这五个产品层次构成了“顾客价值层次模型”（见图 10-1）。

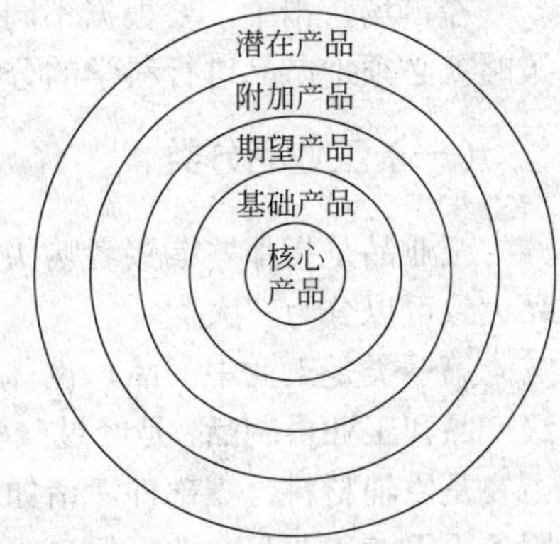

图 10-1　产品的五个层次模型

（1）中心层次是核心利益（core benefit）产品，就是顾客真正购买的服务或利益。比如，顾客在酒店购买的就是“休息和睡眠”，在电影院购买的就是“快乐和刺激”。营销者给消费者提供人和产品，都必须反映顾客核心需求的基本利益。

（2）第二层次是将核心利益转化的基础产品（basic product）。比如，电影院提供的就是舒服的座位，动听逼真的视听设备。基础产品有五个特征要素，如品质、式样、特征、品牌和包装。

（3）第三个层次是期望产品（expected product）。消费者在购买该产品时候，期望得到与产品密切相关的影响该产品消费和感受体验的一整套属性和条件，比如在电影院，消费者期望影院安静，空气新鲜，座位舒适，没有干扰。发展中国家和新兴市场的产品竞争主要集中在这个层次。

（4）第四个层次是附加产品（augmented product），就是超出顾客期望，附带获得的产品各种利益总和，包括产品说明书、保证、安装、维修、送货、技术培训等。发达国家的品牌定位和产品竞争大多发生在这个层次。

（5）第五个层次是潜在产品（potential product），是指产品或者供应品在未来可能实现的所有附加功能和可以改变的部分。这往往代表了一种趋势或者前景，可以消费和享受。在移动互联网的发展下，拥有智能手机的消费者可以在手机中下载各种实用软件来增加消费，比如：移动购物、手机支付软件、移动影视、在线聊天、移动导航、商店搜索等。

产品整体概念的五个层次，完整显示了以顾客为中心的现代营销观念。这个概念的内涵和外延都是以消费者需求为标准的，并且由消费者的需求来决定。产品整体概念的层次模型，还有另外四点重要作用。

（1）从第三个层次到第五个层次的演进，不仅仅是层次的增加，更多是对现实产品竞争的一个总结和发展。很自然，很多产品比较适合五个层次模型来描述，依然还有一些产品适合三个层次来描述，这是产品属性和竞争状态发展的结果。

（2）从第三个层次到第五个层次的演进，为市场营销某些重要概念的发展提供了思路，如，在品牌消费研究领域、顾客体验的层次感受等概念和角度。

（3）从第三个层次到第五个层次的演进，体现了产品概念的丰富性，在很多时候解释了某些产品为什么在高定价依然得到追捧，相应一些产品貌似可以实现大多数功能却受到冷遇，比如，iPhone 和高仿的山寨 iPhone。

（4）产品整体概念的层次模型，在新产品开发领域、产品竞争和评价体系等方面，有启发性思路和理论贡献。

二、产品分类

在市场营销中，要根据不同产品制定不同的营销策略；而要科学地制定有效的营销策略就必须把产品进行科学的分类。

（一）工业品分类

工业品是指那些购买者购买后以社会再生产为目的的产品，包括商品和服务。工业品大致可以分为三大类。

第一类是工业中间品，也称为中间型工业品，是工业生产中继续投入生产过程的初级产品和工业再制品，是经过一些制造或加工过程，但还没有达到最终产品阶段的产品，主要是原辅材料、零部件，诸如金属矿石、汽车零部件、纺织原料、计算机处理器等，服务于下游工业品企业，但最终的产品可能是工业品也可能是消费品，其中消费品可能是耐用消费品也可能是快速消费品。

第二类是最终工业品，主要服务于工业、工程或服务业，诸如机床主要服务于工厂，医疗器械用于医院，中央空调用于商业建筑，商用运输汽车多用于运输公司等。

第三类是商业服务，包括维护和修理服务（擦玻璃、计算机维修）以及商业咨询服务（法律咨询、管理咨询、广告）维护和修理服务通常在签署合同的基础上，由小型生产商或者原始设备制造商提供。顾客在购买商业咨询服务时通常依据供应商及其员工的声誉制定购买决策。

（二）消费品分类

消费品是由最终消费者购买并用于个人消费的产品。根据消费的特点可以划分为便利品、选购品、特殊品和非渴求品四种类型。

（1）便利品（convenience goods）。指顾客频繁购买或者需要随时购买消费的产品，如烟草制品、报纸刊物、矿泉水等。便利品可以进一步细分为常用品、冲动品和救急品。常用品是顾客经常购买的产品，如牙膏、可乐、纸巾等。冲动品是因为价格较低，顾客没有经过计划或搜寻而即兴购买的产品，如常见的旅游产品、小饰品等。救急品是当顾客的需求十分紧迫时候购买的产品，该产品的地点和场合十分重要，一旦顾客需求就必须能够迅速实现购买。

（2）选购品（shopping goods）。指顾客在选购过程中，对适用性、价格、质量、功能和式样等基本方面需要做全面权衡和比较的产品，如家具、服装、手机、笔记本等产品。选购品可以进一步划分成同质品和异质品。顾客在购买同质品的时候，认为同质选购品的质量类似，价格明显不同，需要有选购和权衡的必要，进一步进行讨价还价。顾客在购买异质选购品时候，普遍感受到产品特色通常比价格更重要，认同所谓“一分价格一分货”的观念，这类产品主要有个性服装、家具、手机等。在管理选购品时，考虑增加大量品种、款式和花色，配合导售人员熟练服务，提供充分的产品使用辅导，有利于引导顾客对选购品的购买和忠诚培养。

（3）特殊品（special goods）。指具备独有特征或者品牌标记的产品，这类产品，有相当多的顾客愿意做出特殊的购买努力，如经过球星签名的球衣、首次放映的电影、限量款式的化妆品或者女士拎包、专业发烧型号的立体声音响、男士西服、高档专业摄影设备等。

（4）非渴求品（unsought goods）。指顾客不了解或者即便了解也不是很想购买的产品。传统的非渴求品有人寿保险、百科全书等。非渴求品的销售需要大量广告和人员推销等大量营销努力。常见的某些复杂的人员推销技巧就是在推销非渴求品的竞争中发展起来的，并且影响了其他选购消费品的推销技巧。

（三）快速消费品

快速消费品（Fast Moving Consumer Goods），是指那些使用寿命较短，消费速度较快的消费品。一种新的叫法是 PMCG（Packaged Mass Consumption Goods）,更加着重包装、品牌化以及大众化对这个类别的影响。最容易让人理解的对它的界定包括包装的食品、个人卫生用品、烟草及酒类和饮料。之所以被称为快速，是因为它们首先是日常用品，它们依靠消费者高频次和重复的使用与消耗、通过规模的市场量来获得利润和价值的实现。典型的快速消费品包括日化用品、食品饮料、烟草等；药品中的非处方药(OTC)通常也可以归为此类。另外，随着行业的细分，耐用消费品中的小家电，以及消费电子，也自动归入快速消费品了，还有人称手机实际上也成为快速消费品，这两类企业已经在大量从传统的快速消费品行业招聘人员进行推广，市场运作手法也基本与快速消费品一样。

国际标准的行业分类将为快速消费品行业分为快速消费品制造业和通路业，其中快速消费品制造业又分四个子行业，这样，快速消费品行业是由五个子行业组成的。

（1）个人护理品行业。由化妆品、口腔护理品、护发品、个人清洁品、纸巾、鞋护理品和剃须用品等行业组成。

（2）家庭护理品行业。由洗衣皂和合成清洁剂为主的织物清洁品以及以盘碟器皿清洁剂、地板清洁剂、洁厕剂、空气清新剂、杀虫剂、驱蚊器和磨光剂为主的家庭清洁剂等行业组成。

（3）品牌包装食品饮料行业。由食品、饮料、健康饮料、软饮料、烘烤品、巧克力、冰激凌、咖啡、肉菜水果加工品、乳品、瓶装水以及品牌米面糖等行业组成。

（4）烟酒行业。由香烟、中国酒、酒精制品、葡萄酒、洋酒等组成。

（5）通路业。由现代零售业、传统零售业、批发商、经销商、代理商、快餐连锁店组成。

（四）耐用消费品

耐用消费品（Durable Consumer Goods）,是指那些使用寿命较长，一般可多次使用的消费品。耐用消费品的使用寿命较长、价格相对较高，其购买行为表现为理性，消费者对产品品牌、产品功能、产品质量、产品价格等因素较为注重，在购买耐用消费品时，选择性较大，会仔细比较各品牌产品的性价比，购买决策相对复杂。典型适用产品如家用电器、家具、汽车等。

新上市的品牌，耐用消费品注重产品价格的竞争力，且一开始就要着手维护价格的相对稳定，防止终端价格的混乱。经销商的单件产品利润较高品牌也相对成熟，企业一般预留多级经销价格体系。成熟的品牌，耐用消费品的价格透明度较高，品牌的认知度、美誉度较高，那么选择经销商和终端较为容易，各级经销商的利润空间相对较小。从价格政策的制定上看，更加促使提高其总销售金额。

从营销历史上来看，曾经根据产品的耐用性和形态性质来分类，只有耐用品、非耐用品、服务三个类别。

第二节 产品组合

一、产品组合的概念

（一）产品组合的相关概念

所谓产品组合（product mix），是指一个企业生产经营的所有产品线和产品项目的组合方式，也即全部产品的结构。

其中，产品线（product line）是指密切相关的一组产品，这些产品能满足类似的需要或必须在一起使用，销售给同类顾客群，而且经由同样的渠道销售出去，销售价格在一定幅度内变动。产品线可能由不同的品牌、单一品牌家族或者产品线延伸出来的单个品牌组成。

产品项目（product item）是品牌或者产品线内的一个特定产品单位，可以通过尺寸、价格、外观和其他特征来识别。

（二）产品组合的要素

要研究产品组合，就要清楚理解产品组合的四个要素。产品组合主要有四个因素单位：宽度、长度、深度和关联度。

（1）产品组合的宽度（width）：是指企业内有多少条不同的产品线。见表 10-1，该家企业拥有牙膏、肥皂、洗涤剂、洗碗液 4 条产品线，则其产品组合的宽度是 4 条产品线。

（2）产品组合的长度（length）：是指每一产品线上平均拥有的产品项目总数。如果上述企业产品组合中共拥有 36 个产品项目（总长度），那么产品线的平均长度就是总长度除以产品线数：36/4=9，这就是说，该企业每一产品线上平均拥有 9 个品种。

（3）产品组合的深度（depth）：是指每一产品线上拥有的产品项目数。实际上，每一条产品线的长度当然各不相同，比如，牙膏有 16 种，肥皂有 6 种，洗涤剂有 10 种，洗碗液有 6 种，那么对应的 4 个产品线的深度分别是 16、6、10 和 6。

表 10-1 某日化企业的产品组合表

	牙膏	肥皂	洗涤剂	洗碗液
产品线的总长度：36 平均长度：9	液体牙膏（2 种）	滋润香型（2 种）	常规去污（3 种）	常规型号（3 种）
	中药牙膏（2 种）	清洁香型（2 种）	厨房去污（3 种）	杀菌去油（3 种）
	洁齿牙膏（4 种）	去污型号（2 种）	浴室清洁（4 种）	
	儿童牙膏（2 种）			
	旅行牙膏（4 种）			
	本产品线深度：14	本产品线深度：6	本产品线深度：10	本产品线深度：6
	产品组合的宽度：4			

（4）产品组合的关联性（consistency）：是指各条产品线在最终用途、需求、分销渠道或者其他方面的密切关联的程度。像上面的 4 条产品线都是通过类似分销渠道销售的非耐用消费品，因而产品组合的关联性较大；如果某公司同时生产精密机床和快餐面，则这两条产品线的关联性就很小。

表 10-2 显示了宝洁公司的产品组合宽度和产品线长度状况。值得注意的是，在现代企业生产组织高度发达和市场竞争激烈的条件下，一个大型企业的整体产品组合里面，首先是表现出更多品牌组合的形式，也就是在整体的产品组合里面，每个项目就是一个品牌或者品牌系，在具体的品牌或者品牌系下面，又有一个具体详细的产品组合。产品组合的四个维度可以让企业通过四条途径来拓展业务。企业可以增加新的产品线使产品组合变宽，可以使每一条产品线变长，也可以增加每个产品的花色品种，以加深产品组合。最后。企业还可以追求高度的产品线关联度。为了制定上述产品和品牌决策，进行产品线分析非常实用。

表 10-2 宝洁公司的产品组合宽度和产品线长度（包括引进的日期） 单位：年

	产品组合的宽度									
	清洁剂		牙膏		条状肥皂		纸尿布		纸巾	
产品线长度	象牙雪	1930	格利	1952	象牙	1879	帮宝适	1961	媚人	1928
	德来夫特	1933	佳洁士	1955	柯克斯	1885	露肤	1976	粉扑	1960
	汰渍	1946			洗污	1893			旗帜	1982
	快乐	1950			佳美	1926			绝顶 1100's	1992
	奥克雪多	1914			香味	1952				
	德希	1954			保洁净	1963				
	波尔德	1965			海岸	1974				
	圭尼	1966			玉兰油	1993				
	伊拉	1972								

资料来源：[美]菲利普·特科勒. 梅汝和等译. 营销管理（第 9 版）.上海：上海人民出版社，2001：408.

二、产品组合的分析

对产品组合进行分析，首先要对产品组合中现有的产品线的状况进行分析，然后要对每一条产品线中产品品种的销售、盈利情况及定位状况做出分析评价。

企业产品组合选择和评价的依据是：有利于促进销售和增加企业的总利润。产品组合的四个要素对促进销售、增加盈利有直接效果。

（一）产品线组合的评估分析方法

对产品线组合进行评价的方法比较多，这里介绍最基本，最简便的常用的两种方法。

（1）波士顿矩阵法。由波士顿咨询公司（BCG）首创。如图 10-2 所示，以市场占有率为横坐标，以市场增长率为纵坐标，每一坐标从低到高分成两部分，就形成四个象限，每一象限中可放入不同的产品线，然后加以分类评价。

对产品线进行这样的分类评价后，企业可以分析确定产品线组合是否健康合理，是否有竞争力，是否有盈利潜力，是否有良好发展方向，来决定具体的决策。

如果问题类和瘦狗类产品线较多，而明星类和金牛类较少，则应当对不合理的组合进行调整：那些很有发展前途的问题类产品线应该重点发展，努力提高其市场占有率，增强其竞争能力，使其尽快成为明星类产品线；金牛类产品线要尽量维持其市场份额，以继续获得大量的资金收入和利润流入；处境不佳、竞争力小的金牛类产品线和一些小规模问题类产品线，应该采取区分的对策，即使要培育，也要十分谨慎，有计划步骤的培育和发展；对于一些瘦狗类产品线应实行严格的收缩策略，尽量减小投资，争取短期较多的收益；没有发展前途又不能盈利的那些瘦狗类和问题类产品线应该坚决放弃，进行清理淘汰，以便把资金转移到更有利的产品线上。企业通过整体布局和处理，明确了未来产品线和现金流的发展规划，达到充分的预测和把握未来的目的。

（2）通用电气矩阵法。由通用电气公司（GE）首创，也叫作“多因素投资组合矩阵”或者 GE 矩阵法。GE 矩阵法相对波士顿矩阵法，不止局限于市场增长率和市场占有率，综合考虑了更多的重要因素，更加符合实际，便于决策。如图 10-3 所示，每一个产品线都可以从行业吸引力（市场吸引力）和产品线实力（业务优势）两方面来衡量。

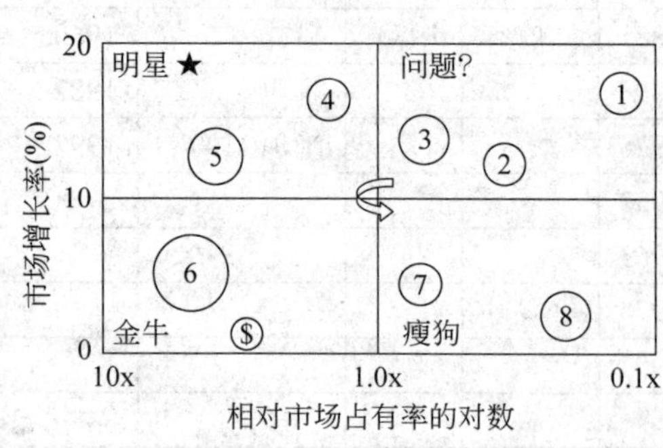

图 10-2 波士顿矩阵法分析模型

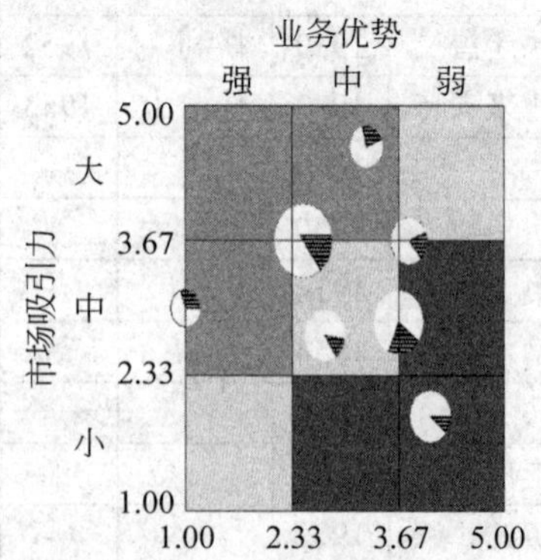

图 10-3 通用电气矩阵法分析模型

行业吸引力（市场吸引力）主要根据该行业的市场规模、市场增长率、历史毛利率、竞争强度、技术要求、通货膨胀、能源要求、环境影响以及社会、政治、法律等因素加权评分得出，划分为高、中、低三档。

产品线实力（业务优势）主要根据企业该产品线的市场份额、市场增长率、产品质量、品牌信誉、分销网、促销效率、生产能力与效率、单位成本、物资供应、研究与开发实际及管理人员等加权评分得出，划分为强、中、弱三档。

这两个准则交叉应用和区分，在 GE 矩阵中形成 3×3 的矩阵排列模式。为了便于分析，习惯上按照从上到下，从左到右原则，划分为①②③，④⑤⑥，⑦⑧⑨，一共九个区域。

GE 矩阵可以分为三大部分：左上角部分，包括①②④三个绿色区域，表示最强的产品线，行业吸引力和产品线实力都较好，企业应采取增加投资积极扩展的策略；左下角到右上角的对角线部分，包括③⑤⑦三个黄色区域，表示产品线的总体吸引力处于中等状态，企业一般应维持投资保持盈利；右下角部分，包括⑥⑧⑨三个红色区域，表示总体吸引力很低的产品线，企业一般应采取收缩和放弃策略。

（二）产品线中各品种的分析与评价

要实现产品组合的动态优化，不仅需要对各条产品线进行分析评价然后予以调整，还要对每一条产品线中的每一个产品品种的销售、盈利情况逐个分析和评价，另外还要分析产品线中产品定位以及与竞争者的对比情况。

（1）产品品种贡献大小分析。产品线上的每一个产品品种对总销售额和利润所做的贡献是不同的。把销售比重和利润比重放在一起，可以发现最核心的产品品种。同样，也可以用于对企业的品牌线做贡献分析。图 10-4 显示了 2010 年上海家化的各品牌的销售收入，六神、佰草集和美加净显然是公司最重要最核心的品牌。

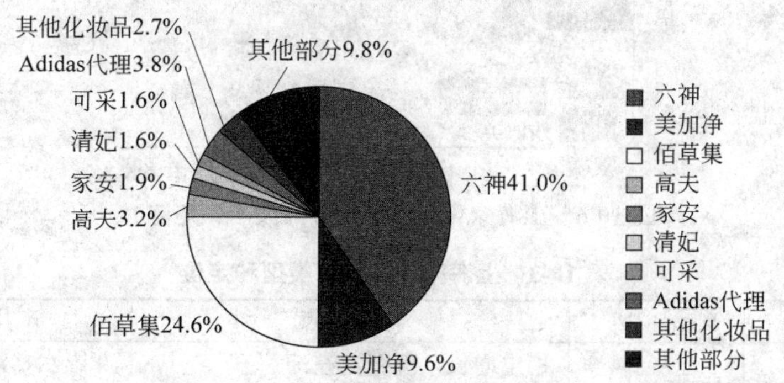

图 10-4 上海家化各品牌销售比重图（2010 年数据）①

类似方法，可以单独绘制出来上海家化的各品牌线的利润比重图。

很多情况下，也常用双柱式样的柱状图，把不同产品线品种的销售收入和利润同时绘制在一起比较，效果更直观。

① 上海证券交易所，http://www.sse.com.cn，上海家化 600315，2011 年报资料整理。

（2）产品线品种定位图。产品线品种定位图是一种有效的分析工具，有助于企业了解自己的产品线与竞争者产品线的对比情况，明确竞争形势。

产品线品种定位图有三个作用。

① 它可以明确显示出互相竞争的产品品种。

② 它能提示新产品品种的开发方向。

③ 有助于企业根据各类用户的购买兴趣和需求来识别细分市场。

图 10-4、图 10-5、图 10-6 结合起来使用和分析，清楚显示了上海家化 2010 年的各个品牌的基本状态和战略意图，未来阶段就是重点投入和发展佰草集、高夫和家安，战略性导入可采和双妹。表 10-3 更加明确的上海家化各个品牌线（产品线）的类型和定位。

	个人护理	彩妆	家居护理
高端	双妹 SHANGHAI VIVE		
中端	佰草集　高夫	COCOOL 可可	
	CHINFIÉ		
低端	六神　美加净		家安

图 10-5 上海家化各品牌定位图

图 10-6 上海家化各品牌定位（波士顿矩阵）

表 10-3 上海家化各品牌类型和定位[①]

类　型	品　牌	特　点	产品线和定位
金牛类型： 大众市场	六神	稳定增长，现金流充沛 大流通渠道经营，大众市场 有明显的季节性波动	花露水、沐浴露、香皂 强调清凉
	美加净		基础护理：护手霜、护肤品
问题类型： 高增长细分市场	佰草集	高速成长，高毛利 需要加大配套投入 细分市场	中草药化妆品（中高端）
	高夫		男士化妆品：护肤品、香水
	家安		家居清洁护理

① 上海家化 600315，2010 年、2011 年报资料分析整理.上海证券交易所，http://www.sse.com.cn.

续表

类　型	品　牌	特　点	产品线和定位
瘦狗类型	可采	收购品牌，需要磨合、调整、培育	中药面膜护理
	双妹	探索和培育，业绩比例很小，增长较快	高端化妆品、饰品
	玉泽	导入阶段，业绩比例很小	药妆
	友谊、雅霜	传统品牌，残值使用，基本没有投入	基础护理产品
	清妃	传统品牌，基本没有太大投入	中档个人护理
	珂珂	停止运营，基本退出	年轻彩妆

三、产品组合策略

产品组合的宽度、长度、深度和关联度四个基本因素决定产品线的基本状态。动态的最优产品组合正是通过及时调整产品线来实现的，因此，对产品线的调整是产品组合策略的基础和主要组成内容。一般来说，对产品线的调整有五种策略。

（一）产品线延伸策略

产品线延伸是指企业把产品线延长而超出原有范围。促使产品线延长的因素有很多，包括：企业生产能力过剩，推销人员和分销商希望以更为全面的产品线去满足顾客的需求，企业希望通过开拓新市场来谋求更高的销售量和利润等。产品线扩展策略有三种形式。

（1）向上延伸。有些企业的产品线原来只定位于低档产品，由于希望发展各档产品齐全的完全产品线，或者是受到高档产品较高的利润率和销售增长的吸引，企业会采取产品线向上延伸的决策，准备进入高档产品市场。上海家化战略性导入的双妹品牌就是典型的向上延伸。

（2）向下延伸。那些生产高档产品的企业，可能决定生产低档产品，即将产品线向下延伸。企业向下延伸的理由可能有四种：其一，企业在高档产品市场上受到强大攻击，因而以拓展低档产品市场来反戈一击；其二，企业发现高档产品市场增长缓慢而不得不去开拓低档产品市场；其三，企业最初进入高档产品市场是为了树立优质形象，目标达成后，向下延伸可以扩大产品市场范围；其四，企业为了填补市场空缺而增加低档产品品种，以防竞争者乘虚而入。2010 年，上海家化重点培育的家安品牌就是典型的向下拓展。

（3）双向延伸。生产中档产品的企业在市场上可能会同时向产品线的上下两个方向延伸。这样的延伸需要较大的资金实力，从而扩大企业的市场阵地。采用这种策略应注意：只有企业在中档产品市场上已取得市场竞争优势，且有足够的资源和能力时，才可以进行双向延伸，否则还是单向延伸较为稳妥。

（二）产品线填充策略

产品线填充策略是在现有产品线的经营范围内增加新的产品品种，从而延长产品线，所以同产品线扩展是有区别的。

采取这一策略的动机主要有：增加盈利；充分利用过剩的生产能力；满足经销商增加产品品种以增加销售额的要求；阻止竞争者利用市场空隙的企图，防止竞争者有机会建立领先的完全产品线体系；发挥企业强势品牌的销售拉动力。

产品线的填充要避免导致新旧产品的自相残杀和在消费者中造成混乱，为此，企业要使新增品种具有显著的差异，使顾客能够区分清楚。企业还应核查新增品种是否适合市场需要，而不可仅仅为了满足企业自身填补市场空隙或形成完全产品线的需要。

（三）产品线现代化策略

有的企业，其产品线长度是适当的，但其产品多年以来一直是老面孔，所以必须使产品线现代化，赋予产品更多的技术含义或者时尚含义，以防被产品线较为新式的竞争对手所击败。比如，可口可乐在过去的时间里，不断通过体育赛事、时尚明星、运动球星的概念结合，配合人们消费观念和健康观念的更替，更新现代化产品线。

（四）产品线号召策略

企业可以在产品线中有目的地选择一个或少数几个产品品种进行特别号召，一般有以下三种情形。

（1）针对产品线上低档产品品种进行特别号召，使之成为“开拓销路的廉价品”，以此吸引顾客。一旦顾客登门，推销员就会想方设法地影响并鼓动消费者购买高档产品。

（2）针对优质高档产品品种进行号召，以提高产品线的等级。

（3）当企业发现产品线上有一端销售形势良好，而另一端却有问题时，可以对销售较好的那一端大力号召，以努力促进市场对销售较慢的产品的需求。

（五）产品线削减策略

产品线常常被延长，而增加新品种是会造成设计费、工程费、仓储费、促销费等费用相应上升的，企业可能会因此出现资金短缺和生产能力的不足。于是，企业管理层就会对产品线的盈利能力进行研究分析，从中可能发现大量亏损的产品品种，为了提高产品线的盈利能力，会将这些产品品种从产品线上削减掉，停止使用，但是不意味一定会完全放弃。在企业经营中，这种产品线不断延长而后被不断削减的模式将会重复多次，市场是推动产品线削减策略的重要力量。在表 10-3 中，上海家化削减了珂珂品牌，就是一个典型。类似，宝洁公司经常战略性削减和冻结一些品牌，如在 2002 年中国大陆市场退出了润妍品牌。但是，世界 500 强企业里面，也有经常把已经推出的品牌重新设计和包装，有针对性地推向新市场。

第三节 产品生命周期

【案例导读】

国窖 1573 产品生命周期营销策略

“国窖 1573”是泸州老窖股份有限公司推出的高端白酒品牌，是泸州老窖系列酒的形象产品。1996年，国务院批准泸州老窖股份有限公司所拥有的明代酿酒窖池为全国重点文物保护单位，这是迄今为止全国酿酒行业独一无二的殊荣，“国窖”也因此得名。因该窖始建于1573年，泸州老窖形象产品“国窖1573”便由此命名。“国窖1573”在2001年正式上市销售。由明代建的窖池酿造，产品品质过硬，受到了广大顾客的喜爱，“国窖1573”经国家白酒专家组鉴定，给予其高度评价：“无色透明、窖香优雅、绵甜爽净、柔和协调、尾净香长、风格典型”的特点。

导入期（2001—2004年）策略：（1）基于市场超高端白酒市场空缺，将“国窖1573”定位为高端白酒；（2）以窖池的建造年份作为产品名称，突出了产品悠久的历史，打造品牌形象；（3）维持高销售投入；（4）除了一般意义上的经销奖励，还采用“利益绑捆”的形式来固化经销渠道。

成长期（2004—2006年）策略：（1）扩大销售网点，建立新的分销网络，实施大城市重点投入，开拓北京、上海、广东等一线城市市场，形成上海带动华东、广东带动华南、四川带动西部、北京带动华北的网状式营销渠道布局；（2）在发展“国窖1573”的同时，重视发展泸州老窖的其他产品，扩大泸州老窖集团的整体销售量，以便相辅相成；（3）通过广告宣传、更换并美化包装、统一以“中华老字号”的标识向市场推出；（4）向主要产品经销商定向发行股份，进一步将“国窖1573”的发展与经销商的利益联系在一起。

成熟期（2006—2009年）策略：（1）在发展“国窖1573”的同时，继续发展泸州老窖特曲，组成营销组合，扩大销量；（2）在产品进入成熟期后期后，“国窖1573”在华东、华南的销量开始下滑，而在华中、华北、西南地区“国窖1573”销量则相对稳定。公司在2008年加强对终端价格的治理，对部分经销商进行了调整，将原有做批发和流通的经销商向终端转变，放弃部分处于劣势的经销商，实行优胜劣汰。

衰退期（2009年后半期至今）策略：（1）2010年年初，“国窖1573”开始发展直销网络，减少了利润的分流和浪费，进一步增强了利润的集中度。对企业、政府等高端市场实行一对一的营销和服务。为了降低营销成本，提高利润，企业把目光转向了物流，减少中间流通环节，加快了资源整合的步伐；（2）推行金字塔结构双品牌战略。泸州老窖特曲代表第一商务用酒的形象；“国窖1573”代表中国奢侈酒的形象。在这个金字塔式结构中：塔尖表示“国窖1573”，它始终保持着过硬的品质，重质而不重量；塔柱表示泸州老窖特曲；塔基是泸州老窖的其他系列品牌；（3）营销重点开始倾向于泸州老窖特曲，改变价格，提高销量，通过泸州老窖特曲巩固“国窖1573”的品牌知名度。

资料来源：改编自 周霞. 国窖1573市场营销策略研究—基于产品生命周期理论. 当代经济，2013,（6）.

一、产品生命周期的概念和意义

产品生命周期，是指从产品试制成功投入市场开始到被市场淘汰为止所经历的市场生命全部过程。

产品生命周期指的是产品的市场寿命，是指某种产品在市场上存在的时间，其长短受消费者需求变化、产品更新换代速度等多种市场因素所影响，它与产品的使用寿命（自然寿命）是不同的。

产品的使用寿命是指产品投入使用到损坏报废所经历的时间，受产品的自然属性和使用频率等因素所影响，不可将使用寿命与生命周期混淆起来。比如，火柴、蜡烛、鞭炮等的使用寿命很短，但市场寿命很长；而 9 吋黑白电视机、旧式收音机，某些一度流行的时装市场寿命不长，而使用寿命可以很长。

一般产品的生命周期可描绘成一条类似 S 形的曲线，这条曲线包括四个阶段：导入期、成长期、成熟期和衰退期。见图 10-7。产品生命周期概念可以用来分析一个行业、一种产品类别、一种产品形式、一种产品或一个品牌。

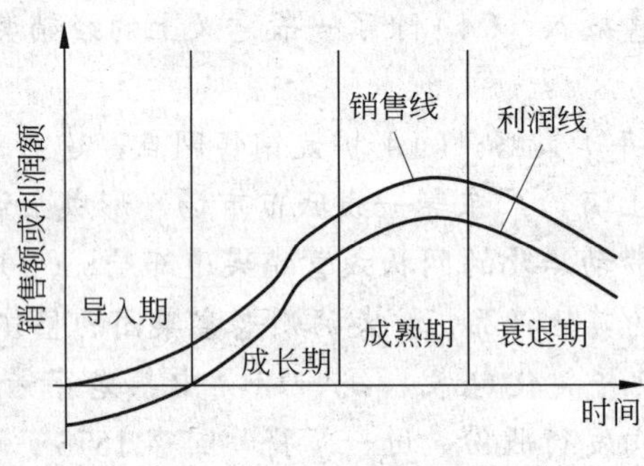

图 10-7　典型的产品生命周期

对产品生命周期概念的理解及其阶段的划分，对于企业的市场营销具有十分重要的意义。

（1）有助于经营决策人员制定精准的市场营销策略。

（2）有利于促进企业产品的更新换代和技术改进。

（3）为核心成熟产品的市场生命的强化或者延续提供了途径。

（4）可以减少产品决策失误和加强风险管理。

（5）产品生命周期是规划培育新产品新品牌或者产品线的重要依据，有利于合理安排时间和资金投入，保证企业现金流的健康和财务安全。

二、产品生命周期的非典型形态

产品生命周期还存在有其他形态，如再循环型、扇型、风格型、时尚型和热潮型等。见图 10-8[①]。

产品市场生命周期的表现形态多种多样。在产品市场生命周期的各个阶段，销售额随产品推进市场的时间不同而发生变化，通常表现为类似仿正态分布的曲线，其他形态的产品市场生命周期，有相当一些是不规则的。当产品生命周期进入衰退期时，可通过增添产品特色或加大营销力度等，使产品生命周期重新循环。小型厨房用具常常具有类似特点，如电饭煲在初次进入市场时销售量迅速增长，然后就跌落到“僵化”的水平，

① 郭国庆.市场营销学通论(第 4 版).北京：中国人民大学出版社, 2009：200-201；[美]菲利普·科特勒（Philip Kotler），加里·阿斯特朗（Gary Armstrong）,[新]洪瑞云（Swee Hoon Ang），梁绍明（Siew Meng Leong），陈振忠（Chin Tiong Tan），谢贵枝（David K. Tse）. 何志毅等译. 市场营销原理(亚洲版)（*Principles of Marketing：An Asian Perspective*）.北京：机械工业出版社, 2006：211.

但由于不断地有晚期采用者首次购买和早期采用者更新产品，而使这一水平得以维持。

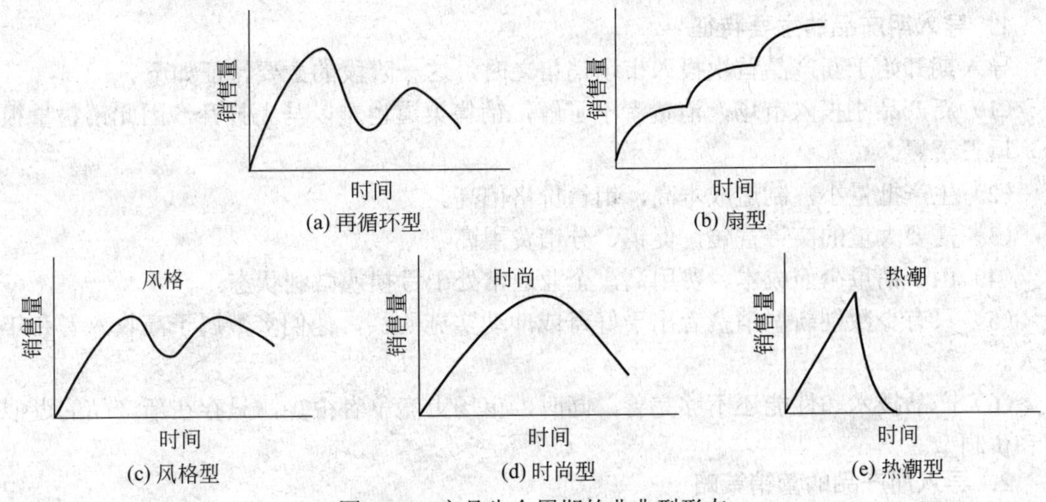

图 10-8　产品生命周期的非典型形态

（1）再循环型产品市场生命周期。即产品生命进入第一次循环的衰退时期，销售量出现下降，此时企业通过采取各种措施，促使产品销售量上升，从而进入第二次生命周期阶段。如新药品常常具有再循环型的产品市场生命周期特点，制药厂和药品公司积极推销其新药，于是产生了第一次循环，后来销售量下降，企业对新药发动了第二次促销，这就产生了规模和持续时间通常都比第一次循环来得小和短的再循环。见图 10-8（a）。

（2）扇型产品市场生命周期。通常是基于发现新的产品特征、用途或用户，而使其生命持续向前。如尼龙的销售就表现出这种扇型特点，因为许多新的用途——降落伞、袜子、衬衫、地毯等，一个接一个的新用途被发现。见图 10-8（b）。

（3）风格型产品市场生命周期。是一种基本而独特的表达方式。如衣着的风格（正式或休闲），艺术的风格（现实主义、超现实主义或抽象主义）。一旦一种风格确立后，就会历经许多年代，时起时落，一种风格在它的生命周期中会出现许多个复兴的生命周期。见图 10-8（c）。

（4）时尚型市场生命周期。时尚指某一领域当前流行或被接受的风格，时尚大多缓慢增长，然后流行一段时间，最后衰退。见图 10-8（d）。

（5）热潮型市场生命周期。热潮指很快进入市场被人们狂热接受，很快达到销售高峰又迅速衰退的时尚，热潮持续时间短，并趋向于只吸引有限的顾客。热潮的外表经常表现为新奇或善变，其对象多为寻求刺激者、标新立异者或好表演自己者。新闻媒介等因素对热潮有较大影响，一般很难预料何种东西属于热潮，即使知道也很难预料其将持续多久。见图 10-8（e）。

三、产品生命周期各阶段的主要特征和营销策略

前面已经指出，着重研究呈 S 形的大多数产品的生命周期，它包括四个阶段，每一阶段有各自的市场特征，根据这些特征来制定相适应的营销策略。

（一）导入期

1. 导入期产品的主要特征

导入期开始于新产品首次投入市场销售之时，这一阶段的主要特征如下。

（1）新产品刚投入市场，消费者不了解，销售渠道也难以马上打开，因此销售量很少，增长缓慢。

（2）生产批量小，制造成本高，销售价格偏高。

（3）需要大量的广告宣传，促销、分销费用高。

（4）由于销量少而成本、费用高，企业通常处于亏损或微利状态。

（5）只有少数创新型消费者出于好奇或冲动实施购买，他们多数属于高收入者和年轻人。

（6）产品技术和性能还不够完善，同时，市场上竞争者很少，只存在新产品的近似型和仿制型。

2. 导入期产品的营销策略

导入期的产品还存在着各方面的不足，消费者对产品还不够了解和熟悉，因此，在这一时期，要让新产品在市场上站稳脚跟，并扩大市场影响力和占有率，尽快进入成长期，以取得较高利润并击败竞争者，就必须在营销策略方面仔细选择、慎重决策。这一时期的营销策略主要有以下四种（见图 10-9）。

价格水平 \ 促销水平	高	低
高	快速撇脂策略	缓慢撇脂策略
低	快速渗透策略	缓慢渗透策略

图 10-9　基于促销和价格因素的产品生命周期导入期的营销策略

（1）快速撇脂策略。也叫作快速掠取策略，这种策略采用高价格和高促销的方式推出新产品，以求迅速扩大销售量，获得较高的市场占有率。高促销费用可以快速引起目标市场的注意，加快市场渗透，这样可以赚取较大的利润，尽快收回新产品的开发费用。实施该策略的市场条件是：市场有较大的需求，潜力目标客户具有求新心理，急于购买新产品，并乐于付出高价；企业面临潜在竞争者的威胁，需要及早建立品牌。

（2）缓慢撇脂策略。这种策略是以高价格和低促销方式推出新产品，实行高价格是为了抓住时机尽量从每单位销售中获取更多的毛利，而采取低促销是为了降低营销费用，两方面相结合期望能够从市场上获取更大利润。实施该策略的市场条件是：市场规模较小，竞争威胁不大，市场上大多数用户对该产品没有过多的疑虑；适当高价可以为市场所接受。

（3）快速渗透策略。这种策略是以低价格、高促销的方式推出新产品，以期迅速打入市场并取得最高的市场份额。实施该策略的市场条件是：产品市场容量很大；潜在消费者对产品不了解，并且对价格敏感；潜在竞争比较激烈；产品的制造成本可以随产量增加而快速下降。

（4）缓慢渗透策略。企业用低价格和低促销费用推出新产品。低价格有利于市场迅速接受新产品，低促销费用可以实现更多的净利。实施该策略的基本条件是：市场容量较大；潜在顾客容易或者已经了解该新产品，并且对价格十分敏感；有相当的潜在竞争者准备加入竞争。

（二）成长期

1. 成长期产品的主要特征

经过市场导入期以后，消费者对新产品逐渐熟悉，企业开始批量生产，销售量迅速增长，利润在这个阶段转亏为盈，这时新产品就进入了成长期。这一阶段的主要特征如下。

（1）销售量迅速上升。老顾客重复购买和许多新顾客都熟悉并喜爱这种产品，形成广大的市场需求，销量增长非常迅速。

（2）生产规模扩大，产品成本降低，产品价格维持不变或略有下降。

（3）为维持市场的继续成长，企业需保持或稍微增加促销费用，但因销量大增，导致促销费用对销售额的比率不断下降。

（4）销量激增和单位生产成本及促销费用的下降，使得利润迅速增长。

（5）此时的购买者多为早期采用者，中间多数消费者开始追随领先者。

（6）市场竞争日益加剧，新的产品特性出现，产品市场开始细分，销售渠道增加。

2. 成长期产品的营销策略

针对成长期的特点，企业要维持其销售增长，在竞争中取胜，可以采取下面这些营销策略。

（1）改进产品。企业要对产品进行改进，提高产品质量，增加新的功能，丰富产品式样，强化产品特色，努力树立起名牌产品形象，提高产品的竞争能力，满足顾客更高更广泛的需求，从而既扩大销量又限制竞争者加入。

（2）拓宽市场。企业要通过市场细分，找到新的尚未满足的细分市场并迅速占领这一市场；企业要通过创名牌、建立产品信誉来拓宽市场；企业还要开辟新的分销渠道，增加销售网点，方便顾客购买。

（3）适时降价。企业在适当的时候，可以采取降价策略，以激发那些对价格比较敏感的潜在消费者产生购买欲望并实施购买；同时，低价格还能抑制竞争者的加入。这样对企业扩大市场占有率有明显的效果。

（4）沟通重心的转移。以广告策略为例，企业要把广告宣传的重心从介绍产品、建立产品知名度转移到说服消费者接受产品和实施购买上来，以促进企业销售的增长。

企业采用上面的市场扩张策略，无疑会增加成本，但是也能增加产品的竞争能力。企业需要在“高市场占有率”还是“高利润率”之间权衡选择，企业选择偏好和企业的战略目标与市场竞争状况密切联系。

（三）成熟期

1. 成熟期产品的主要特征

产品经过一段时期的快速成长后，销售量的增长会缓慢下来，从而进入成熟期。这一时期的主要特征如下。

（1）产品的销售量增长缓慢，逐步达到最高峰，然后缓慢下降。

（2）生产批量很大，生产成本降到最低程度，价格开始有所下降。

（3）产品的服务、广告和推销工作十分重要，销售费用不断提高。

（4）利润已达到最高点，并开始下降。

（5）大多数消费者都加入购买队伍，包括理智型、经济型的购买者；他们对产品放心，购买果断，甚至成为习惯。

（6）很多同类产品进入市场，竞争十分激烈，并出现价格竞争。

2．成熟期产品的营销策略

在这一阶段，企业的营销目标是巩固原有市场并使其进一步扩大，延长成熟期，以便获取尽可能高的利润，为此要致力于改进市场格局和营销组合、改良产品，而不可畏惧竞争，轻易放弃成熟产品，应该充分挖掘老产品的潜力。

（1）市场改进。这种策略不改变产品本身，而是发掘产品的新用途、寻找新的细分市场、创造新的消费方式等途径去扩大市场，增加销售。通过将非用户转变为自己产品的用户，争取竞争对手的顾客，企业进一步进入新的细分市场，将拥有更多的用户；通过努力发现产品的各种新用途以及使用户更频繁地、更大量地使用该产品，可以提高用户的使用数量。这两个方面结合起来，产品的销售量会大大增加。

（2）产品改良。这种策略是以产品自身的改变来满足顾客的不同需要，以扩大市场销售量。产品改进可从如下方面着手：①改进质量，注重于改善产品的功能特性，如耐用性、可靠性、速度等；②改进特点，注重于增加产品的新特点，扩大产品的多功能性、安全性或便利性；③改进式样，注重于增加对产品的美学诉求，改变产品款式、颜色、包装等，以增强美感或者增加时尚特性。

（3）调整营销组合。通过改变定价、销售渠道以及促销方式的方法来延长产品成熟期。例如，增加产品概念和特征、降价或者设计特价、拓展营销渠道、改变广告媒体组合、变化广告时间和频率、增加人员推销、强化公共关系等，这样会产生明显的效果，获得更多的顾客。

（四）衰退期

1．衰退期产品的主要特征

当产品销售由成熟期后期的缓慢下降转为急剧下降，利润也不断减少之时，一般来说，该产品进入了衰退期。特征如下。

（1）产品销售量急剧下降，甚至出现积压。

（2）新产品开始进入市场，正逐渐替代老产品。

（3）市场竞争突出表现为价格竞争，产品价格不断下降，消费者数量日益减少。

（4）企业利润日益下降甚至为零。

（5）购买者是落后于市场变化的保守型消费者，他们实行习惯性购买，大多数消费者态度已发生转变。

2．衰退期产品的营销策略

企业在衰退期的要认真分析测算，谨慎选择，通常要判断何时、何法退出市场，避免与市场潮流做无效的对抗。

（1）维持策略。继续沿用过去的策略，仍按照原来的细分市场，使用相同的分销渠道、定价及促销方式，直到这种产品完全退出市场为止，适用于企业处于有吸引力的行业并有竞争实力。

（2）集中策略。把企业能力和资源集中在最有利的细分市场和分销渠道上，从而为企业创造更多的利润，同时又有利于缩短产品退出市场的时间。

（3）收缩策略。企业抛弃无希望的顾客群体，大幅度降低促销水平，尽量减少销售和推销费用，以增加目前的利润。这样可能导致产品在市场上加速衰亡，但也可能从忠实的顾客那里获取利润。

（4）放弃策略。尽管在某一市场上坚持到底的企业可能因其他竞争者的退出而获利，但对于大多数企业来说，只能够当机立断地放弃经营疲软的产品。企业在淘汰疲软产品时，到底采取立即放弃策略还是逐步放弃策略、完全抛弃策略还是转让抛弃策略，要妥善抉择，力争将企业损失减小到最低限度。放弃策略的前提是，企业有更好更有效的资金投入方向，可以产生更高的利润。

产品生命周期各个阶段的特点、营销目标和战略，见表10-4。

表10-4　产品生命周期特性、目标和战略一览表

		导入期	成长期	成熟期	衰退期
特性	销售	低销售	销售快速上升	销售高峰	销售衰退
	成本	按每一顾客计算的高成本	按每一顾客计算的平均成本	按每一顾客计算的低成本	按每一顾客计算的低成本
	利润	亏损	利润上升	高利润	利润衰退
	顾客	创新者	早期采用者	中间多数	落后者
	竞争者	极少	逐渐增加	数量稳定开始衰退	数量衰减
营销目标		创造产品知名度和试用	最大限度地占有市场份额	保卫市场份额获取最大利润	对该品牌削减支出和争取收益
战略	产品	提供一个基本产品	提供产品的扩展品、服务、担保	品牌和样式的多样性	逐步淘汰、疲软项目
	价格	采用成本加成	市场渗透价格	较量和击败竞争者的价格	削价
	分销	建立选择性分销	建立密集广泛的分销	建立更密集广泛的分销	进行选择：逐步淘汰无盈利的分销网点
	广告	在早期采用者和经销商中建立产品的知名度	在大量市场中建立知名度和兴趣	强调品牌的区别和利益	减少到保持坚定忠诚者需求的水平
	促销	大力加强销售促进以吸引试用	充分利用有大量消费者需求的有利条件，适当减少促销	增加对品牌转换的鼓励	减少到最低水平

市场演进理论认为，当一种产品创造出来供应未满足的需要时，新市场就具体化了。创新者经常为大宗市场设计一种产品，而竞争者用类似产品进入市场，导致市场扩展。接着，市场进入了日益增长的分裂阶段，直到某个企业引进一项强大的新属性为止，市场此时被再结合成少数几块大的部分，由于其他企业不断仿制这些新属性，这个阶段不会持续很久。市场进入再结合和分裂这两阶段的周而复始的循环，市场再结合的基础是创新，而分裂的基础是竞争。最后，一种更优良的新产品形式被发现，市场可能走向终止。以上表明市场演进要通过市场具体化、市场扩展、市场分裂、市场再结合和市场终止五个阶段。

第四节　新产品开发

一、新产品的概念及类别

（一）新产品的概念

新产品是相对老产品而言的，目前尚无世界公认的确切定义。一般地说，新产品是指企业初次试制成功的产品，或是在结构性能、制造工艺、外形质材等某一方面或几个方面比老产品有显著改进的产品。从市场营销学的角度看，凡是企业向市场提供的能给顾客带来新的满足、新的利益的产品，即视为新产品。

（二）新产品分类

可分为全新产品、换代产品、改进产品三种[①]。

（1）全新产品。应用新原理、新技术、新材料和新结构等研制成功的前所未有的新产品或者产品线。如各种电器产品计算机、电话、电视、空调、洗衣机等。

（2）换代新产品。这种新产品是指在原有产品的基础上，采用或部分采用新技术、新材料、新结构制造出来的产品。如模拟电视换代成数字电视等。

（3）改进新产品。在原有产品基础上适当加以改进，使得产品在质量、性能、结构、造型等方面有所改善，或者配合更新后重新定位新的细分市场，或者开发出原有产品线增补产品。如普通手机改进成音乐手机或智能手机等。

二、新产品开发的策略

新产品开发要以满足市场需求为前提，企业获利为目标，遵循“根据市场需要，开发适销对路的产品；根据企业的资源、技术等能力确定开发方向；量力而行，选择切实可行的开发方式”的原则进行。采用何种策略则要根据企业自身的实力，根据市场情况和竞争对手的情况。当然，这与企业决策者的个人素质也有很大关系，开拓型与稳定型

---

① 郭国庆.市场营销学通论(第 4 版).北京：中国人民大学出版社, 2009: 156.

的经营者会采用不同的策略。常用的策略有[①]如下几种。

1．先发制人策略

先发制人策略是指企业率先推出新产品，利用新产品的独特优点，占据市场上的有利地位。采用先发制人策略的企业应具备强烈地占据市场“第一”的意识。因为对于广大消费者来说，对企业和产品形象的认知都是先入为主的，他们认为只有第一个上市的产品才是正宗的产品，其他产品都要以“第一”为参照标准。

因此，采取先发制人策略，就能够在市场上捷足先登，利用先入为主的优势，最先建立品牌偏好，从而取得丰厚的利润。而且，从市场竞争的角度看，如果你能抢先一步，竞争对手就只能跟在后面追，而你不满足占领已有的市场，连续不断地更新换代，开发以前没有的新产品、新市场，竞争对手就会疲于奔命。一个不断变化的目标要比一个固定的靶子更让人难以击中。这样就会取得竞争优势。采用先发制人的策略，企业必须具备以下条件：企业实力雄厚，且科研实力、经济实力兼备，并具备对市场需求及其变动趋势的超前预判能力。

2．模仿式策略

模仿式策略就是等别的企业推出新产品后，立即加以仿制和改进，然后推出自己的产品。这种策略是不把投资用在抢先研究新产品上，而是绕过新产品开发这个环节，专门模仿市场上刚刚推出并畅销的新产品，进行追随性竞争，以此分享市场收益。所以，又称为竞争性模仿，既有竞争，又有模仿。竞争性模仿不是刻意追求市场上的领先，但它绝不是纯粹的模仿，而是在模仿中创新。企业采取竞争性模仿策略，既可以避免市场风险，又可以节约研究开发费用，还可以借助竞争者领先开发新产品的声誉，顺利进入市场。更重要的是，它通过对市场领先者的创新产品做出许多建设性的改进，有可能后来居上。

3．系列式产品开发策略

系列式产品开发策略就是围绕产品向上下左右前后延伸，开发出一系列类似的但又各不相同的产品，形成不同类型、不同规格、不同档次的系列产品。采用该策略开发新产品，企业可以尽量利用已有的资源，设计开发更多的相关产品，如海尔围绕客户需求开发的洗衣机系列产品，迎合了城市与农村、高收入与低收入、多人口家庭与少人口家庭等不同消费者群的需要。

在选择不同策略的基础上，企业应根据具体情况选择相应的新产品开发的方式。

（1）独立研制方式。这种方式指企业依靠自己的科研和技术力量研究开发新产品。

（2）联合研制方式。是指企业与其他单位，包括大专院校、科研机构以及其他企业共同研制新产品。

（3）技术引进方式。技术引进方式是指通过与外商进行技术合作，从国外引进先进技术来开发新产品，这种方式也包括企业从本国其他企业、大专院校或科研机构引进技术来开发新产品。

（4）自行研制与技术引进相结合的方式。这种方式是指企业把引进技术与本企业的

---

① 高飞.现代企业管理学.北京：中国社会科学出版社，2010：189.

开发研究结合起来，在引进技术的基础上，根据本国国情和企业技术特点，将引进技术加以消化、吸收、再创新，研制出独具特色的新产品。

（5）仿制方式。按照外来样机或专利技术产品，仿制国内外的新产品，是迅速赶上竞争者的一种有效的新产品开发方式。

三、新产品开发的组织机构和程序

国内外企业新产品开发的组织机构，主要有：产品经理、新产品经理、新产品开发委员会、新产品部和新产品开发小组。

新产品开发的核心过程可以分为四大步骤，九小阶段。从营销科学和营销工程的角度，每一步都有其具体的意义及应对模型和方法，具体见表 10-5。

表 10-5　新产品开发过程的基本步骤[①]

基本步骤	阶段内容	方法与模型	目 标 备 注
1. 识别机会	1.1 产生创意	头脑风暴等	从企业角度定义产品，明确产品概念中的核心产品
	1.2 评估创意	层次分析、熵权法	
2. 形成概念	2.1 产品设计	产品概念实验、联合分析	从消费者的角度定义产品，验证消费者对核心产品的需求，以及明确有形产品的特征。与测试研究不同，该部分调研中的产品为文字、图片等虚拟形式
	2.2 市场细分与定位	STP 分析模型	
	2.3 营销组合设计	4P 策略、整合策略	
	2.4 销售预测分析	巴斯模型	
3. 开发测试	3.1 产品开发	研制真实产品	开发出真实产品，并以真实产品为对象进行市场测试
	3.2 市场测试	ASSESSOR 模型	
4. 市场导入	4.1 产品引入市场	产品引入规划及跟踪	产品的商业化过程

（一）识别机会：从企业角度定义产品概念

该阶段是新产品开发的开始，该阶段主要包括两个阶段：产生创意阶段和评估创意阶段。就根本目的来说，就是从企业的角度去定义产品的概念。

1. 产生创意

新产品的开发过程是从寻求创意开始的，在该阶段企业主要的目标是提出各种创意，并明确阐述与这些创意相关的市场机会，也就是明确新产品所能提供的核心利益。虽然并不是所有的设想或创意都可以变成产品，但寻求尽可能多的创意却可以为开发新产品提供较多的机会。

新产品创意的主要来源有顾客、科学家、竞争对手、企业的推销员和经销商、企业高层管理人员、市场营销研究公司、广告代理商等。头脑风暴是提出新产品创意的主要方法。

2. 评估创意

取得足够创意后，要对这些创意加以评估，研究其可行性，并挑选出可行性较强的创意，这就是评估创意。评估创意的目的在于淘汰那些不可行或可行性较低的创意，使

① 郭国庆等. 营销决策模型. 北京：首都经济贸易大学出版社，2011:84.

公司有限的资源集中于成功机会较大的创意上。

评估创意时，一般会考虑两方面的准则因素：①企业目标准则，也就是该创意是否与企业的测量目标相适应，表现为利润目标、销售目标、销售增长目标、形象目标等方面；②企业实力准则，也就是企业有无足够的能力实现这种创意。这些能力表现为资金能力、技术能力、销售能力和协同作用等。

进行新产品创意评估的主要方法有层次分析法和熵权法。

层次分析法（Analytic Hierarchy Process，AHP）是将决策有关的元素分解成目标、准则、方案等层次，在此基础之上进行定性和定量分析的决策方法。层次分析法的特点是在对复杂的决策问题的本质、影响因素及其内在关系等进行深入分析的基础上，利用较少的定量信息使决策的思维过程数学化，从而为多目标、多准则或无结构特性的复杂决策问题提供简便的决策方法。尤其适合于对决策结果难于直接准确计量的场合。

熵权法，在指标评测的时候，可以对信息量大的指标充分考虑，对信息量较少或者没有的指标减少或者不予考虑，如此，可以在较大程度上反应被评价对象的真实水平，同时还能排除人为因素的影响。

需要指出的是，不管是产生创意还是评估创意都是以企业为主体从企业的角度来理解新产品及其提供的核心利益。其实质是从企业角度定义产品及其可行性，但在现代营销学中仅仅从企业角度定义产品是不够的，消费者的需求才是营销的重点。

（二）形成概念：从消费者角度定义产品概念

经过评估后留下的产品创意还要进一步发展成为产品概念，也就是从消费者的角度来定义新产品。这需要进行针对消费者需求的专项研究，在研究中，作为测试的产品是以文字描述、图片、视频等虚拟形式展示的。这阶段的主要任务可以归纳为以下四个方面。

1. 产品设计

产品设计也就是企业通过赋予某种创意以形式、属性和意义，将创意更好地转化为物质实体或概念实体。其最重要的目标是找出在消费者心中对产品实体形态的期待，找出最符合消费者偏好及使用习惯的产品形态（属性、水平）。进行新产品设计的方法主要有联合分析法。

2. 探究市场细分与定位

仅仅有产品创意是不够的，虽然在第一步提出创意的同时要求明确创意所能提供给消费者的核心利益，但那也只是从企业角度来阐述的。探究新产品的市场细分及定位就是为了验证消费者是否认同新产品带来的核心利益、哪些消费者对新产品提供的核心利益有最强的需求，以及如何进行市场定位才能更好地吸引消费者。这阶段通过收集消费者的需求及偏好数据，一般采用 STP 模型方法，就能有效地解决上述问题。

3. 制定营销组合策略

营销组合策略的制定是市场细分与定位的延续，也是进行销售预测的基础。在了解新产品可能面对的消费者后，通过研究消费者的生活习惯、态度、收入、媒体接触习惯就能制定具有针对性的价格、促销及渠道策略。营销组合的决策有专门的方法和模型，实践运用的时候需要整合和全盘分析。

4. 销售预测分析

在这一阶段还要完成对新产品市场销售的初步预测。通过销售预测可以帮助企业更好地理解市场，了解目标市场的规模、结构、行为及可能的利润情况。进行新产品销售预测最经典的方法是巴斯模型。

自 20 世纪 60 年代巴斯模型被引入市场营销领域，创新扩散理论引起了消费行为学、市场营销管理学、管理学以及市场营销原理等领域学者们的高度重视。从事消费者行为研究的学者开始将来自一般领域的各种切合实际的假设引入消费者行为研究。从事市场营销管理学研究的学者开始把各种假设应用于旨在发掘更多创新采用者的新产品开发战略。从事管理学和市场营销原理研究的学者也在扩散理论的发展方面做出了重要贡献，他们为描述和预测社会系统中的创新扩散过程建立了一系列假设的分析模型。

巴斯扩散模型的主要功能是对新开发的消费者耐用品的市场购买数量进行描述和预测。许多创新经验已经显示，新方法、新概念的市场扩散过程完全可以用巴斯公式来表达。巴斯扩散模型简易明了，且足以适用于初次评估，初次评估的时候，往往没有必要运用那些复杂的市场模型。

如果新产品的市场不明确（消费者对新产品提供的核心利益不认同），新产品的销售预测不够理想，进一步的新产品开发举措则是不明智的，通常考虑放弃或者重新开始。

（三）开发测试：实物产品测试和定型生产

1. 产品开发

如果新产品通过企业及消费者两方面的筛选，研究与开发部门及工程部门就可以把这种产品概念转变为实物产品，进入试制阶段。只有在这一阶段，文字、图标及模型等描述的产品设计才转变为实体产品。

2. 市场测试

如果实体产品能顺利的开发出来，下一步就应着手用既定的营销组合策略把产品试验性推向小范围的市场。与第二步的专项消费者研究不同，在这里的测试使用的是真实的产品，其目的在于了解消费者和经销商对于经营、使用和再购买这种新产品的实际情况以及真实市场大小，明确新产品能否实现营销计划中的公司利润和市场份额目标。此外，测试情况还能提供一些诊断信息，如对产品或营销策略进行怎样的改动能提高新产品成功的可能性。如测试表明产品是成功的，公司就有理由将产品引入市场。ASSESSOR 模型是最主要的市场测试方法。

（四）市场导入：新产品商业化运作

产品的市场导入也就是产品的商业化过程，企业管理层仍需要进行许多决策，如生产和营销计划是否协调，对产品设计进行微调以适合大规模生产及分销渠道管理等。此外，引入新产品还要求对市场业绩进行持续监测以改进新产品引入的营销策略。

综合来看，新产品开发过程中涉及的模型和方法比较丰富，可以大量降低新产品开发的风险。以宝洁公司为例，一个新产品完成一个完整的开发历程成功上市，往往经历两三年时间和上百项的测试项目。这在西方的先进企业当中是比较常见的。

四、新产品的采用和扩散过程

（一）新产品采用过程

（1）新产品采用决策过程：是指消费者从第一次听到一种产品到最后决定接受这种产品的心理过程。

（2）新产品采用过程：是指消费者个人由接受创新产品到成为重复购买者的各个心理阶段。

创新决策过程包括五个阶段，即认识阶段、说服阶段、决策阶段、实施阶段和证实阶段。新产品采用与新产品扩散的区别，仅仅在于看问题的角度不同。

（二）新产品扩散过程

（1）新产品扩散，指新产品上市后随着时间的推移不断地被越来越多的消费者所采用的过程。

（2）新产品扩散过程管理，是指企业通过采取措施使新产品扩散过程符合既定营销目标的一系列活动①。

（3）新产品采用者的类型。

新产品采用者因受到个人因素、背景因素、环境因素等的影响，不同的消费者接受新产品的快慢程度不同。罗杰斯根据这种接受快慢的差异，把采用者划分成五种类型，即新产品的采用者主要有先驱采用者、早期采用者、早期大众、晚期大众和落后采用者（见图 10-10）。一般来说，从新产品上市算起，采用者的采用时间大体服从统计学中的正态分布，约有 68%的采用者（早期大众和晚期大众）落入平均采用时间加减一个标准差的区域内，其他采用者的情况类推。尽管这种划分并不精确，但它对于研究扩散过程有着重要意义。

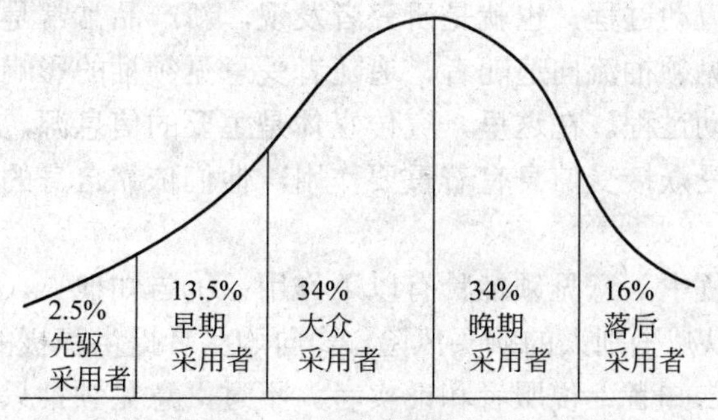

图 10-10　新产品采用者类型

先驱采用者。就是率先采用或购买新产品的人。一般是试采用或试购买者，数量往往较少。通常富有个性，年纪较轻，勇于革新冒险，容易接受新的事物，性格活跃，

① 郭国庆.市场营销学通论(第 4 版).北京：中国人民大学出版社，2009: 165-166.

消费行为很少听取他人意见，经济宽裕，社会地位较高，受过高等教育，不崇信品牌，易受广告等促销手段的影响，是企业投放新产品时的极好目标，约占 2. 5%。

早期采用者。在群体中是“意见领袖”，富于探索，接触新事物较早，但很谨慎仔细，对新事物比较敏感并有较强的适应性，经济状况良好，早期采用者被领袖所支配。这类消费者对广告及其他渠道传播的新产品信息很少有成见，促销媒体对他们有较大的影响力，约占 13.5%。早期采用者对新产品扩散有决定性影响。

早期大众采用者。这部分消费者一般保守思想较少，接受过一定的教育，有较好的工作环境，有固定的收入;对社会中有影响的人物、特别是自己所崇拜的“意见领袖”的消费行为具有较强的模仿心理;不甘落后于潮流，但由于特定的经济地位所限，购买高档产品时持非常谨慎的态度。他们经常是在征询了早期采用者的意见之后才采纳新产品。研究他们的心理状态、消费习惯，对提高产品的市场份额具有很大的意义，约占 34%。早期大众采用者和晚期大众采用者合计占全体消费者的 68%，研究其消费心理和消费习惯对加速新产品扩散也有重要的意义。

晚期大众采用者。他们往往持怀疑的态度对待新产品，要等到大多数人都已试用后才采用新产品。他们受教育水平及收入状况比早期多数型采用者略差，对新事物、新环境多持观望态度，在产品成熟阶段才加入购买，约占 34%。

落伍者。这些人受传统思想束缚很深，思想非常保守，怀疑任何变革，对新事物、新变化多持反对态度，固守传统消费行为方式，只有在新产品变成传统事物后才采用它，即在产品进入成熟期后期以至衰退期才能接受，约占 16%。

（三）意见领袖对扩散的影响

企业总是希望产品扩散越快越好，消费者接受得越快越好。因此，缩短消费者由不熟悉新产品到采用新产品所花费的时间就成为企业的市场营销目标之一。

传统观点是一级流动过程，也就是，人们认为信息和影响可以借助宣传媒体的力量直接传递到消费者那里，这就是一级流动过程，即从宣传媒体到消费者。

最近观点是两级流动过程，也就是研究者发现，新产品常常是从宣传媒体传递到意见领袖，然后再从意见领袖流向追随者，追随者受意见领袖的影响远远超过宣传媒体的影响。这叫作两级流动过程。在这里，宣传媒体是主要的信息源，追随者是信息受众，而意见领袖则对信息受众接受信息有着重要作用，他们依靠自身的威信和所处的位置加速了信息的流动。

在新产品扩散过程中，意见领袖具有以下作用：①告知他人（追随者）有关新产品的信息；②提供建议以减少别人的购买风险；③向购买者提供积极的反馈或证实其决策。所以意见领袖是一个告知者、说服者和证实者。不过，意见领袖只是一个或几个消费领域的领袖，他们仅仅在这一个或几个领域施加自身的影响，离开这些领域，他们就不再是领袖，也就没有影响了。

意见领袖与其追随者。每一个社会阶层都有意见领袖。大多数情况下，信息是在每一个阶层内水平流动而不是在阶层之间垂直流动。意见领袖同其追随者有着显著不同的特征：①意见领袖交际广泛，同宣传媒体和各种交易中间商联系紧密；②意见领袖容易被接触到，并有机会、有能力影响他人；③意见领袖具有较高于其追随者的社会经济地位，但不能高出太多，否则，二者就难以沟通；④意见领袖乐于创新，尤其是当整个社会倡导革新时。

思　考　题

1. 产品整体概念是什么？解释具体的层次，用一个产品为例具体说明。
2. 产品组合有哪些基本概念？
3. 产品生命周期的概念是什么？生命周期各个阶段有哪些市场特征？采用哪些营销对策？
4. 新产品开发的基本程序有哪些？
5. 新产品的采用者有哪些？

淑女屋的产品策略

与男装相比，由于女性消费者在着装上追求个性化，喜欢独一无二的感觉，女装产品风格、款式众多，同质化程度较低，市场细分化程度高，品牌的市场定位除了针对年龄层次的区分外，职业、收入、受教育程度等也作为考虑因素，女装品牌众多，集中度较小。市场空间大。根据女性消费者复杂多样的消费需求，女装可划分为奢侈女装、时尚女装、少女装、淑女装、休闲女装、商务装或者职业装、成熟女装、运动装、功能性服装等。

表 10-6　淑女屋的产品（品牌线）组合

品牌	淑女屋女装	淑女屋床上用品	自然元素	FairyFair	小淑女与约翰
市场定位	少淑女装 16~35 岁	床上用品	休闲女装 16~30 岁	成熟女装 25~45 岁	童装 3~13 岁
品牌内涵	诗情画意、浪漫情怀，做美好女人	甜蜜优雅、浪漫温馨的生活方式，享受美好生活	自然、街头、时尚，独具品位的休闲生活及流行文化概念，做休闲时尚女人	知性优雅、风情贵族，做幸福女人	爱与美的开始，用爱包裹的童话，做童话中的小公主与小王子
设计风格	清丽典雅 浪漫温馨 引人入胜	舒适温馨 精致经典 优美高贵	时尚前卫 贴近自然 简单舒适	知性端庄 感性优雅 魅力风情	可爱清新 典雅舒适 唯美纯真

中国女装市场都是高度分散，没有产生相对的龙头企业。淑女屋谨慎推算，自己的市场占有率在 0.35%~0.45%。2009 年，淑女屋获得中国服装协会女装专业委员会评选的中国女装务实强企业称号，名列年度产品销售收入第五名，名列年度利润总额第十名。淑女屋的童装、家纺更为弱小。表 10-6 显示淑女屋的产品（品牌线）组合和市场定位。

表 10-7 显示了到 2011 年 6 月 30 日的淑女屋的品牌组合与营销网点分布数据。在国内百货商场中，商场通常将不同楼层或区域划分为少女装、淑女装、闲女装、成熟女装

或商务职业装、床上用品、童装等销售分区。在许多百货商场中，女装所占楼层数和面积往往大于其他种类服装。根据联销合同的约定，公司的淑女屋女装通常位于少女装或淑女装分区，自然元素位于休闲女装或少女装分区，FairyFair 位于成熟女装或者淑女装分区，小淑女与约翰位于童装分区，淑女屋的床上用品位于床上用品分区。可见，产品组合偏大，卖场空间的约束和分散，管理有一定难度，品牌影响力的整合也有较大的难度。淑女屋管理层也意识到：随着公司产品系列和款式不断地增多，公司需拥有更大面积的店柜以有效展示公司的产品卖场形象。

表 10-7 淑女屋的品牌组合与营销网点分布 单位：个

类型	淑女屋女装	淑女屋床上用品	自然元素	FairyFair	小淑女与约翰	总计
自营店	274	123	235	15	24	671
加盟店	93	1	62	2	1	159
合计	367	124	297	17	25	830

作为对比，大众市场的七匹狼上市 7 年来，2010 年销售收入做到 20 亿元，它们坚持一品牌多系列产品方向，主要分为红标、绿标、蓝标（SWJEANS）、童装（SWKIDS）、女装（SWLADIES）及圣沃斯（SEPEWOLVS）六大产品系列销，未来还计划推出黑标。其中，红绿标收入占比为 93. 15%。同时，通过代理国际奢侈品牌，学习管理经验。2011 年 3 月 29 日七匹狼宣布收购杭州肯纳服饰，开始代理意大利知名品牌卡拉利 Canali 和范思哲 Versace collection 及丹麦著名珠宝配饰乔治杰生 GEORG JENSEN 在大陆地区的业务，短期内是为了学习知名品牌的商品企划、订货会指导、终端管理等，长远来看有望增加未来新的盈利增长点。七匹狼管理层认为公司盈利能力大幅提升主要是公司在品牌建设、渠道拓展及营销宣传等方面精细化水平的提升，有效拉动销售增长，且有效地对费用形成了良好的控制。作为一种最终结果，表 10-8 的淑女屋的产品线（品牌）组合效益分析（主营业务毛利）也是很正常的。在这样的状态下，淑女屋如果能 IPO 上市成功，最大的投入方向依然还是淑女屋女装品牌和自然元素品牌。

表 10-8 淑女屋的产品线（品牌）组合效益分析（主营业务收入）

品牌	2011 年 1~6 月		2010 年		2009 年		2008 年	
	金额（万元）	比例（%）	金额（万元）	比例（%）	金额（万元）	比例（%）	金额（万元）	比例（%）
淑女屋女装	18 819.27	54.9	34 802.13	59.37	30 642.20	64.45	30 446.45	68.20
淑女屋床上用品	3 386.95	9.89	5 861.31	9.69	4 276.09	8.99	3 897.49	8.73
自然元素	11 045.87	32.26	16 865.86	28.77	11 825.59	24.87	9 634.14	21.58
FairyFair	531.56	1.55	874.21	1.49	591.47	1.24	595.34	1.33
小淑女与约翰	454.22	1.33	395.46	0.67	212.20	0.45	68.20	0.15
合计	34 237.87	100.00	58 618.96	100.00	47 547.55	100.00	44 641.62	100.00

思考题：

（1）根据数据，请绘制出淑女屋产品组合的双柱式样的柱状图。

（2）你如果作为淑女屋的管理层，如何管理产品组合？

（3）有人认为淑女屋的营销网点较弱，但是与品牌组合无关。你如何理解？为什么？

（4）七匹狼是大众市场的企业，淑女屋是细分市场的企业，它们的产品线（品牌线）组合有没有差异？你的观点能否用更多的企业数据来证明？

【实训目标】

分析七匹狼的产品组合和上海家化的产品组合以及相关市场营销效果。

【实训内容和要求】

任务 1：同学们分成 2~3 人组成一个小组，去深圳证券交易所网络上寻找七匹狼（002029）的最新年报。从年报数据中寻找七匹狼的产品组合和相应的市场营销效果分析。2~3 个小组做相同的内容，尝试给出营销建议和预测。建议结合七匹狼专卖店的参观和体验，访问一线导售人员了解销售情况。研究结果要注意设计图表，把财务数据和营销策略相结合，给出研究心得，做成报告和幻灯片。公开汇报。

任务 2：同学们分成 2~3 人组成一个小组，去上海证券交易所网络上寻找上海家化（600315）的最新年报。从年报数据中寻找上海家化的产品组合（品牌组合）的销售数据，分析上海家化的市场营销战略和策略。2~3 个小组做相同的内容，尝试给出营销建议和预测。建议参观佰草集专卖店，在百货商场搜集上海家化的产品信息，访问一线导售人员了解销售情况。研究结果要注意设计图表，把财务数据和营销策略相结合，给出研究心得，做成报告和幻灯片。公开汇报。

【实训效果评估】

根据同学们收集年报情况，观察、了解、检查同学们对市场及市场营销理论的认识程度、掌握程度、理解程度及在现实生活中应用程度，并对其进行打分评价。评价标准如下。

实训内容	认识程度（5 分）	理解程度（5 分）	掌握程度（5 分）	应用程度（5 分）	总分
财务数据收集					
产品组合分析					
营销策略研究					
研究心得总结					

[1] [美]小吉尔伯特·A. 丘吉尔，唐·拉柯布奇. 营销调研：方法论基础（第 9 版）. 王桂林，赵春艳

译．北京：北京大学出版社，2010.

[2] [美]小吉尔伯特・A. 丘吉尔，汤姆・J. 布朗．营销调研基础（第 6 版）．景奉杰，杨艳，王毅等译．北京：北京大学出版社，2011.

[3] 涂平．营销研究方法与应用．北京：北京大学出版社，2008.

[4] 邱林等．营销科学研究．北京：高等教育出版社，2008.

[5] 郭国庆．市场营销学通论（第 4 版）．北京：中国人民大学出版社，2009.

[6] 郭国庆等. 营销决策模型. 北京：首都经济贸易大学出版社，2011.

[7] 郭国庆，市场营销管理—理论与模型. 北京：中国人民大学出版社，2000.

[8] 林红菱，黄嘉涛等．市场调查与预测．北京：机械工业出版社，2009.

[9] 田志龙．市场研究—基本方法、应用与案例. 武汉：华中理工大学出版社，1996.

[10] 景奉杰等．市场营销调研（第 2 版）．北京：高等教育出版社，2010.

[11] 李同泽．市场研究—方法与技巧. 北京：中国经济出版社，2000.

[12] 吴健安主编．市场营销学（第 3 版）．北京：高等教育出版社，2007.

[13] 吴晓波. 大败局．杭州：浙江人民出版社，2001.

[14] 童辰. 亲历企业成败．南宁：广西师范大学出版社，2001.

[15] 菲利普• 特科勒，凯文• 莱恩• 凯勒. 王永贵等译. 营销管理（全球版，第 14 版）. 北京：中国人民大学出版社，2012.

[16] 中国知识管理网 http://www. chinakm. com/.

[17] 中华企管网 http://www. wiseman. com. cn/.

[18] 企业资源管理研究中心 http://www. amteam.org/.

[19] 上海证券交易所 http://www. sse. com.cn/.

[20] 深圳证券交易所 http://www. szse. cn.

[21] 中国经济信息网 http://www. cei. gov. cn/.

[22] 营销科学学报 http://www. jms. org. cn/.

[23] 人大经济论坛 http://bbs. pinggu. org/.

第十一章

定价策略

原理要点

- 企业定价的影响因素
- 企业定价的主要方法
- 企业定价的策略

企业的定价以及顾客相应的购买决定了企业的收益状况，最终影响着企业的利润。价格的制定在企业的市场营销过程中是一项既复杂又重要的决策。传统经济学认为，价格是以价值为基础的，是买卖双方力量动态平衡的结果，西方经济学家还提出了“均衡价格”这一概念。然而，这些理论对于企业在市场营销中的具体定价方法和策略的指导作用却十分有限。本章将说明企业定价的一般步骤，讨论影响定价的因素，并重点关注定价的方法、定价的策略以及价格的变动对竞争对手和消费者的影响。

PWYW——自尊箱（Honor box）“你看着给吧”

企业实践中出现了一些新的定价方法，它们将定价权交给顾客，想付多少就付多少（Pay What You Want，PWYW）。

在 PWYW 定价中，消费者不仅完全由自己来决定价格，而且决定的任何价格（甚至为 0），卖方都必须接受。2007 年 10 月 9 日，英国摇滚乐队 Radiohead 将新的唱片放到网上供歌迷下载，在乐队主页www.inrainbows.com 的支付页面，访问者会看到一个空的价格箱，点击这个价格箱，就会出现一个对话框：“给多少钱你来决定吧!” 这是一种“看着给吧”或是称为“自尊箱”（Honor box）的定价方式。歌迷愿意付多少钱就付多少钱。两个月期间，这一唱片的下载次数超过 200 万，结果显示这种定价模式是盈利的。

这种定价法还被一些餐厅采用，例如，Pakistani 饭店 Wiener Deewan，位于 Vienna，自从 2005 年 4 月开业以来，也让顾客自己决定他们食物的价格。顾客可以自行决定他们想为食物所支付的价格。根据报道以及与店主访谈，该商业模式也已经成功建立，消费者支付的价格在 0~20€，平均价格为 7.49€。开店两个月后该饭店就扩张了。

资料来源：贾格莫汉・拉古，张忠. 让顾客自己来定价.北京：中国人民大学出版社，2012: 21-65.

问题：意愿给定价的特征是什么？哪些产品可以这样做？

第一节 定价概述

一、定价策略的重要性

价格是顾客为获得某项产品或者服务而付出的经济代价，顾客总是将价格与其对该项产品或者服务的认知价值进行比较，然后决定是否进行购买。一般来说，只有当顾客对一种产品或者服务的认知价值高于该产品或者服务的价格时，顾客才会去购买这种产品或者服务。在日益激烈的竞争环境中，价格不仅成为顾客与企业关系紧张的关键点，也是竞争对手夺取市场份额的利器。高明的定价者会通过提供相对高价值低价格的产品或者服务引诱顾客节约成本而放弃其他的购买选择，从竞争对手那里夺取市场份额。然而，定价本身是一项十分复杂的营销策略，不仅要考虑各种影响价格的因素，还要考虑价格本身的动态性：定价高于平均价格可以传达出一种身份显赫的形象，低于平均价格也可能意味着物有所值，但是过低的定价也可能被认为是质量差。可见，定价在市场营销中是一项非常复杂的过程，也是一项十分重要的决策。

二、影响定价的主要因素

影响定价的因素既有内部的，也有外部因素，具体来说，包括定价目标、成本、需求、竞争者及其他营销组合因素等。在此，我们逐一对这些主要因素进行分析研究。

（一）定价目标

企业的整体目标和具体的营销目标为定价提供了指导，而定价目标又指导着具体定价的方法和定价策略的实施。

1. 维持生存

有些身处困境的企业会将维持生存作为定价的目标。如果企业遇上了行业的产量过剩，或激烈竞争，或试图改变消费者需求时，就需要将维持生存作为其主要目标，此时，利润比生存显得次要得多。如果顾客对价格比较敏感，短期内，为了确保工厂继续开工和使存货出手，企业必须确定较低的价格。一般来说，只要其价格能弥补全部可变成本和一些固定成本，企业的生存便可得以维持。

2. 当期利润最大化

有些企业会将当期利润最大化作为价格制定的目标。如果企业对其产品的需求函数和成本函数有充分的了解，那么就可以借助需求函数和成本函数制定相应的价格，使企业能产生最大的当期利润、现金流量或投资报酬率。但是做到这一点是十分困难的，而且这种目标使企业在过于强调财务状况的同时，会忽略掉其他营销组合策略、竞争对手的防御以及法律的限制等因素对企业经营的影响，显然对企业的长期效益可能产生危害。

3. 市场占有率最大化

有些企业想通过定价来使市场占有率最大化。如果目标顾客对价格敏感，企业又确信赢得最高的市场占有率会获得规模经济的好处，从而有利于获得最高的长期利润，那么，它就可以确定尽可能低的价格来追求市场占有率领先地位。然而，这种低价策略必须满足以下条件：（1）目标顾客对价格高度敏感，低价能刺激需求的快速增长；（2）生产与分销的单位成本会随着生产经验的积累而下降；（3）低价能阻止现有的和潜在的竞争对手。

4. 产品质量最优化

还有些企业会以产品质量领先作为定价目标，并在生产和营销过程中始终贯彻产品质量最优化的指导思想。这就要求用高价格来弥补高质量和研究开发的高成本。制定高价格时，企业也必须考虑其是否符合以下条件：（1）目标市场规模足够大；（2）小规模生产的单位成本不能高到无法从交易中获得好处；（3）高价格要有利于树立良好的品牌形象。

无论是以哪种作为企业的定价目标，企业都应当充分考虑经营的成本、顾客的需求状况以及竞争环境。

（二）产品成本

企业的成本是定价的底线，从长远看，任何产品的销售价格都必须高于成本，只有这样，才能以销售收入来抵偿生产成本和经营费用，否则就无法经营。因此，企业确定价格时必须估算所有的研发、生产和分销该产品的成本。这些总成本可以分为固定成本和变动成本两部分。固定成本是不随生产或者销售量的变化而变化的成本。变动成本则是随着产量的变化而变化的成本。为了合理地定价，营销者必须了解不同产量水平下，成本的构成情况。

（三）市场需求

不同的市场需求状况影响着价格的制定。因此，企业必须掌握产品的需求规律。一般商品的市场需求与价格呈反方向变动关系：提高价格，市场需求就会减少；价格降低，市场需求就会增加。所以，需求曲线是向下倾斜的。但是，也有例外情况。例如，奢侈品、投机性商品，价格提高，需求量反而会增加。当然，如果价格提得太高，其需求和销售还是会减少。

除了价格之外，市场需求还受收入的影响，一般商品的需求与收入呈正方向变动关系。需求与价格和收入变动的方向相对比较容易确定，然而企业在制定价格时，还必须了解价格、收入等因素变动一定的幅度所引起相应需求的变动的幅度，通常用需求弹性这一概念来表示。需求弹性分为需求价格弹性、需求收入弹性和需求交叉弹性。

1. 需求的价格弹性

需求的价格弹性反映的是产品的需求量对价格变动的敏感程度，以需求变动的百分比与价格变动的百分比之比值来计算，亦即价格变动百分之一会使需求变动百分之几。对于富有弹性的产品，企业可以采用降价来提高销售收入，而缺乏弹性的产品则不能通过降价提高销售收入。在以下条件下，需求可能缺乏弹性：（1） 市场上没有替代品或者没有竞争者。（2） 购买者对较高价格不在意。（3） 购买者改变购买习惯较慢，也不积极寻找较便宜的东西。（4） 购买者认为产品质量有所提高，或者认为存在通货膨胀等，价格较高是应该的。如果某种产品不具备上述条件，那么这种产品的需求就有弹性。在这种情况下，企业应考虑适当降价，以刺激需求，促进销售，增加销售收入。

2. 需求的收入弹性

需求的收入弹性是指因收入变动而引起相应需求量的变动比率。需求收入弹性大，表示消费者货币收入的增加导致该产品的需求量有更大幅度的增加，一般说来，高档食品、耐用消费品、娱乐支出的情况即是如此。有些产品的需求收入弹性较小，这就意味着消费者货币收入的增加导致该产品的需求量的增加幅度较小，一般说来，生活必需品的情况即是如此。也有的产品的需求收入弹性是负值，这就意味着消费者货币收入的增加将导致该产品需求量下降。例如，某些低档食品、低档服装就有负的需求收入弹性，因为消费者收入增加后，对这类产品的需求量将减少，甚至不再购买这些低档产品，而转向高档产品。

3. 需求的交叉弹性

相关产品之间的价格是相互影响的，一项产品的价格变动往往会影响其他产品项目销售量的变动。在为产品大类定价时还必须考虑各产品项目之间相互影响的程度。相关产品分为替代品或互补品，它们二者之间存在着需求的交叉价格弹性。如果两项产品为替代品，例如，两种不同品牌的洗发水，表明一旦产品 Y 的价格上涨，则产品 X 的需求量必然增加，相应的需求交叉弹性值则为正值。相反，如果两项产品为互补品，例如，汽车与汽油，那么，当产品 Y 的价格上涨时，产品 X 的需求量会下降，相应的需求交叉弹性值则为负值。

（四）竞争者的产品和价格

在最高价格和最低价格之间，企业能把价格定得多高，取决于竞争者同种产品的价格水平。企业必须采取适当方式，了解竞争者所提供的产品质量和价格。企业获得这方面的信息后，就可以与竞争产品比质比价，更准确地制定本企业产品价格。如果二者质量大体一致，则二者价格也应大体一样，否则本企业产品可能卖不出去；如果本企业产品质量较高，则产品价格也可以定得较高；如果本企业产品质量较低，那么，产品价格就应定得低一些。还应看到，竞争者也可能随机应变，针对企业的产品价格而调整其价格；也可能不调整价格，而调整营销组合的其他变量，与企业争夺顾客。当然，对竞争者价格的变动，企业也要及时掌握有关信息，并做出明智的反应。

三、定价的步骤

一般来说，企业的定价工作要采取六个步骤（见图 11-1）：选择定价目标，确定需求，估算成本，分析竞争对手的提供物、成本与价格，选择适当的定价方法，确定最终价格。

企业在制定其价格政策时，必须考虑许多因素，首先，必须决定为其产品或者服务做怎样的定位，公司的目标越是清晰，那么制定价格就越容易。其次，消费者的需求状况决定着企业的定价的上限，因此，必须对需求做出分析；再次，企业的经营成本决定着定价的下限，所以企业还需要估算相应的成本；具体定价多少还要考虑竞争对手的产品、成本和价格等情况，所以第四步是要分析竞争对手。在考虑了上述因素之后，企业就可以选择相应的定价方法来确定大致的价格，详细见第二节。最后，企业会根据地理位置、市场细分等因素做相应的价格调整，也就是根据定价策略确定最终价格，详细见第三节。

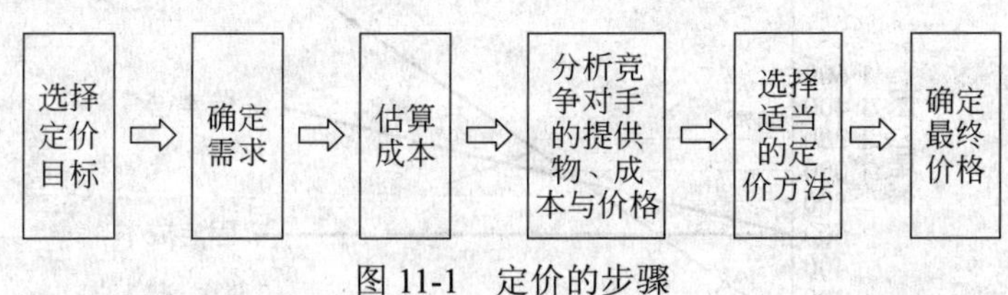

图 11-1　定价的步骤

第二节　定 价 方 法

由于市场需求、成本和竞争情况是影响和制约企业定价的最主要因素，企业在选择定价方法时，通常要充分考虑这些因素的影响，但是在实际操作时，企业又往往只能侧重某一个方面的因素，从而形成了三种定价导向：成本导向、需求导向和竞争导向。

一、成本导向定价法

成本导向定价法，顾名思义，是一种主要以成本为依据的定价方法，包括成本加成定价法和目标收益定价法，其特点是简便、易用。

（一）成本加成定价法

成本加成定价是指按照单位成本加上一定百分比的加成来确定产品销售价格。加成的含义就是一定比率的利润。所以，成本加成定价公式为

$$P=C（1+R）$$

式中，P 为单位产品售价；C 为单位产品成本；R 为成本加成率。

成本加成定价法的优点主要在于以下几点：（1）成本的不确定性一般比需求少，将价格盯住单位成本，可以大大简化企业定价程序，而不必根据需求情况的瞬息万变而作调整；（2）只要行业中所有企业都采取这种定价方法，则价格在成本与加成相似的情况下也大致相似，价格竞争也会因此减至最低限度；（3）许多人感到成本加成法对买方和卖方讲都比较公平，当买方需求强烈时，卖方不利用这一有利条件谋取额外利益而仍能获得公平的投资报酬。

但是，这种定价方法的缺点也是十分明显的，它忽视了需求状况和竞争者，这样就很难适应市场竞争的变化，无论从长远还是短期来看，都不容易获得最大利润。

（二）目标收益定价法

目标收益定价法，是指根据估计的销售额和销售量确定一个目标收益率，据此来制定价格的一种方法。目标定价法要使用损益平衡图这一概念。损益平衡图描述了在不同

销售水平上预期的总成本和总收入。图 11-2 展示了一张假设的盈亏平衡图。不论销售量多少，固定成本都是 600 万元。理论上来讲，目标收益定价法的步骤如下。

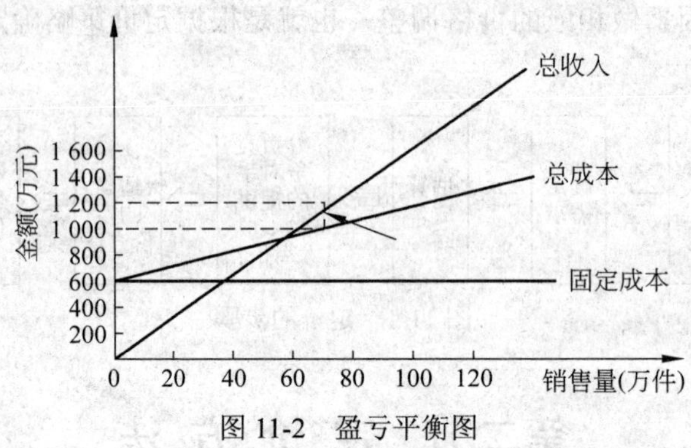

图 11-2 盈亏平衡图

首先，估计各种不同产出水平的总成本。总成本曲线按固定的速率上升，直到最大产能为止。其次，估计未来一期的产量和销售量。假设企业预期产能为 100 万件，80%的产能能够运行，那么预期销售量为 80 万件，生产这一产量的总成本为 1 000 万元。再次，确定目标收益率和利润。假设企业希望利润为成本的 20%，则利润目标为 200 万元。因此，在产能为 80%时总收入必须是 1 200 万元。最后，计算单价。单价就应该是 P=1 200÷80=15 元。

目标定价法有一个严重的缺陷，即企业以估计的销售量求出应制定的价格，而价格又恰恰是影响销售量的重要因素。要实现 80 万件的销售量，15 元/件的价格可能偏高或偏低。在上述分析中，忽略了需求函数，即不同价格下企业可售出的数量。借助估计的需求曲线及 20%的利润条件，企业就可以解决将价格与销售量统一起来的问题，从而确保用所定价格来实现预期销售量的目标。

二、需求导向定价法

需求导向定价法是一种以市场需求强度及消费者感受为主要依据的定价方法，包括认知价值定价法和反向定价法。

（一）认知价值定价法

认知价值定价法是指企业根据购买者对产品的价值的认知来确定价格的方法。顾客总是将价格与其对该项产品或者服务的认知价值进行比较，然后进行决定是否进行购买。可见，认知价值定价法与现代市场定位观念相一致。企业在为其目标市场开发新产品时，在质量、价格、服务等各方面都需要体现特定的市场定位观念。因此，企业首先要决定所提供的价值及价格；其次，企业要估计在此价格下所能销售的数量，再根据这一销售量决定所需要的产能、投资及单位成本；最后，管理人员还要计算在此价格和成本下能否获得满意的利润。如能获得满意的利润，则继续开发这一新产品，否则，就要放弃这一产品概念。

认知价值定价法的关键在于提供并向顾客展示比竞争对手更高的价值，所以，企业必须准确地掌握消费者的价值取向、对产品的认知价值以及决策的过程，这就要求企业必须进行科学的市场调研。当然，企业还可以通过市场营销策略改变消费者对产品价值的认知，例如，建立良好的品牌形象。

（二）反向定价法

反向定价法是指企业依据消费者能够接受的最终销售价格，计算自己从事经营的成本和利润后，逆向推算出产品的批发价和零售价。这种定价方法不以实际成本为主要依据，而是以市场需求为定价出发点，力求使价格为消费者所接受。分销渠道中的批发商和零售商多采取这种定价方法。

三、竞争导向定价法

竞争导向定价法主要包括两种：随行就市定价法和投标定价法。

（一）随行就市定价法

随行就市定价法是指企业基于竞争对手的现行价格水平来定价。企业的价格可能与它主要的竞争对手的价格相同，也可能高于或者低于竞争对手的价格。随行就市的定价法是相当常见的方法，企业一般在以下情况下会采取这种定价方法：（1）难以估算成本；（2）企业打算与同行和平共处；（3）如果另行定价，很难了解购买者和竞争者对本企业价格的反应。

从市场结构来说，在完全竞争的市场上，销售同类产品的各个企业在定价时是价格的接受者，因此它们会根据行业的现行价格来定价。在寡头竞争的条件下，企业也倾向于和竞争对手要价相同。这是因为，在这种条件下市场上只有少数几家大公司，彼此十分了解，购买者对市场行情也很熟悉，因此，如果各大公司的价格稍有差异，顾客就会转向价格较低的企业。所以，按照现行价格水平，在寡头竞争的需求曲线上有一个转折点[①]。如果某公司将价格定得高于这个转折点，需求就会相应减少，因为其他公司不会随之提价（需求缺乏弹性）；相反，如果某公司将其价格定得低于这个转折点，需求则不会相应增加，因为其他公司可能也会降价（需求有弹性）。总之，当需求有弹性时，一个寡头企业不能通过提价而获利；当需求缺乏弹性时，一个寡头企业也不能通过降价而获利。

（二）投标定价法

企业根据购买方的要求，在规定的期限内填写投标书，上面填明可供应商品的名称、品种、规格、价格、数量、交货日期等，密封送给招标人，这叫作投标。根据“最低价最优”的选择机制，企业如果想中标，就必须使自己的报价在不低于成本的情况下，低于竞争对手。这种价格是供货企业根据对竞争者报价的估计而制定的，而不是按照供货企业自己的成本费用或市场需求来制定的。企业必须按照买方的要求进行估计，争取比竞争对手的价格更低。然而，企业不能将其报价定得低于某种水平。确切地讲，它不会

---

① 详细可参考《西方经济学》（微观部分）第 7 章中的斯威齐模型部分内容。

将报价定得低于边际成本，以免使其经营状况恶化。如果企业报价远远高出边际成本，虽然潜在利润增加了，但减少了取得合同的机会。可见，企业必须同时考虑目标利润和中标的可能性，以确定最佳的报价。

第三节 定 价 策 略

定价方法的目的是缩小从中选定最终价格的范围，主要是依据成本、需求和竞争等因素决定产品基础价格。但是，基础价格是单位产品在生产地点或者经销地点的价格，尚未计入折扣、运费等对价格的影响。因此，市场营销实践中，企业还需考虑或利用灵活多变的定价策略，修正或调整产品的基础价格，形成最终价格。

一、折扣与折让定价策略

企业为了鼓励顾客及早付清货款、大量购买、淡季购买，还可以酌情降低其基本价格。这种价格调整叫作价格折扣与折让。价格折扣与折让有五种。

（一）现金折扣

现金折扣企业给那些即时付清货款的顾客一种价格折扣。例如，顾客在 30 天内必须付清货款，如果 10 天内付清货款，则给予 2%的折扣。

（二）数量折扣

数量折扣即企业给那些大量购买某种产品的顾客的一种减价，以鼓励顾客购买更多的货物。因为大量购买能使企业降低生产、销售、储运、记账等环节的成本费用。例如，顾客购买某种商品 100 单位以下，每单位 10 元；购买 100 单位以上，每单位 9 元。

（三）功能折扣

功能折扣，亦称贸易折扣。功能折扣是制造商给某些批发商或零售商的一种额外折扣，促使他们愿意执行某种营销功能（如推销、储存、服务）。例如，移动通信服务公司通常会给予其制定代理商一定的功能折扣，因为这些代理商会帮助公司推销其业务，并向公司的客户提供更多的服务。

（四）季节折扣

季节折扣是企业给那些过季商品或服务的顾客的一种减价，使企业的生产和销售在一年四季保持相对稳定。例如，航空公司通常在淡季会提供季节折扣，促使淡季可以让更多顾客坐飞机旅行。

（五）折让

折让是另一种类型的价目表价格的减价。例如，一台笔记本电脑标价为 4 200 元，顾客以旧电器折价 400 元购买，只需付给 3 800 元，这叫作以旧换新折让。如果经销商同意参加制造商的促销活动，则制造商卖给经销商的货物可以打折扣，这叫作促销折让。

二、地区定价策略

一个企业的产品会销售给不同地区的顾客，但是，把产品从产地运到顾客所在地，需要支付装运费。地区定价策略，就是企业对于不同地区的顾客分别确定不同的价格销售同样的产品。地区性定价的形式有以下五种。

（一）FOB 原产地定价

FOB 原产地定价，就是顾客按照出厂价购买某种产品，企业只负责将这种产品运到产地某种运输工具（如卡车、火车、船舶、飞机等）上交货。交货后，从产地到目的地的一切风险和费用概由顾客承担。如果按产地某种运输工具上交货定价，那么每一个顾客都各自负担从产地到目的地的运费，这是很合理的。但是这样定价对企业也有不利之处，即远地的顾客就可能不愿购买这个企业的产品，而购买其附近企业的产品。

（二）统一交货定价

统一交货定价，就是企业对于卖给不同地区顾客的某种产品，都按照相同的厂价加相同的运费（按平均运费计算）定价，也就是说，对全国不同地区的顾客，不论远近，都实行一个价。因此，这种定价又叫邮资定价。

（三）分区定价

分区定价，是指企业把全国（或某些地区）分为若干价格区，对于卖给不同价格区顾客的某种产品，分别制定不同的地区价格。距离企业远的价格区，价格定得较高；距离企业近的价格区，价格定得较低。在各个价格区范围内实行一个价。企业采用分区定价也存在一定问题：第一，在同一价格区内，有些顾客距离企业较近，有些顾客距离企业较远，前者就不合算；第二，处在两个相邻价格区界两边的顾客，他们相距不远，但是要按高低不同的价格购买同一种产品，这样可能会导致窜货现象的发生。

（四）基点定价

基点定价，是指企业选定某些城市作为基点，然后按一定的厂价加从基点城市到顾客所在地的运费来定价。有些公司为了提高灵活性，选定许多个基点城市，按照顾客最近的基点计算运费。

（五）运费免收定价

运费免收定价，是指企业负担全部或部分实际运费。如果通过免收运费而使销售量扩大，企业的平均成本就会降低，只要足以抵偿这些费用开支就比较划算。采取运费免收定价，可以使企业加深市场渗透，并且更容易在竞争日益激烈的市场上站得住脚。例如，在淘宝网上，就有许多卖家会免掉买家的运费，从而吸引顾客购买。

三、心理定价策略

顾客在购买某种产品时，通常会受到其个性、价值观、认知等多种心理因素的影响，因此，企业可以根据目标顾客的心理特征确定商品的最终价格。

（一）声望定价

声望定价，是指企业利用消费者仰慕名牌商品或名店声望的心理来确定商品的价格，故意把价格定成整数或高价。许多顾客将价格作为质量的一种指标，认为高价代表高质量。因此，对于那些质量不易鉴别的商品，定价最适宜采用此种策略。但这种价格也不能过高，还是要视消费者的需求状况而定。

（二）尾数定价

尾数定价，亦称奇数定价，是指利用消费者数字认知的特殊心理制定带有零头的价格，使消费者产生价格较廉的感觉，还能使消费者产生卖主定价认真的印象：有尾数的价格是经过认真的成本核算才得出的结果。这样，就容易使消费者对定价产生信任感。在我国，尾数定价中还经常会用比较吉利的数字，例如，一些饭店将年夜饭一桌的价格定位 688 元。

（三）招徕定价

招徕定价，是指零售利用部分顾客求廉的心理，特意将某几种商品的价格定得较低以吸引顾客。某些商店随机推出降价商品，每天、每时都有一种至二种商品降价出售，吸引顾客经常来采购廉价商品，同时也选购了其他正常价格的商品。

【营销新视野】

NYOP——你敢出价我就敢卖

传统的定价法都是企业根据自身的成本、顾客的需求以及竞争的情况等因素制定的一个价格，消费者决定是否接受这个价格。与此相对的一些新的定价方法，是将定价权交给顾客，由消费者自己定价（Name Your Own Price， NYOP）。

在 NYOP 报价中，任何报价高于卖方隐藏的门槛价的消费者都会以其报价买到该项产品。例如，服装零售商对于一件衬衫设定的门槛价为 80 元，而这一门槛价是消费者所不知的，在销售时，消费者自己报价，如果价格高于 80 元，那么就可以出售。它类似于拍卖，但是它又不同于拍卖：它既不遵循价高者得，也不存在产品的稀缺。

在美国，许多旅游酒店平台网站页面上，也用此类定价法，就是消费者可以先根据自己的需要，选择适合自己条件和要求的酒店。做法：（1）消费者要选择需要的酒店城市（如 Chicago）、到达和离开酒店的时间；（2）选择设施要求（Amenities，如是否有免费的 WiFi、停车场、早餐等）、靠近城市的哪个区域（Airports and Neighborhoods，如靠近机场，或西北大学等）、酒店星级(Star Rating)、用户评价（User Rating）; (3) 给出你的价格（Name Your Own Price）;（4）划定一个你要的区域;（5）付款后;（6）在划定的区域内为你选定一家酒店的客房。通过这种方式，消费者有时可以买到非常低价的商品。

四、差别定价策略

差别定价，也叫价格歧视，就是企业按照两种或两种以上价格销售某种产品或服务。差别定价有以下五种形式。

（一）顾客差别定价

企业按照不同的价格把同一种产品或服务销售给不同的顾客。这种价格歧视表明，顾客的需求强度和商品知识有所不同。例如，公交车对老年人不收费，而对学生收取半价，对其他人则收全价。

（二）产品形式差别定价

企业对不同型号或形式的产品分别制定不同的价格，但是，不同型号或形式产品的价格之间的差额和成本费用之间的差额并不成比例。例如，一些商品既有散装，也有礼品包装，但是礼品包装的价格可能是散装的价格的两倍，甚至更高。

（三）地点差别定价

企业对于处在不同位置的产品或服务分别制定不同的价格，即使这些产品或服务的成本费用没有任何差异。例如，在一些明星的演唱会上，虽然不同座位的成本费用都一样，但是不同座位的票价会相差很大，这是因为人们对不同座位的偏好有所不同。

（四）时间差别定价

企业对于不同季节、不同时期甚至不同钟点的产品或服务也分别制定不同的价格。例如，电信公司在白天高峰时期与晚上对电话费的定价可能不同，电力公司也常采用这样的分段收费方式。

（五）渠道差别定价

许多产品在不同的渠道进行销售，这些渠道本身面对的客户就存在差别，因此，企业可以对不同的渠道销售的产品制定不同的价格。例如，矿泉水可以在餐厅、便利店、自动售货机、火车上等不同渠道销售而制定不同的价格。

企业在采取差别定价策略时，必须具备以下条件：第一，市场必须是可以细分的，而且各个子市场必须表现出不同的需求程度；第二，以较低价格购买某种产品的顾客没有可能以较高价格把这种产品倒卖给别人；第三，竞争者没有可能在企业以较高价格销售产品的市场上以低价竞销；第四，细分市场和控制市场的成本费用不得超过因实行价格歧视所得额外收入；第五，价格歧视不会引起顾客反感，放弃购买，影响销售；第六，采取的价格歧视形式不能违法[①]。

五、新产品定价策略

一般来讲，新产品定价有两种策略可供选择：撇脂定价和渗透定价。

（一）撇脂定价

撇脂定价指在产品生命周期的最初阶段，把产品的价格定得很高，以攫取最大利润，犹如从鲜奶中撇取奶油[②]。一些顾客对价格并不是很敏感，他们更注重商品的价值，因此，企业就可以将这一新产品的价格定得比较高。从营销实践看，在以下条件下企业可以采取撇脂定价：第一，市场有足够的购买者，他们的需求缺乏弹性，即使把价格定得很高，市场需求也不会大量减少；第二，高价使需求减少一些，因而产量减少一些，单位成本增加一些，但这不会冲击高价所带来的利益；第三，在高价情况下，仍然独家经营，别无竞争者；第四，有专利保护的产品就是如此；第五，产品的价格定得很高，使人们产生这种产品是高档产品的印象。例如，苹果公司的 iPhone 以及 iPod 等一系列产品，都是采用的撇脂定价，第一款 iPod 零售价高达 399 美元，即使对于美国人来说，也是属于高价位产品，但是有很多“苹果迷”既有钱又愿意花钱，所以还是纷纷购买。

【营销新视野】

一千的鞋炒到一万 你和 adidas 之间差了这几招!

2016 年 3 月中旬，有一双鞋新款首发，当即国内多市门店前粉丝和黄牛提前排长龙，官方在线商城由于疯抢导致瘫痪。面对汹涌的消费者，品牌商的发售政策也一变再变：预定，限量，抽签……即便如此，上海一家旗舰店也一度被迫中止营业。至今该鞋高温未退。中国官方定价不超过 1 500 元的鞋，被黄牛爆炒涨价数倍，最高接近万元!有人已经猜出来了，这一款鞋，就是 adidas 的“NMD”。原来，鞋款 adidas Originals NMD 是结合了 Micro Pacer、Rising Star 和 Boston Super 三款 80 年代经典鞋履的设计，NMD 即 NOMAD 的简称，是一款为都市慢跑者设计的运动鞋，采取了多样的色彩模块，不仅拥有经典的外观设计，还有舒适的 Boost 中底技术加持。

资料来源：李新洲. 一千的鞋炒到一万 你和 adidas 之间差了这几招!. 联商网. 2016-03-28. http://www.linkshop.com.cn/web/archives/2016/346670.shtml.

（二）渗透定价

渗透定价是指，企业把它的新产品的价格定得相对较低，以吸引大量顾客，抢占市场占有率。从营销实践看，企业采取渗透定价需具备以下条件：第一，市场需求显得对价格极为敏感，因此，低价会刺激市场需求迅速增长；第二，企业的生产成本和经营费

---

① [美]菲利普·科特勒. 营销管理（亚洲版第 3 版），北京：中国人民大学出版社，2007：622.

② 郭国庆，王晓凡. 市场营销学通论（第 4 版），北京：中国人民大学出版社，2009：263.

用会随着生产经营经验的增加而下降；第三，低价不会引起实际和潜在的竞争。例如，位于泉州的民营企业诺奇男装“坚持利润 8%”的营销口号，为了实现低价，让利给消费者，诺奇男装通过各种方式降低成本：一方面诺奇实行集团采购和订单生产，以确保商品获得最低进价；另一方面诺奇所有的店铺从不在寸土寸金的商业地段选址，以控制经营成本；此外，诺奇还全面实行信息化的商品管理，以最大限度地减少商品库存。

六、产品组合定价策略

当某种产品成为产品组合中的一部分时，企业就需要研究出一系列价格，使整个产品组合的利润实现最大化。这种定价十分困难，因为各种产品之间存在需求和成本的相互联系，同时它们还受到不同竞争程度的影响。在产品组合定价中可以区分出六种情况：产品线定价法、选择品定价法、补充品定价法、分部定价法、副产品定价法和产品捆绑定价法。

（一）产品线定价法

企业通常开发的是产品线（产品大类），而非单件产品。当企业生产的系列产品存在需求和成本的内在关联性时，为了充分发挥这种内在关联性的积极效应，就可以采用产品线定价策略。产品线定价既要考虑通过低价吸引顾客，也要考虑特定商品如何传达该产品线的价格形象。在定价时，首先，确定某种产品的最低价格，它在产品线中充当领袖价格，吸引消费者购买产品线中的其他产品；其次，确定产品线中某种商品的最高价格，它在产品线中充当品牌质量和收回投资的角色；最后，产品线中的其他产品也分别依据其在产品线中的角色不同而制定不同的价格。在许多行业，营销者都为产品线中的某一种产品事先确定好价格点。例如，一家制造箱包的公司，借助某种极其优越的产品来展现其产品线的顶级地位，把这种顶级的优质产品展示给零售商和顾客。而公司其他的行李箱在结构和耐用程度上与顶级优质产品是一样的，只是外观上存在差别而已。这样，顶级产品的高价位展示了形象，是消费者得以正确了解整个产品线的形象，消费者可以根据这种标准来“下单”购买①。

（二）选择品定价法

有些企业会提供各种可供选择的产品或具有特色的产品。汽车用户可以订购倒车雷达、扫雾器和减光器等。然而对选择品定价却是一件棘手的事。汽车公司必须确定哪些产品要计入产品总价格，又有哪些产品可作为选择对象。饭店也面临同样的定价问题，因为饭店的顾客除了购买饭菜外也买酒水。许多饭店的酒价很高，而食品的价格相对较低。食品收入可以弥补食品的成本和其他的饭店成本，而酒类则可以带来利润。也有些饭店会将酒价制定得较低，而对食品制定高价，来吸引那些喜欢喝酒的顾客。

---

① 罗伯特·J. 多兰，赫尔曼·西蒙. 定价圣经. 北京：中信出版社，2010:167.

（三）补充品定价法

有的企业会提供与其主要产品以其使用的产品，即附属产品或补充产品。例如，中国电信会为那些长期使用其移动通信服务的顾客免费提供手机。但需要注意的是，如果补充品的定价过高，可能会带来危机。因为高价格会给“非法仿制者”带来机会，他们仿制这些补充品。例如，手机生产厂商提供原配电池价格比较高，许多仿造者就提供类似的假冒电池，这样就导致手机生产厂商销售额受损。

（四）分部定价法

服务性企业常常采用分部定价法，也就是收取一笔固定费用，再加上一笔可变的使用费。例如，中国电信公司的固定电话业务要求用户每月都要支付一笔固定的座机费，如果打电话费用另外按时计算；厦门鼓浪屿也是先收取一笔进岛的固定船票费用，如果游客想进入一些景点，再另外购买门票。服务性公司面临着和补充产品定价同样的问题，即应收多少基本服务费和可变使用费。固定成本应较低，来推动人们购买服务，利润可以从使用费中获取。

（五）副产品定价法

在生产加工肉类、石油产品和其他化工产品的过程中，经常有副产品。如果副产品价值很低，处理费用昂贵，就会影响到主产品的定价。企业确定的价格必须能够弥补副产品的处理费用。如果副产品对某一顾客群有价值，就应该按其价值定价。副产品如果能带来收入，将有助于公司在迫于竞争压力时确定较低的价格。

（六）产品捆绑定价法

企业经常以某一价格出售一组产品，例如，化妆品、计算机、假期旅游公司为顾客提供的一系列活动方案。这一组产品的价格低于单独购买其中每一产品的费用总和。因为顾客可能并不打算购买其中所有的产品，所以这一组合的价格必须有较大的降幅，来推动顾客购买。

【营销新视野】

“双 11”你剁手了吗？

2015 天猫“双 11”最终交易额 912.17 亿元！无线占比 68.67%！据阿里巴巴实时数据显示，2015 天猫“双 11”全球狂欢节最终以 912.17 亿元交易额拉下帷幕！其中无线交易额为 626 亿元，无线占比 68.67%。这和全国剁手党的努力是分不开的。

再来回顾一下 2015 年天猫“双 11”那一组组震撼人心的数据：1 分 12 秒，2015 天猫“双 11”交易额超 10 亿元。5 分 45 秒，2015 天猫“双 11”交易额超 50 亿元。12 分 28 秒，交易额冲到了 100 亿元。33 分，天猫“双 11”交易额突破 200 亿元。4 小时 26 分 31 秒，2015 天猫“双 11”全球狂欢节易额超 362 亿元，已超过 2013 年“双 11”全天交易额。7 小时 45 分 42 秒，2015 天猫“双 11”全球狂欢节交易额超 417 亿元，已超过 2014 年美国感恩节购物节线上交易总额。9 小时 52 分 22 秒，2015 天猫“双 11”全球狂欢节交易额超 500 亿元，无线占比 72.93%。21 小时，2015 天猫“双 11”全球狂欢节交易额超 800 亿元，无线占比 68%。“双 11”你剁手了吗？

资料来源：望山. 2015 天猫“双 11”最终交易额 912.17 亿元！无线占比 68.67%！. IT 之家. 2015-11-12. http://www.ithome.com/html/it/188187.htm.

问题：

（1）您认为引起“双 11”全天交易额不断创新的原因有哪些？

（2）结合本案例分析“双 11”与价格之间的关系？应注意哪些价格问题？

第四节　价格变动与企业对策

企业处在一个不断变化的环境，为了生存和发展，有时候需主动降低价格或提价，有时候又需对竞争者的变价做出适当的反应。

一、企业降价与提价

（一）企业降价

在以下几种情况下，企业可能会考虑降低价格：（1）企业的生产能力过剩，此时需要扩大销售，但是企业又不能通过推销或者产品改进来扩大销售；（2）在强大竞争者的压力下，企业的市场占有率下降；（3）企业的成本费用比竞争者低，企图通过降低价格来提高市场占有率，从而扩大生产和销售量，降低成本费用。

企业在使用降价时也可能会带来一些负面影响，企业必须注意这些风险：（1）消费者可能认为其产品质量低于售价高的竞争对手的产品质量；（2）降低价格虽然短期能够提高市场占有率，但是如果有更低的价格商品出现，消费者就会转向购买更低价格的商品；（3）实力雄厚的竞争对手可能有较多的现金，它们也会降价，而且能够持续更长的时间。

（二）企业提价

高明的定价者可以通过提价使企业的利润大大增加。一般来说，企业主动提价可能是由于通货膨胀，也可能是因为产品供不应求。通货膨胀时，企业的成本费用提高，因此许多企业不得不提高产品价格。此外，当企业的产品供不应求时，企业也可以提高产品价格。

在实际操作时，企业往往采取不同的方法来提高产品的“实际”价格：（1）采取延缓报价策略。企业暂时不规定价格，等到产品制成时或交货时才规定最后价格。在工业建筑和重型设备制造等行业中一般采取这种定价策略。（2）使用价格自动调整条款。在合同上规定调整条款，即企业在合同上规定在一定时期内（一般到交货时为止）可按某种价格指数来调整价格。（3）采取不包括某些商品和劳务定价策略，即在通货膨胀、物价上涨的条件下，企业决定产品价格不变，但原来提供的某些劳务要计价付费，这样一来，原来提供的产品的价格实际上提高了。（4）减少价格折扣，即企业决定削减正常的现金和数量折扣，并限制销售人员以低于价目表的价格来扩大销售。

提价通常会导致顾客和渠道商的不满，为了避免让他们产生企业是价格骗子的想法，企业在提价前应当先通知顾客，以便他们实现采购减少冲击，如果涨价较高时则应当向顾客说明提价的原因，并首先采用不引人注目的方式，例如取消价格折扣、限量供应、取消低利润产品的产量等。

二、顾客对价格变动的反应

任何价格的变动都必然影响到购买者、竞争者、中间商和供应商的利益，甚至政府也会关注企业的价格变动。在这里，首先分析购买者对企业变价的反应。

顾客对于企业产品的价格变动会提出质疑，他们对企业的降价行为可能会这样理解：这种产品的式样过时了，将被新型产品所代替；这种产品有某些缺点，销售不畅；企业财务困难，难以继续经营下去；价格还要进一步下跌，观望是划算的；这种产品的质量下降了。

对于企业的提价行为，顾客同样有着自己的理解：这种产品很畅销，不赶快买就买不到了；这种产品很有价值；卖主想尽量取得更多利润。

通常，顾客对于价值高低不同的产品价格的反应有所不同。顾客对那些价值高、经常购买的产品的价格变动较敏感，而对于那些价值低、不经常购买的小商品，即使单位价格较高，顾客也不大注意。此外，顾客虽然关心产品价格变动，但是通常更为关心取得、使用和维修产品的总费用。因此，如果卖主能使顾客相信某种产品取得、使用和维修的总费用较低，那么，他就可以把这种产品的价格定得比竞争者高，获得更多的利润。

三、竞争者对价格变动的反应

企业在决定改变价格时，除了要考虑顾客的反应，还必须考虑竞争者的反应。当企业所处行业中竞争者数目很少、产品无差异、顾客信息灵通时，竞争者的反应就愈显重要。假设企业面临的是一个比较强大的竞争对手，而竞争对手对企业价格的变化是以既定的方式做出反应的，那么企业就很容易预估它的反应。如果竞争对手将企业的价格变动都视为一种挑战，并且会根据其自身利益做出反应，那么企业就不得不了解竞争对手的自身利益到底是什么。因此，企业必须详细调查竞争对手的财务状况、销售情况、生产能力以及公司的目标等，这样有助于企业做出详细的研判。例如，如果竞争对手以市场份额的维持或者扩大为目标，那么它肯定会跟进企业的降价行为；而如果竞争对手是为了利润最大化的目标，那么它可能会加大广告宣传或者提高产品的质量。

四、企业对竞争者变价的反应

企业的竞争对手也可能根据其自身经营状况和环境变化调整价格，如何对竞争者的变价做出及时、正确的反应，是企业定价策略的一项重要内容。

（一）不同市场环境下的企业反应

当企业与各个竞争对手的产品无差异时，如果竞争者降价，企业必须随之降价，否则顾客就会购买竞争者的产品，而不购买企业的产品；如果某一个企业提价，且提价会对整个行业有利，其他企业也会随之提价；但是如果某一个企业不随之提价，那么最先发动提价的企业和其他企业也不得不取消提价。

当企业的产品与竞争对手的产品存在差异时，企业对竞争者变价的反应有更多的选择余地。因为在这种市场上，顾客选择卖主时不仅考虑产品价格因素，而且考虑产品的质量、服务、性能、外观、可靠性等多方面的因素。因而在这种产品市场上，顾客对于较小的价格差异并不在意。面对竞争者的变价，企业必须认真调查研究如下问题：竞争者为什么变价？竞争者打算暂时变价还是永久变价？如果对竞争者变价置之不理，将对企业的市场占有率和利润有何影响？其他企业是否会做出反应？竞争者和其他企业对于本企业的每一个可能的反应又会有什么反应？

（二）市场主导者的反应

小企业往往通过进攻性的降价来争夺市场主导者的市场份额。在这种情况下，市场主导者有以下几种策略可供选择：（1）维持价格不变。市场主导者可以维持原价和利润幅度，因为如果他们降价就会减少利润收入。而维持价格不变，可能不会失去很多的市场份额，或者以后还能通过努力恢复市场份额。（2）提供更多附加价值。领导者可以在维持价格不变的同时，改进产品质量、提高服务水平、加强促销沟通等，运用非价格手段来反击竞争者。许多企业的营销实践证明，采取这种策略比降价和低利经营更合算。（3）降价。市场主导者之所以采取这种策略，主要是因为降价可以使销售量和产量增加，从而使成本费用下降；而且市场对价格很敏感，不降价就会使市场占有率下降；此外，市场占有率下降之后，很难得以恢复。但是，企业降价以后，仍应尽力保持产品质量和服务水平。（4）提价。企业在提价的同时，还要致力于提高产品质量，或推出某些新品牌，以便与竞争对手争夺市场。

（三）企业应对变价需考虑的因素

面对竞争对手的价格变动，企业要根据情况而采取相应的反应，也就是说，企业必须首先考虑以下这些因素：产品在其生命周期中所处的阶段及其在企业产品投资组合中的重要程度；竞争者的意图和资源；市场对价格和价值的敏感性；成本费用随着销量和产量的变化而变化的情况以及企业面临的各种可能的机会。

面对竞争者的变价，企业深入分析可供选择的对策是不大现实的。竞争者很可能花了很多时间来准备变价，但企业却必须在数小时或几天内果断地做出反应。缩短价格反应决策时间的唯一途径是：预料竞争者的可能价格变动，并预先准备适当的对策。图 11-3 描述了企业用以应付竞争者降价的各种备选方案。

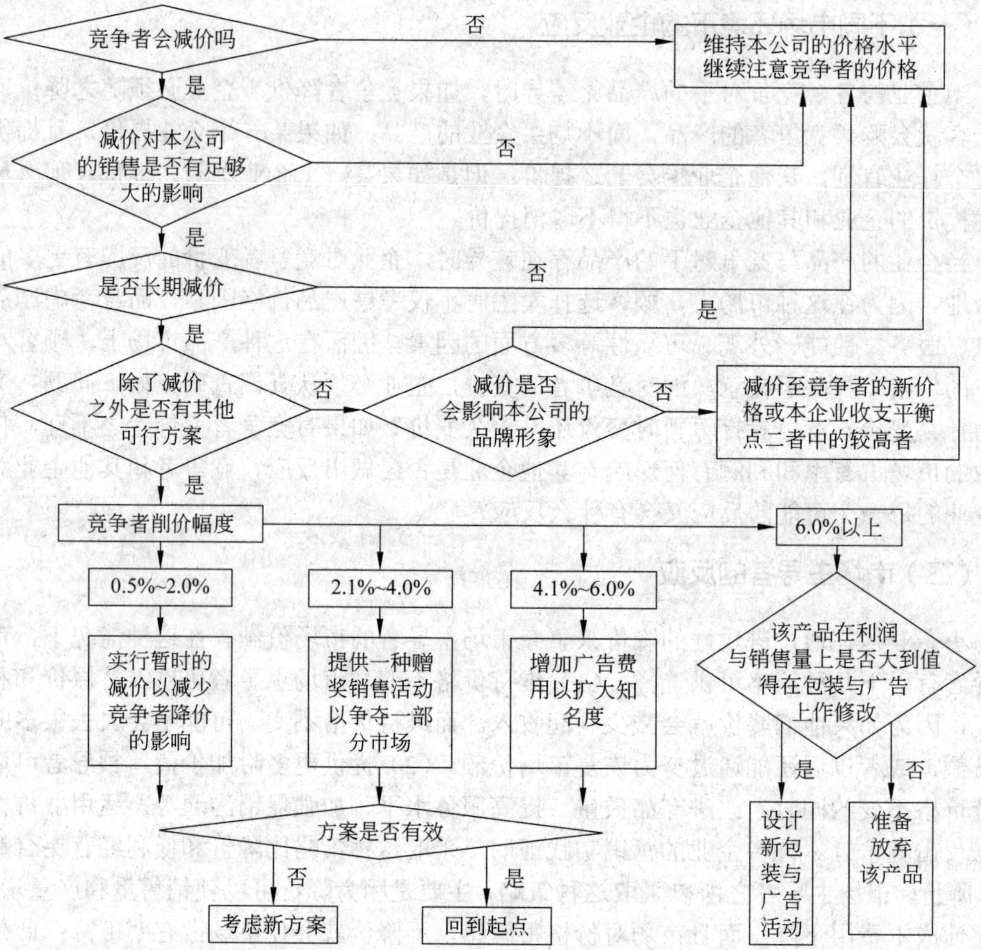

竞争者会减价吗
否
维持本公司的价格水平
继续注意竞争者的价格
是
减价对本公司的销售是否有足够大的影响
否
是
是否长期减价
否
是
是
除了减价之外是否有其他可行方案
否
减价是否会影响本公司的品牌形象
否
减价至竞争者的新价格或本企业收支平衡点二者中的较高者
是
竞争者削价幅度
0.5%~2.0%
实行暂时的减价以减少竞争者降价的影响
2.1%~4.0%
提供一种赠奖销售活动以争夺一部分市场
4.1%~6.0%
增加广告费用以扩大知名度
6.0%以上
该产品在利润与销售量上是否大到值得在包装与广告上作修改
是
设计新包装与广告活动
否
准备放弃该产品
方案是否有效
否
考虑新方案
是
回到起点

图 11-3　应对竞争者削价的决策程度[①]

思　考　题

1．企业定价的影响因素有哪些？
2．企业定价的主要方法有哪些
3．企业定价的策略有哪些？

OTA 和打车 APP 的价格战，谁是赢家？

近几年，旅游市场持续火爆，各大在线旅游服务商 OTA(Online Travel Agent)在线上

① 郭国庆，钱明辉. 市场营销学通论（第 4 版）. 北京：中国人民大学出版社，2011：214.

线下掀起了一波又一波价格战，让游客在硝烟四起中迷了双眼，不甚明晰的价格体系让国内游客叫苦连天。

2014 年四季度报和 2014 年全年数据分析，去哪儿网 2014 年第四季度总营业收入为 8 380 万美元（5.198 亿元），同比增长 107.1%。而归属股东净亏损 1.089 亿美元（6.755 亿元），其中销售及市场推广费用为 4 490 万美元（2.789 亿元）同比增长 167.6%，与百度知心合作产生的线上推广费用为 4 030 万美元（2.498 亿元），环比增长 6.0%。公司依然延续了在线旅游的财报传统，营业收入继续高增长，利润继续亏损。季报显示这样的数据把“价格战”这一话题又推到了风口浪尖。大家都在担忧，这个行业价格战如此激烈，会不会整个产业链都被拖垮？是不是行业生态圈出了什么问题？如果是这个逻辑，是不是整个行业都不能看了？近期美股的携程、途牛、去哪儿股价接连下挫，也在一定程度上反映了投资人的担忧。携程曾采用 1 元、99 元特惠机票价格来吸引消费者上线购买，迅速扩大其网上销售客户人数，去哪儿的价格原一直比携程便宜。2015 年 10 月携程宣布，与去哪儿合并，合并形式为百度出售去哪儿股份，然后持股携程，百度用 45% 去哪儿股权换携程 25%股权。

其实如果跳出在线旅游这个领域，放眼整个 O2O 市场，会发现同样的事情在每个生活服务的细分领域都有发生。我们从打车软件这个大土豪开始看起。打车软件的价格战策略可谓是没有策略，那就是从头一直打到尾，轮番轰炸得不亦乐乎。要说这样一个新兴的市场在开始初期就进入恶性末端了显然是不靠谱的，那打车软件们为什么还是“撒钱”般的打仗呢？其实不难发现，在价格战的过程中，整个打车 APP 市场是在显著扩大的。根据易观智库数据显示，截至 2014 年 12 月，中国打车 APP 累计账户规模达 1.72 亿元，这离第一个打车软件中国上线仅有不到 4 年的时间。此外，截至 4 季度，快的打车覆盖 360 个城市，滴滴打车覆盖 300 个城市。从这个角度来看，打车 APP 们的竞争对手并不是彼此，而是传统的出租车行业。用户在习惯了打车软件的方便以及专车的高质量服务后，一种新的消费习惯就此产生，而这才是 BAT 三家争夺打车软件的最终目的——打造全新的消费支付场景。除了打车（滴滴和快的）、高端用车（一号专车、滴滴专车、易到用车、uber、AA 用车等）外，外卖（大众点评和到家美食汇）、商贸零售（双 11、双 12 大战）、互联网金融，无一不靠贴钱来推动整个市场的渗透率，所有的业态都在被重塑，旅游作为一个低线上渗透率的行业更不是例外。

资料来源：华泰证券来源.评论：OTA 打价格战的背后有什么市场规律. 亿邦动力网转自亿欧网.2015-03-20. http://www.ebrun.com/20150320/128388.shtml；常言. 携程完备价格体系、一站式服务理念.比特网.2014-10-15.http://net.chinabyte.com/196/13108196.shtml.

问题：

（1）为什么各大在线旅游服务商 OTA 要打价格战？是行业生态圈出了什么问题吗？

（2）打车软件的价格战策略是什么？价格战的结果谁是赢家？

【实训目标】

结合实际，掌握企业定价的影响因素和定价方法策略。

【实训内容和要求】

场景 1：同学们分成 4~6 人组成一个小组，模拟某种产品的市场竞争定价（例如，手机），让同学们在市场中以不同的营销角色和场景出现（例如，企业自身、竞争对手、顾客以及政府等不同角色），并做出定价决策，使同学们正确理解市场营销中企业定价的影响因素，掌握市场定价的方法以及定价的策略。

场景 2：假设企业主动降价或者提价，让同学模拟不同的角色进行相应的市场反应。

【实训效果评估】

根据同学们模拟市场和市场营销的情况，观察、了解、检查同学们对营销定价影响因素、定价方法和定价策略的认识程度、掌握程度、理解程度及在现实生活中应用程度，并对其进行打分评价。评价标准如下。

实训内容	认识程度（5 分）	理解程度（5 分）	掌握程度（5 分）	应用程度（5 分）	总分
定价影响因素					
定价方法					
定价策略					
价格变动及应对					

[1] 美国市场营销协会（AMA，http://www. ama. org）.

[2] [美]菲利普·科特勒，洪瑞云，梁绍明，陈振忠. 梅清豪译. 营销管理（亚洲版·第 3 版）. 北京：中国人民大学出版社，2003.

[3] [美]里查德·黑斯（Richard T. Hise），彼得·吉利特（Peter L. Gillett），约翰·瑞恩斯（John K. Ryans）. 韩佩璋，胡士廉译. 市场营销原理与决策（Basic Marketing Concepts and Decisions）. 北京：机械工业出版社，1983（1979 by Winthrop Publishers，Inc.）.

[4] [美]罗伯特 · J. 多兰，赫尔曼 · 西蒙. 定价圣经. 北京：中信出版社，2010.

[5] [美]罗杰 ·凯林，史蒂文 ·哈特利，威廉 ·鲁迪里尔斯. 市场营销原理. 北京：人民邮电出版社，2007.

[6] 郭国庆，王晓凡. 市场营销学通论（第 4 版）. 北京：中国人民大学出版社，2009.

[7] 郭国庆，钱明辉. 市场营销学通论（第四版）. 北京：中国人民大学出版社，2011.

[8] 高鸿业. 西方经济学（微观部分 • 第 5 版）. 北京：中国人民大学出版社，2011.

[9] Martin Spann & Gerard J. Tellis. Does the Internet Promote Better Consumer Decisions？ The Case of Name-Your-Own-Price Auctions. Journal of Marketing， Vol. 70（January 2006），pp. 65-78.

[10] Ju-Young Kim，Martin Natter，& Martin Spann. Pay What You Want：A New Participative Pricing Mechanism. Journal of Marketing， Vol. 73（January 2009），pp. 44-58.

第十二章

渠道策略

原理要点

- 市场营销渠道和分销渠道
- 分销渠道策略
- 批发商与零售商
- 物流和供应链策略

在市场经济条件下，生产者与消费者之间存在时间、地点、数量、品种、信息、产品顾家等多方面的差异和矛盾。企业生产的产品只有通过一定的分销渠道，才能在适当的时间、地点，以适当的价格和方式供应给消费者或用户，从而克服生产者与消费者之间的矛盾，实现企业的市场营销目标。

渠道变革的助推手——安福迪信息科技创新

“科技是第一生产力”“未来的竞争是供应链的竞争”。近年来，随着管理技术的飞速发展，渠道和物联网管理技术已经发生了巨大的变化，运用互联网+无线射频识别技术（RFID，详见本章第四节介绍），实现远距离的渠道和供应链管理已经成为可能。厦门安福迪信息科技有限公司由厦门市“双百计划”重点扶植专家董放人先生创办，是专业从事无线射频识别技术、卫星定位技术和无线通信技术开发及应用的高科技企业。安福迪致力于 433MHz 有源 RFID 产品开发及解决方案，拥有自主发明的有源 RFID 核心专利技术，技术上处于国内领先地位，产品远销欧美，被誉为 433MHz 有源 RFID 产品领航者。

安福迪的无线射频识别技术产品助推了渠道和供应链管理环节的变革和创新。安福迪的特色产品是：433MHz 和 900MHz 的电子标签、读写器、手持机，433MHz+125KHz 电子标签、激发器。公司产品涉及军用和民用两大领域，广泛应用于仓储物流管理、冷链物流管理、集装箱码头管理、电子巡更、游客管理、军事物联网、渔船身份识别、煤气水电无线抄表、智能家居、无线监测、隧道及矿井人员定位管理、涉密载体管理、车辆管理、固定资产管理、人员管理（室内人员定位及考勤、家校通 、养老院人员管理等）

等领域。在 RTLS 高精度实时定位系统方面，安福迪研发的 125KHz+433MHz 双频 RFID 产品具有定位精度高、可靠性高、拓展性强、简单方便等特点，创新性地把激发器和读写器融为一体，使安装使用更为方便。

在渠道和供应链管理技术中，一流的售后服务是其保障。安福迪的应用程序接口 API 不仅功能丰富，在软件二次开发的方便性上更是 RFID 业界的佼佼者，同时还可提供丰富的定位系统中间件平台，最大限度地满足客户在软件二次开发上的需求，获得了广大客户的认可。

资料来源：根据厦门安福迪信息科技有限公司提供资料及官网资料改编，http://www.anfudi.com.

问题：

（1）新的信息科学技术对现代营销渠道管理和供应链管理有何重要影响？

（2）新的信息科学技术如何作用于营销的产品和服务中？

第一节　营销渠道概述

一、市场营销渠道和分销渠道

在市场营销理论中，营销渠道与分销渠道是两个与渠道有关的术语，这两个术语经常被不加区分地交替使用。

科特勒认为，市场营销渠道（marketing channel）和分销渠道（distribution channel）是两个不同的概念。市场营销渠道是指那些配合起来生产、分销和消费某一生产者的某些货物或劳务的一整套的所有的企业和个人[①]。这就是说，一条市场营销渠道包括某种产品的供产销过程中所有的企业和个人，如资源供应商（suppliers）、生产者（producer）、商人中间商（merchant middleman）、代理中间商（agent middleman）、辅助商（facilitators）（又译作“便利交换和实体分销者”，如运输企业、公共货栈、广告代理商、市场研究机构等等）以及最后消费者或用户（ultimate consumer or users）等。

分销渠道是指促使某种产品或服务能够顺利地被使用或消费的一套相互依存的组织[②]。其成员包括产品从生产者向消费者转移过程中，取得这种产品和服务的所有权或帮助所有权转移的所有企业和个人。其包括商人中间商、代理中间商，还包括处于渠道起点和终点的生产者、中间商和最终消费者或用户，但不包括供应商和辅助商。

二、分销渠道职能

分销渠道对产品从生产者转移到消费者所必须完成的工作加以组织，其目的在于消除产品（或服务）与使用者之间的分离。分销渠道的主要职能包括如下内容。

（1）研究：搜集制订计划和进行交换所需要的信息。

---

① 郭国庆. 市场营销学通论(第 4 版).北京: 中国人民大学出版社, 2009:255.

② Louis W.Stern and Adel I.El-Ansary，Marketing Channels,5th ed.Upper Saddle River,NJ:Prentice Hall,1956; [美]菲利普・科特勒. 梅清豪译.营销管理. 上海:上海人民出版社，2003:569.

（2）促销：进行关于所供应的物品的说服性沟通。

（3）接洽：寻找可能的购买者并与之进行沟通。

（4）谈判：为了转移所供物品的所有权，就其价格及有关条件达成最后协议。

（5）订货：分销渠道成员向制造商进行有购买意图的沟通行为。

（6）配合：使所供应的物品符合购买者的需要，包括分类、分等、装配、包装等。

（7）物流：从事产品的运输、储存。

（8）融资：为补偿渠道工作的成本费用而对资金的取得与支出。

（9）风险承担：承担与渠道工作有关的全部风险。

（10）付款：买方通过银行或其他金融机构向销售者支付账款。

（11）所有权转移：所有权从一个组织或个人向其他组织或个人的实际转移。

（12）服务：渠道提供的附加服务支持，如信用、交货、安装、修理等。

三、分销渠道的类型

（一）分销渠道层次

在产品从生产者转移到消费者的过程中，任何一个对产品拥有所有权或负有推销责任的机构，都叫作一个渠道层次。

分销渠道可根据其渠道层次的数目分类。在产品从生产者转移到消费者的过程中，任何一个对产品拥有所有权或富有推销责任的机构，都可视为一个渠道层次。生产者和消费者也参与了将产品及其所有权转移到消费领域的工作，因此也被列入每一类渠道中。但是，市场营销学以中间机构层次的数目表述渠道的长度（见图 12-1）。

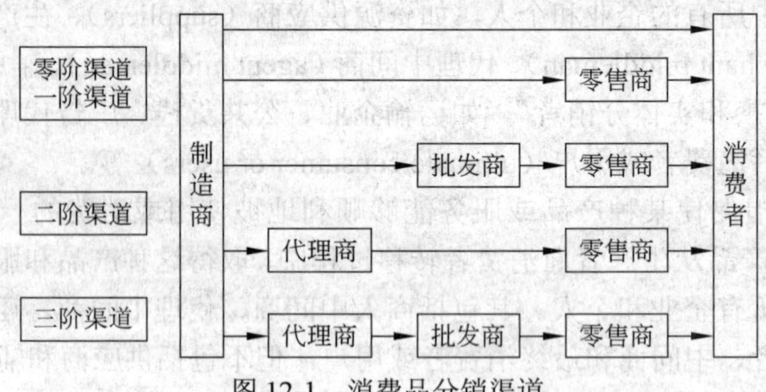

图 12-1　消费品分销渠道

（二）分销渠道的宽度

分销渠道的宽度是指渠道的每个层次使用同种类型中间商数目的多少。根据渠道的宽窄，分销策略可分为密集分销、选择分销、独家分销三种。

（1）密集分销，是指制造商尽可能地通过许多负责任的、适当的批发商、零售商推销其产品。消费品中的便利品和产业用品中的供应品，通常采取密集分销策略。这种分销策略能扩大市场覆盖面，或使某产品快速进入新市场，使众多的消费者和用户能随时随地买到这些产品。

（2）选择分销，是指制造商在某一地区仅仅通过少数几个精心挑选的、最合适的中间商推销其产品。适用于所有产品。相对而言，消费品中的选购品和特殊品最宜于采取选择分销策略。这种方式能较有效地维护品牌信誉，建立稳定的市场和获得竞争优势。

（3）独家分销，是指制造商在某一地区仅选择一家中间商推销其产品，双方通常协商签订独家经销合同，规定经销商不得经营竞争者的产品。独家分销有利于厂商控制市场，强化产品形象，主要由产品和市场有特殊性的厂商采用。

第二节　分销渠道策略

【案例导读】

娃哈哈新一轮渠道变阵

娃哈哈成立于 1987 年，前身是杭州市上城区的一家校办企业。2010 年宗庆后又一次玩起了娃哈哈渠道魔方。在娃哈哈的发展史上，每一次渠道变阵，它的生意都成倍甚至翻番增长。1991 年娃哈哈果奶一举成名，让娃哈哈跻身亿元俱乐部；之后全国划片，实行大区分片管理，1994 年时娃哈哈的销售额突破 7 亿元；为了让网点更密集，娃哈哈推行闻名一时的联销体，对空白市场进行深度分销，1995 年时销售额达到 8 亿元，而且通过其纯净水单品上升到 10 亿元，随后又借助非常可乐，加之县级渠道下沉，一路过关斩将，到 2003 年娃哈哈销售额突破 100 亿元。2004 年，由于销售低迷，宗庆后砍掉中间环节，将渠道资源向终端倾斜，使终端网点更密集，市场从县级下沉到乡镇级，仅仅用了 5 年时间，销售额就达到了 500 亿元。在娃哈哈向千亿元销售额挺进时，宗庆后同样选择从渠道入手，对渠道再次进行分割。后又把渠道二批商环节砍掉，迫使渠道进一步下沉，使尚未覆盖的城郊及城乡结合地带的网络更为密集。

渠道变革，宗庆后与他的销售管理团队早已驾轻就熟。渠道变革仅仅是迈出了小小的一步，而更为深刻的变革早已在娃哈哈的各个体系中开始。娃哈哈的渠道变革，以扩大产能、加大人员招聘和培训力度、升级内部信息管理系统、调整渠道层级的利润与价格体系、加快新产品研发与上市的速度为关键所在。娃哈哈正在尝试机器人产业、海外收购和渠道的信息化管理和运作。

资料来源：改编自 刘永平．娃哈哈渠道魔方的启示．新营销．[2010-05-31]．http://www.unsbiz.com/information.do？method=detail&id=192681；娃哈哈要做机器人．宗庆后考虑海外收购．腾讯财经. 2015-11-27. http://finance.qq.com/a/20151127/046630.htm.

一、影响分销渠道设计的因素

有效的渠道设计以确定企业所要达到的市场为起点。原则上讲，目标市场的选择并不是渠道设计的问题。然而事实上，市场选择与渠道选择是相互关联的，有利的市场加上有利的渠道才能使企业获得利润。渠道设计问题的中心环节是确定到达目标的最佳途径。影响渠道设计的主要因素有以下六点。

（一）市场性质

目标市场顾客的规模、地理分布、需求特征、购买行为特点等要素，对渠道类型的选择具有决定性意义。面对顾客人数多、分布范围广、要求多品种小批量购买的市场，企业通常需要选择能充分利用中间商的长渠道；反之，则会倾向采用短渠道（见表 12-1）。

表 12-1 销售网络长度与市场情况的关系

市场情况	短网络	长网络
顾客数量	小	大
地理分散度	低	高
顾客密度	高	低
销售耗用时间	长	短
顾客层次	高	低

（二）产品特性

主要是指产品的物理化性能、体积重量、标准化程度、单位价值的高低对渠道的选择和设计产生重大影响的诸因素。一般而言，易损耗、个体庞大、不安全的产品最好选择直接渠道或短渠道，尽可能减少中间商的参与（见表 12-2）。

表 12-2 销售网络长度与产品因素的关系

产品因素	短网络	长网络
容积	高	低
保存性	高	低
单位价值	高	低
产品标准化	低	高
技术特性	高	低

（三）企业特性

企业的总体规模、财务能力、产品组合、渠道经验、营销政策也是影响渠道决策的重要因素。比如财务实力较差的公司最好选择长渠道策略，即多依靠中间商，因为它无力承担广泛、直接的分销业务（见表 12-3）。

表 12-3 销售网络长度与产品因素的关系

企业自身情况	短网络	长网络
规模	大	小
财务能力	高	低
对控制的愿望	高	低
管理能力	高	低
顾客了解程度	高	低

（四）中间商特性

中间商在执行运输、广告、储存及接纳顾客等方面都有不同特点。能否合理地根据中间商的特点来选择分销策略是对厂商的一个重大考验。如果企业的产品比较特殊，涉及比较专业的技术，而中间商的素质普遍不高，厂商最好从中挑选一个最合适的中间商独家经营代理，采用独家分销的方式。

（五）竞争者特性

竞争者使用什么样的渠道策略可以作为厂商的参考依据。有一些企业可以直接照搬其他竞争者的分销策略，有的企业则需要采用不同的分销策略与竞争者展开竞争。

（六）环境特许

渠道设计还要受到环境因素影响，如经济发展状况、社会文化变革、竞争结构、技术以及政府管理等。经济萧条时，生产者都希望采用能使最后顾客廉价购买的方式，将产品送到市场。这也意味着使用较短的渠道，并免除那些会提高产品最终售价但又不必要的服务。

二、分销渠道设计

一般来讲，新企业在刚刚开始经营时，总是先采取在现有的市场上进行销售的策略，以当地市场或某一地区的市场为销售对象。新企业一旦经营成功，它可能会扩展到其他新市场。

（一）分销渠道目标设计

渠道目标的总体要求是使渠道系统能以最低的成本有效地传递目标市场要求的服务产出，形成较强的竞争力。渠道目标设计的关键是确定渠道系统合理的服务产出水平。为此，设计人员要研究和预测目标市场消费者对渠道服务产出的需求水平，然后根据客观条件测算渠道系统可能达到的服务产出供给水平，并依据对渠道竞争力的预期在两者之间进行平衡，设定服务产出水平。

（二）分销渠道规划

首先要从企业长远的发展角度以及外部经营环境认真规划渠道成员之间的关系，以便在进行具体的渠道设计时有一个可以参考的依据。然后进行具体的分销渠道模式设计，即考虑渠道的层次和渠道宽度。

（三）分销渠道运作与管理设计

分销渠道的结构设计好之后，还必须设计分销渠道的运作模式与管理方式。比如，如何实现对中间商的控制、奖惩、协调、培养等。在这个设计中，一定要尽可能地制定一些管理细则，以避免一些厂商与中间商或中间商之间的冲突。

三、分销渠道的管理

在渠道设计之后，生产者还要重视对渠道成员的管理，主要是对中间商进行选择、激励与定期评估。

（一）选择分销渠道成员

根据渠道设计方案要求招募选择合适的中间商是渠道管理的重要环节。通常，企业需要具体框定可供选择的中间商类型和范围，综合考察、比较它们的开业年限、经营商品特性、盈利及发展状况等。对代理商，还要进一步考核其所经营产品线的数量与特征以及销售人员的规模、素质和业务水平。对零售商则要重点评估其店址位置、布局、经营商品结构和发展潜力。

渠道成员的选择是双向的互动行为。不同企业对中间商的吸引力差异很大，在不同区域市场的选择难度也不尽相同。渠道管理者应当根据本企业及当地市场的具体情况，把握和考核选择伙伴的上述标准，做出最合理的选择。

（二）培训分销渠道成员

选定中间商后，通常以合同或协议方式明晰双方的合作内容和权责关系。为使渠道顺利运行和更有效率，需要对代理商或经销商提供训练方案并进行必要的培训。

（三）激励分销渠道成员

1. 了解中间商的需要

渠道管理者必须以对待其最终使用者的方式看待中间商，加强沟通，提供支持，激励各成员达到最佳绩效。一般来说，独立的中间商往往首先从自身利益出发，视自己为顾客的采购代理人，向供应商讨价还价，然后才考虑供应商的期望。个别商品项目订单只有在有利于其整个商品组合时才会得到额外重视。对此，供应商必须了解并给予有效和足够的激励。

2. 采用适当的激励方式

根据不同中间商的需要，围绕渠道目标，生产者可采用下列方式激励中间商。

（1）合作激励。这是一种以赢得中间商合作为目标，采用正面激励和负面激励相结合的方式。前者主要是提供较高利润、特殊交易条件、奖金等；后者是在激励手段效果不佳时采取的一些处罚手段，如威胁要减少其利润、取消提供的一些服务等。

（2）合伙激励。这是一种以建立长期的合伙关系为目标的激励方式。选用这种激励方式的制造商必须明悉它能从经销商那里得到什么，以及经销商所期望的又是什么。这些都可以用市场覆盖面、存货水平、市场开发水平等指标来衡量。为取得经销商对这些政策的支持，制造商按其配合程度给予补偿激励。

（3）分销规划激励。这是建立在制定和实施共同的分销规划基础上以进一步发展更为密切关系的激励方式。分销规划是根据制造商与中间商的共同需要，建立一系列完善的、实行专业化管理的垂直营销系统规划。制造商可在其营销部专设一个分销商关系规划处，负责确认经销商的需要并制订商品交易计划，协助所有经销商均能达到最佳经营绩效。

（四）评估分销渠道成员

对中间商的绩效需要定期评估。评估标准主要有：销售计划指标完成情况、平均存货水平、为客户送货时间、破损与遗失商品的处理情况、对企业促销与训练方案的合作程度、货款返回情况、中间商必须提供的顾客服务等。

通过评估，制造商要对那些忠实履行协议、绩效优良的中间商给予奖励。对于未达绩效的中间商，应给予必要的忠告、重新培训、再激励或终止合作关系。

四、窜货现象及其整治

1. 窜货及其原因

窜货是指经销商置经销协议和制造商长期利益于不顾，进行产品跨地区降价销售①。产生这种现象的原因主要有以下四点。

（1）某些地区市场供应饱和。

（2）广告拉力过大，渠道建设没有跟上。

（3）企业在资金、人力等方面不足，造成不同区域之间渠道发展不平衡。

（4）企业给予渠道的优惠政策各不相同，分销商利用地区差价窜货。

2. 窜货的整治

（1）企业内部业务员与企业之间、客户与企业之间签订不窜货乱价协议。该协议从博弈论的纳什均衡看是没有意义的，但是却为处罚违犯者提供了法律依据。该协议是一种合同，一旦签订就等于双方达成契约，如有违反就可以追究责任。

（2）外包装区域差异化。厂方对相同产品采取不同外包装，可以在一定程度上控制窜货乱价：一是通过文字标识，在每种产品的外包装上印刷“专供××地区销售”。二是商标颜色差异化，即在不同地区将同种产品商标，在保持其他标识不变的情况下，采用不同色彩加以区分。

（3）发货车统一备案，统一签发控制运货单。在运货单上标明发货时间、到达地点、接受客户、行走路线、签发负责人、公司负责业务员等，并及时将该车信息通知沿途不同地区业务员或经销商，以便监督。

（4）建立科学的内部分区业务管理制度。可以采取“七定”的措施。

① 定区。依据所在地区的行政地图，将所在地区根据道路、人口、经济水平、业务人员数量划分为若干分区。依据城市地图按照街道分区，将终端零售店全部标记出来。根据这两张地图，将自己负责的业务地区细化为若干分区，然后通过与竞争对手的比较分析，发挥自己的竞争优势，以此找准突破点，以点带面。

② 定人。每个分区必须有具体负责的业务员。

③ 定客户。业务员必须尽快建立起客户档案：一是职能部门与新闻部门顾问档案，

---

① 郭国庆.市场营销学通论(第4版).北京：中国人民大学出版社，2009:266-267.

包括单位、姓名、职务、电话、家庭成员及其偏好、家庭主要成员（如父母、对象、孩子等）的生日。二是零售商与批发商档案，包括客户名称、地点、联系方式、品种、规模、经验、负责人及其信用、行为偏好、负责人家庭成员及其偏好、客户主要成员的父母、对象、孩子等的生日、客户购买周期、每次购买量、客户的网络及其档案。

④ 定价格。作为内部业务管理制度，所有分区必须价格统一。实际上，对客户来讲，保证或增加盈利的最重要措施并不是价格高低，而是保持地区价格稳定。

⑤ 定占店率。分区业务员必须将所在分区的零售商准确标记在分区图上，并在规定事件内占领一定比例的零售店。考核占店率比考核销量好，实际上占店率提高销量就提高，并且不会导致窜货。如果只考核销量，业务员为了简单地完成任务，就很有可能窜货。为了降低客户风险，在对客户进行前期评估的基础上，还必须控制累积铺货额。

⑥ 定激励。从单一的折扣、返利转到综合奖励，主要是为了更公平、更公开地奖励客户的努力。多年的事件表明，单一折扣或返利是很难做到公平、公开。

⑦ 定监督。企业内部必须成立市场监督部，直接对销售总经理负责，监督窜货与价格。

五、渠道策略的新发展

随着信息时代到来，互联网渗透到生活中的方方面面，也给企业的渠道策略创新带来机会。一些不同于传统渠道的新分销渠道形式开始出现。

1. 通路“直销”

传统意义上的直销，是生产厂家直接将产品销售给消费者，但目前的通路“直销”，是生产厂家或经销商绕过一些中间环节，直接供货给零售终端，并非直接向最终消费者销售。直接控制零售终端，是厂家提高市场辐射力和控制力的关键。

2. 垂直渠道网络

垂直渠道网络是将厂商由松散的利益关系，变为紧密型战略伙伴关系；由平行关系变为垂直、利益一体化关系；由简单的无序放射状分布，变为真正的网络分布；由简单的契约型变为管理型、合作型、公司型。这样，厂商之间就容易达成信息共享、风险共担、利益共享、物流畅通的理想状态，有利于厂商强力合作。

3. 水平渠道系统

这是由两家或两家以上的企业横向联合、共同开拓新的营销机会的渠道系统。这些企业或因资本、人力、生产技术、营销资源不足，无力单独开发市场机会，或因惧怕承担风险，或因与其他公司联合可实现最佳协调效益而组成共生联合的渠道系统。

4. 多渠道系统

即对同一或不同细分市场，采用多渠道分销体系，大致有两种形式：一种是制造商通过两条以上的竞争性渠道销售同一商标产品；另一种是制造商通过多条渠道销售不同商标的差异性产品。

5. 基于互联网的分销渠道

指应用互联网提供商品和服务，使用计算机或其他技术手段的目标客户通过电子手段进行交易。在互联网环境下，分销渠道不再仅仅是实体的，而是虚实结合，甚至完全虚拟。

【营销链接】

海尔家电业目光瞄准微商销售渠道

海尔集团2015年7月2日宣布，首批2.8万个微店在朋友圈正式上线。这是继3万员工微店之后，2万多名社会创客加入其中的首次亮相。对于微店主来说，只需要热情经营，就可以开启零库存、零运费，一切服务都由海尔完成的轻装创业之路。在布局农村三四线市场、海外跨境电商之后，这位家电"老大哥"又将目光瞄准了微商，并在2日接受记者采访时介绍了微店计划的最新进展。第一批3万家的微店是个起点。实际上从2015年5月中旬，海尔把微店消息向社会发布之后，从后台数据显示，有2万多名的创业者被吸引到海尔的平台，而后逐步完善现在的渠道和平台，让更多的社会创业者进入。而家电行业观察家梁振鹏则认为，微商模式会对传统销售渠道造成一定程度的冲击和破坏。而之前的经销商伙伴也一定会不高兴，但是没有办法。这是整个家电行业，或者制造业迈入互联网4.0时代之后所做的必然选择。未来基于移动互联网端的出货比例也一定越来越高。

资料来源：改编自 刘永平. 海尔目光瞄准微商 碎片化家电业销售渠道. 微资讯息. 2015-07-07. http://mt.sohu.com/20150707/n416300714.shtml.

问题：为什么海尔集团等多家家电企业涉足微店，跑马圈地式的开拓微商市场？如此微店热，是否会冲击线下价格体系和原有的渠道商呢？

第三节　批发商与零售商

一、批发商的含义与类型

批发是指一切将物品或服务销售给为了转卖或者商业用途而进行购买的人的活动[①]。批发商是把商品出售给那些为转卖商品而购买的零售商和其他批发商的中间商。批发商的交易对象除了零售商和批发商外，还有进行大宗购买的企业、机构、团体等客户。一般来说，批发商在销售渠道中居于起点阶段和中间阶段，它向生产企业购进商品，向零售商批销商品，交易业务活动结束以后，商品仍在销售渠道中。批发商从事的是大宗的商品买卖活动，每次的交易量比较大，特别是购进商品的批量比较大。

（一）批发商的职能

批发商的地位、性质及特点决定了它在销售渠道中的职能并通过执行其职能和为生产企业和零售商服务来实现其作用。批发商的职能主要有以下四点。

1. 集散商品

批发商通过采购业务，将各个地区、各个不同的生产企业分散生产的商品集中起来，

① 郭国庆.市场营销学通论(第4版).北京：中国人民大学出版社, 2009: 268.

进行必要的初步加工、整理、包装等处理，再通过商品交易活动，分散供应给零售企业和生产用户。

2. 调节供求

批发商一方面集中、大批量地向生产者购进商品，使生产者及时实现商品的价值，提高资金周转率，加速再生产过程；另一方面，批发商还小批量地将商品批售给零售商，减少零售储存商品的负担。批发商实际上承担了商品“蓄水池”的功能，把市场上一时多余的商品收购储存起来，当市场供应不足时再投放出去。

3. 沟通产销信息

批发商处于生产企业和零售商之间的中介地位，既可以了解商品的生产情况，又可以了解商品的市场销售动态。因此它可利用这种便利条件，向生产型企业提供市场需求信息和消费者反馈意见，向零售商作产品情况的介绍和宣传。

4. 承担市场风险

批发商在多数情况下是大批量地购进和储存商品，分批少量地销售商品，在这个过程中为生产企业和零售商承担了一定的市场风险。

（二）批发商的营销策略

无论是哪种类型的批发商，在竞争加剧、顾客需求不断变化、新技术的采用以及直销增多的形势下，都得考虑如何在市场上站住脚，如何比竞争对手更有效地将产品销售给用户。因此，必须慎重考虑其营销战略和策略，尤其是在目标市场、产品品种和服务、定价、促销、批发地点等方面需要做策略上的考虑和安排。

1. 目标市场策略

批发商也应做到目标市场明确。在确定目标市场时，可以以顾客的规模、顾客的类型以及顾客所需要的服务内容等为标准，从中选择一个目标顾客群。在这个目标顾客群中，找出比较有利的顾客，设计有效的供应物，同顾客建立良好的关系。具体措施包括：建立自动再订购系统、建立管理培训和顾问制度、创办自愿连锁组织等。

2. 产品品种和服务策略

对于批发商来说，所经营的产品必须品种齐全，并且要有充足的存货以便随时供应。但这可能会影响企业的盈利。因此，批发商必须考虑应该经营多少品种最为合适，并选择盈利较高的品种。批发商也需要考虑服务组合，研究在与顾客建立良好关系的过程中，哪种服务最为重要，哪些服务可以取消，哪些服务应该适当收取费用，形成最佳服务组合。

3. 定价策略

批发商通常采用成本加成定价法确定价格，加成率为各行业中的惯例化的比率。也可以考虑新的定价方法，如减少某些产品的毛利，以赢得新的重要的顾客，同时要求供应商给予特别的价格折让。

4. 促销策略

批发商的促销手段主要是人员推销。为实现促销目标，应把推销当作面向主要客户推销产品、建立联系和提供服务的系统工程来对待。同时也可采用非人员促销手段，充分利用供应商的宣传材料和计划方案进行促销。

5. 批发地点策略

批发商的选址一般选定在租金低廉、征税较少的地段，物质设施和办公条件多半比较简单，用于货物管理系统和订单处理系统的手段也比较落后。目前，为了改变这种状况，寻找降低成本的方式，有些批发商正在进行货物管理过程中的时间和动作研究，应用新的技术手段。如自动化仓库，订单被输入计算机，商品由机器自动取出，通过传送带输送到平台，在平台集中供货。还有很多批发商充分利用网络和计算机，将信息技术应用到记账、开单、存货控制和市场预测等方面。

二、零售商店的类型

零售是指所有面向最终消费者直接销售产品和服务，这些产品和服务被用于个人及非商业性用途的活动[①]。零售商的对象是众多的消费者，在分销渠道中，零售商居于终点阶段。零售商从生产者或批发商那里小批量购进，再直接向消费者零星、多品种销售商品，每次的销售量小、交易频繁，在交易过程中或结束后要向购买者提供相应的销售服务。

（一）零售商职能

（1）为生产者承担风险，促进销售，提供信息。零售商为生产者或批发商减轻了流通过程中的负担，如储存、运输等方面的费用和风险等。零售商利用人员推销、广告宣传以及促销活动等各种营销手段来促进产品销售，扩大产品市场占有率，还向生产者提供有关零售市场上消费者、竞争者和市场状况等有价值的信息。

（2）以多种方式为消费者服务。零售商的这种职能表现为：将不同生产者的产品汇集在一起供消费者挑选；通过广告和推销员等促销手段向消费者传播商品信息；向消费者提供赊购和分期付款等信用条件；在适当条件下还送货上门。

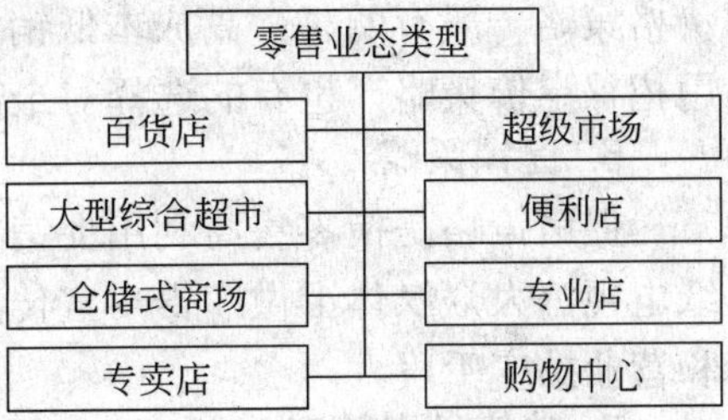

零售业态类型
百货店
超级市场
大型综合超市
便利店
仓储式商场
专业店
专卖店
购物中心

图 12-2　零售业态的类型

（二）零售商的类型

零售业态分为八类（见图 12-2）：百货店、超级市场、大型综合超市、便利店、仓储式商场、专业店、专卖店、购物中心。

（三）零售商的营销策略

由于竞争激烈，零售商提供的产品、价格以及服务项目的差异逐渐缩小。如何招徕顾客，促进销售？零售商需要在目标市场、产品品种、服务组合、商店气氛、定价、促销、销售地点等方面慎重考虑其营销对策。

---

① 郭国庆.市场营销学通论(第 4 版).北京：中国人民大学出版社，2009:270；吴健安.市场营销学(第 3 版).北京:高等教育出版社，2007:356.

1. 目标市场策略

确定目标市场是零售商最重要的决策。商店是面向哪种档次的顾客？目标顾客的需要是什么？是侧重多样化、侧重产品组合的深度还是侧重购买和使用方便？零售商必须在确定了目标市场策略后再考虑其他策略。大型零售商经营的品种繁多，为各种各样的顾客服务，但也要像美国的西尔斯公司那样明确哪些顾客群是自己主要的目标顾客，针对这些顾客在产品品种、价格、销售地点和促销方面做出正确的决策。确定了目标市场后，还应定期进行市场营销调研，以检查是否真正满足了目标顾客的需求。

2. 产品品种策略

这种策略的内容是确定所经营产品品种可供顾客选择的范围，即产品组合的宽度和深度以及产品的质量水平。当竞争者用相似的品种和质量与零售商竞争时，可采用产品差异化策略。小企业通常自己采购商品，在大企业里，采购是一项专业化的职能和工作。

3. 服务组合策略

服务组合是一家商店区别于另一家商店的主要工具之一。零售商须确定服务组合，包括售前服务内容、售后服务内容以及辅助服务内容。

4. 商店气氛策略

零售商必须考虑商店的实体布局以及整体形象，营造一种适合目标市场的气氛，使顾客乐于购买。不少零售商采用了刺激顾客感觉器官的方法来布置商店环境，如超级商场在货架上张贴散发香味的标签，以刺激顾客的购买欲望。

5. 定价策略

零售商必须根据目标市场和产品组合策略以及市场竞争状况来确定价格。零售商的价格策略一般有两种：高成本低销量和低成本高销量。具体在定价时，大部分零售商采用招徕定价策略，也有的选择对全部商品大减价或对周转较慢的商品降价出售。

6. 促销策略

促销策略是指零售商利用促销工具支持并加强自己的形象定位。例如，在杂志、报纸电视等大众媒体上做广告，宣传其价格低廉、富有特色；同时零售商也使用人员推销和营业推广手段。

7. 销售地点策略

店址的选择是零售商能否吸引顾客的一个关键性因素。选择店址必须特别谨慎，要考虑在一个国家的哪些地方、哪些城市、哪些具体的场所开店，还要考虑是在许多地区开设许多小店，还是在少数地区开设几个大店。一般来说，大零售商应在每个城市开设足够的商店，以扩大影响：商店越大，其交易范围越大。

三、无门市零售形式

（一）无门市零售形式的含义

无门市零售形式是指为消费者提供方便的零售商通过非在商店内进行商品销售的形式。这种类型的零售商前景广阔，发展很快。

（二）无门市零售的类型

1. 直复市场营销

直复市场营销起源于邮购推销。其特点是直接从目标顾客或潜在顾客那里获得订单，是一种正在发展的营销方式。营销学界将直复营销定义为：一种为了在任何地方产生可度量的反应或达成交易而使用的一种或多种广告媒体的交互作用的市场营销体系。主要形式有：邮购、电话订购、电视购物、电子购物、网络购物。

2. 自动售货

自动售货机往往被安置在商店外面或工厂和办公楼里，出售诸如软饮料、咖啡、糖果等商品，使零售商在因时间和地点的限制而不能安排售货员时也能出售少量商品，为消费者提供了方便。但经营成本较高，从而价格也较高。

3. 购物服务

购物服务是一种为特定委托人服务的无店铺零售方式。特定委托人主要指一些大型组织如学校、医院、协会和政府机构的雇员，他们作为购物服务组织的成员，有权向一组选定的与购物服务组织有约定的零售商购买，并获得一定的折扣。这种形式因购物服务组织没有店铺而归在无店铺零售商之内。

第四节　物流和供应链策略

【案例导读】

百度加码 O2O 平台

百度目前经历了谷歌现在面临的生存危机：大量中国网民的触网方式从 PC 变成了智能手机，绕过了搜索引擎百度。对此，李彦宏想到的应对方法是，将百度的业务逐渐由线上向线下延伸，把 O2O 定义为百度新的增长来源。

百度在 2015 年第二季度财报分析会上，李彦宏宣布百度外卖和百度 91 桌面将拆分独立发展，同时确认百度外卖上周完成了 2.5 亿美元融资。百度外卖上线后，最初以开放平台的方式运营，线上接入合作外卖 O2O 公司，线下采用合作外卖 O2O 公司的物流，自己仅提供平台。但 2014 年下半年后，百度外卖开始逐渐自营，线上的餐厅由自己谈折扣。同时开发了外卖调度系统，线下整合多方面的物流人员，并已建立物流团队“百度骑士”。并依托百度搜索、百度地图、百度糯米以获得流量支持。

在钛媒体和商业价值联合主办的 MIIC2015 大会上，百度外卖老大说看不上卖外卖的钱，最终要做的是同城物流，选择从外卖领域切入，未来将会投入 90 亿元来做这件事情。百度可以做的两件事情：一是地图服务能力——可以为合作伙伴提供最好的地图服务；二是希望合作伙伴使用百度钱包。对于百度的转型，在接受 Re/code 专访时李彦宏表示，将百度重新定位“搜索和电商相结合的企业”，成为连接中国互联网与现实商业世界的桥梁。

百度错过了滴滴快车，百度投资了 Uber。李彦宏说，滴滴快车已经在使用腾讯的微信支付服务，所以滴滴快车这个渠道并不能实现百度想要的投资价值。

资料来源：改编自李彦宏确认百度外卖将分拆 未来在 O2O 投 30 亿美元. 钛媒体，2015-7-28，http://money.163.com/15/0728/14/AVK8LHES00253G87.html.

问题：为何百度要转型？要投资 Uber？百度加码 O2O 平台有哪些战略价值？

一、物流的含义、职能和目标

市场营销不仅要发掘、刺激消费者或用户的需求和欲望，而且还要适时、适地、适量地提供产品给消费者或用户，以满足他们的需求。为此，要进行商品仓储和运输，即物流管理。制定正确的物流策略，对于降低成本、增强竞争力、提供优质服务、促进和便利顾客购买、提高效益，均具有重要意义。

（一）物流的含义

所谓市场物流（marketing logistics），又称作实体分销（physical distribution）。在 2001 年颁布的《物流术语国家标准》中，物流（logistics，后勤）的定义是：物品从供应地向接收地的实体流动过程，根据实际需要，将运输、储存、装卸、搬运、包装、流通、加工、配送、信息处理等基本功能实施的有机结合。物流最原始、最根本的含义是物的实体运动。物流中的“物”，是抽象为一般的物质产品，或称物质资料，即泛指经过人类劳动加工的全部社会产品。从一般意义上讲，物流中的“流”，是上述物质资料的一种物理性运动形式。物流泛指物质资料实体的物理性移动，包括场所位置的转移和时间的占用。物质资料的这种物理性移动存在于社会再生产的全过程，包括物质资料在生产领域里生产过程中各阶段之间的流动，以及从生产所在地经供应所在地向消费所在地，或从生产所在地直接向消费所在地的流动，以实现物流的空间效用和时间效用[①]。

物流是指物品通过有效地安排商品的仓储、管理和转移，使商品在需要的时间达到需要地点的经营活动。物流是一个相当宽泛的概念。从不同的观察角度，物流可分为宏观物流、中观物流和微观物流；从不同的空间范围，物流可分为国内物流和国际物流、区间物流和区内物流；从不同的服务对象，物流可分为产业物流、商业物流和消费者物流；从其在产业部门的不同功能，物流可分为生产物流、营销物流、采购物流和回收物流。

物流的任务涉及原料即最终产品从起点到最终使用点或消费点的实体移动的规划与执行，并在取得一定利润的前提下满足顾客的需求。

（二）物流的职能

物流的职能是将产品由生产地转移到消费地，从而创造地点效用。物流作为市场营销的一部分，不仅包括产品运输、保管、装卸、包装，而且包括开展这些活动过程中所伴随的信息传播。它以企业销售预测为开端，并以此为基础规划生产水平和存货水平。

传统的物流以工厂为出发点，并通过有效措施将产品送达消费者。从市场营销的观

---

① 胡怀邦，郝渊晓，刘全洲，马源平. 现代物流管理学. 广州：中山大学出版社，2001:1-3.

点来看，物流规划应以市场为起点，并将所获信息反馈到原料的需求来源。首先，企业应考虑目标消费者的位置以及他们对产品便利性的要求。其次，企业还必须知道竞争者提供的服务水平，以设法赶上并超过竞争者。最后，企业要制定一个综合策略，其中包括仓库及工厂位置的选择、存货水平、运送方式，进而向目标顾客提供服务。

（三）物流的目标

一般来讲，企业往往将其物流目标表述为对产品适时适地的传送，兼顾最佳顾客服务与最低配送成本。实际上，这个目标隐含着内在矛盾，因为最佳顾客服务要求最大的存货、足够的运力和充分的仓容，这些势必增加销售成本；最低的配送成本要求低廉的运费、少量的存货和仓容，这又会降低服务水平。

合理的物流目标应是通过有效的选择，适当兼顾最佳顾客服务与最低配送成本，其具体要求有以下三点。

（1）将各项物流费用视为一个整体。在致力于改善对顾客服务的过程中，努力降低物流总成本，而不只是个别项目成本费用的增减。

（2）将全部市场营销活动视为一个整体。各项市场营销活动都必须考虑物流目标，联系其他活动的得失加以权衡，避免因孤立处理某一具体营销业务而导致物流费用的不适当增加。

（3）权衡各项物流费用及其效果。为维持或提高顾客服务水平而增加的某些成本项目视为必需的，不能提高收益的成本费用坚决压缩。

二、物流的规划与管理

每一个特定的物流系统都包括仓库数目、区位、规模、运输政策以及存货政策等构成的一组决策，因此每一个可能的物流系统都隐含着一套总成本。总成本可用数学公式表示为：

$$D = F + FW + VW + S$$

其中，D 为物流系统总成本；F 为该系统的总运输成本；FW 为该系统的总固定仓储费用；VW 为该系统的总变动仓储费用；S 为因延迟分销所造成的销售损失的总机会成本。

在选择和设计物流系统时，要对各种系统的总机会成本加以检验，并选择成本最小的物流系统。一般来讲，有以下几种选择。

（一）单一工厂，单一市场

大多数制造商是单一工厂企业，并且在一个市场中进行经营。这个市场可能是一个小城市，也可能仅限于一个地区。这些单一工厂通常设在所服务的市场中央，这样可以节约运费。但是，也有可能需要设在远离市场的地方，由此导致的高额运费可通过低廉的工地、劳动力、能源和原料成本抵消。工厂是靠近市场还是靠近易于取得资源的地方，必须根据相对的运输即加工成本决定。当某些成本发生重大变化时，会破坏工厂地址利益的平衡。因此，在对两个设厂地点进行选择时，不仅应审慎估计目前各种战略的成本，更需要考虑未来各战略的成本。

（二）单一工厂，多个市场

一个工厂在几个市场销售时，有几种物流战略可供选择。例如，我国东南沿海地区有一家制造厂，起初在广州、深圳开展经营，现拟开拓西北市场，它可从以下战略中选择：将产品从东南沿海工厂直接运送到西北地区市场；运用整车货运方式，将产品运至西北地区仓库；将制成的零部件运送至西北地区装配厂；在西北地区另一个制造厂。

（三）多个工厂，多个市场

企业还可通过由多个工厂及仓库组成的分销系统（而不依靠大规模的工厂）来节省生产成本费用。这时企业面临两个最佳化的任务：一是短期最佳化，即在既定工厂和仓库位置上，制订一系列由工厂到仓库的运输方案，使运输成本最低；二是长期最佳化，即从长远着眼决定新建工厂的数量与区位，使总分销成本最低。根据不少企业的经验，线性规划技术在短期最佳化方案的制订过程中，具有重要的应用价值。

三、物流的外包职能

物流的外包职能主要有第三方物流与第四方物流。第三方物流（third party logistics，3PL）的概念源于管理学中的外包（outsourcing），意指企业动态地配置自身和其他企业的功能和服务，利用外部的资源为内部的生产经营服务。将“外包”引入物流管理领域，就产生了第三方物流的概念。它是指生产经营企业为集中精力搞好主业，把原来自己处理的物流活动以合同方式委托给专业物流服务企业，同时通过信息系统与物流服务企业保持密切联系，以达到对物流全程的管理和控制的一种物流运作与管理方式。因此，第三方物流又叫合同制物流（contract logistics）。提供第三方物流服务的企业，其前身一般是运输业、仓储业等从事物流活动工作的行业。从事第三方物流的企业在委托方物流需求的推动下，从简单的存储、运输等单项活动转为提供全面的物流服务，其中包括物流活动的组织、协调和管理、设计建议最优物流方案、物流全程的信息搜集、管理等。目前，第三方物流的概念已广泛被西方流通行业所接受。

第四方物流（forth party logistics，4PL），是美国 Accenture（原 Anderson Consulting）管理顾问公司首先在 1996 年提出的名词，该公司对 4PL 这个术语注册了商标。它们认为，企业由 20 世纪 70 年代自行营运各项物流功能，到八九十年代把物流功能外包给 3PL 提供者的趋势，会继续发展为企业专注其核心事业，而把其在全球供应链上有关物流、资金流、商流、信息流的管理与技术服务，统筹外包给可以提供一站式整合服务（single-point-of-contact integrated service）的提供者。这种多元整合的服务不是单独一个 3PL 能力所及，必须结合 3PL（一个或多个）与管理顾问即科技咨询甚至金融服务等公司，整合这个服务是“一个整合本身与其他组织之资源、能力与技术，来（为其客户）设计、建构其供应链并提供广泛的解决方案”。

可见，第四方物流不仅对特定物流活动进行控制和管理，而且对整个物流过程提出策划方案，并通过电子商务将这个过程集成。它是比第三方物流更进一步的物流服务业态，是从整个供应链的角度出发，并作为整个供应链物流的解决方案。

四、供应链策略

（一）供应链和供应链管理的定义

【案例拓展】

特步供应链高效运营与精细化管理

特步成立伊始，烽火鞋、娱乐营销、体育营销、央视广告+强势地方媒体、重大事件营销、全国跑马圈地攻城略池……创造了整个体育用品行业一个又一个奇迹，短短几年时间，业绩实现数百倍的增长，成为体育用品行业成长最快的品牌之一，特步亦得以在中国香港成功上市。上市之后在继续跑马圈地的同时，特步在集团副总裁肖利华博士的加盟带领下，开始启动精细化管理和一系列变革：五年战略规划、消费者与市场调研、品牌规划、三位一体、快速供应链管理、ERP、神秘顾客调研、VIP 体系、一选会/二选会/订货会模式持续创新、建立并完善计划体系、对公司一级、二级核心业务流程、职责分工与职能协同作战进行模拟与持续改善、供应商优化、总体拥有成本管理办法的发布与持续推进、现货/翻单业务的推进、电子商务业务的启动、全面预算管理、组织架构重组变革为更高效协同的商品系统、供应链系统、品牌与销售系统三大业务系统、职能融入业务。

1. 变革动因分析：消费者需求和市场变化

这是一个市场开放自由竞争、信息传播趋于快速透明的时代；是一个基于时间的竞争、快鱼吃慢鱼、变革、创新成为主旋律的十倍速时代；是一个高库存、高脱销并存的时代；一个销售量增长、销售额徘徊不前甚至下降、库存增加、利润剧减的微利时代；是一个由注重功能属性正逐渐过渡到更注重社会属性、体验属性的品牌时代；是一个由单个企业之间的竞争转向供应链与供应链之间竞争、供应链内需要高度动态合作的时代……总之，这是一个不断由卖方市场向买方市场转换的时代，是一个不得不“随需而动”的时代。

2. 以消费者为核心的品牌驱动的精益敏捷供应链

特步在针对鞋服企业实际运行中存在的问题，为更好地解决高库存和高脱销并存的问题，启动并将持续推进的以消费者为核心的品牌驱动的精益敏捷供应链从流程和体系上进行保障：在产品开发前通过消费者和市场调研、内部研讨等多种途径进一步明确品牌定位；根据历史销售/库存等数据进行多维分析，分析畅销款的款式、面料等特征，进行系统商品企划（面料、大类、颜色、上市波段等）；产品开发阶段：根据商品企划案结合往年畅销款、流行趋势等进行产品开发和整合，主动一料多款，注重款之间的呼应和搭配；下单阶段：组建跨职能的商务团队进行定性和定量销售预测，根据款式评级和自身网络结构、面料用量等综合决定下单量；采购生产环节：减小首次下单批量，科学备料，预留产能，为翻单做准备；产品配送环节：加大配送频率；预留部分产品以加速补货；加强数据分析及时补/调/退；相关城市设立中心店并辐射周围卫星店以更快、更低成本的补货；销售反馈环节：标准化系列搭配陈列；及时反馈信息，后台综合分析后快速做出加单（可大幅减少脱销的比率）、货品调配、促销等决策；如果滞销则要进行转场、重新组合搭配、及时季中促销等，并分析出造成滞销的原因并避免将来再出现类似情形；要根据销售反馈逆向调整产品配送、采购生产、销售预测、产品开发、商品企划、品牌定位等供应链上各环节，总之，一切要始于品牌目标客户需求，终于品牌目标客户。过程中需要把整个供应链体系进行裁剪一分为二：精益供应链和敏捷供应链，其中精益供应链应对提前期较长、要求低成本实现的期货；敏捷供应链以应对需要快速反应的现货、翻单、赞助等业务，最终实现以销定产、产销平衡、以产促销。当供应链体系能快速应对市场需求和变化能促进销售和品牌提升时，供应链运营能力就演变为企业强大的新的核心竞争力了。

3．环环相扣：精益敏捷供应链高效运营与精细化管理。

特步供应链管理有从战略规划→品牌规划→商品企划→设计→开发→采购→生产→仓储→运输→渠道→客户的企业内部供应链。当前的竞争不再是企业与企业之间的竞争，更是供应链与供应链之间的竞争，是综合的、全方位的、系统之间的竞争。思路决定出路，态度决定高度，高度决定深度，定位决定地位，想法决定活法，格局决定结局，特步必须有更大的视野、胸怀和格局，需要拥有“全球视野、全球市场、全球资源和全球智慧！”，并不断整合与创新以迎接未来的挑战。

资料来源：根据特步集团副总裁肖利华博士专稿提供资料改编。

问题：为什么特步要实施供应链的变革与精细化管理？

1. 供应链的定义

我国国家标准《物流术语》对供应链的定义是：“供应链（supply chain）是生产及流通过程中，涉及将产品或服务提供给最终用户所形成的网链结构。”

供应链是指产品生产和流通过程中所涉及的原材料供应商、生产商、批发商、零售商以及最终消费者组成的供需网络，即由物料获取、物料加工、并将成品送到用户手中这一过程所涉及的企业和企业部门组成的一个网络[①]。

供应链一般分为内部供应链和外部供应链。形象一点，可以把供应链描绘成一棵枝叶茂盛的大树：生产企业构成树根，独家代理商则是主干；分销商是树枝和树梢；满树的绿叶红花是最终用户；在根与主干、枝与干的一个个结点，蕴藏着一次次的流通，整体相通的脉络便是供应链信息管理系统平台。

2. 供应链管理的概念

供应链管理（supply chain management，SCM），是指运用集成的管理思想和方法，以实现供应链整体效率为目标，对整个供应链系统，包括了产品从原材料阶段一直到最终交付用户这一过程中，与产品相关的物流、信息流、资金流、价值流及业务流所进行的计划、协调、组织、执行和控制等管理活动[②]。供应链管理是利用计算机网络技术全面规划供应链中的商流、物流、信息流、资金流等并对其进行计划、组织、协调与控制。

供应链管理是使供应链上的每个供应商以最低的成本和费用持续可靠地满足客户的需求。供应链管理从一个全新的高度对物流和信息流进行有效管理，其侧重点在于公司

① 彭志忠.现代物流与供应链管理.济南:山东大学出版社, 2002:12.
② 周艳军.供应链管理.上海：上海交通大学出版社，2010：6.

之间或公司内部之间的链接，每个贸易伙伴都是供应链系统的一个子系统；贸易伙伴之间密切合作，共享信息，共担风险；应用现代化科技[如标识（ID）代码、条形码应用标识符及条形码等]作为管理手段。

（二）供应链管理中的现代技术

物流现代化涵盖物流管理的多个环节，需要多种技术支撑，包括条形码技术、电子货币、电子收款机、电子数据交换和电子标签等。

1．条形码技术

条形码（bar code）技术是一项自动识别技术，是商品国际化的标志，也是实现物流自动化与商品自动化的基础。商品条形码可分为原印码和店内码两种。

2．电子货币

电子货币包括信用卡（credit card）、储蓄存款卡（deposit card）、扣账卡（debit card）、现金卡（cash card）、JC 卡等多种金融交易卡。电子货币不仅可以减少流动资金积压即大量资金的清点搬运，增加资金周转率，促进销售；而且通过计算机和信息通信网络，可以建立家庭银行（home banking），实现家庭购物（home shopping）。

3．电子收款机

电子收款机（electronic cash register，ECR）有极高的技术性能要求。首先必须稳定可靠，具备抗一般电器波动、抗干扰信号、抗恶劣环境的能力；运行中基本不出故障或即使出现故障也能在不破坏数据的情况下及时排除；在网络或主机出现故障时能独立运行；必须可接条码阅读器、磁卡刷卡器、电子秤等多种外部设备；必须具有现金、支票、信用卡等多种付款方式和零售、批发等多种交易方式；必须具有快速反应和处理能力等。

4．电子数据交换

电子数据交换（electronic data interchange，EDI）是一种利用计算机进行商务处理的新方法。电子数据交换是按照商定的协议，将商业文件标准化和格式化，并通过计算机网络，在贸易伙伴的计算机网络系统之间进行数据交换和自动处理。因此，它被称为“无纸贸易”或“电子契约社会”。在 EDI 的发展中，标准化是至关重要的前提条件。

5．电子标签

电子标签（radio frequency identification，RFID）是一种非接触式的自动识别技术。它通过射频信号，自动识别目标对象并获取相关数据，识别工作无须人工干预。作为条形码的无线版本，RFID 技术具有条形码所不具备的防水、防磁、耐高温、使用寿命长、读取距离大、标签上数据可加密、存储数据容量更大、存储信息更改自如等优点，其应用将给物流业带来革命性变化。如果 RFID 技术能与电子供应链紧密联系，其很有可能在未来几年取代条形码扫描技术。全球最大的零售商沃尔玛就要求其前 100 家供应商，向其配送中心送货盘和包装箱时使用电子标签技术。

思　考　题

1．市场营销渠道和分销渠道的含义各是什么？分销渠道有哪些类型？

2．影响分销渠道设计的因素有哪些？

3．目前市场上有哪些窜货现象？如何整治？

4．批发商和零售商各有哪些类型？目前有哪些无门市零售形式？

5．如何正确理解物流和供应链的含义？

中国国旅的加盟专线

中国国际旅行社总社有限公司（CITS: China International Travel Service Limited, Head Office），成立于1954年，是目前国内规模最大、实力最强的旅行社企业集团，品牌价值412.67亿元，位居旅游行业第一，荣列国家统计局公布的“中国企业500强 ”，是500强中唯一的旅游企业。国旅总社在全国范围内拥有全资、控股企业38家，参股企业4家，旅游门市数量近千家，国旅理事会成员社上百家；与世界上100多个国家和地区的1 400多家旅行商社建立了长期稳定的业务合作关系，并在美国、日本、澳大利亚、法国、瑞典、丹麦、中国香港、中国澳门等13个国家和地区设立了8家全资、控股的海外旅行社公司和15家海外签证中心，形成了立足国内、放眼全球的稳定销售网络和完整的接待体系。

中国国旅（福建）国际旅行社有限公司[简称中国国旅（福建）公司]成立于2010年9月，是中国国旅总社在福建控股的一家国际旅行社，中国国旅（福建）公司充分利用国旅总社的资金和品牌优势，高起点、高投入，立志服务海西建设、发展海峡旅游。中国国旅（福建）公司将以严谨科学的规范操作，树名牌大社形象，创一流优质服务，与海内外同业携手、互惠互利、共谋发展、繁荣旅游、回报社会。位于全国百强旅行社位列前20，全省旅行社行业各项指数名列前茅，营业收入突破30亿元人民币。中国国旅（福建）公司目前已在福建省设立8个子公司，营业网点达300个，位居全省第一。2011年6月获批出境游资质，2012年8月获批中国台湾游资质，2013年5月荣获AAAAA旅行社称号，2014年全国百强位列39位。中国国旅（福建）公司目前从事旅游+百货零售业、旅游文化用品、酒店、景区、传媒等业务。

中国国旅（福建）公司拥有创新思维模式，公司股权清晰，实现与省内控股子公司股权一体化“全省一盘棋”。预计投入2 000万元市场营销费用，用于品牌营销、市场推广、景区合作，以保持国旅品牌优势持续领先地位。深耕市场，新增200个营业部布局中小乡镇，构建更加完善的销售渠道；建立“环球行”同业分销平台，零售批发兼营，业务架构更加优化。

中国国旅（福建）公司采用加盟供应商——专线模式，主要是国内游地接社或办事处以“专线”形式为福建省各个旅行社提供国内散拼团产品；专线掌握着全国60%~70%的旅游目的地资源；专线控制着航空公司资源，部分专线会对某条航线进行包机或切位；专线提供低价产品；专线的散客拼团成型率远高于自组团。

同行业之间的竞争渠道模式主要有：宝中旅游（简称宝中旅），采用中国国旅（福建）

公司的相似经营模式，同样是基于B2B系统平台的“双加盟、单系统”模式。与中国国旅（福建）公司的经营模式区别在于宝中旅采用品牌合作模式，即与当地一家旅行社合作推出其B2B系统，加盟门店的经营权属于当地旅行社，加盟门店同时使用两个品牌。品牌合作是一种松散管理模式，没有资产、人才、产品联合以及B2B系统互联互销，无法形成全省运营合力，并且主要以低价低质针对低端目标市场国内游和省内游为主要产品。长期来看，宝中旅全省范围门店数量和质量也很难与国旅福建公司竞争。目前宝中旅在全省约有200家门市，在福州、厦门、泉州各有50家左右门店。集团化渠道模式，主要有：福建省旅游公司是中旅总社的全资子公司；福建康辉是康辉总社控股子公司；福建省中国旅行社隶属于福建省国资委；福建省青年旅行社隶属于团省委，现在多做承包部门；福建海外旅游实业总公司隶属于福建省旅游局；厦门建发国际旅行社隶属于厦门建发集团（国企上市公司），没有门市，以做客户和地接为主，在全国各大城市设有办事处。厦航国际旅行社是厦门航空公司控股子公司，与国旅厦门公司经营模式相似，在厦门约有50家门市。

中国国旅（福建）公司建设初期，曾旭董事长就开创性确立了公司运营模式，即基于国旅电子商务平台整合线上线下资源，通过“双加盟、单系统”，实现产销分离、集约采购、统一调度、资源整合。双加盟，即旅游线路、产品供应商和经营门店以加盟的方式加入公司运营。单系统，即任何加盟商都必须使用总社研发的B2B管理系统。公司通过B2B管理系统对各地的子公司、各条线路实行统一行程安排、统一报价，实现业务、财务、自动化办公的一体化管理。中国国旅（福建）公司的加盟成本有：加盟费。公司为拓展市场暂时免收加盟费；广告费。各子公司根据实际情况采取不同优惠政策。经营费用有房租水电、人工成本、税费、管理费、广告费。目前后两项尚未收取费用。

中国国旅（福建）公司避开市场上低价竞争红海，通过自组产品、特色产品、国旅集团采购的独家产品在福建市场开创蓝海，以IT系统为依托，B2B和B2C、线上线下紧密结合，实现规模效应。福建省有丰富的企业客户和政府客户资源，散客和客户两手都要抓，两手都要硬，依托厦门和武夷山两大旅游目的地，积极发展地接增量，同时开拓会展市场。

中国国旅（福建）公司的渠道创新能达到（1）产销分离：通过加盟门店以负责咨询和招徕游客，不涉及团队操作；通过加盟专线/产品供应商以负责提供旅游线路/产品和团队操作，不涉足销售过程；通过公司总部以负责品牌推广，协调专线和门店之间顺畅沟通，研发优势自组团产品，门店运营管理，专线的遴选、评估、审核、淘汰以满足门店对产品的需求。（2）集中采购：依据经营数据进行航空、酒店、地接、景区、营销等资源方面进行全国范围内的大规模整合，对旅游供应商进行大宗采购并通过兼并、收购上游供应商加大对旅游资源的控制力度。（3）统一调度：以“八统一”原则建立统一指挥体系，即“统一品牌、统一人事、统一财务、统一组团、统一运作、统一服务、统一广告、统一产品”。（4）资源整合：基于国旅在线全球分销系统整合销售渠道、供应商、消费者；线下产品极大丰富以促使线上销售极速突破；通过广铺商业门店整合销售渠道；强大的分销能力为整合旅游目的地资源和旅游产品供应商奠定基础。

资料来源：根据中国国旅（福建）公司董事长提供资料和官网资料改编，http://www.cits.cn/和

http://www.ctsfj.com/

问题：

（1）中国国旅（福建）公司如何进行渠道创新？有何优势？

（2）与其他同行业企业相比，中国国旅（福建）公司的渠道创新模式如何？

【实训目标】

结合实际内容，深刻了解市场营销渠道和分销渠道在现实生活中的表现。

【实训内容和要求】

同学们分成 5~6 人组成一个小组，深入到市场营销渠道和分销渠道在现实生活中的场景，如超市等。要求对市场营销渠道和分销渠道有很好地理解和认识。

【实训效果评估】

根据同学们调查的情况，观察、了解、检查同学们对各种批发商和零售商类型、无门市零售形式的认识程度、掌握程度、理解程度及在现实生活中的应用程度，并对其进行打分评价。评价标准如下。

实训内容	认识程度（5 分）	理解程度（5 分）	掌握程度（5 分）	应用程度（5 分）	总分
市场营销渠道					
分销渠道					
批发商					
零售商					
无门市零售					

[1] Louis w. Stern and Adel I. El-Ansary. Marketing Channels，5th ed. Upper Saddle River，NJ: Prentice Hall，1956.

[2] [美]菲利普・科特勒. 梅清豪译. 营销管理. 上海：上海人民出版社，2003.

[3] 郭国庆. 市场营销学通论(第 6 版).北京: 中国人民大学出版社, 2014.

[4] 吴健安. 市场营销学（第 5 版）. 北京：高等教育出版社，2014.

[5] 胡怀邦，郝渊晓，刘全洲，马源平. 现代物流管理学. 广州：中山大学出版社，2001.

[6] 彭志忠. 现代物流与供应链管理. 济南：山东大学出版社，2002.

[7] 周艳军. 供应链管理. 上海：上海交通大学出版社，2010.

第十三章

促销策略

原理要点

- 沟通理论及促销组合
- 人员推销策略
- 广告
- 公共关系
- 销售促进

促销活动实质上是一个信息沟通的过程，它的主要任务是企业将产品或劳务的信息传递给目标顾客，从而使其引起兴趣，促进购买，实现企业产品销售的一系列活动。

“欢乐迪氧吧 KTV”的促销

“欢乐迪氧吧 KTV”成立于 2003 年，是一家集健康、时尚、休闲为一体的大型娱乐公司，是大众 KTV 的倡导者和践行者，旗下直营店遍布福建、重庆、四川、江西、江苏、湖南、湖北、陕西、广东、广西等省市。自 2009 年 5 月 1 日第一家“欢乐迪音乐氧吧量贩式 KTV”在福建泉州诞生以来，在全国以超常规的发展，门店数已经达到 52 家。公司与华侨大学等科研院校合作，投入巨资进行科研攻关，经研究开发出来专业用于改善 KTV 包厢内空气质量的“低碳富氧系统”，已经取得三项国家级专利技术，到欢乐迪“氧吧 KTV”K 歌不再有烟味酒味的困扰。欢乐迪氧吧 KTV 运用多种促销手段，使其达到更好的宣传效果。“欢乐迪氧吧 KTV”的促销组合活动如下。

活动一：拍照分享，送果盘

2016 年 3 月 7 日起至 4 月 29 日，凡来店顾客拍下欢乐迪获奖（“中国 KTV 最具价值金质品牌”及“最具发展潜力品牌”）屏保画面及获奖横幅分享至微信朋友圈，赠送精美果盘一份。

活动二：微信集赞，赠啤酒

拍照分享至朋友圈当天，23:00 前朋友圈集赞满如下赠送啤酒。（1）集赞 18 个，赠送指定啤酒 3 瓶；（2）集赞 36 个，赠送指定啤酒 6 瓶。

活动三：再次欢唱，免房费

凡参与集赞活动的顾客，买离时均可获赠免费欢唱邀请函一张，二次进店可免中包及以下包厢房费一次。

资料来源：根据“欢乐迪氧吧 KTV”提供资料和官网资料改编. http://www.huanlediktv.com/

问题：

（1）欢乐迪氧吧 KTV 运用了哪些促销组合？

（2）欢乐迪氧吧 KTV 的促销组合有哪些创新和值得借鉴之处？

第一节　沟通理论及促销组合

一、信息沟通理论

一个信息沟通模式应能回答 5 个问题：①谁；②说什么；③通过什么渠道或媒介；④对谁说；⑤有何效果。据此我们可以用信息沟通模型图来表示，所涉及的关键要素主要有以下几个方面。

发送者，它又叫信息源，是指将信息发送给另一方。

编码，是指发送者将事实或意图转换成信息的过程，这信号可以是语言、文字、音像、图片等。

信息，是发送者传递的整套信号。

媒体，是指信息从发送者到接收者所经过的传播渠道或途径，如报纸、广播、电视等。

解码，指信息接收者对发送者所传的信号进行解释的过程。

接收者，又称目标受众，是指接收信息的一方。

反应，是指接收者在受信息影响后所采取的行动。

反馈，是指接收者返传给发送者的那部分反应。

噪声，是指在信息沟通过程中发生的意外干扰与失真。

信息沟通的模式[①]见图 13-1。

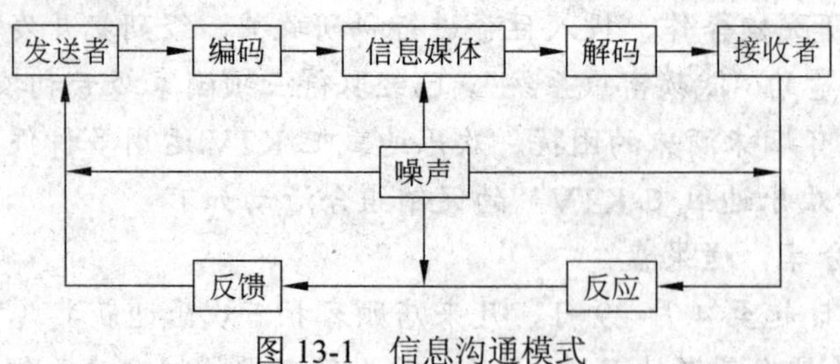

图 13-1　信息沟通模式

九个要素中，发送者和接收者代表传播的双方，发送者是信息传递的主体，接收者是信息沟通的对象；媒体和信息是沟通的手段，编码、解码、反应和反馈代表主要的传

① [美]菲利普・科特勒. 梅海清译. 营销管理(第 12 版).上海：上海人民出版社，2003: 636.

播功能，噪声代表外界的干扰。这一模式强调了构成有效传播的主要因素。

二、促销的含义及其作用

促销是企业通过人员和非人员的方式，沟通企业与消费者之间的信息，引发、刺激消费者的购买欲望，使其产生购买行为的活动。促销一般包括广告、人员推销、销售促进和公共关系等活动。促销有以下作用。

1. 传递信息

只有将企业产品和劳务等信息传递给消费者，才能引起消费者的注意，才有可能产生购买欲望。当广大公众对企业的产品有一定知名度后，才能纳入自己的选择范围。产品的知名度越高，消费者对企业的产品越了解，选择该企业产品的可能性越高。

2. 增加需求

由于市场竞争激烈，同类产品很多，差别较小，消费者不容易辨别。所以有效的促销可以让消费者分辨出细微的差别及本企业产品的特色，可以诱导和激发需求，还可以创造需求。

3. 强化产品的价值

促销可通过向购买者介绍某种产品具有的特殊效用，建立品牌形象，确立品牌价值，强化产品的价值，并为较高的市场定价提供依据。

4. 稳定销售

促销可以减少因市场需求的周期性、季节性或不规则导致的全年销售波动。企业运用适当的促销方式开展促销活动，可使较多的消费者对本企业的产品产生偏好，进而稳定市场，达到稳定销售的目的。

三、促销组合及促销策略

促销组合（promotion mix）是企业为了有效地进入目标市场，实现企业的目标而对人员推销、销售促进、广告和公共关系等几种促销工具的综合运用①。

促销策略从总的指导思想上可分为推式策略和拉式策略两类。“推式”策略主要通过人员推销把产品推给分销渠道，通过分销渠道再把产品推给消费者。即生产企业积极地把产品推销给批发商，批发商再积极地推销给零售商，零售商再推销给顾客。这种策略将以人员推销和适当的销售促进方式为主（见图 13-2）。推式策略一般适合于单位价值较高的产品，性能复杂、需要做示范的产品，流通环节较少、流通渠道较短的产品、市场比较集中的产品等。拉式策略又叫非人员推销策略，是指企业运用非人员推销方式把顾客拉过来，刺激他们产生购买的欲望和行动，以扩大销售。拉式策略一般以广告促销为主要手段，直接诱发消费者的购买欲望，由消费者向零售商、零售商向批发商、批发商向制造商求购，层层拉动以实现产品销售。对单位价值低的日常用品，流通环节较多、流通渠道较长的产品，市场范围较广、市场需求较大的产品，常采用拉式策略(见图 13-3)。

在营销实践中，企业通常会组合使用推式或拉式策略，或有所侧重地使用其中一种，

---

① 吴健安.市场营销学（第 3 版）. 北京：高等教育出版社，2008: 374-376.

以便获得较好的传播效益。

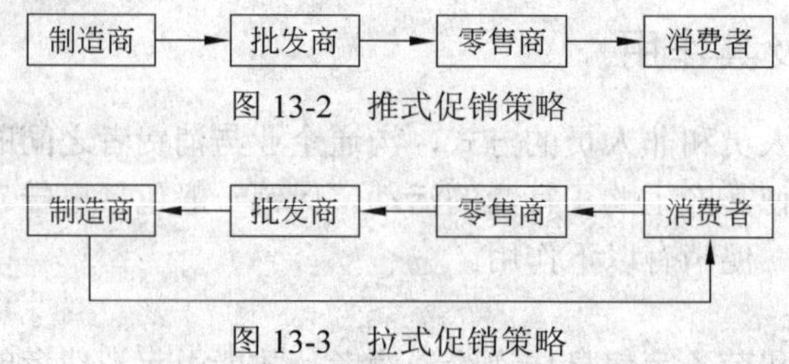

图 13-2　推式促销策略

图 13-3　拉式促销策略

四、制定促销组合应考虑的因素

1. 促销目标

企业在不同的时期或不同地区的经营目标不同，因而促销目标也不同。如目标是树立企业形象，提高知名度，则促销的重点应是广告，同时辅以公共关系；如目标是近期内迅速增加销售，则销售促进最易立竿见影，并辅以人员推销和适量的广告。从整体看，广告和公关宣传在顾客购买决策过程的初级阶段成本效益最优。而人员推销和销售促进在较后阶段更显成效。

2. 产品特点

促销工具的有效性因消费品市场和工业品市场的差异而不同。从产品特点看，在对工业品或生产资料促销时，由于技术复杂，购买批量较大，市场集中，单价昂贵的商品适用于人员推销。而对于绝大多数的消费品，由于结构简单、标准化程度较高、价格低廉，市场范围广，故通常采用拉式策略，尤其以销售促进和广告形式促销较多。

3. 目标市场特点

市场条件不同，促销组合与促销策略也不同。从市场地理范围大小看，若企业面对的是地域辽阔且分散的顾客，多采用广告形式。若促销对象是小规模的本地市场，应以人员推销为主。从市场类型看，消费者市场顾客数量多而分散，采用广告可以降低的相对成本达到广而告之。而产业市场的顾客数量少，分布集中，购买批量大，适宜用人员推销。

4. 产品生命周期

促销手段在产品生命周期的不同阶段的效应也有不同。一般来说，在导入期，需要广泛宣传，以提高企业的知名度。因此，广告和公关具有很高的传播效应，成本效益最优，同时辅以销售促进和人员推销。在成长期，消费者彼此相互转告，需求仍然保持自然增长的势头，此时广告仍是最主要的促销手段，但在内容上应突出宣传本企业产品的品牌、特色和优势。进入成熟期，销售促进比广告的传播效应更大，广告又比人员推销的传播效应大。在衰退期，促销规模应降到最低限度，人员推销的传播效应最低，销售促进的传播效应较强。广告和公关宣传则降低。

【案例导读】

可口可乐快乐红 PA 畅爽乐章分享

可口可乐快乐红 PA（Public Area）方案畅爽乐章在福建省开展。2015 年 6 月 29 日，在福州福建大剧院，快乐红 PA 进行大型路演摇滚乐。(1) 选择世界杯、歌词瓶、快乐红 PA 三大关键元素，划分日场朋友圈、八卦圈、娱乐圈、足球圈、吃吃喝喝圈五大区块，结合晚场明星 SHOW，招募到的消费者 90%为汪东城粉丝，歌词瓶精彩互动，全场合唱歌词瓶的歌曲，到场人次 3 500 人次，赠饮 1 500 人次，到场媒体 17 家，影响人数高达 5 000 000 人次；(2) 进行微博+微信互动宣传：有奖转发、猜球送票、邀请粉丝发布现场活动等，影响 400 000 人次；(3) 进行线上宣传的 OOH (Out Of Home Media) 投放：投放福州，数量 60 面，影响 18 000 000 人次；(4) 采用楼宇电视+车载电视投放：投放福州，影响 20 000 000 人次；(5) 采用媒体报道、在微博与粉丝争相互动。

资料来源：改编自 厦门太古可口可乐饮料有限公司提供的资料，http://www2.xmrc.com.cn/job/Cocacola/index.aspx.

问题：为什么可口可乐要进行分享？他们如何分享？你认为结果会如何？

第二节 人员推销策略

一、人员推销的概念及特点

(一) 人员推销的概念

推销是营销组合中的人员推销 (personal selling)，即由推销人员直接与潜在顾客接触、洽谈、介绍商品，进行说服，促使其采取购买行动的活动。[①]在人员推销中，推销人员、推销对象和推销品是推销的三个基本要素。前两者是推销活动的主体，后者是推销活动的客体。推销活动具有双重目的，一方面要满足顾客的特定需求，帮助顾客解决某些问题；另一方面要达到推销人员所代表的企业目的。

(二) 人员推销的特点

推销是一项综合的艺术，需要推销人员融知识、天赋和才干一身，需要推销人员在推销过程根据不同的环境和不同的顾客灵活运用多种推销技巧，来满足顾客的需求。其主要特点包括如下五个内容。

1. 双向性

推销并非只是由推销员向推销对象传递信息的单向活动，而是信息传递与反馈的双向沟通过程。一方面，推销人员通过向顾客宣传介绍推销品的有关信息，以此来达到招徕顾客、促进产品销售之目的；另一方面，推销人员通过与顾客接触，能及时了解顾客对本企业产品或推销品的评价。所以说，推销实际上是两个主体（推销人员与推销对象）相互进行卖与买的过程。

2. 互利性

推销的有效结果表现为卖出商品，实现盈利，但推销所要解决的问题，主要是满足

---

① 吴健安.现代推销学. 大连：东北财经大学出版社，2011:3.

顾客的需要，因而必须主动帮助并激励顾客购买。因此，成功的推销需要买与卖双方都有积极性，其结果是双赢。不仅推销的一方卖出商品，实现盈利，而且推销对象也感到购买满足了需求，给自己带来了各方面利益。这样，既达成了今天的交易，也为将来的交易奠定了基础。

3．灵活性

由于市场环境和推销对象需求的不确定性因素很多，环境与需求都是千变万化。推销活动必须适应这种变化，灵活运用推销原理和技巧。恰当地调整策略和方法，以适应顾客，诱导顾客购买。

4．长期性

推销人员与顾客长期见面与接触，可以促使买卖双方建立友谊，密切企业与顾客之间的关系，建立起顾客对企业产生好感和偏爱。如此一来，在长期保持友谊的基础上开展推销活动，有助于建立长期的买卖协作关系，从而保证推销活动的顺利进行。

5．说服性

推销的中心是人不是物，说服是推销的重要手段。为了争取顾客的信任，让顾客能接受企业的产品，从而购买行动并重复购买，推销人员必须耐心地将产品的特点和优点向顾客做宣传和介绍。这样，顾客才能体会到推销人员的真诚，认可企业的产品和服务，并且愿意购买，而不是强卖给顾客。

当然，推销也有一些缺点，主要是人工成本费用较高。因此，企业决定使用人员推销时必须权衡利弊。此外，人员推销还有一个局限性，企业很难物色到合适有才干的销售人员。

二、人员推销的基本流程

完整的推销过程，一般包括寻找客户、访问准备、约见顾客、洽谈沟通、达成交易、售后服务、信息反馈七个阶段。

1．寻找客户

寻找客户是指寻找有可能成为潜在购买者的顾客。开展推销，首先要明确应向谁推销，这是不言而喻的。推销员应建立一个潜在顾客的名单及档案，并加以分类，作为开发的目标，据以收集有关客户的尽可能详尽的信息。客户由老客户和新客户构成。老客户是扩大市场占有率的基础和起点，也是推出新产品、新创意或推广新用途的首选目标。当然，在留住老客户的同时，应该加强新客户的开拓。推销员必须不断地寻找新的潜在的顾客，防止推销活动停滞不前。

2．访问准备

访问准备是指为了直接推销活动做好必要的准备。推销作为一项复杂的系统工程，准备阶段就是推销活动的备战阶段。访问准备包括资料准备和策划准备两个方面，具体又包括了解自己的顾客，了解和熟悉产品，了解竞争者及其产品，确定推销目标，制定推销策划五个方面。

3．约见顾客

约见是推销人员征求顾客同意接见洽谈的过程。当推销人员做好必要的准备和安排后，即可约见顾客。约见是推销接近的开始，约见能否成功是推销成功的一个先决条件。接近顾客应讲究时间、地点、方式方法方面的策略，做到在恰当的时间、恰当的地点与恰当的对象做了一笔适当的交易。

4．洽谈沟通

推销洽谈是推销过程的一个重要环节。推销洽谈是推销人员运用各种方式、方法、手段与策略去说服顾客购买的过程，也是推销人员向顾客传递信息并进行双向沟通的过程。

5．达成交易

达成交易是推销过程的成果和目的，无疑是推销活动中最重要的一部分。达成交易是指顾客同意接受推销人员的建议，做出购买行动的行为。只有成功地达成交易，才能真正成功的推销。在推销活动中推销人员处理顾客异议，并不失时机地说服顾客做出购买决策，完成一定的购买手续。

6．售后服务

达成交易并不意味着推销过程的结束，售后服务同样是推销工作的一项重要内容。对于很多商品，特别是需要售后服务的产品，如计算机、电视、空调等，售后服务是成交后的一项重要的工作，是关系买方利益和卖方信誉的售后服务工作。

7．信息反馈

推销人员每完成一项推销任务，不仅要搞好售后服务，进行推销工作检查与总结，还必须继续保持与顾客的联系，加强信息的收集与反馈。及时反馈推销信息，既有利于企业修订和完善营销决策，改进产品和服务，也有利于更好地满足顾客需求，争取更多的回头客。

三、人员推销的形式与策略

1．人员推销的基本形式

一般来说，人员推销有以下三种基本形式。

（1）上门推销。上门推销是最常见的人员推销形式。它是由推销人员携带产品的样品、说明书和订单等走访顾客来推销产品。这种推销形式可以针对顾客的需要提供有效的服务，并方便顾客，得到顾客的广泛认可和接受。

（2）柜台推销。又称门市推销，是指企业在适当地点设置固定的门市，由营业员接待进入门市的顾客，推销产品。门市的营业员是广义的推销员。由于门市里的产品种类齐全，能满足顾客多方面的购买要求，为顾客提供较多的购买方便，并且可以保证商品安全无损，因而顾客比较乐于接受这种方式。柜台推销适合零星小商品、贵重商品和容易损坏的商品推销。

（3）会议推销。它是指利用各种会议向与会人员宣传和介绍产品，开展会议推销。这种推销形式接触面广、推销集中，可以同时向多个推销对象推销产品，成交额较大，推销效果较好。

2．人员推销的基本策略

在人员推销活动中，一般采用以下三种基本策略。

（1）试探性策略。指在不了解顾客的情况下，推销人员运用刺激性的手段引发顾客产生购买行为的策略。推销人员事先设计好能引起顾客兴趣、能刺激顾客购买欲望的推销语言，通过渗透性交谈进行刺激，在交谈中观察顾客的反应，以了解顾客的真实需要，诱发购买动机，引导产生购买行为。这种策略又称为“刺激—反应”策略。

（2）针对性策略。是指推销人员在基本了解顾客某些情况的前提下，有针对性地对顾客进行宣传、介绍，以引起顾客的兴趣和好感，从而达到成交的目的。因而推销人员常常在事前根据顾客的有关情况已设计好推销语言，故又称为“配方—成交”策略。

（3）诱导性策略。是指推销人员运用能激起顾客某种需求的说服方法，诱导顾客产生购买行为。这种策略是一种创造性推销策略，它对推销人员要求较高，要求推销人员因势利导，诱发、唤起顾客的需求，并能不失时机地宣传介绍和推荐所推销的产品，以满足顾客对产品的需求。因此，这种策略又称“诱发—满足”策略。

四、推销人员的组织决策

（一）建立推销组织的原则

1. 目标任务的原则

企业推销组织的建立、通知、增加、减少都应该以是否对其实现目标有利为衡量标准。推销组织的建立是为了完成企业的推销任务，因而推销组织应该确立与企业总体发展战略和经营计划相一致的推销目标。

2. 分工协作原则

企业的推销工作是一个整体运作系统，组织中的每一个成员都为这个系统的目标尽自己的责任。因此，企业应将总体任务分解，根据任务的性质、范围、数量确定来分工，同时，成员之间相互协作也是非常重要的。

3. 责权利结合原则

每个推销人员在履行自己的推销职能时，必须明确自己的职责和任务，同时企业也应该给以他们相应的权力，以便推销人员能按照企业的要求去更好地完成任务。

4. 精干高效原则

企业在建立推销组织时，应根据企业的实际情况，包括目标市场、企业规模、客户类型、分销方式等，结合推销人员完成任务的能力，确定合理的规模和结构。要使推销人员保持高效精干，充分发挥他们的推销能力。

（二）推销人员规模的确定

推销人员的数量规模是企业人力资源决策中的重要组成部分，它将直接影响销售量和销售成本。企业设计推销人员规模时通常有三种方法。

1. 销售百分比

企业根据历史资料计算出销售队伍的各种耗费占销售额的百分比以及推销人员的平均成本，然后对未来的销售额进行预测，从而确定推销人员的合理规模。这种方法简单，但有一定的局限性，因为随着现代化推销工具和手段的运用，这个比率会变动，因此会产生一些偏差。

2. 销售能力法

企业通过测量每一个推销人员在范围大小不同、销售潜力不同的区域内的销售能力，计算在各种可能的推销人员规模下，企业的销售额和投资报酬率，以此来确定推销人员的规模。这种方法比较复杂，要求必须有足够的地区来做相同的销售潜力的估计，运用也比较困难。

3. 工作量法

企业根据不同顾客的要求，确定总的工作量，从而确定推销人员规模。这个方法分为五个步骤：按年度销售量的大小将客户分为若干个级别；确定各级客户所需的访问次数；每个级别客户的数量乘以各自所需的访问次数就是每年总的访问工作量；确定一个销售代表平均每年可进行的访问次数。将年度总的访问次数除以每个销售代表的平均年访问次数，即得到所需销售代表数。

五、推销人员的管理

1. 推销人员的选拔

选拔推销人员，可供选择的渠道包括企业内部选拔和企业外部进行招聘。推销人员的来源主要包括两个方面：一方面是从企业内部选拔业务能力强、素质高的人充实到销售部门；另一方面是从企业外部招募。即企业从大专院校的应届毕业生、其他企业或单位等群体中物色合格人选。无论哪种来源，都应经过严格的考核，择优录用。

挑选推销人员方式有很多，为准确地选出优秀的推销人才，应根据推销人员素质的要求，采用报名、笔试和面试相结合的方法。由报名者自己填写申请表，内容包括姓名、性别、身高、年龄、学历、工作经历等，再由企业销售经理和人力资源部负责人进行面试和业务考试，对业务考试、企业准备录用的人，录取前还需对其进行身体检查，以判断其是否能承担繁重的推销工作。

2. 推销人员的培训

推销人员培训是培育推销人才的过程。

在顾客自由选择日益增强和产品复杂程度越来越高的今天，推销人员不经过系统的专业培训，是不能很好地与顾客沟通的。有远见的企业在招聘之后，都要进行几周乃至数月的专业推销培训。国外企业的平均培训时间，产业用品公司为 28 周，服务公司为 12 周，消费品公司为 4 周。培训时间随销售工作的复杂程度与所招销售人员的类型不同而有所不同。

培训推销人员的方法很多，常被采用的方法有四种。一是课堂培训法。这是一种正规的课堂教学培训方法。一般由销售专家或有丰富推销经验的销售人员采取讲授的形式将知识传授给受训人员。二是会议培训法。这种方法一般是组织销售人员就某一专门议题进行讨论，会议由主讲老师或销售专家组织。此法为双向沟通，受训人有表示意见及交换思想、学识、经验的机会。三是模拟培训。这是一种由受训人员亲自参与并具有一定实战感的培训方法，为越来越多的企业所采用。其具体做法又可分为实例研究法、角色扮演法、业务模拟法等。四是实地培训法。这是一种在工作岗位上练兵的培训方法。

这种方法有利于受训者较快地熟悉业务，效果很好。

六、推销人员的报酬形式

推销人员的工作具有很大的独立性、流动性和自主性，他们的工作环境不稳定、风险较大。在选择推销员报酬制度时，应考虑企业的特征、企业的经营政策和目标、财务及成本上的可行性、行政上和管理上的可行性等因素。推销员的报酬形式主要有薪金制、佣金制和薪金加奖励制三种。

1. 薪金制

薪金制是指在一定时间内，无论推销员的业绩成绩如何，均可以在一定的工作时间内获得一个定额的报酬。这种报酬形式主要以工作的时间为基础，与推销工作效率没有直接联系。它的优点主要有：①推销员具有安全感，在推销业务不足时不必担心个人收入。②有利于稳定企业的推销队伍，因为推销员的收入与推销工作并无直接关系，领取工资的原因在于他们是本企业的员工。③管理者能对推销员进行最大限度的控制，在管理上有较大的灵活性。其起点是：缺乏弹性，缺少对推销员的激励，较难刺激他们开展创造性的推销活动，容易产生平均主义，形成吃“大锅饭”的局面。

2. 佣金制

佣金制与薪金制不同，它有较强的刺激性，即企业根据推销员在一定期间的推销工作效率来支付报酬，即按销售基准的一定比率获得佣金。

佣金制的优点是：①能够把收入与推销工作效率结合起来，鼓励推销员努力工作；②有利于控制推销成本；③简化了企业对推销员的管理。为了增加收入，推销员就得努力工作，并不断提高自己的推销能力。

佣金制的不足是：①收入不稳定，推销员缺乏安全感；②企业对推销员的控制程度低，因为推销员的报酬是建立在推销额或利润额的基础上的；③推销人员不愿意调整自己的销售领域，造成管理困难；④在企业业务低潮时，优秀销售人员离职率高。

3. 薪金加奖励制

企业在给推销人员固定薪金的同时又给其不定额的奖金。这种形式实际是上述两种形式的结合，一般来讲，它兼有薪金制和佣金制的优点，既能保障管理部门对推销员的有效控制，又能起到激励刺激的作用。但这种形式实行起来较为复杂，增加了管理部门的工作难度。由于这种制度比较有效，目前越来越多的企业趋向于采用这种方式。

七、推销人员的考核与评价

为了加强对推销人员的管理，企业必须对推销人员的工作业绩进行科学而合理的考核与评估。推销人员业绩结果既可以作为分配报酬的依据，又可以作为企业人事决策的重要参考指标。

（一）收集考评资料

考核时对推销员的资料收集务必全面、充分，即全方位地收集资料。资料的来源主要有推销人员的销售报告、企业销售记录、顾客意见、企业内部其他职员的意见以及推销总结报告等。

1. 推销人员的销售报告

销售报告可分为销售活动计划报告和销售活动业绩报告两类。销售活动计划报告包括地区年度市场营销计划和日常工作计划，它可作为推销人员合理安排推销活动日程的指导，可展示推销人员的地区年度推销计划和日常工作计划的科学性、合理性。销售活动业绩包括主要提供已完成的工作业绩，从中可以理解销售的情况、费用开支情况、新业务拓展情况等多方面的推销业绩。

2. 企业销售记录

企业内的有关销售记录、顾客记录、区域的销售记录、销售费用的支出等，都是评估的宝贵资料。利用这些资料可计算出某一推销人员所接订单的毛利，或某一规模订单的毛利，对于评估绩效有很大的帮助。

3. 顾客意见

评估推销人员应该听取顾客及社会公众的意见。有些推销人员业绩很好，但在顾客服务方面做得并不理想，特别是在商品紧俏的时候更是如此。通过对顾客投诉和定期顾客调查结果分析，可以透视出不同的推销人员在完成推销商品这一工作任务的同时，其言行对企业整体形象的影响。

4. 企业内部其他职工的意见

这一资料的来源主要来自经营经理、销售经理其他有关人员的意见，销售人员之间的意见也可作为参考。这些资料可以提供一些有关推销人员的合作态度和领导才干方面的信息。

5. 推销总结报告

推销总结报告是推销人员对工作效率的自我诊断，也是企业销售主管检查、指导和帮助推销人员工作的重要依据。它包括四个方面：一是取得的成绩；二是存在的问题；三是原因分析；四是改进措施。

（二）建立绩效标准

要评估推销人员的绩效，一定要有良好而合理的标准。绩效标准不能一概而论，管理人员应充分了解整个市场的潜力和每一位销售人员的工作环境和销售能力上的差异。绩效标准应与销售额、利润额和企业目标相一致。建立绩效考核标准有两种：定量考核指标和定性考核指标。

（1）定量考核指标包括：①销售量——用于衡量销售增长状况，是最常用的指标；②毛利——用于衡量利润；③访问率——衡量推销人员的努力程度，但不能表示推销结果；④访问成功率——衡量推销人员工作效率的指标；⑤平均订单数目——说明订单的规模与推销的效率；⑥销售费用——衡量每次的访问成本；⑦销售费用率——衡量销售费用占销售额的比率；⑧新客户数目——衡量开辟新客户的标准。

（2）定性考核指标包括推销技巧、与客户的关系、自我管理能力、产品及营销方面的知识、合作精神与工作态度等。

对推销人员的考核应采用定量和定性考核相结合的方法，综合分析评价，使考核标准成为一种动力而不是束缚，避免推销人员产生不满、抵触等不良情绪，影响考核的效果。

第三节 广 告 策 略

【案例导读】

福建众诚传媒广告

福建众诚传媒发展有限公司旗下公司有：泉州众诚媒体传播有限公司、厦门众策文化传媒、漳州众诚文化传播有限公司、泉州众诚品牌管理有限公司。泉州众诚媒体传播有限公司的媒体资源是公交候车亭灯箱、顶棚异形亭、车载电视、公交候车亭站名牌、车站电视。

泉州众诚媒体传播有限公司始创于 2007 年 11 月，专业从事公交候车亭广告发布、维护的一站式品牌推广服务，其经营泉州市区 90%公交候车亭、站名牌、冠名亭、150 座的士扬招站、晋江候车亭与的士扬招站、湖美 LED 户外大屏、东湖区域户外大牌及其他各类户外媒体资源。泉州众诚传媒致力于打造泉州地区最大最专业的户外广告平台。根据泉州市区的建筑风格分仿古式和现代式，更增添了上下翻滚式的新型设计，使得广告效果欲加彰显。

资料来源：改编自福建众诚传媒发展有限公司提供资料，http://www.zhongcheng.cm/aspcms/about/about-24.html.

问题：该企业的广告形式在哪些方面有创新？在你看来哪些产品比较适合做公交候车亭为主的媒体发布广告？

“广告”（advertisement）一词，从字面来解释是“广而告之”，即向广大公众告知某种事物。广告作为一种传递信息的活动，它是促销组合中的一种。广告是大众信息的传播活动，更是大众性的经济传播活动。随着商品经济的发展，现代广告的发展首先是从以宣传商品为主的商业广告开始的，它的主要任务就是把商品信息传递给人们，并深深地扎根于消费者心中。

一、广告的分类

根据不同的划分标准，广告有不同的种类。根据广告的内容和目的的划分，可将广告分为产品广告和企业广告（见表 13-1）。

表 13-1 企业广告与产品广告的区别

项目	企业广告	产品广告
广告行为	长期行为	短期行为
广告性质	企业内容	促销内容
广告内容	企业信誉	产品特色
制作周期	长	短
费用	高	低
认识路线	公众—企业—产品	公众—产品—企业

企业广告，又称商誉广告。它是企业通过购买大众宣传媒介使用权的方式，向大众宣传企业组织信誉、树立企业组织形象的一种广告形式。企业广告一般属于长期行为，是企业在一个较长的时间内始终要做的，其性质是企业形象宣传，内容是企业的特色和信誉，以及企业对社会的贡献、对公益事业的关心、支持等。而商业广告的内容主要是促销产品内容，宣传的是产品特色，其目的是使公众认识和购买本企业的产品。产品广告是推销产品，企业广告是推销企业。

二、广告目标的确定

广告的最终目标是增加产品销量和企业利润。广告的整体目标不仅取决于企业整体的营销组合战略，还取决于企业面对的客观市场情况。企业实现其整体目标时，在每个阶段，广告起着不同的作用。归纳起来，企业的广告目标有以下几类。

1. 告知性广告

告知性广告常见于产品生命周期的引入阶段，其目标主要是将此信息告诉目标顾客，使之知晓并产生兴趣，引发初始需求。因此，利用广告的重复传播，有助于新产品、新品牌的推出，也有利于增加受众对知名度不高的品牌的认知。

2. 劝说性广告

劝说性广告主要应用在产品生命周期的引入阶段。当目标顾客已经产生购买某种产品的兴趣，但还没有形成对特定品牌的偏好时，说服性广告的目的在促其形成选择性的需求，即购买本企业的产品。通过劝说性广告使消费者相信，它的产品与市场上的其他任何品牌的产品都不同，从而突出自己产品的优势。

3. 提醒式广告

提醒式广告主要用于产品成熟阶段，目的是唤起顾客对产品的记忆，提醒消费者可能很快就会需要某种产品，并提醒消费者购买的地点，这种提醒可以促使消费者即使在淡季也能记住这些产品，使产品保持较高的知名度。

4.竞争性广告

竞争性广告的目的在于加强产品的宣传，提高市场竞争能力。广告诉求的重点在于宣传本产品与其他同类产品的优异之处，使消费者认知本产品能够给他们带来的好处，以增强本企业产品的知名度和美誉度。

三、确定广告预算

确定广告目标后，企业即可为每一产品编制广告预算。一般来讲，影响广告预算编制的主要因素有以下几项。

1. 企业实力因素

企业的状况和实力是决定广告预算的基本依据和前提，企业财力物力状况直接影响广告预算的高低。企业的规模大、实力强、产量高、资金雄厚，企业的营销目标和广告目标也就比较大，广告预算相应也会比较大。反之，如果企业资金、产品规模小，则在编制广告预算时，应量力而行，不可盲目求大。

2．媒体因素

不同的媒体有不同的广告受众、不同的广告效果和不同的媒体价格。一般来说，电视广告的费用最高，其次是报纸、广播和杂志，网络的广告费用相对较低；而电视和广播节目覆盖范围的大小、收视率的高低、报纸杂志的发行量的大小，以及这些媒体的权威性、最佳播出时间和最佳版面等不同，其广告的价格费用也有明显的差别。因此，企业在确定广告预算时，必须考虑媒体因素的影响。

3．竞争对手因素

广告也是企业进行市场竞争的一个手段，广告预算因而也受到竞争对手的影响。竞争对手之间进行市场竞争，往往以广告宣传的形式表现出来。在一定程度上，广告的竞争就演变为广告预算的竞争。在一个有众多竞争对手且竞争激烈的市场上，广告预算必然要高，才能压过竞争对手，尤其是在企业打算扩大市场占有率时。

4．产品因素

在产品生命周期不同阶段，所需广告支出水平不同。一般来说，介绍期需较高的广告预算，以使产品被大众接受。当产品进入成熟期时，广告预算的费用会保持在一个较为稳定的水平，以保持产品的畅销状态。而一旦产品进入衰退期，广告的费用将大幅度削减。

影响广告预算的因素还有很多，如销售量与利润因素、消费者因素、广告的制作水平等，它们对广告预算的影响程度不一，在此不再列出。

四、广告媒体及其选择

广告媒体的种类很多，主要有报纸杂志、广播、电视等。每种媒介各有其特点，在时间性、灵活性、视觉效果、传播面及成本等方面的差异，各有所长。了解它们各自的优点和局限性，对选择正确的媒体十分重要。

1．报纸

报纸媒体的弹性和时效性特点十分突出。它的优点表现在传播范围广。报纸作为传播新闻的重要工具，男女老少均能接触，它广泛联系着全国城乡各个角落的读者；传播速度快。可及时地传播有关的经济信息。制作简单、灵活；传播信息详尽。缺点主要是时效性短，形式相对单一，公众的注目率较低，感染力差。

2．杂志

与报纸相比，杂志的专业性较强，一般有固定的读者群。此外杂志的保留时间相对较长；杂志的广告内容含量大，印刷精美，广告效果好。但杂志的受众范围有限，出版周期长，对于在实效上要求紧迫的一些商品宣传和短期促销活动不太适合。

3．广播

广播媒体是以电波为传播手段，以声音为表现形式的媒体。它具有几个方面的优点：传播速度快，在五大媒体中可以说是最快的；覆盖面广，只要电波所涉及的都可以；具有较高的灵活性，内容可长可短，形式多样；制作简便，收费低廉。它的局限性在于时间短暂，稍纵即逝，给人的印象不如视觉媒介深刻和容易理解。而且广播听众的注意力通常都比较低。

4. 电视

电视是一种兼有听觉、视觉的现代化广告媒体，是现代广告媒体中最有生命力的媒体。电视有形、有声、有色，听视结合，使广告形象、生动、逼真、感染力强。电视广告播放及时，覆盖面广，选择性强，收视率高，宣传氛围广，影响面大；宣传手法灵活多样，艺术性强。其不足之处在于信息实效短，无法保存；信息量相对较小，广告费用较高；宣传短暂，观众可选择性差。

5. 邮寄广告

邮寄广告的形式包括销售信、明信片、传单、宣传册、样本、订单、产品目录和企业专刊等。邮寄广告具有选择性强、覆盖面密集、速度快、形式灵活，提供信息全面，反馈快等优点。其缺点是可信度低，单位成本高，对邮件地址具有依赖性，同时也会遭到一些消费者的抵制。

6. 户外广告

户外广告包括广告牌、海报、霓虹灯、招贴等。其优点为内容简明、易记；广告鲜明、醒目，引人注意，使人印象深刻，展露重复率高，成本低。缺点是传播范围有限，传播内容也不宜复杂，且难以选择目标受众。

7. 互联网广告

与传统的广告媒体相比，互联网具有传播速度快、信息容量大；具有很强的互动性、趣味性、个性化，目标顾客的选择性强；不受时间和空间的限制；其成本低，针对性强。其缺点是对硬件要求较高，广告自身的主动性较差，网站要抓住浏览者的兴趣并不容易。

8. 其他广告媒体

其他广告媒体包括车身广告、车内广告、站牌广告、码头广告、机场广告、空中广告（如气球或其他悬浮物带动广告）等，对消费者进行理性和感性诉求，激发人们对广告的产品产生购买欲望。

由于广告媒体各自的性能、传播信息的效果千差万别，企业的媒体人员在选择媒体种类时需要考虑目标沟通的媒体习惯，产品的特性，信息类型、竞争态势以及不同媒体所需的成本，以最经济的广告支出实现最佳的广告传播效果。

五、广告效果评估

广告是一种目的性很强的信息传播活动，做广告就是为了达到某种或长期、或短期、或直接、或潜在的效果。广告效果指的是广告发布以后，在受众中所产生的影响和行动。广告效果包括广告的传播效果、销售效果和社会效果三个方面。

1. 传播效果

广告的传播效果也叫“本身效果”，是指接收广告的人数、接收的人对广告的印象以及引起的心理效应。它并非直接以销售情况的好坏作为评断广告效果的依据，而是以广告的收视收听率、察觉率、兴趣与欲望、产品知名度等间接促进销售的因素为依据。具体表现为受众对广告注意程度、理解程度、记忆程度和反应程度。如注意程度越高，则表明信息传播效果越好；消费者反应的程度愈强烈，则广告信息传导效果愈好。

2. 销售效果

销售效果即以销售情况的好坏直接判断广告的效果。但这种测定方法并不十分全面，有时也欠缺。这是因为销售增长除受广告影响外，还受其他众多因素影响，既有产品本身的，也有来自外部的，而且很难把这些因素的影响一一剔除。因此必须多方面考虑，才能公平而精确地测出广告的真正效果。

3. 社会效果

广告不仅要追求最佳的经济效果，而且要注重其社会效果。广告的社会效果集中地表现于能否促进社会的物质文明与精神文明建设，特别是能否起到传播知识、促进社会道德教育、推广最新技术成就的作用。许多广告积极为人民群众提供丰富的精神食粮，尽可能把产品知识和广告宣传结合起来，使广告具有一定的知识性。同时，广告还应当旗帜鲜明地履行自己的社会职责，展示人们美好的现实生活和崇高的理想，使之真正起到指导消费、方便人民生活的作用。

在现实中，企业尝试着采用实验法和历史资料分析法评估广告的促销效果。实验方法，如在不同地区支付不同水平的广告费用，或广告费用相同，但选择不同的广告媒体，然后将销售结果进行比较。历史资料法则将企业历年的销售额与广告支出额用统计学方法进行处理，得出两者之间的相关关系。

【营销链接】

百姓嘴边的广告语

★味道好极了（雀巢咖啡）

中国人喝不惯咖啡，味道好的咖啡是象征的西方生活方式。雀巢电视广告编织着新生活的蓝图：现代化的小家庭，丈夫事业成功，妻子温柔可人，如细雨般滋润着经历“文化大革命”的人们干涸的心灵。后来，这句广告语被无数次地引过，有时调侃，有时赞美，简直成了一种象征。

广告要打动消费者，先要了解他们。雀巢不是简单地卖出“世界销量第一”，而是深入研究中国本土社会文化背景，创造了中国广告史上的经典。

★人类失去联想，世界将会怎样（联想）

“人类失去联想，世界将会怎样”是个双关语，明说想象力对人的作用，在一个工业化时代可谓切中时弊；暗说联想集团的重要性，中国企业界、中国 IT 界不能没有联想。气势之大令人肃然起敬。

★喝了娃哈哈，吃饭就是香！（娃哈哈）

最精彩的就是“就是”这两个字，有一种孩子气的武断和执着，于是很多小孩都学会了，整天在父母耳边念叨，娃哈哈还能不畅销吗？

★JUST DO IT（耐克）

没有中文，只有英文，耐克的消费者，那些中国年轻人都背得出这句话，都明白这是什么意思。“尽管去做”——全球新一代年轻人共同的文化。世界各地的文化有差异，也有趋同，广告不能拘泥于地域性、民族性。耐克成功塑造全球年轻人共同的品牌，甚至连广告语都不讲当地话。但是他们不盲目全球化，一句“just do it”，一个乔丹卖到底。耐克中国的广告代言人，有王治郅、胡卫东、刘翔。我们要读破其中深意。

资料来源：http://www. doc88. com/p-947592546836. Html.

问题：为什么上述广告能够打动消费者？试评价这四个广告的优劣？

第四节　公 共 关 系

【案例导读】

压力锅事件

“H”牌压力锅、“M”牌压力锅是市场上销路较好的两大品牌。在竞争中，“H”牌压力锅派人买了 3 个“M”牌压力锅并引爆之，在社会上造“M”牌压力锅质量不过关的舆论，结果使“M”牌压力锅厂损失巨大，客户纷纷退货，产品大量滞销。

问题：

（1）“H”牌压力锅厂的行为是否正当？为什么？

（2）“M”牌压力锅厂应采取何种应对措施？

一、公共关系的概念

“公共关系”简称“公关”，英文是“public relations”，缩写为 PR。不同的学者对公共关系的定义有不同的界定，但也有趋同之处。这些趋同之处主要表现在以下方面。

第一，公共关系是一个组织与其公众之间的关系。这种关系是一个组织在与公众的相互作用和相互影响中形成的；无论对组织来说，还是对公众来说，这种关系都具有确定的意义和内容。

第二，公共关系是一种特殊的思想活动。作为一种思想，它渗透在一个组织的全部活动之中；作为一种活动，它又具有区别组织的其他活动的特殊性和特殊要求。

第三，公共关系是现代组织管理的独立职能。公共关系的主要任务就是，协助组织与公众的相互关系，使组织适应公众的要求，并得以成长与发展。

第四，信息沟通与传播是公共关系的特殊手段。公共关系用以协调组织与公众的主要手段，就是信息沟通与传播，信息沟通与传播是以现代大众传播媒介为物质工具的。

概括以上四点内容，我们对公共关系给出这样的一个定义，公共关系就是一个组织运用有效的传播手段，使自身适应公众的需要，并使公众适应组织发展需要的一种思想、政策和管理职能。

二、公共关系的基本特征

公共关系是社会关系的一种表现形态，科学形态的公共关系与其他任何关系都不同。因此，有它自己的特征，可以概括为以下几个方面。

1. 公共关系以公众为主要对象

公众是公共关系的主要对象，一切工作均是围绕公众展开的。要做好公共关系工作，就必须了解和研究公众，只有了解公众，才能真正了解公共关系的对象和内容，才能制定正确的目标、策略和方法，从而使公共关系工作建立在科学的基础上，并与公众建立良好的关系，使组织形成良好的公共关系状态。

2．公共关系以追求高美誉度为工作目标

一个企业的形象和声誉是一笔无形的资源。良好的形象和声誉是企业富有生命力的表现，也是公关的真正目的之所在。而形象中的知名度、定位度都是以美誉度为基础的，因此，公共关系是以追求高美誉度为工作目标。

3．公共关系的活动以平等互惠为原则

公共关系是以一定的利益关系、业缘关系为基础，而不是以血缘、地缘为基础。这就决定了主客双方必须平等互利，要协调、兼顾企业利益和公众利益，最终达到双赢的目的。

4．公共关系以信息沟通为手段

公共关系是组织与其相关的社会公众之间的一种信息交流活动，信息只有传播沟通才能实现价值。企业从事公关活动，能沟通企业内外、上下的信息，建立相互间的理解和信任，协调和改善企业的社会关系环境。

5．公共关系以长远为方针

公共关系的效果不是急功近利的短期行为所能达到的，需要长期、连续地努力。公关的实践告诉人们，不能把公共关系人员当作“救火队”，而应该当作“常备军”。组织凭借公共关系在公众中塑造好的形象，绝非一日之功。它要树立过程的长期性，同时一旦树立起来它又同形象的滞后性相关，而不会轻易改变，因此，公共关系的长远性是与组织生存的长远性同病相怜的。

三、公共关系的主要职能

公共关系的职能是公共关系在组织中所发挥的作用和应承担的职责。其中主要的职能有：信息管理、咨询建议、宣传推广、协调关系、教育引导和危机管理等几个职能。

1．信息管理

信息管理已成为公共关系的一个主要职能，它包括收集信息和监测环境。在信息社会里，信息成为公认的巨大资源。无论是内部公关还是外部公关，任何策划都应从采集信息开始。公共关系活动的基本目的，就是通过双向的信息沟通，有效地实现组织与公众之间的信息交流。对于信息的采集应当而且必须通过多种渠道和运用各种传播媒介，以保证信息的全面性；同时对信息要进行筛选和分析，以确保有价值的信息。

一般来说，公共关系工作中需要的信息主要包括：组织形象信息；产品形象信息；组织运行状态及其发展趋势信息；企业内部公众信息，其他社会信息等。

2．咨询建议

公共关系作为一项管理职能，主要体现在为经营管理决策所发挥的参谋作用。因此公共关系又成为咨询业。公共关系的咨询建议就是指公共关系专业人员向组织领导提供有关组织公众方面的可靠情况说明和意见，使决策更加科学化、系统化，并能顾及社会公众的利益。

公关人员向决策层提供的咨询一般包括：公众的一般情况咨询、公众的专门性情况咨询，以及公众心理变化和趋势的咨询。

3．宣传推广

公共关系具有宣传推广的职能，可以将企业的有关信息及时、准确、有效地传递给特定的观众对象，为组织创造良好的社会环境，从而使其树立良好的形象。

公共关系的宣传推广职能主要体现在两个方面：一是组织运用传播沟通的手段同公众进行双向交流，赢得公众的信任和支持。二是顺时造势，实现舆论导向，通过公关广告、策划新闻、专题活动来造势，以此来提高组织的知名度和美誉度。长城饭店运用"二抢美国总统"的谋略，提高了自己的知名度和美誉度，又采取组织首都百对青年举办集体婚礼的办法来克服中国人的心理误解，消除了长城饭店是洋人出入的地方的想法。

4．协调关系

所谓协调是使组织内外不同部门的活动和谐化、同步化，达到组织与环境相适应，以实现其共同的目标。公共关系协调是公共关系赖以建立和发展的深层动力和机制。"公关第一人"艾维·李就是以成功地平衡利益、协调关系解决大罢工而确立了职业公共关系地位。组织作为一个开放系统，面对各类公众及其各自的利益要求，组织公关要想为组织创造一个良好的内外部环境，就必须本着真诚互惠的原则来协调这些利益，使组织与公众相互理解支持，建立信任关系，处于一种和谐的状态，为组织创造一个和谐的环境。公共关系能够发挥平衡、协调关系职能的领域主要有：一是协调企业与外界之间的关系；二是协调组织内部各部门、各环节之间的利益与关系；三是协调组织内部领导与职工之间的利益与关系。

5．教育引导

对于一个组织来说，要想获得良好的社会形象，宣传固然重要，但更重要的还在于自己的工作，需要通过教育和引导来提高美誉度。组织公共关系的教育引导职能主要表现在对内和对外两个方面。

对内，公共关系的主要职能是传播公关意识，传播公共关系的思想和技巧，进行知识的更新和教育，不仅要对每个员工进行教育引导，也要说服组织领导接纳公共关系的思想和观念。

对外，组织公共关系主要是对公众进行教育引导。人们常说："公众永远都是对的"，但从客观来讲，公众不可能永远是正确的，而是需要加以引导。

6．危机管理

组织危机是指组织与公众发生冲突，或出现冲突事件，公众舆论反应激烈，组织形象受到严重损害而陷入困境的状况。危机处理包括常见的公关纠纷处理和恶性突发事件的处理。危机是组织生存发展的大敌，处理不好都会给组织造成影响甚至损失。因此，处理好危机是公共关系的一项很重要的职能。随着公关理论和实践的发展，事前预测管理危机已成为公共关系对待危机的主流方法，这是组织公共关系的新发展。

四、公共关系的工作程序

通常将公共关系活动的程序分为调查研究、谋划对策、实施方案、效果评估四个步骤。也就是公共关系学中所谓的"四步工作法"。它们虽然各自相互独立，但又相互衔接，前后连贯，构成一个整体。

1．调查研究

所谓公共关系调查研究是指公共关系人员运用科学的方法，有步骤地考察、了解、分析、研究组织的公共关系状态，以收集信息、分析问题、掌握情况为目的的一种公共关系实践活动。它是公共关系工作的一项重要内容，是开展公共关系工作的基础和起点。通过调查，才能弄清组织公共关系的现状以及组织所面临的公共关系方面的问题，一个组织才有可能制订出有针对性的公关计划，才能找到实现公共关系目标的最佳途径和方法，为企业制定合理决策提供科学依据。

2．谋划对策

谋划对策通常被称为公共关系策划，是指公共关系策划者为实现组织的公共关系目标，对公共关系活动的性质、内容、形式和行动方案进行计划与设计的思维过程，它是公共关系实务工作中及其重要的一个环节。它要以公关调查为前提，依据一定的原则来确定公关目标，并制订科学、合理、可行的方案。

3．实施方案

公共关系的实施，是在公共关系计划方案被采纳后，将方案所确定是内容变为现实的过程。公关计划的实施是整个公关活动的高潮，也是解决公共关系问题、实现公共关系目标的关键环节。为确保公共关系实施的效果最佳，正确地选择公共关系媒介及确定公共关系的活动方式是十分重要的。确定公共关系的活动方式，要根据不同类型的公众对象、不同类型的组织机构及其发展过程中的不同阶段，分别采取适合的工作方式，这样才能实现预期的目标。其公共关系的工作方式有宣传式工作方式、交际式工作方式、服务式工作方式、赞助式工作方式以及征询式工作方式。而公关媒介应依据公共关系工作的目标、要求、对象和传播内容以及经济条件来选择。

4．效果评估

公关计划实施效果的检测，主要依据社会公众的评价来进行。其目的是取得关于公共关系工作过程、工作效益和工作效率的信息，作为决定开展公共关系工作，改进公共关系工作和制订公共关系新计划的依据，也为确保企业的公共关系成为有计划的持续性工作提供必要的保证。

【营销链接】

盼盼食品系列促销活动

系列活动1：盼盼送红包，你敢抢我敢送

盼盼公司2016年3月2日发布：即日起购买盼盼促销产品，即有机会赢得双重好礼888元，观影卡、微信现金红包、观影红包等你拿！中奖率99.99%！快来试试运气吧！

系列活动2：盼盼食品电商的新年问“猴”礼

在盼盼食品即将跨入二十周年生日的此刻，盼盼食品电商向长期以来喜欢盼盼食品的消费者们，致以最棒的“2016新年”问“猴”礼。年货节期间，盼盼食品天猫旗舰除了有1.1元商品疯抢之外，还将赠送三重惊喜：“免单、超值赠品、猴年现金大红包”，以回馈长久以来支持的盼客们。这三重的惊喜只是年货节的开端，据悉，从2016年1月17日开始，每天还放送新品“0”元试吃活动。

资料来源：盼盼送红包，你敢抢我敢送. 2016-03-02; 盼盼食品集团跟你说声：新年猴. 2015-12-31. http://www.panpanfood.com/news_show/

第五节　销 售 促 进

【案例导读】

滴滴快的狂烧10亿：全国12城市免费打车

滴滴快的宣布，从2015年5月25日凌晨开始，在全国12个城市推出“全民免费坐快车”的活动。据了解，此次补贴高达10亿元。据悉，一个月内，在北京、天津、杭州、广州、深圳、成都、武汉、重庆、南京、长沙、大连、西安的所有乘客，每位用户在周一使用滴滴快车，前两次每单立减15元。具体时间为：5月25日、6月1日、6月8日、6月15日。滴滴快的CEO程维表示，公司将致力于把所有交通工具搬到网上，成为涵盖出租车、专车、快车、顺风车、代驾以及公交等多种出行工具在内的一站式出行平台。

资料来源：朝晖.滴滴快的狂烧10亿：全国12城市免费打车. 驱动之家新闻中心，2015-05-22. http://news.mydrivers.com/1/431/431439.htm.

问题：为什么滴滴快的要狂烧免费10亿元？免费是变相的降价吗？试分析原因？

销售促进（sales promotion，SP），又称营业推广，是指企业运用各种短期诱因，鼓励消费者和中间商购买、经销企业的产品或服务的促销活动[①]。销售促进通过鼓励试用、批量购买和再购买，以扩大销售。销售促进往往是一种辅助性促销方式，一般不单独使用，常常配合其他促销方式使用，使其他的促销方式更好地发挥作用。

一、销售促进的特点

（1）即期效果显著。由于销售促进运用利益刺激的促销方法，吸引消费者购买，使消费者产生机不可失的感觉，能使消费者迅速采取购买行动，因此在短期内的能收到明显的增销效果。相对而言，销售促进中的消费者行为的反应要快于广告。

（2）贬低产品或企业的形象。销售促进显示了企业急于出售某类产品的意图，可能会造成消费者对产品或企业产生不良印象。如频繁使用或使用不当销售促进方法，有可能降低产品的身价，损害企业的形象，降低产品品牌忠诚度。因此，企业在开展销售促进活动时，要注意选择恰当的方式和时机。

（3）非降价策略。销售促进的激励措施是以特定的产品或服务为对象，由于时间、事件等因素而暂时改变了产品的相对价格。如由于纪念某个活动采取的价格优惠活动等。一旦时间和事件结束，价格就要恢复到正常水平。

二、销售促进的形式

销售促进必须要有明确的目标。企业在选择销售促进方式的时候，应当根据目标市场和整体策略来确定营业推广的目标。销售促进的形式大致分为以下几种。

① 吴健安.市场营销学（第3版）. 北京：高等教育出版社，2008:396.

1. 针对消费者的促销形式

针对消费者可供选择的销售促进方式有以下几种。

（1）样品。样品是指免费提供给消费者试用的产品。向消费者提供样品，可以鼓励消费者认购，也可以获取消费者对产品的反应。样品的发放可以通过邮寄、或在商店内提供、或挨家挨户地送上门等形式。样品是最有效的也是最昂贵的介绍新产品的方式，但对高价值的商品不宜采用。

（2）优惠券。优惠券作为一种证明，持有者在购买商品时可凭优惠券按规定免付一部分货款。优惠券可以邮寄，也可以放进产品包装内，也可以刊登在杂志和报纸广告上。这种形式可以刺激消费者使用老产品认购新产品。专家认为优惠券必须提供 15%~20%的价格折让才会有效果。

（3）特价包。特价包是向消费者提供低于常规价格销售商品的一种方法。其做法是在商品包装上或标签上加以附带表明。特价包可以是一件商品单装，也可以是若干件商品或几种用途相关的商品批量包装。特价包对于刺激短期销路方面甚至比折价券更有效。

（4）包装兑现。即采用商品包装来兑换现金。如收集到若干个某种饮料瓶盖，或积累一整套标志，可兑换一定数量的现金或实物，借以鼓励消费者购买该种饮料。这种方式的有效运用，也体现了企业的绿色营销观念，有利于树立良好的企业形象。

（5）奖品。奖品是指消费者在购买某物品后，向他们提供赢得现金、旅游或物品的各种获奖机会。有竞赛、抽奖和游戏等方式，这些方式有趣，顾客非常乐于参加。

此外，还有其他的方式，包括免费试用、积分奖励、以旧换新、现金折扣、联合促销等方式。

2. 向中间商的促销方式

企业为了取得中间商和零售商的合作，可以运用的销售促进方式有以下几种。

（1）价格折扣。价格折扣是指制造商在某段指定的时期内，对于中间商的每次购货都低于价目单定价的直接折扣。这样，可以刺激和鼓励中间商大批量购买本企业的产品，包括一些不愿意的购买的数量或新产品，购买数量越大，折扣越多。

（2）资助。目的是支付给中间商给企业陈列商品、支付部分广告费用和部分运费等的补贴或津贴。

（3）免费商品。制造商还可提供免费产品给购买某种质量特色的、或购买达到一定数量的中间商，即额外赠送几箱产品。它们也可提供促销资金，如一些现金或者礼品。制造商还免费赠送附有公司名字的特别广告赠品，如茶杯、笔等。

此外，还有销售竞赛、免费咨询服务等。

3. 向推销人员推广的方式

以推销人员为目标的销售促进方式目的是鼓励其开拓新市场，包括鼓励推销人员推销某种新产品、促使他们扩大销售量等。针对推销人员的销售促进形式主要有：销售红利、推销竞赛、特别推销奖或补助等。

思 考 题

1．什么是促销组合？它受哪些因素的影响？

2．人员推销的基本流程有哪些？人员推销有哪些优缺点？

3．试分析企业广告与产品广告的区别。

4．销售促进的方式有哪些？

5. 广告的预算与效果评估有哪些？

福建中旅集团韩国包机游促销组合

福建中旅集团公司成立于 1988 年 12 月，是福建省国资委监管的省属 16 家大型企业集团之一，为福建旅游龙头企业。其前身成立于 1949 年 11 月 19 日，是新中国第一家旅行社；经过 67 年的发展壮大，集团主要经营范围涉及旅行社、饭店、运输、旅游资源和旅游地产开发、金融投资、股权投资、机构投资、资产经营管理等，业已成为国内资产优质、实力雄厚、排名前列的资深旅游企业集团。福建中国旅行社板块，为入境游、出境游、国内游三业并举，是集商务会展、票务代理、代办签证等多元化服务的综合性国际旅行社，享有赴台游组团权，服务网络遍及福建全省。目前，旅行社板块拥有 141 家分支机构，综合实力连年名列福建省榜首、跻身全国百强旅行社前 20 名。

为了提高“韩国 Style”包机游产品的市场知名度，增加销售量，福建省中国旅行社采取下列的促销组合活动，以推进营销目标的成功。明确目标市场定位和市场细分是营销推广有效性的基础和保障。福建省中国旅行社确定韩国包机游产品销售时间为 20×× 年 6~10 月，根据产品特征及时间安排，将重点目标销售市场锁定为：①家庭市场：其中以学生为主的家庭暑期亲子游市场为重点销售市场；②老年人市场；③企业员工团体出游市场；④大学生市场；⑤其他散客市场。

促销活动组合包括如下几种。

1．媒体广告促销

确立产品总体宣传口号作为促销主题，并针对不同细分市场主题产品拟不同宣传口号，通过报纸、杂志、电台等大众传媒进行全面广告宣传，引起游客注意。

（1）宣传口号包括①总体宣传口号： 省中旅韩国 STYLE——今夏，韩国有约；②夏季度假主题口号： 玩转韩国——浪漫 STYLE；③暑期亲子主题口号： 玩转韩国——欢乐 STYLE；④自由行主题口号：玩转韩国，我有我的 STYLE 等。

（2）媒体选择及宣传内容见下表。

媒体类型	媒体名称	宣传方式及内容
报纸	《海峡都市报》《福州晚报》	*产品广告及优惠信息 *营销软文

续表

媒体类型	媒体名称	宣传方式及内容
杂志	《高铁生活》《海峡旅游》	*产品广告及优惠信息 *营销软文
电台	987 私家车广播	*产品广告及优惠信息
电视	福州移动频道	*产品广告 *与电台合作公关活动
网络	新浪微博、人人网、QQ、飞信	*产品优惠信息 *周期性营销软文

2. 软文运作

邀请旅游栏目记者、作家、摄影家参与、跟踪本社产品促销活动，并在相关报纸杂志上发表宣传文章。以返现优惠的奖励方式组织游客撰写图文并茂的精品游记，经筛选在省社官网、SNS 社区网站等刊登，每团 2~3 个。

3. 网络促销

培养内部软文撰写团队，并引入兼职发布营销软文，每日通过 QQ、微信、微博等网络信息工具向客户推荐旅游产品或进行旅游知识的公益普及，并设计讨论话题或优惠措施带动市民互动，如“韩国，非去不可的十个理由”“那些年，我们追过的韩剧”“用 4 个词形容你心中的韩国”等。

4. 传品促销

*设计菜单式宣传折页，折页内容除包括产品及其价格、报名方式之外，还人性化地印制护照及签证办理流程、旅游小常识、注意事项等，此外针对不同市场偏好分页图文并茂介绍景点特色等。*印制省社夏季游产品 DM 杂志，将韩国包机游作为重点推介对象，在高端写字楼定点投放。*聘请兼职人员，于每周周末在宝龙、万达等商圈、各大超市、主要市区公园等市区各热门地段发放旅游宣传单。*与合作银行（建行、工行）合作，在银行大堂及银行卡账单中显示产品广告。*充分利用集团内渠道，在酒店大堂、餐厅、客房及大巴上放置产品宣传单；把握酒店会议客人的资源，将宣传折页作为酒店会议材料的夹页向客人宣传。

5. 韩国游的促进销售策略

*特殊节假日（如中秋、国庆）或活动特惠降价活动；*折扣优惠：如针对家庭市场折扣优惠；*提前 × 天报名降价；*现金抵用券；信用卡刷卡优惠等。

资料来源：根据福建省中旅集团公司提供资料改编. http://www.fjctsgroup.com/

问题：

（1）福建省中旅的“韩国 Style”包机游活动运用了哪些促销组合策略？

（2）福建省中旅的“韩国 Style”包机游的促销组合策略有哪些创新和值得借鉴之处？

实训应用

【实训目标】

结合实际内容，了解促销组合方式的运用。

【实训内容和要求】

以 4~6 人为一组，小组成员以一家大型百货或超市为调查对象，了解百货或超市平常和节假日的促销方式，找出哪种是最有效的，并提交调研报告，做小组汇报。

【实训效果评估】

根据同学们模拟市场和促销组合方式的情况，观察、了解、检查同学们对市场及促销策略的认识程度、掌握程度、理解程度及在现实生活中应用程度，并对其进行打分评价。评价标准如下。

实训内容	认识程度（5 分）	理解程度（5 分）	掌握程度（5 分）	应用程度（5 分）	总分
促销组合方式					

学习拓展

[1] [美]菲利普·科特勒. 梅海清 译. 营销管理（第 12 版）. 上海：上海人民出版社，2003.

[2] 吴健安. 市场营销学（第 3 版）. 北京：高等教育出版社，2008.

[3] 吴健安. 现代推销学. 大连：东北财经大学出版社，2011.

[4] 严学军. 广告策划与管理. 北京：高等教育出版社，2000.

[5] 纪华强. 广告战略与决策. 大连：东北财经出版社，2001.

[6] 复旦大学. 广告学原理. 上海：复旦大学出版社，2009.

[7] 吴勇. 市场营销. 北京：高等教育出版社，2008.

[8] 许以洪，李双玫. 市场营销学. 北京：机械工业出版社，2007.

第五模块

市场营销管理和拓展

第十四章

市场营销运作保障

原理要点

- 市场营销计划的含义和内容
- 市场营销执行过程
- 市场营销控制的内容

达派品牌的市场转型

达派集团地处中国品牌之都——泉州，目前在国内拥有三个生产基地，总占地 300 多亩，总建筑面积 130 000 平方米，拥有国际标准五星级厂房，交通便利。现已经发展成为一家集箱包产品设计、 研发、生产及销售为一体的综合性企业，是中国箱包行业的标杆企业之一，更是国内箱包行业的领导品牌。

达派成功的实现了从外销到内销的转型。达派注重产品质量优异、款式新颖，产品远销全国 28 个省份、自治区和直辖市，深受广大消费者青睐。所用材料均为环保材料，符合国际标准，部分核心技术拥有自主知识产权并形成产业化。面对竞争激烈的市场，达派从可持续发展的角度出发，在原有的市场营销战略的基础上，制定了长远的发展战略，根据各个阶段不断调整战略规划并加大创新力度，顺应市场需求，把握市场动态，不断提升达派的品牌实力。2006 年，达派签约奥运冠军田亮作为品牌形象代言人，并迅速启动品牌传播战略，加强媒体宣传，提升品牌曝光率。2007 年达派赞助 WCBA 中国女子篮球甲级联赛、2008 年达派鼎力赞助中国国家体操队、2010 年赞助环海南岛国际公路自行车赛……近几年，达派根据市场变化和企业的发展计划开始实施战略转移，采取稳健的市场战略，强化达派自身的品牌文化，并不断加大达派的社会影响力。

资料来源：根据达派公司提供的资料改写，http://www.dapai-bag.com/ ; http://cn.dapai-bag.com/

问题：

（1）达派品牌的为什么要进行规划战略调整，从外销向内销转型？

（2）转型后，达派品牌在计划、控制和执行方面应注意哪些事项？

第一节　市场营销计划

凡事预则立，不预则废。企业营销活动的首要目标在于识别和创造竞争优势，在持续混乱和复杂的市场环境下，充分利用和组织企业的各种资源以达到市场目标。这个过程有赖于市场营销计划以保证各项工作有条不紊地、系统地进行。

一、市场营销计划的内容

（一）市场营销计划的含义

市场营销计划（marketing planning）是营销管理总体活动的核心，是将营销活动的每个环节事先作出整体规划，以之为执行准绳，作为追踪、纠正、评定绩效等行动的依据。①

一般而言，营销计划的制订包括两个层次：战略营销计划和战术营销计划。战略营销计划（strategic marketing plan）是为较长时期制订的，涉及 3~5 年，在分析当前最佳市场机会的基础上确定公司营销愿景和主张；战术营销计划（tactical marketing plan）是为较短时期制订的，通常为一年或者更短的时间，主要包括企业营销活动的具体规划和实施方案。

市场营销战略和战术相辅相成，彼此协调以确保营销活动的成功。如表 14-1 所示，横栏代表无效和有效的战略，纵栏代表无效和有效的战术，只有那些采取有效的战略和战术的公司才能保持着持续的繁荣，而那些采取有效战略但是无效战术的公司仅能维持生存，其余公司则注定被淘汰。

表 14-1　生 存 矩 阵

		战略（做正确的事）	
		无效的	有效的
战术（正确地做事）	有效的	迅速消亡	繁荣发展
	无效的	缓慢消亡	生存

资料来源：[美]马克姆·麦当娜. 张梦霞等译. 市场营销学. 北京：经济管理出版社，2008.

（二）市场营销计划的内容

市场营销计划会因为企业规模和所在行业而在样式和内容上有所差异。但作为一个管理过程，其大体上包括以下几个基本步骤： 分析市场机会；选择目标市场；设计营销策略组合；制订具体营销行动方案；组织、实施和控制营销活动。一般一个完整的市场营销计划包括以下几个内容板块（见表 14-2）。

① 郭国庆.市场营销学概论.北京：高等教育出版社, 2008.

表 14-2 市场营销计划的主要内容

计划项目	目的与任务
1. 计划概要	对计划进行整体性简要的描述，概括核心内容和基本目标
2. 当前营销状况	营销环境背景分析
3. 机会与威胁分析	确定公司面临的机会和威胁、优势和劣势
4. 营销计划目标	确定营销计划的销售量、市场份额和利润等主要目标
5. 营销战略与策略	制定主要的营销策略和手段
6. 行动方案	具体的执行方案和行动步骤
7. 损益预算表	财务状况
8. 营销控制	说明营销计划的监测和控制过程

资料来源： 郭国庆. 市场营销学概论. 北京： 高等教育出版社，2008.

1. 计划概要

市场营销计划概要是向管理者提供计划简要的核心内容和目标。从编写顺序上看，一般是最后书写的一部分，因为它是营销计划各部分要点的一个简短回顾。从内容上看，简单明了即可，无须过于细致，因为具体到内容在此后的各部分中会有详细的描述。

2. 当前营销状况

为了制订一份有效的营销计划，营销人员需要识别出那些影响营销活动的关键性环境因素，包括宏观和微观两个方面，以此为基础才能进行良好的机会与威胁分析。

（1）宏观因素

宏观部分的环境分析包括人口统计、经济、自然环境、科学技术、政治、法律和社会文化等基本的因素。

人口是市场的最基本因素。持续的人口环境变迁正在重塑市场，人口总数、性别比例、年龄结构、地理分布、婚姻状况、家庭结构等都是应当充分考虑的指标。

经济因素则主要影响消费者购买力，如收入水平、支出结构、基尼系数和借贷情况等。营销人员需要考虑这些因素对其所在地区和行业的影响。

自然环境可以通过很多方式影响企业的营销活动。最明显的是原材料和能源的可得性，这将直接制约企业生产和销售活动的开展。随着人们环保意识的提高，营销活动对生态环境的影响以及在多大程度上呼应了公众这一诉求也变得不可忽视。

科学技术的变革直接影响企业内部的生产经营，同时和其他环境共同对影响企业的营销活动。

政府行为和法律规章则从多方面对企业营销活动进行引导、制约和监管。

社会文化因素对营销活动的影响相当深远。价值观念、教育程度和宗教因素等直接影响和塑造消费者的行为，是企业营销活动必不可少的参考要素。

（2）微观因素

微观因素包括消费者、产品、竞争者、分销渠道，有时甚至是公众因素。

消费者部分需要提供目标市场的具体数据，包括总体数量和增长情况，同时要准确识别和描述消费者的需求特征和购买行为特征。

产品部分则要包括产品生产和销售的主要数据，主要采用定量分析。如行业销售额、公司市场份额、价格水平、成本结构、利润率、间接费用、销售费用、产量和销量、净利润等。

竞争者情况分析应准确识别主要的竞争对手，并且对其市场规模、目标、战略、产品和价格，乃至成本结构进行细致的描绘和分析，以达到知己知彼的目的。

分销渠道是持续性竞争优势的主要来源，是营销计划不可缺少的部分。需要对可得的分销渠道有准确的把握，如分销成本、销售能力、销售绩效和控制力指标。

公众因素则主要关注那些对企业营销目标实现有利害影响的团体和个人。在互联网日益发达的时代，这一因素的作用日益显现。

3. 机会与威胁分析

机会是指营销环境中对企业有利的因素；威胁是指营销环境中对企业营销不利的因素。这一部分需要对关系企业营销计划成败的内外部情况客观和充分的认识。在营销中广泛采用的“SWOT”分析方法。

一看企业的优势和劣势。主要是从内在因素看，企业相对于竞争对手而言存在的长处和短处。优势指企业可以利用的要素，如更好的渠道关系或产品设计；劣势指企业应加以改进的地方，如成本过高或者品牌知名度不高。

二看机会和威胁。机会主要是看吸引力和成功概率，吸引力指获利的能力，成功概率指计划获得成功的可能性；威胁主要看可能带来的损失大小和失败发生的可能性。

4. 营销计划目标

实现目标是市场营销计划所有内容的指向，一般包括营销目标和财务目标两种类型。营销目标主要是关于顾客管理的，包括销售量、销售额、利润、市场占有率和渠道建设等。财务目标主要指价格水平、利润指标、投资回报率和现金流量状况等。

营销目标和财务目标必须同时应用，并且与营销计划的战略和战术指导相一致。好的营销计划目标具备如下特征：具体的、时间明确和可衡量；实际可行而不乏挑战性；与使命和组织总体导向相一致；与内部资源和核心竞争力相一致；与外部环境的机会和威胁相匹配。

5. 营销战略与策略

营销战略与策略是营销计划目标得以实现的手段。它必须包括企业各个层级和部门的有效分工和通力合作。企业所有价值链环节都要参与其中，包括采购、生产、销售、广告、物流和财务等都要形成相应的战略或策略。

一般而言，企业营销战略会包括如下具体的条目：目标市场策略、产品定位、定价策略、渠道策略、广告策略、促销策略、市场调研等。

6. 行动方案

行动方案是对营销战略加以落实的具体手段和途径，是实现营销战略与目标的根本保证。一般来讲，一个良好的行动方案需要解决以下问题：将要做什么？什么时候做？由谁去做？将会有多少成本产生？按照上述问题列出具体的程序表，以便于执行和检查。

7. 损益预算表

在营销计划开展的时间内，要编制相应的财务方案。在收入的方面要预算销售量和平均实现价格，以此得到预算收入；在支出方面要包括生产、销售、物流和广告等各项应费用。在收入和支出预算的基础上形成损益分析。一般而言，预算要经过上级或者其他管理部分审核批准。预算通过后也可以成为营销计划的检测和控制工具之一。

8. 营销控制

控制是营销计划的最后一个组成部分，用以监测计划的执行。通常是将目标和预算按时间（月或季度）进行分解，定期检查计划完成情况，发现偏差及时修正。同时在执行过程中要对主要目标保持密切检测和控制。随着营销计划的开展和外部环境的变化，在必要的时候要对计划进行相应地调整。

【营销链接】

制订市场营销计划的好处

体现各种活动更好的一致性；

明确的可预期的发展前景；

提升组织应对变革的准备状态；

减少对不可预期事件的非理性应对；

降低组织有关发展方向的冲突；

促进沟通；

促使管理层系统地超前考虑问题；

提升可利用资源与可选择机会之间匹配性；

提供可持续观察运作过程的框架；

获得更高投资回报所需要的战略规划的系统方法。

资料来源：[英]马科姆.麦当娜，马丁・克里斯托弗.张梦霞，解永秋等译. 市场营销学——全方位指南. 北京：经济管理出版社，2008:82-83.

二、市场营销计划预算

预算用于在市场营销计划期间分配资金，在整个计划实施过程中追踪开支情况。企业通过预算管理来实现成本控制和利润最大化。

（一）制定营销预算的方法

1. 销售—反应函数（Sales-Response Function）

理想的预算规模应该建立在仔细分析花费和销量之间的联系的基础上。通过构建关于销售与不同费用水平的准确对应模型，公司能确定预算规模要多大预算才能达到财务目标中列出的销售结果。

销售—反应函数，指的是在一定时间内营销组合中一种因素或多种因素的变化与销售量变化之间的关系[①]。图 14-1 是假设的销售—反应函数，这个函数图形表明：在某一特定时期内营销预算大则销售量大。该函数的曲线可以呈现出几种典型的形状。其中 *A* 函数表明销售量根本不受营销水平的影响，这种情况发生的可能性很小；*B* 函数表明销售量与营销支出之间是单纯的线性关系，这种情况实际上也很少见；*C* 函数表明销量随市场营销支出的增加而按递减的速率增加；*D* 函数是较为常见的类型，在营销预算较小时，广告和销售人员活动都因为经费不足而受到限制，因此销售增长缓慢。随着预算的增加，销售增长速度开始加快。但是，随着营销预算的进一步增加，其边际效用开始递减，销售增长速度又开始下降。

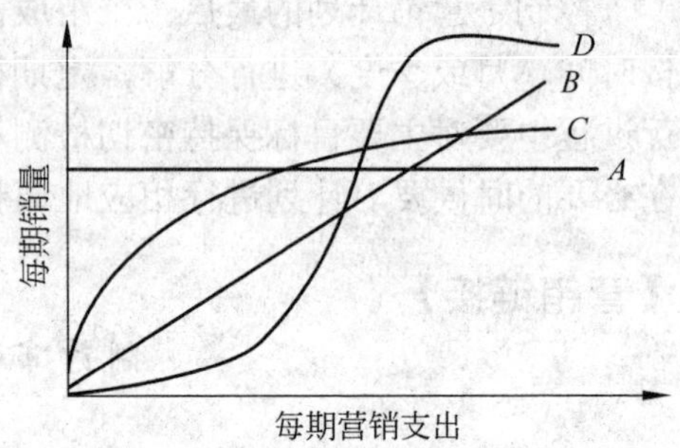

图 14-1　几种可能的销售—反应函数

使用一定的营销预测工具和方法，可以得出一个公司的销售—反应函数，常见的有如下三种：一是统计法，即使用过去的销售量和预算规模的数据，运用统计方法来推导未来的销售—反应函数；二是实验法，在不同的销售区域或单位制定不同的营销预算，观察其销售效果的差异；三是专家判断法，邀请有关专家或销售人员对营销预算与销售量之间的函数关系进行判断。

在得出销售—反应函数之后，就可以利用求利润最大化的方法，制定最合理的营销预算规模。但是对于无法得出相应模型的公司而言，就得凭借其他方法了，尤其是依靠经验。

2. 可支付预算法

这种方法把营销预算规模控制在公司可承受的范围内，通常适用于那些规模较小、资金有限的中小企业或者不重要的项目。但是这种方法容易忽略加大营销投入所能带来的销售扩张和利润回报，因此它并不是一种好的预算方法。

3. 销售百分比预算

企业将预算设置为销售量的一定百分比，这种方法简单易行，因此使用广泛。但是其不足是销售被视为营销资金来源的制定依据，而不是预算投资的结果，因此可能导致不适当的决策，比如当销售量下降时，如果可以通过加大营销投入刺激销售，却会因受制于预算百分比的控制而无法实行。再一个不足是，难以确定适当的百分比，而且固定的百分比往往忽视了在一定阶段会出现营销支出对销售促进的边际效应递减。

4. 竞争对手等价法

企业也可以根据竞争者，尤其是市场领导者的做法（如销售百分比或者具体的金额）来指定本公司的预算水平。这种方法也简单易行，但问题是忽略了企业与企业之间的不同，如果不能根据自身的营销绩效、资源条件和目标进行调整的话，往往无法达到理想的效果。

① 王芳华.市场营销管理.上海：上海交通大学出版社，2003.

5. 目标任务法

此种方法被广泛地采用，预算规模由完成所有营销任务需要达到的营销组合目标和营销计划目标所要增加的成本决定。在没有已证实的销售水平与营销费用对应关系模型的情况下，目标任务法考察的是寻求营销业绩的单个计划要求的成本，该方法是比较合理的方法。

（二）营销预算的分配

一旦营销预算规模确定之后，营销人员还要根据营销计划书里制定的各个时期的不同营销活动来分配营销资金。然后，在整个市场营销计划执行过程中，相关人员就要参考预期的投入来使用资金。当然，营销预算的分配方法还要参考企业的组织结构设计进行。常见的分配方案有以下四种。

1. 营销组合方案预算

这种预算方法列出一个计划涉及的各个任务和费用项目，将其按月度和年度进行预算分配。还可以在预算中加入预期销售、总毛利或者净毛利和其他目标以及收益衡量方法。通过在分配方案中详细列明各个项目，可以使得营销人员对于资金预算和实际支出及效果有一个很好的把握。

2. 细分市场预算

这种方法是根据细分市场制订预算分配方案，这样有利于企业了解每个细分市场运作成本和回报大小，并且可以根据不同细分市场的重要程度分配资金，使有限的营销费用得到有效利用。

3. 地理分区预算

跟细分市场预算一样，地理分区预算能让企业对每个地区的营销成本有良好的掌握、比较和有针对性地分配。当市场营销计划是跨区域进行，如实行全球营销计划时，这种方法是比较合适的，因为不同国家和地区的营销成本和回报差异性相当大。

4. 部门或者产品线预算

这种方法是根据不同的职能部门或者按照产品线进行预算分配。该方法有利于各个部门和产品负责人追踪和控制他们负责的成本，对比要达到的目标所需要费用，从而进行更好的成本控制。

良好的预算分配可以让营销人员对资金运作情况有良好的把握，准确了解超支或者投入不足的情况，随时评估营销计划财务目标的进展情况。

【案例导读】

奥巴马竞选美国总统的网络营销预算

《纽约日报》称：“2008 年，决定总统大选结果的关键因素不是谁更懂政治，而是谁更懂网络。”年轻的黑人帅哥选手奥巴马凭借网络营销的聚集与传播力量，树立起鲜明的变革先锋形象，迎合了美国人渴求突破低迷现状的心理，并通过网络平台的高效率获得大量捐款，最终击败了注重传统媒介宣传的希拉里，赢得了民主党候选人胜利，现在，奥巴马阵营将继续深入利用互联网渠道、Web2.0 新媒体的传播力量，为其最终胜出做有力支持和铺垫（见表 14-3）。

表 14-3　奥巴马竞选美国总统的网络营销预算　　单位：美元

网络媒体	支　出	网络媒体	支　出
Google	3 048 642	Facebook	111 974
Yahoo	618 005	Politico	97 328
Centro	512 551	Broadband Enterprises	80 000
Turner/CNN.COM	215 200	Community Connect	64 420
Microsoft/CNN	214 762		

超过一半的网络预算投放到 Google 搜索引擎广告，其次是 Yahoo。如此高度重视搜索引擎广告，这与两大搜索引擎在美国的使用普及率息息相关。Centro 则是位于芝加哥的投放区域展示性广告的公司，有助于针对各个区域重点宣传；此外，新闻媒体、web2.0 社会化网络媒体也对奥巴马竞选的网络营销预算各有斩获。

一场美国总统大选，美国的网络媒体有福了，Google 有福了，奥巴马最终胜出美国总统，可力证美国互联网的杀伤力将超越美国传统媒体。

资料来源：http://www.clickz.com/clickz/news/1690885/google-grabs-most- obamas-usd5-million-online- ad-spending.

第二节　市场营销执行

市场营销执行是将市场营销计划转化为行动方案的过程，以保证计划的完成，实现计划的既定目标。再好的营销计划也需要良好的执行力才能达到预期的效果，很多时候营销战略的失败并不是因为战略本身的问题，而是执行无法到位。因此，市场营销人员要了解市场营销执行的过程和方法。

一、市场营销执行的过程

市场营销计划制订解决的是企业市场营销活动“做什么”和“为什么这么做”的问题；而市场营销执行则是要解决“由谁做”“什么时候做”和“怎么做”的问题。一般来说，典型的市场营销执行过程包括以下几个步骤。

（一）制订行动方案

为了有效地实施市场营销计划，必须制订详细的行动方案。方案必须明确市场营销计划实施的关键性决策和任务，并将任务分解落实到具体的部门和个人。此外，还要建立相应的时间表已明确行动的具体时间，以便于此后进行进度检查和控制。

（二）建立组织结构

企业的组织结构对于计划的执行起到决定性的作用。组织结构根据职能分工的原则将计划实施的任务落实到具体的部门和人员，明确划分职权界限和信息沟通渠道，协调企业内部的各项决策和行动。组织结构要跟企业的战略规划和具体的营销计划相一致，尤其是反映营销在企业内部各职能中所处的地位。在组织结构设计时，要明确其两大职能：一是明确的分工，将营销计划的全部工作进行合理分解，并分配给有关的部门和人员，同时进行相应权力划分和责任分担；二是建立协调和沟通的渠道，在组织结构中形成有效的协作体系，保持团队合作，共同完成市场营销计划。

（三）设计决策和报酬制度

作为成功执行市场营销计划的保障，需要制定完善的激励制度。这些制度需要明确对计划实施过程中涉及的营销人员工作评估、奖励、惩戒和管理措施，制定合理可行的考核指标，明确责、权、利；建立有良好效果的奖惩体系，充分调动员工积极性和主动性。

（四）营销团队建设

营销计划执行除了需要制度的保障外，更多的时候是靠有关人员去执行的，所以富有执行力的营销团队建设至关重要。执行力首先是员工能力，只有具备相应的能力才能执行给其分配的任务，因此首先要能够选拔合适的人才，安置到相应的岗位；其次，执行力要看员工的态度，具有积极乐观的态度和良好工作习惯的员工能更好地完成任务，因此要建立良好的激励制度以调动员工的积极性。同时要为员工设立任务目标，督促其制订工作计划，并进行良好的培训和工作检查。

还需要认识到，不同市场营销计划所要求的人才类型往往是不一样的。要按照具体营销计划建设合适的营销团队，寻找具备相应专业特长、经验和性格特征的人才，并根据不同的人才类型进行管理和激励。

（五）建设企业文化

企业文化是指一个企业内部全体人员共同持有和遵循的价值标准、基本信念和行为准则。它对企业经营思想和领导风格，对员工的工作态度和作风，均起着决定性的作用。因此执行市场营销计划，常常伴随着企业文化的建设、灌输和调整。它包括其企业环境、价值观念、模范人物、仪式和文化网五个要素。企业环境是形成企业文化的外界条件，它包括一个国家、民族的传统文化，也包括政府的经济政策以及资源、运输、竞争等环境因素。价值观念是指企业员工共同的行为准则和基本信念，是企业文化的核心和灵魂。模范人物是共同价值观的人格化，是职工行为学习的楷模。仪式是指为树立和强化共同价值观，有计划地进行的各种例行活动。如各种纪念、庆祝活动等。文化网则是传播共同价值观和宣传介绍模范人物形象的各种非正式的渠道。

总之，企业文化主要是指企业在其所处的一定环境中，逐渐形成的共同价值标准和基本信念。这些标准和信念是通过模范人物塑造和体现的，通过正式和非正式的组织加以树立，并加以强化和传播的。由于企业文化体现了集体责任感和集体荣誉感，它甚至关系到企业员工的人生观和他们所追求的最高目标，它能够起到把全体员工团结在一起的“黏合剂”的作用。因此，塑造和强化企业文化是执行企业战略的不容忽视的一环。

（六）确定管理风格

与企业文化相关联的，是企业的管理风格。有些管理者的管理风格属于“专权型”，他们发号施令，独揽大权，严格控制，坚持采用正式的信息沟通，不容忍非正式的组织活动。另一种管理风格称为“参与型”，他们主张授权，协调各部门的工作，鼓励下属的主动精神和非正式的交流与沟通。这两种对立的管理风格各有利弊。不同的战略要求不同的管理风格，具体需要什么样的管理风格取决于企业的战略任务、组织结构、人员和环境。

企业文化和管理风格一旦形成，就具有相对稳定性和连续性，不易改变。因此，企业战略通常是适应企业文化和管理风格的要求来制定的，而不宜轻易改变企业原有的文化和风格。

二、市场营销执行的方法

美国学者托马斯·波诺马在研究了若干个营销组织的营销执行情况之后，认为影响营销计划有效实施的因素主要来自以下四个方面。

（一）营销诊断技能

企业营销战略、战术之所以没有获得成功，往往是因为没有得到有效的实施。市场营销者常常难以成功地把握或诊断营销战略、战术实施过程中可能出现的问题。例如，销售增长率低是由什么原因造成的？对此需要诊断的问题是由于战略制定不当，还是由于执行到位？此外，还要具体分析确定出现了哪些问题，如何修正解决等，可以设计不同的方案和行动路线，即有多种不同的组合，从中选出最优化的方案。

（二）对问题存在层次的评估

企业营销工作执行中的问题可能发生在不同的营销管理层次上，因此，准确无误地判断问题产生于什么环节、哪一层次是营销执行的一项重要任务。一般来说，企业营销执行往往在三个层次上出现失误或问题。一是在行使营销职能方面，如推销、广告、分销渠道的选择及营业推广方式的选择等。例如，在竞争者产品具有较高知名度的市场上，企业应如何选择产品定位以及确定最佳的营销组合；二是在营销战略规划方面，营销组织执行者需要把各种重要的营销功能与要素协调一致地组合在一起，构成企业最佳整体营销活动状态；三是执行营销计划方面，企业营销部门应使全体员工了解和正确地认识组织的营销观念、营销政策导向及具体的分配、招聘和鼓励销售的政策等。

（三）营销执行的技能

为了能使营销战略和营销计划有效地贯彻执行，营销管理的各个层次——职能、战略和政策，必须有一套完整的营销执行技能，这些技能在营销执行中主要体现在分配、监控、组织和协调方面。

分配技能是指市场营销经理在各种功能、政策和规划间安排分配时间、经费和人员的能力。例如，如何建设一个区域的市场营销组织机构，如何在组织内进行预算分配，如何进行销售人员分配。

监控技能是指对营销活动的结果进行反馈的控制系统。监控技能主要体现在以下三个方面：年度计划控制、盈利控制和战略控制。

组织技能是指企业有关的营销部门之间为实现营销目标应具有和保持的关系结构。各个部门在职能分工的基础上会形成自己的利益诉求和价值导向，需要将它们整合在企业的营销目标下，充分发挥各自的长处，彼此配合协调。

协调技能是营销经理和营销人员，如何最有效地协调企业内外的力量，以实现预期的营销目标。例如，有些工作需要政府部门的协调配合，而当面临危机时就需要较强的公共管理协调能力，渠道建设过程中需要去协调与中间商的关系。

（四）评价执行结果的能力

评价执行结果的能力，不能仅从销售额和利润指标来衡量，一个卓有成效的营销执行活动，应能对如下问题做出回答：营销活动是否有明确的目标和主题；各项营销功能的整体协调性，即企业营销规划作为一个整体在实施中各部门及营销人员的整体协调状况如何；市场营销经理同有关营销人员、顾客及商界的关系处理得是否恰当；企业营销监测、控制和收集顾客及市场反应的工作效率如何。

第三节　市场营销控制

市场营销计划确定了组织活动的目标，市场营销队伍建设确定了组织的运行方式，为了确保营销活动能够按照计划执行，必须对营销计划执行过程进行监控。另外，市场营销计划是在适当的预测和假设基础上制订的，由于预测和假设不等于客观事实，计划的实际运行环境与计划的预期运行环境之间必然存在着或大或小，或有利或不利的差别。因此，在计划执行过程中，需要监控环境变化对计划执行以及组织目标实现的影响，使组织目标水平与组织能力之间的关系更合理。

一、市场营销控制的内容

市场营销控制是指为了实现营销目的，对市场营销计划执行过程进行监控，确保各项活动按计划进行，并对执行中出现的重要偏差进行修正的过程。[①]市场营销控制过程基本上分为四步，即建立营销标准、衡量营销绩效、诊断营销行为和采取改正措施。市场营销控制的类型有多种划分方法，本书沿用菲利普・科特勒对市场营销控制类型的归纳结果，把市场营销控制分为四个类型，包括年度计划控制、盈利率控制、效率控制和战略控制。

（一）市场营销控制的含义

控制普遍存在于自然界和人类社会中。达尔文的进化论指出动植物根据环境的变化

---

① 郭国庆.市场营销学概论.北京：高等教育出版社，2008.

不断调整自身，使它们能够更好地适应自然，更易生存下来，从而有了现在这个缤纷多彩的世界。人类社会正在向更加高级的阶段发展着，社会分工深化，价值交换加强，技术应用规模扩大，这些都使现代社会成为一个极其复杂的动态系统。一个组织是社会系统中的一个子系统，而组织又是由若干个子系统组成的。为了能使组织系统和谐地运转，达到最大的效益，必须对组织动态系统进行必要的控制。市场营销活动是组织动态系统中的一个子系统，它既要与组织大系统协调，也要与社会宏观系统协调。市场营销控制的目的就是使市场营销子系统与其所处的大系统和宏观系统协调地运行。简单地讲，市场营销控制就是监控市场营销活动，保证市场营销活动按市场营销计划进行，对出现的各种偏差及时采取纠正措施。

（二）市场营销控制的过程

市场营销控制是一个比较复杂的过程，在不同的组织中，市场营销控制的基本程序是相同的，见图 14-2。

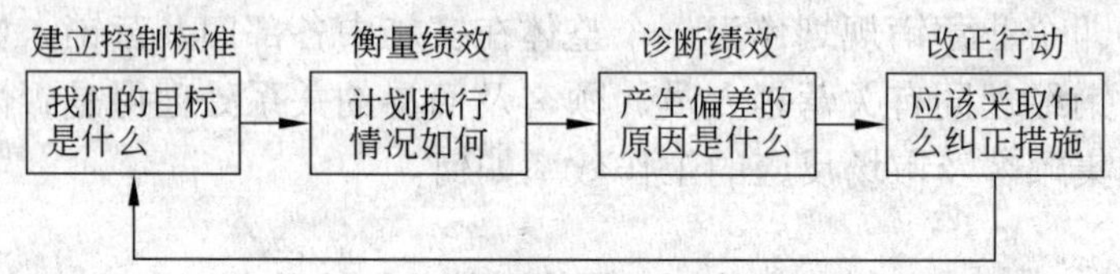

图 14-2　市场营销控制程序

1. 建立控制标准

市场营销控制标准产生于营销计划，营销计划为营销活动设立了目标和标准以便于进行控制。当确定一个活动是否有效，是否应该继续进行下去时，需要通过以预先设定的标准来检测实际执行的绩效是否达到了预定的目标，如果达到了，那么就称这个活动有效，可以继续进行下去；如果没有达到，就需要进行相应的调整工作。营销标准不仅仅具有检测功能，还有激励功能，合适的标准，能够激发起人们的工作热情，过高或过低的标准也容易打击人们的工作积极性。一般来讲，因为对未来营销环境的估计存在偏差，所以，市场营销控制标准还应规定一个浮动范围，给营销工作者一定的机动空间。

2. 衡量绩效

衡量绩效就是把计划实际执行结果与预先设定的控制标准进行比较。如果实际执行结果与预期的控制标准相符，或者优于预定的标准，那么就可以继续进行营销活动，并总结相关经验；如果实际执行结果低于预期的控制标准，那么就进入下一步工作，即诊断绩效。还有一种情况需要注意，如果实际执行结果远远高于预期的控制标准，也需要进行较大的调整，分析超额绩效产生的原因，及时捕捉有利的市场机会，尽最大可能转化有利时机产生的效益。

3. 诊断绩效

比较实际效益与预定控制标准之间的偏差，寻找产生偏差的原因，并采取相应的措施。有的偏差范围比较小，属于可接受的范围，就不需要进行大的调整。如果偏差范围较大，超出了原先设定的波动范围，那么就应该引起营销人员的注意。对偏差的诊断主要是侧重于偏差的方向和偏差的大小。围绕这两个因素，首先非营利组织的营销人员可以确定营销活动绩效是属于正常波动，还是属于异常波动；其次确定这种波动对组织是有利的，还是有弊的。产生偏差的原因基本上有两种。所以纠正措施也主要有两种，一种是加强对实施过程的控制，例如，增加执行内容、修正执行过程、重新调配人员或确定工作任务。一种是修正标准，这种纠正措施比较难以掌握，因为，标准的确定是经过许多思考后做出的，为了保证工作的稳定性，也需要保持稳定的控制标准。如果经常变换标准，就使标准失去威信力，从而失去对员工的约束力和激励作用。另外，组织总目标是由众多的分目标组成的，任何一个分目标的变动，特别是目标下调，都会影响总目标的完成，对全局产生不利的影响。所以，组织对标准的调整是比较谨慎的，一般总是趋向于保持稳定。

4. 改正行动

查明偏差产生的原因后，需要采取相应的措施，使计划更好地被执行下去。当偏差范围在可接受的范围内时，不需要任何调整，只需要确保原计划被充分地、正确地执行就可以了。当偏差范围超过了可接受的范围时，并且偏差是在合理的标准水平下发生的，就需要对达到标准的计划内容进行修改，重新设计计划执行方案，重新调配组织工作人员。如果偏差是由于不恰当的标准而引起的，那么，就要重新设定标准。影响标准的因素很多，例如，整个经济环境、社会环境、自然环境、技术环境等的变化都会对组织的标准产生有利的或者不利的影响。

二、市场营销控制方法

（一）市场营销控制基本类型

市场营销控制基本类型主要有年度计划控制、盈利率控制、效率控制和战略控制。年度计划控制由组织高层管理者和中层管理者负责，检查计划目标是否实现；盈利率控制由营销审计人员（指专门负责组织营销支出工作的人）负责，分析组织盈利率高的项目与盈利率低的项目；效率控制由直线和职能管理当局及营销审计人员负责，评价营销经费开支效率与开支效果；战略控制由高层管理者和营销审计人员负责寻找组织在市场、产品和渠道方面是否存在更好的机会。

1. 年度计划控制

营销人员根据年度计划检查营销工作实施情况，帮助组织保证其年度计划中所制定的各个目标得到实现，其核心是目标管理。年度计划控制包括四个步骤。

① 以月或季度为基础，制定组织营销目标。

② 管理层监控其在市场中的营销执行情况。

③ 管理层寻找重要偏差产生的原因。

④ 管理层采取措施对营销计划与营销实际执行结果之间的偏差进行纠正，即可能对营销执行过程进行调整，甚至是对营销目标进行调整。

年度计划控制工具主要有五个，即销售分析、市场份额分析、营销费用—销售额分析、财务分析、顾客态度跟踪分析。

（1）销售分析。销售分析是根据目标销售额来测量和评估实际销售额，包括销售差异分析和微观销售分析。

销售差异分析是测量不同的因素在销售缺口中的相对作用。以一个玩具厂为例，假设该公司年度计划为第一个季度制定的销售目标是 40 000 个（玩具），单位价格为 15 元，总销售收入为 600 000 元。第一季度末，该公司实现销售了 30 000 个玩具，实际销售价格为 12 元，总销售收入为 360 000 元，与目标销售额的差距为 240 000 元。价格降低和销售量下降是造成销售额下降的两个原因，现在的问题是价格下降使销售额下降了多少？销售量的下降使销售额下降了多少？我们可以从下述计算中找到答案。

① 价格下降所造成的销售额缺口=（15–12）×30 000 =90 000 元

② 销售量下降所造成的销售额缺口=15×（40 000–30 000）=150 000 元

从上面的计算可以看出，有超过一半的缺口是由于销售量下降所造成的，所以，该公司应该在销售量下降方面进行更多的研究。

微观销售分析是指根据具体的产品、市场等因素来分析销售产生差异的原因。

（2）市场份额分析。销售额说明了一个组织经营的绝对量水平，市场份额说明了一个组织经营的相对量水平，即与其他竞争者相比，组织的经营水平。假设在某时期，组织的销售额上升了。上升了的销售额并不能充分地说明组织的状况改善了，因为这可能是由于整体市场状况改善的带动下产生的，组织本身的经营状况可能一般，而如果组织销售额增长率小于市场成长率的话，则该组织的市场份额就会下降，反而说明其经营能力较低。

分析市场份额的第一步是根据组织的目的来选择合适的市场份额衡量标准。市场份额衡量标准有四种，即总体市场份额、服务市场份额、相对市场份额（与三个最大竞争者相比）和相对市场份额（与最大竞争者相比）。

① 总体市场份额，指组织的销售额（或销售量）占总体市场销售额（或销售量）的百分比。在这种市场份额的计算方式下，组织市场份额的绝对值与组织所确定的总体市场有关。例如，一个主要生产普通自行车的公司要计算自己的市场份额，可以以普通自行车市场为总体市场，也可以把普通自行车市场与山地自行车市场两个市场作为它的总体市场。显然，在前一种计算方式下得出的市场份额比在后一种计算方式下得出的市场份额的数值要大。

② 服务市场份额，指组织销售额（或销售量）占其所服务市场的总体销售额（或销售量）的百分比。一般来说，组织的服务市场份额要大于组织的总体市场份额。

③ 相对市场份额（与最大的三个竞争者相比），指组织的销售额（或销售量）除以三个最大的竞争者综合销售额（或销售量）的百分比。假设某公司的年销售额为 1 000 万元，最强大的三个竞争者同期的年销售额分别为 5 000 万元、2 000 万元、2 000 万元，那么该公司的相对市场份额（与最大的三个竞争者相比）就是 10%。

④ 相对市场份额（与最大的竞争者相比），指组织的销售额（或销售量）占最大的竞争者销售额（或销售量）的百分比。如果这个相对市场份额超过 100%，表明公司是市场的领先者；如果这个相对市场份额正好是 100%，意味着公司与最大的竞争者在市场中的实力相当；如果公司相对市场份额在上升，则表示公司正在占领最大的竞争者的市场。

总体市场份额比较容易计算，因为它只需要总的行业销售额，这一资料可以在政府或贸易机构、出版部门得到。服务市场份额比较难计算，因为它不仅受公司产品线和地区市场分布及其他因素变化的影响，而且波动比较大。相对市场份额计算更难，因为公司需要具体的竞争对手的销售额，但竞争者对公司的销售额等关键数据往往难以获得。

分析市场份额的第二步是解释市场份额的变动。市场份额的变动可以通过产品线、品牌、顾客类型及地区等因素来观察。根据科特勒的研究，市场份额的变动可以用下面的公式来分析：

总的市场顾客=顾客渗透率×顾客忠诚度×顾客选择性×价格选择性

其中，

① 顾客渗透率——购买组织产品的顾客与所有顾客的百分比；

② 顾客忠诚度——顾客购买组织产品的数量占他们从其他竞争者那里购买的产品数量的百分比；

③ 顾客选择性——顾客购买本组织产品的平均量与他们购买其他一般组织产品的平均量的百分比；

④ 价格选择性——组织产品的平均价格与所有公司产品的平均价格的百分比。

根据上面的公式，如果某组织的市场份额（以销售额计算）下降了，有四种可能的原因导致了其市场份额的下降，这就是：

① 组织失去了一部分顾客（顾客渗透率下降了）；

② 顾客的忠诚度下降了；

③ 组织保留的顾客规模下降了（顾客选择性下降了）；

④ 组织的价格竞争力减弱了（价格选择性下降了）。

(3) 营销费用—销售额分析。营销活动在达到组织目标时，是否投入了过多的成本？营销成本过高，即使营销活动是有成效的，也是低效率的。判断营销活动效率的比率很多，如推销队伍对销售额之比、广告对销售额之比、促销对销售额之比、营销调研对销售额之比和营销管理费用对销售额之比等。营销活动管理者需要对营销支出进行控制，当这些支出在正常范围内波动时，或者只有偶然异动时，可以不做重大调整，但是如果波动幅度超过了正常范围就应该进行严格控制，并做出相应的调整决定。

(4) 财务分析。营销费用—销售额之比应该放在组织总体财务框架之中进行分析，来帮助组织决定如何支出，及在什么方面投资。现在营销管理者经常使用财务分析来发现更有价值的利润增长点。管理者通过财务分析来研究影响组织资本净值报酬率的各种因素，资本净值报酬率与两个比率有关，它们是资产报酬率和财务杠杆率。

(5) 顾客态度跟踪分析。前面四个控制工具侧重于数量标准和财务分析，另外还需要一些定性的分析，如顾客态度分析。组织应该建立专门的机构对顾客、经销商和营销系统中的其他参与者的态度进行跟踪分析，在这些顾客的态度发生变化之前采取措施。几种常用的顾客态度追踪制度如下所示：

① 意见和建议制度；

② 顾客固定样本调查小组；

③ 顾客调查。

营销管理者也需要对顾客（分为新顾客、不满意的顾客、失去的顾客）做以下一些检测：

① 目标市场意识；

② 目标市场偏好；

③ 相对的产品质量；

④ 相对的服务质量。

最后管理者需要对利益相关者进行检测，他们有员工、供应商、银行、分销商、零售商和股东等。当某个利益相关者出现不满意时，管理者应该采取相应的措施。

2. 盈利率控制

除了年度计划控制，营销者还需要对不同的产品、不同的市场、不同的消费者、不同的分销渠道和销售额的成效率进行衡量与比较，寻找最具有增长潜力的营销活动，为营销扩张与营销收缩决策服务。盈利率控制有以下三个步骤。

（1）计算营销活动总费用。

营销活动总费用可以由组织的会计记账计算出。营销总费用包括变动成本支出和固定成本支出，这两个成本既包括专为营销活动而支出的费用，也包括从组织总支出与成本中分摊来的一部分固定成本与变动成本。例如，组织管理人员的报酬是其对组织整个活动的劳动所得，包括其在组织营销活动中所付出的劳动和在组织其他活动中的劳动所得。因此，应该把这部分支出在营销活动与其他活动之间进行分摊，相应地还有其他固定资产折旧的分摊等。

（2）把营销总费用分配到各个营销活动中去。

从组织总费用中划分出来的营销总费用还要进一步分摊到各个营销活动中去。例如，把总营销费用划分为营销人员成本、营销活动宣传费用、营销活动设备费用（即为了营销活动而购买的一些物品的费用）和营销管理费用。这样分门别类的划分有利于从各个不同的生产要素入手，研究节约支出的办法。还可以把营销费用按照独立的营销活动进行区分，例如，在本年度的第一次营销活动中共支出了多少，在第二次营销活动中共支出了多少等。这样非营利组织就可以把每一次的营销活动支出与营销活动后的业绩增长联系起来，用以评价每次营销活动的总体绩效。

（3）为每个营销活动编制一张成效表。

营利性组织编制营销活动利润表分析营销活动的损益额，非营利组织编制成效表来分析营销活动的成效。营利性组织营销活动的收益由利润指标给出量化的说明，非营利组织的成效指标由一些相对的量化指标来反映，比如，营销总费用—销售额率、广告费用—销售额率、人工成本—销售额率等，通过这一系列的指标对每个营销活动的成效进行全面的分析。

3. 效率控制

当一个组织发现其在若干个产品、地区或者市场中的盈利不好时，它是否有有效的办法来对相关的营销活动的促销员队伍、广告、促销及分销渠道等进行管理。一些公司有市场营销控制员，专门帮助营销人员来提高营销效率。大公司的市场营销控制员用一种复杂的方法来计算营销支出与营销效果，他们检查营销活动与营销盈利计划是否一致，帮助品牌经理制定预算，测量促销效果，分析媒体成本，评估消费者和地区盈利，以及培训营销人员理解营销计划的财务意义。

（1）销售队伍效率。各级销售经理应该掌握其销售队伍的工作效率，有以下几个控制标准：

① 每个推销员平均每天的推销访问次数；

② 平均每次推销访问所需要的时间；

③ 平均每次推销访问的收入；

④ 平均每次推销访问的成本；

⑤ 平均每次推销访问的交易费用；

⑥ 订货单数与推销访问次数之比；

⑦ 每一时期新增加的顾客数；

⑧ 每一时期失去的老顾客数；

⑨ 推销队伍成本占总销售的百分比。

只要对上述问题进行调查，总会发现可以改进的地方，来提高营销效率。

（2）广告效率。广告效率是难以具体衡量的，但是可以通过下面几个指标来判断广告效率：

① 每一媒体的千人广告成本；

② 广告注意率、阅读率；

③ 消费者对广告有效性和广告内容的意见；

④ 测量广告前后消费者对产品态度的改变；

⑤ 由广告引发的消费者咨询次数；

⑥ 每次咨询成本。

管理者可以通过一系列的步骤来提高广告效率，如对产品做更好的定位、明确广告目标、预示广告信息、利用计算机技术来选择广告媒体、寻找较好的媒体和做广告反馈调查。

（3）促销效率。对每次促销活动的活动成本和销售促进进行记录。

① 优惠销售所占的百分比；

② 单位产品陈列成本；

③ 赠券回收率；

④ 一次演示引发的询问次数。

（4）分销效率。研究分销经济可以帮助提高存货控制能力、选择最佳仓库位置和最佳运输方式。

4. 战略控制

战略控制是对组织全方位的评价和控制，包括组织使命、组织结构、组织目标等，因为组织环境在不断变化着，使得各种目标、政策、战略和计划迅速失效。战略控制工具有两种，一种是营销效益等级评核；一种是营销审计。

（1）营销效益等级评核。营销效益等级评核是指从营销导向的五种主要属性的不同程度来反映营销效益，这五个营销属性是指顾客哲学、整体营销组织、营销信息、战略导向和工作效率，每种属性都可以定性地加以衡量。由上述五种属性可以构造一个营销效益评价表。

① 顾客哲学

组织的管理者是否根据市场需要来设计组织的业务？

是否为不同的细分市场开发了不同的产品服务？

是否从整体营销系统的观点出发来规划其营销活动？

② 整体营销组织

是否对重要的营销功能进行高档次的营销整合和控制？

营销管理人员与组织其他部门是否在进行充分的合作？

新产品开发过程是否合理？

③ 营销信息

最近的一次市场调查研究是何时进行的？

管理者对本领域的市场、地区、产品等的潜在需求是否了解？

是否对节约营销支出成本与提高营销效益采取了相应的措施？

④战略导向

营销工作的正规性程度如何？

当前营销战略的质量如何？

是否建立了处理营销事件的例外原则？

⑤ 工作效率

最高管理者的营销思想的贯彻是否成功？

管理者是否充分使用了其拥有的营销资源？

管理者对迅速的变化做出有效反应的能力如何？

（2）营销审计。营销审计是对组织的营销环境、营销目标、营销战略和营销活动所做的全面、系统、独立和定期的检查，其目的在于决定问题的范围和机会，提出行动计划，以提高组织的营销成效。

营销审计的主要内容包括以下四个方面。

① 营销环境审计，包括组织的宏观环境，如人口、经济、生态、技术、政治法律、社会文化等。微观环境，如消费者、竞争者、供应者、政府、各类公众，这些环境的变动趋势存在什么特点？对组织将形成什么样的挑战和创造什么样的机遇？

② 营销战略审计，指组织的社会使命、营销目标和战略等，它们与组织的营销机会是否适应？

③ 营销组织审计，指审查组织机构与组织执行的营销目标和战略是否适应？

④ 营销制度审计，指组织的管理信息和控制系统是否支持组织的营销目标和营销能力？新服务开发系统是否有效？

思考题

1. 市场营销计划的过程是什么？

2. 如何利用销售—反应函数来制定市场营销预算？
3. 市场营销执行的影响因素有哪些？
4. 如何进行年度计划控制？
5. 如何进行盈利能力控制？
6. 如何进行效率控制？

书香酒店集团创意开业事件营销运作

书香酒店投资管理集团有限公司是经国家工商行政管理总局核准，由中国 500 强企业苏州创元投资发展（集团）有限公司控股的集团型企业。公司拥有“书香世家”“书香门第”“胥城大厦”“书香府邸”多个酒店品牌。现拥有 33 家企业、管理 26 家酒店（五星级酒店 3 家，四星级酒店 23 家）。其中，有坐落在苏州古典园林的五星旗舰店书香世家平江府酒店，有具备休闲度假功能的树山温泉酒店，有承担过世博会指定接待任务的上海书香世家酒店等 22 家书香文化主题酒店。公司还拥有城堡酒店管理公司、餐饮物业管理公司、食品公司、远香堂创意艺术品公司、书香旅行社、书香会展服务公司等配套企业，并与南京旅游学院、美国普渡大学合作建立了书香酒店管理学院。公司先后获得《亚洲品牌创新奖》《中国最具有成长力服务品牌企业》《全国百家特许经营推荐品牌》《世界酒店・最具发展价值酒店连锁品牌》《全球酒店业最佳主题文化酒店金樽奖》等多项荣誉和称号。公司制定了“以北京、上海、南京等区域中心城市以及泛长三角一、二线城市为重点，通过引进战略投资者，实施股份改制，快速发展百家书香连锁酒店，将书香酒店集团打造成为全国最具规模的主题连锁酒店集团之一”的战略发展规划。公司的经营范围包括：酒店投资,酒店管理,酒店经营；提供客房住宿、餐饮、购物、旅游、物业管理等方面的信息咨询服务。公司注册资金 RMB1.268 亿元，资产总额 4.97 亿元，年销售额 4 亿元。

2015 年 4 月，无锡巡塘古镇正式开街迎客。古镇虽历经战乱，街市旧制却保存完好。为挖掘中国传统建筑文化，巡塘古镇管理部门与书香酒店集团联手，将精品主题酒店融入古镇。如何让这座渐渐被人遗忘的古镇再次进入人们的视线，让古镇重新焕发青春活力，成为摆在书香人面前的一个课题。在董事长朱巍先生的策划及带领下，打出出奇制胜的三张牌。

第一张牌——传统文化。通过书香酒店集中展现巡塘古镇的吴地文化、水运文化、民俗文化和美食文化，找回百年巡塘绚烂的历史风采。为丰富巡塘古镇的旅游休闲度假体验，巡塘书香酒店还在开街期间，策划举办了花事雅集、国学体验等传统意味浓郁的文化活动。雅集以花为主题，让参与其中的媒体感受到巡塘无处不“飞花”的浪漫气息。花事雅集分花神巡街、唐茶演绎和露台听曲三部分。在唐茶演绎部分，酒店以法门寺地宫出土的唐代茶道具的复制品，在厅堂演示唐式茶礼。煮茶奉汤，席间以花点相配，同时穿插文人游戏，让游客体验中国茶文化的博大精深。除了雅集，酒店推出的国学小课堂亲子体验互动项目很受欢迎。300 亩的隐逸生活体验区让游人流连忘返，大剧院观演、读书会等文化体验项目，传递的修身养性快乐生活的雅文化理念，将客人带到了一个茶酒花香、渔樵耕读的隐逸世界。

第二张牌——健康公益骑行。巡塘古镇位于太湖边，有着绝美的风景，也是开展户外运动的好地方。书香酒店集团充分利用这一环境优势，策划成立了户外俱乐部。俱乐部是有专业人士指导，提供专业装备、全程安全保障的面向广大游客及户外运动爱好者开办的户外运动体验组织，旨在倡导健康品质生活，普及户外运动，让普通人体验专业户外运动的乐趣。经过多次实地勘察与踩点，俱乐部开辟了一条行程 40 公里的江南春游赏花骑行路线，并举行巡塘站特别活动“醉美书香探花行”，活动当天，通过社会招募的 40 位骑行爱好者集聚巡塘古镇，在体验隐居巡塘书香的舒宜与探访古镇历史之后，整装进发苏州树山温泉度假酒店。随后又多次举办公益骑行活动，呼吁市民保护母亲湖——太湖，不仅宣传了酒店，也发挥了良好的社会效应。

第三张牌——互联网 +。巡塘府邸酒店的开业首次以网络媒体为主，进行网络新闻、贴吧、微信、博客、微博等全方位营销，实现了酒店开业宣传的全网传播。来自书香酒店集团的官方数据显示，巡塘酒店开业全网宣传覆盖总人数突破 210 万次，其中新闻媒体平台发布项目最新信息覆盖 655 000 人次，各大论坛 BBS 发布消息覆盖 519 975 人次，微博宣传覆盖 489 292 人次，突破了预期的 200 万人次的目标，成功将“荒郊野岭无人问”的没落古镇打造成为极具吸引力的旅游休闲新去处，成为长三角及周边地区集旅游、度假、休闲为一体的品牌文化圣地。

经过一系列的宣传策划，目前巡塘古镇的周末来访游客从开业前的每日几百人次，猛增到现在的 20 000 人次，酒店入住客人也日益增加，成为长三角游客最向往的精品旅游地和酒店之一，也成为商家举办商业活动的首选之地。

资料来源：改编自 书香酒店集团提供的资料和官网资料，http://www.soocor.com/

问题：

（1）无锡巡塘古镇开业事件营销运作成功的要素是什么？

（2）书香酒店集团在无锡巡塘古镇开业事件上如何策划、执行和运作？

【实训目标】

结合实际内容，深刻了解市场营销计划和控制的内容。

【实训内容和要求】

以 4 人为小组，通过网络、期刊和报纸等途径搜集著名跨国公司的营销管理案例，分析其市场营销计划、执行和控制的过程，以课题报告的形式提交一份 1 500 字左右的作业，并推出一个同学为代表向全班作演示，在演示过程中让台上与台下同学进行互动。

【实训效果评估】

根据同学们提交的作业情况和演示报告情况，了解、检查同学们对本章理论的认识程度、掌握程度、理解程度及在现实生活中应用程度，并对其进行打分评价。评价标准如下。

实训内容	认识程度（5 分）	理解程度（5 分）	掌握程度（5 分）	应用程度（5 分）	总分
计划					
执行					
控制					

[1] [美]菲利普·科特勒. 王永贵等译. 营销管理（第 13 版）. 上海：格致出版社、上海人民出版社，2009.
[2] [美]马克姆·麦当娜. 张梦霞等译. 市场营销学. 北京：经济管理出版社，2008.
[3] [美]罗莎琳德·马斯特森. 李先国等译. 营销学导论（第 1 版）. 北京：北京大学出版社，2006.
[4] [美]卡尔麦·克丹尼尔. 时启亮等译. 市场营销学习手册. 上海：格致出版社、上海人民出版社，2009.
[5] [美]玛丽安·伯克·伍德. 梅清豪等译. 营销计划手册. 上海：上海人民出版社，2003.
[6] 郭国庆. 市场营销学概论. 北京： 高等教育出版社，2008.
[7] 王芳华. 市场营销管理. 上海：上海交通大学出版社，2003.

第十五章

国际市场营销

原理要点

- 国际市场营销和全球市场营销
- 国际市场营销环境分析
- 国际市场营销进入战略
- 国际市场营销组合

谁是第一家登陆 NBA 的中国鞋业？

福建泉州匹克集团公司成立于 1992 年 12 月，是集制鞋、鞋材、服装、包袋、体育运动专业器材等多种经营的企业集团。集团在国内外分设匹克经销代理商 50 多家，不仅在国内各大中城市拥有 3 000 多个专卖店，其出口业务也遍及欧、美、亚、非、澳等五大洲。作为运动鞋市场的后来者，如何和耐克、阿迪达斯等世界知名品牌在全球市场竞争？在整体实力略逊的情况下，匹克集团另辟蹊径，不是投巨资打广告，和耐克等巨头正面竞争，而是通过成功的公共宣传，在特定细分市场进行了成功运作。从最初的海外开拓到现在成为 NBA、FIBA、WTA 甚至奥运会众多代表团的赞助商，匹克的国际化道路运作的风生水起。例如，2004 年匹克成为乌兹别克斯坦、希腊等国家篮球队运动专用装备，成为第一个拥有多个国家级篮球队的中国品牌。虽然这次的宣传，花费有限，但却强有力地宣传了企业正面的形象，并以惊人的威力辐射至周边邻国，代表了匹克国际化战略的新起点。2005 年 4 月，匹克再次成功运作，成为欧洲篮球顶级联赛（全明星赛 2005）装备赞助商，是第一个打入欧洲篮球联赛的中国品牌。2005 年 8 月 匹克成为“斯坦科维奇洲际篮球冠军杯”战略合作伙伴，跻身国际品牌行列，是第一个荣膺此荣誉的中国运动品牌，“斯坦科维奇”杯也成为匹克跻身国际品牌的重要支点。2005 年 12 月，匹克成为 NBA 火箭队赞助商，成为了第一家登陆 NBA 赛场的中国运动鞋企业。2012 年伦敦奥运会，匹克赞助了 7 个国家队，拿到了 7 块金牌、5 块银牌，还有若干铜牌，吸引了更多的国际关注。2014 年 1 月 1 日，匹克携旗下签约的多位 NBA 巨星录制的贺岁广告，投放在纽约时报广场上。这一系列的“第一”，帮助匹克在国内外市场树立了品牌形象。匹克的整合营销也有效帮助了企业在全球进行营销沟通。

资料来源：根据 www. peaksport. com 和 www. baidu. com 资料改编。

两个世纪前，“国际市场营销”这个词甚至还不存在。当时人们所使用的大多数物品离其制造地不会超过几公里。而今天，随着世界经济一体化，各国在贸易、投资上的交往日益频繁，企业也纷纷着眼全球进行商业活动，以便实现它们全部的商业潜能。那什么是国际市场营销？全球营销又指的是什么？这两者有什么不同呢？市场全球化已是当今社会国际市场营销最主流的趋势。

第一节　国际市场营销和全球市场营销概述

一、国际市场营销和全球市场营销概念

（一）国际市场营销的定义（International Marketing）

当人们在讨论全球化商业行为时，经常把“国际市场营销”（International Marketing）和“全球市场营销”（Global Marketing）相提并论，认为两者都是企业在全球市场开展的营销活动。但严格地说，“国际市场营销”并不等同于“全球市场营销”。从英文字面意义上看，International 指的是国与国之间，则“国际市场营销”（International Marketing）应该指的是营销人员在各国开展的营销活动，就是企业在国际市场上围绕满足消费者需求而开展的生产、经营和销售活动。

1. 国际市场营销

国际市场营销活动就是企业在国际市场上围绕满足消费者需求而开展的生产、经营和销售活动。

美国市场营销学会的定义是，以市场营销的定义为基础，国际市场营销是对各种观点、产品和服务实行整合、定价、促销和分销等活动，使其通过交换实现满足个人和组织目的的在多个国家中进行的整个策划和实施过程。

美国著名的营销学家菲利普·卡特奥拉（Philip R. Cateora）①则认为，国际市场营销是指对将企业生产的商品或劳务引导到一个以上国家的消费者或用户的过程进行计划、定价、促销和引导，以获取利润的经营活动。

国内的学者认为，国际市场营销是指国际市场营销企业以国外消费者的需求为中心，通过一系列活动，有计划地向国际市场上的消费者或用户提供满足不同需求的产品和服务，最终实现长期营利目标的过程②。

2. 国际市场营销学

国际市场营销学是指研究以国际市场消费者需求为中心，从事国际市场营销活动的

---

① [美]菲利普·R. 凯特奥拉（Philip R. Cateora），约翰林·L. 格雷厄姆（John L. Graham）. 周祖城、赵银德、张璘等译. 国际市场营销学（International Marketing, 10e）. 北京：机械工业出版社，2001.

② 涂永式. 国际市场营销. 北京：科学出版社，2010：5.

国际化企业营销管理的科学。

（二）全球市场营销的定义（Global Marketing）

国际市场营销关注的是各国消费者需求的差异，以及如何根据企业能力满足各国不同的市场需求。而全球市场营销与此却有不同，全球市场营销更加强调全球市场与营销活动的一体化。

1. 全球市场营销

全球市场营销是指市场营销人员根据世界市场的共性和差异性采取既全球化又本土化的营销方式[①]。开展全球市场营销，既要看到全球市场的差异性，也应认识到全球市场具有的共性。例如，可口可乐就是典型的全球型公司，其通过组织机构的全球配置，运用全球营销方法，获得生产、营销等众多经营环节的规模经济效益，巨大的全球市场规模反过来又有效地支持了这种全球运作方式。

而开展国际市场营销的企业将全世界视为一个个的国家市场（包括本国市场），按照各国市场消费者的需求设计产品，在各国分别生产销售，并由公司总部统筹营销活动。

2. 全球市场营销和一般营销的关系

全球市场营销和一般营销的差别有以下两点。

（1）营销活动涉及的范围，全球市场营销活动大多在其母国以外的市场完成。

（2）全球市场营销有其特定的概念和战略，如管理取向、市场进入方式等。

总之，一般营销包含普遍原理，不管哪个国家都适用；而全球营销却因国家的不同而有所差异。

3. 全球营销的特点

全球营销和一般营销比较而言，具有以下三个特点。

（1）环境复杂。每个国家都有其特定的政治法律、社会文化和科技经济环境，这使得国际市场营销的复杂性远大于国内市场营销。各国不同的政治体制、海关制度以及法律法规，给国际市场营销带来了障碍。社会文化不同表现在语言障碍、文化差异、风俗习惯等，这为国际市场调研增加了难度，也容易导致交易双方沟通不畅，接洽不便等诸多问题。科技经济环境不同，对国际市场营销也产生很大影响。

（2）风险更大。由于国际市场营销进行的是跨国界的交易活动，很多情况不易把握，不确定因素更多，其产生的风险如信用风险、汇率变动风险、运输风险、政治风险、商业风险等，都远远大于国内市场营销。

（3）竞争激烈。参与国际竞争的企业多为本国有实力的企业，这使得国际市场竞争比国内竞争更为激烈。在国际市场上，营销的参与者与国内也有很大不同。除了国内市场竞争的常规参与者外，政府、政党、相关团体往往介入国际市场竞争。政治力量的介入，使得国际市场的竞争更为微妙，激烈程度也比国内市场大为提高。对于发展中国家而言，参与国际竞争必然要承受巨大的竞争压力。

---

① [美] Warren • J. Keegan. 全球营销管理. 北京：清华大学出版社 2009:8.

4. 全球营销导向

一个公司对国际市场机会做出反应的形式和内容在很大程度上取决于公司管理层对世界本质的假定或信念，不管这种假定或信念是有意识还是无意识的。企业能否顺利开展国际市场营销，公司管理层的管理导向十分重要。全球营销观念导向可以被分为以下几类。

（1）母国中心导向。母国中心导向的核心思想表现在：一是世界各国市场差异不大；二是本国市场比国外市场重要；三是在本国市场取得成功的产品和营销方案，可以不加调整地被移植到国外市场。采取母国中心导向的企业，比较忽视对国外市场的研究，而仅仅将国外市场视为其国内市场的补充，在国外市场上照搬国内的营销方案。50 多年前，大多数欧美企业凭借此种理念取得了满意的营销效果，但在国际化竞争的今天，采用这种导向已不太可能成功了。

（2）多国中心导向。多国中心导向的核心思想表现在：一是把拓展世界市场作为企业成长的重要途径；二是强调世界各国市场的差异性；三是认为一国的成功经验无法由各国市场分享。采取多国中心导向的企业，一般采取分权型的组织结构，赋予各国子公司相当大的自主权。为各国市场设计各自的营销方案，以满足这些市场各自不同的需求。多国中心导向的企业，往往因能较好地满足当地市场的需求，而取得比较理想的营销效果。但是，由于缺乏在各国子公司间协调资源、分享经验的机制，其运作成本较高，也难以获得规模经济效益。

（3）区域中心导向。区域中心导向的核心思想表现在：一是重视国际市场对企业发展的作用；二是认为地缘、文化接近的国家组成的区域市场具有相似需求；三是对待区域以外的市场，或采用母国中心导向，或采用多国中心导向。采用区域中心导向的企业，会在区域内部采用一体化的营销方法，寻求区域范围内的资源最优配置，构建区域竞争优势。例如，一个将精力集中于欧盟市场的欧洲公司，会在欧盟市场采用一体化的营销方案，而对于欧盟以外的市场，要么沿用欧盟区域市场的营销方案，要么采用差别化的营销方案。区域中心导向下的营销，可以帮助企业有效利用区域市场资源，构建区域竞争优势。但这种导向也存在缺陷，即不同区域市场间缺乏协同，不能整合国际资源。

（4）全球中心导向。全球中心导向的核心思想表现在所谓的“世界性眼光”，即在国家和市场之间既看到差异又看到共同点，并寻求能够充分反映各地需求的国际型战略。遵循国际导向的企业，通过整合、协调国际各地资源，并有组织地在企业内部分享所积累的国际市场经验，使之内化为企业的核心竞争力。在国际市场上执行一体化和差异性相结合的营销方案，既享受了国际市场的规模经济效益，也适应了各地不同市场的特殊要求。一个全球化的公司通过在多个国家运营，可以在研发、生产、物流、营销以及财务方面获得企业所不能获得的优势。全球品牌纷纷挖掘消费者的普遍价值观和需求，如耐克与体育竞技表现、MTV 与年轻人的文化、可口可乐与青春乐观。

二、国际市场营销的发展阶段

1. 非直接对外营销阶段

企业并不积极地培植国外客户阶段。该企业的产品可能会销到国外市场，或销售给贸易公司，或其他国外客户自己找上门来；或者，产品通过国内的批发商或分销商，在生产商并未明确鼓励甚至并不知晓的情况下，销到国外市场。随着企业在互联网上制作网页，许多企业从“网上冲浪者”那里获取订单。外国购买者不请自来的订单常常会激起一家企业增加国际市场销售的兴趣。

2．非经常性对外销售阶段

企业因生产水平和需求的变化所产生的暂时过剩导致非经常性的对外销售阶段。由于这种过剩是暂时的，因此，只是在有货的时候才对外销售，很少打算或者没有打算不断地维持国际市场：当国内需求增加，吸收了过剩产品，企业就会撤回对外销售活动。在此阶段，企业组织结构和产品很少变化甚至没有变化。

3．经常性对外营销阶段

企业拥有永久的国际产品的生产能力，并在国外市场连续销售产品的阶段。企业可以雇用在国外的或国内的国外业务中间商，或者在重要的外国市场拥有自己的销售力量或销售子公司。生产和经营的中心是服务于国内市场需求。随着海外需求的增加，加强针对外国市场的生产能力，并调整产品以满足国外市场的需要。海外利润不再被视为是对正常国内利润的奖励，企业依赖对外销售额和利润以实现企业目标。

4．国际市场营销阶段

企业全面参与国际市场营销活动阶段。企业在全球范围内寻求市场，有计划地将产品销往许多国家市场。此时不仅需要国际市场营销，而且需要在国内市场以外生产产品，企业就成为国际的或跨国的营销企业。

5．全球营销阶段

企业以市场为导向，全面进入全球市场营销活动的阶段。在这一阶段，企业将业务变为全球化的营销操作和运作。如，在可口可乐公司的语言中“境外”一词是门外话。在全球化流行之前，可口可乐公司就已经全球化了。可口可乐公司新的组织由六个国际分部组成——五个可口可乐分部和一个可口可乐食品分部。而美国经营单位的盈利占20%左右，并已降级为公司全球地域中六个国际经营单位中的一个部分而已。

第二节　国际市场营销环境分析

【案例链接】

中国品牌进入国际市场越来越得心应手

随着阿里巴巴不断跟跨境电商的合作和马云的频繁访美，中国品牌正在不断地向外扩张，在寻求国际化的路上奋力前行。国外媒体也关注到，这是中国企业崛起的象征，正在改变外界对“中国制造”的印象。最近伯恩斯坦的分析师认为，虽然华为和联想已经在中国以外的市场取得了巨大的成绩，然而品牌的树立却并不成功，依旧给人的印象是“中国制造”。在欧洲消费者的心目中，中国品牌代表的依旧是低价值、低品质。据一项调查显示，整个欧洲只有20%的人能够说出一两个中国品牌的名字。而且更为可怕的是由于媒体的误导，中国的负面评级从2005年的32%升到了2014年的42%。即便在这样的情况下，中国品牌依旧没有放弃，比如，联想如今50%的收入都来自于海外市场。

随着社交网络这类的新媒体诞生，国外的消费者可以更加直观的了解中国品牌，而中国企业也可以更加直观的了解国外消费者的想法是什么，有什么需求，从而通过更加具有针对性的宣传策略和产品来满足他们的需求。另一个有待解决的问题就是更加平滑的销售途径，这需要中国的金融企业不断的跟其他国家的金融机构沟通，从而让国外的消费者在跨境购买中国品牌产品的时候能够更加的便捷，同时也为中国企业在国外销售时的结算提供便利。中国的企业不仅是让产品“走出去”，而且是企业自身要“走出去”，融入当地的法规、法律中，融入当地消费者的习惯和文化中，树立起良好的品牌形象。中国品牌进入国际市场将越来越顺风顺水。

资料来源：改编自 韩磊.中国品牌进入国际市场越来越得心应手. 砍柴网，2015-08-17 http://www.ikanchai.com/2015/0817/32948.html

问题：

（1）为什么中国品牌进入国际市场越来越得心应手？

（2）影响国际市场营销的要素有哪些？

一、国际市场营销环境要素分析

国际市场营销与国内市场营销最大的不同就是国际市场营销的环境差异性大。在国际营销中，环境对国际营销的影响巨大，是国际营销中最独特、最需要重视的内容。国际市场营销环境是影响企业市场营销活动及其目标实现的重要因素。

环境要素是指构成人类环境整体的各个独立的、性质不同的而又服从整体演化规律的基本因素。环境要素主要有文化环境、经济环境、政治法律环境、金融与外汇环境、技术环境和自然环境等六方面的国际市场营销环境。

讨论国际经济环境时，企业需要注意世界各国的经济体制、经济结构、市场规模及基础结构。在国际政治法律环境中，企业除了要全面了解东道国的法律、法规之外，还必须对国际政治环境、别国政治环境有清晰的了解，也便于规避国际市场营销风险。国际市场营销企业还应熟知各种国际公约和国际惯例，以及解决国际商务纠纷的法律途径。企业在进行国际市场营销时，还应该尊重各国不同的社会文化环境，以便做出适宜的营销决策。国际市场营销的人口因素是影响国际市场营销管理的重要经济因素，因此人口因素是从事国际市场营销的企业或组织最需要考虑因素之一。

国际市场营销环境分为宏观营销环境和微观营销环境。开展国际市场营销的企业同样受到宏观环境因素的影响更大。由于不同国家经济、政治法律、社会文化及区域营销环境构成不同，其复杂性和不确定性高于单一的国内市场营销，因此，从事国际市场营销活动要注意其环境影响要素。（详见第五章）

二、全球市场经济发展和新兴市场

（一）全球经济发展

从 20 世纪到 21 世纪全球经济出现跌宕起伏。在 20 世纪上半叶，世界出现经济大萧条，它发生在两次世界大战期间，几乎摧毁了大部分工业化世界。20 世纪后半叶，尽管没有战争，美中不足的是，在促进经济发展体制问题上，信奉马克思社会主义的国家与资本主义国家之间的斗争。这种意识形态的分歧，打乱了传统的贸易形式。

第二次世界大战以后世界经济发展变化

（1）马歇尔计划。为了建立一个强大的世界经济，美国实施了帮助欧洲重建的马歇尔计划，为日本重建提供了财政和工业发展援助，国际开发署和其他组织提供资金以促进欠发达国家经济增长。

（2）对外援助。美国所提供的对外援助的好处是双向的。第二次世界大战以后，美国对经济发展和其他国家的重建每投入一美元，就有成百上千美元的回报，回报形式是购买美国的农产品、制成品和劳务。马歇尔计划和其他计划所带来的海外需求对美国经济是很重要的。美国可以购买更多的商品和劳务。

（3）全球的竞争激烈。日本、德国、大多数工业化世界和许多发展中国家都在争夺本国的市场份额，且寻求世界市场份额：曾经被列为欠发达的国家被重新列为新兴工业化国家。像巴西、墨西哥、韩国、中国台湾、新加坡和中国香港特别行政区等新兴工业化国家和地区，在特定的工业领域中，迅速实现了工业化。在铁、船舶、家用电子产品、汽车、轻型飞行器、鞋、纺织品、服装等方面成为强劲的世界竞争对手：除新兴工业化国家以外，像智利、委内瑞拉和孟加拉国这样的发展中国家设立了国有企业（SOE），在开展经营活动。一家委内瑞拉国有企业在波多黎各设有一家子公司，生产帆布、化妆品、椅子和拉链；波多黎各还有智利的和哥伦比亚的公司；在美国的乔治亚州有一家从事农产品业务的委内瑞拉公司；孟加拉国是对美国的第六大服装出口国，在乔治亚州也拥有一家床垫公司。

（二）新兴市场国家

1. 新兴市场

新兴市场是相对成熟市场而言的一个概念，目前尚未形成明确的定义。在经济学领域，新兴市场的概念往往与新兴经济体等同，泛指经济蓬勃发展的国家或地区。如被称为“金砖四国”的中国、印度、俄罗斯、巴西以及后来兴起的“薄荷四国”——印尼、尼日利亚、土耳其和墨西哥等。

“新兴市场经济体”的提法时间并不长，早在 20 世纪 80 年代，人们开始用“新型工业化经济体”形容亚洲和拉美的几个经济发展较好的市场化国家。其后，随着多数亚洲、非洲和拉美国家的市场化改革步伐加快，经济增长后劲显著增强，众多国际组织开始对这些发展中国家给予更多关注。世界银行经济学家 Antoine Van Agtmael 最早提出了“新兴市场”的概念，意指正处于发展中国家向发达国家过度的国家。而事实上，新兴市场经济体的含义界定也存在巨大分歧。如国际货币基金组织在 2004 年从金融市场发育度和开放度的视角认为，新兴市场经济体应指金融市场发展水平低于发达国家，但仍便于境外投资者大规模投资的发展中国家。印度知识联合中心则从工业化、信息化的角度认为新兴市场经济体应指那些世界上在推进工业化发展过程中同时加速推进信息化发展的国家。还有学者，从经济体制转轨的视角，认为新兴市场经济体是那些经济体制由专制主义转型为自由主义的市场化国家。

2. 新兴市场的特征

（1）高成长与高回报

新兴市场公司常常比西方同类公司增长要快，新兴市场的股票定价效率低下，为高回报提供了可能。1987 年，新兴市场的市值仅占世界股市总市值的 4%，以后逐年增长，1994 年超过了 12%，2014 年已经占到 22%。

（2）处于全球国际分工体系中的开放经济体

新兴市场受到高度关注，不仅源于其出色的经济表现，更源于其能够在全球分工格局中实现由低端向高端的逐步迈进。而且新兴市场的出现拓宽了可选择投资品种的范围，这使得投资组合进行全球分散化经营成为跨国公司化解风险的重要战略行为。

（3）市场经济的各项制度处于不断完善之中

市场经济是新兴市场经济体的首要特征，但是新兴市场经济体的制度环境、法律环境、创新氛围等方面，与发达国家相比还存在较大差距，短期内难以摆脱发达国家对全球经济发展走势的掌控。

（4）市场规模普遍偏小，且金融市场有待完善

新兴市场经济体虽然在经济增速是大都高于发达国家，但是新兴市场经济体的规模还是偏小，如整个菲律宾的股票市场的市值，还没有美国杜邦公司的市值大。而且，新兴市场的金融市场特别是资本市场有待完善，其金融市场的体制机制和相关法律监管制度仍与发达国家存在较大距离。

表 15-1　大型新兴市场的规模[①]

国家	人口（100 万）	GDP（10 亿美元）	人均 GDP（美元）	商品和服务出口（10 亿美元）	商品和服务进口（10 亿美元）
中国	1 328.0	4 529.6	3 263	1 430.7	1 132.6
印度	1 160.0	965.3	726	175.7	287.5
韩国	48.7	724.0	19 106	422.0	435.3
阿根廷	40.62	331.1	7 643	70.6	57.4
巴西	191.0	1 530.0	8 010	173.2	197.9
哥伦比亚	45.0	164.0	3 620	37.6	39.7
墨西哥	106.7	961.3	9 009	229.7	234.4
委内瑞拉	28.3	197.1	7 300	99.9	47.6
波兰	38.1	525.7	13 750	171.8	210.5
土耳其	72.6	617.6	8 590	102.1	140.9
南非	49.3	313.3	6 532	94.6	103.8

（三）全球市场的变化趋势

（1）全球市场的出现。市场全球化，“世界市场趋于大同”是当今国际市场最应注意

① 数据表格引自 孙国辉，催新健，王生辉. 国际市场营销（第 2 版）. 北京：中国人民大学出版社，2012.

的趋势和任务。

（2）全球性竞争者出现。全球性竞争者对新机会做出的反应是取代当地的竞争对手。

（3）世界经济一体化的程度明显加深。20 世纪初，经济一体化的程度为 10%；而如今，这个数字已达到 50%。一体化在两个地区表现得最为明显，即欧盟（前身是欧共体）和北美自由贸易区。

（4）全球性的公司增多。在 20 世纪 60 年代，世界远不如今天这样浑然一体。标有诸如雷诺、雪铁龙、标致、莫里斯、富豪及其他欧洲品牌的小轿车明显不同于美国的雪弗兰、福特或普利茅斯，也不同于产自丰田公司或其他日产公司的日本车型。

（5）世界商务和市场营销活动大大增加。在过去的 10 年里，世界经济出现了几个对企业意味深长的变化。当人们根据变化了的世界经济的新的现实制订计划和战略时，获得商务成功的可能性大大增加。

第三节　国际市场营销进入战略

【营销链接】

小米手机进军印度市场

小米公司成立于 2010 年 4 月，是一家专注于高端智能手机、互联网电视以及智能家居生态链建设的创新型科技企业。自公司成立以来，小米保持了让大众侧目的增长速度，小米公司于 2012 年销售手机 719 万台，2013 年销售手机 1 870 万台，2014 年销售手机 6 112 万台。小米手机与其子品牌红米手机已是中国市销第一，世界销量前五的优秀产品，小米手机亦成为全球首个互联网手机品牌。但是随着国内智能手机市场目前已经趋于饱和，小米在手机市场上遭遇了增长瓶颈。2014 年，小米 6 个月才卖了 2 610 万台，不到任务的一半销售业绩，远未达到年度的目标。于是，小米把目光转向开拓海外市场。

小米最终选择印度市场作为突破国际市场的第一站。雷军表示，小米将专注印度市场未来 5~10 年的本地化长期战略，小米印度团队全部是印度员工。在印度小米将主推两个系列的产品，一是面向中端市场的产品，采用国际化的工业链，总体设计相对均衡；二是面向低端市场的红米系列产品，优先采用中国本土的工业链。在价格方面，小米依旧维持低利润策略，希望最终凭借配件、服务和内容赚取利润。有这样一组数据：2014 年 7 月 21 日，小米在印度正式预约开卖米 3 手机，价格为 1560 元人民币，而在中国大陆首卖时为 1 499 元人民币；米 4 在印度首卖为 2 000 元人民币，大陆 16G 版为 1 999 元人民币。在渠道方面，小米采用了本地运营商与国外成熟电商相结合的策略。从 2015 年 1 月开始，小米通过印度最大的运营商 Bharti Airtel 的营业厅销售红米 Note 4G 手机。小米的促销则主要通过饥饿营销和开设体验店的形式。为了支持小米在印度发展，2015 年小米还将在印度铺开 100 个体验店，旨在印度消费者进一步“体验”小米产品。2014 年小米已经成功进入境外 7 个国家和地区，并在印度市场已经售出了超过 300 万台的手机。但是小米国际化也并非一帆风顺，其面临的最大的难题是专利问题。如，爱立信在印度起诉小米专利侵权，并提出诉前禁令，在解决此专利纠纷前，小米不得在印度销售相关产品。而专利问题的背后是技术创新差距，这将是国产品牌在海外扩张时面临的共性问题。

资料来源：改编自何星宇.小米手机进军印度市场.国际在线新闻.2014-07-16. http://gb.cri.cn/42071/2014/07/16/6891s4617913.htm；http://www.mi.com/

问题：

（1）请问小米为什么最终选择印度市场作为突破国际市场的第一站？

（2）小米进入国际市场面临的最大难题是什么？请提出其进入国际市场的好点子和建议。

一、国际市场进入决策

在国际进行营销时，企业需要考虑进入哪些市场、何时进入以及如何进入等问题，并根据自身的资源状况制订营销组合方案，确定营销组织结构，建立营销控制和支持系统。战略的制定应该结合目标市场的特征和企业发展目标，并综合考虑企业战略、成本、收益、风险等因素。

（一）目标市场的选择

企业在选择目标市场时，首先需要明确自身的营销目标，并同时核查企业内部资源状况，通过信息的收集与整理，从经济环境、政治环境、文化环境和法律环境等多个角度进行评价，并对市场潜力和预期销售目标做出合理预测。

（二）进入时机的选择

企业不仅需要决定所要进入的市场，还需要确定进入的时机。率先进入某个新市场的企业被称为先动者（First Mover），如苹果公司率先进入了个人计算机领域，麦当劳率先进入了快餐行业，迪士尼乐园开创了第一家主题游乐公园等。

1. 先动者优势

美国学者利伯曼和蒙哥马利认为，先动者优势主要体现在：技术获取、资源获取、转换成本三个方面。先动者不仅可以先于其他竞争者获取稀缺性的资源，而且可以凭借技术方面的持续领先获取竞争优势，并将这种优势转变成消费者的转换成本。

2. 后动者优势

虽然早期进入者可能享有多种优势（如较高的市场份额），但由于国际市场的高度不确定性，这些企业面临着比跟随者更大的生存压力。先动者往往也在“搭便车”效应、技术风险、顾客风险三个方面存在弊端：

第一，“搭便车”效应使得后入企业能够学习和模仿先动者在市场开拓方面进行的一系列市场活动，并针对其市场效果对其缺陷进行规避，其创新和进入成本往往很低。

第二，在市场开发期，由于产品技术不够成熟，先入企业往往需要投入大量的资金和人力。随着市场的发展和技术成熟，特别是“主导设计”的出现，使得后入企业面临的技术风险大大降低。如，福特T型车问世之后，价格成为新的竞争焦点。

第三，快速变化的顾客需求，常常使得先动者对市场变化的反应不够及时，而后入者能够更加全面的吸收先动者的教训，为顾客提供更加成熟的服务和产品。

二、国际市场进入模式的选择标准

企业在决定如何进入海外市场时，需要对市场环境和企业资源进行综合评估，即通过外部标准和内部标准进行综合权衡。其中，外部标准主要包括市场规模、市场风险、法律法规、竞争环境与基础设施；内部标准主要包括企业目标、控制水平、内部资源及灵活性①。

（一）外部标准

1. 市场规模

在许多情况下，市场规模与增长率是决定企业进入模式的关键因素。企业应该将资源集中投入到规模和潜力较大的市场，可以通过建立全资子公司或合资等方式，去开拓新市场。

2. 市场风险

国际市场营销环境复杂多变，营销风险也相应增加。对于特定的国家和市场而言，市场风险越大使得企业的进入动机就越弱。在高风险高增长的市场中，一般企业会通过设立代表处，收集市场信息，择机进入。

3. 法律法规

当地的法律法规可能对外资企业的进入进行限定，或设定特殊标准，形式多样的贸易保护主义也构成了跨国公司的进入壁垒。因此，对于国际目标市场国的法律法规，应该进行全面了解，以便寻找适合的进入模式。

4. 竞争环境

在不同的目标市场，各国的经济政治发展水平以及市场经济相关的监管措施等存在很大的差异，而且不同的行业由于各种资源限制和发展历史情况也将存在巨大的差异。因此，特定的目标市场竞争环境也会存在很大差异。

5. 基础设施

一个市场的基础设施包括目标国家的分拨系统、运输网络和通信系统等。当地的基础设施越落后，其对跨国公司的吸引力就越弱，就会减少跨国公司直接投资的意愿，而更倾向于间接进入的方式。

（二）内部标准

1. 企业目标

在选择进入模式时，企业目标具有关键性的影响。对于某些企业而言，进入成本和扩张速度是最重要的（如特许经营），而目标远大的企业则可能倾向于选择控制力和灵活性较强的进入模式（如设立全资子公司）。

---

① 部分资料参考了刘宝成. 国际市场营销[M]. 北京：机械工业出版社，2013.

2. 控制水平

大多数跨国公司都希望对其海外市场保持一定水平的控制，这种控制体现在企业定位、产品设计、分销定价、品牌推广等多个要素上。一般而言，控制水平与资源投入呈正向关系，即资源投入越高，控制力越强。

3. 内部资源

企业内部资源决定了企业的综合实力以及可承受的进入成本。对于资源相对有限的企业而言，出口与许可是一种经济的进入模式，即使企业具有较大规模和资源，也应该思考各类资源在不同市场的优化配置。

4. 灵活性

由于国际环境复杂多变，企业在考虑如何进入海外市场的同时还应考察退出壁垒，这种壁垒可能由沉没成本、解雇费用、法律约束等因素引起。企业需要洞察消费需求的变化、技术的更替以及各国对外经济政策的转变，保证其经营的灵活性和响应能力。

三、国际市场进入战略模式

根据企业营销活动以及组织协调方式的不同，有四类进入战略可以选择。

1. 出口

出口进入方式由于风险较小，比较适合刚刚开始国际市场营销业务且缺乏相关经验的企业。出口进入方式可分为间接出口和直接出口。

（1）间接出口。间接出口指的是企业通过本国的各种外贸机构或国外企业设在本国的分支机构出口产品和服务。间接出口的特点是经营国际化与企业国际化的分离。企业的产品走出了国界，而企业的营销活动却几乎完全在本国内进行。企业并不直接参与自己出口产品的国际市场营销活动。

（2）直接出口。直接出口指的是企业直接把产品卖给国外的客户或最终用户，而不是通过国内的中间机构转卖。直接出口要求企业有自己的国际市场营销渠道，有专人负责出口营销的管理工作。与间接出口相比，直接出口投资更大，风险更高，但潜在报酬也较高。

2. 合同进入方式

合同进入方式指通过非股权投资或合同安排，将专利、商标、技术等授予国外合作方使用，而得以进入国际市场的一种方式。合同进入方式可包含技术授权、特许经营、管理合同和合同生产方式。

3. 合资

合资经营企业指的是两个或两个以上不同国家或地区的投资者共同投资组成的具有法人地位的企业。其基本特点是投资方共同管理、共负盈亏、共担风险。合资企业不是由任何持股比重大的一方完全控制整个企业。因此，在这种方式中，合资各方持股比重相差不会太大，一般在25%~75%。

4. 国外独资经营

国外独资经营指的是企业在国外市场上单独控制企业的生产和营销。独资经营可以使企业获得百分百的所有权，全部利润归自己所有。此外，独资经营可以摆脱合资经营在利益、目标等方面的冲突问题，从而使国外子公司的营销战略与企业的总体战略融为一体。企业采用独资经营的方式进入国际市场还可以更直接、更全面地积累国际市场营销经验。不过，这种进入方式投入的资金最多，风险也最大，灵活性也最差。而且，东道国政府和民众可能不欢迎外来企业，独资企业不能得到当地合作者的帮助。

第四节 国际市场营销组合

【营销链接】

宝峰时尚的国际化

宝峰时尚国际控股有限公司 2011 年 1 月 28 日于中国香港特别行政区联合交易所主板上市，为中国领先拖鞋、凉鞋及休闲鞋履品牌商及生产商。根据 Frost & Sullivan 报告，集团为“2011 年中国最大的便鞋出口商”及“2011 年中国本土（已包括跨国企业集团品牌）自家品牌时尚便鞋销售排名第一”。宝峰时尚 2005 年获批成立中国唯一的一家拖凉鞋省级研究中心，2008 年由宝峰时尚主导起草的中国 EVA 托凉鞋行业标准，获国家发改委批准，并于当年 9 月正式颁布实施。宝峰时尚经过 20 多年的发展，先后荣获“联合国采购供应商”“世博特许产品质量奖”等 20 多项荣誉称号，以时尚设计和优秀出众的质量赢得全球市场。

宝峰时尚秉承“品味生活，快乐制造”的企业经营理念，坚持“以诚为尊，至信为荣”的企业文化，大力开拓国内外市场。从 1999 年开始，宝峰公司与沃尔玛、迪士尼、GUESS 等数十个国际知名品牌建立合作关系。宝峰鞋业的国际市场以美国为主；其次是欧洲、中东、非洲、南美洲、澳洲以及东南亚地区。每天约有 10 多万双拖鞋源源不断地销往国际 30 余个国家和地区。据不完全统计，在美国市场，每 10 个美国人就有一人穿宝峰拖鞋。

资料来源：改编自 宝峰时尚国际控股有限公司提供资料和官网资料，http://www.baofengmodern.com/

问题：

（1）请问宝峰集团采用了哪些的国际化策略？

（2）如果宝峰集团要更好地进入国际市场，你有什么好的建议？

一、国际产品策略

不断增长的日常需要和欲望创造了标准化的全球产品市场，而不同市场的消费者又存在巨大差异。例如，据统计在软饮料消费市场，印度人口年龄的中位数为 25 岁；日本则为 43 岁；美国每年人均消费 760 杯软饮料；中国为 39 杯。

制定国际产品策略时，企业必须考虑以什么样的产品形式进入市场。具体而言，有三种基本策略，分别是：直接延伸国内产品策略、改进国内产品策略、开发新产品策略。直接延伸国内产品策略一般适用于国际消费者认同的产品价值基本相同的、标准化的产品。改进国内产品策略则是通过改良国内产品，使之适应国际不同市场营销环境的策略。当企业具备实力时，可以采用新产品策略，即专门针对国外市场开发新产品，以便获得更高利润。

品牌策略也是企业进行营销决策时应该考虑的问题。国际性品牌指的是企业在国际间提供商品，其品牌名称在消费者心目中具有价值感与形象意义。换言之，该项产品具有优良质量、优良声誉及良好的消费者认同感与忠诚度。随着国际化程度加深，不同国家的消费者对某一特定产品或品牌的认同会跨越各种社会文化障碍。消费者这种异中趋同的营销特性，有助于企业建立国际化品牌，提高经营效率，降低生产营销成本。建立国际性品牌，产品的技术原创性很关键，因为原创性是建立消费者忠诚的前提。国际性品牌的建立还有赖于统一的控制制度；只有通过制度保障，才能促进企业国际营运程序及作业的标准化。国际性品牌还要求企业具有"国际性视野"以及相匹配的组织结构。

二、国际定价策略

定价策略是营销组合的重要组成部分，但在国际背景下讨论定价却无一定的结论。国际定价之所以困难，主要是由于国际产品定价策略所牵涉的范围太广，影响国际定价的因素包括了转移定价、成本原则、国际价差、定价权限归属、汇率波动等。

1. 国际定价的影响因素

（1）成本因素。影响国际定价的成本除了一般的生产管理成本之外，企业还需要考虑国际市场营销费用、关税、其他税收、国际中间商成本、国际运输费用和保险费用等。

（2）法规因素。各国针对外国产品的销售有许多限制性法规，它们对国际定价产生深刻影响。法规因素包括关税与非关税壁垒、价格限制法规、反倾销法、产品安全法等。

（3）汇率因素。国际金融市场的汇率受多种因素影响而自由浮动。选择某种货币作为计价货币后，往往因为汇率波动而导致不同的销售收入，汇率是影响国际定价的特有的重要因素。

（4）通货膨胀。通货膨胀影响产品成本，不同国家的通货膨胀率不同，国际市场营销需要结合各国通货膨胀率，为产品制定能够抵消通胀影响的价格。

2. 国际定价决策方式

国际定价决策应为集权化还是分权化，并无一定之规，企业可以根据自身情况选择决策方式。如果采用总部定价，其主要原因往往是因为企业缺乏国外的相关价格信息，或是希望防范汇率变动的风险。分权化的差别定价则常常用于配合企业的市场渗透策略，日本跨国公司尤其如此。一些中小型企业也偏好市场导向的差别化定价方式。

3. 国际定价策略

（1）统一价格策略。最简单的定价策略是在国际市场为产品制定统一价格。但是这一策略很难适应各国不同的市场营销环境以及消费者需求，不能应对竞争及变化。

（2）本土化定价策略。即为适应当地营销环境而为不同国家制定不同的产品价格。本土化定价策略既需要根据当地实际成本，也要参照当地能够接受的价格水准，还需要注意避免跨国企业内部产生价格竞争。

（3）转移定价策略。国际企业在不同国家设有子公司时，常常需要在母公司与子公司之间，或者子公司与子公司之间转移零部件和产品。而不同国家的外汇控制政策不同、制定的关税不同、对企业所征的所得税也不尽相同。为此，企业可以采取转移定价策略，合理逃避税收、规避外汇管制风险，使企业整体收益最大化。

三、国际分销渠道策略

分销渠道对企业而言极其重要，它不仅帮助企业将产品和服务送达消费者，还承担了众多营销职能，如信息收集、销售促进等。国际市场营销更是如此，跨越国界转移产品需要高效率的分销渠道支持。由于国际分销渠道跨越不同经济发展水平和不同社会文化背景的国家，影响分销渠道的因素就更为复杂。这些因素包括企业、顾客、产品、竞争、成本、资金、覆盖率、连续性、文化、沟通等。

国际分销渠道长度与国内分销渠类似，按照是否存在中间商，可划分为直接分销渠道和间接分销渠道。同样，按照所使用同级中间商数量的多少，国际分销渠道可分为宽渠道和窄渠道。国际分销渠道成员除了有生产商和用户外，还包括了国内中间商和国外中间商。国内中间商指的是进出口贸易公司、国内批发公司和国内代理商等。国外中间商包括国外进口中间商、国外进口代理商和兼营进口中间商等。

国际分销渠道管理类似一般渠道管理，也包括三方面内容：一是分销渠道中间商的选择；二是制定和实施针对渠道成员的激励措施；三是评估成员工作业绩，适时调整渠道。

四、国际促销策略

1. 国际广告策略

（1）国际广告决策内容。企业应该从五方面考虑国际广告策略，即广告目标是什么；有多少可支配的广告费用；通过广告想传递什么信息；选择何种广告媒体；广告效果如何评估。也就是所谓的5M问题，即任务 （Mission）、资金(Money)、信息（Message）、媒体（Media）和衡量（Measurement）。

（2）国际广告的限制因素。国际广告面临的限制因素较国内广告多，主要包括不同国家的法律和社会文化限制等。这些限制因素从不同角度影响着国际广告的设计和发布。比如，有的国家允许采用比较广告形式，有的国家则不允许。另外，不同国家对于可以发布广告的媒体以及媒体发布广告的时段和形式有不同要求。企业必须熟悉这些与广告相关的法律、法规。国家不同，其社会文化环境不同，则消费者对广告信息的理解也不同。针对跨文化背景下的消费者差异，企业的广告设计必须努力与之相适应。

（3）国际广告的标准化与本土化。标准化与本土化是国际广告的一个命题。企业可以针对同一产品在不同国家市场推出不同广告，以突显本土化特色。企业也可以对同一产品采取标准化形式在不同国家市场的传播。标准化的广告可以突出产品或企业的国际特色。

2. 国际人员推销策略

国际人员推销策略主要有两方面内容：一是国际人员推销组织形式；二是国际推销人员的管理。国际人员推销组织形式。企业一般可以采取地区型、产品型或顾客型等形式，也可以采用上述三者结合的形式来开展国际人员推销活动。国际推销人员的管理主要涉及三方面内容：一是推销人员的选择；二是推销人员的培训；三是推销人员的激励。选择熟悉多国文化、语言、习俗以及具备国际推销经验的人员，将有利于国际人员推销的顺利开展。而提高推销人员素质的途径是有针对性地就文化、语言、习俗、产品等内容开展培训。

3. 国际销售促进策略

一般市场营销的促销策略从理论上说都可以应用在国际市场。但企业在实施过程中需要针对不同国家的政治法律环境、消费者需求和行为习惯等，适当做出调整。国际促销有其特殊形式。比如，企业可以积极参加国际博览会、贸洽会。通过这种促销方式，把产品介绍到国际市场，进而宣传和树立企业和产品的良好国际形象。企业还可以积极寻求母国政府的支持，和本国驻外使馆合作，获取目标国家的市场信息。企业也可以积极参加政府组织的贸易代表团，参与组建海外贸易中心等，通过多种方式进行国际促销。

4. 国际公共宣传策略

公共宣传对于树立企业的良好形象有很大帮助，是国际市场营销企业绝对不能忽视的。企业可以采用以下策略开展公共宣传：一是借助新闻媒体，塑造企业良好的形象；二是努力保持与各国政府的良好关系，以期获得各国政府对企业的支持；三是通过赞助文化、卫生、环保和教育等公益事业，树立企业在国际市场承担社会责任的良好形象和声誉；四是通过该领域权威或知名人士为企业进行正面宣传，影响公众和舆论对企业的看法，进而提高企业知名度和影响力。

思　考　题

1．国际市场营销经历了哪些发展阶段？
2．目前全球经济发展状况如何？对国际市场营销有何影响？
3．企业的产品要进入一个国家市场，有哪些市场进入决策和组合策略？

华侨大学的海外教育市场

华侨大学创办于 1960 年，是中国政府重点建设的综合性大学，是首批获得中国教育部本科教学工作水平评估优秀的大学，是中国国家大学生文化素质教育基地及中国面向海外开展华文教育的主要基地。现任校长为海内外著名华文教育专家、博士生导师贾益民教授。建校五十多年来，华侨大学培养的 16 万余名毕业生遍布海内外，其中来自 50 多个国家和中国港澳台地区的校友 5 万余人。华侨大学位于中国福建省，在中国历史文化名城、东亚文化之都——泉州市和获得联合国最佳人居奖的中国海上明珠——厦门市分别设有校区。

华侨大学以“面向海外、面向中国港澳台”为办学方针，坚持“为侨服务，传播中华文化”的办学宗旨和“会通中外，并育德才”的办学理念，形成了“一校两生、因材施教”的教学特色，“一元主导，多元融合，和而不同”的校园文化，人才培养成绩斐然。学校设有 31 个学院，140 个研究机构，90 个本科专业。拥有哲学、经济学、法学、教育学、文学、历史学、理学、工学、农学、医学、管理学、艺术学等 12 个学科门类，形成理工结合、文理渗透、工管相济、协调发展的学科体系。各类在校学生3万余人，包括来自中国港澳台地区和50多个国家的学生4 400余人，其中中国香港学生1 500余人。

华侨大学以“重视基础、拓宽专业、增强能力、提高素质”为人才培养目标，努力造就富有创新精神和实践能力、适应海内外经济和社会发展需要的应用型人才。拥有一支教学经验丰富和科研实力雄厚的师资队伍，并积极开展对外教育和学术交流，与欧洲、亚洲、美洲、大洋洲、非洲等的国家和中国港澳台地区的100余所高校和相关机构建立合作交流关系，目前在境外设立的海外招生办事处和合作机构有：欧洲的意大利（3个点）、西班牙（3个点），奥地利、英国、丹麦、挪威、德国、瑞典各有1个点；亚洲的马来西亚（8个点）、泰国（7个点）、老挝（4个点）、日本（3个点）、缅甸（2个点）、印尼（2个点）、新加坡、越南、菲律宾、蒙古各有1个点；美洲的阿根廷、美国、巴西、厄瓜多尔、秘鲁各有1个点；非洲的南非、马达加斯加各有1个点；大洋洲的斐济、澳大利亚各有1个点；及中国港澳台地区的香港、澳门各有1个点和台湾地区（6个点）。

华侨大学在教学上实行国际通用的学分制，对海外及中国港澳台的学生采取特殊的关心与学习帮助政策，校园文化呈现国际化、多元化色彩。学校的教学基础设施完善，实验室设备先进，图书馆藏图书文献数据105万种、400万册，具有中国大陆高校一流的学生宿舍和餐厅，学习生活环境舒适优美，是海内外学子求学的圣地、成才的摇篮。继2012年华侨大学境外招生本科实际报道人数突破千人大关之后，境外招生近年来保持历史高位。2015年共录取1 362人，其中中国港澳台侨1 250人，华侨30人，留学生83人，共来自23个国家和地区。

华侨大学为早日实现“送学生出去、引学生进来”的国际化办学目标，推动国内外两种优质办学资源的良性互动，提高学校的国际化办学水平，主要对外交流合作项目有：外向型国际化办学的3个全英教育专业和课程、“1+2+1”中美合作项目招生（10个专业）、英国名校硕士预备项目（MPP）、英国威斯敏斯特大学“1+1+1”双硕士学位项目、日本长崎县立大学经济学硕士项目、日本岐阜大学交换生项目、中国台湾东海大学“3+1”项目、中国台湾地区其他10所高校交换生项目等，招生与教改结合的专业改革效果良好。

目前，华侨大学正实施2016年招收中国香港副学位毕业生专项计划。为适应中国香港特别行政区副学位（含副学士、高级文凭）毕业生进一步深造的需求，在香港特别行政区政府教育局的统筹下，华侨大学计划开展对香港特别行政区副学位毕业生招生与培养工作，开放学校的特色专业与所需专业招收香港特别行政区副学位毕业生。香港特别行政区副学位毕业生，可以在完成副学位课程后申请入读华侨大学可衔接的本科学士学位专业。开放的11个专业是：国际商务(全英文教学)、金融学、国际经济与贸易、汉语言文学、广播电视新闻（含广播电视学、新闻学两个专业）、工商管理（含工商管理、市场营销两个专业）、旅游管理、计算机科学与技术、工程管理、设计学类（视觉传达设计〈含动画〉、环境设计〈室内设计〉、产品设计三个专业）、体育教育。

资料来源：改编自 华侨大学招生处和国际学院的官网资料. 2016-03-18. http://zsc.hqu.edu.cn/; http://guoji.hqu.edu.cn/

问题：

（1）试运用市场营销学的原理和方法，分析华侨大学海外教育及招生市场情况？

（2）请提出华侨大学海外教育及招生市场的好点子和建议。

【实训目标】

结合实际内容，深刻了解国际市场营销和全球市场营销的基本概念和认识。

【实训内容和要求】

第 1 场景：同学们分成 3~5 人组成一个小组，讨论国际市场营销管理的不同导向，使同学们正确理解相关概念和基本内容。

第 2 场景：请同学们对所讨论的国际市场营销组合策略进行相互辨别，最终形成对国际市场营销组合策略的基本内容的认识。

【实训效果评估】

根据同学们所讨论的情况，观察、了解、检查同学们对国际市场营销理论的认识程度、掌握程度、理解程度及在现实生活中应用程度，并对其进行打分评价。评价标准如下。

实训内容	认识程度（5 分）	理解程度（5 分）	掌握程度（5 分）	应用程度（5 分）	总分
国际市场营销					
全球市场营销					
国际市场营销组合策略					

[1] [美]沃伦・J. 基坎（Warren J. Keegan），马克・C. 格林（Mark C.　Green）. 傅慧芬，郭凌，戚永翎，浦军译. 全球营销原理（Principles of Global Marketing）.北京：中国人民大学出版社与 Prentice Hall 出版社合作出版，2002 第 1 版.

[2] [美]菲利普・R. 凯特奥拉（Philip R. Cateora），约翰林・L. 格雷厄姆（John L. Graham）. 周祖城，赵银德，张璘等译. 国际市场营销学（International Marketing，10e）. 北京：机械工业出版社，2001.

[3] 涂永式. 国际市场营销. 北京：科学出版社，2010.

[4] [美] Warren・J. Keegan. 全球营销管理. 北京：清华大学出版社，2009.

[5] 陈慧冰. 中小企业如何识别国际市场机会——基于偏离—份额分析法的机会分析与评估. 国际商务研究，2010,（2）.

第十六章

服务营销

原理要点

- 服务特点对服务营销的影响
- 服务营销组合策略

携程网卖的是服务?

携程网，简称携程，是一个在线票务服务公司，创立于1999年，总部设在中国上海。携程旅行网拥有国内外六十万余家会员酒店可供预订，是中国领先的酒店预订服务中心。携程旅行网已在北京、广州、深圳、成都、杭州、厦门、青岛、沈阳、南京、武汉、南通、三亚等17个城市设立分公司，员工超过25 000人。2003年12月，携程旅行网在美国纳斯达克成功上市。

携程旅行网成功整合了高科技产业与传统旅游行业，向超过9 000万会员提供集酒店预订、机票预订、度假预订、商旅管理、特惠商户及旅游资讯在内的全方位旅行服务。携程旅行网除了在自身网站上提供丰富的旅游资讯外，还委托出版了旅游丛书《携程走中国》，并委托发行旅游月刊杂志《携程自由行》。2015年10月26日携程网和“去哪儿”宣布合并，合并后携程将拥有45%的“去哪儿”股份。此次携程与“去哪儿”合并的形式为百度出售“去哪儿”股份，然后控股携程，百度将拥有携程25%的股份。

资料来源：根据携程网资料改编，http://www.ctrip.com/

服务营销是服务机构通过服务营销组合策略，即服务机构的产品策略、价格策略、分销策略、促销策略来吸引客户的消费、提高服务机构的市场占有率的一系列活动和过程。

第一节　服务的特点及其对服务营销的影响

一、服务的特点

1960年，美国市场营销学会最先指出：“服务是用于出售或者随同产品连在一起进行出售的活动、利益或者满足感”。之后，又做出了补充：“服务是不可感知却可使欲望获得满足的活动，这种活动并不需要与其他的产品或服务的售出联系在一起。生产服务时可能不会利用到实物，而且即使需要借助某实物协助生产服务，也不涉及此实物的所有权转移问题。”

1990 年 Gronroos 定义为：“服务是指或多或少具有非实体特点的一种或一系列活动，通常发生在客户同服务的提供者及其有形的资源、产品或系统相互作用的过程中，以便解决客户的有关问题。”

1995 年 Philip Kotler 认为：“服务是一方能够向另一方提供的、基本上是非实体的任何活动或利益，并且不导致任何所有权的产生；它的生产可能与某种有形产品联系在一起，也可能无关联。”

目前 Bateson、Shostack、Berry 等人归纳出服务具有无形性、不可分离性、易逝性、差异性等四大特点被普遍接受[①]。

二、服务特点对服务营销的影响

（一）服务非实体性及其影响

1. 服务的非实体性

说服务是无形性的似乎还不够准确，因为参与服务的人与物都是有形的，服务过程也是可以看得见的，因此，这里用“非实体性”来代替描述“无形性”，其含义有以下两点。

（1）服务没有物理化学属性、不可触摸、不可陈列。产品可以触摸、陈列，以便于客户进行比较、挑选，产品的质量可以用确切的标准来衡量，用精确的数值来表示。客户在购买前就能够确认产品的特点，比如，价格、颜色、款式、硬度和气味等。例如，购买一双鞋子，你可以拿起鞋子感觉一下它的质量和重量，看看它们的式样和颜色，还可以把它们直接穿到脚上试试是否合脚。又如，抽油烟机的质量优劣可以用安全性能、使用性能（风量、风压、噪声、电机输入功率）等指标来衡量。

相比之下，服务是一系列的行为和过程，服务没有体积、重量、密度、长度、大小，不可以触摸、尝试、聆听、陈列，服务提供者无法向客户提供实物样品，也不易展现服务的特色，服务的形状如何、是什么颜色的、它的成分是怎样的——你无法回答这些问题。

（2）服务有时是需要一定的载体，但这些实体成分并不是服务的本质。例如，菜肴、点心、酒、饮料等这些实体成分并不是餐饮服务的本质，因为菜市场、超市也可以购买得到，它们只是餐饮服务的载体，烹饪服务、就餐服务、舒适服务等才是餐馆服务的本质，而这些都是非实体的。又如，KFC 的汉堡、点心、鸡翅、可乐饮料、店堂环境都是有形的，但这些实体并不是 KFC 的本质，KFC 的本质是独特的烹饪服务、就餐服务和便捷服务等，而它们是非实体的。又如，咖啡馆提供的本质是咖啡饮料服务（不是卖咖

① 苏朝晖. 服务营销管理——服务业经营的关键. 北京：清华大学出版社，2012.

啡豆）、舒适服务、社交服务……这些都是非实体性的。又如，银行的服务也无法像有形产品那样被触摸，可以被触摸的存折、银行卡等只是银行服务的载体，但这些实体成分并不是银行服务的本质，银行服务的本质是存贷款服务、中间业务、投资理财服务等，这些都是非实体的。

2. 服务非实体性带来的影响

（1）客户难以对服务进行比较和评价。

首先，消费服务之前很难判断、比较和评价服务的特点、功能、质量等。

例如，客户第一次到一家从未去过的酒店，在酒店服务开始之前他对酒店的服务是无法预知的——他不能以对待实体产品的方式那样去触摸、去试用，他不知道自己能享受到哪些服务，是否门口有人迎宾，是否会有人帮忙倒酒……只有酒店的服务开始后，他才会对酒店的服务有所了解，才能对该酒店的服务内容有所认识。又如，保险公司的保险产品摸不到、听不见、嗅不出，投保人在购买保险时不能像购买其他产品那样能够直观判断。保险公司提供给客户的实际上是一种“保障”服务，这种保障在理赔前是看不到的，投保人在购买时看到的只是保险服务人员、保单和保险条款，而只有当保险事故得到理赔时，才能真切地感受到“保障”的存在。又如，购买了电影票，客户对这部电影的内容和效果在观看之前大部分都是没有概念的，对一部电影的评判单凭海报、图片的介绍，以及别人天花乱坠的描述都是难以感受的，除非自己亲自去看这场电影，只有实际看了电影，才会有感受，有体会。又如，听过后才能够知道歌手的演唱水平；理过发后才会知道理发师的技术和服务水平；接受过治疗才知道医生护士的医护水平；听过课后才了解教师的水平和能力。

为了降低消费风险，客户需要做出更大的努力和投入更多的时间，寻找所欲购买服务的有关资讯。这种事前寻找服务信息所花的时间和力量，远超过购买实物产品所付出的时间和努力。当人们第一次请家庭教师、请外科医生、请诉讼律师、请保姆等，无不经历如此过程。

其次，客户购买并享用服务之后仍然很难判断、比较和评价服务水平的高低，或者要经过一段时间才能感觉出来，或者自始至终感觉不出来，而只能相信服务人员的说法，并认为这种服务确实是自己所期望获得的服务特点。

例如，在接受医生的治疗后，其所获得的利益是没法马上感觉到的，通常需要一段时间才能感觉得到。而且，有时候病人即使经过医生诊治后，自己也很难评价医生的服务水平，只能相信医生，相信他的治疗技术、治疗方案、治疗效果是最好的，虽然可能没有什么凭据，但就是信任。

（2）服务机构难以对服务进行事前检查、事中控制、事后考核。

由于服务的非实体性，服务机构难以对服务进行事前检查，也难以对服务进行事中控制，更难以对服务进行事后考核，因而服务质量问题或服务事故较产品比较频发，服务的投诉和纠纷也较难处理。

（3）客户并没有“实质性”地拥有服务。

由于服务的非实体性，客户没有办法“拿到”服务，服务在交易完成后便消失了，客户并未像购买产品那样获得实际的东西。

也就是说，服务是一种客户不能带走的行为，客户能够带走的是这种行为的影响。

例如，人们听完一场音乐会，只是得到了精神上的享受，但你带不走演员和他的歌声。

再比如，旅客乘坐交通工具后从一个地方被运送到另一个地方，旅客手里除了机票或车票外，没从交通运输公司得到任何东西，"交通服务"的所有权是没有转让给旅客的。

以银行取款为例，通过银行的服务，客户拿到了钱，但这并没有发生银行服务所有权的转移，转移的是钱，是本来就是客户自己的钱，只不过是让银行保管一段时间而已，"银行服务"还在银行，没有发生转移。

以美发服务为例，通过美发专业服务人员对客户进行专业性的美发服务，客户拥有了自己想要的发型，享受了美发机构为其提供的服务，但这并没有引起"美发服务"所有权的转移。

以零售服务为例，在形式上是发生了产品所有权的转移（与货币等价交换），但"零售服务"并没有发生所有权的转移，仍然还在商店。

服务所有权不发生转移的好处是，"服务"始终都在服务机构"手上"，同一时间的服务能力只会被客户占用但不会被客户带走，服务机构可以在不同时间重复提供同一种服务，而不会像产品那样卖一件就少一件。简单地说，产品只能卖一次，而服务可以重复地卖。

（4）服务差别化优势往往昙花一现

由于服务的非实体性，法律不能为服务方式、服务创意、服务特色提供保护，这就使好的服务会因为被模仿而很快失去优势。无论是服务方式，还是营销策略与措施都容易被模仿，被偷师学艺，从而使短暂的差别优势因被竞争者的效仿而夭折。所以，服务业不得不经常创新，但遗憾的是，每一项创新都难以成为创新者持久的核心优势。

例如，招商银行最早为客户提供了舒适的环境，配备了座椅及饮水机，但此后迅速被多家银行模仿，最后演变成普遍的行业标准。又如，当美国联邦快递公司开始实行通宵邮递时也遇到了这样的问题——在几个月内，许多服务服务机构都效仿实行通宵邮递来与之竞争。

（5）具有神秘感与较高的客户忠诚

由于服务的非实体性、朦胧性、抽象性，使得"服务"多少带有神秘色彩，这有利于吸引客户前来体验、消费。

另外，由于客户同样难以全面了解有关替代服务的情况，因此客户对替代服务能否比现有服务更好亦无把握，因而不会轻易转换服务品牌，而只会相对忠实于原有服务品牌。

（二）服务的同步性及其影响

1. 服务的同步性

对于有形产品而言，客户一般不能参与到其生产过程之中，而只能接触到出厂后的最终产品。产品通常在工厂生产，在商店销售，在使用中消费，这三个环节泾渭分明，人们可以从时间和空间上把产品的生产过程、流通过程与消费过程区分出来。

相比之下，服务的生产过程、流通过程和消费过程是同时进行的，生产一旦开始，流通和消费也就开始，生产一结束，流通与消费也宣告完成。比如，歌唱家唱完一支歌，听众、观众也同时聆听、消费了他的服务。

但是，说服务具有不可分离性似乎还不够准确，因为服务供需双方在时间上不可分，而服务地点则可以通过一定的形式分开——可以通过技术的创新和模式的创新使得服务的生产与消费分离。例如，随着网络服务的应用，购物不用到商场，上课不用进学校，这些都是服务地点的分开，但是，服务双方还是同步进行生产与消费的，因此，这里用“同步性”来代替“不可分离性”。

服务的同步性是指服务的生产过程与服务的消费过程是同步发生的，服务人员提供服务之时也正是客户消费享用服务之时，客户参与到服务生产与传递的过程之中，人们若不身临其境，是很难想象和体会到服务的感受的。比如，没有亲自乘坐航班就无法领略和享受空中服务。又如，除非自己亲自到比赛现场，否则是无法感受现场的气氛的。

注意：如果人们是通过电视转播收看足球比赛的，那么，（直接）为观众服务的是电视台而非足球队。如果是到足球比赛现场观看的，则是足球俱乐部或比赛场馆和足球运动员为观众服务。

2. 服务同步性带来的影响

第一，服务只能等客户到了现场，才能够开始“按部就班”地提供服务，而这样的方式容易限制服务效率。例如，客户到理发店不能一付钱头发就剪好，而必须老老实实地坐在椅子上接受服务！因为理发店在客户到来之前只能做好准备工作，理发服务真正开始要等待客户到来之后！

第二，同步性还使服务受地理因素或时间因素的限制，即客户只能在一定的时间和区域内才能接受服务，如果服务机构的网点少、时间短就会影响客户的消费量。

另外，同步性使客户总是在一定的服务场所中，那么，服务设施、服务环境、服务气氛等因素都会影响客户对服务的感知和评价，这就要求服务机构必须注意服务设施、服务场所、服务气氛等环境的营造。

第三，同步性还使得服务生产人员要兼任销售的职责，但既懂生产又懂销售的人才是不容易找到的，而且会增加服务人员的负担。

在服务过程中，服务人员的态度、服务技能、服务水平等因素都会影响客户对服务质量的感知和评价。这就需要依靠服务人员以积极的态度全力以赴参与服务生产过程，并且要求服务人员要有营销意识，学会对客户的心理和购买行为进行分析，审时度势，用良好的服务打动客户，这些都对我们的服务人员提出了更高的要求。

第四，由于服务的同步性，使得服务机构无法对服务进行事先检查和把关，等待发现失误时已经来不及了，也无法重新更改或退换，这就给服务机构带来了很大的挑战。另外，服务效果取决于双方接触的每一个环节，接触过程中哪怕一个小小的细节失误，也会影响整个服务质量，往往“一招不慎，全盘皆输”，因此需要全体人员或所有部门进行整体配合和协调，这就增加了协调和管理的难度。

第五，由于服务的同步性，服务的提供及其效果都有赖于客户的配合。例如，在医疗服务中，病人只有把病情全面如实地告诉给医生，医生才能准确地做出诊断并对症下药。同样，一个咨询师也必须依赖与客户的互动才能解决问题，如果客户不参与、不配合、不互动，或者是在互动过程中向咨询师提供虚假信息，那么，咨询服务的效果就得不到保证。

如果参与服务过程的客户不予配合，就会影响服务的进行以及服务的效果。例如，中国的邮政编码曾经是一项服务创新，但这项创新经过两次推广和几年时间才被接受。又如，城市公共交通的自动投币是一项服务创新，但它的推广比较慢，其主要原因之一就在于：一下子要求乘客改变“多门上车、下车”“买票找零”“向售票员问站”等多年养成的乘车习惯，是有难度的。

第六，有形产品由于能够实行标准化生产，规模效益较高，而服务的同步性使客户的参与度高，使得服务的个性化非常突出，很难实现标准化生产，规模效益较低。

（三）服务的易逝性及其影响

1. 服务的易逝性

服务的易逝性又被称为不可储存性，指的是服务作为一种非实体的产品，不管在时间上还是在空间上，都是不可存储的。

首先，服务不能在生产后储存待售。

我们到工厂或者商店去购买产品，钱一付就可以从仓库里将产品拎走，但是我们去消费一项服务则不能做到钱一付就走人，也就是说，服务提供者不能像工厂那样生产一堆产品放在仓库里等待随时发货。正如理发师不可能理一大堆的头发等着客户去取吧？

宾馆、旅社的客房服务不能储存，今天没有客人住宿，客房就闲着，就是实实在在的损失。飞机上的座位同样不能储存，这趟航班剩下的座位是不可能保存到下一趟航班的。这些空房间、空座位以及闲置的服务设施和人员，都是不可补偿的损失，其损失表现为盈利机会的丧失和折旧的发生。

如果服务能够生产后储存，在消费旺季和高峰期，客户就可以不用排队等候，就像买东西那样一到那里就可以取走，节省了许多时间。

其次，服务客户也无法购后储存。

当购买或者消费服务结束后，服务也随即消失，不能在时间上或空间上将服务保存起来。比如，看电影，当电影播映完之后服务也即消失，不能储存。再比如，到酒店吃饭，酒店服务人员给客户接衣、挂帽、拉椅、让座、斟茶、倒酒等服务，但是一旦客户离开酒店，酒店的服务也即消失，无法再享受这样的服务。

2. 服务易逝性带来的影响

（1）易逝性造成服务供应与服务需求经常不平衡。

由于服务的易逝性，不可能将消费淡季或低谷时的服务储存起来留到旺季或高峰时出售，不能像制造业那样依靠库存来缓冲和适应市场需求的变化。所以，服务机构有时候会闲得很，有时候却忙得很。

当供大于求时，过剩的生产能力就是闲置的能力，会白白支出许多固定成本，造成作业的不经济。如果不对服务产出能力加以及时利用，它创造利润的机会也会自然丧失，而不能留给以后的超负荷需求使用。

当供不应求时，由于在短期内，增加服务设备、设施和训练有素的人员是非常困难的事情，这就可能造成服务不细致，从而怠慢客户导致客户反感，造成客户的流失。

（2）易逝性影响服务业的规模经济。

产品是易存的，因此，产品可以通过扩大生产规模来实现规模经济，并通过库存调节生产规模与消费需求之间的矛盾。由于服务的易逝性，服务不可能大规模生产后加以储存，因此，服务业在大部分时间（非高峰期、非旺季）是达不到规模经济的。比如，城市公交往往只能在一天的几个高峰时点实现规模经济；旅行社和旅游景区往往只能在一年的旅游旺季实现规模经济。

总之，服务的易逝性造成了服务供求的矛盾，也造成了服务业的规模经济很难实现，这就要求服务机构必须对服务的供应和需求加以管理，促使供求平衡，这样既可以化解供求矛盾，又可以促进服务业规模经济的实现。

（四）服务的差异性及其影响

1. 服务的差异性

服务的差异性是指服务的构成成分及质量水平经常变化，同一项服务会因为提供的主体、时间、地点、环境、方式以及气氛的变化，而使服务内容、形式、质量、效果等产生差异。之所以会这样主要有两个方面的原因——

一方面，服务主要是由人来提供的，而人的气质、态度、修养与技术水平的差异，不同的人提供服务就往往产生不同的内容、形式、质量、效果。例如，同一个酒店里的不同师傅所做的饭菜都是不一样的。

另一方面，即使同样一个人在不同的状态下，提供同样一项服务也是不一样的。例如，再优秀的歌唱演员，在不同的演出时间或场合演唱同一首歌曲，演唱效果总是有差异的。

2. 服务差异性带来的影响

由于服务的差异性，造成客户对每次的服务都有一定的顾虑，在购买和消费服务时没有把握，甚至对服务缺乏信心。

服务的差异性使得服务及其传递过程变得异常复杂和充满了诸多的不确定性，无法像有形产品那样标准，这对于服务品牌建设提出了挑战。

总之，服务的非实体性可被认为是服务的最基本特点，其他特点都是从这一特点派生出来的。事实上，正是因为服务的非实体性，它才具有“同步性”“易逝性”“差异性”等特点。

服务的这四大基本特点普遍而深刻地反映了服务的本质特点，因此，服务机构在开展营销活动时必须充分考虑服务特性的影响，发挥和利用其有利影响，克服和回避其不利影响。

第二节 服务营销组合策略

【案例导读】

花旗银行——用服务赢得客户

花旗银行（Citibank）迄今已有近两百年的历史。花旗集团是全球领先的银行，在全球超过 160 个国家和市场拥有两亿客户账户。花旗集团为个人、公司、政府和机构客户提供广泛的金融产品和服务，包括个人银行及信贷、公司银行与投资银行、证券经营、交易服务和财富管理。

进入 21 世纪，花旗集团的资产规模已达 9 022 亿美元，一级资本 545 亿美元，被誉为金融界的至尊。花旗的骄人业绩无不得益于银行服务营销战略的成功实施。

自 20 世纪 70 年代花旗银行就不断地将银行服务寓于新的金融产品创新之中。而今，花旗银行能提供多达 500 种金融服务。花旗服务已如同普通产品一样琳琅满目，任人选择。1997 年，花旗与旅行者公司的合并，使花旗真正发展成为一个银行金融百货公司。在全球金融市场步入竞争激烈的买方市场后，花旗银行更加大了它的银行服务营销力度，同时还通过对银行服务营销理念的进一步深化，将服务标准与当地的文化相结合，在加强品牌形象的统一性时，又注入当地的语言文化，从而使花旗成为行业内国际化的典范。

金融产品的可复制性，使银行很难凭借某种金融产品获得长久竞争优势，但金融服务的个性化却能为银行获得长久的客户。花旗银行深刻理解并以自身行动完美地诠释了“以客户为中心，服务客户”的银行服务营销理念。在营销技术和手段上不断推陈出新，从而提升花旗服务。

通过变无形服务为有形服务，提高服务的可感知性。花旗银行在实施银行服务营销的过程中，以客户可感知的服务硬件为依托，向客户传输花旗的现代化服务理念。花旗以其幽雅的服务环境、和谐的服务氛围、便利的服务流程、人性化的设施、快捷的网络速度以及积极健康的人员形象等传达着它的服务特色，传递着它的服务信息。花旗在银行服务营销策略中，鼓励服务人员充分与客户接触，经常提供上门服务，以使客户充分参与到服务生产系统中来。通过“关系”经理的服务方式，花旗银行建成了跨越多层次的职能、业务项目、地区和行业界限的人际关系，为客户提供并办理新的业务，促使潜在的客户变成现实的“用户”。同时，花旗还赋予服务人员充分的自主服务权，在互动过程中为客户更好地提供全方位的服务。

通过提升服务质量，提升花旗的新形象。花旗在引导客户预期方面决不允许作过高或过多的承诺，一旦传递给客户的允诺就必须按质按量地完成。如承诺“花旗永远不睡觉”，其实质就是花旗服务客户价值理念的直接体现。花旗银行规定并做到了电话铃响 10 秒之内必须有人接，客户来信必须在两天内做出答复。通过了解客户需求，针对客户需求提供相应的产品或服务，缩短服务人员与客户、管理者与服务人员、管理者与客户之间的距离，在确保质量和安全的前提下，完善内部合作方式，改善银行的服务态度，提高银行的服务质量，进而提高客户的满意度，提高服务的效率并达到良好的效果。

资料来源：改编自 花旗银行如何用服务赢得顾客. 2009-3-19. http://www. dmclick. com/daynews/detail. aspid=656；https://www.citi.com.cn/

问题：

（1）花旗银行是如何赢得客户的？

（2）花旗银行的服务创新营销组合策略是什么？

服务的四大基本特点普遍而深刻地反映了服务的本质特点，因此，服务机构在开展营销活动时必须充分考虑服务特性的影响，发挥和利用其有利影响，克服和回避其不利影响，这样才能使服务营销理论切合服务业的实际，从而增强策略的针对性和有效性。

第一，针对服务的非实体性要管理好服务展示。1977年，美国服务营销学家斯坦克(shostack)引入“服务展示管理”这一术语，他指出：顾客看不到服务，但能看到服务环境、服务工具、服务设施、服务信息、服务资料、服务价目表、服务中的其他顾客等，这些是顾客了解无形服务的有形线索，服务机构有必要对服务的有形物以及能传递服务价值的信号和线索进行管理。

第二，针对服务的差异性要管理好服务人员。我们知道，造成服务差异性的主要原因是服务人员的气质、态度、修养与技术水平等方面存在差异，不同人提供的服务往往产生不同的内容、形式、质量、效果，另外，即使同样一个人在不同的状态下，提供同样一项服务也是不一样的。此外，在顾客看来服务人员就是服务的一部分，服务人员的态度、服务技能、服务水平等因素都会影响顾客对服务的感知和评价。因此，服务机构必须对服务人员进行有效的管理。

第三，针对服务的同步性要管理好服务过程。服务是一系列的行为和过程，在顾客消费某种服务时，顾客所接触到的其实主要就是一系列可操作性的步骤。接触过程中哪怕一个小小的细节失误，都有可能会降低顾客对服务满意程度，往往“一招不慎，全盘皆输”。例如，餐厅服务员在上菜时的一个不当举动，很可能就破坏掉顾客在整个用餐过程中的好心情。因此，服务机构要对服务过程进行管理。

第四，针对服务的易逝性要管理好服务供应。由于服务的易逝性，不可能将消费淡季或低谷时的服务储存起来留到旺季或高峰时出售，不能像制造业那样依靠库存来缓冲和适应市场需求的变化。因此，当供大于求时，过剩的服务能力就是闲置的能力，会白白支出许多固定成本。如果不对服务能力加以及时利用，它创造利润的机会也会自然丧失，而不能留给以后的超负荷需求来使用。当供不应求时，由于在短时间内，增加服务设备、设施和训练有素的服务人员是非常困难的事情，这就可能造成排队等候及服务不细致，从而怠慢顾客导致顾客反感，造成顾客的流失。总之，服务的易逝性造成了服务供求的矛盾，也造成了服务业规模经济很难实现，这就要求服务机构必须对服务的供应加以管理，促使供求趋于平衡，这样既可以化解供求矛盾，满足顾客需求，又可以促进服务业规模经济的实现，减少服务能力剩余的损失，从而提高服务机构的经营效益。

基于以上认识，我们提出服务营销的8P组合，即在产品策略、价格策略、分销策略、促销策略之外，增加“有形展示”（Physical Evidence）、“服务人员”（People）、“服务过程”（Process）、“服务供应”(Provide)。

一、服务机构的产品策略

服务机构的产品就是服务机构满足顾客需要的“解决方案”，是顾客可以从服务机构中获得的利益。服务机构提供的产品具体包括：服务项目、服务特色、服务定制、服务承诺、服务创新等。

服务项目是指服务机构提供给顾客的服务内容与服务功能，通俗地说，服务项目就是表明该服务机构主要是干什么的，能够为顾客做什么。此外，服务项目还体现在可供顾客挑选的服务内容与服务功能有多少。服务项目还可具体分为核心服务、便利服务、配套服务。核心服务是顾客能够从服务机构中获得的最重要的服务利益，它体现服务机构最基本的功能。便利服务是顾客在消费核心服务时能够得到便利的服务，是服务机构为传递核心服务而提供的相关辅助服务。配套服务是指服务机构通过整合服务能力，提供整体解决方案，甚至是“一条龙”式的服务，从而使顾客能够在同一个服务机构得到尽可能多的价值的服务。

服务特色指服务机构或服务人员向顾客提供独特的、与众不同的服务。如今市场上同类同质的服务越来越多，因此，服务机构要想在激烈的市场竞争中脱颖而出，必须有足够的服务特色才能吸引顾客的注意或光顾。服务机构如果能够不断地提供竞争对手难以模仿的特色服务，就能够形成不可替代的优势，成功地与竞争对手的服务相区分，从而有效地抵制竞争对手对顾客的诱惑，达到增进顾客忠诚的目的。常见的服务特色形式有：专业特色、环境特色、顾客特色、人员特色等。

服务定制是指服务机构或服务人员为顾客提供量身定制的服务。服务定制体现了服务机构考虑到每个顾客的特殊性，在服务过程中时时处处站在顾客的位置上，针对不同顾客的不同需要，采取灵活的服务技巧，分别提供针对性的服务。服务定制作为未来的发展趋势，无论是对顾客还是对服务机构，都有着非凡的意义。服务定制为服务机构打开了新的市场，但定制化服务意味着成本的增加，由于服务机构将每一位顾客视作一个单独的细分市场，必将导致服务机构经营业务的复杂化、经营成本的增加以及经营风险的加大，因此，需要服务机构在实现顾客满意和控制经营成本之间寻求平衡点，而提供模块化服务是一种恰当的模式。

服务承诺是由服务机构提供的一种契约，是服务机构以顾客满意为导向，对服务过程的各个环节、各个方面实行全面的承诺，目的是引起顾客的好感和兴趣，促进顾客消费。服务承诺可以降低顾客的风险，有利于顾客的监督，有利于提高服务质量，有利于树立和改善服务机构形象。服务承诺的形式一般有：服务质量的保证、服务时限的保证、服务附加值的保证等。有效力的服务承诺，一般具有以下特征：明确性、利益性、规范性、无条件性。

服务创新是对原有的服务组合、服务形式和服务策略等的研究与开发，从而使新的服务比原来的服务更能够满足市场需求，更能够受客户的欢迎。随着服务机构服务意识的不断增强，出现了服务组合、服务形式和服务策略趋同的状况，服务高度雷同化已成为服务机构经营的沼泽地。在这种形势下，为了留住老顾客，吸引新顾客，服务机构不得不开发新服务。服务创新是实现服务差别化的根本途径，是服务机构立于不败之地的制胜法宝，是服务机构必须要面对的课题。

二、服务机构的定价策略

服务机构要想盈利就得面对服务定价问题，为此，服务机构必须清楚影响服务定价的因素，然后再制定富有活力的价格策略。

服务价格是服务机构提供服务的经济回报，它既可能表达服务机构对顾客的关心，也可能表达服务机构对顾客的冷漠。这是因为，价格对顾客而言，不是利益的载体，而是代表一种付出、一种牺牲。从服务需求的价格弹性大、价格是评判服务的重要指标两方面看，服务价格太高、太低都不行，服务机构不仅要科学定价，还要艺术定价。

影响服务定价的因素主要有六个方面，即经营目标、服务成本、顾客需求、竞争状况、供求关系、政府管制。服务定价的方法有： 成本导向定价法、需求导向定价法、竞争导向定价法。长期来看，服务价格的下限由提供服务的成本来决定，上限由市场需求和顾客价值感受来决定，而竞争对手的定价则调节着服务价格在上限和下限之间波动，一般而言，市场竞争者越多，服务机构在定价方面活动空间就越小。

服务的定价策略有：低价策略、折扣定价策略、招徕定价策略、高价策略、差别定价策略、固定价格策略、结果定价策略、组合定价策略、关联定价策略、关系定价策略、认知价值定价策略、顾客自主定价策略、整数定价策略、零头定价策略、吉利数字定价策略等。

三、服务机构的分销策略

服务机构的分销是服务机构为顾客提供服务的通道或途径。服务机构分销服务的途径除传统的直接分销途径和间接分销途径外，网上分销途径的重要性越来越大。

服务的直接分销是指服务机构直接或通过自有的渠道为顾客提供服务。由于有形产品可以储存，可以被多次转手，经批发、零售多个环节使产品到达顾客手中。而服务是非实体的，不可储存的，不能被运输，再加上服务的生产和消费的同步性，这就使得服务的提供普遍采用直接的方式，分销渠道以直接分销渠道为主。传统的服务直接分销的形式主要有店面分销、机器自动化分销、呼叫中心分销等。直接分销的优点:首先，直接分销对服务的供应与表现可能保持较好的控制，对服务机构的策略、制度、规范、标准的执行和贯彻力度较强，有利于确保服务的总体水平。相反，如果经由中介机构处理，往往会造成失去控制的问题。其次，直接分销能够及时地从与顾客的接触中了解顾客的需要及其变化、顾客的满意与否，从而适时做出调整，更好地适应市场的变化、改进服务，更好地针对顾客提供个性化的服务。直接分销的缺点:首先，直接分销的覆盖面有限，可能局限于某个地区性。其次，直接分销的市场覆盖半径小，不利于服务范围、服务数量、服务业务的扩大。

服务的间接分销是指经由中介机构为顾客提供服务。这些中介机构包括被特许人、代理人、经纪人等。对于服务机构来说，可以采用这些服务中间商中的一种，也可以是几种组合起来同时提供服务。常见的服务间接分销形式有：代理分销、经销分销、合作伙伴、连锁经营与特许经营等。间接分销的优点：覆盖面较广、不局限于某个地区，有利于提高分销的效率，有利于减轻服务生产者兼服务推广员的负担，有利于降低服务成本。间接分销的缺点是：较难控制中介机构的表现、不能及时了解市场动态。

随着信息技术的成熟与互联网的蓬勃发展，产生了网上分销渠道。网上分销也可分为直接分销和间接分销。网上直接分销是指服务机构通过自建网站将服务提供给顾客，网上间接分销是服务机构利用已有的电子商务平台。网上分销的优点：效率高、成本低、一致性、互动性和自动化。网上分销的缺点：顾客可能缺乏条件、能力或技术来接受网络传递的服务；存在一定的安全问题。适合网上分销的服务：信息服务、沟通服务、移动服务、交易服务、平台服务、娱乐服务等。总之，随着信息技术和自动化技术的不断普及，网络技术在服务分销中的运用越来越广泛，大大提高了服务的可获得性，但是在引进新技术时要十分慎重，有些顾客也许有动力来接受新的技术，如通过培训明确了新技术的采用给他们带来的好处，而另一些顾客则可能喜欢传统的分销渠道。

四、服务机构的促销策略

服务机构的促销策略是指服务机构通过人员推销、广告、公共关系和营业推广等促销方式，向顾客或用户传递服务的有关信息，引起他们的注意和兴趣，激发他们的购买欲望和购买行为，从而达到扩大服务销售目的的活动。

人员推销是服务机构的工作人员在与顾客的交往中向对方传递有关信息，刺激其购买欲望的活动。由于服务的非实体性及不易感知的特点，人员推销在服务促销中是很活跃的因素。服务人员代表服务机构的形象，一流的服务人员是服务营销生力军，服务人员最了解服务对象与服务系统，总之，服务人员的重要性是显而易见的，尽管有些服务可由机器设备代替人来提供服务，如自动售货机、ATM 机等，但服务人员在这些自助服务的提供过程中仍起着十分重要的作用。况且，实际上很多服务是机器无法完成的。服务人员推销的优点：可与顾客直接对话，进行信息的双向沟通；针对性强、促成购买；有利于建立良好的合作关系。服务人员推销的缺点：对服务人员的要求较高，服务人员的培训和激励成本较高。

广告是打造品牌常用的手段。如今“酒香不怕巷子深”的年代已过去，企业想要提高产品的知名度离不开做广告。随着信息技术的发展，品牌传播渠道越来越多，除传统渠道外，各种新型渠道层出不穷。广告的方式主要有传统广告和网络广告两种方式。传统广告媒体包括电视广告、广播广告、报纸广告、杂志广告、户外广告等，传统广告的费用比较高。此外，还有些企业选择通过自己的印刷品进行宣传。伴随着信息技术及移动互联网的发展，以搜索引擎、社交网络、微博、微信、团购、秒杀等形式出现的网络广告媒体层出不穷，这些新型传播媒体具有传播迅速、反馈及时、目标对象明确、影响面较广等优点。在移动互联网时代，每个人都变成了一个媒体，个人媒体既可以传播信息，也可以发布信息，这种媒体以个人博客、微博、微信、空间主页、群组等形式展现出来。企业可以选择将传统传播渠道和新型传播渠道结合起来使用，从而利用两者的优势以更好地达到品牌传播的效果。服务广告要增强服务的“有形性”，要强调服务能够带来的利益，要重视宣传服务机构的形象与特色，要能唤起美好的联想，要重视宣传服务提供者，还可以通过名人做广告，此外还可以通过参加展销会、展览会、博览会、订货会等，来提高品牌的知名度，也可以通过体验店、体验馆、展销中心，向顾客提供体验机会，给顾客真切感受，其效果不亚于广告的作用。

公共关系是服务机构采用各种交际技巧、公关宣传、公关赞助等形式来加强与社会公众沟通的一种活动，其目的是树立或维护服务机构的良好形象，建立或改善服务机构与社会公众的关系，控制和纠正对服务机构不利的舆论，并且引导各种舆论朝着有利于服务机构的方向发展。与广告相比，公共关系更客观、更可信，对顾客的影响更深远，其主要类型有：服务性公关、公益性公关、宣传性公关、名人公关、口碑传播等。

营业推广是指服务机构运用各种短期诱因，促使顾客加快购买、增加购买而采取的一系列鼓励性的措施。营业推广的主要手段是免费服务、奖金或礼品、优惠券、会员制等。

五、服务展示管理

虽然服务是非实体的，但客户可以看到服务环境、服务工具、服务设施、服务信息、服务资料、服务价目表、其他客户等，这些是顾客了解服务的有形线索。服务展示管理是指服务机构借助实物、数字、文字、音像、实景及其他可视方式，通过服务环境、服务工具、服务设施、服务信息、服务资料、服务价目表、服务中的其他顾客等来展示服务内容、服务质量、服务特色等，从而使非实体的服务具体化和便于感知而采取的措施。

服务展示具有影响顾客对服务产品的第一印象、有利于展现服务特色、引导顾客产生合理的期望、有利于内部营销等作用。服务展示的内容可以分为服务条件展示、服务信息展示、服务人文展示等三个层面。

服务条件展示主要包括：服务机构的建筑物、设施、工具、用品，以及内部装饰、场地布局、陈列设计等。

服务信息展示是服务机构通过标志与指示、价格、目录、票据、宣传品、图片、照片、题词、橱窗、手机 APP、录像、影视、荣誉、证明、表扬、理念、口号等来展示服务内容、服务能力、服务水平、服务效果的策略，目的是向顾客说明自己的服务质量或服务价值高于竞争对手。

服务人文展示包括服务场所的气氛、服务人员的形象、其他顾客的形象等。幽雅、舒适、轻松、愉快的气氛，能够提示服务的舒适程度、文明程度、亲切友好程度，能够吸引顾客、提高顾客的满意度。服务人员的衣着、打扮、言谈举止都会直接影响顾客对服务和服务机构的评价。整洁配套的制服、落落大方的仪表、训练有素的举止，会说服顾客相信他们能够提供优质的服务。对顾客来说，服务场所中出现的人，除服务人员外，还有其他顾客，其身份、素质、地位、数量、外表、行为都会影响顾客对服务的期望和判断。当顾客之间是志趣相投、相互对话、相互帮助、和谐共处的，就会对顾客产生积极的影响；相反，顾客之间相互的破坏行为、过度拥挤、彼此冲突，则会产生消极影响。

六、服务人员管理

为了降低和减少服务的差异，首先，服务机构应该加强服务人员的招聘与培训；其次，服务机构可以通过实行服务的标准化来管理和规范服务人员的行为，确保他们始终按照服务机构的要求来提供服务；最后，服务机构应该激励服务人员。

这里我们说的服务人员包括服务机构上至老总下至服务生，即服务机构的从业人员。

由于服务人员的素质、业务水平及工作能力、工作态度都影响到服务机构的形象，服务的质量和绩效水平也取决于服务人员的操作技巧、态度和才能。所以，服务机构应该注意培养高素质的服务人员，从而为顾客提供专业化的、体贴入微的服务。服务机构在招聘服务人员时，除了要考察其教育背景、技术技能等常规项目之外，还应重点考察应聘人员的内在素质和顾客导向的意识，以保证吸收的服务人员易于同服务机构核心价值观相融合，从而降低新服务人员与组织的磨合成本。服务人员的培训是指服务机构采用各种方式对服务人员进行有目的、有计划的培养和训练的管理活动，其目的是使服务人员不断地更新知识，提高技能，从而促进服务的稳定和提高。服务人员的素质决定服务质量，因此服务机构要特别重视对服务人员的教育培训，不仅要培训服务人员的专业、沟通及解决问题的技能，更要进行服务文化、服务理念的培训，使服务人员能够全方位地提高个人素质，保证工作质量，实现优质服务。

服务的标准化，或称标准化服务，指“规范服务使之达到要求”，是服务机构制定服务标准、发布服务标准及全面实施服务标准的全部活动过程。实施服务标准化的意义是：使服务偏差被控制在尽可能小的范围内，有利于企业对服务的管理，有利于顾客识别和判断服务是否达标。服务机构要制定顾客导向的服务标准，要具有明确的指示性，服务标准必须定量化或具体化，服务标准要简明扼要，服务标准要兼具可行性与挑战性，服务标准要兼具稳定性与动态性。

服务机构要采用适当的激励措施让服务人员满意以调动服务人员的积极性，从而激励服务人员为顾客持续提供优质的服务。激励服务人员的方式有：物质激励、精神激励、晋升激励、授权激励等。服务机构可以同时运用多种激励方式来激励服务人员，在进行具体激励时，要因人而异，针对服务人员的不同特点，采取不同的激励方式。

七、服务过程管理

由于服务的同步性，在服务消费中，顾客不仅仅消费了服务结果，还消费了服务过程，服务消费是结果消费和过程消费的统一。服务过程管理要注意两个方面：一是在服务过程中要给顾客以完美的服务体验；二是在服务过程中要加强与顾客的互动。

体验指因受客体的某些刺激而使主体产生的内在反应或心理感受，通常是由于对事件的直接观察或是参与造成的。服务机构要想提供完美的服务体验，就必须切实站在顾客的立场上，以提高顾客整体体验为出发点，从顾客的感觉、情感、思考、行动及关联等方面进行设计，有目的地、无缝隙地为顾客创造匹配品牌承诺的正面感受。服务机构可通过先寻找接触点、再构造美好的接触点、进一步落实接触点的服务规范来为顾客提供完美的服务体验。服务机构只有细致入微地寻找接触点，注重与顾客的每一次接触，同时精益求精地提供服务，才能在白热化的竞争中取胜。

互动是一种双向管理，是服务机构通过与顾客联系、沟通、对话、交流、联谊等，与顾客进行信息、情感、业务等的交流与交换，一方面使服务机构动态地掌握顾客真实需求的变化，对顾客需求和消费行为进行引导和管理，并且满足顾客个性化的需要；另一方面也使顾客了解、理解、支持、配合服务机构的行为，从而为实现服务机构与顾客双赢所采取的行动。

服务机构加强与顾客互动的原因是有利于信息的传播与收集、有利于增进顾客关系、服务效果有赖于顾客参与互动的程度。服务机构可以面对面地向顾客介绍服务信息，及时答复和解决顾客提出的问题，并对顾客进行主动询问和典型调查，了解顾客的意见及顾客对投诉处理的意见和改进意见等，而顾客也积极响应和配合服务机构的行动。服务机构也可以通过间接方式与顾客互动，互联网的兴起就改变着服务机构与顾客互动、交流的方式，服务机构可以在强大的数据库系统支持下，通过电子商务的手段，开设自己的网站为顾客提供产品或服务信息，与顾客进行实时互动。随着技术的进步和互动实践的发展，新的互动渠道不断出现，服务机构与顾客互动可通过先进的网络、通信等间接手段，这样可以使服务机构与顾客之间的互动更高效、更直接、可循环、可持续，同时满足顾客的个性化需要。

根据服务剧场理论，在服务过程中一方都必须依赖另一方的表现，才能使互动顺利进行。为此，服务机构要做好与顾客的互动，首先要让互动变得简便易行；其次要提高服务人员的互动能力和意愿；再次要提高顾客互动的动力；最后要提高顾客参与互动的能力。

八、服务供应管理

服务供应管理是指服务机构通过对服务供应进行管理，目的是使服务供应与服务需求基本平衡，既满足顾客需求，又减少服务能力剩余的损失，从而提高服务机构的经营效益所进行的一系列活动。

服务需求的波动性、服务供应的刚性，尤其是服务的易逝性造成了服务供应与服务需求经常出现不平衡，使得服务机构经营者每天都要面对动态变化的供求形势，每天都必须面对供给和需求之间的矛盾。平衡服务供应与需求的对策：一是调整服务供应以适应服务需求；二是管理服务需求以适应服务供应；三是在供应大于需求时对富余的服务能力进行管理，在供应小于需求时对顾客的排队现象进行管理。

在服务消费的旺季或高峰期，服务机构可通过增加服务时间与频率、增加服务地点、增加人手及交叉培训“多面手”、增加或租用或改造服务设备和设施、采用现代化的工具设备系统和流程来提高服务效率、外部合作互助、简化或适当降低服务标准等来实现供求平衡。

服务机构的经营者可以通过调高价格或减少优惠、向顾客告示高峰期等措施将需求从高峰期转移到低谷期。此外，预约是服务机构管理需求常用的方法，预约之后，额外的服务需求就会被分配到同一组织内的服务时间或服务设施上，这种方法相当于分散需求。服务供应者还可以向顾客提供服务设施、工具或用品，教会顾客一些服务操作的常识，鼓励顾客自行完成部分服务。

所谓排队管理，就是服务机构通过采取一系列措施使顾客愿意加入到等待的队伍当中，愿意忍受等候。当排队变得不可避免时，服务机构应该争取缩短顾客实际等待的时间，正确合理设计排队方式。一般来说，排队方式有：单列排队、多列排队、叫号排队、分类排队。另外，顾客在排队过程中对时间长短的感觉在很大程度上是一种心理感受。所以，服务机构要减少顾客的抱怨，降低顾客在等待过程中的厌烦情绪，以此来缩短顾客感觉中的等待时间。美国专门研究排队管理的专家 Davidh.Maister 认为，充实的等待感觉比无聊的等待时间短、轻松愉快的等待感觉比焦虑痛苦的等待时间短、确定长度的等待感觉比不确定长度的等待时间短、了解原因的等待感觉比不了解原因的等待时间短、合理的等待感觉比不合理的等待时间短、集体等待感觉比孤独等待时间短、公平的等待感觉比不公平的等待时间短。

在服务消费的淡季或低谷期，服务机构应该通过减少服务供应、转移服务地点、调整供应结构,并且通过营销组合刺激需求、通过接受超额预约来收集需求。另外，既然出现服务供过于求，那么服务机构可以顺势而为，利用这期间让员工进行休整，开展服务技能的培训，增强服务理念，提高人员的素质，为消费高峰期的到来做好充分准备。此外，服务机构还可对设备和设施安排维修、保养和更换等，甚至出租设备、设施，从而提高资源利用率，降低服务成本。

思　考　题

1. 什么是核心服务？便利服务？配套服务？
2. 影响服务定价的因素？服务机构的定价策略？
3. 服务机构直接分销的形式？间接分销的形式？
4. 服务机构的促销策略有哪些？

优质特色服务助厦航翱翔蓝天

厦门航空有限公司，成立于1984年7月，是中国民用航空局和福建省合作创办的、中国首家按现代企业制度运行的航空公司，总部设在福建省厦门市。

厦航是中国唯一使用全波音系列飞机的航空公司，截至2015年年底，拥有全波音系列的149架飞机，累计安全飞行340万小时，实现连续359个月的飞行安全和连续262个月的空防安全，未发生任何公司原因的事故征候及以上不安全事件。目前，厦航设有河北航空、江西航空2家子公司，福州、北京、天津、杭州、湖南等分公司和泉州运行基地，经营国内航线230条，国际及地区航线60条，航线网络遍及全国、通达全球，年旅客运输量超过2 300万人次，公司总资产近400亿元、净资产150亿元，保持着29年持续盈利的行业记录。近年来，凭借稳定可靠的安全纪录、持续盈利的经营业绩和“精、尊、细、美”的优质服务，厦航逐渐成为国内航空运输企业的典范，获得了中央国家机关有关部委及省市领导的高度肯定。

独具特色，顾客首选，亚太一流。在公司的发展历程中，厦航聚焦航空主业，保持安全运行，打造特色服务，实现持续盈利。在未来的发展中，厦航继续坚持安全、服务和经营管理方面的厦航特质，着重从创新产品、完善流程、提升信息保障能力、丰富文化内涵和加强顾客情感交流等方面入手进一步提升厦航经营品质与服务特色，增强品牌影响力和美誉度，将公司打造成独具特色、顾客首选、亚太一流的航空公司。厦航将提供安全、准点、便捷的航空运输服务，以温馨、舒适、体贴的服务于细微之处让顾客心生喜悦，以真诚感动顾客。

资料来源：改编自 厦门航空公司提供资料和官网资料，http://www.xiamenair.com/zh-cn/news/

问题：

1. 厦航在航空服务方面有哪些特色？

2．服务产品与普通产品有何不同？

【实训目的】

认识服务业营销的思路、方法与策略。

【实训内容】

1．客观和全面介绍一家服务企业现有的营销策略；
2．分析和评价该企业营销策略的得与失；
3．为该企业的营销提出改进意见或建议。

【实训组织】

1．相关服务资料和数据的收集，可以对服务性企业进行实地调查，也可以采用二手资料。

2．实训汇报（介绍占 20%，分析占 20%，建议占 20%，回答问题占 20%，PPT 展现效果占 10%，团队协作与精神风貌占 10%）。

3．教师对每组实训报告和课堂讨论情况即时进行点评和总结。

[1] 瓦拉瑞尔 A. 泽丝曼尔，玛丽・乔・比特纳，德韦恩 D. 格兰姆勒. 张金成，白长虹等译，服务营销[M]. 原书第四版. 北京：机械工业出版社，2008.
[2] 克里斯托弗・H. 洛夫洛克. 郭贤达，陆雄文，范秀成译. 服务营销・亚洲版（第 2 版）[M]. 北京：中国人民大学出版社，2007.
[3] 苏朝晖. 服务营销管理——服务业经营的关键. 北京： 清华大学出版社. 2012.
[4] 刘尚亮. 服务价格构成因素及定价策略研究. 价格理论与实践. 2011,（2）.

第十七章

客户关系管理

原理要点

- 客户关系的建立
- 客户关系的维护
- 客户关系的挽救

出租车司机的客户关系经验

周春明开一辆车龄已经三年半的福特，内装有些陈旧，比不上配备 GPS、液晶电视的同行。一般的个人出租车，每天至少开十二小时，一个月平均做六万元的生意。但是没有华丽的配备、每天工作 8~10 小时的周春明，去年每月能做超过十二万元的生意，全年约赚八十五万元！

他的秘诀在哪里呢？周春明将自己定位为“一群人的私家司机”，以形成差异化。周春明有一张密密麻麻的熟客名单，包括两百多位教授和中小企业老板。要坐周春明的车，最晚必须一星期前预定。

周春明做的第一件和别人不同的事，是不计成本做长程载客服务。对一般出租车来说，载客人到中国台湾地区的新竹、台中，要冒开空车回来的风险，等于跑两趟赚一趟钱。于是约定俗成地将成本转嫁给客户，计价比跳表高 50%。但周春明观察到，这群人才是含金量最高的商务旅客，为了稳住他们，他只加价 17%。表面上，他因此每趟收入比同业低，但也因此赢得客户的好感与信任，开始接到许多长途订单。

每个客人上车前，周春明要先了解他是谁，关心的是什么，打听这客人的专长、个性，甚至早餐、喜好都问清楚。隔天早上，他会穿着西装，提早十分钟在楼下等客人，像随从一样，扶着车顶，协助客人上车，后座保温袋里已放着自掏腰包买来的早餐。如果是生客，他不随便搭讪，等客人用完餐后，才会问对方是要小睡一下、听音乐、还是聊天，从客人的选择中看出他今天心情如何。如果对方选择聊天，周春明就会按照事前准备，提出跟客人专长相关的有趣话题。如果是送老师到外县市讲课，一上车，也少不了当地名产和润喉的金橘、柠檬茶，这些都是他自掏腰包准备的。

周春明还有一本顾客关系管理的秘籍，里面详记了所有熟客的喜好，透过有系统的管理，每个客户爱听什么音乐，爱吃什么小吃，关心什么，坐上他的车，他都尽力量身服务，就像是客户专属的私人司机，而一般出租车公司是无法提供这样的定制化服务的。

慢慢地，越来越多的人指名他来服务，周春明越来越忙，他开始把服务的标准作业流程复制到其他司机身上，用企业化方法经营车队服务。一旦周春明有约不能服务，他会推荐一个司机朋友来载客人。虽然换了司机，但是该准备什么，他喜欢什么，周春明做服务的方法，都一丝不差地重现在新司机身上，开始慢慢变成掌控质量的车队老板。

资料来源：林宏达. 一出租车司机的 CRM 理念. http://wenku. baidu. com/view/ 8cc76d88680203d8ce2f2427.html; http://www.sales888.net/model/1_20100128144316. html.

如今人们已经越来越深刻地认识到，市场竞争其实就是企业争夺客户的竞争，企业要实现盈利就必须依赖客户的捧场，要想在市场竞争中保持优势，就必须重视客户关系。

客户关系，顾名思义，就是指企业与客户之间的相互作用、相互影响、相互联系的状态。

任何关系都可能有一个生命周期，即从关系建立、关系发展、关系破裂、关系恢复或关系结束，客户关系也不例外。所以，客户关系管理的研究必须遵循企业管理客户关系的逻辑。

那什么是企业管理客户关系的逻辑呢？首先，没有客户关系时，企业要努力去建立关系；其次，有了客户关系时，还要努力去维护这得来不易的关系；最后，当出现客户关系破裂时，要努力去修补、恢复关系。

IBM 给客户关系管理的定义是，通过提高产品性能，增强客户服务，提高客户满意度，与客户建立起长期、稳定、相互信任的密切关系，从而为企业吸引新客户、维系老客户，提高效益和竞争优势。

可见，客户关系管理是一种经营哲学，是研究企业与客户建立关系、维护关系、挽救关系的科学，是管理学、营销学、社会学相结合的产物，它将管理的视野从企业内部延伸、扩展到企业外部，是企业管理理论发展的新领域。

第一节　客户关系的建立

客户关系的建立就是要让潜在客户和目标客户产生购买欲望并付诸行动，促使他们尽快成为企业的现实客户。客户关系的建立大致需要经过“认识客户”“选择客户”“开发客户”三个环节[①]。

一、认识客户

“客户”包括个人，也包括组织，是指愿意以适当的价格购买产品或服务的人或组织。

“顾客”通常指个人消费者，美国著名学者菲利普·科特勒先生认为，顾客是“具有

① 苏朝晖.客户关系管理.北京：清华大学出版社, 2015.

特定的需要或欲望，而且愿意通过交换来满足这种需要或欲望的人”。

此外，在西方企业看来，“顾客”是泛称、统称，是抽象的，是“没有名字的一张脸”，而“客户”的资料则详尽地记录在企业的信息库中，是非常具体的。企业与顾客的关系，只是企业把服务或产品卖给了顾客，而企业跟客户的关系，是企业须要照料和保护客户的利益。显然，“客户”比一般意义上的“顾客”与企业的关系更为亲近和亲密。[①]

1．客户的价值

客户的价值是指客户对企业的价值，它不单是指客户直接购买而为企业带来的利润贡献，而应该是客户为企业创造的所有价值的总和。

总的来说，客户的价值体现在以下几个方面。

（1）利润源泉。因为只有客户购买了企业的产品或者服务，才能使企业的利润得以实现，因此客户是企业利润的源泉，形象地说，客户是企业的“摇钱树”，是企业的“财神”，管好了客户就等于管好了“钱袋子”。

（2）聚客效应。一般来说，人们的从众心理都很强，总是喜欢锦上添花，追捧那些“热门”企业，这样，是否已经拥有大量的客户会成为人们选择企业的重要考虑因素。

形象地说，客户是播种机，因为满意和忠诚的客户会带来其他新的客户。也就是说，已经拥有较多客户的企业将容易吸引更多的新客户加盟，从而使企业的客户规模不断扩大。

如果没有老客户所带来的旺盛人气，很难想象企业能够源源不断地吸引新客户，企业也不可能长久地持续发展。

（3）信息价值。客户的信息价值是指客户为企业提供信息，从而使企业更有效、更有的放矢地开展经营活动所产生的价值。

这些基本信息包括：企业在建立客户档案时由客户无偿提供的信息；企业与客户进行双向、互动的沟通过程中，由客户以各种方式（如抱怨、建议、要求等）向企业提供的各类信息，包括客户需求信息、竞争对手信息、客户满意程度信息等。

企业是为客户服务的，检验服务优劣好坏的唯一标准就是客户评价，所以，形象地说，客户是整容镜，客户的意见、建议为企业的正确经营指明了方向，也为企业节省了收集信息的费用，而且为企业制定营销策略提供了真实、准确的一手资料，所以，客户给企业提供的信息也是一笔巨大财富。

（4）口碑价值。客户的口碑价值是指由于满意的客户向他人宣传本企业的产品或者服务，从而吸引更多新客户的加盟，而使企业销售增长、收益增加所创造的价值。形象地说，客户是宣传队，他们会对其他人诉说正面或者负面的评价，从而影响他人对企业的兴趣和期望。

研究表明，在客户购买决策的信息来源中，口碑传播的可信度最大，远胜过商业广告和公共宣传对客户购买决策的影响。因此，客户主动的推荐和口碑传播会使企业的知名度和美誉度迅速提升。充分发挥和利用客户的口碑价值，还可以降低企业的广告和宣传费用。

---

① 苏朝晖.客户关系管理——客户关系的建立与维护. 北京：清华大学出版社，2010.

（5）对付竞争的利器。在产品与服务供过于求，买方市场日渐形成的今天，客户对产品或者品牌的选择自由越来越大，企业间的竞争已经从产品的竞争转向对有限的客户资源的争夺，尽管当前企业间的竞争更多地表现为品牌竞争、价格竞争、广告竞争等方面，但实质上都是在争夺客户。业务流程重组的创始人哈默先生就曾说："所谓新经济，就是客户经济。"

技术、资金、管理、土地、人力、信息等，可以很快很容易被竞争对手模仿或者购买，然而，企业拥有的"客户"却很难被竞争对手模仿或者购买，客户忠诚一旦形成，竞争对手往往要花费数倍的代价来"挖墙脚"（挖客户）。因此，从根本上说，一个企业的竞争力有多强，不仅要看技术、看资金、看管理，更为关键的是要看它到底拥有了多少忠诚的客户，特别是拥有多少忠诚的优质客户。

此外，企业如果拥有的客户越多，就越可能获得规模效应，就越可能降低企业为客户提供产品或者服务的成本，这样企业就能以等量的费用比竞争对手更好地为客户提供更高价值的产品或服务，提高客户满意度，从而在激烈的竞争中处于领先地位，有效地战胜竞争对手。

同时，如果企业拥有的客户众多，还会给其他企业带来较高的进入壁垒——"蛋糕"（市场份额）就那么大，你拥有的客户多了，意味着其他企业占有的客户就少了。

可以说，忠诚、庞大的客户队伍将是企业从容面对市场风云变幻的基石。

2．客户的状态

（1）潜在客户。潜在客户是指对企业的产品或服务有需求和购买动机，有可能但还没有产生购买的人群。例如，已经怀孕的母亲很可能就是婴幼儿产品的潜在客户。

（2）目标客户。目标客户是企业经过挑选后确定的力图开发为现实客户的人群。例如，劳斯莱斯就把具有很高地位的社会名流或取得巨大成就的人士作为自己的目标客户。

潜在客户与目标客户的区别在于，潜在客户是指有可能购买但还没有购买的客户，目标客户则是企业主动"瞄上"的尚未有购买行动的客户，属于企业"单相思"的对象。当然，客户与企业可以一见钟情、相互欣赏、两情相悦，也就是说，潜在客户和目标客户是可以重叠或者部分重叠的。

（3）现实客户。现实客户是指已经购买了企业的产品或者服务的人群。

按照客户与企业之间关系的疏密，可以将"现实客户"又分为：初次购买客户、重复购买客户和忠诚客户三类。

（4）流失客户。流失客户是指曾经是企业的客户，但由于种种原因，现在不再购买企业的产品或服务的客户。

以上四种客户状态是可以相互转化的。比如，潜在客户或目标客户一旦采取购买行为，就变成企业的初次购买客户，初次购买客户如果经常购买同一企业的产品或者服务，就可能发展成为企业的重复购买客户，甚至成为忠诚客户；但是，初次购买客户、重复购买客户、忠诚客户也会因其他企业的更有诱惑的条件或因为对企业不满而成为流失客户；而流失客户如果被成功挽回，就可以直接成为重复购买客户或者忠诚客户，如果无法挽回，他们就将永远流失。

二、选择客户

在产品、服务极大丰富的今天，在买方占主导地位的市场条件下，一般来说，客户可以自由选择企业，而企业是不能够选择客户的，大多数时候企业只能将客户当作上帝来看待，祈求客户的光顾与购买。

但是，我们从另外一个角度来看，即使在买方市场条件下，作为卖方的企业还是应当主动去选择自己的客户，这是因为，不是所有的购买者都是企业的客户，也不是所有的客户都能够给企业带来收益，成功开发客户、实现客户忠诚的前提是正确选择客户，而对客户不加选择可能造成企业定位模糊不清，不利于树立鲜明的企业形象。

因此，企业应当在茫茫人（客）海中选择属于自己的客户，而不应当以服务天下客户为己任，不可把所有的购买者都视为自己的目标客户。

1. 什么样的客户是“好客户”

菲利浦・科特勒将一个有利益的客户定义为：能不断产生收入流的个人、家庭或公司，其为企业带来的长期收入应该超过企业长期吸引、销售和服务该客户所花费的可接受范围内的成本。

一般来说，“好客户”通常要满足以下几个方面。

（1）购买欲望强烈、购买力大，有足够大的需求量来吸收企业提供的产品或者服务，特别是对企业的高利润产品的采购数量多。

（2）能够保证企业盈利，对价格的敏感度低，付款及时，有良好的信誉——信誉是合作的基础，不讲信誉的客户，条件再好也不能合作。

（3）服务成本较低，最好是不需要多少服务或对服务的要求低。

（4）经营风险小，具有成长性、核心竞争力，经营手段灵活、管理有章法、资金实力足、分销能力强大、与下家的合作关系良好，符合国家鼓励和支持的方向。

（5）愿意与企业建立长期的伙伴关系，忠诚度高，让企业做擅长的事，通过提出新的要求，友善地引导企业怎样超越现有的产品或服务，从而提高企业的服务水平。

总之，“好客户”指的是客户本身的“素质”好，对企业贡献大的客户，至少是给企业带来的收入要比企业为其提供产品或者服务所花费的成本高。

2. 目标客户选择的五个指导思想

（1）选择与企业定位一致的客户。企业选择目标客户要从实际出发，要根据企业自身的定位和目标来选择经营对象，以选择与企业定位一致的目标客户好。

（2）选择“好客户”。既然我们已经知道，客户天生就有优劣之分，有好坏的分别，那么，企业就应当选择“好客户”来经营，这样才能够给企业带来盈利。

（3）选择有潜力的客户。锦上添花不稀罕，雪中送炭才可贵！对于当前利润贡献低，但是有潜力的小客户，企业要积极提供支持和援助。尽管满足这些小客户的需求可能会降低企业的当前利润，甚至可能带来损失，但是应该而且必须接受眼前的暂时亏损，因为这是一只能够长成“大象”的“蚂蚁”！这样，潜力客户在企业的关照下成长壮大后，他们对企业的产品或者服务的需求也将随之膨胀，而且会知恩图报，对培养它们的企业有感情，有更强的忠诚度。在几乎所有优质客户都被各大企业瓜分殆尽的今天，这显然是培养优质客户的好途径。

（4）选择“门当户对”的客户。“低级别”的企业如果瞄上“高级别”的客户，由于双方的实力过于悬殊，企业对其服务的能力不够，这样的客户便不容易开发，即使最终开发成功，勉强建立了关系，以后的服务成本也一定较高，维持关系的难度也较大。

“高级别”企业如果瞄上“低级别”客户往往也会吃力不讨好——由于双方关注点“错位”的原因，会造成双方不同步、不协调、不融洽，结果可能是不欢而散。

总之，客户并非越大越好，当然也不是越小越好，最好是双方的实力和规模相互匹配，看来“门当户对”是企业选择客户的稳健和保险的选择——两者实力对等，才能相互制衡，才具有共同合作的基础。双向选择、对等选择应该是寻找“门当户对”的基本思路，而且“双向选择”比“单相思”靠谱，建立在“两情相悦”“志趣相投”的基础上，自然，“白头偕老”就不在话下了。

（5）选择与“忠诚客户”具有相似特征的客户。我们知道，胳膊扭不过大腿，企业就好比胳膊，市场就好比大腿，有时候企业费尽心思，企图在市场中扮演某个角色，但是偏偏吃力不讨好，没有得到市场认同，可谓“落花有意，流水无情”，而且“强扭的瓜不甜”。

事实上，没有哪个企业能够满足所有客户的需求，但是，可能会有些客户认为企业提供的产品或服务比竞争对手的更好、更加“物有所值”而忠诚，这至少说明企业的特定优势能够满足这类客户的需求，同时也说明他们是企业容易建立关系和维持关系的客户。

假如“有心栽花花不开，无心插柳柳成荫”，那么就该顺势而为，改“栽花”为“插柳”了。

因此，选择与“忠诚客户”具有相似特征的客户比较好，这是因为实践证明开发和维系这样的客户相对容易，而且他们能够给企业不断地带来稳定的收益。

三、开发客户

对新企业来说，首要的任务就是吸引和开发客户，对老企业来说，企业发展也需要源源不断地吸引和开发新客户。另外，根据一般经验，每年老客户流失率约为10%~30%，优质客户流失率会低一些，但也会流失，同时还要小心优质客户的变质。

所以，老企业在努力培养客户忠诚度的同时，还要不断寻求机会开发新客户，尤其是优质客户的开发。这样，一方面可以弥补客户流失的缺口；另一方面可以壮大企业的客户队伍，提高企业的综合竞争力，增强企业的盈利能力，实现企业的可持续性发展。

开发客户就是企业将目标客户和潜在客户转化为现实客户的过程。企业开发客户的策略可分为营销导向的开发策略和推销导向的开发策略。

1. 营销导向的开发策略

所谓营销导向的开发策略，就是企业通过适当的产品、适当的价格、适当的分销渠道和适当的促销手段来吸引目标客户和潜在客户，从而将目标客户和潜在客户开发为现实客户的过程。

《曹刿论战》中说“不战而屈人之兵乃上之上者也”，套用这句话就是，不用刻意的开发是客户开发的首选之策。

营销导向的开发策略特点是“不求人”，是企业靠本身的产品、价格、分销和促销的特色来吸引客户，它的效果是实现客户自己完成开发、主动和自愿地被开发，还很可能是客户满心欢喜、感激涕零、心花怒放地被开发，所以，营销导向的开发策略是客户开发的最高境界。

4C 与 4P 不是对立面，4C 是客户第一、以客户为中心的一种理念，4P 是企业可操作的具体行动和策略。对于现代企业来说，应当从 4C 着眼、从 4P 着手，将 4C 的思想落实到 4P 的实践中。

2. 推销导向的开发策略

所谓推销导向的开发策略，就是企业在自己的产品、价格、分销渠道和促销手段没有明显特色或者缺乏吸引力的情况下，通过积极的人员推销形式，引导或者劝说客户购买，从而将目标客户开发为企业的现实客户的过程。

推销导向的开发策略，首先要能够寻找到目标客户；其次是要想办法说服目标客户采取购买行动。

第二节 客户关系的维护

当前我国许多企业都把工作重心放在开发新客户上，消耗了企业大部分的人力、物力和财力，然而却没有维护或者不善于维护客户关系，或者缺乏保留客户和实现客户忠诚的策略，因此，开发出来的客户很快就流失了，这给企业带来很大的损失。可见，企业固然要努力争取新客户，但维护老客户比争取新客户更加重要。

客户关系的维护是企业通过努力来巩固及进一步发展与客户长期、稳定关系的动态过程和策略。客户关系维护的目标，就是要实现客户的忠诚，特别是要避免优质客户的流失，实现优质客户的忠诚，关系的维护不只是现有关系水平的维持问题，而且还是一个驱动客户关系水平不断升级发展的过程。

有人认为，客户关系的维护就是安装 CRM 软件，这是一种误解。的确，客户关系的维护需要计算机软件，但它们只是为企业进行客户关系的维护提供了一种手段，并不能代表客户关系的维护。还有人认为，客户关系的维护就是数据库管理，这也是一种误解，事实上，数据库只是帮助我们更有效地管理客户信息的工具，它同样不能替代客户关系的维护。

从根本上说，企业与客户是平等关系、协作关系、双赢关系，只有双方都愿意继续合作，这种关系才能维持。企业和客户建立的是情感关系、利益关系，而不只是技术关系，因而企业与客户关系的维护靠的不仅是技术，更重要的是靠情感和利益，靠客户和企业互动过程中的体验，这些光凭计算机软件或数据库技术是无法解决的、无济于事的。

为此，企业要维护客户关系，首先要想办法让客户满意，这就必须在全面掌握客户信息、对客户进行分级管理、与客户进行有效沟通的基础上，为客户提供优质的服务才能实现；另外，除让客户满意之外，还要通过一些激励机制和约束机制才能最终实现客户的忠诚[①]。

一、客户的信息

客户信息是企业决策的基础，是对客户进行分级管理的基础，是与客户沟通的基础，也是实现客户满意的基础，因此，企业应当重视和掌握客户的信息。

1. 收集客户信息的渠道

收集客户的信息只能从点点滴滴做起，可通过直接渠道和间接渠道来完成。

直接收集客户信息的渠道，包括：在调查中获取客户信息；在营销活动中获取客户信息；在服务过程中获取客户信息；在终端收集客户信息；通过博览会、展销会、洽谈会等获取客户信息；网站和呼叫中心是收集客户信息的新渠道；从客户投诉中收集等。

间接收集客户信息的渠道，是指企业从公开的信息中或者通过购买获得客户信息，包括：各种媒介；工商行政管理部门及驻外机构；国内外金融机构及其分支机构；国内外咨询公司及市场研究公司；从已建立客户数据库的公司租用或购买等。

2. 客户信息的主要内容

个人客户信息的主要内容：基本信息；消费情况；事业情况；家庭情况；生活情况；教育情况；个性情况；人际情况。

企业客户信息的主要内容：基本信息；客户特征；业务状况；交易状况；负责人信息。

3. 运用客户数据库管理客户信息

客户数据库是企业运用数据库技术，全面收集关于现有客户、潜在客户或目标客户的综合数据资料，追踪和掌握现有客户、潜在客户和目标客户的情况、需求和偏好，并且进行深入的统计、分析和数据挖掘，而使企业的营销工作更有针对性的一项技术措施，是企业维护客户关系、获取竞争优势的重要手段和有效工具。

运用客户数据库可以深入分析客户消费行为，可以对客户开展一对一的营销，可以实现客户服务及管理的自动化，可以实现对客户的动态管理。

二、客户的分级

客户的分级是企业依据客户对企业的不同价值和重要程度，将客户区分为不同的层级，从而为企业的资源分配提供依据。

1. 为什么要对客户分级

首先，每个客户能给企业创造的收益是不同的，客户是有大小的，贡献是有差异的，有的客户提供的价值可能比其他客户高 10 倍、100 倍，甚至更多，而有的客户无法给企业带来利润甚至还会吞噬其他客户带来的利润。

其次，企业的资源是有限的，因此，企业没有必要为所有的客户提供同样卓越的产品或服务，也不能将资源和努力平均分配给每一个客户，而必须根据客户带来的不同价值对客户进行分级，然后依据客户的级别来分配企业的资源。

再次，由于每个客户给企业带来的价值不同，他们对企业的需求和预期待遇也就会

---

① 苏朝晖.客户关系管理——客户关系的建立与维护. 北京：清华大学出版社，2010.

有差别。一般来说，为企业创造主要利润、为企业带来较大价值的关键客户期望能得到有别于普通客户的待遇，如更贴心的产品或服务以及更优惠的条件等。

最后，客户分级是有效进行客户沟通、实现客户满意的前提。

2. 如何分级

企业根据客户给企业创造的利润和价值的大小按由小到大的顺序“垒”起来，就可以得到一个“客户金字塔”模型，给企业创造利润和价值最大的客户位于客户金字塔模型的顶部，给企业创造利润和价值最小的客户位于客户金字塔模型的底部，我们将客户金字塔模型进行三层级划分，这三层是：关键客户、普通客户和小客户，关键客户又可划分为重要客户、次要客户。

重要客户是能够给企业带来最大价值的前 1%的客户，次要客户是除重要客户以外给企业带来最大价值的前 20%的客户，一般占客户总数的 19%。普通客户是除重要客户与次要客户之外的为企业创造最大价值的前 50%的客户，一般占客户总数的 30%。小客户是客户金字塔中最底层的客户，指剩下的后 50%的客户。

3. 如何管理各级客户

客户分级管理是指企业在依据客户带来利润和价值的多少对客户进行分级的基础上，依据客户级别高低的不同设计不同的客户服务和关怀项目——不是对所有客户都平等对待，而是区别对待不同贡献的客户，将重点放在为企业提供 80%利润的关键客户上，为他们提供上乘的服务，给他们特殊的礼遇和关照，努力提高他们的满意度，从而维系他们对企业的忠诚；同时，积极提升各级客户在客户金字塔中的级别，放弃不具盈利能力的客户，尤其是劣质客户，避免将大把钱花在不带来利润的客户上，从而使企业资源与客户价值得到有效的平衡。

针对关键客户管理的目标是提高关键客户的忠诚度，并且在“保持关系”的基础上，进一步提升关键客户给企业带来的价值。为此，要做到——集中优势资源服务于关键客户，通过沟通和感情交流，密切双方的关系，成立为关键客户服务的专门机构。

对于普通客户的管理，主要强调提升级别和控制成本两个方面：针对有升级潜力的普通客户，努力培养其成为关键客户；针对没有升级潜力的普通客户，减少服务，降低成本。

对于小客户的管理，也要进行区分，针对有升级潜力的“小客户”，要努力培养其成为“普通客户”甚至“关键客户”；针对没有升级潜力的“小客户”，可提高服务价格、降低服务成本；坚决淘汰劣质客户。

三、客户的沟通

客户的沟通就是企业通过与客户建立互相联系的桥梁或纽带，让客户了解双方的合作前景，拉近和客户的距离，加深和客户的感情，从而与客户建立良好的伙伴关系，最终赢得客户满意与客户忠诚所采取的行动。客户沟通的内容主要是信息沟通、情感沟通、理念沟通、意见沟通，有时还要有政策沟通。

1. 客户沟通的作用

（1）客户沟通是实现客户满意的基础。保持与客户的双向沟通是至关重要的，企业经常与客户进行沟通，才能了解客户的实际需求，才能理解他们的期望，特别是当企业出现失误时，有效的沟通有助于更多地获得客户的谅解，减少或消除客户的不满。一般来说，企业与客户进行售后沟通可减少退货情况的发生。

（2）客户沟通是维护客户关系的基础。客户沟通是影响企业与客户关系的一个重要因素。企业经常与客户进行沟通，才能向客户灌输双方长远合作的意义，描绘合作的远景，才能在沟通中加深与客户的感情，才能稳定客户关系。如果企业与客户缺少沟通，那么好不容易建立起来的客户关系，可能会因为一些不必要的误会没有得到及时消除而土崩瓦解。

2. 企业与客户沟通的途径

企业与客户沟通的途径有：通过人员与客户沟通;通过活动与客户沟通;通过信函、电话、网络、电邮、博客、呼叫中心等方式与客户沟通;通过广告与客户沟通;通过公共宣传及企业的自办宣传物与客户沟通;通过包装与客户沟通。

3. 客户与企业沟通的途径

客户与企业沟通的途径有：开通免费投诉电话、24 小时投诉热线或者网上投诉等，设置意见箱、建议箱、意见簿、意见表、意见卡及电子邮件等。

四、客户的满意

客户满意是一种心理活动，是客户的需求被满足后形成的愉悦感或状态，当客户的感知没有达到期望时，客户就会不满、失望；当感知与期望一致时，客户是满意的；当感知超出期望时，客户就感到“物超所值”，就会很满意。

1. 客户满意的意义

客户满意是企业取得长期成功的必要条件，是企业战胜竞争对手的最好手段，是企业实现客户忠诚的基础。在完全竞争的市场环境下，没有哪家企业可以在客户不满的状态下得到发展。

如果客户的满意度普遍较高，那么说明企业与客户的关系是处于良性发展状态的，企业为客户提供的产品或者服务是受欢迎的，企业就应再接再厉，发扬光大；反之，企业则需多下工夫、下大力气改进产品或者服务。

2. 影响客户满意的因素

（1）客户期望。为什么会出现，接受同一产品或者服务，有的人感到满意，而有的人感到不满意呢？因为他们的期望不同。

为什么会出现，接受不同的产品或者服务，好的不能让他满意，而不够好的却能使他满意呢？因为好的产品或者服务比他期望的要差，而不够好的产品或者服务却比他期望的要好。

那什么是客户期望呢？客户期望是指客户在购买、消费产品或服务之前对产品或服务的价值、品质、服务、价格等方面的主观认识或预期。

客户期望对客户满意是有重要影响的，如果企业提供的产品或者服务达到或超过客户期望，那么客户就会满意或很满意。而如果达不到客户期望，那么客户就会不满意。

客户以往的消费经历、消费经验、消费阅历，客户的需求、习惯、偏好、消费阶段，他人的介绍，企业宣传，价格、包装、有形展示的线索等都会影响客户期望。

（2）客户感知价值。客户感知价值是客户在购买或者消费过程中，企业提供的产品或服务给客户的感觉价值。客户感知价值实际上就是客户的让渡价值，它等于客户购买产品或服务所获得的总价值与客户为购买该产品或服务所付出的总成本之间的差额。

客户感知价值对客户满意有重要影响，如果企业提供的产品或者服务的感知价值达到或超过客户期望，那么客户就会满意或者非常满意。而如果感知价值达不到客户期望，那么客户就会不满意。

影响客户感知价值的因素有客户总价值和客户总成本两大方面，即一方面是客户从消费产品或服务中所获得的总价值，包括产品价值、服务价值、人员价值、形象价值等；另一方面是客户在消费产品或服务中需要耗费的总成本，包括货币成本、时间成本、精神成本、体力成本等。

3．如何让客户满意

从影响客户满意的因素考虑，要实现客户满意，必须从两个方面着手：一是把握客户期望；二是提高客户的感知价值。

① 把握客户期望。首先，以当前的努力培育良好的客户期望；其次，不过度承诺、留有余地地宣传；最后，通过价格、包装、有形展示等来影响客户期望。

② 提高客户感知价值。提高客户的感知价值可以从两个方面来考虑：一方面，增加客户的总价值，包括产品价值、服务价值、人员价值、形象价值；另一方面，降低客户的总成本，包括货币成本、时间成本、精神成本、体力成本。

如果企业善于把握客户期望，然后让客户感知价值超越客户期望，就能够使客户产生惊喜，这对于提高客户满意将起到事半功倍的作用。

五、客户的忠诚

1．客户忠诚的含义与意义

客户忠诚是指客户一再重复购买，而不是偶尔重复购买同一企业的产品或者服务的行为。

客户忠诚可以节省企业开发客户的成本，降低交易成本和服务成本；客户忠诚还可使企业的销售收入增长，并且获得溢价收益；客户忠诚还可降低企业的经营风险并且提高经营效率，客户忠诚还可使企业获得良好的口碑效应，从而壮大企业的客户队伍，使企业发展实现良性循环。总之，客户忠诚是企业稳定的收入来源，是企业取得长期利润的保障，如果企业赢得了大批的忠诚客户，无疑就拥有了稳定的市场。

2．影响客户忠诚的因素

（1）客户满意是影响客户忠诚的重要因素。一般来说，客户满意是促使其重复购买最重要的因素。客户满意度越高，客户的忠诚度就会越高；客户满意度越低，客户的忠诚度就会越低。

（2）客户因忠诚能够获得多少利益。追求利益是客户的基本价值取向。如果老客户没有得到比新客户更多的优惠，那么就会限制了他们的忠诚，这样老客户会流失，新客户也不愿成为老客户。因此，企业能否提供忠诚奖励将会影响客户是否持续忠诚。当然，利益要足够大，要能够影响和左右客户对是否忠诚的选择。

（3）客户的信任和情感因素。客户为了避免和减少购买过程中的风险，往往总是倾向于与自己信任的企业保持长期关系。此外，当客户与企业的感情深厚时，客户即使受到其他利益的诱惑也会掂量掂量与企业这份感情的分量，而不会轻易背叛。

（4）客户的流失成本。流失成本指的是客户从一个企业转向另一个企业需要面临多大的障碍或增加多大的成本，是客户为更换企业所需付出的各种代价的总和。

如果客户从一个企业转向另一个企业，会损失大量的时间、精力、金钱、关系和感情，那么，即使目前他们对企业不是完全满意，也会三思而行，不会轻易改变。

（5）其他因素。例如，客户需求出现变化而退出某个市场领域，如客户原来喝白酒，现在注意保健而改喝葡萄酒了，这样，如果白酒生产企业不能及时满足客户新的需求（如供应葡萄酒），那么客户就不会继续忠诚。

又如，客户因为搬迁，或者因为成长壮大，或者因为业绩衰退甚至破产，都可能会影响客户忠诚。

又如，企业与客户双方当事人的离职、退休等，也会影响客户对企业的忠诚……

3. 实现客户忠诚的策略

（1）努力实现客户满意。我们知道客户越满意，忠诚的可能性就越大，而且只有最高等级的满意度才能实现最高等级的忠诚度。可见，企业应当追求让客户满意，甚至完全满意，只有这样，客户忠诚度才会最大化。至于实现客户满意的策略，我们已在上一节进行了详细阐述。

（2）奖励忠诚。企业想要赢得客户忠诚，就要对忠诚客户进行奖励，奖励的目的就是要让客户从忠诚中受益，让三心二意者得到鞭策，让客户因流失付出代价，从而使客户在利益驱动下保持忠诚。

（3）增加客户对企业的信任与感情。第一，牢牢树立“客户至上”的观念，想客户所想，急客户所急，解客户所难，帮客户所需，以自己的实际行动取得客户的信任。

第二，提供广泛并值得信赖的信息（包括广告），当客户认识到这些信息是值得信赖并可接受的时候，企业和客户之间的信任就会逐步产生并得到强化。

第三，重视客户可能遇到的风险，然后有针对性地提出保证或承诺，并切实履行，以减少他们的顾虑，从而赢得他们的信任。

第四，尊重客户的隐私权，使客户有安全感，进而产生信赖感。

第五，认真处理客户投诉，如果企业能够及时、妥善地处理客户的投诉，就能够赢得客户的信任。

（4）提高流失成本。一般来讲，如果客户在更换品牌或企业时，或者会使原来所获得的利益遭受损失，或者将面临新的风险和负担，就可以加强客户的忠诚。此外，个性化的产品或服务在可能增加客户满意度的同时，也增加了客户的特定投入，如时间、精力、感情等，因而能够提高他们的退出障碍，从而有效地阻止客户的叛离。

（5）加强与客户的结构性联系。所谓结构性的联系，是指企业已经渗透到客户的业务中间，双方已经形成战略联盟与紧密合作的关系。同理，企业要想办法与客户建立结构性的联系，如通过交叉持股，或者双方共同成立合资企业、合伙企业或合作企业等形式，建立双方共同的利益纽带，你中有我，我中有你，这样彼此就不容易分开了。

（6）提高服务的独特性与不可替代性。企业如果能够为客户提供独特的、个性化的、量身定制的、不可替代的产品或者服务，就能够成功地与竞争对手的产品和服务相区分，有效地抵制竞争对手对客户的诱惑，增加客户对企业的依赖性，从而达到增进客户忠诚的目的。

（7）加强内部管理，为客户忠诚提供坚实的保障。研究发现，员工的满意度、忠诚度与客户的满意度、忠诚度之间呈正相关的关系，只有满意的、忠诚的员工才能愉快地、熟练地提供令客户满意的产品和服务。因此，企业应该通过培养和提升员工的满意度与忠诚度，为提升客户的满意度和忠诚度奠定坚实的基础。

（8）建立客户组织，稳定客户队伍。建立客户组织可使企业与客户的关系更加正式化、稳固化，使客户感到自己有价值、受欢迎、被重视，从而使客户产生归属感，因而有利于企业与客户建立超出交易关系之外的情感关系。客户组织还使企业与客户之间由短期关系变成长期关系，由松散关系变成紧密关系，由偶然关系变成必然关系，从而保持现有客户和培养忠诚客户，确保企业有一个基本的忠诚客户群。

第三节 客户关系的挽救

客户关系的建立阶段和维护阶段都可能随时发生客户流失，也就是说出现客户关系的夭折与终止，如果企业能够及时采取有效措施就有可能使破裂的关系得到恢复。

因此，当客户关系出现倒退时，企业不应该轻易放弃流失客户，而应当及时调查客户流失的原因，并且针对流失的原因“对症下药”，争取及早挽回流失客户，促使他们重新购买企业的产品或服务，与企业继续建立合作关系，这样才能使他们继续为企业创造价值①。

一、客户流失的原因

客户流失是指客户由于种种原因不再忠诚，而转向购买其他企业的产品或服务的现象。客户流失除了有企业自身原因造成外，还有客户本身原因造成的流失。

1. 企业自身的原因

影响客户流失的因素与影响客户忠诚的因素是一样的，这些因素正面作用的结果就是客户的忠诚，负面作用就导致客户的流失。也就是说，客户不满意是影响客户流失的重要因素。此外，由于客户从忠诚中所获得的利益较少，客户对企业的信任和情感不够深，客户的流失成本较低等，也是导致客户流失的主要因素。

另外，由于企业在客户服务和管理方面不够细腻、规范，对客户的投诉和抱怨处理不及时、不妥当，或者企业对客户的影响相对乏力，跳槽的员工带走客户等，也会造成客户的流失。

再者，客户由于不满企业的行为，如破坏或污染环境，不关心公益事业，不承担社

---

① 苏朝晖.客户关系管理——客户关系的建立与维护. 北京：清华大学出版社，2010.

会责任等，也会导致客户流失。

2. 客户自身的原因

例如，客户因为需求转移或消费习惯改变而退出某个市场。

又如，客户对企业提供的好的服务或产品的差异根本就不在乎，转向其他企业不是因为对原企业不满意，而是因为自己想换“口味”，想尝试一下新的企业的产品或者服务，或者只是想丰富自己的消费经历。

又如，由于客户搬迁、成长、衰退甚至破产，以及由于客户的采购主管、采购人员的离职等，这些都会导致客户流失。

二、如何看待客户的流失

1. 客户流失会给企业带来很大的负面影响

流失一位重复购买的客户，不仅使企业失去这位客户可能带来的利润，还可能损失与受其影响的客户的交易机会，因为他们可能散布不利的言论，动摇和瓦解“客心”，此外，还可能会极大地影响企业对新客户的开发。

客户在自己手里的时候，企业往往不珍惜，但是，当企业与客户的关系破裂，客户流失成为事实的时候，企业如果不能尽快、及时地恢复客户关系，就可能造成客户的永久流失，而他们很可能成为企业竞争对手的客户，壮大了竞争对手的客户队伍和规模，而一旦竞争对手由于客户多了，生产服务规模大了，成本得以下降了，就会对企业产生威胁。因此，不能听任客户的流失。

客户的流失，尤其是“好客户”流失如同将企业釜底抽薪，让多年投入于客户关系中的成本与心血付之东流。就像摩擦力损耗着机械系统的能量那样，客户的流失不断消耗着企业的财力、物力、人力和企业形象，给企业造成的伤害是巨大的。

2. 有些客户流失是不可避免的

新陈代谢是自然界的规律。企业的客户也有一个新陈代谢的过程，特别是在今天的市场上，在各种因素的作用下，客户流动的风险和代价越来越小，客户流动的可能性越来越大，客户关系在任一阶段、任一时点都可能出现倒退，不论是新客户还是老客户，都可能会流失。

此外，由于客户本身原因造成的流失，企业是很难避免的，是企业无能为力的和无可奈何的。因此，虽然很多企业提出了“客户零流失”的目标，但是这个目标太不切合实际。幻想留住所有的客户是不现实的，就算能够做到，成本也会相当高，得不偿失——因为企业的产品或者服务不可能完全得到所有客户的认同，企业不可能留住所有的客户！

所以，企业应当冷静看待客户的流失，企业要做的是确保客户流失率控制在一个很低的水平。

3. 流失客户有被挽回的可能

有一种看法认为客户一旦流失，便会一去不复返，再也没有挽回的可能——这是片面的。

研究显示，向流失客户销售每 4 个中会有 1 个可能成功，而向潜在客户和目标客户销售每 16 个才有 1 个成功。

这其中的原因主要是：一方面，企业拥有流失客户的信息，他们过去的购买记录会指导公司如何下功夫将其挽回，而对潜在客户和目标客户，公司对其的了解要薄弱得多，不知所措；另一方面，流失客户毕竟曾经是我们的客户，对企业有了解、有认识，只要企业下足工夫，纠正引起他们流失的失误，他们还是有可能回归的。

可见，争取流失客户的回归比争取新客户容易得多，而且只要流失客户回头，他们就会继续为我们介绍新客户。

总之，在客户流失前，企业要防范客户的流失，极力维护客户的忠诚，而当客户流失成为事实的时候，企业不应该坐视不管、轻易地放弃他们，而应当重视他们，积极对待他们，“亡羊补牢”，尽力争取挽回他们，尽快恢复与他们的关系，促使他们重新购买企业的产品或服务，与企业继续建立稳固的合作关系。

三、对不同级别客户的流失采取不同的态度

在客户流失前，企业要防范流失，极力维护客户忠诚，而当企业与客户的关系破裂，客户流失成为事实的时候，企业如果不能尽快、及时地恢复客户关系，就可能造成客户的永远流失。

因此，对有价值的流失客户，企业应当竭力、再三挽回，最大限度地争取与他们“破镜重圆”“重归于好”，对不再回头的流失客户也要安抚好，使其无可挑剔、无闲话可说。

由于不是每一位流失客户都是企业的重要客户，所以，如果企业花费了大量时间、精力和费用，留住的只是使企业无法盈利的客户，那就不值得了。

因此，在资源有限的情况下，企业应该根据客户的重要性来分配投入挽回客户的资源，挽回的重点应该是那些最能盈利的流失客户，这样才能实现挽回效益的最大化。

也就是说，针对“关键客户”的流失要极力挽回，针对“普通客户”的流失要尽力挽回，针对“小客户”的流失可见机行事，彻底放弃根本不值得挽留的流失客户。

四、客户关系的挽救策略

客户关系的建立、客户关系的维护都需要“组合拳”，需要一系列组合策略。而客户关系的恢复则可以从“点”上着眼，找出客户流失的原因及关系破裂的症结，然后对症下药，有针对性地采取有效的挽回措施，才能做到事半功倍。

1. 调查原因，缓解不满

如果企业能够深入了解、弄清客户流失的原因，就可以获得大量珍贵的信息，发现经营管理中存在的问题，就可以采取必要的措施，及时加以改进，从而避免其他客户的再流失。

相反，如果企业没有找到客户流失的原因，或者需要很长的时间才能找到流失的原因，企业就不能及时采取有效措施加以防范，那么这些原因就会不断地“得罪”现有客户而使他们最终流失。

因此，企业首先要在第一时间积极地与流失客户联系，访问流失客户，诚恳地表示歉意，甚至送上鲜花或小礼品，缓解他们的不满；其次要了解流失的原因，弄清问题究

竟出在哪里，并虚心听取他们的意见、看法和要求，让他们感受企业的关心，给他们反映问题的机会。

2．“对症下药”，争取挽回

客户关系的建立、客户关系的维护都需要“组合拳”，需要一系列组合策略，缺一不可。而客户关系的恢复则可以从“点”上着眼，找出客户流失的原因及关系破裂的症结，然后对症下药，有针对性地采取有效的挽回措施，就能做到事半功倍。

“对症下药”就是企业要根据客户流失的原因制定相应的对策，以挽回流失的客户。例如，针对价格敏感型客户的流失，应该在定价策略上采取参照竞争对手的定价策略，甚至采取略低于竞争对手的价格，这样流失掉的客户自然而然会自己跑回来。针对喜新厌旧型的客户的流失，应该在产品、服务、广告、促销上面多一些创新，从而将他们吸引回来。

思 考 题

1. 什么是客户关系管理？
2. 如何建立客户关系？
3. 如何维护客户关系？
4. 如何挽救客户关系？

出国留学中心的客户关系管理

福建省出国留学人员服务中心（以下简称留学中心）是福建省教育国际交流协会创办，是首批获得我国教育部留学中介资质（教外综资认字〔2000〕55 号），首批获澳洲移民局授权办理电子签证 e-Visa 的留学服务机构。自 2000 年成立以来，一直致力于为出国留学人员提供最专业而诚信的服务。留学中心提倡服务质量第一，忠诚于对客人的承诺，注重品牌形象的建设与永续的发展。留学中心目前的业务包括英国、美国、加拿大、澳大利亚、新西兰、新加坡、中国香港等地的出国出境留学，主要为有意前往这些国家学习高中、本科及研究生课程的学生提供相关的申请、签证及留学等后续服务。出国出境留学的专业选择主要有：商科（包括金融、市场营销、人力资源等）、工程技术、环境保护、建筑学、城市规划、音乐、创意学、动漫设计、园林设计等。

客户利益的最大化。留学中心追求工作的责任感与成就感，以此来达到社会效益与客户利益的最大化的目的。在出国留学的服务链中，主要是向学生及其家长提供咨询顾问和留学方案。一般会根据申请人的情况与申请人或其父母反复研究留学方案、申请学校、申请签证的可行性，在学生取得签证后，进行出国前的培训及到达留学地后的服务。如帮助学生选择合适的留学国家、专业、就学时间，并制订好留学学习的计划等。

以客户为中心的服务理念。留学中心以客户为中心，以文化为媒介，为客户提供专业的留学申请等一条龙的服务，帮助学生们达到出国留学的目的。作为一个 B2C 的留学机构，为了让社会各界了解留学中心的优质服务、品牌和公信力，留学中心推出与金融业、学校合作的市场推广活动，包括：①小型的教育展；②在留学中心为客人提供模拟海外课堂；③在留学中心定期为学生的父母与国外院校开家长会；④为留学相关工作人员提供培训工作；⑤定期走访合作方；⑥与语言中心合作；⑦定期举办学生及家长联谊会，建立交流平台；⑧举办留学生分享会等。

留学中心的客户关系管理活动有：①把客户转化为生产力，借助客户的力量来共建和发展，如中心与外来机构合作宣传，在百度等许多媒体上，可以看到“福建省出国留学人员服务中心××教育机构”等字样，达到品牌宣传的效果；②为学生及家长提供线上、线下的专业学习指导，如从留学咨询阶段开始，到陪伴着学生在国外的成长；③研究各个国家各个省份的专业课程状况，并以留学问题你问我答的方式在留学中心的网站海外留学服务板块登载出来；④以微信等方式把相关信息推送到社会的群体中，让大家充分了解国外的教育体系，也了解公司的留学专业能力和运作情况；⑤保持与学生们的联系，并建立持续的跟踪服务，如借助信息交流新方式，与客户及海外学生沟通交流，了解他们留学的状况和需求，帮助其解决在海外的学习、生活等方面的困难和问题，使学生们尽快适应新的学习环境。

资料来源：改编自 福建省出国留学人员服务中心提供的资料，http://www.fjcos.com/

问题：

（1）福建省出国留学人员服务中心运用哪些方法来维持与客户的关系吗？

（2）如何实现“以客户为中心的服务理念”的策略？

【实训目的】

认识客户关系管理的思路、方法与策略。

【实训内容】

1. 客观和全面介绍一家企业客户关系管理的做法；
2. 分析和评价该企业客户关系管理做法的得与失；
3. 为该企业客户关系管理提出改进意见或建议。

【实训组织】

1. 相关资料和数据的收集可以进行实地调查，也可以采用二手资料。
2. 实训汇报（介绍占 20%，分析占 20%，建议占 20%，回答问题占 20%，PPT 展现效果占 10%，团队协作与精神风貌占 10%）。
3. 教师对每组实训报告和课堂讨论情况即时进行点评和总结。

[1] 子秋. 本土客户管理案例精解. 广州：广东经济出版社，2005.
[2] 汤兵勇，梁晓蓓. 客户关系管理. 北京：电子工业出版社，2010.
[3] 易正伟. 客户关系管理理论体系的三大基石. 经营与管理. 2011，（1）.

第十八章

营销新领域

原理要点

- 网络营销、互联网+、智能营销和电子商务
- 计量营销学的内容与发展
- 数据营销和新媒体营销
- 绿色营销、体验营销和口碑营销
- 微营销、团购和会议营销

温思帝——睡在科技上的互联网+

温思帝（WSDAY）寝具科技有限公司，源自“3·21世界睡眠日”，是一家专注健康睡眠领域为核心的国家高新技术企业，是深圳雅露斯家具制造有限公司旗下的创新科技公司，2011年由华侨大学市场营销专业毕业生郑智敏董事长创建。2004年郑智敏创建雅露斯软床是全球养生睡眠龙头品牌，中国软装家私行业产业化企业，连续四年蝉联“中国软床行业十大品牌”，连续6年蝉联中国软床家私行业销售6连冠军，荣获“中国优秀绿色环保产品”“国内外设计师最喜爱软床品牌”“中国著名品牌”“中国名优产品”等称号。

公司致力于为人类的健康睡眠提供专业的云智能私人管家服务，彻底将智能睡眠监测概念渗透到人们的日常生活中。公司的企业定位是围绕互联网+智能科技睡眠，为用户提供更加智慧便捷的健康睡眠产品，建立以科技睡眠为核心的分享经济、为用户打造科技改变睡眠的体验交换式生态圈。公司已经与各大医疗机构、养老院、智能家居、地产开发商、设计装饰等上市公司建立战略合作关系，未来三年公司将会进军以睡眠科技为核心的大健康产业链。

2012 年 5 月公司的国内首款体感音波床垫诞生，掀起睡眠行业的养生热潮。2014年12月业内首款温感床垫诞生，颠覆传统半导体温控技术、创新使用水循环精准控温。2015 年 9 月云智能健康床垫诞生，由历时两年时间与美国硅谷 iFutureLab 团队、医疗合作机构等共同研发而得。据了解，截至2012年9月份，我国睡眠产业的市场规模已

达 1 200 亿元，并且持续保持高速增长的趋势。睡眠产业已发展成一个覆盖全民的新兴产业，成为中国健康消费领域新的经济增长点。2011 年全球家具生产约为 3 100 亿美元，床垫产值约为 200 多亿美元，占全球家具产值 6.5%，而中国已成为全球第二大床垫市场，年消费增长率达 24%。

资料来源：改编自温思帝寝具科技有限公司提供的资料，http://www.wsday.cn/

问题：

（1）互联网+如何影响企业和产品的发展？

（2）温思帝互联网+智能科技睡眠产品的诞生对未来市场的发展有何启发意义？

进入 21 世纪以来，科技发展突飞猛进，信息技术广泛普及，推动了市场营销观念、环境、技术的迅速发展及从实践到理论的转化和推进，让营销学得以快速发展。研究市场营销学的理论到实践的新发展新领域，系统整合，创新实践，是每一个营销人员的历史使命，也是企业经营和竞争的必然要求。

第一节　网络营销和互联网+

一、网络营销概述

网络营销，是以互联网络为媒体，结合相关的方式、方法和理念实施营销活动以更有效地促成个人或组织的交易活动的实现[①]。一般，在国际上，网络营销的术语有好几种：E-Marketing，Network Marketing，Internet Marketing，Cyber Marketing 等。国内比较趋向一致的是 E-Marketing，因为 e-表示电子化、信息化、网络化，比较能够体现网络营销的特点，也为人们所接受和理解。

（一）网络营销的特点和功能

与传统的营销策略和营销手段相比，网络营销具有诸多鲜明的特点和功能。

1．营销成本低，营销环节少

传统的营销方式往往要花大量的经费用于产品目录、说明书、包装、储存和运输，并设专人负责向顾客寄送各种相关数据。而运用网络营销后，企业只需将产品的信息输入计算机系统并上传网络，顾客就可自己查阅，无须设专人寄送数据，电子版本的产品目录、说明书等不必再进行印刷、包装、储存和运输。这就大大节约了营销费用，降低了营销成本。

在网络营销中，获取营销数据不必再求助于出版商，企业可以直接安排有关数据上网供顾客查询，潜在的顾客也不必再等企业的营销人员打电话告诉他们所要咨询的信息，他们自己就可以在计算机上查找。网络营销的运用使企业的营销进程加快，信息传播更快，电子版本的产品目录、说明书等随时可以更新。对于软件、图书、歌曲、影视节目

---

① 郭国庆. 市场营销学通论（第 4 版）. 北京：中国人民大学出版社，2009：382.

等知识性产品来说，已经没有海关和运输问题，人们可以直接从网上下载并采用电子方式付款。

2．营销方式新，可以实现个性化营销

在购买的同时，顾客可以自行控制购买过程。现今顾客的需求多种多样，他们在购买产品时，希望能够掌握更多有关产品信息，得到更好的售后服务。聪明的营销者运用多媒体展示技术和虚拟现实技术，使得顾客可以坐在家中了解最新产品和最新价格，选择各种商品，作出购买决策，自行决定运输方式，自行下订单，从而获得最大的消费满足。

在这个基础上，网络营销使建立高度目标化的小群体营销甚至个体行销成为可能。它改变了工业时代大规模、标准化生产方式所形成的大规模营销方式，推动消费者实现小批量、个性化的商品和服务，满足消费者价值取向的多元化生活方式，从而真正实现消费者的个性回归。

3．营销国际化，营销全天候

互联网络已经形成了一个全球体系，企业运用网络进行营销，能够超越时间和空间的限制，随时随地提供全球性的营销服务，使国外的顾客与本企业在网上达成交易，实现全球营销。全球消费者可以在任意时间选择世界上任何地点的商品，通过网络银行的电子支付方式和快速物流，坐等商品上门。

4．推动行业和企业快速变革

网络营销改变了企业的竞争方式、竞争基础和竞争形象，直接使得行业结构发生变化。例如，传统的渠道直接受到挑战；企业各个部门都能运用信息化接触顾客；企业组织和部门跨国家、地区合作和协调，甚至大量员工可以在家工作等。

5．网络营销是对传统营销的继承和发展

网络营销在传统营销的基础上，强化了由市场导向向顾客导向的转变；进一步加快了同质化、大规模营销转变为个性化、一对一营销；把异动单向的市场营销转变为同步互动的市场营销；促进营销管理从分散、独立的过程发展到统一的协同工作过程。这些变化和观念的融合，在各个方面又激发了一些市场营销新领域、新观念的发展，比如，推动了品牌的娱乐化传播，推动了体验营销和口碑营销的传播，发展了移动商务和移动社区的发展，甚至直接和新技术结合发展，创新产生有如“微博营销”这类全新的营销方法和手段。

（二）网络营销中的营销组合

市场决定着市场营销战略，在互联网的巨大影响下的市场必然要求市场营销战略的更新。企业必须以市场为生命，从市场营销因素最基本的4P来调整、更新自己的营销战略。

1. 产品/服务策略

目前，适合在互联网络上销售的产品通常有如下六种。

（1）与高科技或计算机含义和概念相关的产品，如手机等电子产品。

（2）目标市场为网络用户的产品，如网络服务，游戏、搜索服务等。

（3）市场需求地理范围广的产品，如产地约束但是需求广泛的乡土、特色产品。

（4）设店销售有困难的特殊产品，如团购权利、娱乐活动权利和票卡等产品。

（5）消费者依据网络信息就可作购买决策的产品。

（6）实体价值不显著的商品，如游戏点卡、话费卡等。

互联网络所提供的产品主要在于信息的提供，除可充分显示产品的性能、特点、质量以及售后服务等内容外，更重要的是能够对需求进行一对一的营销设计和营销服务，如比较流行的互联网预约销售，打车、订餐等消费服务。企业要根据用户对产品提出的具体或特殊要求进行产品的生产供应，最大限度地满足消费者的需求。在网络上可开展以下工作。

（1）提供消费者之间、消费者与企业之间的互动讨论区，借以了解消费者需求、市场趋势等，以作为企业改进产品开发的参考。

（2）充分利用视频展示，文字图片介绍，产品虚拟空间展示等功能，介绍产品的特点，刺激消费者的购买欲望。

（3）在网络上建立消费者意见调查区，了解消费者对产品特性、质量、包装及样式等的意见，以协助企业产品的开发与改进。

（4）建立网上消费者自助设计区，提供顾客化的产品与服务，如顾客可以自行设计服装的款式和花色，购车者可以自行决定所需颜色和配件等。

2. 价格策略

企业制定产品价格应在核算产品成本的基础上，适当增加无形成本的含量，精确计算产品中的无形价值量，科学合理地制定产品网上交易价格。由于网络交易能够充分互动沟通，并完全掌握消费者的购买信息和决策心理，因此应该以理性的方式制定价格战略。网络定价可以采取下列方法。

（1）消费者可通过网络价格查询功能，查询市场相关产品的价格，进而理性地购买价格合理的产品，即可以货比三家。因此企业一定要在对网上企业相关产品价格和竞争情况进行认真调研的基础上，增加服务和技术含量的附加价值，合理估计本企业产品在消费者心目中的形象和估值，进而确定产品的价格。

（2）可以开通网络会员制，依据会员过去的交易记录与偏好、购买数量的多少，给予顾客折扣，鼓励消费者上网消费，形成忠诚行为或者习惯行为。

（3）建立网络议价系统，与消费者直接在网上协商价格。

（4）建立自动调价系统，可以依季节变动、市场供求形势、竞争产品价格变动、促销活动等，自动进行调价。

（5）制定发展团购价格、集团客户价格体系。

3. 分销策略

互联网络直通消费者个人，使得销售针对性加强，商品直接展示在顾客面前，并直接接受顾客订单，任何一个用户对企业都具有重要意义。

（1）设立虚拟商店橱窗，使消费者如同进入实际的商店一般；同时商品的橱窗可以因季节、促销活动、经营战略的需要迅速地改变设计。虚拟橱窗不占空间，可 24 小时营业，服务全球顾客，并由服务售货员回答任何专业性的问题，这样的优势决非一般商店可以比拟。

（2）可以结合相关企业的相关产品，共同在网络上组织商品展销，消费者通过网络浏览各种商品，增强上网意愿与消费动机，加强使用产品的方法教育。

（3）在存在实体渠道店铺条件下，适当考虑产品种类的差异性，避免恶性竞争；促成实体商店重视体验，网络商店重视产品的合作共赢模式。

（4）采取灵活的付款方式。在支付宝、微信钱包等互联网络金融的帮助下，企业可以依赖金融机构的专业信息优势，针对不同的用户采取灵活的付款方式，达到刺激和方便消费者购买的目的。

（5）可以在网络上以首页方式建立虚拟经销商或虚拟公司，提供各类商品目录及售后服务。除部分产品可以自网上取货（如计算机软件、电子图书等）外，大部分产品采用送货上门或邮寄等方式。

4. 促销策略

网络促销具有一对一服务与消费者需求导向的特点，除了可以作为企业广告外，也是发展潜在顾客的最佳渠道。但网上促销基本是被动的，因此如何吸引消费者上网，并提供具有价值诱因的商品信息，对于企业来说，是一个重大的挑战。常用的促销方法有如下几种。

（1）利用网上聊天的功能，举行消费者联谊活动或网络记者招待会。这种方式可以跨越时空进行沟通，同时也是一种低成本的促销活动。

（2）网络促销可以利用诱因工具，如进行网上竞赛、提供折扣券与赠品券、样品赠送、发放奖券和进行抽奖等，提高消费者上网搜寻及购买产品的意愿。

（3）网络广告目前已成为最普遍的商业宣传方式，可以宣传企业与产品信息，阐释企业理念和企业文化，说明售后服务与质量保证措施等，进而提高企业在消费者中的知名度与美誉度。

（4）外文版页面和网络广告也是企业产品国际化不可或缺的促销活动。

（5）可以利用邮件、手机信息、微信、手机应用程序（APP）的方式，向特定客户推送促销信息。

二、互联网+和智能营销

（一）互联网+的概念和特征

1. 互联网+的概念和特征

“互联网+”是互联网思维的进一步实践成果，它代表一种先进的生产关系，推动经济形态不断的发生演变，从而带动社会经济实体的生命力，为改革、创新、发展提供广阔的网络平台。在此背景下，美国提出了“工业互联网”，德国提出了工业 4.0。我国企业界和政府提出的“互联网+”，更加侧重互联网对整个经济体系、社会体系的提升和发展。“互联网+”代表一种新的经济形态，即充分发挥互联网在生产要素配置中的优化和集成作用，将互联网的创新成果深度融合于经济社会各领域之中，提升实体经济的创新力和生产力，形成更广泛的以互联网为基础设施和实现工具的经济发展新形态[①]。马化腾认为，“互联网+”是以互联网平台为基础，利用信息通信技术与各行各业的跨界融合，推动产

---

① 2015《政府工作报告》，国发〔2015〕40 号文件，http://www.gov.cn/zhengce/content/2015-07/04/content_10002.htm.

业转型升级，并不断创造新产品、新业务与新模式，构建连接一切的新生态①。通俗来说，“互联网+”就是“互联网+各个传统行业”，但这并不是简单的两者相加，而是利用信息通信技术以及互联网平台，让互联网与传统行业进行深度融合，提升传统行业的发展水平、效率和创造力，创造出崭新的发展生态。

互联网+有六大基本特征②：一是跨界融合。就是跨界变革、开放、重塑融合。二是创新驱动。中国粗放的资源驱动型增长方式早就难以为继，必须转变到创新驱动发展这条正确的道路上来。三是重塑结构。信息革命、全球化、互联网业已打破了原有的社会结构、经济结构、地缘结构、文化结构。四是尊重人性。人性的光辉是推动科技进步、经济增长、社会进步、文化繁荣的最根本的力量，互联网的力量之强大最根本地也来源于对人性的最大限度的尊重、对人体验的敬畏、对人的创造性发挥的重视。例如，用户生成内容（UGC）、互动百科、卷入式营销、分享经济等。五是开放生态。把过去制约创新的环节化解掉，把孤岛式创新连接起来，让研发由人性决定的市场驱动，让创业者有机会实现价值。六是连接一切。连接是有层次的，可连接性是有差异的，连接的价值是相差很大的，但是连接一切是互联网+的目标。

2. 互联网+的发展战略

2015 年 7 月 4 日，经李克强总理签批，国务院印发《关于积极推进“互联网+”行动的指导意见》，这是推动互联网由消费领域向生产领域拓展，加速提升产业发展水平，增强各行业创新能力，构筑经济社会发展新优势和新动能的重要举措。这是我国国家层面对“互联网+”的最权威最全面的概括和战略指导。提出了 11 个具体行动：“互联网”+创业创新、+协同制造、+现代农业、+智慧能源、+普惠金融、+益民服务、+高效物流、+便捷交通、+绿色生态、+电子商务、+人工智能。

3. 互联网+的实践应用

在实践应用中，互联网+已经涉及许多领域③，主要有以下方面。

（1）互联网+在工业领域的发展。“互联网+工业”即传统制造业企业采用移动互联网、云计算、大数据、物联网等信息通信技术,改造原有产品及研发生产方式，与“工业互联网”“工业 4.0”的内涵一致。主要有“移动互联网+工业”“云计算+工业”“物联网+工业”“网络众包+工业”等。

（2）互联网+商贸。商贸领域与互联网融合的历史相对较长，多年来，电子商务业务伴随着我国互联网行业一同发展壮大，目前仍处于快速发展、转型升级的阶段，发展前景广阔。主要有：B2B 电子商务、企业自营电商、出口跨境电商。

（3）互联网+在金融领域的发展。“融资难、融资贵”是长期制约我国实体经济，尤其是中小微企业发展的瓶颈。“互联网+金融”可以整合企业经营的数据信息，使金融机构低成本、快速地了解借款企业的生产经营情况，有效降低借贷双方信息不对称程度，进而提升贷款效率。主要有：互联网供应链金融、P2P 网络信贷、众筹、互联网银行等。此外，在商贸、教育、医疗、智慧城市、旅游、政务等传统领域，互联网+激发了无数创

---

① 马化腾. 2015 年 3 月 15 日人代会建议案，《关于以“互联网+”为驱动，推进我国经济社会创新发展的建议》.

② 马化腾等. 互联网+：国家战略行动路线图. 北京：中信出版社，2015：45-62.

③ 于佳宁. “互联网+”的三个重要发展方向. 人民邮电报，2015-03-10，008 版.

新产品和创新企业的出现，并且在配合产业基金、风险投资基金的支持下，优势的企业或者产品在飞速成长。

"互联网+"不是"+互联网"：互联网不仅仅是一个传播工具，更是我们这个社会的操作系统。

在"+互联网"模式下我们仅仅把互联网看作是一种传播工具、传播手段、传播渠道和传播平台，我们对于互联网的应用大体上是在我们既有的运作逻辑的基础之上，把互联网作为延伸我们的影响力，延伸我们的价值，延伸我们的功能的一种延伸型的工具，起着一种锦上添花的作用，即在我们固有的发展逻辑和社会运动逻辑的基础之上的一种按照固有惯性延伸性的因素和手段。

而"互联网+"则不同，它是把互联网视为构造我们这个社会、构造我们的市场和行业全新格局的建构性的要素和力量，我们是在互联网所造就的这种全新的基础上按照互联网的法则和逻辑来重新统合我们的运作模式和管理模式。

在"+互联网"模式之下，我们虽然有很高的投入，做了很多"+互联网"的事，如办了很多网站，做了大量的手机媒体，以及一窝蜂地办 APP 和客户端。但是老实说，结果是追得很苦、投入很大，但产出却极为有限，甚至烧钱到血本无归，实际的投入和产出完全不对称。其中最关键的原因是由于我们对互联网基本的社会价值和社会影响的肤浅理解所造成的。

（二）智能营销

智能营销（Intelligent Marketing），又称智慧营销，是通过人的创造性、创新力以及创意智慧将先进的计算机、网络、移动互联网、物联网等科学技术的融合应用于当代品牌营销领域的新思维、新理念、新方法和新工具的创新营销新概念[①]。

"智能"是指人的智慧和行动能力、智谋与才能。《管子·君臣上》："是故有道之君，正其德以莅民，而不言智能聪明。"《汉书·高帝纪下》："今天下贤者智能岂特古之人乎？"，即智与能的结合，智为知，能为行，知行合一。"知行合一"是明朝思想家王守仁提出来的，讲究不仅要认识（"知"），尤其应当实践（"行"），只有把"知"和"行"统一起来，才能称得上"善"。

"智能营销"的内涵就是讲究知与行的和谐统一，人脑与计算机、创意与技术、企业文化与企业商业、感性与理性结合，创造以人为中心，网络技术为基础，营销为目的，创意创新为核心，内容为依托的消费者个性化营销，实现品牌与实效的完美结合，将体验、场景、感知、美学等消费者主观认知建立在文化传承、科技迭代、商业利益等企业生态文明之上，最终实现虚拟与现实的数字化商业创新、精准化营销传播，高效化市场交易的全新营销理念与技术。

在营销 4.0 时代，进入智能营销阶段，主要是以消费者无时无刻的个性化、碎片化需求为中心，满足消费者动态需求，建立在工业 4.0（移动互联网、物联网、大数据及云计算）、柔性生产与数据供应链基础上的全新营销模式，将消费者纳入企业生产营销环节，

① 智能营销.百度百科. http://baike.baidu.com/.

实现全面的商业整合，如 Uber、小米、库特智能/魔幻工厂等。智能营销是以人为中心，网络技术为基础，创意为核心，内容为依托，营销为本质目的的消费者个性化营销，实现品牌与实效的完美结合，将体验、场景、感知、美学等消费者主观认知建立在文化传承、科技迭代、商业利益等企业生态文明之上，最终整合虚拟与现实的当代创新营销理念与技术。该阶段市场权利高度集中于消费者手中，产生的主要理论工业 4.0 理论、人工智能科技、机器学习、3E 工具论、Glocal 营销（全球本地化）理论等。

三、电子商务概述

（一）电子商务的概念

电子商务（Electronic Commerce、E-Commerce）是以信息网络技术为手段，以商品交换为中心的商务活动；也可理解为在互联网（Internet）、企业内部网（Intranet）和增值网（VAN，Value Added Network）上以电子交易方式进行交易活动和相关服务的活动，是传统商业活动各环节的电子化、网络化、信息化。电子商务通常是指在全球各地广泛的商业贸易活动中，在互联网开放的网络环境下，基于浏览器/服务器应用方式，买卖双方不谋面地进行各种商贸活动，实现消费者的网上购物、商户之间的网上交易和在线电子支付以及各种商务活动、交易活动、金融活动和相关的综合服务活动的一种新型的商业运营模式。各国政府、学者、企业界人士根据自己所处的地位和对电子商务参与的角度和程度的不同，给出了许多不同的定义。

狭义上讲，电子商务（Electronic Commerce，EC）是指：通过使用互联网等电子工具（这些工具包括电报、电话、广播、电视、传真、计算机、计算机网络、移动通信等）在全球范围内进行的商务贸易活动。是以计算机网络为基础所进行的各种商务活动，包括商品和服务的提供者、广告商、消费者、中介商等有关各方行为的总和。人们一般理解的电子商务是指狭义上的电子商务。

广义上讲，电子商务一词源自于 Electronic Business，就是通过电子手段进行的商业事务活动。通过使用互联网等电子工具，使公司内部、供应商、客户和合作伙伴之间，利用电子业务共享信息，实现企业间业务流程的电子化，配合企业内部的电子化生产管理系统，提高企业的生产、库存、流通和资金等各个环节的效率。

联合国国际贸易程序简化工作组对电子商务的定义是：采用电子形式开展商务活动，它包括在供应商、客户、政府及其他参与方之间通过任何电子工具。如EDI、Web 技术、电子邮件等共享非结构化商务信息，并管理和完成在商务活动、管理活动和消费活动中的各种交易[①]。

（二）电子商务的模式

电子商务，涵盖的模式很广，一般可分为代理商、商家和消费者（Agent、Business、Consumer，ABC），企业对企业(Business-to-Business，B2B)，企业对消费者（Business-

---

① 邓顺国等. 电子商务运营管理. 北京：科学出版社，2011：2.

to-Consumer，B2C），个人对消费者(Consumer-to-Consumer，C2C)，企业对政府（Business-to-Government），线上对线下（Online To Offline，O2O），商业机构对家庭（Business To Family），供给方对需求方（Provide to Demand），门店在线（Online to Partner，O2P）等9种模式，其中最主要的有企业对企业(Business-to-Business)，企业对消费者（Business-to-Consumer）2种模式。消费者对企业（Consumer-to-Business，C2B）也开始兴起，并被马云等认为是电子商务的未来。随着国内互联网使用人数的增加，利用互联网进行网络购物并以银行卡付款的消费方式已日渐流行，市场份额也在迅速增长，电子商务网站也层出不穷。

【案例链接】

微信支付：电商有你还怕谁？

2013年8月5日，备受关注的微信5.0版正式推出，用户可率先在苹果APP Store下载更新。相较此前的版本，该版本增添了包括条码扫描、街景等多个功能，其中增添的微信支付功能成为最大看点，并持续引发业界热议。

据了解，微信支付是由腾讯公司知名移动社交通信软件微信及第三方支付平台财付通联合推出的移动支付创新产品，旨在为广大微信用户及商户提供更优质的支付服务，微信支付的支付和安全系统由腾讯财付通提供支持。财付通是持有互联网支付牌照并具备完备的安全体系的第三方支付平台。微信支付可实现的应用场景包括公众号支付、扫二维码支付和App支付。目前包括微团购、麦当劳、QQ充值等微信公众号已可通过微信支付进行交易。据悉，首批上线的商户将涵盖电商的多个细分领域，包括机票预订、网购、电影票团购、交通卡充值等绝大部分品类的商品和服务，用户均可通过微信支付实现购买。目前上线的商户基本为中国大陆商户，暂未覆盖海外地区。

资料来源：微信5.0版推出 微信支付正式推出. 证券时报网快讯中心. 2013-08-05. http://www.stcn.com

问题：

（1）微信支付意味着电子商务哪些方面的变化？

（2）微信支付可运用于电子商务的哪些方面？

第二节 计量营销的新局面

市场营销学的主要特性，如科学性和技术性等，决定其需要进行计量分析，需要运用数据以及依据一定的计算公式进行运算而得出相应的结论。因此懂得和掌握一定的计量营销基础知识无疑是很重要的。

一、计量、计量学与市场营销

（一）计量、计量学的概念

所谓计量，也被称作量衡，就是用数据统计方法来解释人们在社会经济活动中所面临并需要解决的某些问题。比如，在市场营销中我们常常说到的品牌知名度就是根据被调查对象了解某个品牌人数占被调查人群的比重来计算的。计量与其他测量一样，是人们理论联系实际认识自然、改造自然的方法和手段。它是科技、经济和社会发展中必不可少的一项重要的技术基础，是实现单位统一、量值准确可靠的活动，或者说是以实现单位统一、量值准确可靠为目的的定量。

计量学就是一门对计量的理论和实践加以科学总结和阐述的有关计量知识领域的综合性学科。计量学具有双重属性，既属于自然科学，又属于社会科学。作为自然属性，它属于生产力的范畴，不是某种社会制度的产物，也不因某种社会制度的消亡而消亡；而作为社会属性，它又属于上层建筑，伴随着经济基础的发展而发展，与社会制度紧紧相连，不能脱离社会制度而单独存在。

（二）计量学研究的内容

计量学内容丰富，应用十分广泛。就学科和任务性质而言，计量学可分为法制计量学、普通计量学、技术计量学、质量计量学、理论计量学等。计量学研究的内容主要包括：（1）计量单位及其基准、标准的建立、复制、保存和使用；（2）量值传递、计量原理、计量方法、计量不确定度以及计量器具的计量特性；（3）计量人员进行计量的能力；（4）计量法制和管理；（5）有关计量的一切理论和实际问题。随着生产和科学技术的发展，计量学的内容还会更加丰富。

（三）计量营销学的概念

市场营销是一项非常复杂的经济社会活动，涉及许多数据、计量和运算问题，因此也可以说是一项计量活动。将计量学的理论和方法运用到市场营销的具体实践中，将其系统化和理论化，便形成了计量市场营销学，简称为计量营销学（Marketing Metrics）。[①]

计量营销学，也可将其称作营销计量学，是从市场营销学衍生发展而形成的一个分支学科，它是以一定的市场营销理论和实际统计资料为依据，运用数学、统计学方法和计算机技术，通过建立计量营销模型，定量分析市场营销活动过程中各个变量之间关系的一门学科。换言之，计量营销学实际上就是将计量学的理论、概念和方法应用于营销实践活动，并对这种计量的营销活动加以理论化而形成的一门交叉性的边缘学科。

二、计量营销学的内容与范畴

计量营销学将市场营销活动中所有可以量化的内容和因素及其相互关系作为研究内容，是计量学与市场营销学的有机结合，但绝不是两者的简单相加。[②]

（一）计量营销学的内容

市场营销活动中有许多可供计量分析研究的因素和内容。关于营销的绩效分析和评

① 田广．计量营销学．北京：机械工业出版社，2012：1-6.
② 田广．计量营销学，就这样简单．北京：经济科学出版社，2013(2), 5.

价涉及的计量的内容。从投入和产出两个方面来考察。

1．营销活动的投入计量

营销活动的投入计量包括：有形投入要素，主要指营销活动所需费用(例如，市场研究费用、市场信息费、营销人员费、广告费、公关信息费、营销推广费、营销管理费、销售服务费)；直接物力占用花费(包括营销机构网及设计、办公工具用品、交通运输及通信设备等费用)；人力占用花费(包括市场调研者、营销策划者、营销执行者)等；无形投入要素，主要指营销战略规划及营销策略的制定与实施、营销风险(机会成本)、信息的有效输出、服务、时间、营销因素组合、营销文化、营销影响区域、客户关系、市场预测等。

2．营销活动的产出计量

营销活动的有效产出方面则包括有形产出要素和无形产出要素。有形产出要素主要指收入增加额、利润增加额、业务增长率、市场扩张区域、市场占有份额增长、投资回收期的缩短、新客户增加率等。无形产出要素主要指知名度与美誉度、商标、品牌声誉、企业及其产品形象、服务满意度、顾客忠诚度、企业及其产品信誉度、产品适销性、创造新机会、企业社会影响力、安全及环境保护性、竞争力增强度等。

（二）计量营销学的范畴

1．市场营销经理的计量决策

市场营销经理在其管理实践中往往需要同时对组间计量数据进行分析以做出正确的决策。这些计量数据并不能很好地反映企业营销与经营的成果效益。相反，能反映企业经营效益结果的计量，例如，市场份额、顾客价值以及对新产品的接收程度等，则能更好地反映市场营销的相关作用。因此，营销绩效管理应该侧重于计量营销系统复合性、有效性和效率等方面。一般来说，这些特殊计量的主要分类有：营销对份额偏好的影响、营销对吸引新顾客的作用、平均买单量、新产品和新服务接受率、顾客购买次数的增长、商务容量和份额、顾客忠诚度、与竞争和市场相比的增长率、边际收益以及顾客的参与度。

2．数据计量分析

当代商界的竞争日益激烈，熟练地掌握和运用数据是每个商业领袖都必须具备的关键技能。经理人员必须对市场机会和竞争威胁进行定量分析，并依据其分析结果对他们的决策所带来的财务风险或预期盈利进行调整。经营管理人员还必须依据数据计量分析来评估计划、解释变化以及判断经营表现，并识别出需要改善经营的平衡点。

3．“仪表板”式或组合式的群计量项目

在商务和经济方面，许多计量项目是复杂和难以把握的，有些数据和计量是高度专业化的，因此需要进行特殊的处理和分析。许多所需要的数据或计量也许只能是近似的或残缺不全的，甚至根本就无法获得。在某些情况下，可能没有任何一项计量是完善的。为此，建议市场营销人员使用“仪表板”式或组合式的群计量项目。如此，他们可以从各种各样的角度观看市场的活力，并形成三角战略和解决问题的途径。 市场营销人员可以利用多元计量中的单个计量单元来检验其他计量项目。这种做法可以使营销人员所获信息的准确性最大化，并且有助于在其他计量单元的基础上对某一特定的计量项目做出预测或估计。

三、计量营销开拓着市场营销的新局面

相对市场营销学和计量学，计量营销学，或者说营销计量学，还是相当年轻的一门学科。它是近年来在西方所形成的边缘性交叉学科，在营销实践中尚未得到充分的应用，其理论和方法还有待进一步完善和提高。在中国，计量营销学还是一门全新的学科，营销经理们和营销学理论工作者对计量营销学还很陌生。但是，由于中国市场经济发展的需要，加之中国营销人员和理论工作者的勤奋，计量营销学将会在中国迎来一个快速发展时期，并很有可能超越计量营销学在西方的发展阶段。

美国西北大学凯劳革(Kellogg)管理学院高级讲师马克·杰佛瑞(Mark Jeffery)于 2008—2009 年对 252 家企业进行了调查研究，被调查研究的这 252 家企业每年的营销预算高达 530 亿美元，但他们的营销经理们却对营销绩效测定所知不多。被调查的营销执行经理中 55%的被调查者承认他们的营销人员不知道更不用说会使用计量技术，因此他们没有应用数据库进行营销活动；53%的被调查企业在其营销经营过程中没有采用营销投资回报、净现值、顾客终身值等重要的营销计量方法。该项研究还发现，有 57%的被调查企业没有使用中央数据库来记录和分析他们的营销活动；82%的被调查企业从未使用诸如营销资源管理之类的软件来记录和监测其营销活动及其所创造的价值。杰佛瑞的调查研究结果令美国营销理论界为之震惊，因为调查数据表明大多数企业没有以明确的职业性操作程序规则来管理他们的营销活动，不会或者不知道在其日常营销、经营方面进行计量和计量分析

通过对比分析，杰佛瑞发现那些善于应用计量分析的公司一般都有较好的经营效益，在营销投资预算上也与那些不善于应用计量分析的公司有很大的不同。比如，那些经营效益较好的企业在营销投资上比平均水平高出 20%，而那些经营效益较差的企业在营销投资方面比平均水平低 4%。前者在品牌和顾客权益方面的投资比重为 27%，而后者在这方面的投资比重仅为 18%；前者在营销基础设施方面的投资比重为 16%，而后者为 10%。[①]详见表 18-1。

表 18-1 营销投资分配比例(%) 单位：%

项目	所有企业平均	经营较差企业	经营较好企业
基础设施	14	10	16
需求激发*	52	58	48
顾客权益	12	11	14
品牌	10	7	13
市场塑造	12	14	9

资料来源：Mark Jeffery (2010). *Data-Driving Marketing: The 15 Metrics Everyone in Marketing Should Know*. Hoboken, NJ: John Wiley and Sons, Inc.

* 特指有关目标在于促进近短期内销售量的销售行为。

---

① 田广. 计量经济学，就这样简单. 北京：经济科学出版社，2013.2：8-9.

第三节　数据营销和新媒体营销

管理学大师托马斯·达文波特指出，市场营销的新未来在于数据驱动型营销，在可预见的未来，公司在市场营销领域坚持依赖信息技术和大数据知识的做法绝对不会停止。营销人员需要意识到、承认、并擅于抓住这种由于时代变换而引发的营销方式大变革。

一、大数据和数据库营销

（一）大数据定义

全球最具权威的IT研究与顾问咨询公司高德纳（Gartner）对“大数据”（Big Data）的定义是，“大数据”是需要新的处理模式才能具有更强的决策力、洞察力和流程优化能力的海量、高增长率和多样化的信息资产。更通俗地说，大数据指在可承受的时间范围内无法用传统的数据处理软件工具进行捕捉、管理和处理的数据集合，是一种规模大到在获取、存储、管理、分析方面大大超出了传统数据库软件工具能力范围的数据集合。

大数据的发展是伴随着互联网和电子商务的快速发展而进行的，最早将大数据理念和技术投入实践应用的是雅虎、谷歌等大型互联网公司。在2008年前后，这些公司发现他们遇到了数据海量（数据量首次进入PB级别[①]）、种类复杂（文档、日志、视频类数据暴增）、数据流动速度加快（实时响应需求变得旺盛）的问题，这些问题依靠传统的、常规的数据处理软件和架构无法解决，因此大数据的新技术和理念开始产生。美国市场调查公司IDG在2010年时预测，随着技术手段的不断进步，人类产生数据的欲望和手段持续增强，全球数据量将以指数级的方式增长。IDG调查认为全球在2010年进入数据ZB时代[②]，预计到2020年全球将共拥有数据35ZB。2011年麦肯锡全球研究院发布的研究报告：《大数据：创新、竞争和生产力的下一个新领域》，这份报告分析了当时全球数据量爆发的新兴状态，阐述了处理这些数据可能释放的巨大的商业潜能，预测了大数据相关的业务价值链，在世界范围内第一次广泛引发了人们对大数据商业价值的关注，被认为是大数据从技术领域正式进入商业领域的新起点。

各国政府对大数据的关注开始于2012年，3月美国政府开启了一项总投资达2亿美元的“大数据研究和发展计划”，以推进从大数据相关研究中获取知识和洞见的能力。5月联合国发表大数据白皮书，指出大数据对于联合国和各国政府而言是一个历史性机遇，政府和国际组织应利用大数据更好的服务公民、造福人类。

我国对大数据的研发和应用几乎与世界同步，从2012年开始国内著名的互联网公司如新浪、淘宝、百度、腾讯、中国移动等便率先开展了大数据技术的研究应用。例如，阿里巴巴成立了一个创新机构IDST（Institute of Data Science & Technologies），阿里高层

---

① 数据量的单位由小到大分为：B，KB，MB，GB，TB，PB，EB，ZB，YB，BB，NB，DB。通常认为从PB级别开始进入大数据阶段。

② 1个ZB的数据相当于全世界海滩上沙子的数量的总和。

指出，“Big Data 今天没有定论，IDST 的使命之一就是定义这个不确定性”。2015 年 8 月，国务院发布《促进大数据发展行动纲要》，明确了我国发展大数据的指导思想和总体目标，并特别指出“我国互联网、移动互联网用户规模居全球第一，拥有丰富的数据资源和应用市场优势，坚持创新驱动发展，加快大数据部署，深化大数据应用，已成为稳增长、促改革、调结构、惠民生和推动政府治理能力现代化的内在需要和必然选择”。

大数据主要有五大特征：①Volume（大量），即海量的数据规模。体量大是大数据区分于传统数据的最显著特征。通常关系型数据库的处理量级在 TB 级别，而大数据的处理量级在 PB 级以上。②Velocity（高速），即快速的数据流转。③Variety（多样），即多样的数据类型。结构化数据表在大数据时代所占据的数据比例越来越小，数据多样性成为大数据的显著特征之一。④Value（价值），即价值密度低。⑤Veracity（真实性），数据基于真实。大数据的特征时应特别注意“非结构化数据”，包括所有格式的办公文档、文本、图片、XML、HTML、各类报表、图像和音频/视频信息等。数据的突然爆发得益于各类智能设备、穿戴设备的普及，使得数据生成主体不再局限于传统的企业和组织，不再局限于特定的时间、地点，而是进入了“人人是数据的产生体、时时是数据的产生时”的时代，见图 18-1。

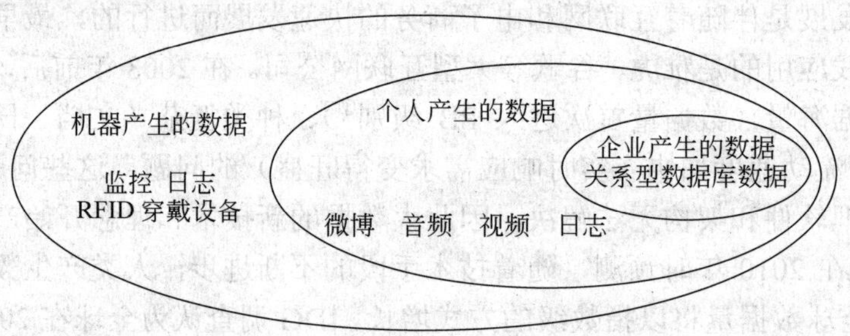

图 18-1 大数据产生主体及数据种类

大数据技术和思维方式对人们长久以来进行信息分析的目的、手段和方法产生了重要的影响①。大数据技术的战略意义不仅仅在于掌握和拥有庞大的数据信息，更在于对这些有意义的数据进行专业化处理，通过提高对数据的“加工能力”实现数据的“价值增值”。大数据的科学价值和社会价值不仅体现在对大数据的掌握程度可以转化为直接的经济价值的来源，也体现在大数据正在撼动世界的方方面面，从商业科技到医疗、政府、教育、经济、人文以及社会的其他各个领域。

【营销链接】

为什么数字如此迷人

无论浏览哪个网站，买家都会被广告团团包围；精准而实时地展开新的营销攻势；在众多客户之中能找准必定可以带来最大利润的客户。这都要归功于分析学，这一学科研究的是人们迅速概括分析所有数据时展现的科学与艺术。迷人的小数字是从直接反应

① 舍恩伯格· 库克耶. 大数据时代. 杭州：浙江人民出版社，2013.

营销（Direct-Response Campaigns）兴起后开始释放魅力的。早在1923年出版的《科学的广告》（*Scientific Advertising*）一书中就提到："将广告提升到了科学的层面，这样的时代已经到来。这种科学依据一些固定的原则，结果非常精确，没有差错。"今天我们能够了解消费者观看互联网广告的具体时长、点击了广告的哪些部分以及哪些行为可以视为广告产生的效果。

资料来源：麦德奇·布朗. 大数据营销：定位客户. 北京：机械工业出版社，2013.

（二）大数据营销

大数据营销又称为数据驱动型营销，是通过收集、分析、执行从大数据中所得到的洞察结果，并以此鼓励客户参与、优化营销效果和评估内部责任的过程。

Teradata首席营销官亚瑟给出了大数据营销的五个步骤[①]：①制定大数据营销战略，包括客户互动战略、分析战略、数据战略、组织战略和技术战略；②协调内部分工，形成组织合力，特别是做好首席营销官和首席技术官的统一和合作；③进行数据分析，获取数据价值，包括制定数据战略、打通孤立数据源、挖掘数据价值等；④考核营销绩效，借助技术手段实时跟踪销售结构，及时调整营销方案；⑤反馈实施效果，进行流程创新。

大数据营销是基于大数据分析的基础上描绘、预测、分析、指引消费者行为从而帮助企业制定有针对性的商业策略的一种营销手段。大数据营销的作用主要体现在四个方面：①有助于进行精准的用户行为和特征分析；②有助于进行精准营销；③有助于进行客户关系管理；④有助于进行市场预测，发现新市场与新趋势。

数据关联的技术已经在许多领域得到运用，如在美国有一家非常有名的大数据企业叫"Palantir"，这家公司现在虽然还没上市，但市值已达两百亿美金，是全球没有上市的企业里市值排名前五的企业。这家企业之所以厉害是因为其在利用数据关联这种能力去给美国情报机构，包括CIA、美国国土安全局提供数据挖掘服务，帮助它们进行反恐和非常重大的刑事案件追查，数据的关联在很多情况下能够帮助政府很好的发现犯罪分子。

随着大数据技术的快速进步和应用的日益普及，在即将爆发的"大数据时代"，数据技术将是第一营销力[②]。大数据营销对传统营销的颠覆性意义主要体现在：①使商业行为的主导权发生转移，大数据时代让消费者成为商业行为的主宰者[③]；②使企业决策的依据更加倚重于数据；③使营销方式更加多样化，为营销创新提供条件。大数据技术开始全面应用到营销过程，从产品研发、渠道沟通，到品牌建设、客户关系管理，到定价、促销推广，形成了"消费—数据—营销—效果—消费"的以数据为核心的营销闭环。可以说，大数据带给营销领域的影响是全方位的，它提供给营销人员的理念、技术、工具是全新的，在大数据时代的营销创新才刚刚开始。

---

① 亚瑟. 大数据营销：如何让营销更具吸引力. 北京:中信出版，2014.

② 文丹枫 朱海 朱德清. IT到DT：大数据与精准营销. 沈阳:万卷出版社，2015.

③ 大数据颠覆市场营销.哈佛商业评论，2012.12.

【案例导读】

为什么驴妈妈给你推荐的旅游路线总是这么贴心?

IBM公司与驴妈妈旅游网（以下简称：驴妈妈）共同宣布双方已在数字营销领域展开合作，利用IBM已完全落地的数字营销优化（Digital Marketing Optimization）解决方案，提升驴妈妈旅游网的监控、分析与数字营销优化能力，将数据转化为切实的营销行动力，进而促进自身业务的增长。驴妈妈网站运营中心数据运营部副总监魏娟女士表示："我们始终致力于打造新型B2C 旅游电子商务网站、中国领先的自助游资讯及预订平台。为此，我们率先着手数字营销领域，落地"以客户为中心"的理念，并选择携手IBM，依托其在 SaaS 层面的交付能力，在电商平台上成功应用"数字营销分析优化"解决方案，达到获取用户行为特性、了解营销转换流程、精准营销数据处理等目标，进而在竞争激烈的市场中拔得头筹。"

资料来源：为什么最近驴妈妈给你推荐的旅游路线总是这么贴心？优派网科技资讯. 2015-03-11. http://www.youpai5.com/224599/

问题：驴妈妈为什么要升级数字营销工具?

（三）数据库营销

数据库营销（Database Marketing）是为了实现接洽、交易和建立客户关系等目标而建立、维护和利用顾客数据与其他顾客资料的过程①。数据库营销的核心是数据挖掘。数据库营销是将营销数据并根据进行市场营销活动的一种营销推广手段。数据库营销就是企业通过收集和积累会员（用户或消费者）信息创建数据库，对数据库内的客户电子邮件、短信、电话、信件等数据进行分析、筛选、深度挖掘与关系维护的营销方式。

客户数据库的各种原始数据，可以利用"数据挖掘技术"和"智能分析"其潜在的数据以发现盈利机会。数据库营销主要的作用有：①进行市场预测和快速反应；②挖掘、评估、分析消费者需求及价值；③预测顾客的需求，并采取贴近式服务和策略；④有针对性的采用营销信息传播方式，可通过DM、邮寄、电话、短信、EDM、网络传播、网站，提高企业广告信息到达率。

二、数字营销和新媒体营销

（一）数字营销

数字营销(Digital Marketing)是最近几年才开始被营销人员广为使用的概念，并没有一个严格的定义。可以从维基百科网站找到两个描述性的定义：（1）数字营销是通过互联网、手机和其他互动渠道推广品牌；（2）数字营销是通过数字化分销渠道向消费者及时、相关、个性化和成本有效化地推广产品和服务的实践活动。

---

① 韩宝华. 数据库营销及其应用研究. 兰州大学硕士学位论文，2010.04:2.

综合一下，数字营销[①]的通俗定义:数字营销就是以互联网、手机和其他互动渠道为基础，利用数字化的信息和数字媒体的交互性来辅助营销目标实现的一种新型的市场营销方式。

从营销渠道来讲，它把基于互联网的网络营销，基于手机设备和移动互联网的无线营销，以及基于数字广告牌、IPTV 和游戏等新的数字媒体的营销方式统统纳入进来。从营销理念上讲，它追求互动营销、分众营销、精准营销、整合理念，追求营销的及时性和成本有效性，及在网络及其他数字化世界中的品牌建设。数字营销具有很强的实践性特征，从实践中发现数字营销的一般方法和规律，比空洞的理论讨论更有实际意义。因此，如何定义数字营销其实并不是最重要的，关键是要理解数字营销的真正意义和目的，也就是充分认识互联网、无线互联网、数字广告牌、IPTV 等新的营销渠道，利用各种新的营销工具为企业营销活动提供有效的支持。

（二）新媒体营销

新媒体营销是网络营销的最新发展阶段。新媒体[②]是由 Web 2.0 技术构建，通过社会化网络服务进行信息传播的新型媒体，包括网络社区（含 BBS、博客等）、社交网络（SNS）、网络视频（播客）、微博等应用形式。新媒体受众庞大，新媒体是基于互联网而存在的新型媒体，我国互联网的发展已经较为普及，移动互联网以及手机的用户规模都非常巨大，截至 2015 年我国互联网网民规模达到 6.68 亿人，而手机移动网络用户规模也超过 5 亿人，在我国新媒体的发展基础已经非常成熟[③]。营销价值巨大。新媒体颠覆了传统媒体传者与受众之间的严格界限，变单向传播为双向交流，具有群分性、传播速度快、参与广泛、互动性好等特征。它创造了虚拟的社群环境，使具有特殊喜好或者共同用户体验的群体建立经常性的联系。社群内的成员共同分享用户体验，相互传递信息，影响群体成员的消费选择，加之标签和社会化书签、RSS 的使用，能有效地扩大品牌或产品的影响范围。

国外对新媒体营销的研究涉及面广、方式类型多样化，但都是属于研究的初级阶段，主要包括两大方面内容:一是以博客等网络社区为主的网络营销，以手机等移动设备为主的营销，以楼宇、车载视频等为主的户外新媒体营销，它们将这些具体的媒介与营销结合；二是新媒体技术的改革，以微信、社区网站等新媒体的营销转型，以及一些新媒体的营销创新等。即对新媒体营销的策略研究，并通过实证加以分析。早在营销大师菲利普• 科特勒(2010)编写的《市场营销原理》，就引用了企业战略家迈克尔-波特的文章:“关键问题不是是否运用互联网技术——企业如果想保持竞争力就没有其他选择——关键问题是如何运用该技术。”这句话表明以互联网技术为基础的新兴营销方式在早期就得到重视。美国学者 Sandy Carter(2010)分析了众多国外知名企业利用新兴媒体进行营销并取得成功的案例,在此基础上出版了《营销 2.0 最佳实践》，它以成功案例为分析对象，对企业

---

① 陈伟. 汽车行业数字营销策略研究.复旦大学硕士学位论文，2009-10-25：4.

② 王乐鹏 姚明广 王奕俊. 旅游企业新媒体营销的研究综述.中国市场,2011,(09): 83-84.

③ 中国新媒体市场调研与发展前景预测报告（2016 年）. 中国产业调研网. http://www.cir.cn/R_QiTaHangYe/29/XinMeiTiFa ZhanXianZhuangFenXiQianJingYuCe.html.

如何利用新媒体进行营销提出了许多具体的方法。

新媒体营销是指利用新媒体平台进行营销的模式，它是企业借助于门户、搜索引擎、微博、SNS、博客、播客、BBS、APP 等，对新媒体的受众广泛且深入的发布信息，达到让消费者卷入具体的营销活动中。国内对新媒营销研究不少，尚处于探索阶段，如：就某种新媒体营销方式提出研究，国内学者进行许多成功案例分析，有杨速严的微博营销，对微博的营销方式进行详细分析，提出广大企业使用微博营销的必要性；对新媒体营销的变革，刘砚[①]（2008）在《新媒体营销变革——社会性媒体的营销传播》中谈到，20世纪以来营销理念在发生变化，从“产品导向”向“顾客导向”转变；孙岩、刘雅华（2010、2011）提出新媒体营销的优点，对新旧媒体营销进行对比，提倡新媒体变革、新旧媒体结合；还有新媒体市场营销战略方面，胡畔（2004）通过对新媒体市场营销战略的论述，利用信息网络开展营销活动，从而达到开发市场、增加盈利的目的。

【案例导读】

移动营销案例

案例 1 ——“虾米音乐”乐享音乐盛宴

品牌主：虾米音乐　　营销服务机构：亿起联

获奖理由：在多款火热手机游戏中嵌入任务奖励机制，结合“虾米音乐”推出的“好声音特别版”手机客户端（App）进行品牌传播。

案例 2 ——“淘在路上”移动推广案例

品牌主：淘在路上　　营销服务机构：聚效广告平台

获奖理由：淘在路上依据旅游类 APP 目标受众消费决策的不同阶段，运用跨屏定向技术，将 PC 端的人群数据资产转移到移动端进行研究精确识别，针对性地对牌不同转化阶段的用户展现行之有效的创意。投放中灵活运用场景定向、地域定向、媒体定向、设备定向等定向方式，促进目标受众的高效转化。

资料来源：选自 2014 移动营销十大经典案例奖.互联网周刊，2015，(1)：64-65.

（三）移动营销

移动营销（Mobile Marketing）指通过向移动终端（手机或平板电脑）用户，特别是直接分众目标，定向、精确地传递个性化信息，以此通过与消费者的信息互动达到市场营销目标的行为。随着移动通信技术的快速发展和智能手机的日益普及，移动营销已经从早期的短信传播为主转变为在云端服务支持下的多形式、动态多屏服务。市场人员利用用户的移动终端获得其实时情景信息之后，可以把个性化即时信息精确有效地传递给消费者个人，达到“一对一”的互动营销目的。

美国市场营销协会（America Marketing Association，AMA）对移动营销的定义是，

---

① 刘砚.新媒体营销变革——社会性媒体的营销传播. 复旦大学硕士学位论文,2008.

通过移动渠道规划和实施企业营销战略并对产品或服务进行定价、促销、流通的过程。移动营销是互联网营销（Internet Marketing）的一种新形式，它既遵守传统的市场营销理论和原理，涵盖了传统营销活动的所有阶段，又融合了信息经济中的“网络营销”和“数据库营销”的相关理论和做法，是在移动商务（Mobile Commerce）环境下新兴的营销方式。根据艾瑞咨询、易观智库等行业内权威咨询机构的报告，我国移动营销从 2009 年起步，2011 年正式进入尝试期，到 2014 年中国移动营销市场规模达到 472.2 亿元，较 2013 年增长 251.7%，预计 2017 年达到 1 881.9 亿元。经过这些年的发展，在移动营销行业，从移动媒体成长、广告主迁移、用户体验提升、移动营销产业链形成等各个方面和环节都取得了飞速的进步，移动营销正逐步成为企业常规化的营销渠道。移动营销的主要特点有移动性、实时性、用户精准、个性化推送、依赖性很强等。

移动营销的实现模式可用“4I 模型”加以描述：Individual identification（分众识别），移动营销的最重要特点是基于移动终端进行一对一的沟通，通常情况下，移动终端与使用者的身份具有唯一对应的关系，企业可以与消费者建立确切的互动关系，能够确认消费者是谁、在哪里、什么时间点等问题。Instant message（即时信息），移动营销传递信息的即时性，为企业获得动态反馈和互动跟踪提供了可能。当企业对消费者的消费习惯有所觉察时，可以在消费者最有可能产生购买行为的时间发布产品信息。Interactive communication（互动沟通），移动营销“一对一”的互动特性，可以使企业与消费者形成一种互动、互求、互需的关系。这种互动特性可以甄别关系营销的深度和层次，针对不同需求识别出不同的分众，使企业的营销资源有的放矢。Individualization（个性化），手机的属性是个性化、私人化、功能复合化和时尚化的，人们对于个性化的需求比以往任何时候都更加强烈。利用手机进行移动营销也具有强烈的个性化色彩，所传递的信息也具有鲜明的个性化。

可以预计，移动互联网浪潮正在颠覆整个营销行业，移动互联的发展已经影响到人们生活的方方面面。

第四节 近代新营销：绿色营销、体验营销、口碑营销

一、绿色营销

20 世纪 90 年代以来，绿色营销（Green Marketing）风靡全球，使企业营销步入了集企业责任与社会责任为一体的理想化的高级阶段。

（一）绿色营销的概念

绿色营销是指企业营销活动中体现的社会价值观、伦理道德观，充分考虑社会效益，即自觉维护自然生态平衡，更自觉抵制各种有害营销。因此，广义的绿色营销，也称伦理营销。狭义的绿色营销，主要指企业在营销活动中，谋求消费者利益、社会利益、企

业利益与环境利益的协调，既要充分满足消费者的需求，实现企业利润目标，也要充分注意自然生态平衡[①]。实施绿色营销的企业，对产品的创意、设计和生产，以及定价与促销的策划和实施，都要以保护生态环境为前提，力求减少和避免环境污染，保护和节约自然资源，维护人类社会的长远利益，实现经济与市场可持续发展。因此，狭义的绿色营销，也称生态营销（Eco-Marketing）或环境营销。

绿色营销市场主体以促进可持续发展为目标，根据科学性和规范性的原则，通过有目的、有计划地开发及同其他市场主体交换产品价值来满足市场需求，并实现经济利益、消费者需求和环境利益统一的一种管理过程[②]。

绿色营销和一般营销的差异主要有：①绿色营销更注重社会利益及企业社会责任；②绿色营销有别于一般营销的经营目标及方法。

（二）绿色营销的兴起和发展

1．环保运动和绿色营销的兴起

随着人类生产和生活空间和活动的拓展，人类活动对地球造成了越来越严重的破坏和污染，使得自然环境急剧恶化，从而给人类的生存带来威胁，特别是温室效应引发全球气候变暖导致水源紧缺、洪水泛滥等自然灾害不断出现，人们越来越多地认识到保护环境已刻不容缓。美国的海洋生物学家蕾切尔·卡尔森（Rachel Carson）花费了四年时间，搜集了大量无可辩驳的事实，证明由于毒性农药 DDT 的泛滥，已经让春天变得寂静无声[③]。1962 年，卡尔森发表了《寂静的春天》（*Silent Spring*）一书，指出化学品滥用对自然环境的损害，唤醒了各界人士的环保意识，开始要求政府采取改善行动，从而拉开现代环保运动的序幕。蕾切尔·卡尔森被称作“现代环保运动之母”。

1970 年 4 月 22 日由美国哈佛大学法学院的一位刚满 25 岁的学生——丹尼斯·海斯在校园发起和组织了人类历史上的第一个“地球日”（Earth Day）。他后来被誉为“地球日之父”。“地球日”是全球环保运动兴起的转折点。

1972 年 6 月 5 日，联合国邀请了 58 个国家的 152 位专家在斯德哥尔摩召开了“人类环境会议”，环境问题被与会各国公认为是人类面临的一个重大问题。会议通过了人类环境宣言，宣布“只有一个地球”。自此以后，每年的 6 月 5 日都被定为“世界环境日”。

2．环保运动和绿色营销的发展阶段

环保运动和绿色营销的发展有：（1）绿色意识的唤起时期（1970 年及以前）：“二战”后到 60 年代，随着各国把重心放在大力发展经济上，造成地球的生态环境严重被破坏或失衡，出现各种自然灾害。1962 年，蕾切尔·卡尔森的《寂静的春天》一书的出版，唤醒了各界人士的环保意识，并为以后采取行动打下基础。（2）绿色运动的初期阶段（1970—1980 年）：此时期的环保，表现为民间环保组织和民众环保热情的高涨推动了各国政府重视环保[④]。

---

① 吴健安.市场营销学.北京：高等教育出版社，2001 第 1 版，2007 第 3 版：492.
② 郭国庆. 市场营销学通论（第 4 版）. 北京：中国人民大学出版社，2009：388.
③ 肖遥.“现代环保运动之母”蕾切尔·卡逊.乡镇企业导报,2004,(5): 45-46.
④ 张镇强.美国是怎样刮起环保风暴的.观察与思考,2007,(12): 52-53.

（3）绿色运动的发展阶段（1980—1997 年）：此阶段进入国际化环保运动的实施阶段。各种保护环境的公约、国际标准认证和政府的措施和制度不断出现，主要有：《保护臭氧层维也纳公约》（1985-3-22）、《消耗臭氧层物质的蒙特利尔议定书》（1987-9-16）、《生物多样性公约》（1992-6-5）、《控制危险废物越境转移及其处置巴塞尔公约》（1993-8-20）、《中白令海峡鳕资源养护与管理公约》（1994-2-11）、《防止荒漠化的公约》（1994-6-7）、《核安全公约》（1994-6-17）、《联合国气候变化纲要公约（京都议定书）》（1997-12-11）等。

（4）绿色运动的深化阶段（1998 年至今）：此阶段，各国人们不仅意识到一般的海洋、大气和地球本身的污染和环境的恶化，而且关注到各类物品对人类健康的危害，并进一步完善或制定各种环保标准和制度，以保证环保措施的实施。进入 20 世纪 90 年代以来，一些国家纷纷推出以环保为主题的“绿色计划”。如日本在 1991 年推出“绿色星球计划”和“新地球 21”计划等。

中国的绿色工程始于绿色食品开发，1984 年在广州出现了全国第一家无公害蔬菜生产基地；1989 年农业部组织专家研究，提出绿色食品概念；《中国 21 世纪议程》是 1992 年 7 月编写的关于 21 世纪发展的行动纲要；1992 年 11 月，国务院批准成立了中国绿色食品发展中心，制定了《绿色食品标志管理办法》；1993 年 5 月，绿色食品发展中心加入了“有机农业运动国际联盟”。[①]

（三）绿色营销的实施过程

绿色营销是基于企业、顾客、环境及社会利益的一种战略性协调，其具体实施过程必须结合企业所处环境及其自身实际情况加以规划和执行。绿色营销的实施过程与一般市场营销过程基本相同。它们两者之间不同之处在于绿色营销针对的产品服务为绿色产品。主要有：（1）收集绿色信息、预测绿色需求；（2）制定绿色营销战略；（3）实施绿色市场营销策略，包括：绿色产品策略、绿色价格策略、绿色渠道策略和绿色促销策略；（4）绿色营销管理。

【营销链接】

宝洁的创新选择——绿色营销

2011 年，宝洁的财务报告显示，发达市场持续的消费疲软导致全年销售额只增长了 4%，宝洁 CEO 麦睿博直言，发达市场的持续低迷可能导致零增长。销售增长乏力之外，宝洁面临的另一大挑战是原材料成本的持续上涨。石油价格屡创新高让日化行业面临巨大的成本压力。如何应对这双重的压力和挑战？涨价吗？消费疲软的情况下，涨价是每一个快消企业[②]最谨慎的选择，宝洁的选择是创新——绿色营销。

按照宝洁设定的长期目标，它最终将实现使用 100% 可再生能源作为动力，所有产品和包装均使用 100% 可再生或可循环使用材料。自 2013 年起，宝洁开始更换其在北

---

① 吴健安.市场营销学.北京:高等教育出版社，2001 第 1 版，2007 第 3 版：492-493.

② 快消企业是指生产、经营和销售快速消费品的品牌的企业。

美价值 40 亿美元的全部液体洗涤剂组合，换成双强度洗涤剂包，是常规尺寸的一半大小。Mediapost 网站网站报道说，“该项目被宣传为一个环境的突破，因为它减少了 44%的用水和 22%的包装。”宝洁的思路还不只是压缩成本，它还通过和环保企业合作，把生产过程中的废料变为可出售的商品。通过产品创新，改变产品的使用方式，如冷水汰渍。通过这种创新，产品价格没有上涨，而消费者节约了使用成本，企业为消费者提供了更多的价值。

资料来源：改编自黄燕. 直面衰退与宝洁的绿色账本. 三联生活周刊，2011，（44）：126.

二、体验营销

（一）体验营销的概念

体验是指某些刺激而使消费者产生内在的反应或者心理感受。体验营销（Experiential Marketing）是指企业从感官、情感、思想、行动和关联多方面设计营销理念，以产品或者服务为道具，激发并满足顾客体验需求，从而达到企业目标的营销模式[①]。

这种方式以满足消费者的体验需求为目标，以服务产品为平台，以有形产品为载体，生产、经营高质量产品，拉近企业和消费者之间的距离。这种思考方式突破传统上“理性消费者”的假设，认为消费者消费时是理性与感性兼具的，消费者在消费前、消费中和消费后的体验才是购买行为与品牌经营的关键。比如，当咖啡被当成“货物”贩卖时，一磅卖 300 元；当咖啡被包装为商品时，一杯就可以卖 25 元；当其加入了服务，在咖啡店中贩卖，一杯最少要 35～100 元；但如能让顾客体验咖啡的香醇与生活方式，一杯就可以卖到 150 元甚至好几百元。星巴克（Starbucks）真正的利润所在就是“体验”。在施密特博士（Bernd H. Schmitt）所提出的理论中，营销工作就是通过各种媒介，包括沟通（广告为其之一）、识别、产品、共同建立品牌、环境、网站和消费者，刺激消费者的感官和情感，引发消费者的思考、联想，并使其行动和体验，并通过消费体验，不断地传递品牌或产品的好处。

（二）体验营销的特征

作为新兴营销方式的体验营销具有如下四个特征有：（1）需要消费者的主动参与；（2）以消费者体验需求为中心；（3）认为消费者是理性和感性的结合体；（4）体验经历的示范性和传播性。

【案例导读】

欧睿宇邦的口碑营销

好的产品，离不开优质的服务。要赢得用户的口碑认可，实现口碑传递的营销，更离不开对所有用户的关怀和感恩。欧睿宇邦做到了，每次听到“我是××年前买过你们

---

① 郭国庆. 市场营销学通论（第 4 版）. 北京：中国人民大学出版社，2009：392.

橱柜，这次再来看看，装修新房”“我是××介绍过来的，你们给我们什么优惠吗？”的时候，所有同事，都洋溢着自信的微笑。一个个口碑传递，一个个认可肯定，是欧睿宇邦这10多年来最大收获。

分享之旅：欧睿宇邦目前服务过的客户近20万的用户。每年，欧睿宇邦都会举办全国大型网络家装日记比赛，邀请全国各地优秀网络达人用户参与其中，活动除了是欧睿宇邦对于客户的一种感恩回馈以外，也是用户记录自己厨房生活点滴的历程。分享之旅，记录的不仅仅只是一份自己的家装生活，更是一种分享，一种快乐。

阳光服务：欧睿宇邦全国十余家分公司，每年都会定月份作为产品服务月，针对所有老用户进行电话回访产品使用情况。对于有出现使用问题的用户，组织售后人员立刻上门维修处理。对于未出现产品售后问题的用户，也给予一份简单的回馈礼品的同时也寄予一份是生活的祝福。

拜年维检：欧睿宇邦每年春节前夕，都会定制拜年贺礼回馈所有新老用户，包括台历、春联、中国结等，并针对有需要维检的用户上门售后。

这些方法，让广大用户一致口碑认可欧睿宇邦品牌。

资料来源：改编自 上海宇邦厨具有限公司提供的资料，http://www.yippee.cn/

三、口碑营销

（一）口碑营销的概念

口碑（Word of Mouth）是指公众对某企业或企业产品相关信息的认识、态度、评价并在公众群体之间进行相互传播。口碑的内容包括三个层面，首先是体验层，即公众对企业或组织相关信息的认识、态度、评价。其次是传播层，即传播过程中的事例、传说、意见等传播素材。最后是公众对其的认可层面，即好恶。良好的口碑的建立主要基于产品的质量、服务、环境等带给用户的良好的使用体验。

口碑传播（Word of Mouth Spread）是由个人或者群体发起并进行的，关于某一个特定产品、服务、品牌或者组织的一种双向的信息沟通行为[①]。

口碑营销（Word of Mouth Marketing）是企业有意识或无意识的生成、制作、发布口碑题材，并借助一定的渠道和途径进行口碑传播，以满足顾客需求、实现商品交易、赢得顾客满意和忠诚、提高企业和品牌形象为目的，而开展的计划、组织、执行、控制的管理过程。 这种由“用户告诉用户”的口碑营销和其他传统营销手段相比，具有成本小、产出大、效率高、风险低等特点。

（二）口碑传播的特征和设计原则

1．口碑传播的特征

口碑传播的特征具有以下特征：（1）口碑传播信服度高；（2）口碑传播具有自发性；

---

① 郭国庆. 市场营销学通论（第4版）. 北京：中国人民大学出版社，2009：395.

（3）信息传播者也是接受者；（4）口碑营销能够给消费者以深刻的印象；（5）口碑传播的过程是消费者交流的过程；（6）口碑传播的道德争议性。

2．口碑营销的设计原则

口碑营销的内容设计是建立在口碑传播的特点之上，有五个设计原则：（1）借势。口碑营销的特点就是以小搏大，在操作时要善于利用各种强大的势能来为己所用——可以借助自然规律、政策法规、突发事件，甚至是借助竞争对手的势能；（2）利益。口碑营销必须将传播的内容以利益为纽带与目标受众直接或间接地联系起来，这一点在中国市场尤为重要；（3）新颖。口碑营销又称病毒式营销，其核心内容就是能“感染”目标受众的病毒体——事件，病毒体威力的强弱则直接影响营销传播的效果。在今天这个信息爆炸的时代里，只有制造新颖的口碑传播内容才能吸引大众的关注与议论；（4）争议。具有争议性的话题很容易引起广泛的传播，企业在口碑传播时要把握好争议的尺度，最好使争议在两个正面的意见中发展；（5）私密。世界上很多传播最广泛的事件曾经都是秘密，这是因为每个人都有探听私密的兴趣，越是私密的事物，越是能激发人们探知与议论的兴趣。因此，涉及私密的内容是口碑营销传播方式中最有效也最有趣的一个手段，但是，制造私密性事件时切忌故弄玄虚或给受众一种受到愚弄的感觉，这样就得不偿失了。

第五节　现代新营销：微营销、团购、会议营销

【案例导读】

乔伊思女装的博客营销

乔伊思女装，是一个不折不扣的草根服装品牌，只是在阿里巴巴混得很不错，从销售一般到销量冠军，博客营销起到了大臂之力。乔伊思如何写博客文章的？乔伊思的博客，几乎发动全公司的工作人员一起经营打理，每个员工都要写博客，并且把写博客也列入工作考核里，所以他们的客户也非常关注它的博客，博客就是一个对乔伊思最好的了解途径！无论是怎么优秀的企业总会有疏忽和不足之处的，乔伊思有一位客户进了一批货后卖完再继续进了第二批，但是发现第二批的质量不如第一批的好，客户要反馈是很正常不过了，不过客户不是通过打电话投诉，而是通过博客留言方式反馈，意味着什么？意味着凡是看乔伊思博客的人都会看到这条负面的评论，从而会潜移默化的受到影响！如果删除，就是逃避责任和不忠诚，那怎么做？乔伊思不删除评论，直接坦诚面对客户提出的异议，并且针对评论撰写了一篇文章给予最好的回应，首先是对这批服装出现质量问题表示歉意，并且愿意对这批货物负一切责任；其次真诚客气地解释为什么会出现这样的情况，一定要诚恳并且对客户做出一些承诺；最后，不仅得到客户的理解和谅解，而且增强了客户对他们的信任和支持。

资料来源：博客营销案例分析——借鉴. http://wenku.baidu.com/view/290ce200a6c30c2259019 e15.html

一、微营销：博客营销、微博营销、微信营销

（一）博客和博客营销的概念

1. 博客及其特性

“博客”英文名称“blog”，公认为 Perter Method 在 1999 年命名的。中文名称则是王俊秀和方兴东在 2002 年推出的《博客中国》网上传播开始的。博客是 2004 年全球最热门的互联网词汇之一，博客营销的概念也刚刚兴起。博客具有知识性、自主性、共享性等基本特征，正是博客这种性质决定了博客营销是一种基于个人知识资源（包括思想、体验等表现形式）的网络信息传递形式。

2. 博客营销的概念

博客营销的概念最早是由冯英健博士在从事博客营销实践的基础上首次提出，至今没有明确定义，但大部分学者认为，博客营销就是通过博客这种网络应用形式开展的网络营销[①]。

博客营销是通过博客网站或博客论坛接触博客作者和浏览者，利用博客作者个人的知识、兴趣和生活体验等传播商品信息的营销活动[②]。目前，许多明星或一些商品通过博客营销较成功。如南非 Stormhoek 公司博客卖葡萄酒、蔡明博客抢沙发赢取博洛尼沙发、五粮液结缘博友共赏美酒等都是博客营销成功案例。

3. 博客营销的基本形式

博客具有多方面的网络营销价值，博客营销的这些价值只有通过企业博客所发布的每一篇博客文章体现出来，而且可能需要一个长期的资源积累过程。

虽然说博客营销对于不同领域、不同企业而言没有统一的模式，不过有关博客营销基本思想是相通的，因此可以作为研究制定博客营销基本操作模式时参考。根据网上营销新观察（www.marketingman.net）对博客营销现状的研究认为，博客营销主要表现为三种基本形式。

（1）利用第三方博客平台的博客文章发布功能开展的网络营销活动。

（2）企业网站自建博客频道，鼓励公司内部有写作能力的人员发布博客文章以吸引更多的潜在用户。

（3）有能力运营维护独立博客网站的个人，可以通过个人博客网站及其推广，达到博客营销的目的。

【案例链接】

艾沃科技：“烧烤”事件，借力微博大咖

艾沃科技此前借用微博大咖作业本发的一幅烧烤图所做的一次营销，也是一个成功的微博营销案例。在此之前，艾沃科技旗下的净水机和空气净机产品还并不是一个非常

① 冯英健. 博客营销的概念：什么是博客营销？[2005-02-11]http://www.marketingman.net/zhuanti/blog/5201.htm;张牡霞.博客营销案例分析.商业营销.2008,(6):58.

② 博客营销.http://baike.baidu.com/view/1494.htm.

活跃的品牌。而这一次，通过与拥有 850 多万粉丝的微博大咖作业本互动，巧妙借助“烧烤”事件将广告植入其中，将艾沃空气净化器呈现在了一众网友眼前，被人所熟知，从而达到了“广而告知”的目的。据艾沃科技相关负责人介绍，自与作业本微博互动之后，仅仅三天时间此条微博的阅读量就达到了 500 多万人次，而艾沃科技微博的粉丝也快速增加了 2 000 多人。

清华、北大网络营销总裁班创始专家刘东明老师表示，从艾沃科技这一成功的营销案例可以看出，微博营销其实并没有真正没落，而是目前正缺少一种新的呈现方式。若能充分利用微博大咖们的影响力进行创新营销，相信自媒体环境下的微博还是可以造就不可预测的营销价值，而微博营销势必会被微信等其他自媒体营销渠道所取代的观点，确实有失偏颇。

资料来源：东哥. 2014 最具创意的十大微博营销案例.营销智库. 2014-12-22. http://www.managershare.com/topic/2283/

（二）微博营销

微博营销[①](Microblog Marketing)是指通过微博平台为商家、个人等创造价值而执行的一种营销方式，也是指商家或个人通过微博平台发现并满足用户的各类需求的商业行为方式。微博营销以微博作为营销平台，每一个听众（粉丝）都是潜在的营销对象，企业利用更新自己的微型博客向网友传播企业信息、产品信息，树立良好的企业形象和产品形象。每天更新内容就可以跟大家交流互动，或者发布大家感兴趣的话题，这样来达到营销的目的，这样的方式就是新兴推出的微博营销。

该营销方式注重价值的传递、内容的互动、系统的布局、准确的定位，微博的火热发展也使得其营销效果尤为显著。微博营销涉及的范围包括认证、有效粉丝、朋友、话题、名博、开放平台、整体运营等。自 2012 年 12 月后，新浪微博推出企业服务商平台，为企业在微博上进行营销提供一定帮助。

中国互联网已经全面进入微博时代！新浪与腾讯微博网易微博和搜狐微博的注册用户总数已经突破 6 亿，每天日登录数超过了 4 000 万。同时，微博用户群又是中国互联网使用的高端人群，这部分用户群虽然只占中国互联网用户群的 10%，但他们是城市中对新鲜事物最敏感的人群，也是中国互联网上购买力最高的人群。

从 2009 年 8 月，新浪微博出现，微博的商业化与产业化进程就一直备受关注。微博以其社交性、互动性、个性化、自主性、即时性、低成本等特征，成为营销界新宠，营销价值被不断挖掘。在微博上，可以通过有意义的社交，获取与理解客户信息，影响客户行为，以实现提高客户获得、客户保留、客户忠诚和客户创利的目的，同时从社会化媒介上获得的客户意见、关系网络、消费倾向等信息，为企业提供产品的设计与完善、价格的设定、营销渠道的拓展、促销的方法与时机等的参考价值。然而微博的发展面临

---

① 百度百科.http://baike.baidu.com/link?url=Ly75Z2mF7a_v3LoQjkz78vazYG2EglSBBFYmCBjNFH5xwPlfjZyFaUv9MjHIazmc3oESM4yvoQ6PjQwVZDCet_.

着盈利模式不明朗、用户流失等问题[①]。例如，2014 年 4 月 1 日上午魅族完成首次社交平台闪购，8 分钟之内 2099 台魅族 MX3 被抢购一空，销售额超过 500 万元。此前的 3 月 26 日，魅族在新浪(48.11, 0.33, 0.69%)微博推出本次闪购的预约页面。截至抢购正式开始前，接近 7 万名网友完成了预约。自 2014 年年初与支付宝合作推出微博支付后，新浪微博增强了营销闭环中最为关键的“支付环节”。本次与魅族的合作，再次跑通了微博“浏览—兴趣—下单—支付—分享”的闭环。有观点认为，从最初的转发抽奖，到此次魅族的闪购模式，可以看到微博营销也将进入闭环时代[②]。

（三）微信营销

2011 年 1 月 21 日，腾讯推出即时通信应用微信，支持发送语音短信、视频、图片和文字，可以群聊。2012 年 3 月 29 日，时隔一年多，马化腾通过腾讯微博宣布微信用户突破一亿大关，也就是新浪微博注册用户的三分之一。在腾讯 QQ 邮箱、各种户外广告和旗下产品的不断宣传和推广下，微信的用户也在逐月增加。

微信营销(WeChat Marketing)是网络经济时代企业或个人营销模式的一种。是伴随着微信的火热而兴起的一种网络营销方式。微信不存在距离的限制，用户注册微信后，可与周围同样注册的“朋友”形成一种联系，订阅自己所需的信息，商家通过提供用户需要的信息，推广自己的产品，从而实现点对点的营销[③]。

微信营销主要体现在以安卓系统、苹果系统的手机或者平板电脑中的移动客户端和 APP 进行的区域定位营销，商家通过微信公众平台，结合转介率微信会员管理系统展示商家微官网、微会员、微推送、微支付、微活动，已经形成了一种主流的线上线下微信互动营销方式。

微信开店——这里的微信开店（微信商城）并非微信“精选商品”频道升级后的腾讯自营平台，而是由商户申请获得微信支付权限并开设微信店铺的平台），截至 2013 年年底公众号要申请微信支付权限需要具备两个条件：第一，必须是服务号；第二，还需要申请微信认证，以获得微信高级接口权限。商户申请了微信支付后，才能进一步利用微信的开放资源搭建微信店铺。

【案例导读】

微信红包：你怎么能这么干？

2014 年 02 月 24 日，仅仅 2 天时间，微信绑定个人银行卡 2 亿张，干了支付宝 8 年的事。若 30%的人发 100 元红包，共形成 60 亿元的资金流动。延期一天支付，民间借贷目前月息 2%，每天收益率约为万分之七，每天沉淀资金的保守收益为 420 万元；若 30%的用户没有选择领取现金，那么其账户可以产生 18 亿元的现金沉淀，无利息。这才是玩资本的。 试想一家银行想要发展一亿储户，需要多长时间和多大投入？ 这个目标

① 龚奕洁 谭伟桐 方勤毅. 微博的营销特征与发展桎梏. 人民网今传媒，2014-02-13. http://media.people.com.cn/n/2014/0213/c375598-24347528.html.

② 周文林. 微博营销加快进入闭环时代. 新浪科技网转自新华网. 2014-04-02. http://tech.sina.com.cn/i/2014-04-02/16559293377.shtml.

③ 微信营销. 百度百科.http://baike.baidu.com/link?url=3Y8LK2PHoRN3rgaLUQUG3Z74i2ZjAxNTB0SpIZjZCm34OBGTkTDNOZJyt RdqM0Nu05OR5Ew_yMcTr9DHEcoV2q.

腾讯财付通从拥有2000万绑定客户到前天过亿用了不到一个月，而且没花什么钱！

3天后，腾讯移动支付第一。改变这一切的，只是一个小小的新年红包，一个小小的基于微信小而美的移动应用场景。

资料来源：微信红包仅用2天干了支付宝8年的事？腾讯•大楚网. 2014-02-07. http://hb.qq.com/a/20140207/011197_all.htm

问题：

（1）微信红包为什么在短短的时间里能够取得成功？

（2）微信红包策略应注意哪些事项？

二、团购营销

（一）团购营销的概述

1. 团购的由来

所谓团购，就是集体购买、团队购买，可以是一个企业、机关、单位，也可以是几个企业、机关、单位作为一个团购单位；甚至可以是几个人、几十个人作为一个团购单位。团购是团体购物，是认识的或者不认识的消费者联合起来，来加大与商家的谈判能力，以求得最优价格的一种购物方式。根据薄利多销、量大价优的原理，商家可以给出低于零售价格的团购折扣和单独购买得不到的优质服务①。

2. 团购营销的由来

团购营销，英文名：天才宝宝（Tiancaibobo），创建时间是2010年11月。团购营销就是“用团购网站的客流量，展示淘宝网店的产品”之“网店团购营销模式”，是天才宝宝团购网在2010年中国“团购元年”独家首创的营销模式，其他任何团购网站和团购导航网站借用此“网店团购营销模式”必须经天才宝宝同意，并标明“天才宝宝独家首创营销模式”，否则即为侵权。

3. 团购营销模式

天才宝宝独家首创网店团购营销模式——是将制造商、销售商（如网店、商场）、消费者汇聚到团购网站或者团购导航网站，让制造商、销售商、消费者聚集在同一“场所”，让产品制造商、销售商、消费者零距离沟通，交流产品设计和改造创意，实现产品销售与服务的营销模式，又称“BBC模式”。B是指制造商或销售商；C是消费者。它区别于阿里巴巴的“B2B模式”，也不同于淘宝网、拍拍网的“B2C模式”。阿里巴巴、淘宝网、拍拍网只是“二合一”模式，天才宝宝网站实现了制造商、销售商、消费者“三合一”模式。为什么不叫“B2B2C”呢，因为已经实现了制造商、销售商、消费者三者的“零距离”，所以不需要“2”了。

未来将在BBC模式之基础上，实现线上线下一体化模式，即“O&O模式”，个性化设计、订单生产，及时供应。“O&O模式”不同于“O2O”线上到线下的模式，因为实现线上线下一体化了，所以也不需要“2”了②。

---

① 团购营销，如何演绎.http://wenku.baidu.com/view/06cc700316fc700abb68fcfd.html.

② 团购营销. http://baike.baidu.com/view/5009164.html?fromTaglist.

4．团购营销的概念

团购营销，就是团体购物，亦即团体购买，是一种可以形成大宗购买的购物方式。团购的二层意思：一是指认识的或不认识的消费者联合起来，来加大与商家的谈判能力，以求得最优价格；二是指以某一团体、机构或单位为购买主体，在具备一定购买量的前提下，由卖方给予价格优惠的营销过程①。现在，许多商品均可以团购，如购房、购电器、购食品、购结婚典礼等。由于团购有价格优势，吸引不少人参加，但也出现一些新问题。

5．团购营销的渠道

团购可以是节假日产品购买、或一般产品购买。针对假日消费的热点，企业不会坐等销量的平缓增长，而是主动出击。每个企业均需要精心策划，全力以赴开展团购营销活动，抢夺竞争对手的市场份额，创造出销售量新高。团购营销的主攻渠道有如下几种。

渠道 1：机关。这类人群基本是党政机关极其所属职能部门、机构。节假日前，它们一般为所辖公务员、勤杂人员发放福利，比如，一些生活用品、消费品、耐用品等。为了节约成本，他们往往选择团体购买。这些群体，也是众多商家必争的目标群体。节假日前一个月，必须提前做好前期介入和沟通，并及时回访跟踪。这类群体的团购数量非常丰厚，是团购渠道的必争之重点。

渠道 2：企业。企业发放福利，一样选择节假日期间给职工一种温馨补贴。企业作为一个特殊群体，还有一种节假日给有关机关、部门馈赠礼品的习惯。在这个层面上，企业渠道更具有诱惑潜力。那么，作为馈赠礼品部分，应该是介于中高档品牌群类，而这个群类产品一般价格较高，利润丰厚，也是商家重点锁定的目标。馈赠礼品类团购的目标更合适锁定企业团购渠道。这类渠道一般包括生产企业、制造企业、其他服务综合企业等。

渠道 3：院校。院校基于自身的一些收费项目平台，各自积累一定的金库资源。节假日给教师、员工发放价值不菲的节假日福利物品。这个群体也应该成为商家不可忽视的团购渠道。这类渠道一般包括高校、中小学校、教育培训机构等。

渠道 4：医疗。医疗卫生部门是一个高福利的群体，是团购渠道不可或缺的群类。作为团购的渠道选择，必须提前应对，充分把握商机。这类群体，一般应该锁定大中型医院为主攻目标，忌讳满地撒网，以减少团购营销的运营成本。

6．团购营销的执行

在对团购的渠道进行充分认识、选择、规划后，推进团购营销的执行是非常重要的。团购营销的执行的任务，主要有如下内容。

（1）组建专门团队，拟定相应目标。为了推进团购营销工作，企业必须在实施团购营销前 2~3 个月，组建一个专门团队，并拟订相关销售目标。

（2）团队的强化培训。在团队组建完成后，还必须加强对团队人员进行团购营销技巧、团购沟通、电话营销等实战技能的强化培训，提高团队的营销综合实力，保证团购目标的实现。

---

① 团购营销.http://wenku.baidu.com/view/476f82886529647d27285263.html.

三、会议营销

1．会议营销的概念

会议营销是营销中的一个重要组成内容，会议营销是一种借助和利用会议，运用营销学的原理、方法，创新性开展营销活动的营销方式或模式。

会议营销也称数据库营销，企业通过各种途径收集消费者的资料，经过分析整理后建立数据库，然后从中筛选出所要针对的目标消费者，运用组织会议的形式、结合各种不同的促销手段，进行有针对性的销售的一种营销模式[①]。

会议营销指寻找特定顾客，通过亲情服务和产品说明会的方式销售产品的销售方式。会议营销的实质是对目标顾客的锁定和开发，对顾客全方位输出企业形象和产品知识，以专家顾问的身份对意向顾客进行关怀和隐藏式销售。

会议营销属于单层直销，目前名称还不统一，有称科普（体验）营销的，有称数据库营销的，也有称亲情（服务）营销或顾问营销的，不一而足。其中，用得最多的是会议营销。但不管名称如何，会议营销是国人自改革开放以来，结合自身实际创造的、有着巨大销售力的销售武器之一。例如，针对老年人的保健品的会议营销活动。

2．会议营销的特点

（1）针对性更强。如随着医药保健品行业竞争的加剧，传统的广告轰炸产生的作用越来越小，已经很难令市场有新的起色。其原因就是由于传统的广告传播模式是针对广泛的大众，难以区分真正的目标消费者，难以满足不同目标消费者的不同需求，在目标消费者越来越理性、越来越注重产品服务的今天，这种模式显然已经不适应现实的发展。而会议营销非常有针对性的面对目标消费者进行推广和促销，这样一来，不但很好地控制了费用支出，而且很好地解决了售后服务的问题。

（2）有效性更强。会议营销是运用收集到的目标消费者资料，进行有针对性的产品营销推广，这样就避免了传统广告存在的广泛性和不确定性的缺陷。与传统营销方式相比，会议营销更节约营销成本，能让产品的推广更有效率。因此，对医药保健品企业来说，在广告越来越难以奏效而产品同质化程度越来越高的今天，会议营销不失为一种降低成本、提高营销效率的有效解决之道。

（3）隐蔽性更强。在传统营销模式中，运用电视、报纸、电台等大众传媒来进行广告促销是经常的事情，这样做的副反应是企业无形中将自己暴露在竞争对手面前，使竞争对手对自己的市场宣传了如指掌，如此也就非常容易引发竞争对手对自己发动宣传攻击，从而削弱广告和营销的效果，使企业蒙受不应有的损失。而会议营销则不同，它只是在企业和目标消费者之间进行，从而避免了与竞争对手正面交锋，同时也降低了竞争对手跟进的风险。运用会议营销，不需要做大量的电视、报纸、电台等大众传媒的投入，这样相比之下就要比传统营销模式隐蔽得多，竞争对手也难以发现，容易达到企业预期的目标。同时由于是企业和目标消费者之间面对面的有效沟通，拉进了双方之间的距离，增强了目标消费者对企业的忠诚度。

---

① 会议营销操作-全部流程.http://wenku.baidu.com/view/44af95f5f61fb7360b4c656c.html?from=rec&pos=4&weight=3&lastweight=3&count=5.

（4）人性化超值享受。如今的消费者更注重产品给他们带来的情感满足和心理满足，更注重产品的服务。由于传统的“广告猛打”模式不能区分消费者，不能满足消费者个性化的需求，在售前、售中、售后服务上，也有诸多缺陷，因此，在现阶段产品失去顾客往往不是产品的质量问题，而是顾客对产品的不满。会议营销恰恰就能解决服务不周的问题，它注重产品售前、售中、售后与消费者的情感交流，会议营销卖的不仅仅是产品，更是服务，会议营销更注重产品在买卖中消费者的心理满足和情感体验。例如，“夕阳美”核酸的业务员，基恩爱公司称之为满意代表，意思是为顾客创造“超期望的亲情服务”使顾客达到最大满意，业务人员不仅担负起收集客户资料，将顾客引到现场的工作，更重要的是为顾客提供售前的知识讲解、售中的心理满足、售后的跟进服务等工作。

（5）精确营销。会议营销可以做到成本最小化，效果最大化。而对顾客来说，由于得到企业连续不断的个性化服务，使顾客的价值达到了最大化。例如，国内某生产高档化妆品的公司，曾经在三八妇女节来临之际，对经常使用本公司产品的顾客每人赠送一份纪念品。通过数据库，他们在短短的几分钟内就找到了这份详细的名单，然后根据名单发出纪念品。根据数据库寻找老客户，大大节省了时间和精力。纪念品的发放集中在一部分老顾客身上，既节约了公司成本，又拉进了与老顾客的距离，进一步培养了她们对公司和产品的忠诚度，为今后持续不断的购买打下了坚实的基础。

思考题

1. 网络营销、互联网+、智能营销和电子商务的概念是什么？它们有何联系？
2. 计量营销学涉及的具体内容是什么？
3. 数据营销和新媒体营销有何特性？
4. 绿色营销、体验营销和口碑营销的概念和特征是什么？
5. 微营销、团购营销和会议营销对现代企业的发展有何影响？

特步集团营销创新模式

特步集团系中国香港特步（国际）全额控股的有限责任公司，企业创始于1987年，经过近30年的经营和发展，现旗下拥有自主知名品牌“特步”和代理Disney（迪士尼）国际品牌，系集鞋服配研发、制造、营销等为一体的体育用品专业运营商。特步于2001年创立特步品牌，系国内首家倡导时尚运动，在特步充满成功和传奇色彩的发展历程中，屡获“中国名牌”“中国驰名商标”“出口免验”等众多顶级殊荣，并于2008年6月3日在中国香港成功上市。从2002—2011年，短短10年光阴，特步的产值从9 000多万元上升到50多个亿元，是体育用品成长最快的品牌之一。年在职工作人员1万多人，年纳税超5亿元。特步自创立品牌伊始，仅用了八年时间就一跃列居中国运动品牌前三甲，在时尚运动领域有着举足轻重的作用。

特步在短短几年间之所以可以如此快速地发展，是因为别树一帜的创新市场营销策略，包括品牌建设、创新产品、渠道建设、产品促销、管理实力等。

品牌的定位十分清晰。特步作为中国领先的时尚体育用品品牌，特步秉持一直信守的核心业务概念“非一般的感觉”和“让运动与众不同”，为中国的大众市场提供独特、集功能、时尚和生活品位于一身的体育用品，使特步品牌继续领先其他竞争品牌，在业内奠定了独特的市场地位。特步品牌的目标市场是中国具高增长潜力的二三线城市，其消费群体为13~25岁青少年年轻一族，产品风格以前卫、时尚、个性、休闲与自由为主，致力于成为全球时尚运动的第一品牌。

产品差异化。产品差异化是特步在体育用品行业中实现持续发展及未来业务增长中最重要的一环。特步坚持产品创新，加大研发力度，推动产品向功能性、专业化方向发展。特步秉承“让运动与众不同” 的品牌理念，专注稳步地扩展跑步系列及足球系列，以及其他时尚体育用品系列。而对于时尚运动产品来说，特步在国内是第一家在行业中独家引进日本技术，让每一双鞋有一股淡淡的香水味，并能够持续几年，起到祛味、除臭的作用，保证产品的优良品质前提下，在产品用色、设计上大胆突破，如特步于2001年开始在鞋面上用色创新，打破当时运动鞋市场上以黑、白两种色调为主的局面，推出一款鞋面为红黄色的“风火鞋”，并创下当年单品销售120万双的销售神话。此后，特步每年每季均推出主题概念商品如：风火、冷血豪情、刀锋、圣火、先锋、时尚、10周年产品等，将时尚元素融入产品设计中，在带给顾客优良产品品质的同时，满足消费者对时尚、个性的精神渴求。

优化研发队伍。特步致力优化研发队伍，以提升体育用品产品的外观设计及功能。特步品牌的产品设计队伍由超过650名行业专才所组成，并与英国、法国、韩国及美国等国家的设计队伍紧密合作，借着它们领先的行业知识及国际触觉，提供各式各样迎合不同消费者需要的产品设计。为更清楚地掌握顾客的喜好，特步于约65%的店铺内安装了分销资源规划系统（DRP）和零售管理系统（POS）。该系统记录了其顾客的购物习惯，并将有关信息传送至终端系统进行分析，这些分析将有助特步推出设计更佳及更吸引顾客的款式。此外，特步亦采用了产品生命周期管理系统，该系统是一项透过网络对整个产品生命周期进行管理的解决方案系统，涵盖范围包括产品构思、设计及制造，以至付运等各个范畴。2011年特步推出的鞋类及服装产品分别超过2 000种及2 700种的设计款式，通过多元化的产品选择迎合各类顾客的各类需求，其创新、多功能而且设计时尚的体育用品更广受年轻和充满活力的顾客欢迎。

差异化定价。特步避开了国际一线品牌如耐克、阿迪等的激烈竞争，根据所在城市消费水平，店铺分级等综合要素评估，制定了中低端和高端价格产品。由于目标市场的定位明确，特步主打适应市场需求的大众化物超所值的中低端价格优质产品，如跑步及足球系列等。同时，特步也针对高收入者（如城市白领一族）推出高端产品，如TOP系列、X-Girl系列等，充分满足客户的需求，一方面确保二三线市场的占有率；另一方面也尝试性地向一线城市探索。

庞大的分销网络。为保持特步在大众市场的位置，巩固中国时尚体育用品市场的领导地位，特步将在品牌拥有明显优势的省份谨慎挑选最佳的位置以渗透市场，同时审慎执行扩展计划，以达到同时实现增加零售店数目及提高每家零售店平均批发收入的双重目标。特步在经营模式上采取直营+代理（加盟商在订货会上一次性买断货品，货品的产权即转移到加盟商身上）模式，在运作模式上主要采取品牌公司——经销商（总代理）——加盟商——零售店的模式，采取“借船出海、跑马圈地”的策略，借助具有成熟分销渠道和市场开拓以及管理经验的代理商，用较低的成本在国内市场迅速扩张。特步在以省份为单位建立总代理制度，对市场进行规范管理的同时，还采用直营方式，在局部市场对不同的店铺设计、陈设进行研究和尝试，并对消费者喜好进行调查，然后将成功经验进行总结，交给各省总代理去推广。由于品牌的定位，特步主要在二三线城市积极建立全国性的分销网络，2011 年特步委任 28 家独家特步品牌分销商，覆盖中国 31 个省份、自治区及直辖市，旗舰店达 40 多家，零售店达 7000 多家（在二三线城市的零售店数目约占特步品牌零售店总数的 80%）。

精耕细作方式。特步从原来的跑马圈地式渐渐转变为精耕细作式。特步视分销商为长期业务伙伴，全力支持及协助他们提升营运效率及盈利能力，双方均共同专注于建立分销网络，令独家分销商架构得以有效地运作。特步提供指引并采纳严谨的业务守则，以维持统一的营运程序、零售店装潢及陈列、客户服务标准及定价政策，透过密切监察零售店的形象和陈列设计，以确保特步品牌形象的一致性及增强其品牌的可观性。特步继续提供定期培训，包括市场营销、产品展示设计及存货管理等训练，以培育零售人员的专业知识、产品知识及专门技术。而严谨的零售链管理系统是特步成功的关键因素之一，于 2011 年，约 4 800 家（占特步品牌零售店总数约 65%）特步品牌零售店采用实时监控分销资源规划系统，该系统令特步能够更有效快速及准确地掌握零售店铺的存货量，借以规划及密切监控市场情况，同时优化存货管理。

敏捷供应链。特步在集团公司副总裁、清华大学博士后肖利华的带领下，透过进军强大的电子商贸市场扩大其销售网络。2010 年特步开始实行电子商务策略，与搜狐及淘宝网建立合作伙伴关系。特步透过淘宝网站与消费者在产品开发、发布及测试等领域展开互动，透过与互联网平台合作，充分利用特步品牌代言人的网络人气，同时分析消费者对于价格、质量和款式的喜好，从而制定更精确的市场策略，推动特步品牌及其产品在电子商贸平台的发展。同时，特步开始推行翻单、现货、团购、定制，实行敏捷供应链，适应市场的快速变化。

双轨营销模式之“娱乐+体育”。特步开创先河启用娱乐明星代言，市场推广活动、跑步赛事、球会等范畴建立独特的营销策略，借以建立创新时尚的品牌形象颠覆传统和研制运动鞋全彩时代的中国时尚运动第一品牌。特步委任代表特步品牌潮流、时尚、个性、健康等特征的当红明星做代言，以吸引目标群体，并通过立体及平面广告来传递特步“非一般的感觉”之品牌诉求。主要的品牌代言人有：谢霆锋、潘玮柏、蔡依林、韩庚和桂纶镁。

大型赛事的良好的回应。特步全力支持中国的大型赛事及协助宣传运动，在体育方面的投入得到了良好的回应。在田径运动上，特步透过积极赞助于中国大陆、中国台湾地区和中国香港特别行政区等大中华区举办的国际马拉松及其他跑步赛事，赞助国际田联钻石联赛事、2011 奥运欢乐跑等持续推广特步品牌成为主要跑步用品品牌。在球类运动上，特步通过赞助国内外多项球类运动提升品牌知名度。如赞助中国女子篮球甲级联赛、中国男子篮球、英格兰足球超级联赛、香港明星足球队、西甲比利亚雷亚尔等。特步通过赞助香港明星足球队，借助明星足球队成员穿上由特步设计及赞助的球衣，参与多项慈善球赛及演出，从而推广体育活动和为有需要人士筹募善款。

双轨营销模式之“电视广告+数码广告”。特步利用多媒体广告活动策略吸引其目标客户的注意，借助体育及娱乐的影响力，于大中华区主要电视频道及数码广播媒体的黄金时段大力推出创新的广告。

特步针对全国区域、华中区域、体育等的不同性质的在不同的电视台投放广告，并取得良好的品牌效应。主要同中央电视台一台、湖南卫视、中央电视台五台合作，提升特步在全国范围内、在娱乐、体育服装行业的知名度。在数码广告的宣传，特步主要与搜狐、百度、新浪微博、淘宝网等合作，特步借助庞大的网络，透过具娱乐性的创新广告，成功地向广大的消费者宣传其与众不同的时尚品牌形象，借此提升品牌曝光率和公众知名度。

超强管理能力。特步于2010年开始优化内部生产、管理流程，包括公司一级时间表、二级时间表、三级流程、核心业务和职能协同作战图，同时逐步建立供应链分析体系和供应链计划体系，优化全生命周期核心业务运营闭环系统，确保供应链各环节提前做好计划，并按计划执行，最终达到以产促销、产销平衡、以销定产，有赖于领导的超强管理能力。

特步以差异化的品牌营销策略，通过产品差异化、形象差异化、推广差异化这三大策略来一步步获得品牌特性，坚持在否定中超越，积极引进供应商管理、评估机制，与国内外优秀企业合作，积极配合新产品开发，打造三位一体（营销、设计研发、生产）、快速供应链商业模式、优化供应链计划体系，最终建立高效运营体系，通过提升品牌力、商品力、终端力和销售能力，不断巩固与提高特步品牌竞争力，让特步成为一种健康生活方式的传播者、推动者，成为民族时尚运动的引导者。

资料来源：根据特步集团公司提供资料和官网资料改编，http://www.xtep.com/

问题：

（1）特步的差异化营销的效果体现在哪里？主要效果是什么？

（2）参观特步的专卖店，了解特步的经营、服务和产品特色。谈谈你的感受？

（3）比较特步与李宁、安踏、匹克、361°的共同点和特色。

【实训目标】

文献阅读的基本方法

【实训内容和要求】

任务：同学们分成2~3人组成一个小组，在教育网的数字资源检索文献。

*文献检索的主题词，可以由教师给出，也可以从下面选取：

色彩营销、交叉营销、博客营销、病毒式营销、整合营销传播、电子营销

搜索引擎营销、数据库营销、赞助营销、体育营销、体验营销、定制营销

事件营销、社区营销、一对一营销、口碑营销、口碑效应、传销

*教育网的数字资源一般有几个类型，建议学生去使用：

1. 中国知网，也常称为“期刊网”“CNKI”等。

2. 人大复印资料：这个资源按照学科分类，具有资料属性。

3. 万方数据：这个资源库有重要期刊、报刊、会议论文和学术论文，与 CNKI 类似。

4. 超星数字图书馆：主要是数字图书。

检索收集的文献，建议形成数据库文件，标注作者、文章名称、刊物名称、期刊时间在检索和收集文献后，评价文献的价值，总体总结所收集文献的内容，写成文献综述。

【实训效果评估】

根据同学们收集年报情况，观察、了解、检查同学们对市场及市场营销理论的认识程度、掌握程度、理解程度及在现实生活中的应用程度，并对其进行打分评价。评价标准如下。

实训内容	认识程度（5 分）	理解程度（5 分）	掌握程度（5 分）	应用程度（5 分）	总分
文献收集					
文献评价					
文献综述					
研究心得总结					

[1] [美]Larry Weber. 张婷婷等译. 社交网络营销：构建您的专有数字化营销网络. 北京：人民邮电大学出版社，2010.

[2] 郭国庆. 市场营销学通论（第 4 版）. 北京：中国人民大学出版社，2009.

[3] 吴健安. 市场营销学. 北京：高等教育出版社，2001 第 1 版，2007 第 3 版.

[4] 卓骏. 网络营销（第 2 版）. 北京：清华大学出版社，2008.

[5] 邓顺国等，电子商务运营管理，北京：科学出版社，2011.

[6] 张书乐. 价值百万的网络营销. 北京：电子工业出版社，2011.

[7] 于佳宁，“互联网+”的三个重要发展方向，人民邮电报，2015-03-10，008 版.

[8] 马化腾等. 互联网+：国家战略行动路线图. 北京：中信出版社，2015：45-62.

[9] 舍恩伯格 • 库克耶. 大数据时代. 杭州：浙江人民出版社，2013.

[10] 藏锋者. 网络营销实战指导. 北京：中国铁道出版社，2011.

[11] 黄敏学，王峰. 网络口碑的形成、传播与影响机制研究. 武汉：武汉大学出版社，2011.

[12] 任锡源. 提高顾客满意度的口碑营销对策研究. 北京：首都经济贸易大学出版社，2010.
[13] 杨漾等. 商业博客营销与写作. 武汉：武汉大学出版社，2010.
[14] 张恩碧. 体验消费论纲. 成都：西南财经大学出版社，2010.
[15] 廖以臣. 体验消费的购买决策过程极其影响因素研究. 武汉：武汉大学出版社，2010.
[16] 肖遥. “现代环保运动之母”蕾切尔·卡逊. 乡镇企业导报，2004,（5）.
[17] 张镇强. 美国是怎样刮起环保风暴的. 观察与思考，2007,（12）.
[18] 冯英健. 博客营销的概念：什么是博客营销？[2005-02-11]http://www.marketingman.net/zhuanti/blog/5201. htm.
[19] 亚瑟. 大数据营销：如何让营销更具吸引力. 北京:中信出版，2014.
[20] 文丹枫，朱海，朱德清. IT 到 DT：大数据与精准营销. 沈阳:：万卷出版社，2015.
[21] 张牡霞. 博客营销案例分析. 商业营销. 2008,（6）.
[22] 博客营销. http://baike. baidu. com/view/1494. htm.
[23] 团购营销，如何演绎. http://wenku. baidu. com/view/06cc700316fc700abb68fcfd. html.
[24] 团购营销. http://baike. baidu. com/view/5009164. html？fromTaglist.
[25] 团购营销. http://wenku. baidu. com/view/476f82886529647d27285263. html.
[26] 智能营销.百度百科. http://baike.baidu.com/.
[27] 会议营销操作-全部流程.http://wenku.baidu.com/view/44af95f5f61fb7360b4c656c.html.from=rec&pos=4&weight=3&lastweight=3&count=5.
[28] 政府工作报告. http://www.gov.cn/.
[29] 中国知网. http://www. cnki. net/.
[30] 中国知识管理网. http://www. chinakm. com/.
[31] 中华企管网. http://www. wiseman. com. cn/.
[32] 企业资源管理研究中心. http://www. amteam. org/.
[33] 上海证券交易所. http://www. sse. com. cn/.
[34] 深圳证券交易所. http://www. szse. cn.
[35] 营销科学学报. http://www. jms. org. cn/.
[36] 人大经济论坛. http://bbs. pinggu. org/.
[37] 网上营销新观察. http://www. marketingman. net.

教学支持说明

▶▶ 课件申请

尊敬的老师：

您好！感谢您选用清华大学出版社的教材！为更好地服务教学，我们为采用本书作为教材的老师提供教学辅助资源。鉴于部分资源仅提供给授课教师使用，请您直接手机扫描下方二维码实时申请教学资源。

任课教师扫描二维码
可获取教学辅助资源

▶▶ 样书申请

为方便教师选用教材，我们为您提供免费赠送样书服务。授课教师扫描下方二维码即可获取清华大学出版社教材电子书目。在线填写个人信息，经审核认证后即可获取所选教材。我们会第一时间为您寄送样书。

任课教师扫描二维码
可获取教材电子书目

清华大学出版社

E-mail: tupfuwu@163.com　　网址：http://www.tup.com.cn/
电话：8610-62770175-4506/4340　　传真：8610-62775511
地址：北京市海淀区双清路学研大厦B座509室　　邮编：100084